ERSHISHIJIZHIZHONGGUO

《二十世纪之中国——乡村与城市社会的历史变迁》丛书

2012年列入"十二五"国家重点图书出版规划增补项目
2013年入选新闻出版总署国家出版基金资助项目
2013年入选新闻出版总署新闻出版改革发展项目
2012年列入山西出版传媒集团重大出版工程项目

丛书主编 王先明

二十世纪之中国——乡村与城市社会的历史变迁

窝棚中的生命：近代天津城市贫民阶层研究

（1860—1937）

付燕鸿 著

山西出版传媒集团
山西人民出版社 山西经济出版社

图书在版编目（CIP）数据

窝棚中的生命：近代天津城市贫民阶层研究（1860—1937）/付燕鸿著 . —太原：山西人民出版社，2013.11
（二十世纪之中国——乡村与城市社会的历史变迁／王先明主编）
ISBN 978 – 7 – 203 – 08391 – 7

Ⅰ.①窝… Ⅱ.①付… Ⅲ.①城市贫民 – 研究 – 天津市 – 1860—1937　Ⅳ.① D 693.71

中国版本图书馆 CIP 数据核字（2014）第 009068 号

窝棚中的生命：近代天津城市贫民阶层研究（1860—1937）

著　　者：付燕鸿
责任编辑：何赵云
装帧设计：柏学玲

出 版 者：山西出版传媒集团·山西人民出版社　山西经济出版社
地　　址：太原市建设南路21号
邮　　编：030012
发行营销：0351 – 4922220　　4955996　　4956039
　　　　　0351 – 4922127（传真）　　4956038（邮购）
E – mail：sxskcb@163.com　发行部
　　　　　sxskcb@126.com　总编室
网　　址：www.sxskcb.com

经 销 者：山西出版传媒集团·山西人民出版社　山西经济出版社
承 印 者：山西出版传媒集团·山西新华印业有限公司
开　　本：787mm×1092mm　　1/16
印　　张：32.5
字　　数：460 千字
印　　数：1 – 3 000 册
版　　次：2013 年 11 月第 1 版
印　　次：2013 年 11 月第 1 次印刷
书　　号：ISBN 978 – 7 – 203 – 08391 – 7
定　　价：77.00 元

如有印装质量问题请与本社联系调换

总 序　GENERAL PREFACE

ERSHI SHIJI ZHI ZHONGGUO

20世纪的中国，经历着史无前例的社会变迁。这一变动的时代性特征之一，一定程度上体现为传统时代的城乡一体化发展进程逆转为城乡背离化发展态势。伴随着中国与西方交锋以来军事、政治与经济的挫败，以及由此而来的知识分子的传统文化认同危机，现代化（或西方化）与城市化成为显而易见的社会潮流，传统城乡"无差别的统一"为日益扩大的城乡差异所代替，近代农民群体也从"士农工商"的中层政治身份一变而为"乡下人"这一饱含歧视色彩的社会底层，由此形成的城乡社会——经济与文化断裂不仅是20世纪社会结构畸形化与不平衡性的显著现象，也是至今仍横亘在中国现代化进程中的重大社会问题之一。

即使在当代社会发展进程中，巨大的城乡分离化也不容忽视，明显的城乡对比已经成为社会认同危机的主要表现之一。当新农村建设如火如荼却面临种种困惑时，当乡村人才的空心化现象日益突出时，当城市化的进程突飞猛进时，当城市景观和生活方式与国际接轨时，城市人与乡下人成为国人赫然的身份标识,现代日益扩大的城乡失衡与传统中国城乡之间的无差别的统一体形成鲜明对比时,深入研究城乡关系的历史变迁就成为一个理解当下中国政治、经济与文化发展的必要途径。此外,对于近代中国社会的认识,无论是政治家、社会学家还是经济学家,都不约而同地将之解析为城市与乡村两大基本单位,中国近代社会之不平衡性、半封建性、半殖民性等特点均可从城市和乡村社会结构的析分中被实证;而城乡之间的关系与特征,亦成为深度理解和把握近代中国历史的不可回避的焦点问题。

有时我们不得不惊叹"历史惊人地相似"!从20世纪二三十年代的"农业破产"、"农村衰败"、"农民贫困"成为举国至重的话题,到新世纪以来被广泛关注的"农民真苦、农村真穷、农业真危险"的当代"三农"话语;从1926年王骏声提出的"新农村建设"问题,到新世纪以来持续推进的"社会主义新农村建设"。尽管不同时代条件下,它所聚焦的时代主题内容会有所不同,但如此一致的话语或命题的背后却应该深伏着共趋性或同质性的深层致因。这至少给我们一个基本的提示,即农业、农村与农民问题,是百年来中国社会发展或乡村变迁中始终存在的一个重大课题。它是伴随着工业化、城市化与现代化进程而导致的传统城乡一体化发展模式破解后,乡村社会走向边缘化、贫困化、荒漠化和失序化的一个历史过程。"三农"的困境生成于工业化、城市化与现代化进程之中,这是近代以来城乡背离化发展态势下生成的一个"发展问题"。"三农"从来就不是一个孤立存在的问题,如果没有工业化、城市化、现代化进程的发生,"三农"不会凸现为时代性问题。当然,这并不意味着传统时代没有社会问题,但是问题的呈现和表达不会如此集中在"三农"方面。一个多世纪以来的历史演进的客观事实的确显示了"三化"(工业化、城市化与现代化)与"三农"二者的相关性。问题在于,会是怎样的相关?如何揭示二者互相影响和相互制约的内在关系,并寻求最佳的或最有效的协调方略?

传统农业始终是一个低产出的行业,大部分农民的收入不可能迅速提高,得到高收入的人都是进城从事其他行业的人。社会分工、社会分化始终伴随着城乡背离式发展趋向前行,从而整体上的贫富差距在城乡之间成为一种显性的社会不平等。人口逐渐从农村迁向城市,城乡之间的收入差别就是这种活动的推动力。但在先进国家里,这个工业化过程是在200多年里完成的。在此过程中总体的经济年增长率也不过2%~3%。这部分增长不是靠农业,而是靠在城市中发展起来的工业和服务业。农业生产的收入总是低的。为了平衡城乡之间的收入差距,政府都采取对农业补贴的办法,几百年来已经成为传统。反观我国的情况,在新中国成立后的30年工业化的过程中非但没有补贴农民,反而是剥削农民;再加上对农民的身份歧视,事实上农民成为低人一等的群体,造成严重的城乡二元化结构,城乡收入差别变得极其突出。改革开放后我国经济增长率达到10%左右,这部分增长几乎都是在城市中发生的,所以农业产出占GDP的比重从1983年的33%降低到2005年的12%。在此过程中幸亏有几亿农民进城打工,沾上了工业化的光,否则城乡收入差距还会更大。我国农村金融的衰败,将大量农民储蓄调动到城市里搞非农项目,进一步使得农民收入增长困难。这一人类社会发展的共同规律,说明了总体上收入差距发生的过程是相伴着工业化过程而发生的。这也是库兹涅茨研究收入分配的倒"U"形曲线的原因。

"三农"问题形成的历史成因和时代特征,如果仅仅局限于现实的考量,或将既无法捕捉到问题的实质,恐也难以探寻到真正的求解之道。事实上,百年来关于中国乡村发展论争的各种主张和方案,以及由此展开的各种区域实验与社会实践,其丰富与多样、繁难与简约,已经有着足够的样本意义和理论认知价值。在百年中国的历史进程中审视"三农"问题的历史演变,或许会有更深刻的思想领悟!历史的选择和运行有着它既有的逻辑进程,因此有关中国乡村道路选择的理论思考和种种分歧,却依然为我们的历史反思和长时段观察提供了理性辨析的基础。

近年来,对于近代城乡关系的研究存在诸多薄弱之处。学界研究的主要态势要么关注城市化历史,要么偏重于乡村史研究,城乡关系仅仅作为这些研究的副产品而出现;城市与乡村是一个预设的、对立的地域单元。

但是事实上,无论是城市化进程还是现代化进程,从根本上来说其实就是一个乡村社会变迁的过程:从农业社会转变为工业社会,从农耕文明转变为城市文明,从传统生活方式向现代生活方式的演变过程。如何广阔而全面地呈现20世纪中国社会历史的变迁,并深入揭示一个世纪以来的历史演进轨迹与规律,从而为当代中国发展的路向选择和理论思维提供丰厚的历史经验与启示,当是这一丛书设计的基本诉求或宗旨。

王先明

2013年1月7日于津城阳光100国际新城西园

目　录 CONTENTS

ERSHI SHIJI ZHI ZHONGGUO

导　论
一、问题缘起 ·· 1
二、研究成果回顾 ··· 6
三、本书结构、创新点及其研究意义 ··· 32
四、理论运用及其概念界定 ·· 34

第一章　近代天津的城市化进程

第一节　城市化进程的演进 ·· 48
一、相关概念界定 ·· 49
二、近代天津城市化进程的阶段分析 ·· 54
三、天津城市化进程的特点及影响分析 ···································· 65

第二节　城市化进程中社会结构的变动与贫民阶层的形成 ······ 73
一、开埠前的社会结构 ·· 73
二、开埠后社会结构的错动与新社会阶层的形成 ····················· 76

小　结 ·· 80

第二章　贫民阶层形成及其数量、空间分布的历史考察
第一节　贫民阶层形成原因分析 ·· 82
一、结构性原因：城乡背离化发展的推助 ······························ 83
二、制度性原因：利益分配不均与保障制度的缺失 ················ 89
三、城市本身蕴含的特殊因子 ··· 94
第二节　贫民数量的历史考察 ··· 101
一、近代天津城市人口变迁概况 ··· 101
二、近代天津城市贫民数量的历史考察 ································ 104
第三节　贫民空间分布的历史考察 ······································· 112
一、近代天津的城区划分 ··· 112
二、贫民空间分布的历史考察 ··· 117
三、贫民空间分布的特点分析 ··· 124
小　结 ·· 128

第三章　贫民来源分类
第一节　城市贫民的来源 ·· 130
一、移入城市的贫困群体 ··· 130
二、城市自身析离出来的贫困群体 ······································· 140
三、外籍贫民 ·· 147
第二节　近代天津社会分层 ··· 155
一、社会分层理论 ··· 155
二、近代天津社会分层概观 ·· 158
第三节　贫民阶层分类
　　　　——以职业为核心的分类 ·· 167
一、工　人 ··· 167
二、苦　力 ··· 181

三、乞　丐 ………………………………………………………… 195
　　四、下层从业妇女 …………………………………………………… 200
　　五、其他贫困群体 …………………………………………………… 210
　　小　结 ………………………………………………………………… 218

第四章　贫民日常生活（一）
第一节　贫民生活大扫描
　　　　　　——冻！饿！死！ ………………………………………… 220
第二节　收入与支出 ………………………………………………… 224
　　一、收入概况 ………………………………………………………… 224
　　二、物价变动与收支 ………………………………………………… 236
　　三、收支与家庭储蓄 ………………………………………………… 251
第三节　衣食住面面观 ……………………………………………… 256
　　一、食："白水作稀饭" ……………………………………………… 256
　　二、衣："御寒犹虞不足" …………………………………………… 264
　　三、住："一间屋子半拉炕" ………………………………………… 269

第五章　贫民日常生活（二）
第一节　社会风俗 …………………………………………………… 278
　　一、婚　嫁 …………………………………………………………… 278
　　二、病　丧 …………………………………………………………… 293
第二节　精神生活 …………………………………………………… 304
　　一、教育知识 ………………………………………………………… 304
　　二、娱乐嗜好 ………………………………………………………… 313
　　三、宗教信仰 ………………………………………………………… 323
第三节　城市贫民的特征 …………………………………………… 328
　　一、贫困性与边缘性 ………………………………………………… 328
　　二、数量庞大，增长迅速 …………………………………………… 329

三、来源多为农村,原职业多为农民 …………………………… 331
四、以男性青壮年为主,文化素质低下 ………………………… 333
五、无业、失业与暂时就业相关的不稳定性 …………………… 334
小　结 ……………………………………………………………… 337

第六章　城市贫民与城市病

第一节　近代天津城市病的演进轨迹 ……………………………… 341
一、犯罪率不断攀升 ……………………………………………… 343
二、乞丐职业化 …………………………………………………… 346
三、娼妓业泛滥化 ………………………………………………… 348
四、失业与无业的交织 …………………………………………… 351

第二节　城市贫民与城市病的相关性 ……………………………… 355
一、犯罪与贫困 …………………………………………………… 355
二、乞讨与贫困 …………………………………………………… 358
三、生计贫困与娼业之兴 ………………………………………… 359
四、失业、贫困与自杀的交织 …………………………………… 362

第三节　城市病时代成因分析 ……………………………………… 365
小　结 ……………………………………………………………… 371

第七章　城市贫民的社会关注

第一节　一般市民眼中的城市贫民 ………………………………… 374
一、同情与救助 …………………………………………………… 376
二、歧视与排斥 …………………………………………………… 379

第二节　城市精英视野下的城市贫民 ……………………………… 383

第三节　舆论媒体与城市贫民
　　　　——以《大公报》为中心的考察 …………………………… 389
一、创办"贫民的呼号",关注贫民生计 ……………………… 389
二、深入底层调查,谋求真实报道 ……………………………… 391

三、宣传社会善举，呼吁社会救助 …………………………… 393
　　四、谋求真实报道，发挥舆论监督
　　　　——以1926年冬"霉面粉事件"为中心的考察 ………… 395
　第四节　官方视野下的城市贫民 ………………………………… 398
　　小　　结 …………………………………………………………… 406

第八章　城市贫民的社会救助
　第一节　社会救助机关概览 ……………………………………… 409
　　一、明清时期主要救助机关 ……………………………………… 409
　　二、民国抗战前主要救助机关 …………………………………… 413
　第二节　主要救助活动 …………………………………………… 417
　　一、贫困救助 ……………………………………………………… 418
　　二、住房救助 ……………………………………………………… 426
　　三、教育救助 ……………………………………………………… 435
　　四、医疗救助 ……………………………………………………… 445
　　五、失业救助 ……………………………………………………… 451
　　六、借贷救助 ……………………………………………………… 457
　　七、对特殊群体的救助 …………………………………………… 461
　第三节　社会救助的特点及评价 ………………………………… 470
　　一、救助主体多元化，救助措施多样化 ………………………… 470
　　二、民间救助活动活跃，官民合作色彩鲜明 …………………… 471
　　三、救助尚未制度化，救济标准模糊，救助总体水平不高 …… 473
　　四、救助活动的近代化色彩悄然呈现 …………………………… 474
　　小　　结 …………………………………………………………… 476

结　语 …………………………………………………………………… 477
　　一、城市化、现代化发展曲线与城市贫民问题演变相关性 …… 477
　　二、城市贫民：城市化进程中的社会问题 ……………………… 480

三、城市文明的建构与城市地位的确立 …………………… 484
四、以人为本的发展观的确立 …………………………… 487

参考文献 ……………………………………………………… 491
　一、档案 ………………………………………………… 491
　二、报纸、杂志 ………………………………………… 493
　三、民国专著 …………………………………………… 494
　四、今人专著及资料汇编 ……………………………… 497
　五、相关论文 …………………………………………… 502

后　记 ………………………………………………………… 505

导 论 INTRODUCTION

ERSHI SHIJI ZHI ZHONGGUO

一、问题缘起

(一) 城市史研究的发展与新社会史学的勃兴

改革开放以来,中国城市现代化突飞猛进。城市的巨变,呼唤着中国的社会科学工作者在学理上对中国城市进行深入研究,一个新的学科"城市学"应运而生。与此同时,历史学、地理学、经济学、社会学等学科也纷纷向城市研究靠拢,构建一个多学科交叉结合的新学科"城市史"已成为社会现实和学术内在发展的必须与必然。①近代新兴的城市,如上海、天津、重庆、武汉等随之被列入国家"七五"社会科学重点研究项目。经过30多年的发展,中国城市史研究成果丰硕,不仅在理论框架和研究方法上有所突破,还开展广泛的学术交流,研究领域也在不断拓展,学术专著和论文大量发表。②城市史的发展与繁荣对当代史学研究产生了重大影响,不仅丰富了史学研究的内容,开拓了史

---

① 曾业英主编:《五十年来中国近代史研究》,上海书店2002年版,第307页。
② 具体成果详见曾业英主编:《五十年来中国近代史研究》,上海书店2002年版,第307~311页。

学研究的领域,在老领域中也出现了新面貌,而且其崭新的研究视角和方法受到越来越多的学者的青睐。

早在20世纪60年代中期,美国"新左派"史学家就试图摆脱"精英史观"的影响,响亮地呼出了"自下而上的史学"口号①,主张将研究目光转向历史中的普通民众,即把政治的、精英的历史转化成为一部"自下而上"的和"普通人的日常生活的历史",一部由社会下层做主角,力求通过他们的眼光来观察和解读社会的历史。美国的新社会史学,大大拓展了历史研究的领域。他们对"下层阶级",抑或我们所称的"社会底层",如黑人、奴隶、妇女、仆人、工人,以及长期被排斥在历史研究之外的普通百姓给予特别的关注,进而开拓了黑人史、劳工史、妇女史、家庭史、儿童史、地方史、社区史乃至性别史等许多新领域。

在中国,尤其是在20世纪80年代以后,随着政治控制的松动,伴随而来的是史学研究方法和视角的多元化、多样化。史学工作者也将关注点下移,在试图摆脱传统史学研究集政治史、经济史、军事史、外交史等研究模式的牵动下,一反过去只关注精英人物和政治事件的做法,开始倡导关注下层民众和社会生活的变迁,并取得了较为引人注目的成果,如一批学者开始关注近代上海、北京、天津等地娼妓、乞丐、流民、混混儿、女佣等下层群体的生活,相关成果的介绍可参看接下来的研究成果回顾部分。

随着城市史研究的进一步发展,城市史研究的切入点,也开始改变传统的以城市政治、经济、市建等宏观层面为中心的研究,一些学者开始关注城市文化、日常生活等城市细节,不少学者还开始借用其他学科的研究方法,如人类学、社会学、经济学、民俗学等学科的研究理论与方法,进行跨学科交叉研究,并取得了可喜的成绩。但就整体情况而言,学者们对城市史的重视程度还不够,其研究的深度和广度实不能令人满意。迄今为止,对城市社会生活、文化等层面的研究除个别大城市,如上海、北京等有相关的学术成果问世外,其他地方的研究仍十分薄弱。虽然有学者从社会史、文化史、生活史

---

① 罗凤礼:《当代美国史学状况》,见《史学理论丛书》编辑部编:《八十年代的西方史学》,中国社会科学出版社1990年版,第89页。

的角度切入城市史研究,并取得了一些成果,但由于资料不足及其分散性,使得这类研究往往缺乏系统性,这无疑限制了城市史研究的进一步拓展和深化。尤其是作为一门新兴学科,无论是理论体系架构、研究方法,抑或是研究领域等方面都还存在若干问题与不足,亟待加以解决,以便不断开拓城市史研究的新局面。

城市史的发展及新社会史学的勃兴,触发了我的研究思路,抛开传统的单纯的城市史或社会史的角度模式,探寻二者结合的视角去看待近代城市贫民问题,并且深入阶层内部,对其数量、构成、日常生活等以往研究中少有涉及,或含糊不清的问题进行深入研究,同时对城市贫民与城市社会之间的关系进行剖析。

(二)近代城市贫民问题的凸显

城市贫民是一个历史范畴,古已有之,可以说是伴随着城市的出现而出现。但是,贫民的存在衍生为严重的社会问题却是近代以后发生的事,"贫穷之成为严重的社会问题,实在是一个近代的产物,尤其是工业革命以来相伴而发生的一种社会病态的表征。"①但是,由于近代各国工业化程度的差异,相互间的关系亦属千变万化,因此各国贫穷的实况亦千差万别。

晚清至民国时期,中国自然灾害频仍,当时的中国有"天祸神州"的"雅称",加之烽火连绵,人们颠沛流离,大量民众被抛至社会的底层。在城市中,贫民作为近代城市社会一个重要的组成部分,也是一个不可或缺的群体。

在天津,自1860年被迫开埠后,期间经历了1900年八国联军血洗天津,1917年天津发生大水灾,1920年波及华北五省的大旱灾和1928~1930年的西北、华北大旱灾等。1920年的直皖战争,1922年、1924年的两次直奉战争,以及1930年的中原大战,无不以华北作为战场,天津周边地区自是战乱不断。灾荒和战乱迫使大量民众颠沛流离,背井离乡,河北、山东及河南等省大批破产的农民,以及大量的灾民、难民等不断涌入天津,沦为城市中的贫民。再加上城市自身析离出来的一些贫困人口,至20世纪20年代末,天津社会形成了一个数量庞大的贫民阶层。这些城市贫民缺乏必要的技能和谋生手段,许多人被

---

① 柯象峰:《中国贫穷问题》,南京:正中书局1935年版,第58页。

迫沦为人力车夫、脚行苦力、码头苦工,甚至娼妓乞丐等,处在城市社会的最底层。

无可讳言,任何时代、任何国度,都存在不同程度的贫民问题。只是由于各国政治、经济境况的差异,贫穷的程度不同,贫民划定的标准不一,政府处理贫民问题的措施、制度不同,取得的成效也各异。同时,一定限度内的城市贫民的存在,不会影响社会的秩序与发展。尤其在传统的农耕时代,劳动人民生活普遍贫困,城市贫民的存在没有衍化为严重的社会问题,人们往往把贫困归结为命运的安排,没有引起足够的重视;反之,如果城市贫民数量过多,就会引发严重的社会问题,如犯罪问题、失业问题、住房问题、娼妓问题、乞讨问题、流民问题等,进而影响到整个社会的稳定与发展。近代城市贫民的大量存在,不仅是个体生存的问题,而且是严重的社会问题;不仅仅是经济问题,而且是严重的社会问题。由此引发的一系列严重的"城市病",成为中国近代社会发展进程中一个相当不和谐的音符,故引起当时社会各界对城市贫民问题的关注。

由于贫民的大量存在,一些敏锐的学者首先开始关注贫民群体,并且把贫穷视为一种社会病态。吴泽霖在《中国的贫穷问题》一文中指出:"中国是一个充满了社会病态的国家。其中哪一种最为根本,那仁者见仁,智者见智,没有共同的结论,惟其中最能表现于外表者,恐没有比贫穷问题更为严重。"①柯象峰在其所著的《中国贫穷问题》一书中有同样的论断:"中国在今日之状态中,国人所最感迫切的,恐怕还是贫穷的解除罢!"并且认为,"中国人的贫困到现在不但是很普遍而且是很深刻的"。②贫穷问题成为近代中国社会问题的缩影,它反映在社会各个方面,而且是极为复杂的。

近代城市贫民的广泛存在,对社会经济发展的压力和制约是显而易见的。但是由于政府和社会对城市贫民救助的迟缓与低效,使其始终无法得以根治。就政府层面而言,对城市贫民的救助多局限于短期的、临时性的救助,这对于工业化、城市化进程中大量存在和日益严重的城市贫民问题的解决,无

---

① 吴泽霖:《中国的贫穷问题》,《申报月刊》第3卷第7期,1934年7月,第31页。

② 柯象峰:《中国贫穷问题》,南京:正中书局1935年版,第1页。

疑是杯水车薪,近代城市贫民的广泛存在已成为社会普遍接受的常态问题。

(三)当今城市贫民问题亟待解决

改革开放以来,随着中国城市化进程的加快,经济结构的转变和社会体制的转型,自20世纪90年代,中国城市贫困人口数量不断增多,规模不断扩大。与此同时,已有不少学者和政府部门对城市贫困人口进行了专门研究。就贫困人口的规模而言,代表性观点主要有两种:以中国社科院社会学所唐钧为代表,认为中国城市贫困群体大约1500万人;[1]以中国社科院社会学所朱庆芳为代表,认为中国城市贫困人口大约在3100万人。[2]根据2003年6月民政事业统计,全国共有城市居民最低保障对象21 826 516人。[3]尽管这些估计数字与实际情况有所出入,但是,城市贫民作为中国社会的客观存在已不容回避。

实际上,自1999年10月开始,中国政府就对无生活来源、无劳动能力、无法定赡养人的城市居民实行"低保"(即"最低生活保障")。据民政部统计资料显示,从1996~2004年,接受最低生活保障的城镇人口数量由84.9万人上升到2205万人,占城镇人口的比例从0.2%上升到4.1%。[4] 2002年12月,联合国开发计划署和中国民政部举办了首届"中国城市反贫困论坛"国际研讨会,会上中国政府高层首次公开正式使用"城市贫民"这一称谓,称:"为解决在市场经济体制转轨中出现的'城市贫民'现象,中国应在向困难群众提供物质救助的基础上实施有效的经济和社会政策,以铲除孳生贫困的土壤。"[5]上述种种

---

[1] 唐钧的1500万,即没领到失业保险津贴的失业者有150万,没能领到下岗职工生活补贴的下岗无业者约310万,加上停发、减发退休金的离退休人员190万,共计650万人;此650万人加上被他们赡养的家庭成员,再加上民政部门传统的救济对象约100万人,1997年中国城镇贫困人口约1500万人。

[2] 据朱庆芳估算,1998年,我国城市中有下岗职工877万人,登记失业人员571万人,拖欠退休金的退休人员约60多万人,加起来为1500万人。再加上被其赡养的家庭人口,就是3000万人。另加上民政部门供养的传统救济对象约100万人,共计3100多万人。

[3] 胡冠时:《中国城市贫民的形成与出路》,《惠州学院学报》(社会科学版),第24卷第1期,2004年2月。

[4] 王德文、蔡昉:《收入转移对中国城市贫困与收入分配的影响》,《开放导报》2005年12月。

[5] 民政部:《中国需要构建城市反贫困政策体系》,新华网,2002年12月12日。

情况证明,目下中国社会中"城市贫民"这一阶层的客观存在已引起了政府和社会的关注。

如今,中国正处于现代化快速发展时期,社会生活日新月异。在社会剧变的情况下,城市贫困人口不断增多,滋生了许多新的社会问题,尤其是对社会财富和资源占有的不均,以及社会分化的日益加剧,催生了大批的社会弱势群体,如老龄人口、农民工、下岗职工、失业人群等。城市中这些弱势群体的生存问题,使得国家和社会面临着一系列亟待解决的问题,如就业问题、医疗问题、教育问题及其社会调控等,成为各方聚焦,同时又十分棘手的社会问题。

2006年10月"和谐社会"这一概念的提出,一方面说明社会上存在着诸多不和谐的问题,同时也意味着党和政府开始重视社会问题,直面现实社会中存在的不和谐因素。城市贫民的存在及其社会问题的发生,成为城市社会中的不和谐之音,这不仅仅是经济问题,而且是社会问题和政治问题,解决城市贫民问题成为构建我国和谐社会进程中迫切需要解决的重大问题。

严峻的社会现实促使我们去反思,反思历史上城市贫民是如何发生的,生成的原因何在,发展状况如何,近代政府和社会是如何应对这一问题的,该问题又是如何得以解决的。当然,这并不意味着拿现在的新情况去比对那个时代的问题。但是,历史往往有许多惊人的相似之处,我们可以从历史中找寻相似的东西,以资借鉴,以免重蹈覆辙。

近代城市贫民阶层作为中国城市居民的一个最重要组成部分,考察他们的生存状况、社会分层、政治取向及其与国家社会的关系,不仅对于展现近代社会变迁中下层民众的生活场景有重要意义,将会为当今中国社会提供一个参照系,也有助于为当今城市社会管理与经营者在处理城市弱势群体等现实问题时提供有益的借鉴。

二、研究成果回顾

(一)1949年以前研究状况

民国时期,社会各界已开始关注城市贫民问题,尤其是20世纪二三十年代,因各处兵连祸结,苛税层出,物价腾贵,劳工生活困苦前所未有,各地工潮迭起。于是，一些关心社会问题者，为了解劳工生活真相，谋求劳资关系协调，着手对城市劳工群体进行了大量调查，并形成了一个社会调查运动。这时主要的城市社会调查有 1917 年清华学校美籍教授狄德莫(G.G.Dittmer)指导该校学生对北京西郊 195 家居民生活费用进行了调查，其中选取汉人 100 家、满人 95 家，包括农民、工人、军人、车夫、木匠、理发匠以及少量学人等各色职业群体；1918～1919 年，燕京大学社会学系主任步济时(J.S.Burgess)与美籍传教士甘博尔(S.D.Gamble)等，又在北京进行了一项大规模的城市调查，内容主要包括北京的社会状况，涉及历史、地理、人口、政府、健康、经济、娱乐、娼妓、贫民、救济、宗教等方面，该调查结果于 1921 年以《北京：一个社会调查》(Peking: A Survey)为名，用英文在美国发表。① 此书出版后，在全国兴起了一股社会调查之风。齐鲁大学社会学系学生于 1924 年，在中外教师的带领下，对济南社会进行了调查。该调查涉及济南市的人口、历史、地理、工业状况、生活水准、行政管理、公共事业、地方财政、劳动制度、教育制度、娱乐活动、娼妓、住宅、慈善事业、教育宗教、妇女动向、家庭状况、基督教活动等方面，内容极为丰富全面，该调查结果于是年用英文以《济南社会一瞥》为题发表。②

除国外传教士及外籍教师主持的这些调查外，中国的学者在这一时期也主持了不少社会调查。早期比较著名的调查有牛鼎鄂的《北平一千二百户贫户之研究》、麦倩会的《北平娼妓调查》、杨西孟的《上海工人生活程度的一个研究》、刘宝衡的《上海市人力车夫生活状况调查报告书》、言心哲的《南京贫儿调查》及《南京人力车夫生活的分析》、宋思明的《燕大工人生活调查》、施裕寿等人的《山东中兴煤矿工人调查》、史国衡的《昆厂劳工》、杨蔚的《成都市生活费之研究》、冯华年的《天津手艺工人家庭生活调查之分析》、王子建的《天津面粉厂工人及工资的一个研究》、刘大钧的《天津铁路工人生活程度的研

---

① 陈映芳：《中国城市下层研究的经纬和课题》，《江苏行政学院学报》2004 年第 3 期，总第 15 期。

② 陈映芳：《中国城市下层研究的经纬和课题》，《江苏行政学院学报》2004 年第 3 期，总第 15 期。

究》等。①这些社会调查不仅反映了近代中国劳工生活境况,也折射出近代城市社会的变迁。

在学术团体调查方面,1914年北京青年会发起了"关于北京302个人力车夫生活情形"的调查,这是我国最早关于人力车夫的调查,自此拉开了中国早期社会调查运动的序幕。1926年,北平社会调查部②采用了家庭记账法,用了7个月的时间,对北平市工人家庭、人力车夫、小学教员等的收入来源、消费情况等方面进行了调查,后刊行了《北平生活费之分析》一书。③此书最大的特点是采用日用账簿法,这在当时是个创举,也是当时国内采用记账法调查工人家庭生活费的第一本书。此外,还有杨西孟的《北平生活费指数》、《上海工人生活程度的一个研究》等。1933年11月至1934年,中央大学社会学系社会调查班调查了南京180家棚户家庭,包括家庭人口、家庭财产与收入、家庭生活费与支出、家庭卫生、信仰与娱乐等项,并编成了《南京棚户家庭调查》一书。④

南开大学经济研究院于1928年,选取了天津市240户工人家庭,开始长期编制"天津工人生活费指数",抗战时期编制了"重庆市生活费指数"和"重庆市公教人员收入指数"等,新中国成立后被南开大学编制成《南开经济指数资料汇编》。⑤1929年,南开大学经济学院在北平社会调查所的资助下,对天津的地毯工业进行了调查,并于1930年8月编成《天津地毯工业》一书。1929年6月至1930年5月,经济学院又对天津市针织、织布工业进行了调查,调查结

---

① 牛鼎鄂:《北平一千二百户贫户之研究》,《社会学界》第7卷,1933年;麦倩会:《北平娼妓调查》,《社会学界》第5卷,1931年;言心哲:《南京贫儿调查》,国立中央大学,1934年;言心哲:《南京人力车夫生活的分析》,国立中央大学,1935年;宋思明:《燕大工人生活调查》,《社会学界》第3卷,1929年;冯华年:《天津手艺工人家庭生活调查之分析》,《经济统计》第1卷第3期,1932年9月;王子建:《天津面粉厂工人及工资的一个研究》,《社会科学杂志》第2卷第4期,1931年12月。

② 社会调查所的前身是1926年成立的中华教育文化基金董事会社会调查部,1929年更名为社会调查所,所长为陶孟和。

③ 陶孟和:《北平生活费之分析》,上海:商务印书馆1930年版。

④ 吴文辉:《南京棚户家庭调查》,国立中央大学,1935年。

⑤ 孔敏主编:《南开经济指数资料汇编》,中国社会科学出版社1988年版。

果经分析后,于 1931 年 12 月编成《天津针织工业》、《天津织布工业》两书。①这三本书除了对当时天津市地毯、针织、织布等行业沿革发展、组织、制造方法、分类及销售等方面的情况进行介绍外,还有专门介绍各业工人及工徒雇佣、生活等状况的章节。1929 年 9 月至 1930 年 6 月,南开学校男中部一九三一班五组用了一年的时间,女中部一九三〇及一九三一两班用了一学期的时间,对当时天津的社会机关(如广仁堂、天津特别市妇女救济院、天津市济良所、天津特别市政府游民收容教养所等)、政治机关、经济机关、教育机关、舆论机关进行了调查,并将社会视察的优秀报告综合编辑成《天津南开学校社会视察报告》一书。②这些社会调查为我们了解近代天津下层社会的基本状况提供了珍贵的资料。

政府机关从 20 世纪 20 年代开始也进行了大量的社会调查,相继编写了全国以及各个城市或地区的统计年鉴、实业调查报告或专项调查报告等。工商部于 1930 年 1 月至 6 月对江苏、浙江、安徽、江西等省主要城市的工人生活及工业生产进行调查,并最终形成《全国工人生活及工业生产调查统计总结报告》,全书共分 5 册,第 1 册为"总报告",综述各业工人数、工资、工时、工人家计、工会及工厂等方面调查统计的结果;第 2 册为"工业工人人数及工资工时统计",第 3 册为"历年(1926~1930 年)工资统计表",第 4 册为"工会概况统计表",第 5 册为"工厂概况统计表"。③天津市社会局于 1929 年 12 月 10 日起至 1930 年 5 月 24 日,根据公安局的底册,用了 5 个多月的时间对天津市 571 家妓户,按区依次挨户进行调查,最终形成了《天津市妓户妓女调查报告》一书。④1934 年,社会局开始对天津市工厂进行第一次检查,形成了《天津市工厂检查报告书》,内容涉及各业工厂、工人数与工资、工人流动状况与灾变伤

---

① 方显廷:《天津地毯工业》,南开大学经济学院,1930 年;方显廷:《天津针织工业》,南开大学经济学院,1931 年;方显廷:《天津织布工业》,南开大学经济学院,1931 年。
② 天津南开学校社会视察委员会编:《天津南开学校社会视察报告》,1930 年。
③ 工商部编印:《全国工人生活及工业生产调查统计总结报告》,1930 年。
④ 天津市社会局编:《天津市妓户妓女调查报告》,1931 年,见李文海:《民国时期社会调查丛编·底边社会卷(下)》,福建教育出版社 2005 年版,第 526 页。

病统计、工人休假、工厂设备与安全、各厂卫生状况等方面。①这一时期,天津市社会局还对天津市其他行业进行了调查,最终刊印成《天津市纺织业调查报告》、《天津市面粉业调查报告》、《天津市火柴业调查报告》、《天津市农业调查报告》、《天津市工业统计第二次》等书。天津市政府还编印了《天津市统计年鉴》、《天津市政府职员状况统计》、《天津市税捐概况》、《天津市政统计及市况辑要》等。其他城市政府方面的调查也很多,如有《北平社会概况统计表》、《北平捐税考略》、《南京社会》、《成都社会概况调查》等。这些反映了当时城市社会各阶层生存状况的重要官方文献资料,对于我们今天了解民国时期城市下层群体的生活状况无疑也具有较高的参考价值。

民国时期研究社会贫穷问题的著作主要有柯象峰著的《中国贫穷问题》和《贫穷问题》。②其中,《中国贫穷问题》一书,共有三编,第一编泛论贫穷,并对中外贫穷的实况加以申述分析;第二编对贫穷原因的探讨,除列举中外各家对于贫穷原因的议论外,尤其着重对近代中国贫穷原因的分析,从物质、灾害、政治、经济、社会等因子方面以详细的探讨;第三编,对于贫穷的救济加以阐述。而《贫穷问题》一书则侧重论述中国贫穷的意义与现状,贫穷的原因、影响及防治等方面。此外,还有周毓英的《贫穷研究》一书,也是侧重讨论中国贫穷的意义与现状,贫穷的原因、影响及防治等。③这时期,研究中国贫穷问题的书籍还有李敬穆的《贫穷论》、顾诗云的《中国的贫穷与农民问题》、邝震鸣的《贫穷与娼妓》、马君武的《失业人及贫民救济政策》等,④从不同侧面研究中国近代的贫穷问题。也有一些学者翻译了国外相关方面的研究成果,如海野幸德的《贫民政策》、英国赫娄哲密孙的《贫穷之漩涡》,以及《收入及恤贫政策》等,都被翻译

---

① 天津市社会局:《天津市工厂检查报告书》,见《劳工月刊》第 4 卷第 7、8、9、10 期,1935 年。

② 柯象峰:《中国贫穷问题》,南京:正中书局 1935 年版;柯象峰:《贫穷问题》,上海:商务印书馆 1937 年版。

③ 周毓英:《贫穷研究》,南京社会旬报社 1932 年版。

④ 李敬穆:《贫穷论》,上海:光华书局 1930 年版;顾诗云:《中国的贫穷与农民问题》,上海:上海群众图书公司,出版年月不详;邝震鸣:《贫穷与娼妓》,北京:北方印刷所 1930 年版;马君武:《失业人及贫民救济政策》,上海:商务印书馆 1925 年版。

为中文本。①这些学术专著的出版，从不同侧面反映了社会对贫穷问题的关注。

伴随着近代工业革命的演进，世界范围内的劳工问题日益凸显。中国一方面受国际形势的影响，另一方面随着中国劳工运动自身的演进，中国的劳工问题亦越发复杂化。尤其是1929年以后，受世界经济大危机的影响，世界范围内的劳工问题日益严重，中国由于特殊的国际国内背景，劳工问题更加凸显，并引起了社会各方面的普遍关注。1932年5月，劳工月刊社创办了《劳工月刊》杂志，报道国内外劳工消息、劳工运动状况及劳工法令等。1934年10月，国际劳工局中国分局先后创办了《国际劳工通讯》、《国际劳工消息》等，对劳工立法、劳工救济以及国内外劳工消息等，都给予充分的关注。

不少学者出于对劳工状况的现实关怀，进入工厂，对工人的工资、工时、工厂卫生、工厂安全等诸方面进行了深入调查，发表了许多文章，这些文章散见于各大报纸杂志上。由于数量巨大，笔者仅以《国际劳工通讯》统计的1935~1938年中国劳工问题中文文献索引为依据，对有关劳工问题的文章作了初步统计，参见下图：

图·导论　1935~1938年劳工问题中文文献数统图

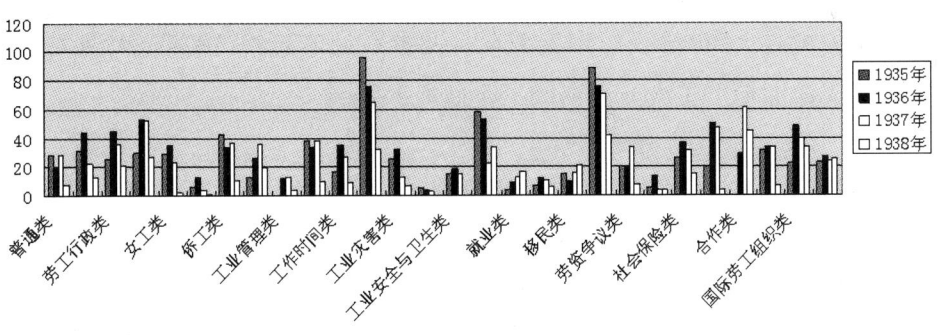

资料来源：1935年的统计数字可参看国际劳工局中国分局：《国际劳工通讯》，第10号（第193~218页）、第3卷第1期（第110~140页）；1936年的统计

---

① 海野幸德：《贫民政策》，上海：华通书局1933年版；[英]赫娄哲密孙著，许善齐、莫安仁、周云路等译，《贫穷之漩涡》，广学会1927年版；马君武译：《收入及恤贫政策》，上海：中华书局1925年版。

数字可参看国际劳工局中国分局：《国际劳工通讯》第3卷第7期（第131~160页）、第4卷第2期（第154~182页）；1937年的统计数字可参看国际劳工局中国分局：《国际劳工通讯》第4卷第7期（第100~132页）、第5卷第1期（第78~100页）；1938年的统计数字可参看国际劳工局中国分局：《国际劳工通讯》第5卷第7期（第103~117页）、第6卷第1期（第121~137页）。

从上图示可以看出，20世纪30年代学者不仅对劳工自身最基本的生存状况、工资、工时、就业、安全卫生等问题给予关注，同时还对劳工立法、劳工行政、劳资争议、社会保险等问题给予充分的关注。关注点不仅集中于一般的劳工群体，而且对特殊的群体，如童工、女工、侨工等问题也同样给予重视。

除上述文章之外，这时期学界还出版了许多有关劳工问题的专著，如一般劳工类有陈达的《中国劳工问题》、何德明的《中国劳工问题》、骆传华的《今日中国劳工问题》、刘星辰的《劳工问题》、祝世康编的《劳工问题》、陈宗城的《劳工论文拾零》、陈振贤的《现代劳动问题论丛》及浅利顺四郎的《国际劳工问题》等。①

劳工生活类有陶孟和的《中国劳工生活程度》，上海市社会局编的《上海市工人生活程度》，杨西孟的《上海工人生活程度的一个研究》，余启中编的《广州工人家庭之研究》、《广州人力车夫调查》，林颂河的《塘沽工人调查》，王子建的《天津面粉厂工人及工资的一个研究》等。②

---

① 一般劳工类文章主要有陈达的《中国劳工问题》，上海：商务印书馆1929年版；祝世康：《劳工问题》，上海：商务印书馆1934年版；陈宗城：《劳工论文拾零》，国际劳工局中国分局1934年版；陈振贤：《现代劳动问题论丛》，中国劳工学术研究社1933年版；浅利顺四郎：《国际劳工问题》，上海：上海太平洋书店1928年版；刘星辰：《劳工问题》，上海：大东书局1933年版；何德明：《中国劳工问题》，上海：商务印书馆1937年版；骆传华：《今日中国劳工问题》，上海青年协会1933年版。

② 陶孟和：《中国劳工生活程度》，中国太平洋国际学会1932年版；上海市社会局编：《上海市工人生活程度》，上海：中华书局1934年版；杨西孟：《上海工人生活程度的一个研究》，北平社会调查所，1930年；余启中编：《广州工人家庭之研究》，国立中山大学经济调查处，1934年；《广州人力车夫调查》，《国际劳工通讯》第5卷第4期，1938年4月；林颂河：《塘沽工人调查》，北平社会调查所，1930年；王子建：《天津面粉厂工人及工资的一个研究》，《社会科学杂志》第2卷第4期，1931年12月。

劳工立法、劳工行政类主要有实业部劳工司编印的《劳工法规汇编》、中国劳动问题研究社编印的《劳工法规汇刊》、顾炳元编的《中国劳动法令汇编》、樊弘的《劳动立法原理》、蒋学楷的《国际劳工立法》、刘巨坚的《工厂检查概论》等。① 失业救济类主要有鲁竹书的《失业问题研究》、马君武的《失业人及贫民救济政策》、飘萍吉人的《失业者问题》等。②

除上述著作外,还有关于劳工运动、劳工组织、劳资争议、劳资协议等方面的书籍,在这里因篇幅问题不再一一列举。此外,民国时期有关各地女工和童工的统计数据和评论性文章更是不胜枚举,可参见《第一次中国劳动年鉴》、《第二次中国劳动年鉴》、《中国经济年鉴》、《中国经济年鉴续编》、《实业部月报》、《统计月报》、《劳工月刊》、《国际劳工通讯》、《经济半月刊》、《申报》、《大公报》等,有不少关于各地劳工状况、女工、童工类的统计性资料。上述调查与研究,从不同侧面较为翔实地反映了近代劳工的生存实态,为后人研究这些群体提供了珍贵的基础性资料。

民国时期,学者对人力车夫的关注更是不遗余力。早在五四时期,人力车夫的形象就出现在一些文学大家的诗文中,如胡适于1918年在《新青年》刊发了《人力车夫》的诗文,沈尹默也在同期刊发了同名诗。此外,还有鲁迅的小说《一件小事》,这些描述是文学家眼中人力车夫的形象。

20世纪二三十年代,许多社会学者对各地人力车夫基本状况进行了大量细致入微的调查,如对北京、南京、上海、成都等地的人力车夫进行了调查,主要成果有陶孟和的《北京人力车夫之生活情形》,李景汉的《北京人力车夫现状的调查》,上海市社会局编印的《上海市人力车夫生活状况调查报告书》,言心哲的《南京市人力车夫生活的分析》,强一经的《济南洋车夫生活调查》,蔡

---

① 实业部劳工司编印:《劳工法规汇编》,1937年;顾炳元编:《中国劳动法令汇编》,上海法学编译社1931年版;中国劳动问题研究社编印:《劳工法规汇刊》,1933年;樊弘:《劳动立法原理》,上海:商务印书馆1933年版;蒋学楷:《国际劳工立法》,上海:大东书局1937年版;刘巨坚:《工厂检查概论》,上海:商务印书馆1934年版。

② 鲁竹书:《失业问题研究》,上海:中央图书局1927年版;马君武:《失业人及贫民救济政策》,上海:商务印书馆1926年版;飘萍吉人:《失业者问题》,京报馆1920年版。

斌咸的《从农村破产所挤出来的人力车夫问题》及其他有关的调查。①除上述调查外，反映人力车夫生存状况的文章，还散见于诸多报纸杂志中，这些资料构成我们今天了解近代人力车夫群体状况的基本史料。

民国时期娼妓业的发展，从业人数的日增，尤其下层妓院的泛滥，派生出一系列的社会问题，娼妓成为文明社会的一大病症，成为社会前进路上的重大障碍，诚如天津市社会局在《天津市妓户妓女调查报告》一书的序言中所说："娼妓一业为社会上最剧烈之病态，其影响于社会之健全与夫人种之盛衰者至重且巨。"②因此，娼妓问题引起了各方的关注。但是，新中国成立前有关娼妓问题的研究，多是附着于妇女史研究中，如民国时期著名的《妇女杂志》、《东方杂志》中在五四运动前后有不少文章从提倡"三从四德"和"贤妻良母"的角度出发，主张废除娼妓。民国的各类报纸杂志，如《大公报》、《益世报》、《申报》等在五四前后也有不少关于讨论娼妓问题的文章。

新中国成立前有关娼妓问题研究的著作主要有王书奴著的《中国娼妓史》、邝震鸣的《贫穷与娼妓》、鲍祖宝的《娼妓问题》。③尤其是王书奴的《中国娼妓史》一书，堪称迄今为止最权威的一部研究中国娼妓发展史的专著。该书首先对娼妓做了溯源，依据历史沿革，描述了历朝历代娼妓的发生发展过程，介绍了各朝娼妓制度和管理方式，以及与文学、风俗等方面的关系，考察了近

---

① 陶孟和：《北京人力车夫之生活情形》，见《孟和文存》，卷2，上海：亚东图书馆1928年版；李景汉：《北京人力车夫现状的调查》，见李文海：《民国时期社会调查丛编·城市（劳工）生活卷（下）》，福建教育出版社2005年版；上海市社会局：《上海市人力车夫生活状况调查报告书》，1934年；言心哲：《南京市人力车夫生活的分析》，国立中央大学，1935年5月；强一经：《济南洋车夫生活调查》，《社会科学杂志》第5卷第5期，1932年12月；蔡斌咸：《从农村破产所挤出来的人力车夫问题》，《东方杂志》第32卷第16号，1935年8月；《上海之人力车夫问题》，《新人周刊》第1卷第49期；《上海之人力车夫》，《劳工月刊》第4卷第8期，1935年8月。

② 天津市社会局编：《天津市妓户妓女调查报告》，1931年，引自李文海：《民国时期社会调查丛编·底边社会卷（下）》，福建教育出版社2005年版，第525页。

③ 王书奴：《中国娼妓史》，上海：上海生活书店1934年版；邝震鸣：《贫穷与娼妓》，北京：北方印刷所1930年版；鲍祖宝：《娼妓问题》，上海：女子书店1935年版。

代北平、上海、广州等地的妓院、娼妓状况,数据资料翔实。①但该书的主体部分为古代,对近代娼妓问题鲜有着墨,也尚未对废除娼妓制度进行系统的研究。

乞丐、流民等其他下层群体,也受到社会关注。吴元淑、蒋思壹的《上海七百个乞丐的调查》,陈冷僧的《上海的游民问题》、《上海乞丐问题的探讨》,刘云生的《汉口苦力状况》,涤亚的《救济乞丐》等对近代乞丐、流民问题进行研究。②

以上调查研究多流于对当时贫民各个群体生存状况的简单素描,而对整个城市贫民阶层形成的致因缺乏深入分析。同时,由于时代的局限性,对城市贫民的形成与中国近代社会进程的影响也无法做长时段的深入剖析。那么,这些城市贫民何以如此广泛地存在,他们的生存状况究竟如何,对近代城市社会产生何种程度的影响,国家和社会又是如何应对这一社会问题。带着这些疑问,笔者开始关注近代的城市贫民问题。无疑,这是一个很具有挑战性的研究课题,因为城市贫民包含的群体着实过于庞杂,他们的生存状况更是五花八门,尤其是作为一个"失语"的阶层,资料搜集的难度更是不言而喻。

总体而言,在1949年之前,对城市贫民群体的调查资料多,研究成果数量少,且研究不成系统,侧重点在对城市贫民中个别群体生活状况的研究,并且这些研究多是从社会学的视角进行的调查,目的主要是为了应对当时日益严重的社会问题。但是,这些调查为后人在这一问题上的进一步拓展研究,提供了不可或缺的基础性资料。

(二)新中国成立后研究状况

1.整体性研究

1949年以后至80年代之前,由于长期受"左"倾思想的影响,学界重视革

---

① 王书奴:《中国娼妓史》,上海:上海生活书店1934年版。

② 吴元淑、蒋思壹:《上海七百个乞丐的调查》稿本,1933年;陈冷僧:《上海的游民问题》,见上海市社会局编印:《社会半月刊》第1卷第4期,1934年10月;陈冷僧:《上海乞丐问题的探讨》,见上海市社会局编印:《社会半月刊》第1卷第6期,1934年11月;刘云生:《汉口苦力状况》,《新青年》第8卷第1号,1920年9月;涤亚:《救济乞丐》,见上海市社会局编印:《社会半月刊》第1卷第4期,1934年10月。

命话语,对城市贫民鲜有关注,很长一段时间没有相关的研究成果问世。直到80年代之后,随着思想的解放和社会史研究的兴起,特别是受法国年鉴学派"长时段"和"向下看历史"的影响,城市贫民的研究成果方才开始出现,并出版了一些相关的著作,亦发表了一些有价值的论文。

新中国成立后,尤其是随着20世纪80年代社会史研究的勃兴,史学界对于社会史范围内的婚姻、家庭、社会习俗、灾荒、匪患等社会问题的研究,可谓方兴未艾,硕果累累。然而,学者们对城市贫民问题的研究一直处于比较薄弱的状态,尤其是系统性的研究,至今尚无专著问世。

当然,也有部分学者在著作或论文中关注城市贫民问题,如李明伟的《清末民初中国城市社会阶层研究》一书,以清末民初城市各阶层为典型代表,详细考察和分析了他们的社会地位、流动渠道与人生轨迹的变迁等方面。书中第七章"清末民初城市中下层市民中的特殊群体",分析了城市中下层市民特殊群体的结构分布、收入生活等,并对这一群体进行了客观评价,但论及近代城市贫民阶层的仅占很小一部分。① 袁熹的《清末民初北京贫困人口研究》一文,研究了清末民初北京贫困人口数量、分布区域、性别年龄、家庭人口、生活状况等,认为贫困人口剧增的原因在于经济不景气导致的大批市民破产;北京工商业不发达,就业困难;外来人口竞争的结果。此外,一个重要的原因归之于骤失生活来源的旗人所致。②

李长莉的《晚清上海社会的变迁——生活与伦理的近代化》,从社会伦理变迁的视角,探析晚清上海社会生活方式的变化,其中有不少章节涉及下层群体,如女堂倌、娼妓、女艺人、女佣、女工等,勾勒了他们的生活场景。③ 忻平的《从上海发现历史——现代化进程中的上海人及其社会生活(1927~1937)》一书,运用"全息社会史观"的理论,从以往人们忽视的人口、社会结构、衣食住行乃至社会环境等方面入手,分析其内在的互动关系,及其在社会现代化

---

① 李明伟:《清末民初中国城市社会阶层研究(1897~1927)》,社会科学文献出版社2005年版。
② 袁熹:《清末民初北京贫困人口研究》,见徐俊德主编:《北京档案史料》,新华出版社2000年版。
③ 李长莉:《晚清上海社会的变迁——生活与伦理的近代化》,天津人民出版社2002年版。

进程中的特征和规律,描绘出一幅1927～1937年上海社会历史的绚丽画卷。①美国学者卢汉超的《霓虹灯外——20世纪初日常生活中的上海》一书,从城市的各个细节入手,引用大量的文献资料,对20世纪初上海的人力车夫、棚户区居民、一般的小市民及小商小贩等群体的日常生活,进行了生动描述,展现出一幅近现代上海市井生活图景,并揭示了传统的力量在中国近代史上的重要地位。②王笛的《成都街头文化——公共空间、下层民众与地方政治,1870～1930》一书,以中国的成都作为研究对象,考察了下层民众与公共空间、社会改良及地方政治的关系,侧重从社会的底层,从历史上没有留名的芸芸众生的视角,来看待普通民众在社会改良、革命以及社会动乱中的遭遇,发出了"他们失去一个旧世界,但并没有得到一个新世界"的悲叹!③

近几年,也有一些硕博论文关注城市贫民群体,如索亮在《民国时期城市贫民生活述略》一文中,从城市贫民的分类、来源、工作、收支、衣食住、城市贫民生活的特点等方面进行阐释。但该文试图用几个城市贫民生活的碎片,来分析民国时期整个中国贫民的生活状况,未免有以偏概全之嫌。④郭谦的《民国时期统治者对城市下层社会的社会调控——以山东为例》,以近代山东为切入点,从社会调控的视角,分析了北洋政府时期、南京国民政府时期、抗日战争时期,中央和地方政府与山东下层社会的关系,试图揭示民国时期山东城市下层社会群体的社会阶层结构和生存状况,重现这一时期的城市生活实景,并认为"民国时期统治者对城市下层社会的社会调控呈现出由传统向近代的转型趋势,但这种转型是渐进和不彻底的,表现为在某些层面上社会调

---

① 忻平:《从上海发现历史——现代化进程中的上海人及其社会生活(1927~1937)》(修订本),上海大学出版社2009年版。

② [美]卢汉超著,段炼、吴敏、子羽译:《霓虹灯外——20世纪初日常生活中的上海》,上海古籍出版社2004年版。

③ [美]王笛著,李德英、谢继华、邓丽译:《成都街头文化——公共空间、下层民众与地方政治,1870～1930》,中国人民大学出版社2006年版,第52页。

④ 索亮:《民国时期城市贫民生活述略》,吉林大学硕士论文,2006年5月。

控的缺失,这是由其阶级局限性决定的"①。此文虽然试图从社会史的角度去构建下层社会与统治者的关系,但是,文章运用的资料多是官方文献,且多是从统治者视角去考察国家与下层民众的关系,故实际上很难真正体现下层社会与上层社会之间的互动关系。

就天津而言,贫民问题的研究比较深入的有刘海岩的《空间与社会：近代天津城市的演变》一书,其中第八章"城市边缘阶层",简要概述了贫民、混混、脚行、乞丐的基本状况。②论文方面,刘海岩的《近代华北自然灾害与天津边缘化的贫民阶层》和任云兰的《近代华北自然灾害与妇女儿童的生存状况》,从自然灾害的角度,分析了自然灾害与近代城市贫民的关系。③此外,任云兰的《近代城市贫民阶层及其救济探析——以天津为例》一文,从社会救济的角度,分析了城市贫民与国家社会的关系。④

2. 群体研究

（1）劳工研究

新中国成立后,受国内政治风气的影响,学者们对旧中国工人运动和工人生活状况的研究可谓如火如荼。在工运史研究方面主要成果有《重庆工人运动史（1919~1949）》、《武汉工人运动史》、《天津工人运动史》、《中国工人运动史》、《新民主主义革命初期的工人运动（1919.5~1923.12）》、《第一次大革命时期的工人运动（1924.1~1927.7）》、《土地革命时期的工人运动（1927.8~

---

① 郭谦：《民国时期统治者对城市下层社会的社会调控——以山东为例》,山东大学博士论文,2007年4月。

② 刘海岩：《空间与社会：近代天津城市的演变》,天津社会科学院出版社2003年版,第227~273页。

③ 刘海岩：《近代华北自然灾害与天津边缘化的贫民阶层》,《天津师范大学学报》（社会科学版）,2004年第2期；任云兰：《近代华北自然灾害与妇女儿童的生存状况》,《晋阳学刊》2007年第3期。

④ 任云兰：《近代城市贫民阶层及其救济探析——以天津为例》,《史林》2006年第2期。

1937.7)》《抗日战争时期的工人运动(1937.7~1945.8)》等。①无疑,一部工运史就是工人的血泪史,是工人不断觉悟反帝反封的历史。工人是工运的主题,他们的生存状况在学者的笔下完全被政治化、革命化,经济上受剥削,政治上受压迫,终日过着牛马不如的悲苦生活,成为一种统一的研究范式。

此外,陈达的《上海工人的工资与实在收入(1930~1946)》,匡丹丹的《上海工人的收入与生活状况(1927~1937)》,朱邦兴、胡林阁、徐声的《上海产业与上海职工》,陈达的《我国抗日战争时期市镇工人生活》,南开大学经济研究所经济史研究室的《旧中国开滦煤矿的工资制度和包工制度》,于洋洋的《民国时期产业工人的劳动状况》等,从不同角度,对各地产业工人的构成分布、收支状况、劳动生活、斗争反抗等方面进行了研究。②池子华的《农民工与近代社会变迁》一书,以江南为例,较为全面地论述了进城农民工的生存状态,其处于社会底层的困境与艰辛的奋斗历程。③李映涛的《民国前期内地城市工人生活研究——以成都为例》一文,以成都为个案,通过对抗战前成都市工业发展和工人数量、工人工作状况与收入、工人家庭生活等方面的考察,认为民国前期成都市工人阶层开始崛起并逐步走上社会政治舞

---

① 黄淑君主编:《重庆工人运动史(1919~1949)》,西南师范大学出版社1986年版;武汉市总工会工运史研究室编:《武汉工人运动史》,辽宁人民出版社1987年版;天津市总工会工运史研究室编:《天津工人运动史》,天津人民出版社1989年版;王建初、孙茂生主编:《中国工人运动史》,辽宁人民出版社1987年版;刘明逵:《新民主主义革命初期的工人运动(1919.5~1923.12)》,广东人民出版社1998年版;曾成贵:《第一次大革命时期的工人运动(1924.1~1927.7)》,广东人民出版社1998年版;刘晶芳、唐玉良、赵永波:《土地革命时期的工人运动(1927.8~1937.7)》,广东人民出版社1998年版;齐武:《抗日战争时期的工人运动(1937.7~1945.8)》,广东人民出版社1998年版。

② 陈达:《上海工人的工资与实在收入(1930~1946)》,《教学与研究》1957年第4期;匡丹丹:《上海工人的收入与生活状况(1927~1937)》,硕士论文,2008年5月;朱邦兴、胡林阁、徐声:《上海产业与上海职工》,上海人民出版社1984年版;陈达:《我国抗日战争时期市镇工人生活》,中国劳动出版社1993年版;南开大学经济研究所经济史研究室:《旧中国开滦煤矿的工资制度和包工制度》,天津人民出版社1983年版;于洋洋:《民国时期产业工人的劳动状况》,硕士论文,2006年4月。

③ 池子华:《农民工与近代社会变迁》,安徽人民出版社2007年版。

台,为成都城市现代化进程带来了重大而深刻的影响。①孙利霞的《抗战前成都工人与上海工人之比较》一文,以比较的视角,通过对抗战前成都、上海两城市工业状况、工人收入、工人运动等情况的比较分析,证明工人运动的发生和发展是综合因素作用的结果,仅有经济的动因是不够的。②李忠的《近代中国劳工教育的历史变迁》和《民国时期劳工教育制度建设及其影响》,关注近代劳工的教育情况,专门探讨了近代中国劳工教育的变迁,劳工教育的制度建设及其影响等问题,这对今天的农民工教育具有现实的参照意义。③

也有国外学者对中国近代工人进行研究。其中比较突出是美国学者盖尔·贺萧(Gail Hershatter)的《天津工人:1900~1949》④,卢汉超的《上海的工人与邻里:1911~1949年》⑤,以及裴宜理的《上海罢工:中国工人政治研究》⑥。其中,《天津工人:1900~1949》一书,从天津的形成到工厂分布,近距离地研究了天津各类工人的生活状况,从工人阶级自身的角度出发,分析了意识、组织和行动之间以各种动态方式胶合在一起的相互关系,并认为"工人罢工是工人众多生存策略之一,不能仅仅把他们看作工人阶级意识的唯一可靠的指引"⑦。

在对近代工人研究中,女工的研究成果显著。佟新的《异化与抗争——中

---

① 李映涛:《民国前期内地城市工人生活研究——以成都为例》,《中华文化论坛》2005年第4期。

② 孙利霞:《抗战前成都工人与上海工人之比较》,《宜宾学院学报》2004年第1期。

③ 李忠:《近代中国劳工教育的历史变迁》,《河北师范大学学报》(教育科学版),2005年5月;李忠:《民国时期劳工教育制度建设及其影响》,《职教论坛》2010年第4期。

④ Gail Hershatter: *The Workers of Tianjin, 1900~1949*. Calif: Stanford University Press, 1986.

⑤ [美]卢汉超:《上海的工人与邻里:1911~1949年》,(*The Workers and Neighborhoods of Shanghai, 1911~1949*),博士论文,洛杉矶加州大学,1991年。

⑥ [美]裴宜理著,刘平译:《上海罢工:中国工人政治研究》(*Shanghai on Strike: The Politics of Chinese Labor*),江苏人民出版社2001年版。

⑦ Gail Hershatter: *The Workers of Tianjin, 1900~1949*. Calif: Stanford University Press, 1986, P8.

国女工工作史研究》一书,简要介绍了近代女工的产生发展、政治斗争情况。①因该书的研究延至当代,因此,对近代女工只是一种粗线条的简单描述。吕美颐、郑永福的《中国近代产业女工的历史考察》,马庚存的《论中国近代产业女工的历史命运》,佟新的《社会结构与历史事件的契合——中国女工的历史命运》,谷正艳的《论中国近代产业女工(1872~1937)》,以及张伟的《近代城市女工状况初探》等从各个方面探讨了近代产业女工的产生发展、工作生活状况以及斗争和反抗的基本情形。②也有一些论文,对近代某一时期、某一地方、某一产业的女工从业和生活状况等进行个案探讨。③

国外也有学者关注近代中国的女工,如霍尼格(Emily Honig)的《姐妹们与陌生人:1919~1949年上海纱厂的女工》一书,对1919年至1949年上海纱厂的女工状况进行了研究。该书首先采用结构分析的方法,分析了纱厂内部女工的等级差别,各自的工作生活状况、待遇差异等;其次,运用区域文化分析的视角,考察了地缘关系、产业关系的相互作用,即帮派嫡亲和地域差异对女工群体造成的影响;第三是性别分析法,以女工为主体,并与男工进行比较研究,以及对女工阶级觉悟的考察,认为女工的罢工与男工的罢工无论从动因、性质,还是规模上都存在极大不同。④

童工问题是近代劳工问题中又一突出问题,不少学者对近代中国的童工问题进行研究,涉及童工的产生、构成、工作状况、童工福利、影响及其社会关

---

① 佟新:《异化与抗争——中国女工工作史研究》,中国社会科学出版社2003年版。

② 吕美颐、郑永福:《中国近代产业女工的历史考察》,《郑州大学学报》(哲学社会科学版),1992年第4期;马庚存:《论中国近代产业女工的历史命运》,《山东医科大学学报》(社会科学报),1996年第4期;佟新:《社会结构与历史事件的契合——中国女工的历史命运》,《社会学研究》2003年第5期;谷正艳:《论中国近代产业女工(1872~1937)》,硕士论文,2002年5月;张伟:《近代城市女工状况初探》,《西南民族学院学报》(哲学社会科学版),2000年第12期。

③ 李年终:《20年代湖南女工问题研究》,《山东社会科学》2002年第1期;高晓玲:《近代上海产业女工研究(1861~1945)》,硕士论文,2008年4月。

④ Emily Honig: *Sisters and Strangers: Women in the Shanghai Cotton Mills, 1919~1949*. Calif: Stanford University Press, 1986.

注等。①鲁运庚和尹明明的《工业化时期东西方童工问题比较研究》一文,以比较的视角,探讨了工业化时期东西方童工劳动的异同,通过大量史实说明东西方在使用童工过程中,除在行业分布、劳动时间、劳动强度、劳动报酬、工作环境、对童工劳动的规范等方面存在着异同外,还初步探讨了造成这种差异的原因。②而鲁运庚的《中国共产党对童工问题的早期认识和主张》一文,通过分析中共早期在童工问题上的认识和主张,体现了中共代表着广大人民群众的根本利益。③

(2)娼妓研究

在欧风美雨的侵袭下,中国的现代化进程开始缓慢启动,城市结构、城市功能也随之呈现出迥异于传统时代的某些特质。城市中娼妓行业亦不甘落后,勃然炽兴,与中国城市早期现代化呈并驾齐驱之势。随着20世纪80年代以来社会史的勃兴,当代中国学者对近代娼妓业的研究蔚然成风,而这方面的研究首先始于上海,且成绩斐然。④其后,北京、天津、广州、武汉等地的学者也对所在城市的娼妓问题进行了研究,彰显出其作为近代一个影响颇大的社

---

① 鲁运庚、刘长飞:《民国初年的童工研究》,《民国档案》2002年第2期;尹明明、鲁运庚:《20世纪中国童工问题研究》,《山东师范大学学报》(人文社会科学版),2003年第48卷第3期;丁勇华、吕佳航:《试论1920、1930年代上海童工问题》,《上海大学学报》(社会科学版),第15卷第2期,2008年3月;王媛媛:《近代中国童工问题研究——以20世纪二三十年代上海为中心》,硕士论文,2007年4月。

② 鲁运庚、尹明明:《工业化时期东西方童工问题比较研究》,《甘肃社会科学》2003年第3期。

③ 鲁运庚:《中国共产党对童工问题的早期认识和主张》,《山东师范大学学报》(人文社会科学版),2004年第49卷第3期。

④ 关于上海娼妓问题研究的成果,论著主要有:杨洁曾、贺宛男:《上海娼妓改造史话》,上海三联书店1988年版;上海文史馆编:《旧上海的烟赌娼》,百家出版社1988年版;孙国群:《旧上海娼妓秘史》,河南人民出版社1988年版;薛理勇:《上海妓女史》,海峰出版社1996年版。相关的论文主要有:孙国群:《论旧上海娼妓制度的发展及其特点》(《上海研究论丛》1989年第4期)和《旧上海娼妓制度发展的原因及其特点》(《社会科学》1989年第6期);许敏:《士、娼、优:晚清上海社会生活一瞥》,《史林》1992年第2期;忻平:《20~30年代上海青楼业兴盛的特点与原因》,《史学月刊》1998年第1期。

会问题正日益受到学者们的广泛关注。①

除个案研究外,也有一些学者对中国娼妓进行了整体性研究,如武舟的《中国妓女生活史》、萧国亮的《中国娼妓史》、单光鼎的《中国娼妓——过去和现在》、张耀铭的《中国江湖——娼妓的历史》,以及邵雍的《中国近代妓女史》等著作。也有不少论文对民国时期的娼妓问题进行专门研究,如黄兴涛、刘辉的《五四时期的废娼运动初探》,张百庆的《中国城市早期现代化过程中的娼妓问题》,张超的《民国娼妓问题研究》等论文。②张百庆的《中国城市早期现代化过程中的娼妓问题》一文,从认识中国城市早期现代化过程中弊病的角度,以城乡关系和城市政治、经济、文化及市民行为观念的转型变迁为背景,剖析了这一城市病的历史及社会根源,试图揭示中国城市早期现代化过程中的面相和特点。黄兴涛、刘辉的《五四时期的废娼运动初探》一文,从妇女运动角度,结合当时的社会改造背景,对五四时期的废娼运动作了初步考察。这些成果分别采用多角度、跨学科综合的方法对近代中国的娼妓问题进行了研究,给笔者很大的启发。

就天津娼妓问题的研究,其成果不可与上海同日而语,韩国强的《旧天津的娼业及取缔经过》一文,分析了1949年后天津市政府取缔娼妓业的经过,但

---

① 相关的成果主要有:王娟:《清末民国时期北京的"救娼"与"废娼"》,《妇女研究论丛》2006年第3期,总第72期;江沛:《20世纪上半叶天津娼业结构述论》,《近代史研究》2003年第2期;张晓辉、陈育:《20世纪20年代的广州废娼运动》,《广西社会科学》2006年第11期;冯武:《1950年代武汉娼妓改造研究》,硕士论文,2008年5月;秦晓梅:《近代山东娼妓业的兴衰》,《中华女子学院山东分院学报》2007年第2期;罗衍军:《1945～1949年间的杭州娼妓概况与其治理》,《聊城大学学报》(社会科学版),2008年第6期。

② 相关的著作主要有:武舟:《中国妓女生活史》,湖南文艺出版社1990年版;萧国亮编:《中国娼妓史》,台北:文津出版社1996年版;单光鼎:《中国娼妓——过去和现在》,法律出版社1995年版;张耀铭:《中国江湖——娼妓的历史》,北京图书出版社2004年版;邵雍:《中国近代妓女史》,上海人民出版社2005年版。相关的论文主要有黄兴涛、刘辉:《五四时期的废娼运动初探》,《史学月刊》1992年第3期;张百庆:《中国城市早期现代化过程中的娼妓问题》,《史学月刊》1999年第1期;张超:《民国娼妓问题研究》,武汉大学博士论文,2005年4月。

对民国时期天津娼妓业问题却鲜有涉及。①刘炎臣的《旧社会天津妓院概况》一文，对民国时期天津特别市日、奥、法、英租界内的中外娼妓情况做了简要概述。②孙立民的《日租界的毒、赌、娼》一文，粗线条地描述了日租界的娼妓业。③上述几篇文章，均属一般的介绍性文章。江沛的《20世纪上半叶天津娼业结构述论》一文，在充分利用档案的基础上对20世纪上半叶天津的娼妓进行研究，在概述其历史沿革的同时，从公娼业的变迁及其构成、公娼业人员群体构成、行规及老板对妓女的控制、娼妓业经营与收支分配、暗娼业活动特征，及娼妓业的影响等问题进行了深入剖析，试图从社会史角度透视娼妓业的变动规律，并认为在近代中国娼妓业的兴衰，"首先是一个经济与社会的问题，其次才是一个伦理问题"④。这是一个很有启发性的提法。成淑君的《贞操与生存：民国时期天津贫民性行为失范现象探析》一文，把近代天津贫民的性行为失范现象，放在近代社会转型的背景中进行分析，并认为"贫穷与生存的艰难才是造成这一局面的最根本的原因"⑤。

不少国外学者对中国近代的娼妓问题给予充分的关注。美国学者盖尔·贺萧所著的《危险的愉悦：20世纪上海的娼妓问题与现代性》一书，采用后结构主义的分析方法，以丰富而错综复杂的细节，再现了近代上海色情业的发展与城市社会转型之间的纠葛。⑥这本著作堪称外国学者研究中国娼妓问题的典范。此外，盖尔·贺萧还有一些关于上海娼妓问题的论文，如《上海娼妓

---

① 韩国强：《旧天津的娼业及取缔经过》，见中共天津市委党史资料征集委员会、天津市公安局编：《难忘的岁月——天津市解放初期社会治理纪实》，中共党史出版社1994年版，第296～313页。

② 刘炎臣：《旧社会天津妓院概况》，见中国人民政治协商会议天津市委员会文史资料研究委员会编：《天津文史资料选辑》1996年第2辑（总第70辑），天津人民出版社1996年版。

③ 孙立民：《日租界的毒、赌、娼》，见中国人民政治协商会议天津市委员会文史资料研究委员会编：《天津文史资料选辑》1997年第3辑（总第75辑），天津人民出版社1997年版。

④ 江沛：《20世纪上半叶天津娼业结构述论》，《近代史研究》2003年第2期，第183页。

⑤ 成淑君：《贞操与生存：民国时期天津贫民性行为失范现象探析》，《济南大学学报》（社会科学版），第19卷第5期，2009年。

⑥ [美]盖尔·贺萧著，韩敏中、盛宁译：《危险的愉悦：20世纪上海的娼妓问题与现代性》，江苏人民出版社2003年版。

(1919～1949)》、《娼妓业与20世纪初上海的市场》、《从交际花到街头妓：上海娼妓业的话语变迁，1890～1949》、《现代化的性与性的现代化：20世纪初期上海的娼妓业》等，分别从性别史、文化史等视角去研究近代上海的娼妓问题。①

法国学者安克强对近代上海的娼妓问题也给予关注，相关的成果有：《上海妓女——19～20世纪中国的卖淫与性》、《歇业：上海娼妓业的废除，1949～1958》、《从荣耀之巅到耻辱之谷：上海娼妓业回顾，1849～1949》等。②此外，也有其他一些国外学者从不同的角度关注中国近代的娼妓问题，如何吉瑜（Ho, Virgil Kit-yiu）：《广州卖笑人：民国初年的娼妓》，以广州为个案，对民国初年的娼妓问题进行研究。③卢汉超的《权利与道德：1920～1925年上海的废娼运动》一文，认为1920～1925年上海公共租界工部局开展的废娼运动是"外国势力违背当地社会的意愿人为制造的一次运动，既不被当地社会所理解，也没有被他们所接受"。同时也昭示了"中国的社会习俗和性文化的力量无可否认地超越了废娼运动的发起者以一种对立的方式施加的压力，他们要废除的现象——淫业——在中国的社会现实中有稳固的基础"④。在研究民国娼妓的众

---

① 《上海娼妓（1919～1949）》，《上海研究论丛》，1989年第4期；《娼妓业与20世纪初上海的市场》(Prostitution and Marketing Early Twentieth Century Shanghai)，载R.S.沃森（R.S.Watson）、P.B.艾伯瑞（P.B.Ebrey）主编：《中国社会的婚姻与不平等》(Marriage and Inequality in Chinese Society)，加州大学出版社1991年版；《从交际花到街头妓：上海娼妓业的话语变迁，1890～1949年》(Courtesans and Streetwallers: The Changing Discourse on Shanghai Prostitution, 1890~1949)，《性史杂志》第3卷第3期，1992年；《现代化的性与性的现代化：20世纪初期上海的娼妓业》(Modernizing Sex, Sexing Modernity: Prostitution in Early Twentieth——Century Shanghai)，载C.吉尔马丁（C.Gilmartin）等主编：《性别化的中国：妇女、文化与国家》(Engendering China: Women, Culture and the State)，哈佛大学出版社1994年版。

② [法]安克强著，袁燮铭、夏俊霞译：《上海妓女——19～20世纪中国的卖淫与性》，上海古籍出版社2004年版；[法]安克强：《歇业：上海娼妓业的废除，1949～1958》，(The Abolition in Shanghai, 1949~1958)，《中国季刊》，第142期，1995年6月，第132～163页；[法]安克强《从荣耀之巅到耻辱之谷：上海娼妓业回顾，1849～1949》(From Throne of Glorytoa Seat of Ignominy: Shanghai Prostitution Revisited, 1849~1949)，《近代中国》第22卷第2期，1996年4月，第132～163页。

③ 何吉瑜：《广州卖笑人：民国初年的娼妓》，《东亚史》第5期，1993年，第101～132页。

④ [美]卢汉超著，刘海岩译：《权力与道德：1920～1925年上海的废娼运动》，《城市史研究》第19~20辑，天津社会科学院出版社2000年版，第42页。

多成果中,盖尔·贺萧的《危险的愉悦:20世纪上海的娼妓问题与现代性》和安克强的《上海妓女——19~20世纪中国的卖淫与性》,可谓是研究近代上海娼妓的鸿篇巨制,这两部著作对上海妓女史的研究,从妓女与文人关系切入,在研究方法上很有新意。

(3)乞丐、流民、游民等群体研究

近代城市中乞丐、流民问题,是困扰近代中国的重大社会问题,其数量之众,规模之广,影响之大,令人瞠目。中外不少学者关注近代中国的乞丐问题,如邓小东的《略论民国时期的乞丐问题》、《民国时期的乞丐及乞丐救济》,池子华的《沉重的历史省思——近代中国的乞丐及其职业化》,李红英的《略论近代中国社会的职业乞丐问题》,吴庆的《略论民国时期上海的乞丐问题》,罗国辉的《民国时期乞丐群体成因探析——以上海乞丐群体为例》,从不同侧面探析了近代乞丐出现的原因、分类、行乞策略、危害以及统治者的调控措施等。①刘海岩的《近代天津乞丐的构成、行为及其城市遭遇》一文,分析了近代天津城市乞丐的分布、构成组织、行乞方式、政府与乞丐的关系诸方面,认为乞丐作为一个社会阶层,自我意识在增长,"乞丐也在找寻自己在社会中的位置。但是,社会对乞丐的认同,却一直障碍重重"②。

美国学者对近代中国乞丐的研究,起步早于中国,有代表性的成果有卢汉超的《城市人:近代上海的乞丐和游民》一文,论述了民国上海作为城市职业的乞丐的行乞技巧、公众对乞丐的观点、乞丐政治(国家与乞丐、乞丐等级划分)等方面的内容。③作者认为,"行乞不一定是社会地位的向下流动,也不一

---

① 邓小东:《略论民国时期的乞丐问题》,《宁夏社会科学》2004年第1期;邓小东:《民国时期的乞丐及乞丐救济》,《晋阳学刊》2004年第1期;池子华:《沉重的历史省思——近代中国的乞丐及其职业化》,《中国党政干部论坛》2004年第4期;李红英:《略论近代中国社会的职业乞丐问题》,《安徽师范大学学报》2000年第1期;吴庆:《略论民国时期上海的乞丐问题》,《绥化学院学报》第26卷第6期,2006年12月;罗国辉:《民国时期乞丐群体成因探析——以上海乞丐群体为例》,《天中学刊》第21卷第6期,2006年12月。

② 刘海岩:《近代天津乞丐的构成、行为及其城市遭遇》,《城市史研究》第22辑,2004年5月,第116页。

③ [美]卢汉超著,任云兰译:《城市人:近代上海的乞丐和游民》,《城市史研究》第19~20辑,天津社会科学院出版社2000年版。

定是目光短浅的标志或是个人失败的结果。相反,行乞及其神话、策略和组织成为城市的一种职业和近代中国城市诱惑力的一部分。"①关文斌著的《近代天津的穷家门:行乞与生存策略论述》一文,以天津、北京和华北其他相关地区的档案和口述资料为基础,分析了乞丐次生社会及其作为弱者的生存武器。②

有关近代流民研究,成果最突出的当属池子华先生,其《中国近代流民》一书,采用整体性研究与区域性研究相结合的手法,对近代流民现象发生的原因、流民的空间和职业流向、流民对近代中国社会所产生的效果,及国家是如何解决流民问题的等,进行了多角度、多层次考察,并对如何救济和解决流民问题提出了自己的观点和看法。③此外,池子华还有一些论文,分别从社会史、文化史等角度研究近代流民问题,如《近代农业生产条件的恶化与流民现象——以淮北地区为例》一文,以苏、皖淮北地区为例,探讨近代(1840~1949)农业生产条件——劳动力、劳动工具和劳动对象的恶化与流民现象发生的内在联系,认为流民现象的发生主要不是经济发展造成的,而是相反。④池子华的《近代中国流民向城市的"向心"流动》一文,分析了近代流民空间移动的轨迹、动机、目的、特征,"选择职业"与"职业选择",以及流动中的"女性流民"等,探讨了流民与城市的互动关系。⑤池子华的《流民的文化现象——以清代淮北地区为例》一文,从文化社会学的视角,审视清代淮北流民现象,认为淮北流民现象是一种文化现象,是淮北流民根据内在与外在的现实生态条件,对生存方式所做的一种文化选择,并且认为,这种文化选择与生存环境和主

---

① [美]卢汉超著,任云兰译:《城市人:近代上海的乞丐和游民》,《城市史研究》第19~20辑,天津社会科学院出版社2000年版,第73页。

② [美]关文斌著,任吉东译:《近代天津的穷家门:行乞与生存策略论述》,《城市史研究》第23辑,天津社会科学院出版社2005年版。

③ 池子华:《中国近代流民》,浙江人民出版社1996年版。

④ 池子华:《近代农业生产条件的恶化与流民现象——以淮北地区为例》,《中国农史》1999年第18卷第2期。

⑤ 池子华:《近代中国流民向城市的"向心"流动》,《城市史研究》第19~20辑,天津社会科学院出版社2000年版。

体自身的素质密切相关。① 而池子华的《流民与近代盗匪世界》一文,从社会史的角度,对流民与近代盗匪世界的互动关系进行剖析,认为流民是盗匪最可靠的来源,近代中国之所以成为盗匪世界,是建立于流民遍地的国情基础上的。该文还以苏、皖淮北地区为例,进一步揭示出流民与社会动乱的关系。②

就游民的研究而言,王跃生的《晚清社会的游民问题》一文,对晚清游民问题进行了整体考察与梳理。③ 周育民的《开埠初期上海游民阶层研究》,卢汉超的《城市流民的产生:上海的棚户区,1920～1950》等,从不同角度分析了近代上海的游民和难民群体的来源分类、形成、社会影响及政府措施等。④

（4）苦力研究

苦力阶层的典型代表是人力车夫。对于近代中国人力车夫的研究,成果较多,既有对近代城市人力车夫群体的整体研究,也有对不同城市中人力车夫的个案研究。对近代城市人力车夫群体进行整体研究的代表性成果有王印焕的《民国时期的人力车夫分析》和池子华的《近代中国城市"底边"社会研究——以人力车夫为中心》两篇论文。王文分析了民国时期城市人力车夫的数量、入城原因与目的、识字率、籍贯、工作状况、收支、住房、婚姻与家眷情况及其社会矛盾;池文通过对人力车夫来源构成、年龄构成、劳动状况、生存状态等方面的考察,试图再现城市"底边"社会的生活场景,并认为人力车夫作为农民工的一种职业流向,人力车业的兴衰,折射出近代中国社会变迁的时代风貌。⑤

---

① 池子华:《流民的文化现象——以清代淮北地区为例》,《苏州大学学报》(哲学社会科学版),2003年第1期。

② 池子华:《流民与近代盗匪世界》,《安徽史学》2002年第4期。

③ 王跃生:《晚清社会的游民问题》,《学术研究》1991年第6期。

④ 周育民:《开埠初期上海游民阶层研究》,《近代史研究》1992年第5期;[美]卢汉超:《城市流民的产生:上海的棚户区,1920～1950》(*Creating Urban Outcasts:Shantytown in shanghai,1920～1950*)《城市史杂志》第24卷,1995年第5期。

⑤ 王印焕:《民国时期的人力车夫分析》,《近代史研究》2000年第3期;池子华:《近代中国城市"底边"社会研究——以人力车夫为中心》,《城市史研究》第24辑,天津社会科学院出版社2006年版。

在个案研究中，不少学者对近代上海、北京、武汉、成都、广州等城市的人力车夫群体进行研究。①此外，有不少学者从近代化、城市化的视角关注近代的人力车夫群体。②还有部分学者尝试从人力车夫与近代城市交通关系进行分析。③

也有学者关注城市的其他苦力阶层，如孙曙的《漫话重庆的码头工》、黎霞的博士论文《负荷人生：民国时期武汉码头工人研究》，则把关注点投向民国时期的码头工人。④刘秋阳的《论都市苦力工人的阶级属性与特点》一文，认为苦力工人属于中国工人阶级的一个重要部分，数量上甚至曾超过产业工人，同时也是城市社会的一个重要组成部分，但是他们又有自己的特点。⑤而刘秋阳的《民国时期的码头工人与帮会》一文，则分析了码头工人与帮会之间的关系。该文认为，在民国时期，码头工人加入帮会是一种普遍现象。码头工人加入帮会，既是码头工人自身心理的需要，也是其经济、政治的需要。但是帮会在一定程度上满足了码头工人的政治和安全需要的同时，也增强了码头

---

① [美]大卫·斯特兰德（David Strand）：《北京的人力车夫：1920年代的城市人与政治》（*Rickshaw Beijing: City People and Politics in the 1920s*），加州大学出版社1989年版；邱国盛：《北京人力车夫研究》，《历史档案》2003年第1期；杜丽红：《20世纪30年代北平人力车夫管理与救济》，《中国社会科学院近代史研究所青年学术论坛》(2002年卷)，社科文献出版社2004年版；唐富满：《20世纪二三十年代广州的人力车夫及其政府救助》，《中山大学研究生学刊》2005年第3期；孔祥成：《现代化进程中的上海人力车夫群体研究——以20世纪20~30年代为中心》，《学术探索》2004年第10期。

② 这方面的主要成果有：马陵合：《近代人力车夫与城市化症结——以20世纪30年代上海人力车夫的救济为中心》，《中国社会历史评论》（第4辑），商务印书馆2002年版；孔祥成：《现代化进程中的上海人力车夫群体研究——以20世纪20~30年代为中心》，《学术探索》2004年第10期。

③ 这方面的成果主要有：王印焕：《交通近代化过程中人力车夫与电车的矛盾分析》，《史学月刊》2003年第4期；邱国盛：《人力车与近代城市公共交通的演变》，《中国社会经济史研究》2004年第3期。

④ 孙曙：《漫话重庆的码头工》，《重庆党史研究资料》1990年第1期；黎霞：《负荷人生：民国时期武汉码头工人研究》，华中师范大学博士论文，2007年4月。

⑤ 刘秋阳：《论都市苦力工人的阶级属性与特点》，《中国劳动关系学院学报》第22卷第5期，2008年10月。

工人对其在各方面的依附性。①

（5）女佣、混混儿等其他下层群体的研究

陆德阳、王乃宁的《社会的又一层面——中国近代女佣》一书,分析了女佣的嬗变、分类、日常生活、出路,及女佣与东家、女佣与社会名流、女佣与洋人、女佣与公案的关系等,从整体上勾勒出中国近代女佣的全貌。②

人们观念中的混混儿是一群不法之徒,是地方稳定的严重威胁,而美国学者关文斌的《乱世:天津混混儿与近代中国的城市特性》一文,通过讲述近代天津城市中混混儿的作用,试图对混混儿的形象进行重构,使其成为天津文化的一部分;同时认为,混混儿在城市里开辟了适合他们的活动地区,成了"正义"执法人和争执以及社区问题的调解人;混混儿也扩大了市民社会的范围。③劳拉·麦克丹尼尔（Laura.A.McDaniel）的《跳龙门:上海说书人的社会流动,1849～1949》一文,从社会流动的角度研究近代上海的说书人。④

以上研究从不同角度对城市贫民中的各个群体的形成原因、基本状况、影响及统治者的政策等方面进行了阐释和分析,为本书提供了很多值得借鉴之处。

（三）社会救助与控制研究

有部分学者从国家社会救助或者控制的角度,研究中国近代城市贫民问题。这方面成果比较引人瞩目的是蔡勤禹,其《国家、社会与弱势群体——民国时期的社会救济（1927～1949）》一书,以 1927～1949 年国民党执政时期的国统区为限,对国民社会救济思想、救济立法、救济设施、救济体制、救济措施以及救济的绩效水平做了细致入微的考察,部分章节还详细探讨了国民政府

---

① 刘秋阳:《民国时期的码头工人与帮会》,《湖北广播电视大学学报》第 27 卷第 2 期,2007 年 2 月。

② 陆德阳、王乃宁:《社会的又一层面———中国近代女佣》,学林出版社 2004 年版。

③ [美] 关文斌著,刘海岩译:《乱世:天津混混儿与近代中国的城市特性》,《城市史研究》第 17～18 辑,天津社会科学院出版社 2000 年版。

④ [美]劳拉·麦克丹尼尔（Laura.A.McDaniel）:《跳龙门:上海说书人的社会流动,1849～1949》（*Jumping the Dragon Gate:Social Mobility among Storytellers in ShangHai,1849~1949*）,耶鲁大学博士论文,1997 年。

在救济难民、灾民、失业者、不幸妇女以及鳏寡孤独废疾者方面的政策、方法和措施。①

关于社会救助方面，主要还有任云兰的《近代天津的慈善与社会救济》一书，该书以天津为个案，主要分析了近代天津慈善救济思想渊源、天津慈善救济兴起的背景、天津慈善组织的演变及其运作等。②在论文方面，任云兰的《民国灾荒与战乱期间天津城市的社会救助（1912~1936）》，《近代天津会馆与同乡组织及其慈善公益活动》，《城市慈善救济组织的空间分布探微》等，从社会救助的角度，探析了不同时期国家、社会团体与近代城市贫民的关系。③彭南生的《晚清无业游民与政府救助行为》一文，分析了晚清无业游民的来源，政府对游民的措施，并客观评价了政府救助的积极效应和存在的局限性。④

也有学者从社会控制的角度关注近代城市贫民问题，如池子华的《流民问题与社会控制》一书，分析了中国历史上流民问题的发生机制、流民的流向、越轨生存方式，探讨了国家对流民问题的控制及其效应，该书侧重点在近代部分。⑤

对于近代城市贫民这一课题，从城市史、社会史、文化史等多视角予以审视，不仅可以使我们更清楚地看到近代城市贫民的概貌，也有助于为了解近代中国社会变迁提供新的视角。总之，近代城市贫民问题是一个极富魅力的研究课题，前人的研究成果为我们提供了进一步研究的基础，充分借鉴前人的长处，总结前人的经验，不断创新和突破，力图对近代城市贫民问题进行深入系统的研究。

---

① 蔡勤禹：《国家、社会与弱势群体——民国时期的社会救济（1927~1949）》，天津人民出版社2003年版。

② 任云兰：《近代天津的慈善与社会救济》，天津人民出版社2007年版。

③ 任云兰：《民国灾荒与战乱期间天津城市的社会救助（1912~1936）》，《中国社会经济史研究》，2005年第2期；《近代天津会馆与同乡组织及其慈善公益活动》，《南方论丛》2008年6月第2期；《城市慈善救济组织的空间分布探微》，《四川大学学报》（哲学社会科学版），2008年第3期。

④ 彭南生：《晚清无业游民与政府救助行为》，《史学月刊》2000年第4期。

⑤ 池子华：《流民问题与社会控制》，广西人民出版社2001年版。

三、本书结构、创新点及其研究意义

本书以近代天津为个案，将近代城市贫民问题置于工业化、城市化、现代化的历史进程中，对其进行全面、系统的考察，将以往学者所忽视的贫民的基本数量、空间分布、日常生活等问题进行全面、认真的梳理，并对城市贫民内部进行分层研究，深入探究近代城市贫民与国家、社会之间的互动关系，揭示近代城市贫民在不断变迁的城市生活中的具象与特征，试图描绘出一幅近代城市底层生活的真实画卷。

第一章：近代天津的城市化进程与贫民阶层的形成。本章首先对近代天津的城市化进程的演进及其特点进行梳理研究，试图把近代天津贫民阶层的形成放在这一特定的社会背景中进行透析。

第二章：近代天津城市贫民阶层形成的原因及其数量空间分布的历史考察。首先具体分析近代天津贫民阶层形成的历史成因，并考察了近代天津城市贫民的数量空间分布情况及其特点。

第三章：近代天津城市贫民来源、分类及特征。近代贫民的来源非常广泛，不仅包含一般无业市民和失业市民，还有因天灾人祸压迫而入城的农民、难民、兵匪、苦役，以及外籍贫民等。城市贫民的分类标准是多维的，本书以职业为核心对其进行分类，可分为工厂工人、苦力（人力车夫与脚行苦力等）、娼妓、乞丐、流民、小商小贩以及孤寡残废无依者等。这些城市贫民具有贫困性和边缘性的基本特质，在来源上，多来自农村，原职业多为农民；数量庞大、增长迅速；以成年男性为主，文化素质低下；还具有无业与暂时就业相关的不稳定性等特征。

第四、五章：近代天津城市贫民日常生活研究。该部分以20世纪二三十年代政府、私人及学术团体的调查为依据，通过对城市贫民收支、衣食住行等方面进行研究，反映近代城市贫民的物质生活状况。同时，关注近代城市贫民的婚嫁病丧、精神风貌（包括教育状况、宗教信仰、休闲娱乐等）等方面，以期呈现近代城市贫民的真实生存状态。

第六章：近代城市贫民与城市病。城市贫民由于其特殊的生存状况、生活特质,使其容易发生社会越轨行为,成为社会秩序的潜在威胁。近代许多城市病的发生,如城市犯罪、失业问题、娼妓问题、乞丐问题等,无不与城市贫民密切相关,本章具体探析近代天津城市病的演变轨迹,城市贫民与城市病之间的关联性,并把城市病放在天津城市化的进程中,阐释其发生的时代致因。

第七章:城市贫民的社会关注。本章主要探讨一般市民、舆论媒体、社会精英,以及官方等对近代城市贫民问题的关注情况。

第八章:城市贫民的社会救助。城市贫民问题的严重,使其成为各方关注的焦点问题,国家和社会基于自身利益和社会稳定的角度出发,对城市贫民实施积极的救助活动,如贫困救助、住房救助、教育救助、医疗救助、失业救助等,以应对日益严重的城市贫民问题。

余论:思考贫民与城市化、现代化演进之间的关联性,关注贫民群体,重塑国家社会与贫民的关系,进而确立以人为本的发展理念。

总之,本书在充分运用官方档案资料、社会调查、报纸杂志的基础上,对近代城市贫民问题进行深入研究,试图揭示城市贫民的形成、阶层构成、生存实态,力图重现这一时期城市贫民的生活场景。此外,新的研究理论和方法的引入,如社会分层、社会调控、国家与社会等理论被引入到研究中。在研究方法上,采用多学科交叉研究的方法,借鉴城市史、社会史、社会学、人口学等学科的研究方法,突破传统单一的研究框架与模式。

研究近代城市贫民问题具有重大的理论和现实意义。近代城市贫民阶层是一个庞杂的社会群体,是城市社会的重要组成部分。一直以来被精英话语权所左右的主流史学漠视这一群体的存在,使其长期处于一种"失语"状态。实际上,城市贫民阶层鲜活生动、五彩缤纷的生活场景,真切地记录着近代中国社会转型和剧变所带来的后果和影响;他们的生命历程、城市际遇,蕴含着丰富的时代信息,真实地见证着近代中国社会的新陈代谢。因此,对近代城市贫民进行深入研究,具有极为重要的学术价值。研究近代城市贫民问题,对于城市史研究具有推进作用,同时对丰富社会分层、社会结构、社会保障,以及市民社会等理论有重要意义。此外,我们还可以从历史中总结经验教训,对于解决当前的农民工问题,社会救济和社会保障工作,对我国公共政策的制定,以及构筑社会保障体系,构建和谐社会等,有重要的现实意义,这是研究的实践层面的价值所在。

四、理论运用及其概念界定

(一)理论运用

社会分层问题是当代中国社会理论界十分关注的热点之一。最早提出社会分层理论的是德国社会学家韦伯(Max Weber),其在《政治社会中的权力分化:阶级、身份和政党》一文中,认为社会分层指标并不是一元的,提出了"三位一体"的分层模式,即财富标准、权力标准、威望标准。卡尔·马克思(Karl Marx)的阶级分层理论,其对社会阶级的划分是以经济为标准。

迪尔凯姆(Emile Durkheim)的社会分层理论堪称与韦伯和马克思的分层理论并列的三大经典分层理论之一。在迪尔凯姆看来,职业是社会分层最重要的指标,个人拥有职业的类别决定了其所能获取的社会资源的数量和质量。同时,迪尔凯姆指出,职业深刻地影响着人们的生活方式,使从事不同职业的人们在生活经历、价值观念和道德规范等方面的同质性减弱;反之,从事相同职业的人们生活方式的同质性增强。[①]相同职业的人们最有可能具有一致的意识和行动,能够形成一个社会阶层。

在上述分层理论的基础上,不少西方学者又提出了各种社会分层学说。如社会冲突理论、精英理论等。在诸种社会分层理论中,马克思的阶级分层理论长期在中国学界占据主导地位。

在当代,社会分层的标准日趋多元化,不少学者提出政治分层、权力分层、经济分层、职业分层、消费分层等多元分层标准,但是职业分层被更多的学者所认可,甚至有学者把职业地位作为"社会分层的指示器"[②]。因为职业是人们利益的主要来源,是决定劳动者在社会生活中不同地位和作用的主要因素。也就是说,职业分层不仅仅反映了人们的经济地位和收入状况,也反映了

---

① 贾春增:《外国社会学史》,中国人民大学出版社2000年版,第141页。
② 仇立平:《职业地位:社会分层的指示器——上海社会结构与社会分层研究》,《社会学研究》2001年第3期。

人们在权力结构和声望分层中的位置。如此一来，职业分层便与阶级分层相互吻合了。也正因如此，近年来按照职业类别对城市社会进行分层研究成为社会学界和城市史学界较为一致的看法。

毫无疑问，职业作为人们收入的主要来源，造成经济贫困的最主要原因与职业密切相关，所以，本书中首先依据职业对近代城市贫民进行分类，然后在同一职业内部又依据技能、性别、收入的差异等再次进行分层研究。

肇始于20世纪、在全球复兴的市民社会理论，于20世纪80年代下半叶开始引入中国学界，在此理论框架下发展起来的国家与社会理论，为分析近代中国社会提供了崭新的研究视角或解释模式，并成为自八九十年代社会学界探讨的热点理论之一。然而，对此问题，笔者持非乐观的态度。在西方社会，市民社会"是指那些源出于保护个人自由的思考以及反对政治专制的近代自由主义思想，源于对市场经济的弘扬以及反对国家干预活动的应对的近代自由主义经济思想的基础上而逐渐产生的相对于国家以外的实体社会"①。

严格意义上讲，中国实际并没有形成一个类似西方历史上完善的市民阶层，也不曾存在类似于西方的"市民社会"和"公共领域"。因为在近代以前，中国历代专制政府的权力渗透到社会的各个角落，晚清政府只是在内外交困的形势下，才出现对社会控制的相对松动，社会组织乘势方兴，比如近代商会的兴起。市民社会论者通过对中国近代城市社会中商会或绅商的研究，指出中国近代已存在市民社会的雏形。②尽管如此，中国也没有出现类似西方的能与国家相抗衡的具有实体性的市民社会。因为西方的市民社会是自下而上孕育形成的，而中国则是由国家主动推进市场经济和下放权力空间而使社会对国家形成了依附性。以商会这一最具市民社会形态的组织为例，它是在国家政策的倡导下成立的，并且是按照政府的方针进行运作的。因此，近代中国实际不存在西方语境下的市民社会，中央高度集权为基础的大一统的社会是建构

---

① 邓正来：《国家与社会——中国市民社会研究的研究》，《中国社会科学季刊》，1996年，总第15期。
② 朱英：《关于中国市民社会的几点商榷意见》，《中国社会科学季刊》，1994年，总第7期，第108~114页。

市民社会的最大障碍。

尽管近代中国市民社会并未真正形成，可分散的民间力量却在不断聚合增强，并在社会公共事务中发挥着愈益重要的作用，这一点是毋庸置疑的事实。近代中国，国家的经济职能有所扩展，而社会力量比任何时代都活跃，并且在很大程度上弥补了政府实际行政能力的不足，以及国家在民生政策方面缺乏制度性规定的缺陷。中国社会这种国家与社会的胶合状态，与西方社会的国家与市民社会逐渐分离甚至二元对立的模式迥异。①

中国近代的历史与国情决定了在对待近代城市贫民问题上，由国家和社会共同承担的事实，即在某些领域里国家和社会均可参与其中，比如对下层社会的救济方面。政府作为国家意志的集中体现者，在解决近代城市贫民问题中扮演着执行主义的角色；缺乏统一性和自主性的民间社会，形成与国家广泛的合作与互补的局面，而冲突在此过程中表现得并不充分，这一点将在第八章城市贫民的社会救助中得以具体体现。

在解决近代城市贫民问题方面，国家通常采用救助与控制两手。国家的救助属事后性补救，不是解决社会问题的根本办法，社会问题的真正解决必须依靠制度性的变革来实现，不如此，社会问题不可能得以根治。

（二）概念界定

1. 贫穷、贫困、贫困线

"贫穷之成为社会问题，大概是与人类之私有财产制度同时开始，降至今日，日趋严重。"②提起"贫穷"这一名词，大家也不陌生，古今中外都是极为通用，但若要仔细追问究竟何为贫穷，恐怕是人各一词。

在中文中，"贫"字古义"贫者，财分少也"，这种解释很含糊。通常用法有两种意义，第一种与"富"字是一个相对的名词，在古代的文论如《论语》中就有"贫而无谄，富而无骄"的一个对照语句。然而究竟何为富，何为贫，却没有人给一个绝对的注解或者定一个标准来区分。还有一种意义，就是"贫穷"有

---

① 蔡勤禹：《国家、社会与弱势群体——民国时期的社会救济（1927～1949）》，天津人民出版社2003年版，第8页。

② 柯象峰：《中国贫穷问题》，南京：正中书局1935年版，第9页。

时是一个有比较性的名词,因为一般叫苦喊穷的人很多,大家都闹着穷荒,地主在富翁面前叫穷,佃户在地主面前叫穷,乞丐在佃户面前也叫穷,因此"贫穷"是一个十分含糊的字眼。许仕廉论及中国贫穷问题时,从社会的角度对贫穷进行界定,"贫穷是指每年收入在生活程度最低限度以下的情态。衣、食、住、煤、火,都是生活的要素;在一定时间及一定地方,这些生活要素,有一定价格;故有所谓'生活费'者。生活程度既有一个最低限度,比这个最低限度再低,便不能不讨饭,或依靠人以维持其生活;或至不能生活。"① 周毓英则认为,"贫穷二字的意义,一般人所了解的,大概都是指缺少金钱而言,因为没有钱,便不能购买消费资料,冷的时候没有衣穿,饿的时候没有饭吃,生活发生恐慌,生命的存在难于支持,这就是贫穷了。"②

贫穷的定义不同,指代的对象,中外学者各有不同。斐尔卡德之定义,"贫穷系一个纯粹的比较的名词,指着自己所有的比别人少的一种状态。"此种定义似嫌过于广泛。史密斯氏之定义,"贫穷就是生活必需品之缺乏",但是何为生活必需品,何为缺乏,缺乏至何种程度,并未指明,仍不能认为完善。德克斯托氏之定义,"贫穷是指个人无力供养本人及其依赖者之衣食住,而为该个人所属之社会的及经济的团体所认为必需的一种状态……由不适当的收入达到低落的生活程度,谓之贫穷。"此项定义较为完整,但仍欠明晰之处。昆恩及曼恩氏之定义,"如果客观的态度作最后的分析,贫穷乃是金钱收入与在某一地点某一时期大家认为生活必需物事之购置能力发生失调的一种状态。"此定义指出贫穷的空间性与时间性的背景,较胜一筹。吉宁氏之定义,"贫穷是一种生活状态,在该状态中,个人因无适当收入或不善使用,以致不能维持一种生活程度,足以养成本人及其自然的依赖者(妻子儿女)之体力上以及精神上的效能,能按着该家庭所属社会之标准做有用的工作。"③ 此项定义较为完全,若加时间上及空间上的限制,当更明晰。

贫困是贫穷的近义词或同义词。贫困可以简单理解为"吃不饱、穿不暖"

---

① 牛鼎鄂:《北平一千二百户贫民调查》,《社会学界》第7卷,1933年,第162页。
② 周毓英:《贫穷研究》,南京社会旬报社编行,1932年,第1页。
③ 柯象峰:《中国贫穷问题》,南京:正中书局1935年版,第12~13页。

或者"食不果腹、衣不遮体、房不挡风雨"的困苦生活。就一般意义而言,我们一生中,每个人都或多或少地会经历过短缺而带来的贫困。贫困是如此简单而又直白地被描述,以至于把深陷于其中的人们所实际经历的困难和痛苦简化到语言文字容易描述的,也就是人类维持生命个体最基本需要的三个方面的不足:吃、穿、住的不足。

尽管对贫困的定义和解释,不同国家和地区、不同组织以及不同人之间存在差异,但食物、衣着和住房的短缺却是贫困最基本的体现。若从更为普遍的意义上来看,贫困不仅包括经济方面的收入低、生活条件差、生产难以为继,还关乎生活质量方面的寿命短、文化程度低,以及安全感、正义、公平等的缺乏。如此扩展开来,"贫困本质上就是一个人或家庭缺少能力满足其需要时所处的状态。"①

关于贫穷与贫困两名词,斐尔卡德(Fairchild)及维布(Web)为之加以区分。他们认为贫穷是一种广义的名词,是一个比较的名词,而贫困系指着"贫而无以为生"。在斐尔卡德看来,"贫困是一个家庭因收入不足,不够维持该社会最低的常态生活标准的一种生活状态,所以贫困常常是一种变态。"②维布说:"贫困是一种状态,在该状态下有一种或数种生活必需品之缺乏,因之影响健康能力,甚至生活力因之受损,有危及生命之虞,这不只是一种物质条件的问题;在近代都市中,这不只是一种衣食住的缺乏,同时也是一种精神上的消沉……在近代人口密集的都市里,贫困现象所表现的不只是疾病与夭亡,而且是心灵上的创伤……试观察一般在贫穷线下生活着的困苦颠连的民众,在哪都可以见得到这类现象……如果大多数人是这样的生活着,我们可以说这个社会是病态着了!"③尽管不同人对贫困的理解各异,但贫困不仅是一种经济现象,也是一种社会现象,更是一种病态着的社会现象。

以上定义,以斐氏定义较为广泛,其他四种与斐氏及维氏之贫困的定义,颇有相同。综合起来,"一个人(或一个家庭)在某社会中,在某一个时期内不

---

① 王卓:《中国贫困人口研究》,四川科学技术出版社2004年版,第3页。
② 柯象峰:《中国贫穷问题》,南京:正中书局1935年版,第11页。
③ 柯象峰:《中国贫穷问题》,南京:正中书局1935年版,第11页。

能维持该团体所认为最低的生活程度时——包括他本人及其家庭物质上及精神需要的事物,其生活状态,谓之贫穷。"①而所谓的最低生活程度的划分标准就是"贫困线"或"最低生活保障线",低于这个水平线的人,可视为城市贫民,他们占民国时期城市人口的大多数。

从实践角度来讲,贫困线也是社会救助的基准。但是,要想非常精准地划定贫困线并非易事。因为贫困作为一个历史范畴的概念,随着时代变迁,其内涵也在变化,不同时期、不同国家和地区贫困线的划定也是变动不居的。即使在同一历史时期、同一地区,在不同人眼中,贫困所指代的对象也不尽相同。而出于主观或客观方面的需要,人们用定性的方式对何为贫困所下的定义本身又是模糊不清的,因而也无法直接划定贫困线。

但是,用一个家庭的收入或支出情况来衡量人们是否贫困,是当今社会常用的一种办法,即采用恩格尔系数进行分析。恩格尔系数(Engel's Coefficient)是食品支出总额占个人消费支出总额的比重。用公式表示:

恩格尔系数 = 食物支出金额 ÷ 总支出金额 × 100%

这是19世纪中期,德国经济学家和统计学家恩格尔对比利时不同收入的家庭消费情况进行调查,对消费结构的变化得出的一个规律,其内容为:家庭收入越少,用于购买食物的开支在家庭总开支的比重就越大,随着收入的增加,在食物需求基本满足的情况下,消费的重心开始向穿、用等其他方面转移,食物支出的比重就会下降。推而广之,一个国家越穷,每个国民的平均支出中,用于购买食物支出的费用所占比例就越大。因此,一个国家或家庭越贫困,恩格尔系数就越高;反之,生活越富裕,恩格尔系数就越低。②

恩格尔系数也是国际上通用的衡量居民生活水平高低的一项重要指标。联合国根据恩格尔系数的大小,对世界各国的生活水平有一个划分标准,即一个家庭恩格尔系数大于60%即为贫穷;50%~59%为温饱;40%~49%为小康;30%~39%属于相对富裕;20%~29 为富裕;20%以下为极其富裕。③笔者在书中

---

① 柯象峰:《中国贫穷问题》,南京:正中书局1935年版,第14页。

② 恩格尔系数,见百度百科。

③ 恩格尔系数,见百度百科。

也将采用此项标准对近代天津城市贫民的生活水平进行考察。

2.城市贫民与弱势群体

民国学者陶孟和对贫民界定为:"他是没有衣服穿的,没有饭吃的,没有房子住的,或者三种都有一点,但是都不够维持他的最低限度的生活的。"①言下之意,城市贫民就是指城市中那些没衣穿,没饭吃,没房子住,或者三者不够充分者。简言之,就是不能维持最低生活限度的人。

城市贫民异于我们时下流行的"弱势群体"一词。弱势群体(social vulnerable groups),也叫社会脆弱群体、社会弱者群体,这是社会学、政治学、法学等领域的一个核心概念。作为一个学术概念,"弱势群体"一词出现在20世纪以后。但是关于弱势群体的思想却源远流长,可以说伴随着弱势群体的出现,中外关于弱势群体的思想也就产生了。特别是到了20世纪50年代,它逐渐成为西方社会学、政治学、社会政策等研究领域的一个核心概念。在中国,这一概念被频繁地使用,并逐渐被关注和接受是近十年的事。2002年3月5日,朱镕基在九届全国人大五次会议通过的《政府工作报告》中,首次使用了"弱势群体"这个词,从而使得"弱势群体"成为一个非常流行的概念。

目前,国内外学术界对弱势群体的诠释各异。在国外,弱势群体主要是指那些在社会生活中比较脆弱和易受伤害的群体,他们的共同特征是丧失或没有劳动能力,生活上需要社会和国家的帮助和保护。②美国社会工作专家罗斯曼(Rothman)提出,弱势群体是指那些由于缺乏生活机会而造成的依赖性的人群,他们包括身体或精神残疾的人、年老体弱的人、童年时期丧亲或父母丧失的儿童。自1980年以来,美国社会出现的新的严重的弱势群体主要包括:年老人,肢体残疾者,受离婚、吸毒、暴力和儿童虐待加剧影响的青少年群体,精神病人等。③美国社会工作专家吉特曼(Gitterman)和舒尔曼(Shulman)则认为,弱势群体是那些"由他们无力控制的环境和事件所压倒的人",他们包括艾滋病

---

① 陶孟和:《新贫民》,见《孟和文存》卷1,上海:亚东图书馆1928年版,第31页。
② Smith E.A.(1965):*Social Welfare:Principles and Concept*.New York:Association Press,P116.
③ Rothman J.(1995):*Practice with Highly Vulnerable Clience:Case Management and Community-Based Service*.New Jersey:Prentice Hall,P3~4.

人、无家可归者、性虐待者、社区和家庭暴力的牺牲者。①

在国内,不少学者从社会的、经济的、政治的、法律的角度对"弱势群体"一词进行定义。王思斌主编的《社会工作导论》一书,把"那些常处于不利地位的社会群体"统称为"弱势群体",其弱势力量主要表现为经济力量、政治力量的低下。②钱再见从社会学的角度,认为弱势群体是由社会结构急剧转型和社会关系失调或由于一部分社会成员自身的某种原因(竞争失败、失业、年老体弱、残疾等)而造成的对现实社会的不适应,并且出现了生活障碍和生活困难的人群共同体,包括贫困者群体、失业者群体、残疾人群体与老年人群体。③还有的学者则从政治和法律的角度,将弱势群体界定为在社会中处于不利地位的群体,并认为法治社会应从法治的公正性出发,对弱势群体予以公平的对待,对弱势群体的人权保障要给予例外对待和特别保护,以最大限度地缩小弱势群体与强势群体之间的差距。④

由此可见,国内外大部分学者把"弱势群体"作为一个描述性概念。通俗来讲,就是指在社会各个群体中处于劣势的脆弱人群,这主要是相对于"强势群体"而言。目前,我国的弱势群体,主要是社会转型期出现的一个特殊群体,大致构成包括儿童、老年人、残疾人、精神病患者、失业者、贫困者、农民工、下岗职工、灾难中的求助者、非正规就业者以及在劳动关系中处于弱势地位的人。

为了使研究对象与当时的历史场景相符,在书中笔者使用当时社会广泛使用和接受的"城市贫民"一词,而不是时下流行的"弱势群体"。当然,城市贫民是一个十分笼统的概念,究竟何为"贫",怎么"贫",是把握城市贫民本质特征的基础。作为一个历史范畴的概念,近代城市贫民在不同年份、不同群体眼

---

① Gitterman A.(1991):*Social Work Practice with Vulnerable Population*.In Gitterman A.(ed),Handbook of Social Work,P1～32;Gitterman A.& Shulman L.(1994):*Mutual Aid Groups,Vulnerable Populations,and Life Cycle*.Prentice Hall,P1.

② 王思斌主编:《社会工作导论》,北京大学出版社1998年版,第17页。

③ 钱再见:《中国社会弱势群体及其社会支持政策》,《江海学刊》2002年第3期。

④ 李林:《法治社会与弱势群体的人权保障》,《前线》2001年第5期。

中，指代的对象各异。

晚清民国时期的城市贫民，主要指那些处于社会的最底层，生活程度接近或低于最低生活保障线，同时无固定收入，靠出卖体力或乞讨救济为生的特殊群体。就近代天津城市贫民的来源来看，不仅包含城市自身析离出来的失业、无业者（鳏寡孤独、残废、文贫等），还包含入城的农民、灾民、难民、兵匪，以及外籍贫民等。就城市贫民的分类而言，不仅包括部分低收入工人、苦力（人力车夫、脚行苦工、船夫、凿冰的等），还包括那些没有固定工作，没有正当谋生手段的娼妓、乞丐、小贩、艺人，甚至还包括那些无业游民、灾民、小偷、扒手、窃贼等。这个群体具有经济上的贫困性，社会地位的边缘性，生活质量的低层次性，承担风险的脆弱性等基本特征。其中，贫困性为城市贫民最根本的特性，并由此派生出生活质量的低层次性和社会风险承受能力的脆弱性等特征。

城市贫民作为一个庞大而复杂的群体，笔者无心也无力对每一个群体做全景式的细描，出于研究之便，书中仅集中探讨城市贫民中数量较多的核心群体，如工人、人力车夫、娼妓、流丐等，而其他群体，如艺人、小贩、嫠妇、残废之人等，将不一一详论。

3.城市贫民与社会问题

在研究近代城市贫民问题之前，必须认定以下两个事实：第一，城市贫民，古已有之，可以说是伴随着城市的出现而出现的；第二，城市贫民的存在并发展为严重的社会问题，是近代以后才发生的。那么，何谓社会问题，仁者见仁，智者见智。美国社会学家米尔斯曾经简明扼要地指出，社会问题就是社会某领域中的"公共麻烦"，个别人的问题并不构成社会问题。米佛认为："一个社会问题，是一种社会情况或情景，已引起社会的困苦、紧张、冲突或失败，有加以干涉的必要。"①

民国著名学者孙本文认为："社会问题就是社会结构或环境失调，致使社会全体或一部分共同生活或进步发生障碍的问题。"②《社会学百科辞典》中对

---

① 朱力：《社会问题的理论界定》，《南京社会科学》1997年第12期。
② 孙本文：《现代中国社会问题》，上海：商务印书馆1943年版，第87页。

社会问题是这样定义的："社会中的一种综合现象,即社会环境失调、影响社会全体成员的共同生活,破坏社会正常运行,妨碍社会协调发展的社会现象。"①陆学艺主编的《社会学》一书将社会问题定义为:"凡是影响社会进步与发展,妨碍社会大部分成员的正常生活的公共问题就是社会问题。它是由社会结构本身的缺陷或社会变迁过程中社会结构内出现功能障碍、关系失调和整合错位等原因造成的;它为社会上相当多的人所共识,需要运用社会力量才能消除和解决。"②

尽管社会问题的内涵有多种阐释,但社会问题至少包含两个不可或缺的方面:一是它是一种"公众麻烦",而不是个别人的问题,它的存在影响到了社会;二是相当一部分人认为它是社会问题,并试图加以改善和解决。社会问题伴随着社会的发展而产生,而社会问题的解决反过来又可以促进社会的发展,人类社会在不断解决问题中前行。

不同学者不仅对社会问题的界定不同,而且对社会问题存在的原因、内容的划分、判断标准和解决的方案,往往存在较大的分歧。有的学者视问题的重要性划分,有的学者按照人类活动的范围来划分,有的学者则依据所发生的社会问题,用列举的方式提出来。如欧德(Howard Odum)按分类法,将社会问题分为如下四种:(1)个人病态问题:盲、聋、残疾、自杀、心理缺陷、精神病等;(2)社会病态问题:鳏、寡、遗弃、非婚生子女、恶习、娼妓等;(3)经济关系问题:贫穷、失业、分配不均等;(4)社会制度问题:政府腐败、贫富不均等。③费普斯(Harold Phepls)依据社会问题发生的根源,将社会问题分为:(1)源于经济的,贫穷、失业等;(2)源于生理的,疾病、残疾、年老等;(3)源于心理的,精神病、酗酒、人格失调、自杀等;(4)源于文化的,鳏寡、离婚、非婚生子女、犯罪、种族冲突、宗教冲突等。④就我国转型期的社会问题,大致可以分为三种类型:(1)结构型社会问题,如人口、贫困、城乡关系、经济与产业结构、劳动就

---

① 袁方主编:《社会学百科辞典》,中国广播电视出版社1990年版,第21页。
② 陆学艺主编:《社会学》,知识出版社1996年版,第544页。
③ 转引自蒋月:《社会保障法概论》,法律出版社1999年版,第3页。
④ [美]费普斯:《当代社会问题》,转引自蒋月:《社会保障法概论》,法律出版社1999年版,第3页。

业、区域经济发展、民族发展等问题;(2)变迁型社会问题,如自然资源、能源、粮食、社会福利与社会保障、人口流动、农村劳动力转移等;(3)失范型社会问题,如犯罪、吸毒、卖淫、自虐、药物滥用、精神疾病、集体行为等。[①]

　　社会问题判定标准的主观性、多元性,导致社会问题涉及的内容也大有出入,但贫穷、犯罪、失业、自杀、年老等问题,则是中外学者公认的社会问题。而贫民则是与这些社会问题密切相关的群体。近代中国社会的急剧变迁,造成社会解组和失范现象,从而诱发大量社会病态现象及社会问题的产生,而城市贫民问题则属于其中较为严重的社会问题。近代城市贫民问题作为一种复杂的社会问题,要探究其产生的根源和本质内涵,就必须从社会制度、社会结构变迁中去探寻。

　　4.时空界定

　　天津作为北方的重镇,守卫京畿的门户,如果仅从城市形成和发展的角度来看,不足称其历史悠久,发达程度也远不及上海,但若从它进入近代后社会邅变的程度来考察,天津无疑是近代中国的缩影。因此,本书以天津为例,对其城市贫民进行研究,无疑具有一定的代表性。

　　就研究时段而言,本书从1860年天津开埠起,至1937年抗战止。诚然,历史本身是没有断代的,社会发展也不因某一年代被割断,人类活动及其时间与空间都是统一的,人为断代只是学者出于研究的方便,同时为了突显特定时段的时代特征或社会特征。本书之所以把时间限于1860～1937年,因为1860年《天津条约续增条约》(俗称《北京条约》)规定,天津开辟为通商口岸,在异质文化的影响下,天津不仅在商业方面获得迅速发展,而且在工业、金融、对外贸易等方面也向着现代化的道路迅速迈进,并一跃成为北方经济的龙头。换而言之,1860年天津开埠,不仅是天津发展史上具有影响的政治性大事,更可视为天津及北方广大腹地经济全面走向现代化的里程碑。

　　1937年七七事变后,不仅昭示着日本发动全面侵华战争的开始,同时也是天津及其腹地社会转入战时状态的开端。此后,天津社会的发展主要受控于日本侵略者的部署,原有的社会秩序和现代化进程亦因此被打乱,社会问

[①] 风笑天主编:《社会学导论》(第2版),华中科技大学出版社2008年版,第194～195页。

题呈现明显的战时特征。当然,需要指出的是,出于研究的需要,不少论述在时段上跨越了1860~1937年的年代断限,会适当地向前向后延伸,以体现历史的完整性。同时,由于资料的限制,书中部分章节的材料集中在20世纪以后。本书以近代天津为中心,其他城市的贫民不作为本书研究的对象。当然,在某些问题上为了说明一些共性的社会问题,其他地方的材料也会兼顾采用。天津于1860年开埠通商之后,工商业很快发展起来,一跃成为华北的重埠,工商业荟萃之地。但是,由于受当时整个社会政治气候、经济环境等因素的影响,导致近代天津贫民日益增多,并最终演化成为一个严重的社会问题。

随着历史的演进,近代天津贫民问题呈现出不同的变迁特征,可以说是近代中国城市贫民发展演进的一个缩影,也是考察近代中国底层社会的典型个案。对此进行研究,有助于透视近代中国城市贫民发展演进的内在规律与特点,揭示近代中国社会变迁的复杂性与曲折性。

第一章 CHAPTER ONE

近代天津的城市化进程

"贸易港天津由一个繁荣的商业都市,而成为一个进步的工业都市。……同时一天一天的增高了他在全国中所占的地位。七七事变以前天津的贸易额仅次于上海,在工业都市方面也站在与青岛竞争第二的地位,七七事变后,上海青岛的工厂都遭受惨重的牺牲,天津方面的工厂,不但未曾受到破坏,而且急速的增设了许多新的工厂,当时在工业都市中位居全国的首席。在贸易方面如果包含海关统计以外的数字,进口额也非其他商埠所可比拟。"①

---

① 李洛之、聂汤谷编著:《天津的经济地位》,经济部冀热察绥区特派员办公处驻津办事处印行,1948年,第2页。

第一节　城市化进程的演进

天津位于华北平原的东北部,通过冀中平原和太行山脉相连,东临渤海,北枕燕山。北运河、南运河、永定河、大清河、子牙河等五河汇聚于海河,横贯东流,注入渤海,即是著名的海河水系。众多河流汇集于此,使得天津成为华北平原内外交通的枢纽。河海沿岸的广阔海滩使天津具有渔盐之利,这一切使得天津在地理位置上具有得天独厚的优势。

城市生活的变迁,与城市经济的发展休戚相关。在近代以前,天津和全国的其他城市和地区大致相同,生产力水平总体不高,整个社会经济自然特质明显。1860年《北京条约》签订后,天津被迫开埠通商,至1949年1月天津解放,期间天津社会经历了前所未有的遽变,引发了社会文化、社会生活及社会结构等诸方面的变迁,并一跃成为城市规模和经济实力雄踞全国第二的港埠城市(仅次于上海)。

伴随着工业革命的演进,城市化浪潮风靡全球。中国近代城市化发轫于西方资本主义的侵入,通常以1840年的鸦片战争为政治界标,其发展路途坎坷。天津于1860年开埠通商后,开始了它的城市化历程。

一、相关概念界定

(一) 城市化

城市是人类文明不可或缺的组成部分,研究城市化问题,无可避免地要谈及城市。城市是人类文明的结晶,是人类社会进步的重要标志。世界上最早的城市诞生于四大文明古国,最早一批城市诞生于公元前5000年前,是由古巴比伦的苏美尔人(今伊拉克南部)建立的。其后在古埃及、印度、中国以及地中海沿岸也都相继出现了城市。在近代以前,城市主要是政治、军事中心,手工业和商业在整个经济中所占比例不大,城市经济功能较弱。18世纪,由英国开启的工业革命,使得世界范围内的城市化得以迅速发展。

城市作为城市化的载体,是否意味着有了城市就有了城市化?城市化究竟始于何时?学界对此有两种不同的观点:一种认为城市化始于城市诞生之日,即有了城市就有了城市化;众多学者则认为,城市化和城市不是同一概念,城市化始于18世纪工业革命之后,因为这时期城市大规模扩张,并开始对社会生活起主导作用。两种观点的分歧,主要源于对城市化的不同理解。笔者接受后者,认为城市和城市化是两个不同的历史演进过程,城市化始于18世纪工业革命之后。

城市化(Urbanization),亦可称为城镇化,或都市化,各国的城市化道路由于受自身政治、经济、历史、文化等诸因素的影响和制约,正如不同的民族和国家具有不同的发展道路一样,城市化在不同国家和地区也呈现出不同的发展态势。而何谓城市化,作为一个充满争议的学术问题,国内外学者莫衷一是。不同学科,依据不同的标准,对城市化亦有不同的理解和界定。人口学家认为城市化是农村人口转变为非农人口的过程,并将城市人口占总人口的比重作为衡量城市化水平的唯一标准;地理学家认为城市化是农村地域转变为城市地域的过程,包括人口、产业、基础设施由乡村向城市地域的转化与集中;社会学家则认为,城市化是指人们的生活方式、行为方式由农村生活方式向城市生活方式发生质变的过程;经济学家认为,城市化是由农村自然经济转化为城市集约大生产的过程,是第二、三产业不断聚集发展的过程,强调经济结构和产业结构的转变。①

横看成岭侧成峰,不同学科对城市化理解的侧重点不同,但更多的人则认同城市化是一个连续动态的过程,是社会分工和生产力水平不断提高的结果,是人类文明由低级向高级不断发展的过程,它包括人口、经济、社会、文化、生态诸方面全面转变的动态演变过程。具体而言,城市化包含如下几方面的具体内涵:

1.城市化是农村人口向城市集中的过程

城市化与人口聚集互为表里,衡量一个国家或地区城市化水平首先表现为人口城市化,即市辖区人口占全部人口的比重。同时,随着城市化的演进,城市发达的经济,便利的交通,先进的教育,以及良好的生活条件不断吸引着周边乡村中大量的人口向城市集中,而且带动城市人口的文化素质逐渐提升。

2.城市化是城市面积不断扩展、基础设施不断完备的过程

随着城市化的推进,人口规模的扩大,这客观上要求城市面积向周边郊区扩展,城乡界限逐渐模糊,乡村城市化。与此同时,随着城市化规模的扩大,城市基础设施不断完善。

3.城市化是人的城市化和社会经济结构变化调整的过程

城市化不仅仅是农业人口向城市空间转移,以及城市面积向周边郊区和乡村的扩展过程,更体现为城市化带动人们职业、收入、社会地位、阶层的改变,以及引发的人们观念上的变迁,进而带动整个社会人口素质的普遍提高,这是人的城市化过程。同时,城市化更是一个社会经济变迁的过程,在这一过程中,人口由乡村转向城市,产业结构逐步升级,职业结构逐渐由农业向工商业和服务业转换。人口的转移必将进一步推动产业结构的调整,从而使农业经济退居次位,非农业经济逐渐占据优势地位,且在整个国民经济中非农经济所占比例越高,城市化的水平就越发达。因此,产业转型从经济角度反映了城市化的水平。

---

① 许学强、周一星、宁越敏编著:《城市地理学》,高等教育出版社1997年版,第36页。

4.城市化是城市文明不断向农村渗透和传播的过程

中国传统社会是建立在自给自足的自然经济的基础上,生产力水平低下,人们的生活方式和价值观念较为落后。随着城市化的推进和社会经济的发展,人们物质生活水平不断提高,精神生活需求也相应增加,进而表现为人们社会生活方式的多样化,以及价值观念的日趋革新,城市文明不断发展并向广大农村渗透和传播,从而带动农村文明的提高。

简而言之,城市化可以概括为两大方面的内容:一方面是指城市化的量化过程,即变农村人口为城市人口、变农村地域为城市地域的过程;另一方面是指城市化的质化过程,即城市文化、城市生活方式和价值观等城市文明在农村地域和农村移民中的扩散,这是一个传统乡村文明向现代城市文明转化的漫长而又复杂的历史进化过程。

(二)现代化

"现代化"(Modernization),亦称"近代化"。随着18世纪工业革命在世界范围内的推进,现代化浪潮风靡全球,但是学界对现代化理论的关注则兴起于20世纪五六十年代,此后被广泛应用于政治学、经济学、社会学、历史学等学科。而今,西方学界对现代化的研究早已转向了后现代化(Post-modernization)。中国作为一个"后发型"现代化国家,现代化的理论依然适用,用它观察19~20世纪中国社会的变迁,依然非常适用。不少大陆学者正是基于此种考虑,对中国现代化问题,给予了越来越多的关注,并在学术研究过程中,形成了一系列的研究思路、内容、观点和方法。

"现代化"作为史学研究的一种新范式,被越来越多的人所接受。然而,关于现代化的内涵,学界迄今尚未取得一致意见。到目前为止,学术界对现代化本质的理解主要有如下几种:

1.现代化就是"西化"或"欧化"

最初提出现代化理论的西方学者认为,"欠发达国家通过这样的社会变化获得了比较发达的现代工业社会的共同特征",因而得出"现代化"即"西方化"的结论。

2.现代化的实质是"工业化",是现代工业生产方式和生活方式的普遍扩

散过程。

3. 现代化是一场社会变革

罗荣渠等人认为,现代化就是"第三世界后发国家在现代国际经济体系影响下,充分利用后发优势,采取适合于自己的高效率途径,通过有计划的经济技术改造和学习外国先进国家,带动广泛的社会改革,加速实现向现代工业社会的转变,从而迅速缩小同发达国家的差距和适应环境的发展过程"①。即现代化就是第三世界落后国家赶超西方发达国家的过程。

4. 现代化是人的现代化

罗归国等人指出:"现代化是世界性的以工业文明代替农耕文明的过程,是从传统的自然经济为基础的社会形态向以商品经济为基础的社会形态的转变,它包含着社会物质文明、制度文明和精神文明的现代转型,标志着人的物质生活、社会生活、精神生活所达到的现代水平。"②

此外,郑杭生等人则认为现代化与社会转型是同义语,意指社会从传统向现代的转变过程,这个过程是"从农业的、乡村的、封闭的、半封闭的传统型社会向工业的、城镇的、开放的现代型社会的转型"③。吴承明等人认为,"现代化"与"近代化"是同义语,总的来说是从传统社会向现代社会的演变,这个演变在深度和广度两个层面展开:深度方面是指由物质层面向制度层面,再向思想层面;广度则分为知识、政治、经济、社会、心理五个方面。④

就中国现代化而言,有的学者认为中国的现代化即"工业化",也有的人认为中国的现代化即"西方化",还有的人认为中国的现代化即"资本主义化",而吴承明则认为,中国的现代化即"市场化"。⑤现代化作为一个包罗万象的历史演进过程,它不能简单地等同于"工业化"或"西化",它是一个传统社

---

① 罗荣渠:《建立马克思主义的现代化理论的初步探索》,《中国社会科学》1988年第1期。
② 罗归国:《社会主义现代化和人的现代化》,《理论学刊》1999年第5期。
③ 郑杭生、李强等著:《当代中国社会结构和社会关系研究》,首都师范大学出版社1997年版,第19页。
④ 吴承明:《中国的现代化:市场与社会》,三联书店2001年版,第1页。
⑤ 吴承明:《中国的现代化:市场与社会》,三联书店2001年版,第6～9页。

会向现代社会的演变过程,包括了经济上的工业化、政治上的民主化、文化上的通俗化、社会的城市化、组织上的科学化、理念上的理性化等一系列动态的多层次、多侧面、立体交叉的发展演变过程。

(三)工业化、城市化与现代化的关系

从人类现代化过程来看,促使人类走向现代化最终得益于两个关键性条件:一个是工业化,另一个是城市化。工业化、城市化和现代化三者间存在着密切的关联性。

工业化通常是指一个国家由农业国向工业国的转化过程,即国民经济结构从以农业为主的经济转变成为以工业为主的经济的过程。工业化具有明显的阶段性,在每一个既定时期,世界各国的经济发展水平都存在着巨大的差异,处于工业化的不同阶段。从总体态势上看,自18世纪工业革命以来,城市化与工业化同步进行,两者紧密相连、相互依存,是同一经济过程中的两个方面。工业化是城市化的动力与源泉,城市化源于工业化,与工业化同步。工业化的过程推进了城市化,城市化反过来带动工业化,城市化的功能和保障吸引着工业化的发展,对工业化起巨大的促进作用。也可以说,没有城市化,就不会有真正意义上的工业化。两者唯有协调发展,才能收到相得益彰的效果。

工业化是与现代化密切相关的又一概念,甚至有人认为"工业化即现代化"。现代化虽然不能与工业化画等号,但是现代化的根本动力源于社会经济的发展,即经济领域的工业化。现代化是一个动态发展过程,工业化是现代化的一个初级阶段,现代化是工业化的高级阶段;工业化主要限于经济领域,而现代化则是一个涵盖经济、政治、社会、文化等各个领域的概念,它不仅包含经济领域的工业化,还包含政治领域的民主化,社会领域的城市化以及文化上的通俗化等。两者并不对立,也不矛盾,是一个交织发展的过程。

城市化与现代化是既联系密切又有区别的过程,两者并行不悖、独立运行,同时又是一个相互影响、交错融合的过程。城市化不能等同于现代化,但无疑城市化属于现代化的一部分。从人类社会发展的整体历程来看,首先是工业化推动了城市化,工业化是城市化的经济内涵,城市化是工业化的空间表现。城市化最终带来了现代化,城市化的本质是现代化。除个别例外情况,从世界总体趋势来看,现代化水平越高,城市化水平也越高。没有工业化便没有城市化,没有城市化也不可能有真正意义的现代化。

二、近代天津城市化进程的阶段分析

(一)1860年天津开埠通商至20世纪初,天津城市化进程的启动时期

近代以来,大规模的城市化发轫于西方的工业革命,18、19世纪两次工业革命的发生,极大促进了社会生产力的发展,推动了世界范围内国际市场的形成与经济的增长,社会生活方面也发生了翻天覆地的变化,体现在城市化进程上,可以说产业革命在世界各地掀起了一股城市化狂潮。城市不再是一个单纯意义上的政治中心,在军事功能被剥离后,演化为集经济、政治、文化等功能于一体的城市,这也正是城市化的真正意义所在。古老文明的中国,于1840年国门被打开后,自然经济开始解体,伴随着外国资本主义血雨腥风的入侵,中国走上了一条后发型防御性的近代化之路,中国的城市化有着自己独特的风貌和特质。

1840年的鸦片战争,是西方列强发动的一场旨在打开中国闭关锁国大门的侵略战争,也是东西方两种文化、两种制度的第一次正面交锋,结果以中国的失败而告终。继第一次鸦片战争之后,英法列强不满足于既得利益,为了进一步打开中国市场,于1856~1860年,英法联合发动了对华的第二次鸦片战争。结果仍以清王朝的败北而告终,京、津相继被列强占领,《北京条约》被迫签订,伴随的是巨额的战争赔款,海关自主权的丧失,以及租界的设立等。

与此同时,太平天国的烽火席卷着大半个中国,在内外交困的局势下,清朝统治者为了挽救自身的统治危机,自19世纪60年代起,以奕䜣、李鸿章等人为代表的洋务派,在"师夷长技以自强"的口号下,发起了一场以引进西方先进技术和生产方式为主要内容的洋务运动,创办了一批近代意义上的军事企业和民用企业,这是中国近代化之始。这一时期,天津的城市化进程也开始启动。

1860年清政府被迫同英、法签订了《北京条约》(又称《天津条约续增条约》),其中一项重要内容是开放天津为通商口岸,"续增条约画押之日,大清大皇帝允以天津郡城海口作为通商之埠,凡有英民人等至此居住贸易,均照

经准各条所开各口章程比例,画一无别。"①天津开埠通商,为天津走出区域经济和国内市场的局限,提供了契机。

为了适应中外关系的新变化,清政府设立了办理北方三个口岸通商和涉外事务的"三口通商大臣",初由崇厚担任。1870年11月,清政府任命李鸿章为直隶总督兼北洋大臣,常年驻津,不再回保定办公,从而使天津成为当时直隶省事实上的行政中心。这一时期,清政府的实权派人物李鸿章,以天津为基地,积极筹措各项洋务事宜,大力发展天津经济。20世纪初,袁世凯接管天津,又对天津的各项近代事业着力进行筹划和经营,从而使天津在政治上的影响力和经济上的凝聚力获得进一步的提升。

天津是近代崛起的沿海通商口岸和工商业城市之一。在经济上,天津与华北、西北和东北地区通过传统的河网和陆路运输取得联系。开埠后,进出口贸易首先得到发展,贸易额成倍增长,由1863年的7188千两,到1885年增加到26 243千海关两,1895年增至50 176千海关两,1900年义和团运动前后,天津的进出口贸易额曾一度下降,详见表1.1:

表1.1 天津1863~1900年进出口贸易总额净值统计表

(单位:1870年前为千两,1875年后为千海关两)

年代	贸易额
1863	7188
1865	13 544
1870	16 921
1875	17 059
1880	21 688
1885	26 243
1890	34 132
1895	50 176
1900	31 921

资料来源:张利民:《华北城市经济近代化研究》,天津社会科学院出版社2004年版,第58页。

---

① 王铁崖:《中外旧约章汇编》(第1册),三联书店1957年版,第145页。

天津拥有华北巨大的商品销售市场,同时天津背靠广阔的棉花、羊毛等出口商品产区,开埠后经过数十年的发展,成为北方进出口贸易的重要口岸。但是,由于天津的对外开放,是在外力入侵下被迫启动的,所以开埠后,其进口结构极不合理,在众多的进口商品中,生活消费类的商品占相当的比重,其中以鸦片、棉布为主,其次为毛呢、毛织品等,而生产资料类商品的进口比重却很少。①

这一时期天津利用其便利的条件,创办了一批近代企业。如1866年崇厚向清廷建议,在天津设立机器局,制造军火。1870年,天津机器局正式建立(1895年后改称"北洋机器局"),这是天津近代工业之始。1872年,李鸿章向清政府奏请,设立了官督商办性质的轮船招商局,这是中国第一家近代轮船航运公司。总局设在上海,分局设在天津、牛庄、烟台、汉口等处,资本共计420余万两,是民用企业中最有成绩的企业之一。轮船招商局把天津作为北洋航线的终端,除运输南方的漕粮外,还大批载揽南北间的客货运输,为南北间的交流与贸易往来提供了便捷的运输工具。1878年,直隶唐山开平镇正式成立开平矿务局,其后不断扩充设备,改善运输条件,并于1881年建成唐(山)胥(各庄)铁路,1886年成立了开平铁路公司。1889年还购买了一艘运煤船,往来于天津、牛庄、烟台等地。1890年后,开平煤矿完全占领了天津的军用、民用煤市场,并大量行销南方沿海等地。此外,1884年天津还创设了德泰机器厂,1886年创设天津自来水公司,1898年创设北洋硝皮厂,1899年创设天津织呢厂和天利和机器磨房等近代企业。

为了加强各地通讯联系,同时抵制西方侵略者在中国领土架设电线的企图,1879年清政府开通了天津与大沽、北塘之间的电报,架通了天津与大沽之间的电话线,这也是中国最早创设的电报业务。1880年10月,李鸿章在天津设立了电报总局,并于次年将电报线从津架设到沪,这是中国自己开办的第一条陆路电线,并逐步连通了全国和世界,从而为军令、政令、商情等提供了现代化的信息服务。

---

① 王怀远:《旧中国时期天津的对外贸易》,《北国春秋》1960年第1期。

为了便利开平煤矿的运输,唐胥铁路不断被延伸。1888年又经北塘、大沽延伸至天津,全程260华里,并组织了"天津铁路公司"。在此影响下,20世纪初,以京津为中心的京奉、京汉、正太、京张、津浦等铁路相继竣工,成为互相连接的较为完整的铁路运输网路。这为天津及华北广大地区的商品流通、经济发展、人员往来等,提供了便捷的交通运输,也大大增强了天津对周围城市的辐射力和向心力。

与此同时,在天津开埠的外国人,也利用攫取的种种特权和便利的投资环境,纷纷在天津创建各种轮船驳运公司和羊毛打包厂。1880年以后,他们又纷纷在租界经营煤气、自来水、电灯、印刷等城市公用事业和各种小型轻工业。受利益的驱使,在爱国心的激励下,许多官僚、地主、军阀,如袁世凯、周学熙、黎元洪、段祺瑞等,纷纷在天津投资设厂。在他们的带动下,天津的民族经济在这一时期获得了初步发展,20世纪以前天津民族资本总体情形如表1.2:

表1.2　1860～1900年天津民族企业一览表

设立年代	创办人	工厂(企业)名称	资本额(两)	工人约数
1878	朱其昂	贻来牟机器磨坊	—	30
—	—	大来生机器磨坊	—	—
—	—	天利和机器磨坊	—	—
—	—	瑞德泰机器厂	—	—
1884	罗三佑	德泰机器厂	—	150
1886	—	万顺铁厂	—	—
1886	吴调卿、杨宗濂	天津自来水公司	45 000	400
1897	吴调卿	北洋织绒厂	250 000	600
—	陈镶	化学公司	—	—

资料来源:万新平:《天津早期近代工业初探》,《天津史研究》1987年第2期。

由上表可以看出，20世纪以前，天津的民族工业总体比较弱小。从厂数来看，不过9家，就资本额而言，仅吴调卿开设的2家工厂资本较为雄厚，但两家合计不过295 000两，其余7家资本数虽然不详，但资本总额应该不会超过此数，9家企业工人总数也当不超过1500人。

这个时期，随着西方列强的东来及其租界势力的不断扩张，外国资本对天津的经济侵略也在日益加深，并建立了近代的工商业及运输业，但是这一时期，外资工业不占重要地位。天津的人口数由1846年的不足19.6万增加到20世纪初的40多万，人口结构中产生了早期的无产阶级和民族资产阶级，还出现了早期的买办；同时，从事工商业的人口不断增加，外侨人口日益增多。社会经济结构发生了明显的变化，出现了三大产业的分野，对外贸易获得较快增长，并创办了一批近代意义上的新式企业，天津的近代化开始启动。1900年八国联军血洗天津，天津为数不多的近代工厂几乎被摧毁殆尽，出现了近代工业的短暂空白期。数年后，天津民族工业开始重新起步。

(二)20世纪初至20年代末，天津城市化的快速展开时期

1900年至1901年的八国联军战争和"都统衙门"的设立，以及《辛丑条约》的签订，成为外商在津投资的一个重要转折点。特别是各国租界的划定、扩张与建设，从根本上改变了外商在津投资的面貌与构成，使之达到了一个新的阶段，增强了列强对天津和华北经济的控制力，并使天津的商业重心发生了新的转移。

1900年八国联军侵华战争爆发后，清政府处于风雨飘摇之中，为了维护岌岌可危的统治，清政府打出"新政"的招牌。其中，奖励工商、发展实业，是新政的一项重要内容。力推"新政"的袁世凯，于1902年开始从八国联军手中接管天津，在袁世凯的经营下，清末至民初天津的民族工业获得了迅速发展，民族资本主义经济进入初步振兴阶段。这时期，投资千元、万元以上的企业纷纷建立，如驰名全国的启新洋灰公司、北洋滦州矿务公司、北洋火柴厂和天津造胰公司等，在这一时期纷纷建成。

随着民族经济的发展，天津成为华北最大的工商业城市，天津的民族资产阶级也具备了一定的经济实力和社会基础。为民族资本主义经济的进一步发展扫清障碍，他们迫切要求摆脱帝国主义和封建势力的束缚，并于1903年成立了代表和维护自身利益的组织——天津商会。但是,由于外国商品的倾销和资本的输出,民族资本主义发展举步维艰,从而产生了"挽回利权"的愿望,并由此开始了"抵制美货运动"。凡此种种,都在一定程度上推动了20世纪初天津民族工商业的发展。1911年前,天津各类民族企业分布状况如表1.3:

表1.3　1911年前天津各类民族资本企业分布状况

门类	家数	门类	家数	门类	家数	门类	家数
矿业	5	机器	10	纺织	28	面粉	12
榨油	4	烛皂	12	火柴	4	皮革	5
制碱	3	瓷器	1	玻璃	1	化妆品	2
交通	1	垦业	1	烟酒	7	其他	11

资料来源:宋美云:《北洋军阀统治时期天津近代工业的发展》,见《天津文史资料选辑》第41辑,1987年,第134页。

从上表中可以看出,在1911年以前,天津各类民族资本企业总数已达107家,所涉及的部门近16个,虽然与同时期的上海等沿海城市相比起步较迟,规模小,技术力量差,但工厂数量相对20世纪以前还是有了明显增加,天津的民族工业在这一时期已粗具规模。

这一时期,天津的对外贸易业获得了迅速发展。天津港进出口货物吨位1921年在1912年的基础上增加了71%;进出口岁入方面,创最高纪录的1921年,岁入较1920年增加了25%,与1911年相比,也增加了54%。[①]从民国肇造到20年代末期,天津的民族工业进入快速发展阶段。在对外贸易的带动下,工商业迅速发展起来,成为北方最大的工商业都市。尤其在第一次世界大战期间,西方列强忙于战争,无暇东顾,给中国的民族工业提供了有利的发展契

---

① 吴弘明译:《天津海关十年报告书(1912~1921)》,见天津社会科学院历史研究所编:《天津历史资料》第13期,1981年10月,第52~53页。

机。民族工业的投资额由1913年的4987.5万元,到1917年增加到12824.4万元,1920年为15522.1万元,不到10年增长了3倍左右。① 我们通常把这一时期称为中国民族工业发展的"黄金时期"。天津同全国的形势大致相同,这一时期民族资本有了明显发展。据统计,1914年至1928年天津每年设厂都超过40家,特别是1915年开设了220家工厂,1924年开设了297家(详见表1.4)。工厂数量不断增加,大型工厂不断涌现,基本形成了以社会化大生产为主、手工业为辅的近代工业体系。

表 1.4　1914~1928年天津设厂数量统计表

年份	设厂总数	中国	外国	占历年设厂总数比重(%)	年份	设厂总数	中国	外国	占历年设厂总数比重(%)
1914	48	47	1	3.9	1922	107	103	4	8.7
1915	220	219	1	17.8	1923	80	77	3	6.5
1916	60	59	1	4.6	1924	297	292	5	24.0
1917	53	50	3	4.3	1925	48	43	5	3.9
1918	41	37	4	3.2	1926	64	63	1	5.2
1919	45	35	10	3.6	1927	58	56	2	4.7
1920	43	42	1	3.5	1928	68	65	3	5.5
1921	54	48	6	4.4	合计	1286	1236	50	100.0

资料来源:罗澍伟主编:《近代天津城市史》,中国社会科学出版社1993年版,第417页。

从上表可以看出,1914~1928年间,是近代天津工业的快速发展期,共计设立工厂1286家(中国人设立的有1236家,外国人设立的有50家),平均每年建厂数在90家以上。其中,1915~1916年为第一次建厂高峰期,1922~1924年为第二次建厂高峰期。这期间建厂数量多,而且规模也大,近代天津的一些

---

① 龚骏:《中国新工业发展史大纲》,第18表"民元至民九各种公司投资比较",上海:商务印书馆1933年版,第118页。

大型工业,如久大精盐公司(1915年)、永利制碱厂(1917年)、寿星(1915年)、大丰(1920年)、福星(1920年)、民丰(1922年)等面粉公司,裕元(1915年)、恒源(1916年)、裕大(1917年)、华新(1918年)等大纱厂,均为这期间创建的。它们规模大,资本雄厚,机械设备先进,生产能力强,构成了近代天津工业的主体。

据天津市社会局1928年统计,在天津的中国城区(不含租界),中国人开办的工厂计2186家,资本总额达3100余万元。①此外,各国租界内还有中外工厂300多家。这些共同构成了近代天津以轻工业为主体的工业格局。到1930年前后,天津已发展成为当时中国的第二大工业城市,仅次于上海。②

但就整个城市经济而言,贸易的作用超过工业,甚至在新中国成立前,天津主要是一个贸易性城市。1900年的八国联军侵华使天津的贸易大受影响,以1902年为起点,至1931年,天津的对外贸易获得较快增长。就进出口贸易净值而言,1902年为89 478 464海关两,超过了1899年(为61 903 755海关两)的水平,1906年突破一亿海关两,达到112 864 555海关两。③之后,由于光绪、慈禧相继死去造成政局的变动,以及其他因素的影响,致使天津的进出口贸易净值有所下降。民国后,尤其是20年代以后,天津的对外贸易又获得较快发展,1921年进出口净值为224 779 202海关两,1931年增加到350 229 937海关两(详见表1.5)。1931年与1921年相比增长了近1.56倍。这个时期,可以说是近代天津对外贸易的黄金时期,一方面,1900年八国联军占领天津后,随着租界的划定与拓展,各国在天津从事经营的洋行、银行、公司、企业等机构如雨后春笋般兴起和发展,客观上推动了天津商品经济和对外贸易的发展;另一方面,20世纪后,华商势力崛起和发展(1903年天津商会成立为标志),为20世纪天津对外贸易迅速发展的又一原因。此外,交通的发展,运输条件的改善,以及政府当局有关奖励或扶持贸易的政策等,多种合力促成了这一时期

---

① 吴瓯主编:《天津市社会局统计汇刊》(工业),天津市社会局,1931年。

② 严中平等:《中国近代经济史统计资料选辑》,工业,表8"上海等十二个城市的工业",科学出版社1955年版,第106页。

③ 姚洪卓:《近代天津对外贸易(1861~1948年)》,天津社会科学院出版社1993年版,第255~256页。

天津对外贸易的快速发展。20世纪30年代以后,世界经济大危机的爆发,九一八事变的烽烟,华北走私以及日本经济势力迅速增强的影响,天津的对外贸易净值呈江河日下之势。

表1.5　1902～1931年天津贸易额净值统计表(单位:千海关两)

年　份	贸易额
1900年	31 921
1905年	96 566
1910年	98 091
1915年	125 053
1920年	173 183
1925年	287 705
1930年	315 114
1931年	350 229

资料来源:姚洪卓:《近代天津对外贸易(1861～1948年)》,天津社会科学院出版社1993年版,第255～259页。

天津的民族工业,从20世纪初到1928年前后,经过近30年的发展,原有的一些行业,如织布、地毯、火柴、盐业等获得迅速增长,同时出现了一些新兴行业,如电力、制碱、自来水等,生产力的更新和应用,加上政府实业政策的推行等,使天津的经济获得了较为全面的发展,从而为天津成为近代北方最大的工商业城市奠定了基础。

(三)20世纪20年代末至1937年抗战前夕,天津城市化的缓慢发展时期

1927年南京国民政府建立,至1937年七七事变,此间为天津城市化进程缓慢发展时期。南京国民政府的成立,国家从形式上完成了统一,其后南京政府制定和出台了许多有利于民族工业发展的法令和条例,如《工厂法》、《商标法》、《工业奖励法》、《特种工业奖励法》等,尤其是裁厘改税、改定关税税则和币制改革等,为国内民族工业的发展创造了极为有利的条件。国内新境况的出现,给天津民族工业的发展带来了难得的契机和有利的条件。同时,政府对

企业的影响增大,随着对企业控制的增强,也带来了某些严重的影响和制约,加之30年代世界经济大危机的蔓延,以及日本侵华的影响,致使天津的民族工业呈现缓慢发展的态势。

这一时期,天津不论是企业总数,还是资本额都呈下降趋势。1933年冬,天津市社会局着手对天津市公安五区,特别一、二、三、四区,及乡区二、五两所的各一部分的工业进行调查,统计结果显示,天津市共有工厂1213家。①与1928年调查结果相比,减少了73家。就工业资本额、工人总数而言,相对北洋政府时期,都有所下降。以当时天津较为发达的纺织、食品、化学三行业为例,1928年,纺织业资本总额为22 017 363元,食品工业为5 126 100元,化学工业为3 874 360元;三行业工人总数分别为34 264人、2020人、5131人。②到1933年,纺织业的资本总额下降为19 346 210元,食品工业为1 253 500元,化学为1 699 926元;工人数分别下降到25 180人、1136人、3515人。③就整个天津市而言,工业资本总额由1928年的31 406 944元,到1933年下降到23 192 905元;工人总数由1928年的47 564人,至1933年下降到36 703人。④资本总额下降了821万余元,工人总数下降了1万多人。这与当时天津的局势密切相关。

商业方面,受国内外政局的影响,各商号歇业现象也十分严重。1934年,《大公报》记者对天津市歇业商号进行专门调查,发现1934年一年中各商业无法继续营业而倒闭者数字惊人,平均每日向财政局捐务所申请歇业者,竟达10家之多,每月达300余家,即使那些较大的重要行商,也都感觉无法维持,停止营业,或迁往租界。⑤

尽管如此,在原有行业发展缓慢,甚至有的行业呈下降趋势的同时,一批体现新时代新科技的新兴企业脱颖而出,如这时期开拓的毛纺织、印染、生化

---

① 天津市社会局编印:《天津市第二次工业统计》,第11页。
② 吴瓯主编:《天津市社会局统计汇刊》(工业),天津市社会局,1931年。
③ 天津市社会局编印:《天津市第二次工业统计》,第41、65页。
④ 1933年的统计数字,见天津市社会局编印的《天津市第二次工业统计》,第41、65页;1928年的统计数字,见吴瓯主编:《天津市社会局统计汇刊》(工业),天津市社会局,1931年。
⑤ 《津市商业衰落歇业商号数字惊人》,《大公报》1934年12月29日(6)。

药物等新兴工业,呈较快发展之势。1932年宋斐卿设立的天津东亚毛纺公司,运用新科技的同时,还采用西方先进的管理经验,仅用了4年的时间就成为当时最现代化的企业,在全国同类行业中也堪称首位;朱继圣购买英国的机器设备,创设了华北第一家规模较大的毛呢厂——天津仁立毛纺织有限公司;范旭东创设的久大精盐公司和永利制碱公司,此后又创设了生产化肥的硝酸铵厂,为中国实现酸、碱、盐三位一体的化学工业奠定了基础。这些新兴的企业,都是在当时极为不利的社会环境中创设的,并发展成为这一阶段天津民族工业的亮点。

总之,自开埠以后,伴随着城市工商业的发展,天津城市化进程不断加快,并开始由传统城市向近代城市转型,城市规模迅速扩大,城区范围多次扩建。20世纪以前,天津有英、法、美、德、日五国租界。八国联军攻陷天津后,俄、意、奥三国军队趁机将其占领地强辟为租界,英、法、美、德、日也不同程度地扩张地界,到1915年,天津共有九国租界,总面积约为23350.5亩,较20世纪前增加了4倍,相当于老城区的8倍。①作为衡量城市化程度基本指标的人口,无论是数量还是增长速度,天津在当时北方的各城市中都是首屈一指的,并且在全国也是名列前茅的。"由1840年(道光二十年)的不及20万人,增加到1936年的125万余人,若将城郊四乡人口计算在内,达150余万人之多,一跃成为全国第二大城市。"②

市场的扩大,先进技术的引进,天津经济获得了迅速的发展,近代工业经历了从无到有的过程,面粉、纺织等轻工业开辟了近代工业之先河,随后其他各类工业相继出现,并得到较快发展。就商业而言,虽然在开埠以前天津商业城市已经形成,商品交换颇具规模,但这种交换范围仅局限于国内,商品交换量也受传统自给自足的自然经济的限制,发展速度极为有限。1860年开埠后,外国商品不断涌入,天津商品也源源不断地运往华北乃至全国各地。同时,华北、东北及新疆等地采集的各类物资多集中于天津,经由天津运往国外,这种内外交流的商品,无论是数量上还是质量上,都是天津开埠前所无法比拟的。

---

① 美国租界于1902年并入英国租界,故亦有八国租界之说。
② 罗澍伟主编:《近代天津城市史》,中国社会科学出版社1993年版,第457页。

正是由于天津工商业的发展,贸易范围的不断扩大,确立了其华北经济中心的地位。1937年抗战全面爆发后,天津沦陷,天津的民族工业在日本的殖民统治下呈畸形发展之势,此不属于本书讨论的范畴。

三、天津城市化进程的特点及影响分析

由于近代天津的城市化是在外力的入侵下,在传统自给自足的自然经济占主导地位的经济结构中展开的,这种特殊的历史环境决定了近代天津的城市化是一种工业化"低度发展"的城市化,且带有浓厚的殖民色彩。

(一)与西方相比,城市化水平总体不高

近代西方的城市化以工业化为基础,城市化又反过来推动了工业化,两者相得益彰,城市化高度发达。与西方相比,近代天津的城市化水平总体不高。1860年天津开埠,城市化由此启动,到1900年以前,天津的民族企业不过寥寥数十家。20世纪以后,天津城市化进入快速发展时期,1928年前后达到高峰,这时期有工厂2186家。30年代以后,受国内外政局的影响,有所下降,至1933年,减少到1213家。

天津的城市化起步晚,工业化程度低,工厂数量少,规模小,资本额有限,现代化水平不高。就工业资本额而言,由1928年的31 406 944元,到1933年下降到23 192 905元;工人总数由1928年的47 564人,至1933年下降到36 703人。①

1929年春,天津市社会局对天津市工业进行第一次调查,在全市2186家华人开办的工厂中,使用电力的厂数仅有116家,占工厂总数的5.31%;仍然有2070家使用人力,占工厂总数的94.69%。②1933年,天津市社会局对天津市工业再次进行调查统计显示,在1195家各类工业中,使用动力的有360家,仅占调查工厂数的30.13%,其他的众多工业仍采用马力,详见表1.6:

---

① 1928年的统计数字,见吴瓯主编的《天津市社会局统计汇刊》(工业),天津市社会局,1931年;1933年的统计数字,见天津市社会局编印的《天津市第二次工业统计》,第41、65页。

② 吴瓯主编:《天津市社会局统计汇刊》(工业),天津市社会局,1931年。

表1.6　1933年天津市各类工业使用动力比较表①

类　　别	厂数	使用动力厂数	占使用动力厂数百分比	使用马力总数	占各类工业使用马力数百分比
纺织工业	684	53	7.7%	11 836.5	69.90%
化学工业	75	50	66.7%	829.0	4.90%
饮食品工业	79	55	69.6%	3155.5	18.63%
服用品工业	30	13	43.3%	110.5	0.65%
机器及金属品制造业	170	126	74.1%	591.0	3.49%
土石制造及建筑业	31	16	51.6%	72.0	0.43%
造纸及印刷业	36	9	25.0%	76.5	0.45%
文具及运动用品制造业	7	1	14.3%	10.5	0.06%
精整工业	83	37	44.6%	252.5	1.49%
总　　计	1195	360	30.13%	16 934	100.00%

资料来源：天津市政府统计委员会编：《天津市统计年鉴》（社会类），1935年，第7页。

就工业类型来看，这一时期天津市工业仍以作坊工业为主，规模小，技术落后，现代化水平较低。1933年天津市社会局对天津市的1213家工厂进行第二次调查，在这些企业中，作坊工厂共计775家，占天津市工业总数的63.89%。小工厂共计338家，其中超过30人无动力的有78家，占天津市工业总数的6.43%；不足30人使用动力的有260家，占工业总数的21.43%。而超过30人使用动力的仅有100家，占工业总数的8.24%。②各类工厂使用动力情况，充分体现了近代天津工业的不发达状态。

（二）受国内外政局的影响和制约极为明显

伴随着西方列强侵略的加剧，天津被迫于1860年开埠通商，城市化进程由此开始启动，对外贸易首先获得较快发展。在洋务派创办实业的影响下，天津也创办了一批近代企业，但是为数不多。据统计，1900年以前，天津民族资

---

①　注：原表计算有误，作者重新进行了核实。
②　天津市社会局编印：《天津市第二次工业统计》，第11页。

本经营的企业仅有10家左右,雇佣工人总数为1300人左右。①主要集中在面粉、火柴、纺织等轻工业部门。1900年的八国联军战争,天津为数不多的近代企业灰飞烟灭。

1902年袁世凯接管天津,结束了八国联军共管天津的局面,政局稳定,天津的城市化进程重新启动并呈加速发展之势。这时期主要得益于"新政"的开展,清政府推行奖励工业、振兴实业的政策和措施。同时,收回利权、抵制美货等爱国运动的开展,给天津创造了一个有利的时机,天津出现了一个建厂高潮。据统计,1911年以前,天津各类民族资本企业总数已达107家,涉及16个部门,投资千元、万元以上的企业也纷纷建立,如驰名全国的启新洋灰公司(1906年)、滦州矿务公司(1906年)、北洋火柴厂(1909年)和天津造胰公司(1905年)等,都在这一时期相继建成。

第一次世界大战期间,列强忙于战争,无暇东顾,给中国的民族工业提供了难得的发展契机。天津的民族工业在这一时期也获得快速发展。据农商部工商企业注册统计,1914年至1926年,天津新开设的资本在万元以上的民族企业就有42家。②这是天津民族工业发展的"黄金时期"。

30年代以后,世界经济大危机的打击,九一八事变后东北市场的丧失,日本在华北的走私以及经济势力在天津增强的影响,使天津的民族经济日趋衰败,城市化进程呈迟滞状态。1937年抗战全面爆发后,天津沦陷,此后日伪对天津施行殖民统治,天津的社会经济呈畸形发展态势,城市化进程举步维艰。

近代中国的特殊国情严重制约着中国城市化的演进方向和速度,这也是中国城市化选择的出发点和依据。与近代城市化问题密切相关的国情特征是:近代中国是一个半殖民地半封建国家,自然经济占主体地位;中国是一个农村人口占绝大多数的人口大国;中国的城市化道路在一定程度上偏离了正常的城市化发展顺序,走的是先发展商业贸易,而后发展工业的畸形道路。正是因为中国的城市化是在外力的压迫下,在中国传统自给自足的自然经济仍占主导地位的经济结构中展开的,这种特殊历史环境决定了中国的城市化是

---

① 孙德常:《天津近代经济史》,天津社会科学院出版社1990年版,第120页。

② 孙德常:《天津近代经济史》,天津社会科学院出版社1990年版,第177页。

一种工业化"低度发展"的城市化,甚至有学者称中国近代的城市化是一种"无工业化"的城市化,且带有浓厚的殖民色彩。①

在这一特殊的时代背景下,天津的城市化、现代化自1860年开埠以后启动,对外贸易、工商业等获得较快发展,但城市化总体水平不高,且受国内外政局的影响和制约明显,城市化步履维艰。即便如此,天津城市化进程由此启动,伴随着城市工商业的发展,对天津社会的各个层面产生了深刻的影响。

1.促使天津城市由传统向近代转型

天津作为一个完整意义上的都市,始于明清时期。于明代永乐二年至四年(1404~1406年),先后设"天津三卫"(天津卫、天津左卫、天津右卫),三卫是独立于行政系统之外的军事建制。1725年,清廷将军事建制的"天津卫"改为地方行政建制的"天津州",隶属河间府。同年10月,又改为省属的"天津直隶州",下辖武清、静海、青县。雍正九年(1731年),清廷批准直隶总督的奏疏,将天津州升为府,下属天津、静海、青县、南皮、盐山、庆云、沧州等六县一州。随着天津区划范围的扩大,以及明代以来漕运、盐业及商业贸易的发展,天津城在政治、经济、文化上的地位大大提升,吸引着众多的人口向这里聚集。但传统的天津城市仍是一个军事、行政中心而非经济中心。

1860年天津开埠以后,工商业、对外贸易获得较快发展,极大地提升了天津的商埠功能,使之成为华北的重镇,"贸易港天津由于一个繁荣的商业都市,而成为一个进步的工业都市。……同时一天一天的增高了他在全国中所占的地位。七七事变以前天津的贸易额仅次于上海,在工业都市方面也站在与青岛竞争第二的地位,七七事变后,上海青岛的工厂都遭受惨重的牺牲,天津方面的工厂,不但未曾受到破坏,而且急速的增设了许多新的工厂,当时在工业都市中位居全国的首席。在贸易方面如果包含海关统计以外的数字,进口额也非其他商埠所可比拟。"②天津由传统的军事、政治中心,转化为集经济、政治、文化等中心为一体的大都市,城市性质悄然发生变化。

---

① 行龙:《近代中国城市化特征》,《清史研究》1999年第4期。

② 李洛之、聂汤谷编著:《天津的经济地位》,经济部冀热察绥区特派员办公处结束办事处驻津办事处印行,1948年,第2页。

2.改变了天津城市的社会结构,催生了新的社会阶层

天津在明代建卫时因军事而兴,居民以军卒为主,此后随着城区的扩大,漕运、盐业的发展,天津很快发展成为一个手工业和商业发达的城市。据1846年《津门保甲图说》统计,当时天津城区范围内共有32 761户,19 8715人,①这是开埠前天津人口的大致规模。这些人口中,盐商有372户,铺户有11 626户,负贩有5711户,这三种经商人口合计17 709户,占当时天津城区总户数的54.06%。从事商业的户数如此之高,使我们完全有理由相信,这时期天津是一个地地道道的商业城市。

伴随着开埠通商,天津的工商业、对外贸易等获得了较快发展,社会经济结构发生了根本性的变化,由一个商业城市发展成为一个工业、商业、贸易为一体的近代化城市。在天津城市化的过程中,周边人口大规模地向天津聚集,1860年开埠以后,各国租界的设立和扩张,城区范围不断扩大,人口急剧增加,1846~1906年的60年间,城市人口由19.87万增加到42.45万,增长了2.1倍;而1906~1928年的22年间,人口从42.45万增长到112.24万,增长了2.6倍,成为华北人口增长最快的城市。②这种聚集不仅是商人、绅士、手工业者和达官贵人等,更多是来自农村的剩余劳动力和破产的农民。与此同时,人口职业构成也发生了很大的变化,出现了许多新兴的职业,如资本家、买办、工人、人力车夫、记者、医生、律师、编辑、公务员、理发师等。随着职业分化的加剧,人口结构也随之发生改变,产生了新的社会阶级,如无产阶级、民族资产阶级,还出现了买办阶层、知识分子阶层、绅商阶层、寓公阶层、贫民阶层等。

(三)改变了人们的生活方式和价值观念

鸦片战争之后,在中西文化的交锋与碰撞中,天津的城市化、现代化由此启动,随着城市化进程的加速,天津发生了翻天覆地的变化,居民的生活方式、价值观念等各个层面也都受到强烈冲击,居民的交往方式、消费观念、日

---

① 《津门保甲图说》(道光),见天津市地方志编修委员会编:《天津通志·旧志点校卷(下)》,南开大学出版社2001年版。

② 刘海岩:《近代华北自然灾害与天津边缘化的贫民阶层》,《天津师范大学学报》(社会科学版),2004年第2期。

常生活、休闲娱乐等，在城市化的牵动下，出现了许多新的变化，呈现出多元化的趋势。

天津作为一个移民城市，许多人到天津后，逐渐开始摆脱传统的宗法关系和道德伦理的束缚。以往在家乡，是一个宗法网络社会，每个人都背负着沉重的封建义务，必须依照各式各样的族规生活。可是到天津后，他们发现这里是一个完全不同的天地，到处充满竞争，要想生存，必须依靠自身力量来改变。摆脱了传统族规的束缚，旧的封建宗法关系逐渐失去了对他们的约束力，封建宗法关系在他们的头脑中日益淡化。家族、血缘关系、师生情谊逐渐被金钱关系取而代之。尤其是面对商品经济的无情冲击，传统的"重义轻利"观念逐渐被"重利轻义"的观念取代。一些女子进入城市后，醉心于都市繁华，不愿返乡，甚至有女子自甘沦为娼妓。

进入民国后，一些流氓、地痞等凭借不法手段聚敛巨额财富，甚至有人摇身一变成为"上流人物"，社会地位大大提高。在这种社会环境中，不管人们所用的手段如何，只要拥有金钱，就有了身份和地位，就会受到社会的尊敬与羡慕。此种社会风气严重影响着人们的价值观念，也在重塑着人们的社会判断标准。当然，新旧东西的接触，观念的变异与更新，并非是一帆风顺的，期间必然要历经一个互相排斥、容忍，直到最后互相融合的过程，生活内容和方式亦是如此，最终使天津演化成为一个"传统与现代，东方与西方的文化、生活方式、风俗习惯糅杂在一起的社会"①。

（四）重塑新的城乡关系

城乡关系是广泛存在于城市和农村之间的相互作用、相互影响、相互制约的普遍联系与互动关系，是一定社会条件下政治关系、经济关系、阶级关系等诸因素在城市和乡村两者关系的集中反映。②开埠以前，天津的城乡关系极为简单。明代建卫时天津因军事而兴，居民以军卒为主，同时天津作为京畿门户，故明清以来，天津城市的主要功能是军事和政治而非经济。天津周边的农村建立在自然经济的基础上，生产工具和技术落后，经济效益低下，除了盐铁

---

① 张利民主编：《解读天津六百年》，天津社会科学院出版社 2003 年版，第 330 页。
② 何一民主编：《近代中国城市发展与社会变迁》，科学出版社 2004 年版，第 415 页。

等少数日用商品外,农民极少需要从城市中获得生活资料,多数生产资料是通过乡间交换的方式获取,农民与市场联系不甚密切。这时乡村不仅向城市提供税收来源,而且还供给城市各种农副产品。天津郊区因受自然条件的限制,粮食不能供应城市,绝大部分粮食由华北、奉天、江南等地供给,"麦则取给于河南,米则受济于苏浙,秫粟菽豆之属亦莫非仰食于邻"①。而各种瓜果蔬菜、鱼类等农副产品,则由近郊的乡村供给,如近郊海河两岸,多开辟为菜园,使蔬菜在天津"素称美产";水果则有香木梨和葛沽的桃,梁家嘴的葡萄等;瓜果类则有高丽瓜、西瓜等。此外,天津作为渔盐之薮,所出之海鱼不下30余种,渔民捕捞各类鱼虾除供给天津城市消费外,名贵品种如黄鱼、对虾及银鱼等还多销往北京。此外,为适应城市休闲生活的需求,开始出现一些专门从事花卉种植的村落,如闻名于世的西乡大园村、小园村(今南开区与西郊区交界处),就是著名的花乡之一。清朝诗人蒋诗《沽河杂咏》中云:"小园村与大园村,艳紫嫣红花朵新;五十二村春正丽,相逢都是卖花人。"②时至今日,小园地方仍是津门的花乡之一。

这些农副商品有的由农民直接运到城市销售,有的则由商贩购取,然后转售到城市。农民在变卖农副产品后,可以利用手中的钱去城市购买各种日常生活用品。这样,城市和乡村就形成了相互依赖的关系,城市与乡村相比,并无明显优势,生活方式、文化等也没有凸显出过多的优越感和特殊性。城市作为国家的政治中心,在政治上统治乡村,经济上依赖乡村;而乡村作为城市经济的腹地,政治上依附于城市,经济上则制约城市,城乡之间形成了互相依存的低水平的城乡一体化模式。③

随着近代城市工商业的发展,城市人口的剧增,中国的社会状况,城乡关系正在经历着激烈的变动,城乡一体化模式逐渐被打破,城乡差别迅速扩大,对立愈发严重。一方面,天津作为近代中国开埠较早的城市之一,城市工商业

---

① 《天津县新志》卷26,"物产",见天津市地方志编修委员会编著:《天津通志·旧志点校卷(中)》,南开大学出版社2001年版,第1056页。

② 〔清〕华鼎元辑,张仲点校:《梓里联珠集》,天津古籍出版社1986年版,第29页。

③ 张利民:《城市史视域中的城乡关系》,《学术月刊》2009年第10期。

的发展,不仅为那些投资者和淘金者提供了契机与平台,也为入城谋生者开辟了更广的就业渠道,于是乡间农民开始向城市流动,改做新式工厂的工人。再加上新式教育的发达、居住环境的优越、休闲娱乐的丰富等,均与乡村社会形成强烈反差,这刺激着各色人群来此享乐和接受城市文化的熏陶。另一方面,近代乡村社会危机重重,乡村的自然经济在列强工业品的冲击下日渐凋零,加上天灾人祸、苛税繁重等因素的影响,农民的生存条件愈益恶化,由此产生的推力驱动着大批破产的农民背井离乡,流入城市。一些向往城市繁华的乡间富豪和士绅,以及一些试图改变自身处境者开始走出封闭的乡村,到更为广阔的城市中谋求生存空间。在此过程中,城市人口剧增,规模不断扩大,城市经济功能迅速增强并日益转化为主要功能,城市开始成为国家的经济、政治、文化中心。

第二节 城市化进程中社会结构的变动与贫民阶层的形成

无疑,天津被迫开埠所付出的代价是沉重的,但另一方面,天津城市化进程对近代天津社会的方方面面有着至深且巨的影响。传统中国是一个大一统的国家,整个社会是建立在自给自足的自然经济的基础之上,社会具有整体性和同质性,分化程度很低,社会结构是以"士农工商"为主体。近代以后,伴随着西方列强的入侵,资本主义生产方式率先在城市中兴起,城市的经济结构和社会功能也发生了巨变,进而导致城市社会结构中旧的平衡被打破。在旧阶层等级分化解体的同时,社会上又逐渐形成一些新的阶层,出现了近代以来城市社会结构由一种制度化状态向另一种制度化状态的整体性演变。本节着重分析天津现代化进程中社会结构变动与城市贫民的形成之间的关系。

一、开埠前的社会结构

金、元时期,天津已出现了"直沽寨"和"海津镇",但主要还是个军事据点。天津作为一个完整意义上的都市是在明永乐时期。1404年至1406年,明政府在天津设三卫（天津卫、天津左卫、天津右卫），驻兵保护这一带的安全。1406年，建天津城，城高三丈五尺，周长九里有余。有着实体形象的天津城，即我们后来惯称的"天津卫"从此出现。在天津筑城置卫，也是天津古代城市发展史上的一件大事。

明代漕运的进一步发展，对天津有着重要影响。明永乐十七年（1419年），明王朝迁都北京，"百司庶府，卫士编氓，一仰漕于东南"①。明迁都北京后，天津成为守护京畿的门户，此后漕运更加繁忙。为加强对漕运事务的管理，天津于1435年设立户部分司的专门机构，当时行驶在大运河上的船只近万艘。经天津的漕粮，每年可达四五百万石。据《天津卫志》所载：1426~1435年，天津设储粮仓廒22所，100余间。以后，又因援朝、防辽的需要，山东至天津一段又重行海运，这又进一步促进了天津造船业的发展。

随着明代盐业、漕运发展及商业贸易的繁荣，至明清之交，天津的繁荣已如《天津卫志》序中所言："天津为卫，去神京二百余里，当南进北往来之冲，京师岁食东南数万之漕，悉道经于此；舟楫之所式临，商贾之所萃集，五方之民所杂处，皇化使者之所衔命以出……虽名曰卫，实则即一大都会所莫能过也。"②

天津在明代建卫时因军事而兴，居民以军卒为主，此后随着天津城区的不断扩大，漕运、盐业的发展，很快发展成为一个手工业和商业发达的城市。据1846年《津门保甲图说》统计，当时天津城区范围内共有32 761户，198 715人（详见表1.7），这是开埠前天津人口的大致规模。

---

① 傅维麟：《明书》，卷69，《海漕志》。

② 《天津卫志》（康熙），"序"，见天津市地方志编修委员会编著：《天津通志·旧志点校卷（上）》，南开大学出版社2001年版，第6页。

表1.7 传统时期天津城厢职业结构(1846年) (单位:户)①

职业	户数	百分比
绅衿	653	1.99%
盐商	372	1.14%
铺户	11 626	35.49%
烟户	9719	29.67%
土住(即"土著")	746	2.28%
应役	2338	7.14%
佣作	707	2.16%
负贩	5711	17.43%
船户	673	2.05%
医卜	22	0.07%
乞丐	89	0.27%
僧道	105	0.32%
总计	32 761	100.00%

资料来源:《津门保甲图说》(道光),见天津市地方志编修委员会编著:《天津通志·旧志点校卷(下)》,南开大学出版社2001年版。

从上表的人口结构来看,与商业活动有关的商人阶层人数最多,其中盐商有372户,各种店铺的铺户有11 626户,走街串巷的负贩有5711户,这三种经商人口合计17 709户,占当时天津城区总户数的54.06%。绅衿可以说是一种职业,也可以说是一种身份,系指那些为官者或有功名而家居者,属于当时社会中的统治阶层,共有653户,占总户数的1.99%。佣作、应役是受雇于人的职业,两者分别为2338户和707户,合计占总户数的9.3%。土住(即"土著"),详情不明,这类人当指无一定职业的世代居住在天津的本地人,此类人有746户,占总户数的2.28%。此外,还有为数不多的船户、医卜、乞丐、僧道等,合计

---

① 《津门保甲图说》(道光),见天津市地方志编修委员会编著:《天津通志·旧志点校卷(下)》,南开大学出版社2001年版。

不到3%。就职业性质而言,以从事商业的盐商、铺户、负贩为最多,占50%以上,如此庞大的商业群体,表明这时期天津已是一个真正意义上的商业城市。

二、开埠后社会结构的错动与新社会阶层的形成

社会结构一旦形成,就具有相对的稳定性。社会结构中对应的阶级、阶层关系是与一定的生产方式相适应的。若没有新生产方式的出现,一般不会发生旧的阶级关系的解体和新的阶级关系的产生。近代西方资本主义生产方式的传入,是中国新的阶级结构产生的基础,也是旧的阶级结构发生错动的决定性因素。

1860年天津开埠通商后,伴随着西方先进生产方式的传入,天津的工商业、对外贸易获得较快发展,社会经济结构也发生了根本性的变化,由传统的商业城市发展成为一个工业、商业、贸易为一体的近代化城市。在天津城市化的过程中,吸引着各色人群不断向天津聚集。在这一过程中,天津的人口结构也发生了巨大变化,原有的"士农工商"的社会结构不断解体、分化,并产生了一些新的社会阶层,如工商业阶层、官僚阶层、买办阶层、知识分子阶层、劳工阶层、贫民阶层等。

(一)近代天津买办的出现

新职业的出现,是社会经济活动变动的结果,也是社会分工细化的体现。近代买办首先是作为一种职业而出现的,且这种职业是游离于中国传统的社会职业之外。鸦片战争前,为适应外国商人在华贸易的需要,在通商口岸出现了专门为外商服务的居间人,这些人被称为买办,即"康摆渡"(Comprador)。这时的买办一般是指管理外国商馆的内部经济和事务,诸如总管、账房、银库保管,以及照管外商贸易、生活等方面事情的办事人员。

鸦片战争后,随着公行制度被废除,买办不再受公行控制而由外国人自由选择,直接受雇于外国侵略者,买办的性质也随之发生了根本性的变化。近代买办最初只是帮着外商推销商品、收购原料等。随着时间的推移,买办势力不断壮大,他们依靠为外商效力而获取各种报酬,累积了巨额资本,成为经济上的暴发户。同时,买办凭借外国资本的支持,在中外反动势力的逐步结合过程

中起着桥梁作用,并由此获得政治上的种种特权,成为政治上的特权者。

中国的近代买办最早出现在外国人在华开设的洋行里,因为外国商人到华以后,人生地不熟,又有语言方面的障碍,需要请一些熟悉商业贸易的华人帮助联络推销或采买商品,这些华人就成了最初的买办。1860年天津开为商埠后,洋行风起林立,第一年就有怡和等5家洋行来天津活动,1866年增加到17家,到1879年,天津的洋行达26家。甲午战争以后,天津的洋行数量激增,1901年增加到41家,1906年增加到232家。[1]随着中外贸易往来的频繁,洋行的不断设立,天津的买办势力也在不断增强。最初天津的买办只是些广东籍和宁波籍的买办随洋行北上,之后他们又举荐自己的同乡来充任,天津籍的买办很少。20世纪以后,随着外国资本的深入,天津本地买办数量迅速增加,并开始在经营近代棉纱、棉布以及收购皮毛等出口贸易方面占据一定的地位。

买办作为近代的一种新式商人,它的出现改变了商人阶层的内涵,而且更新了经商的理念。传统的商人被视为"买卖人",但是晚清以后,各种新式商业以及金融、保险等行业都融入广义的商业范畴,经商逐渐与兴办实业成为同义语。买办的兴起,使传统的商人阶层开始摆脱政府的操控,尽管买办并不是完全独立意义上的商人,而是作为外国洋行的受雇者,要依赖外国人,但是买办和洋行之间已转化成为一种契约关系,在法定条款内,有充分的经营自由,而不似传统的商人,随时可以被官府勒索或抄家。买办把西方的经营理念、管理方式、企业制度等逐渐推广到中国社会各处。

买办凭借各种手段不断聚敛财富,并参与中外交易和各种工商投资,迅速暴富,名声大振,社会地位日益显赫。到19世纪末20世纪初,天津的买办达到鼎盛时期,形成了"怡和梁"、"太古郑"、"汇丰吴"、"道胜王"四大著名买办。他们通过控制军火、航运,倾销鸦片、洋货,掠夺土产等手段,聚敛巨额财富,政治影响也在不断提升。在天津的早期商会中,会董有9名为买办,占总数的30%,并于1911年建立了"行会公所"[2]。买办作为近代天津的一个特殊阶层,在外国资本和中国封建势力的扶持下,并逐步和外国资本及本国的封建政权

---

[1] 孙德常:《天津近代经济史》,天津社会科学院出版社1990年版,第51~52页。

[2] 张利民:《华北城市经济近代化研究》,天津社会科学院出版社2004年版,第145页。

结合在一起,控制、垄断了社会经济领域,发展成为近代天津社会的一支特殊力量。但是其在社会中所赢得的职业声望却不是很高。

(二)传统商人的转变与绅商阶层的形成

在中国传统"士农工商"的社会里,统治者推行"重农抑商"的政策,官僚士子位居统治地位,商人被排挤到不被重视的角落,被视为"贱商",社会地位极低。甲午战争后,伴随着列强入侵的加深,商品交换为主要特征的商品经济的发展,以及"重商主义"政策的倡行,传统商人开始向近代嬗变,社会地位不断提升,并出现商和绅的合流,在社会上发展成为近代城市中的一支中坚力量——绅商。绅商不仅是沟通官商的桥梁,介入到地方事务的管理,并且成为清末收回利权、地方自治运动的主导力量。同时,新兴绅商阶层凭借商业经济实力,投资于新式工业、商业领域,进而转型为工业资本家、商业资本家;不少绅商以个体和群体形式创办新式学校,促进近代教育的发展;此外,他们在特殊时期(如灾荒、战乱时)还发挥着社会救助的功能等。

商人捐纳官衔在19世纪早期的东南沿海地区已颇为风行,但风俗保守的天津出现得较晚。在鸦片战争中英法联军入侵之时,清政府不得不倚重没有功名但拥有财力的盐商,使之联合津埠商家建立铺勇,招募无业者编成状勇,邀集绅耆组织练勇,维持地方治安,保护地方利益。19世纪70年代,力主洋务运动的李鸿章任直隶总督兼北洋大臣,李从南方约请了一些官员和商人到天津拓展洋务事业,从而为南方的绅商、买办势力向北延展创造了机遇。但是,这时期天津的商人和南方的商人,不论是身份还是行为方式,都存在着明显的差别。天津籍商人多活动在老城区,行为方式多拘泥于传统,而南方来的商人已经在买办、绅商等角色之间游刃有余。

以1900年的庚子事变为契机,天津商人阶层和商业结构发生了改变,不少有实力的商人不再固守传统行业,开始投资于新式商业和企业,如肥皂、卷烟、化工等工业以及自来水、电力、银行、保险、房地产等行业,并且在经营方式、经营理念等方面,发生了巨大的变化,实行股份有限公司、查账、利润分配等形式。20世纪20年代,天津出现了比较著名的股份有限公司,如有从事外贸的隆记商业有限公司、兴华棉业有限公司、荣业地产公司、鸿美建筑公司等。此外,一些规模较大的商店组织形式也改为无限公司或有限公司,使经营权与所属权发生分离,以增强其经济势力和抗风险的能力。

随着商人实力的壮大,绅与商的相互渗透、合流,到19世纪末20世纪初,中国社会形成了一个特殊的阶层——绅商阶层。①买办的出现,近代商人的转型,以及绅商阶层的形成,他们在近代天津社会的经济发展、城市治理、文化教育、社会服务等领域发挥着无可取代的积极作用。

(三)移民的不断涌入与贫民阶层的形成

城市人口增加的途径一般有三种:一是人口的自然增长,即人口的出生数与死亡数抵消的结果;二是市区面积扩大,即市区扩大后将原农村从事农业的人口转为城市人口;三是移民所致,即迁入城市的人口多于迁出人口。研究近代天津人口问题的学者已经证明,近代天津人口的增长,尤其是20世纪初期以来,主要不是由于人口的自然增长和政区扩大的结果,而是由人口的不断迁入所致。②这一点,天津与上海颇为相同。

近代以后,天津周围地区人口开始大规模地向天津聚集,这其中有多方面的原因,既有广大乡村衰败,城市畸形繁荣,城乡背离化发展推助的结构性原因;也有社会利益分配不均及社会保障残缺的制度性原因。同时,天津形式多样的社会救助,便捷的城市交通,为众多贫困人口向天津聚集提供了条件之便。③但是,这时期移入天津的人口与传统时期最大的不同是,这时期不仅聚集了商人、绅士、手工业者和达官贵人等,更多的还有来自农村的剩余劳动力和破产的农民以及各处的难民、灾民等。

移民不断涌入城市后,他们首先要在城市中寻找生计,谋求活命,但是当时城市工商业的发展程度有限,可以提供的就业机会较少,根本不能满足大量新移民的需要,众多的人口只能在城市中从事一些低贱的行业,如人力车夫、脚行苦力、粪夫、清洁工、佣工、理发匠、戏子等,有的甚至沦为无业游民、娼妓和乞丐。这种长期处于无职业或失业状态的移民,他们唯有靠社会救济,

---

① 马敏:《官绅之间:社会剧变中的近代绅商》,华中师范大学出版社2003年版,第88页。
② 李竞能:《天津人口史》,南开大学出版社1990年版;高艳林:《天津人口研究》,天津人民出版社2002年版。
③ 笔者将在下一章节进行具体阐述。

或乞讨为生,沦为城市中的贫民,再加上城市自身析离出来的一些无业者、失业者及其他贫困群体,在20世纪20年代末,共同构成了一个数量庞大的贫民阶层。并且这个阶层的人数也是在一天天扩大,衍生出来的社会问题在一天天地尖锐和恶化,冻馁、死亡、娼妓、乞丐、流民、盗匪,以及社会上的各种骚乱、暴动、政潮等的起落,无不与城市贫民的大量存在密切相关。城市贫民作为一个新的、低级的社会层次,其大量存在虽然为城市发展提供了充足的劳动力,但是其表现出的广泛的破坏性,不仅影响着城市社会结构的转型,而且加重市政管理者的窘境,成为中国城市早期现代化的消极因素,并最终制约着现代化的健康发展。

小　结

近代中国的城市化走的是一条后发型防御性的近代化之路。天津的城市化同全国一样,也是在外力的入侵下,在传统自给自足的自然经济占主导地位的经济结构中展开的。大致经历了1860年开埠通商至20世纪初,城市化的启动时期;20世纪初至20年代末,城市化的快速发展时期;20代末至1937年抗战前夕,天津城市化的缓慢发展时期。特殊历史环境决定了近代天津的城市化是一种工业化"低度发展"的城市化,且带有浓厚的殖民色彩。尽管如此,城市化对天津社会各个层面产生了深刻的影响,一方面促使天津整个城市开始由传统向现代转型;另一方面改变了天津传统的社会结构,催生了新社会阶层的产生,并由此改变了传统的城乡关系。此外,贫民阶层的产生,对天津的社会结构及整个城市化进程产生了深刻影响。然而,城市贫民阶层形成的时代原因究竟何在?这些贫困人口究竟有多少?空间分布怎样?他们过着怎样的生活?如何看待和应对这些城市贫民问题?接下来的章节,我们以丰富的材料为依据,进行客观、翔实的阐释。

第二章 CHAPTER TWO

贫民阶层形成及其数量、空间分布的历史考察

"在天津这地方,像我们久留的,便不难知道,它是一个在矛盾和畸形发展的地方,不信您可以瞧,都市的一部分,是贫瘠的土地和饥饿的人们,最多数目的古怪生活的贫民,在那里存在着,但是另一部分呢,又是辉煌庄严的高楼和黄金宝库,有商场、银行、大旅馆、百货公司的立体建筑。"①

---

① 《地道外的一瞥 千奇百怪包罗万象(上)》,《大公报》1933年3月15日(13)。

第一节 贫民阶层形成原因分析

天津作为近代一座大都市,不论是城市规模,还是工商业、对外贸易等,在近代中国各都市中都是名列前茅的,但是在其繁华的背后,却有无数的贫民在饥饿和死亡线上呻吟挣扎。这究竟是一个怎样的群体,其形成原因何在,数量究竟有多少,分布何处,这是我们无可回避的首要问题。接下来我们首先对近代天津城市贫民形成的原因进行深入分析。

有学者把近代天津贫民阶层的形成归因为华北自然灾害的频仍。[①]诚然,自然灾害固然是促使城市贫民形成的重要原因之一,但是,自然灾害古已有之,并且也十分频繁,何以在20世纪20年代城市贫民才聚集为一个庞大的社会阶层,并成为一个严重的社会问题为各方所关注?

引发贫穷的原因极为复杂,非单一的事实所能解释清楚的,既有内因,也有外因;既有个体原因,也有社会方面的原因。民国学者柯象峰把引发近代贫穷的原因归结为物质环境、生物因子、经济因子、政治因子和社会心理等5个方面的因素。[②]同时期也有其他一些学者论及近代中国的贫穷原因,虽然他们

[①] 刘海岩:《近代华北自然灾害与天津边缘化的贫民阶层》,《天津师范大学学报》(社会科学版),2004年第2期。

[②] 柯象峰:《中国贫穷问题》,南京:正中书局1935年版,第112~286页。

的侧重点及详略不一，但大都不出上述大要。其中尤以柯象峰之观点更具普遍性和代表性。但由于时代的局限，这时期学者所列举之原因没能站在时代的高度，揭示出引发贫穷的深层致因所在。况且任何社会问题的发生都有其空间性和时间性。近代天津城市贫民在20世纪20年代末，聚集成为一个数量庞大的贫民阶层，并发展成为严重的社会问题，绝非偶发的、突然的因素所致，应从近代中国社会变迁的大环境和天津城市本身方面去找寻。

一、结构性原因：城乡背离化发展的推助

历史上，华北地区的水旱灾害一直非常严重，春季多干旱，影响农作物及时播种，夏季多雨，洼地积水成涝。尤其是近代以后，华北地区的灾害有增无减，成为"饥荒的中国"的一个重要区域。据统计，1912～1948年全国共发生水灾7408次，而华北的河北、山东、河南和山西四省的水灾次数达到2250次，占30%；旱灾全国共发生5935次，华北各省共发生1993次，占33%；虫灾全国共发生1719次，华北各省共发生757次，占44%。①可见华北灾害发生频率之高，几乎是"无年不灾"。

有关自然灾害与近代天津城市贫民阶层形成之间的关系，已有学者进行论述，此不再赘述。②近代华北地区除了遭受自然灾害的侵袭外，也时常发生战事及相关的兵灾。第二次鸦片战争以后，华北经历了清末的义和团运动、八国联军侵华战争；民国时期的军阀混战，1937年的日本侵华和1945年以后的国民党发动的内战等诸多战事。尤其是20世纪20年代后，华北作为军阀混战的主战场，战事频仍，如1920年的直皖战争、1922年和1924年的两次直奉战争、1930年的中原大战，无不以华北为战场。

军阀混战，列强侵略，给华北民众带来了巨大灾难。20世纪20年代以冀

---

① 夏明方：《民国时期自然灾害与乡村社会》，第34页表1-3，中华书局2000年版。河北包括京兆、察哈尔、热河等，山西包括绥远。

② 刘海岩的《近代华北自然灾害与天津边缘化的贫民阶层》一文，专门探讨了近代华北自然灾害与天津贫民阶层形成之间的关系，见刘海岩：《近代华北自然灾害与天津边缘化的贫民阶层》，《天津师范大学学报》（社会科学版），2004年第2期。

东为主要战场的直奉战争,使冀东各县农民遭遇毁灭性灾难。据河北玉田一带的农民回忆当时的情景:"除军队在过境,驻防中奸淫、抢掠、抓车、拉夫和溃兵游勇的骚扰外,战争需要的粮食、车马、草料、修路、运输、民夫以及临时需用的战费等等,都是就地向农民勒索摊派。"①在此过程中,再加上官吏和地主豪绅的趁机勒索,农民总收入的50%被剥削殆尽。到30年代初,华北诸省中负担兵差的县数占到各省县数的绝大多数,其中山西、河北为100%,河南为93.8%,陕西为79.3%,山东为72%。②

不仅负担兵差的县数多,而且兵差摊派的数额巨大。九一八事变后,东北军入关,就食于河北一省,每月所需军费达450余万元,再加上那些不计其数的临时就地征发,农民实无力负担,这势必加速河北农村经济的崩溃之势。③1930年,河北战区的兵差达1074万元,平均每亩摊到5元,几近全省平均每亩田赋及附加税的30倍。④天灾人祸的双重打击,加速了华北农村经济的破产和乡村社会的衰败。

天灾人祸给华北地区造成了极大的损害,社会生产力遭到极大破坏,致使二三十年代,华北广大乡村呈现普遍的贫困化状态,并成崩溃之势。在河北,"农村里最下等的食品是糠,在都市,在平时,这些只是喂猪的东西,在目前的农村都成了普遍的人食,在沿太行山一带,真可称之为家常便饭。从好的一方面就说,这是废物利用,从坏的一方面说,这简直是人畜不分。"⑤为了苟活,大批农民纷纷背井离乡,逃往他处,在广大华北形成日益严重的离村风潮。河南许昌在1928年离村者不到7.0%,1933年增加到8.6%;辉县在1928年为2.3%,1933年增加为5.4%;镇平在1928年为7.5%,1933年增加为12.2%。⑥在此三县中,不到5年的时间,离村百分数有增至一倍以上的。又如河北定县,

---

① 张明远:《玉田一带农民运动的回忆》,见《天津历史资料》第1期,1964年,第60页。
② 《中国农村问题:佃农问题、农民负担》,上海:太平洋书店1933年编印,第61页。
③ 顾猛:《崩溃过程中之河北农村》,《中国经济》第1卷第4、5期合刊,1933年8月。
④ 郑起东:《近代华北的摊派(1840~1937)》,《近代史研究》1994年第2期。
⑤ 田文彬:《农业恐慌中的地主与农民》,《益世报》1935年9月28日(11)。
⑥ 吴至信:《中国农民的离村问题》,《东方杂志》第34卷第15号,1937年8月1日,第19页。

1931年之前，每年外出谋生的人数在400~1500人之间，1932年增至3367人，1933年达到7849人，比1932年增加了一倍多，而到1934年，仅前3个月就超过15 000人，是全县人口总数的3.72%。以此类推，1934年定县外出人口即达60 000人，是1933年外出人口的7倍多。① 河南和河北两省1933年的社会情形，在华北各省中不算是最坏的，若与天灾人祸严重的其他省份相比较，它们的情形就更是可想而知了。

实际上，20世纪二三十年代农民离村逃亡，是全国各地普遍存在的问题。正常状态下农民离村，可以调节农村人口，救济农村生活，而且可以阻止多数农民的离村，促进农业发展。对于都市而言，可以为都市提供劳动力，增加工商业购买力和资本等。但是，近代的农民离村是在城乡背离化发展趋势不断加强的情况下发生的，"农村的破坏力仍旧是继续地流行，农村的疲惫不安，农民失业的增加，粮食的缺乏，土地的不均，农产物的低落，死亡率的增加等种种的社会的罪恶不绝地发生，而且是在继续地激成。在都市，工商业的资本虽然在增加，购买力虽然在增进；但是在另一方面的农村，越陷于疲惫不安，这不是两方面的绝好的一个对比么？同时，无论在任何的城镇或乡村，天天在增加：失业，生活难，破产，社会病态，以及为内乱导火线的各种悲惨混乱的情形啊！"② 也即是说，正是这种城乡背离化发展的态势，不断加剧近代农村日益严重的离村风潮。

近代华北天灾人祸的频繁，加剧了农民生活的贫困化，造成日益严重的离村风潮。这些农民、灾民、难民涌入城市后，成为天津人口的重要组成部分。由于近代天津工商业的不发达，城市对这些移民的吸纳能力十分有限，于是这些生活无着的移民流入城市后，或沦为乞丐或娼妓，或加入黑社会扰乱一方。也有不少青壮年男子入伍当兵，更有一些农民结伙为盗、占山为匪，成为社会的赘瘤。

另一方面，近代天津城市贫民阶层的形成源于城市工商业发展的巨大拉力。1860年天津开埠通商，进出口贸易的繁荣带动了城市工商业、金融业等行

---

① 郑大华：《民国乡村建设运动》，社会科学文献出版社2000年版，第31页。
② 〔日〕田中忠夫：《中国农民的离村问题》，见上海特别市社会局编：《社会月刊》第1卷第6号，1929年6月。

业的发达,便利的交通网络使天津的聚散能力迅速增强。尤其是20世纪庚子之变后,经过袁世凯几年的治理,天津城市各方面获得迅速发展,初步建立了以社会化大生产为主、手工业为辅的工业体系。伴随着天津近代工商业的发展,天津在容纳外来人口的承载力上也有所提高。20世纪后天津经济发展,城区的扩大,基础设施的完备,以及租界安定的社会环境,为社会的各色人群提供了一定的空间和生活条件,这不仅吸纳了大量的农村劳动力,同时也使天津成为富者的乐土和贫民的避难所,"乡村富户既多移寓平、津,而贫苦农民亦因农村破产,无以资生,群相麇集工业中心,谋求生路,因而津埠人口大见增加。"①民国以后,清朝遗老和军阀官僚聚集天津者更是不胜枚举。1912年初北京遭兵乱,"富家大族辄逃天津,总统府僚友亦有去者"②。失意的军阀官僚觉得"天津虽与北京相距不远","但官气较少,洋化亦不如上海"③,是退隐后的理想去处,纷纷聚集天津。

到20世纪20年代前后,天津的经济能力迅速增强,成为北方最大的工商业城市。城市经济不断发展,再加上发达的教育、优越的社会环境等所产生的强大诱惑力,吸引着大量的人口向天津聚集。这种聚集不仅是商人、绅士、手工业者和达官贵人等,更多聚集了来自农村的剩余劳动力和破产农民。正如列宁所言:"商品经济的发展,本身就意味着愈来愈多的人口同农业人口分离,就是说工业人口增加,农业人口减少。"④这种农业人口与城市人口的此消彼长,是城市和乡村自然和社会环境不断变化带来的结果。如据北平社会调查部1927年对塘沽久大精盐厂工人籍贯进行的调查表明,在全厂工人中,以山东、直隶两处为最多,山东人位居第一,约占总数的50%;直隶人居第二位,

---

① 《天津海关十年报告(1922~1931年)》,天津社会科学院历史研究所编:《天津历史资料》第5期,1980年,第84页。

② 王筱汀:《民闲人》,1915年,转引自周俊旗主编:《民国天津社会生活史》,天津社会科学院出版社2004年版,第4页。

③ 沈亦云:《天津三年》,见中国人民政治协商会议天津市委文史资料研究会编:《天津文史资料选辑》,第41辑,天津人民出版社1987年版,第185页。

④ 列宁:《俄国资本主义的发展》,见中共中央马克思恩格斯列宁斯大林著作编译局编:《列宁选集》第1卷,人民出版社1995年版,第167页。

约占46%；山西、河南等省的人民占百分之三四。①山东地少人稠，是东三省移民的发源地。民国以来，天灾人祸相继为害，压迫着农民到四处谋生。而久大由于其工作的特殊性，也很喜欢录用勤苦耐劳的农民，于是山东的农民争先恐后地来到久大。1927年2、3月间，厂方不过想招募两三名工人，结果"消息传达出去，竟有一天来了四五百山东人，在塘沽车站等候录用"②。

近代天津是一个以社会化大生产为主，手工工场和作坊为辅，近代商业、金融业等同步发展的多功能经济结构的城市，生产和流通等环节都需要大量的劳动力。天津各大型工厂开办初期，工人多数需要到农村或南方招募熟练工和技术工人。1915年天津开办的模范纱厂，是最早建立的近代纺织企业，该厂的工人不是在天津招募，而是全部在离天津30里至50里的津浦、京奉铁路附近的村落里招来的，全部住在宿舍里。此外，一些中小工厂和商店，也大量招募各地农村子弟来天津充当学徒。

天津作为一个沿海城市，较早受西方文化的熏染，许多方面开近代社会风气之先河，同时西方的政治、经济、文化也从这里开始向周边城乡扩散。在这一过程中，传统城乡文化一体化的模式逐渐被打破，城乡差距不断拉大。城市居住环境优越，教育发达，城乡间经济文化的巨大反差，增强了城市对人们的吸引力，更重要的是城市能够给人们提供更多谋生的机会和发财致富的途径。正像当时流传的民谚所说："谁想发大财，快到北洋来。"已经来城谋生的乡民，省吃俭用将节省下来的钱寄回家乡，补贴家乡的父母兄长。如果这些人中，有人在城市中赚到了钱，社会地位有所提高，便会在自己的家乡买田置地，建造房舍，或将其妻子儿女携带入城，因为这样可以"光宗耀祖"。而那些到乡村招募工人或回原籍招募亲朋的人，无不夸张地宣传城市的钱如何好赚，城市的生活环境如何优越等。这种城乡间的不平衡发展，尤其是城市可以发财致富的宣传，刺激着安土重迁的农民前往城市谋生，以便早日改变他们在农村中无法改变的处境。

近代随着天津城市工商业的发展，人口不断聚集和增长，贫困人口数也与

---

① 林颂河：《塘沽工人调查》，北平社会调查所，1930年，第39页。
② 林颂河：《塘沽工人调查》，北平社会调查所，1930年，第39页。

日俱增。可以说,近代天津城市贫民数是和天津市工商业的发展相依而行的。1860年天津开埠通商至20世纪初,天津城市化进程开始启动,周边人口开始向天津聚集,人口增长相对缓慢,由1840年的19.87万人,到1906年,增加到42.45万人,60年间仅增加20余万人。20世纪初至20年代末,清末"新政"的推行,民国新法令的颁布与实施,天津城市化迅速展开,城市规模迅速扩大,人口由1906年的42.45万人,至1928年,增加到112.24万,仅20余年间就增加近70万人。① 近代天津的城市贫民阶层也是在这一过程中不断壮大形成的。

开埠以前,天津城市贫民较少。据1846年《津门保甲图说》统计,全市人口32 761户,19 8715人。其中下层的医卜、乞丐、僧道等全部合计起来,仅有216户,不到当时天津城区总户数的1%。② 1860年天津开埠后,随着城市化进程的启动,城市规模的扩大,城市贫民不断增加,尤其是20世纪以后,随着天津城市进程的不断加快,在各处移民不断向天津聚集的过程中,城市贫民数量剧增。1919年,据备济社、延生社、慈祥社等在天津城关内外施放冬赈,查得贫民为1.5万余户。③ 1926年冬,天津八善堂冬赈救济会在天津城厢施放冬赈,共救济贫民6.2万余户。④ 1928年,天津市社会局对天津市民进行调查,统计全市共有贫民95 700余人。这些贫民多是没有工作的失业者,而且全家都处于贫困境地,据此,社会局估计天津市有赤贫10万户,占48万户居民的1/5。⑤ 1930年,据天津社会局调查报告,全市贫民约30余万人,占全市人口的1/4。⑥ 此后,天津市贫户虽然在个别年份有所增减,但一直居高不下,且贫困程度日益加深。

1860年天津开埠至20世纪初,天津的城市化开始缓慢起步。20世纪初至

---

① 李竞能:《天津人口史》,南开大学出版社1990年版,第82页。
② 《津门保甲图说》(道光),见天津市地方志编修委员会编著:《天津通志·旧志点校卷(下)》,南开大学出版社2001年版。
③ 《各善社施放衣食》,《大公报》1919年2月28日(2)。
④ 《冬赈会之成绩与会务》,《大公报》1927年2月11日(7)。
⑤ 天津特别市社会局编印:《天津特别市社会局一周年工作总报告(1928.8~1929.7)》,1929年,第250页。
⑥ 《彻底救济贫民》,《益世报》1930年10月28日(6)。

20年代末,既是天津城市经济增长最快的时期,也是华北地区自然灾害和战争频繁发生之时。华北在接踵而至的灾害打击下日益衰败,城乡差别在不断扩大,大量农民纷纷逃离家乡,流入城市务工或寻求生存空间。这对本就脆弱的农业而言,无疑是雪上加霜,进一步加剧了乡村社会的崩溃。这些在天灾人祸打击下入城的农民、灾民、难民等,多数没有资本和技能,只能靠出卖劳动力,从事人力车业和码头、车站和建筑工地的搬运工作等收入微薄的职业,在城市中苟且生存,成为城市贫民的重要构成部分。

只要城乡二元经济结构存在并有加深的趋势,就会吸引着源源不断的农民移入城市,劳动力的无限供给,而城市的容纳力有限,这种局面的出现无法从根本上遏制城市中不断增加的失业和贫困人口问题,最终导致在20世纪20年代末,天津形成了一个数量庞大的贫民阶层。

二、制度性原因:利益分配不均与保障制度的缺失

近代中国社会的急剧变迁,牵动着整个社会结构的变动及其利益财富的重新分配。在此过程中,社会上又形成了一批新的利益群体。买办是近代中国出现的一种特殊形态的新式商人,最早出现在列强在华开办的洋行中。天津开埠之后的第一年,有怡和等5家洋行来天津活动。甲午战争以后,天津的洋行数量激增,1901年增加至41家,1906年增加到232家。①随着中外贸易往来的频繁,洋行的不断设立,天津的买办势力也在不断增强。买办凭借各种手段不断聚敛财富,并参与中外交易和各种工商投资,迅速暴富,名声显赫,社会地位日益凸显。到19世纪末20世纪初,天津的买办达到鼎盛时期,形成了"怡和梁"、"太古郑"、"汇丰吴"、"道胜王"四大著名买办。他们通过控制军火、航运,倾销鸦片、洋货,掠夺土产等手段,聚敛巨额财富。政治影响也在不断提升,在早期商会中,会董有9名为买办,占总数的30%,并于1911年建立了行会公所。②买办作为近代天津的一个特殊阶层,在外国资本和中国封建势力的扶持

---

① 孙德常:《天津近代经济史》,天津社会科学院出版社1990年版,第51~52页。
② 张利民:《华北城市经济近代化研究》,天津社会科学院出版社2004年版,第145页。

下,控制、垄断了社会经济领域,发展成为近代天津的一支特殊的社会力量。

以1900年的庚子事变为契机,天津商人阶层和商业结构发生了改变,不少有实力的商人不再固守传统行业,开始投资于肥皂、卷烟、化工等工业以及自来水、电力、银行、保险、房地产等新式企业,并且在经营方式、经营理念等方面也发生了巨大的变化,开始实行股份有限公司、查账、利润分配等形式。在20世纪20年代,天津出现了许多比较著名的股份有限公司,如有从事外贸的隆记商业有限公司、兴华棉业有限公司、荣业地产公司、鸿美建筑公司等。随着商人实力的壮大,绅与商的相互渗透、合流,到19世纪末20世纪初,中国社会形成了一个特殊的阶层——绅商阶层。①除买办、绅商阶层外,近代天津社会还出现了一个特殊的阶层——寓公阶层。这些阶层占人口的极少数,却占有社会大量的财富和特权,"富者资产累万,炊金馔玉,一饭十金,重烟叠褥,一衣百金,居则深宅大院,洋楼高厦,行则汽车飞驰,用以代步,身受者虽尚自恨不足,旁观者实已望尘莫及,至于辛苦劳工,贫穷小贩,终年竭尽全力辛苦工作之结果,而所入极微,其生活也,甚至数米为炊,称薪而爨,衣难蔽体,食难一饱,居求一贫民之窟而不可得者,固比比皆是。"②社会财富分布的极为不均,使社会上形成了极为鲜明的两个阶层,即极富有的特权阶层和贫困的贫民阶层。

势单力薄的贫民阶层,没有权力、没有资金,也无技能,根本无力与强势阶层相抗衡,他们不得不选择在痛苦中忍耐,其次是消极反抗。当和平途径不能实现目的时,他们唯有以激烈的方式来表示对现存社会的不满。近代城市犯罪率攀升不下,娼妓泛滥,乞丐职业化,失业问题严重等城市病的日益深化,昭示着城市贫民问题的严重性,并衍化成为一种社会病态。

为了缓解这些贫困人口对城市社会造成的巨大压力,近代天津市政府开展了不少的救助工作。在每届冬令或灾荒之年,天津市通过政府出资或富绅大户捐募的方式,在贫民聚集地或交通便利的地方搭盖席棚煮粥,免费施放给贫民。早在乾隆十年(1745年),天津发生水灾,天津道乔人杰首倡在四个城门开设粥厂,以赈济饥民。此后,四门粥厂成为常设的制度。到同治年间,天津

---

① 马敏:《官绅之间:社会剧变中的近代绅商》,华中师范大学出版社2003年版,第88页。
② 《津市风俗调查报告(四)》,《益世报》1932年5月11日(6)。

城内外设立多处粥厂。1877年1月,因管理不善,粥厂失火,烧毙老弱妇孺2000余名。①鉴于粥厂失火的影响,后经整顿后,只保留了城西门外、西沽和北仓的粥厂,一处专供男性,两处专供女性。"岁以冬仲初春,三月为期,沿河十余州县贫民踵集,计数二万余人,岁以为常"②。粥厂数虽减,但待赈贫民数却在不断增加。至19世纪八九十年代,接受政府施粥等方式赈济的贫民由几万人增加到近20万人。③到20世纪20年代末,随着天津市贫民人数的增多,1931年粥厂由3处增加到6处,1932年增加到7处,至抗战前每年冬季常设粥厂有7处之多,地点主要设在贫民集中的南市大舞台、西广开清化寺、特一区三义庄、河东新唐口、河东小树林、小王庄等贫民聚集处。④不少城市贫民冬季的生活多指望这些粥厂。

1928年6月天津社会局成立以后,关注贫民生计,积极筹设"贫民工厂",目的是为了"将天津所有贫民,收集一厂或数厂,教以职业,授以常识,援以工代赈之义,寓生产于消费之中"⑤。1929年,天津市政府对市内的慈善设施进行了调整,将天津教养院、游民收容所、贫民工厂等合并,更名为"天津特别市立第一贫民救济院",并建立天津特别市"妇女救济院"。1930年冬,经天津市社会局呈请市政府批准,成立了由各机关、慈善团体和绅商共同组成的"天津慈善事业联合委员会",统一办理全市慈善事业及其他临时急赈事务,由天津市长为监督,社会局长为副监督。会务包括:(1)每届冬赈设厂施粥施衣及与必

---

① 吴弘明:《津海关贸易年报》(1865~1946年),天津社会科学院出版社2006年版,第108页。
② 〔清〕沈家本:《重修天津府志》(光绪),卷7,1899年。
③ 刘海岩:《空间与社会——近代天津城市的演变》,天津社会科学院出版社2003年版,第340页。
④ 见《本市冬赈筹设粥厂》,《大公报》1930年11月6日(7);《本市粥厂设立六处》,《大公报》1932年1月25日(7);《慈善会常会通过冬赈计划》,《大公报》1932年10月18日(7);《市慈善会招待各界参观粥厂》,《大公报》1934年1月21日(10);《慈善联合会今日召开冬赈会》,《大公报》1934年11月6日(6);《津善团昨议决增设粥厂两处》,《大公报》1936年1月17日(5);《津市七处粥厂决提前开办》,《大公报》1936年11月10日(6)。
⑤ 天津特别市社会局编印:《天津特别市社会局一周年工作总报告(1928.8~1929.7)》,1929年,第250页。

要时斟酌施粮事项;(2)临时急赈及其他临时救济事项;(3)主管官署委托之救济事项;(4)本会大会或常务会议决举办之慈善事项;(5)本市慈善团体或地方人士共同建议办理之慈善事项。①此后,各类救助机关相继设立,各种救助政策不断推出,这表明近代城市贫民阶层的形成已经引起政府和社会的普遍关注。

在各项救助活动开展过程中,经费常是令当局棘手的问题。如 1928 年计划开始建立"贫民工厂",为筹措开办工厂所需经费,社会局最初计划征收乞丐捐,预计每月可征 7 万多元,完全可兴办一个规模较大的工厂。这种理想化的设计,在实际操作层面遇到重重困难。在商穷民困的近代天津,乞丐捐的征收不像当局者所想象的那样乐观,商户借故迟交,甚至不交,结果导致抽捐甚微,故后来政府不得不下令取消乞丐捐。"住户既怀观望,每月收入不及原有计划二十分之一,以之为贫民工厂第一分厂经费尚行支绌一刻,实无法发展。"②社会局下令取消乞丐捐后,改征附加房捐百分之一,定名为"房捐附加慈善费",作为该厂创办经费,以 3 个月为限。③后社会局又下令取消"房捐附加慈善费",通过主办义务戏,收得款项 3000 多元,作为创办贫民工厂第一分厂的经费。经过多方筹措,第一贫民工厂于 1929 年 2 月 28 日正式成立。1929 年 3 月贫民工厂正式开工,工人是由公安局和各特别区公署选送的乞丐,一共有 170 余名。④但是,天津市政府企图通过设立贫民工厂来解决贫民生计的计划很快归于流产。贫民工厂勉强维持到 1929 年 9 月,最终宣告停工,被市立贫民救济院合并。

又如,在对待城市的乞丐问题上,天津市于 1915 年设立"教养院"(1928 年改名为"游民收容教养所",1929 年又改为"市立第一贫民救济院",1933 年再次改为"市立救济院"),收容乞丐。随着市内乞丐的增多,众多衣衫褴褛的乞丐沿街乞讨,不但有碍市容,且易引起社会秩序的混乱,故天津市政府常常令

---

① 《天津慈善事业联合会章程》,《天津市政府公报》(法规),第 69 期,1934 年 10 月,第 82~86 页。
② 《贫民工厂计算书》(1929 年 6 月),天津市档案馆藏,档案号:J0054-2-003316。
③ 《函公安局定期开整理乞丐捐会议》(1929 年 6 月),天津市档案馆藏,档案号:J0054-1-000720。
④ 天津特别市社会局编印:《天津特别市社会局一周年工作总报告 (1928.8~1929.7)》,1929 年,第 252 页。

警察驱逐抓捕乞丐,但因乞讨人数众多,政府方面常因房舍狭小、财力不逮等,无法安插。1934年8月9日救济院的"贫民大暴动"一事,充分暴露出这方面的问题。①

救济院贫民暴动一事的直接原因是对这批乞丐的安插不当,露天住宿,又遭阴雨天气,最终只能将这批乞丐与救济院中之一般贫民合并居住。收容管制,待遇却又如此恶劣,易招致不满,况且"此次收容多数之乞丐,其中染有毒品嗜好者,实居大多数;且其中窃盗之类,当亦不少"②。鱼目混珠,参差不齐,难免发生意外。事情虽经派警察武装驻院弹压,幸免肇事,但膳宿问题,仍无法解决。为此,救济院报告社会局,请示根本解决办法。社会局令财政局设法救济,财政局以市库支绌,表示碍难照办。社会局与市立戒烟医院接洽,医院方面表示,可免费入院治疗,但目下病床无多,如数目较少,或可酌收,也不过三四十床而已。救济院为此异常焦灼,公安局方面虽停止捕丐,但已有之乞丐的安插问题,仍无法解决。③最终由救济院对这400余名乞丐分别进行检查和询问,壮年确能谋生者,救济院陆续准其请假出院谋生,对于老弱残废及染有毒品嗜好者,拨入救济院戒毒残废等区,分别戒除留养。④此事终告一段落。

从1934年救济院"贫民大暴动"事件发生及其善后处理来看,暴露了政府在对待贫民问题上的无力,对大批乞丐虽行逮捕,却无力安插。事发之后,救

---

① 救济院"贫民大暴动"一事之经过:1934年8月7日,河北省会公安局第一区分局两次送到救济院乞丐375名,翌日又送到30余名。事先并未向救济院商询能否容纳,突然送来如此多人。救济院原有贫民已满定额,正苦天热人多,易生疠疫,又骤增400余人,更苦无地安插。当时曾协同局长与市政府秘书长面商办法,商定一面暂令乞丐等在院中露天住宿,一面由救济院备函阻止公安局勿再续送,院长当即遵照办理。旋将乞丐400余名分拨一半移送河北分部,本拟在总院及分部各搭席棚,仅供栖止,后救济院方面考虑这些乞丐等多非安分之徒,席棚最易引火,露天住宿,虽难管理,尚较安全。8月7日夜间又遇阴雨,露宿实有未便,不得已遂将此批乞丐拨入原有贫民各住室,拥挤同居,室小人多,空气窒塞,不能卧睡,坐待天明。8月8日下午5时,分部所有乞丐忽有数十人鼓噪图逃,其余亦有企图暴动之势,后经派警察在门外守护,并调拨保安队在分部周围防护,始被镇压下去。见《天津市市立救济院函社会局》(1934年8月10日),天津市档案馆藏,档案号:J0131-1-000654。
② 《天津市市立救济院函社会局》(1934年8月10日),天津市档案馆藏,档案号:J0131-1-000654。
③ 《救济院之大批乞丐》,《大公报》1934年8月13日(10)。
④ 《天津市市立救济院函社会局》(1934年8月31日),天津市档案馆藏,档案号:J0131-1-000654。

济院、社会局、财政局、市立戒烟医院等，因财力所限，互相推诿，最终只能准其陆续出院谋生。可以想象他们出院之后的命运，能自谋生计的毕竟是少数，其余只能再次沦入沿街乞讨的厄运。

总体来看，近代天津市政府和社会对贫民的救助具有明显的局限性。虽然救助机关林立，但救助人员范围有限，且时常赈款无着，或徒有虚名；长时间的救助工作少，短时间的救济多；治标的救助多，治本的救助少。再加上连年战争造成的政权不稳，入不敷出的财政状况，更是无法满足需求量巨大的社会救助的投入。在救助过程中，地方政府时常陷于捉襟见肘的窘境。因此，完善的救助制度迟迟未能构建，救济标准模糊不清，救助水平总体不高。在此情形之下，城市贫民唯有靠自己和家庭来解决面临的种种困境，匮乏的社会资源，低下的社会地位，使得他们只能陷入贫困的恶性循环，这是引发近代天津城市贫民阶层形成和扩大的制度性原因。

三、城市本身蕴含的特殊因子

（一）形式多样的社会救助，吸引着周边地区的人口不断向天津聚集

近代中国几乎是"无年不战，无年不灾"的。对于大部分逃荒的灾民、难民而言，政府及社会救助是吸引他们大量逃入城市的一个重要原因。尽管近代天津完善的救助制度迟迟未能构建，但是大量政府和非政府类慈善组织、救济机构的设立，以及赈济方式的多样，使城市的赈灾能力有很大提高，并成为区域赈济中心，这对于在生死边缘挣扎的灾民、难民而言，无疑具有极强的吸引力。

天津官方的救济机构，主要有天津贫民教养院、游民收容所、市立第一贫民救济院等。在各个时期，收容贫民人数从几十人至上千人不等。20世纪二三十年代，天津常年性的民间慈善机构有广济补遗社、崇善东社、中国红十字会天津分会、济生社、引生社、备济社、体仁广生社、积善社、世界红卍字会天津分会、北善堂、黄十字会等。具体救助情况见表2.1：

表 2.1　1933 年天津市施赈机关概况表

名称	设立团体	性质	赈款	食料	衣着	其他
广济补遗社	私人设立	慈善	恤赍$1104.00			施药品共2205付
崇善东社	私人设立	慈善	$2490.00	玉米面29 000斤		
中国红十字会天津分会	中国红十字会	救灾,恤兵	大米15担,小米100担,玉米面12 493担	代拨赈衣1358件,又6捆棉被,200床		
济生社	私人设立	恤赍,施药冬赈	恤赍$960.00	玉米面6500斤（合洋208元）	棉衣50套（合洋60元）	施药$75.00
引生社	私人设立	恤赍,施药	恤赍$75.00			施药$10.00
备济社	私人设立	恤赍,施药	恤赍$4200.00 冬赈$80.00			施药$3000.00 种痘$3000.00
体仁广生社	私人设立	施药,冬赈	冬赈$3400.00	玉米面5000斤（合洋160元）	棉衣200套（合洋240元）	施药$50.00
积善社	私人设立	恤赍,慈善	恤赍$1500.00			施药$21.00
广仁堂	苏皖浙省绅士成立	救灾	$78 000.00	玉米面360 000斤	棉衣1300套	药品$10 000.00
世界红卍字会天津分会	私人团体组织	济贫,恤赍	$1600.00	玉米面12 000斤	衣100套	药品$60.00
北善堂	私人设立	抚恤,施赈,救济	$12 500.00	玉米面30 000斤	赈衣3255套	药品$500.00
黄十字会	私人设立	冬赈		小米2191担,玉米面402 678斤		
天津市慈善事业委员会	由市政府召集慈善士绅成立					

资料来源：天津市政府统计委员会编：《天津市统计年鉴》（社会类），1935年，第51页。

从上表可以看出,这些慈善机构多由私人设立或地方士绅设立,而官办的极少(仅有天津市慈善事业委员会是由市政府召集慈善士绅成立);就性质而言,多从事慈善赈济活动,如恤嫠、恤兵、救灾、冬赈、施药等;赈品多是些关乎贫民基本生存的衣、食、药品等。

就收容机关来看,根据天津市社会局提供的1933年天津市收容机关概况来看,全市收容机关主要有10所,即天津市市立贫民救济院、天津市妇女救济院、长芦育婴堂、战区难民收容所、广仁堂等,其中以市立贫民救济院的规模最大,最多可收容贫民2221人,最少也收容1232人,这体现了政府在近代社会救济方面发挥着重要的作用。①其他收容机关如妇女救济院、长芦育婴堂、战区难民收容所在收容妇女、儿童、难民等特殊群体方面发挥着一定的积极作用。

除林立的慈善机构、多样的赈济形式外,赈济的内容涉及衣、食、住等各个方面。如1917年天津水灾期间,天津基督教水灾救济会在河北新车站附近筑造房屋2920余间,均将流离失所之灾民迁入居住,并随时散放赈济,以免灾黎有冻馁之苦。②1921年,普济急赈会"赈济窝头,专担任五六两区,共4560余人。"③北洋防疫处临时灾区诊疗所兼种痘所,统计诊治病人6245人,种痘者14 683人。④立志堂灾民收养所,"在十一区盖窝铺1715间,可容8575人。担任5000户,其25 000人之食物,并设有药房及热水、冷水等处,并散放衣服各物。"⑤老公所,在南开一带,共散大口棺材283具,小口棺材27具。⑥赈济物品涉及衣服、食物、医药、窝铺、棺木,可以说衣食住病丧等生活的各个方面无所不包。

此外,民国时期各慈善团体,还附设有教育机关。如20世纪30年代前后,天津市社会局对天津市各慈善团体的教育设施进行了调查,即有教养所3

---

① 天津市政府统计委员会编:《天津市统计年鉴》(社会类),1935年,第52页。
② 《基督教抚恤灾民》,《大公报》1917年12月7日(7)。
③ 《调查各教养所之报告》,《益世报》1921年7月27日(10)。
④ 《调查各教养所之报告》,《益世报》1921年7月27日(10)。
⑤ 《调查各教养所之报告》,《益世报》1921年7月27日(10)。
⑥ 《调查各教养所之报告》,《益世报》1921年7月27日(10)。

所,就学人数 192 人;小学校 7 所,就学人数达 769 人;半日学社 2 所,就学人数达 111 人。各慈善团体教育设施合计 12 处,就学人数达 1072 人。①

近代天津不但城市工商业较为发达,慈善团体众多,救济方式多样,而且社会各界人士也常常慷慨解囊,社会上形成了一股热心慈善之风。1917 年天津大水灾发生后,赛马会用征收的赛马捐作为赈款,"将去年秋季赛马会所得之彩票奖款等提出百分之五共洋二千零五十九元一毫五分寄上,作为赈款。"②安物华银楼、恒利金店各捐五百元,同文俱乐部募一千六百二十五元。南洋兄弟烟草公司,"大车十二辆满载大饼一万五六千斤并咸菜等物,前往张公祠散放。"③水灾急赈会在天津城南划出一片空地,搭建 300 间窝铺安顿灾民,并号召"中外绅商热心助款"。④当时,资助建造窝铺的既有慈善组织,也有个人,如由寓居租界的赵尔巽与徐世昌等人发起捐助,在老龙头火车站附近搭盖窝铺 200 间安顿灾民,并命名为"公济窝铺处"。⑤

天津形式多样的官方及非官方救济组织的设立,可以为逃难来津的灾民难民等提供基本的衣食住所,这使得天津成为他们逃难的首选之地。"庚子之后,北省郡县遭罹厄,动多烦扰,往往以天津为乐土,曾无藩篱之限也。"⑥大量灾民的涌入,使天津出现了多处灾民聚居的窝铺区。灾害过后,有不少灾民选择返乡,但是近代灾害接连不断的发生,又有新的灾民入住,窝铺区不断扩大,并出现了集中建造、面积较大的窝铺区,这逐渐成为稳定的贫民聚居区。

(二)便捷的城市交通,为人口的聚集提供了条件

分布密集的水系及靠近渤海湾的自然条件,不仅使天津成为众河下泻的决口,也为天津构成了便捷的水路交通。在铁路开通之前,水路在天津与外部

---

① 吴瓯主编:《天津市社会局统计汇刊》(慈善救济),天津社会局,1931 年。
② 《赛马会奖款助赈》,《益世报》1918 年 1 月 16 日(6)。
③ 《南洋烟公司之热心善举》,《益世报》1917 年 8 月 18 日(6)。
④ 《关于水灾之种种》,《益世报》1917 年 10 月 1 日(6)。
⑤ 《公济窝铺处报告》,《益世报》1917 年 12 月 21 日(6)。
⑥ 《天津政俗沿革记》卷 5,"户籍",见天津市地方志编修委员会编著:《天津通志·旧志点校卷(下)》,南开大学出版社 2001 年版,第 25 页。

世界的交通联系中,一直占有举足轻重的位置。南北运河在民国以前一直担任着漕粮北运的任务,它贯通了江南与北京,作为漕运中转的天津,享受着漕运中转带来的人流、物流和信息交流的便利。河南以道口为枢纽,山东以临清为枢纽,通过水路与天津联结在一起。河北中南部主要依靠大清河和子牙河与天津联系起来,北运河是联结通州、永清、香河一带和天津的主要水路。金钟河是三河、宝坻、玉田、宁河一带与天津的重要水路。海河是连接天津附近咸水沽、葛沽、小站一带的重要水道。这些便捷的水道,为灾荒与战乱期间粮食的运输、难民的遣返提供了条件,当然也为难民向天津的聚集提供了便利。在1876~1878年光绪初年的大旱灾中,山东、直隶、河南各省利用便利的水路运输粮食,使灾民较快得到了赈粮,而山西省则由于水路不发达,陆路又崎岖不平,赈灾的难度增加,由天津发往山西的粮食被耽搁在直晋两省的山麓之间,只得依靠车辆、驮畜或人力将之搬运到山西。①在救灾如救命的饥馑年代,交通便利的优势不言而喻。

靠近渤海湾的便利条件,又使天津发展成为北方重要的海运中心,从清代中期海禁被废以后,海运遂成为天津对外联系的又一重要方式。辽东的粮豆开始由民间商船输入贩卖,南方各地的物资以及洋货通过海路进入天津市场。通过海运,天津还沟通了与南方香港、上海、闽粤各埠及东北的安东、大连、营口等埠之间的联系。

在陆路方面,在铁路出现以前,传统的京津御道和官道构成了天津对外交往的重要通道,大车、手推车、轿车、牲畜成为首选的运输工具。1860年天津开埠通商至1911年前后,天津城区、近郊的道路交通有了显著改善,除英、法等国租界当局和天津市政当局在旧城修建的东、西、南、北四马路和其他市内马路外,还整治修建了许多简易公路运输线,主要有马厂道(天津正西门起—今河北省青县马厂)、山东道(天津正西门起—山东德州)、保定道(天津正西门或小西门起—河北保定)、北京道(正西门或堤上门起—北京)、山海关道(山海关门起—山海关)、塘沽道(两条,一条为旧道,一条为便道)、大沽道(也称海大道,梁园门起—西沽、东沽)、赛马场道(东南门—赛马场)和唐店子道(海光门—

---

① 吴弘明:《津海关贸易年报(1865~1946)》,天津社会科学院出版社2006年版,第107页。

唐店子，唐店子在海河西岸通往郭家村的路线上）。①民国以后，随着形势发展的需要和近代先进筑路技术的使用，天津的公路得以进一步延展、拓宽和改进，如天津至北京、保定、霸县、德州、盐山、白沟河、大沽、沧州等较为正式的近代公路，通过以工代赈或由中外慈善团体和民间组织捐款修筑而成。通过这些简易的公路，天津扩大了与周围地区的联系。

进入20世纪以后，京奉（1905年）、京汉（1906年）、正太（1907年）、京张（1909年）、津浦（1911年）、京包（1924年）等铁路的开通与延展，火车运输路径以天津为中心，分为北铁路、东铁路和西铁路三线。北铁路指京奉路京津段，由丰台转运京汉线新乡、卫辉以北及京绥铁路沿线所产粮食等物资，其中由京绥路运进者较多。东铁路即指京奉路天津至奉天段，主要输运关东的高粱、小米和小麦等物产。西铁路指津浦路，主要输运安徽、江西、湖南、江苏所产之稻米及皖苏北部和山东所产之小麦、玉米、芝麻、豆类等粮食。

由上观之，近代天津不仅水陆运输发达，再加上公路的兴修，近代铁路线的开通，运输工具多样化，运输量大，速度快，且不受自然条件的制约，这大大缩短了天津与腹地的距离，增强了其对腹地的凝聚力和向心力。天津凭借其得天独厚的区域优势，不仅将华北的直隶、山东等省，而且将山西、内蒙古等西北地区一并纳入自己的腹地，促进了地区间人员流动与往来。频繁的人流、物流在灾荒和战乱时期，更使天津成为赈灾救济的中心。美国学者施坚雅（G. W. Skinner）认为，"赈济饥荒工作的质量……在区域范围上存在区别，即在大都市区域最高，距帝国首府最远的区域最低，而且，在区域的核心区也较边缘地带为高。"②这种分析同样可以用来解释天津为何成为近代华北区域的赈济中心。一方面，天津位处畿辅之地，是区域中心城市，自然与京城一起成为区域赈灾的中心。另一方面，天津漕运及盐业的发达，特别是开埠以后，工商业兴旺，城市富庶繁华，人烟稠密，成为乞丐游民求生的理想去处。

此外，还有一个重要原因得益于当局开放的人口政策，"中华民国人民无

---

① 耿捷主编：《天津公路运输史》（第一册），人民交通出版社1988年版，第88~90页。

② [美]施坚雅著，王旭等译：《中国封建社会晚期城市研究——施坚雅模式》，吉林教育出版社1991年版，第15页。

论男女，在市区域内继续居住一年以上，或有住所达二年以上，年满二十岁，经宣誓登记后，为各该市之公民。"①政府这种开放的人口政策，无疑为人口的自由流动创造了有利的条件。凡此种种，都为众多贫民向天津聚集以及近代天津贫民阶层的形成提供了条件之便，各种因素胶合在一起，最终导致20世纪20年代末天津贫民阶层的形成。

---

① 天津经济调查会编：《天津市自治调查》，天津：百城书局1934年版，第11页。

第二节 贫民数量的历史考察

ERSHI SHIJI ZHI ZHONGGUO

近代天津城市贫民,作为一个阶层而出现,并引发严重的社会问题,而理清近代天津贫民数量演变情况,是研究其他相关问题无法回避的。由于天津在开埠以前,没有建立以城市为单位的行政管理机构,也就没有以城市为单位的人口统计数字。也就是说,天津在20世纪20年代以前,一直没有准确系统的人口统计资料。30年代天津有了城乡人口的划分,才有了准确的人口统计数字。由于问题的连贯性,在研究近代津市城市贫民数量以前,又不能不对近代天津城市的人口规模及其构成有一个大致的了解。本节首先对天津市开埠前后至1937年的人口情况进行简单梳理。

一、近代天津城市人口变迁概况

从长时段来看,近代天津的人口呈增长态势,其增长情况大致可以分为以下几个阶段:

在明代天津设卫后,"卫城人户渐繁矣"①。当时天津人口除了土著居民外,大多是军士及其家属。据估计,当时天津卫城和附近地区约有居民近2万人。以后,随着天津政治、经济功能的不断加强,人口逐渐聚集,到清代时,天津人口已颇具规模。19世纪中叶,根据中央政府的要求,地方政府进行了自上而下的人口统计,这是天津最早的比较准确的人口统计。据1846年《津门保甲图说》统计,当时天津城区范围内共有32 761户,198 715人。其中城厢内有9914户,95 351人,城外东、北各处有22 847户,103 364人。②这是开埠前天津人口的大致规模。据《天津县志》统计,到1906年,天津共有74 340户,424 556人。③此60余年间,增加20余万人,这是天津人口增长的第一个高峰期。

20世纪以后至20年代末,是天津人口增长最快时期。经历八国联军洗劫后,天津于1902年由袁世凯接管,这时期"新政"的推行,促进了天津城市经济贸易和工商业的发展,吸引着周边农村大批的剩余劳动力进城务工,天津人口急剧增长,1903年(包括老城和新市区在内)天津城区有326 552人,④到1910年天津城市总人口为601 432人,10万余户,平均每年净增加近4万人。⑤1912年民国建立至1927年北洋政府统治时期,天津人口持续保持较高增长。这个时期,一方面由于民国建立后,政府鼓励工商业的政策,促进了天津市工商业的发展,天津经济得到较快增长,尤其是纺织业和面粉业等轻工业,创建了一批大型的工厂,赋予城市更大的容纳能力,这对于周边的农村有巨大的吸引力,大量农村人口入城务工;另一方面,这时期华北天灾频仍,军阀混战不已,加之地主、官僚、军阀等的横征暴敛,使华北农民无力维持生计,不得不背井离乡,流入城市谋生,从而扩大了城市人口的规模。天津的城市人口由1910年

---

① 《天津政俗沿革记》卷五,"户籍",见天津市地方志编修委员会编著:《天津通志·旧志点校卷(下)》,南开大学出版社2001年版,第25页。

② 《津门保甲图说》(道光),见天津市地方志编修委员会编著:《天津通志·旧志点校卷(下)》,南开大学出版社2001年版。

③ 李竞能:《天津人口史》,南开大学出版社1990年版,第82页。

④ [日]中国驻屯军司令部编,侯振彤译:《二十世纪初的天津概况》,天津市地方志编修委员会总编辑室,1986年,第16页。

⑤ 周俊旗主编:《民国天津社会生活史》,天津社会科学院出版社2002年版,第10页。

的60.1万,到1928年增加到112.2万,增长了86.69%,平均每年净增加28 944人。①这是天津人口快速增长时期,天津由此跨入了特大城市之列。

1928年至1937年天津沦陷之前,是天津人口稳定发展时期。这一时期由于动荡不安的政局,如1931年日本发动九一八事变,东三省沦亡,日本不断制造事端,威胁华北的安全等。同时,30年代前后,日本为了适应战争的需要,开始扩大其在华北的经济势力,吞并了天津大部分近代纺织业,建立棉纺制造公司及机械工厂,加之走私猖獗,严重冲击和占领中国各地市场,民族企业纷纷破产,失业人口剧增,部分人口纷纷外迁。另外,由于日本日益控制天津与其他国家的贸易,导致其他国家的商人无利可图,纷纷离开天津另谋途径,故租界人口连年呈下降趋势。这些均导致这一时期天津总体人口有所下降,但就总体而言,仍呈稳步增加的趋势。这主要是由于勘定市区界线,造成城区面积扩大,人口自然相应增加。如1934年、1936年,两次勘划市区范围,导致人口数量的增加。

为了对抗战以前天津的人口状况有一个总体的了解,现将1840年至1937年以前天津市区各时期人口变化情况列表如下:

表2.2　近代天津城市人口增长一览表②

年份	户数	人口数(含中国城区和租借)	资料来源
1840	32 761	198 715	《津门保甲图说》(1846年)
1906	74 340	424 556	《天津县志》、《天津指南》
1910	102 147	601 432	天津警察厅
1917	124 120	719 896	《中华民国省区全志》
1925	176 772	1 072 691	《北京天津案内》
1928		1 122 405	天津市档案馆:4-2-55
1930		1 066 121	天津市档案馆:4-2-55
1933		1 033 642	天津市档案馆:4-2-60
1934		1 188 883	市公安局档案1-4-122
1935		1 237 292	《天津市政府公报》,第85期

① 李竞能:《天津人口史》,南开大学出版社1990年版,第287页。
② 李竞能:《天津人口史》,南开大学出版社1990年版,第82页。

图 2.1　1840~1935 年天津市人口增长示意图

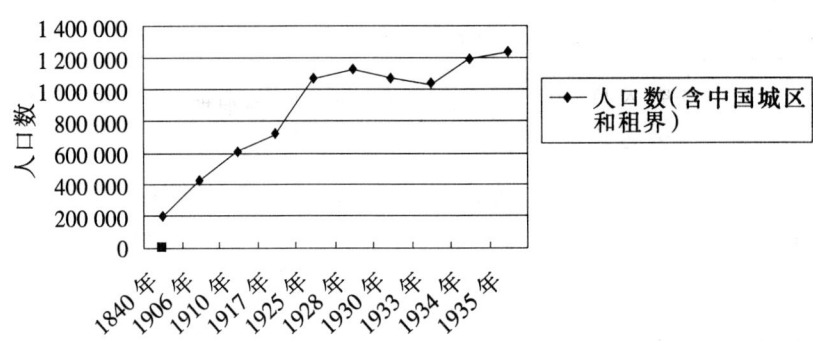

图 2.1 表明,1840 年至 1900 年为天津人口总体发展缓慢期,60 年仅增加 20 余万人。20 世纪初到 20 年代末人口陡增,20 年间人口增 2 倍有余。主要因为这一时期,天津城市工商业发展,城市化进程加快,城市对外来人口的容纳力增强,故导致人口激增。30 年代以后人口时涨时落,发展平缓。这主要因为 1927 年首都南迁,天津的政治地位随之下降,经济大发展时期已过,随之而来的是 1929~1933 年世界经济大危机的侵袭,工商业凋落,致使城市人口容纳能力减弱,定居天津的外地人口也随之大幅度下降,城市人口进入低谷发展时期。从整体上看,近代天津人口呈增长趋势,这固然有人口自然增长的因素,也与城区面积的扩大有关,但主要还是大量农村剩余劳动力源源不断向城市聚集的结果。

二、近代天津城市贫民数量的历史考察

贫穷是城市贫民存在的直接原因,也是城市贫民的最基本特征。对于近代贫穷问题,孙中山先生认为:"中国人大家都是穷,并没有大富,只有大贫、小贫的区别。"① 那么,近代中国的贫民有多少,中国的城市贫民又有多少?这一问题一直困扰着当时的专家学者。就民国时期全国贫民人口数估计,不同

---

① 孙中山:《民生主义第二讲》,见《三民主义》,岳麓书社 2000 年版,第 193 页。

学者估计数自50%～95%不等,详见表2.3:

表2.3 中国贫穷人口之估计

估计者	贫穷人口之百分数	估计的对象与范围	估计时期	估计所根据的标准（贫穷线）
狄特麦（C.G.Dittmer）	61.5%	北平近郊195个家庭（每个家庭平均人口=5)	1918	￥109.00
戴乐仁（J.B.Taylor）	50.00%~80.00%	江苏1359个农家 河北3532个农家	1924	￥150.00
华洋义赈会	50.00%~80.00%	直鲁苏浙皖五省240村7097家或37 191口人	?	￥150.00
北平卫生实验所	26.0%*	北平城（254 381家)	1926	￥120.00~240.00
李敬穆	50.0%	全国人口	?	￥130.00~160.00
许仕廉	50.0%	全国人口	1928	￥175.00
林东海	70.0%	全国人口	?	?
余天休	95.0%	全国人口	?	￥250.00

注：*加上次贫为73.3%。

资料来源：柯象峰：《中国贫穷问题》，南京：正中书局1935年版，第74页。

引起统计数字差异的主要原因是他们估计的标准不同，有的定贫穷线为100元，有的定贫穷线为150元，最高有定为250元的。当然，在中国确定一个统一的贫穷线并不是一件容易的事，也是不可能的事。因为每个家庭人口数各异，即使同一家庭在不同时期所需生活必需品(衣、食、住)的多寡也是变动不居的。更何况中国地域辽阔，南北各省物产不同，生活资料的取给颇多差异。这其中个人所认为必需的物质品，也存在不一致性。此外，各地方、各时期、货币及物价涨落不一，因此用货币的数量来代表最低的生活标准，有时很容易引起误差。估计者不同，估计对象的差异，估计时期的不同，所得的结果自然悬殊甚大。诚如当时专门研究中国贫民问题的专家柯象峰所言:"中国数字材料极其缺乏,准确的状况是不易获得的,因此我们初步的研究也恐怕只能做到估计的尝试罢了。"①他估计中国当时的贫民数量约为3亿人,约占全国人口的65%或2/3,城市间劳动界约5%,那么城市贫民应为1500万。②这些数字是否准确,值得商榷,但至少说明,近代贫困人口的存在在中国具有广泛性,不唯近代天津城市社会所独有。天津作为近代开埠较早的城市之一,在近代城市中颇具有代表性,对近代天津城市贫民问题的研究,可以作为透视近代城市贫民群体生存状况的一扇门窗。

当然,要弄清近代天津的城市贫民数有多少,面临同样的难题,我们只能根据手头掌握的资料做一粗略的估计。本节笔者只是选取了近代天津不同的时段,对各个时段贫民数量进行了大致梳理,关键为了弄清楚近代化进程中这一问题是如何呈现出来。

1860年开埠以前,天津城市贫民人口数很少。据1846年《津门保甲图说》统计,全市人口32 761户,198 715人。商人阶层户数为最多,其中盐商、铺户、负贩合计17 709户,占当时天津城区总户数的50%以上。而下层的医卜、乞丐、僧道等全部合计起来,仅有216户,不过占当时天津城区总户数的0.66%。③

20世纪以后,随着天津城市进程的不断加快,在各处移民不断向天津聚集的过程中,城市贫民数不断增加。1911年冬,天津市城内冰窖街李绅,在草厂庵清修院内开粥厂一处,每日入厂食粥者不下两千数百人。④1916年冬,仅教养院收容贫民不下3000人,1917年春因天气渐暖,凡有妥实保人者,均准出外谋生,因之出院者已不少,即便如此,至3月份仍有住院贫民

---

① 柯象峰:《中国贫穷问题》,南京:正中书局1935年版,第73页。

② 柯象峰:《中国贫穷问题》,南京:正中书局1935年版,第80页。

③ 《津门保甲图说》(道光),见天津市地方志编修委员会编:《天津通志·旧志点校卷(下)》,南开大学出版社2001年版。

④ 《贫民何多》,《大公报》1911年12月27日(1)。

1900余人。①

1917年的天津大水灾,使天津城内贫民数骤增。1917年10月,天津基督教水灾赈济会调查津埠城厢内外男女老幼全数难民,总计难民58处,男15 299人,女16 379人,老4030人,幼19 691人,统计男女老幼55 399人,其余寻亲觅友,租赁房间居住者不计其内。②1917年11月,直隶卫生局在铁工厂、邵家园、刘家花园、关庙等36处进行了调查,共计灾民27 661人,大半由当局发给赈款各归原籍,但是"无力归回者,亦相率自谋生活,所余灾民皆老弱妇婴,穷苦不堪之流"③。这些无力返乡的灾民,滞留在天津,谋生无门,多靠救济和乞讨为生,成为天津城市贫民的一个重要组成部分。

1919年,据备济社、延生社、慈祥社等在天津城关内外施放冬赈,查得贫民为15 349户。④1926年冬,天津八善堂冬赈救济会在天津城厢施放冬赈,共救济贫民61 512户。⑤为创办贫民工厂,1928年天津市社会局对天津市贫民进行了调查,统计全市共有贫民95 700余人。这些贫民多是没有工作的失业者,而且全家都处于贫困境地,据此社会局估计天津市共有赤贫10万户,占48万户居民的1/5。⑥1930年,据社会局调查报告,全市贫民约30余万人,占全市人口的1/4。⑦1930年、1931年、1932年三年全市贫户数具体统计如下,计1930年为47 918户,1931年为70 266户,1932年为62 195户,详见表2.4:

---

① 《教养院贫民确数》,《大公报》1917年3月2日(7)。
② 《大水灾近事汇志》,《大公报》1917年10月14日(7)。
③ 《灾民留津之确数》,《大公报》1917年11月29日(7)。
④ 《各善社施放衣食》,《大公报》1919年2月28日(2)。
⑤ 《冬赈会之成绩与会务》,《大公报》1927年2月11日(7)。
⑥ 天津特别市社会局编印:《天津特别市社会局一周年工作总报告(1928.8~1929.7)》,1929年,第250页。
⑦ 《彻底救济贫民》,《益世报》1930年10月28日(6)。

表 2.4　1930～1932 年天津市全市贫民户数统计表

行政区划	1930 年(户)	1931 年(户)	1932 年(户)
第一区	4045	8726	5845
第二区	10 492	15 306	11 965
第三区	9894	10 875	10 590
第四区	8782	11 800	11 652
第五区	11 017	18 600	18 985
特一区	1196	1844	891
特二区	1359	1267	1202
特三区	1133	1828	1065
特四区		20	(特四区已附于特三区内)
总　　计	47 918	70 266	62 195

资料来源:《社会经济凋敝贫民数量与年俱增》,《大公报》1933 年 1 月 9 日(7)。

从上表 3 年贫户统计可以明显看出,30 年代后贫户数急增,虽然统计数略有增减,但总体平均比 1919 年不足 2 万户贫民的数量已超出数倍之多。尤其在 1931 年贫户骤增,主要是因为时值天津事变,各县难民前来天津避难所致,"现因前方战事,各县人民连日来津避难,为数甚多。"[①]1932 年贫户数字虽然少于上年,然而依甲乙丙分等,1932 年甲等贫户几乎占 1/3,可见贫民生活困苦程度逐年加深。根据几年的确切的贫户数统计数字,我们可以看出,贫户数自 20 年代开始呈上升的趋势,贫民人数不断增加,且生活贫困程度日益加深。

每年冬季,政府和社会设立的粥厂数不断增加,食粥人数仍在激增,这也是近代天津城市贫民阶层壮大和形成的具体体现。尤其是 20 世纪二三十年代,受世界经济大危机和国内军阀混战的影响,城市工商业日形凋敝,人民生活日艰,每届冬令各粥厂食粥人数骤增,以致人满为患。如 1930 年冬,慈联会

---

① 《难民络绎来津》,《益世报》1931 年 8 月 1 日(6)。

举办了 3 处粥厂，而仅西广开一处，从 1930 年 12 月 7 日开办，预计 3 个月。至 1931 年 1 月 25 日，历时 49 日，前往食粥者共有 239 946 人，平均每天至少有 5000 多人，人多时可达 6000 多人。①1931 年冬，天津市各善团创办了 5 处粥厂，自 1931 年 12 月 29 日起至 1932 年 1 月 5 日止，前后 8 天的时间，就食人数达近 50 万人。②1931 年冬全市有粥厂 5 处，到 1932 年冬全市粥厂增加为 7 处，食粥贫民数较 1931 年增加 1.5 倍。③1933 年冬，津市慈善会援照往例，设立粥厂 7 处，因贫民众多，较之历年食粥人数，约增一倍，计各粥厂每日食粥人数，约计7000 人，共计 5 万余人。④1934 年冬，慈善联合会主办的 7 处粥厂，食粥贫民由初的每日 5000 余人，后增至 8000 余人。到 12 月初，每日食粥者平均已超过 1 万人以上。⑤1935 年，慈联会因赈款困难，初设立 4 处粥厂，后因时局关系，中止开锅食粥。明德慈济会，为收容全市无衣之贫民，特在南市"三不管"大舞台南开设一处暖厂和一处粥厂。因市区贫民数不断激增，明德暖厂在开办的第一天，收容贫民就达 600 余人，已超定额。⑥即便如此，食粥贫民仍络绎不绝，致使明德暖厂陷入无法收容的状态。1936 年，慈联会开设 7 处粥厂，于 11 月 23 日正式开锅，结果第一天各粥厂共计食粥者达 2.7 万余人。⑦每年冬令津市都在不断增设粥厂，食粥人也在不断增加。由此可见，当时天津无以为生，靠政府和社会赈济过活的贫民之众。即使如此，冻毙街头的贫民仍比比皆是。

随着天津城市规模的不断扩大，一些村庄划入市区后，这些村庄的居民，其生活之困苦，更是不堪设想。1931 年 1 月，公安局第六所二编村长副向省市政府、慈联会、公安社会两局及《大公报》呼吁称："敝村地处偏僻，接壤乡区，

① 《广开粥厂的参观就食者已逾廿三万人》，《大公报》1931 年 1 月 26 日（7）。
② 《可惊的数字 食粥贫民近五十万》，《大公报》1932 年 1 月 10 日（7）。
③ 《各粥厂统计贫民增多》，《大公报》1933 年 1 月 30 日（7）。
④ 《本市各粥厂食粥人数日达五万》，《大公报》1934 年 1 月 5 日（10）。
⑤ 《贫民日多 急待赈济》，《大公报》1934 年 12 月 2 日（6）。
⑥ 《市区贫民众多 暖厂收容已逾定额》，《大公报》1935 年 11 月 28 日（6）。
⑦ 《粥厂巡礼记》，《大公报》1936 年 11 月 24 日（6）。

现虽划为市界,实一冷落荒墟,合全村计五百九十余户,其劳动分子,占百分之九十,现届严寒,无法谋生者,实居素半,近详细调查,其能一日获两炊者,不过四分之一,或一餐者,十二分之五,终日不能举火,且无棉被棉衣者,占全额三分之一,啼饥号寒,不忍卒睹。"①为此,该村长副为民请命,向各界呼吁赈济。

因为贫民数量激增,政府设立的一些收容机关,时常人满为患。如 1935 年冬,市立救济院西关总院、河北游丐收容所,及北营门内冬季临时分部,三处收容定额为 1600 名。但是截至 11 月 15 日,已超过定额,达 1788 人。即便如此,续请投院者仍源源不断,救济院已患人满。"本年各处灾祲频仍,四乡饥民,率多来津谋食。加以市区失业贫民,尤较往年为多。此后源源而来,本院不但无地收容,即给养一项,因财力所限,亦恐无法供给。"②该院自 1935 年 11 月 12 日起至 18 日止,一周内新收容贫民达 300 余名,其中有青县男女饥民 55 人,扶老携幼,逃难来津。救济院收容额已达 1872 人,超过定额 300 名,救济院于 11 月 20 日发出布告,拒绝收容。③为此,救济院院长刘孟扬致函慈联会,请其速设暖厂,协同救济。1936 年,救济院扩大组织,由 1935 年的收容额 1600 人左右到 1937 年 2 月 3 处共收容达 3500 人以上,名额超过两倍,已患人满。为此救济院呈请市府,拨款再设立分院一处,或遣释一部,以资疏通。④

尽管政府和社会设立粥厂,对贫民施粥加以赈济,但是市内乞讨者仍络绎不绝。随着市内乞丐的增多,20 世纪二三十年代天津市政府基于观瞻和社会治安等方面的考虑,多次下令搜捕乞丐。但常因乞讨人数众多,而政府方面房舍狭小,财力不逮等,无法安插。如 1928 年,警察厅勤务督察长穆文华,从地方治安和贫民生活的角度出发,通令各区,设法安插乞丐。"查自客岁以来,每逢大街两旁,及各处小巷,有无数乞丐尾随人力车之后,老少男女咸有,但无一

---

① 《四区六所二村断炊者三分之一》,《大公报》1931 年 1 月 15 日(7)。
② 《津市贫民激增 救济院已患人满》,《大公报》1935 年 11 月 17 日(6)。
③ 《津市贫民续增 救济院拒绝收容》,《大公报》1935 年 11 月 21 日(6)。
④ 《救济院人满 收容达三千余名》,《大公报》1937 年 2 月 27 日(6)。

残废之人,衣服亦极温暖,频频尾追,拒之情属可悯,给之应接无暇,际兹旧历灯节,此辈乞讨之人,为数倍增,不但行人感觉不便,且于地方治安及国家体面,妨碍颇多。"①1931年5月,天津市公安局下令捕拿乞丐。"近查各街市乞丐终日沿街追人乞讨,仍属不鲜,似此情形,非但观瞻不雅,且实妨碍公安,为此重申前令,除分行外,合再令仰该所区署即便严饬所属,切实遵照前发各令,速将界内所有乞丐,认真陆续捕送,并将捕送数目,逐日具报,以资查核,事关救济乞丐,维持地方治安,幸无再行玩忽,致干未便为要,切切,此令。"②1934年8月,河北省省会公安局局长李俊襄,鉴于天津市毒品嚣张,市民嗜染成癖,沦为乞丐者到处皆是,已成为地方治安的一大隐患,故通令各分局转饬所属,对于境内乞丐严厉逮捕,结果一天内,各警属捕获男女乞丐360余人。③1936年10月21日,天津市公安局局长程希贤电令全市各分局所,搜捕乞丐,送救济院收容,限期3天,全数捕尽。④结果自10月21日至11月10日,3星期内,共捕800余名,游丐收容所内的乞丐已达2300名。⑤截至12月9日,送救济总院、游丐收容总分各所,及新旧院民,收容共达3000人,按原定计划,总院及游丐收容所共能收容2100人,超过原定计划甚多,以致救济院人满为患。⑥显然,若不从根本上解决这些城市贫民的生计问题,依靠单一的救济和逮捕的手段,不可能彻底解决日益严重的乞讨问题。

自1860年天津开埠以后,尤其是20世纪以后,天津的城市化进程进入了一个快速发展的阶段。无论是城市人口、城区面积,还是城市工商业等方面,都进入了一个快速发展时期。在短短的几十年时间里,天津的城市化水平大大提高。然而与城市化进程同样表现突出的另一个现象是城市贫民数量的骤增,比重逐年提高,城市贫民问题成为一个突出的社会问题,不容小觑。

---

① 《警厅通令设法安插乞丐》,《大公报》1928年2月3日(7)。
② 《捕拿乞丐》,《大公报》1931年5月15日(7)。
③ 《公安五分局同时动员逮捕沿街乞丐》,《大公报》1934年8月8日(10)。
④ 《津公安局搜捕乞丐限三日内逮尽》,《大公报》1936年10月22日(6)。
⑤ 《津市搜捕乞丐》,《大公报》1936年11月12日(6)。
⑥ 《加紧搜捕乞丐》,《大公报》1936年12月10日(6)。

第三节 贫民空间分布的历史考察

一、近代天津的城区划分

(一) 明清时期的城区建制

明太祖朱元璋建立明朝后,分封诸子,第四子朱棣被封为燕王,据守北平。建文元年(1399年),燕王与其侄惠帝争权,发兵由直沽"济渡沧州",命工部尚书等"筑城凌池"。建文四年(1402年)攻入南京,燕王继位为帝,是为明成祖。因直沽曾是"天子渡河之地",故被赐名为天津。明代于永乐二年至四年(1404~1406年),先后设"天津三卫",驻兵1600多人,保护这一带的安全。永乐四年(1406年)建天津城,最初的天津城区筑土城,周长9里13步,城高3.5丈,宽2.5丈,城墙东西长而南北短,呈矩形,形如算盘,故称"算盘城"。① 辖地仅限于卫城与南运河以东,南达山东德州卫的屯庄。卫所制度,是明朝采用的"寓兵寓农"的军事制度,组织军士屯田,自给军需,保卫漕运。明代实行军民分治,三

---

① 郭凤岐编:《天津的城市发展》,天津古籍出版社2004年版,第50页。

卫是独立于行政系统之外的军事建制，不以民治为目的，故不列为行政系统，因而亦不属于行政区划。但是明自建卫后，"泊明立卫城，人户渐繁矣"①。

明永乐十九年（1421年），明成祖迁都北京，天津地处京都附近，又是水陆要冲，尤其是漕运的发展，对天津有着极为重要的影响。"百司庶府，卫士编氓，一仰漕于东南。"②天津成为守护京畿的门户，漕运更为繁忙。为加强漕运事务的管理，洪熙二年（1426年），明廷在天津设立"户部分司"，专管漕运，当时行驶在大运河上的船只近万艘。以后，又因援朝防辽之须，山东至天津一段又重行海运。这又促进了天津造船业的发展。与此同时，明代盐业发展及商业贸易的繁荣，至明清之交，天津的繁荣已如康熙《天津卫志》序中所言："天津去神京二百余里，当南北往来之冲，南运数万之漕，悉道经于此，舟楫之所式临，商贾之所萃集，五方之民所杂处……虽名曰卫，实则即一大都会所莫能过也。"③

自顺治元年（1644年）清军入关后，为了加强对天津的控制，清廷数次调整天津的统治机构。顺治九年（1652年），清政府合天津三卫为一卫。基于天津经济、军事地位的日益重要，雍正三年（1725年）4月，清政府将军事建制的"天津卫"改为地方行政建制的"天津州"，隶属河间府，自此，天津由军事建制转为地方建制。同年10月，又改"天津州"为省属的"直隶州"，下辖武清、静海、青县。雍正九年（1731年），清廷批准直隶总督的奏疏，将天津州升为府，下属天津、静海、青县、南皮、盐山、庆云、沧州等六县一州。其区划分为：东至渤海，西至顺天府霸州，南至山东省武定府乐陵县，北至顺天府宝坻县。④这是天津城市机构由清初的三卫合一之后的又一次重大改变，扩大了天津的区划范围，大大提升了天津城在政治、经济、文化上的地位，吸引更多的人口向这里聚集，从而促进天津城市的发展。自此，天津已具备完整意义的地方统治机构。

---

① 《天津政俗沿革记》，卷5，"户籍"，见天津市地方志编修委员会编著：《天津通志·旧志点校卷（下）》，南开大学出版社2001年版，第25页。

② 傅维麟：《明书》，卷69，《海漕志》。

③ 《天津卫志》（康熙），"序"，见天津市地方志编修委员会编著：《天津通志·旧志点校卷（上）》，南开大学出版社2001年版，第6页。

④ 天津市地方志编修委员会编著：《天津通志·民政志》，天津社会科学院出版社2001年版，第65页。

清代以后,随着天津政治、经济地位的提升,其建制由原来的军事建制变为地方行政机构后,城区的面积已不再仅仅局限于城墙内。人们居住的空间迅速扩大,天津城外围都有居民居住。据《津门保甲图说》统计,当时天津城区范围扩大到城内、东门外、西门外、南门外、北门外、东北角、西北角。

明清时期,天津作为河口都市形成的主要原因,一方面得天独厚的地理位置,使天津成为河海交通枢纽;另一方面,明清以来建都北京,天津作为守护京畿的门户,其政治、军事、经济地位的重要性发生了重大变化。另外,漕运、盐业的发展,促进了天津商业贸易的繁荣,引起了封建王朝对天津的重视。但是,真正引起天津社会发生"质"变的却是伴随着西方资本主义的东侵实现的。

(二)1860年开埠后至20世纪初的城区建制

鸦片战争以前,清政府实行闭关政策,天津虽地处京畿,并已发展成为北方繁荣的商业重镇,但是其职能却主要限于守卫京畿。与此同时,天津在政治、经济上地位的重要性,已引起西方殖民主义者的关注。作为侵略北京的跳板,进驻天津首当其冲。第二次鸦片战争结束,1860年《北京条约》的签订,其中一项重要内容是增开天津为商埠,其后英、法、美、德、日先后在天津建立租界,天津逐渐沦为资本主义列强对我国进行侵略的一个重要据点。

为适应对外交往的需要,恭亲王奕䜣等人向清政府建议,开辟三口通商,"天津一口,距京甚近,各国在津通商,若无大员镇抚安辑之,尤恐诸多窒碍,乃分牛庄、天津、登州三口,设立办理通商大臣,驻扎天津,专办三口事务。"① 清政府采纳了这一建议,并于咸丰十年十二月十日(1861年1月20日)任命崇厚为三口通商大臣,常驻天津。1870年"天津教案"后,清政府裁撤三口通商大臣,设立北洋大臣,由李鸿章兼任。

与此同时,英法美等国,依据不平等条约中取得的种种特权,加紧对中国进行侵略,并逐步加强对"距京甚近"的通商口岸天津的掠夺与控制,如划定租界,设领事馆,控制海关,开设洋行,建立教堂、医院等,从而在政治、经济、

---

① 《续天津县志》(同治),卷6,见天津市地方志编修委员会编著:《天津通志·旧志点校卷(中)》,南开大学出版社2001年版,第306页。

军事、文化等方面,对天津进行一系列侵略活动。

1900年八国联军攻破天津,成立了"都统衙门",对天津施行殖民统治。1902年袁世凯代表清政府正式把天津从"都统衙门"手中接收过来。袁世凯接管天津后,沿海河较好的地势已被各国瓜分殆尽,旧城厢已无发展空间,因此他决定开发海河以北的地区——河北新市区,以期与老城区和城区东部、南部的租界区连接,形成城市平衡发展的格局。1903年,袁世凯批准了工程总局制定的《开发河北新市场章程十三条》,同意自督署(津金刚公园后天津市第二医院处)至车站、铁路地区,西至北运河,南达金钟河,北至新开河,作为新市区的开发范围。①鉴于老龙头火车站(今天津站)处于俄、意、奥三国租界的包围之中,中国官员上下火车多有不便,袁世凯决定建立天津新车站(今天津北站),拓展新城区与老城区的联系。为了沟通新市区与旧城区及租界区之间的交通,袁世凯于1903年耗银35万两,将原来的窑洼浮桥改建为开启式铁桥即金刚桥;1906年又建成东门外横跨海河的金汤桥,方便了市区间的各种联系。②袁世凯接管天津期间,还设立了城乡巡警局、卫生局、工程局等,开始了真正意义上以城市为单位的行政管理。经过袁世凯及其后历届政府的苦心经营,河北新市区有了很大改观,并使河北新区逐渐发展成为天津的政治、文化中心。

清末至民国时期,天津的城区范围多次扩大。20世纪以前天津有五国租界。1900年7月,八国联军攻陷天津城,成立"都统衙门",拆除了天津的城墙,并在原城的基础上修筑了东、西、南、北四条马路。这时期,俄、意、奥三国军队将其占领地强辟为租界,英、法、美、德、日等国也不同程度地扩张其地界,到1915年,天津共有八国租界,总面积约为23 350.5亩,较20世纪前增加了4倍,相当于老城区的8倍。③

(三)民国时期的城区建制

民国肇造,天津的城区规模和建制大致可分为三个阶段。第一阶段是

---

① 天津城市规划志编纂委员会编著:《天津城市规划志》,天津科学技术出版社1994年版,第46页。
② 罗澍伟主编:《近代天津城市史》,中国社会科学出版社1993年版,第336页。
③ 周俊旗主编:《民国天津社会生活史》,天津社会科学院出版社2002年版,第4页。

1911～1927年,第二阶段是1928～1937年日军占领天津以前,第三阶段为日占时期至1945年,第四阶段为1945～1949年天津解放。

民国时期,随着天津城市经济、政治的发展,城区范围不断得到重新确立。1911年,将东、西、南、北、中5大区重新划分为南北两段,由巡警道与新练军分治,直至中华民国成立。第一次世界大战中,中国政府加入协约国阵营,第一次世界大战结束后,中国作为战胜国的回报之一,收回了德、奥租界,分别设立了特一区和特二区,这时天津不包括四乡的面积为33.216平方公里。1924年又收回俄租界,设特别第三区。

1928年,北洋政府垮台,南京国民政府建立,天津由国民政府接管。1930年6月,天津被改为天津特别市,隶属于国民政府行政院管辖。但天津特别市区划分仍沿旧制,将东、西、南、北、中5个区改为公安一、二、三、四、五区,另有3个特别区(即原德、奥、俄租界)、四乡区,还有英、法、日、意、比五国租界。1930年,天津城区面积又有较大扩展,达到55.989平方公里。①

1930年11月,河北省省会由北平迁到天津,改天津为省辖市。1931年1月,收回比租界,增设特四区,行政事务归特三区署兼管。1934年1月,天津进行第一次市、县划界,正式勘定天津城区的总面积为54.75平方公里,比清末的城区扩大了2倍多。②是年10月,将乡区一、五两所的大直沽、土城、东楼、谦德庄等一部分乡划入城区,新增面积68 162亩。③当时确定的天津市区范围,东至牛圈,东南至吴家咀,南沿津浦铁路支线,西至西营门,北至黑塔司,北沿北宁铁路。包括5个警区、6个特别区、新划入市界的地区、英法日意四国租界。

1935年6月,河北省省会迁往保定,根据国民政府的《市组织法》,人口在百万以上,或在政治上、经济上有特殊情形者,直接隶属行政院。于是,天津与北京、上海、青岛等城市,一起被划为特别市,归中央行政院管辖。天津城区划定以后,到1936年市、县再度划界,县区之一部分划归市区,市区面积达

---

① 周俊旗主编:《民国天津社会生活史》,天津社会科学院出版社2002年版,第6页。

② 罗澍伟主编:《近代天津城市史》,中国社会科学出版社1993年版,第338页。

③ 李竞能:《天津人口史》,南开大学出版社1990年版,第73页。

147.83平方公里，较1930年未勘定城区前增加了两倍多。① 此后，天津城区划分几经变更，但是规模基本保持在1936年的水平。

1937年7月，日军占领天津，建立日伪政权。1938年，日伪当局对市区区划设置进行了调整，市区由原来的6个区划为9个区，加上3个特区（收回比租界改为的特四区和特三区合并）和租界，总面积为221 972亩。日占时期，天津市的城区设置几经调整。1945年，日本投降以后，天津城区进行重新划定，改为10个区。1947年，又增设了一个区。至1948年，天津市共有11个区和1个水上区，总面积达151.342平方公里。②

二、贫民空间分布的历史考察

近代以前，中国的城市没有形成像西方城市那样泾渭分明、社区特征鲜明的贫民区与富人区，社会等级的空间布局主要是围绕城内的权力中心和城外的商业中心，由中心到边缘、由高到低分布的。社会下层主要分布在城门最难到达、交通往来不便的"角落"，就是城墙根；社会上层居住在距离主要城门近、交通便利的街道两旁。天津流传有"北门贵、东门富、南门贫、西门贱"的民谚，就是以城门定位，描绘这种带有一定模糊性的社会空间布局的。"南门贫"，主要指南门里、南门外和南段的城墙根，居住的都是些较为贫苦的居民，尤其是后来形成的南市"三不管"更是无赖、恶人、混混儿、娼妓的汇聚之地；"西门贱"，是因为西门外多为乱葬岗子和坟地，处决犯人的刑场也大都在那里，故人们大都不愿居住在那里。③ 至19世纪中叶，西门外居住的人口仅占整个城区人口的5.64%，除了当时洼地遍布的南门外，西门外成为居住人口密度最低的地区。④

---

① 周俊旗主编：《民国天津社会生活史》，天津社会科学院出版社2002年版，第6页。
② 周俊旗主编：《民国天津社会生活史》，天津社会科学院出版社2002年版，第7页。
③ 刘鉴唐、焦玮主编：《津门谈古》（一），百花文艺出版社1991年版，第181页。
④ 刘海岩：《近代天津城市边缘区的形成及其结构特征》，《天津师范大学学报》（社会科学版），2007年第4期。

天津出现界线分明、景观反差强烈的富人区和贫民窟，是在民国后开始的。1917年发生的遍及天津及华北的大水灾，大量灾民涌入天津，水灾之后，为安插灾民，天津市政府和民间的慈善组织开始广建窝铺。据1917年10月22日天津警察厅内水灾急赈会董事会报告窝铺数：西二区界内500间，西四区界共326间，西五区界内300间，北三区界内4间，朱处长80间，大纶80间，这些窝铺有的已经竣工，有的正在赶建之际；天津基督教水灾赈济会积极为灾民筹备灾民处所，计划共建房屋1500间，分别建在种植园靶子路后、种植园北、水产学校西等处，安插灾民。①这些窝铺当时都很简陋，一般只是用少量木料或庄稼秸秆、苇把等支起来，外面抹上一层泥，顶部成圆拱形。有的为节省材料和保暖起见，在地上挖个洞，上面用少量的材料棚上顶，形成半地穴式，天津人称这些简陋的居处为"窝铺"，形象地表明了其低矮、狭小，如同动物"窝"的特征。

　　继1917年大水灾之后，1920年遍及华北五省的旱魃，造成了毁灭性的饥馑，灾民再次大量涌入天津，从而使天津窝铺区不断扩大。1920年12月，据天津警察厅厅长杨敬林报告，安置在各处窝铺的灾民已达1.6万余户。②这些窝铺初为灾民的临时聚居地，后逐渐发展成为贫民聚居区，至20世纪二三十年代，贫民区的分布格局基本形成。当时面积较大的贫民区一般分布在老城区居住条件较差的地区、租界外或铁路沿线外等城市边缘区，较著名的几个贫民区位于南市老"三不管"，河东地道外新"三不管"，河北新开河岸一带，城南谦德庄、小王庄等处。

（一）位于南市"三不管"一带的贫民窟

　　"南市"泛指天津城南一带，北起南马路，南至多伦道，西起南门外大街，东至和平路。③20世纪以前这里一直很荒凉，被称为"南开洼"，当地人称其为"城南洼"，是一片无人居住的洼地。1900年八国联军占领天津，日本人凭借着列强军事占领之际，把租界扩展到毗邻日租界的南城墙根至南门外、海光寺

---

① 《关于筹赈之种种》，《大公报》1917年10月23日(7)。
② 《关于赈灾之要讯——天津急赈会开董事会》，《益世报》1920年12月21日(10)。
③ 刘鉴唐、焦玮主编：《津门谈古》(一)，百花文艺出版社1991年版，第533页。

一侧,把"城南洼"划入界内,称其为"预备租界"。由于中国政府和各国的反对,1903年日本不得不将该地区退还给中国政府,但是要求此地"中国政府决不租于他国",保留着日后重新将该地区划入租界的权利。①尽管当时日本驻津领事已照会中国政府,该地区"一切行政警察之权,退还中国政府自治"②,实际上,不论是晚清还是民国,天津地方政府都不曾对该地区进行过有效的治理,致使该区成为中国政府不管,日租界和法租界也不管的"三不管"地带,③这是近代天津社会病态的集中反映。

　　1917年夏秋之际,天津警察厅组织"水灾急赈会",在老城区以南地势较高的一片空地搭建窝铺,截至9月底,已盖成300间,并号召"中外绅商热心捐助",搭建更多的窝铺,以安顿灾黎。④1920年华北大旱灾,许多赈济机构在南开一带搭建窝铺,安置灾民,越来越多的灾民聚居该区。⑤华洋义赈会于1920年底一个月内,对南开区窝铺进行了3次调查,发现窝铺数由11月24日的5275处,到12月25日增加到7462处,窝铺人数由25 819人增加到36 862人,分别增加了41.46%和42.77%。⑥这里逐渐成为城市贫民的聚集区。

　　20世纪20年代以后,这一带的贫民窟扩展到昔日坟茔遍地的"西广开"。西广开在南开学校附近,是当时天津城著名的贫民窟之一。1933年,南开学校曾到那里做卫生宣传工作,目睹了那里的真实情形,到处积存着垃圾、污水,其脏不可言状。胡同中杂院很多,每隔四五尺就有一院门,杂院中住家的情形十分糟糕。"一间一丈见方的屋子,住着一家八九口,这间房子的效率可真不小,同时当作饭厅、卧室、厨房、厕所、作工室(妇女在内纺羊毛),甚至于当作

---

① 天津市档案馆等:《天津租界档案选编》,天津人民出版社1992年版,第200页。
② 天津市档案馆等:《天津租界档案选编》,天津人民出版社1992年版,第203页。
③ 关于"三不管"名称的由来有两种说法:一种是那里随着市场的出现,各类案件增多,但是清政府怕洋人,不敢管,临近东南两侧的日租界不愿管,驻防西门的法国巡捕也不管,故"三不管";另一种是在那里"坑蒙拐骗没人管","逼良为娼没人管","杀人害命没人管",称为"三不管"。《南市和"三不管"形成及内幕》,见刘鉴唐、焦玮主编:《津门谈古》(一),百花文艺出版社1991年版,第533页。
④ 《关于水灾之种种》,《益世报》1917年10月1日(6)。
⑤ 《华洋义赈消息汇志》,《益世报》1920年10月8日(10)。
⑥ 《南开灾民第三届报告》,《益世报》1920年12月25日(10)。

鸡犬的豢养所。窗是有的,但是已用纸糊上,屋中简直没有好光线空气可言。"一院中,住上十多家,成为一个大杂院,"小孩的哭声,大人的骂声,和鸡鸣犬吠相闻,演成了一种交响乐"①,这是贫民窟的真实写照。

(二)位于河东老龙头火车站"地道外"一带的贫民窟

"地道外"位于天津河东老车站以东、铁路线以外,从地理范围讲,泛指沈庄子、王庄子、郭庄子、旺道庄一带。火车在上面驶过去,过去了一个地洞子便是所谓"地道外",这是劳苦大众的聚集地,也是一个闻名遐迩的下层社会的荟萃之地,有人称它为新"三不管"。②在19世纪,这里为天津的郊外,据1846年的《津门保甲图说》统计,这里上述的4个村庄仅有182户,929口人,在当时天津四乡中属于人口稀少的地区。③

伴随着天津城市化进程的加快,该地区人口迅速增长。1892年京奉铁路通车,铁路铺至天津,靠近海河一带地区,与法租界隔河相对,选定建立车站,即天津老站。铺路修站需要占用大片土地,迫使当地的住户向铁路以外的4个村庄迁移,导致了该地区人口的首次快速增长。1900年八国联军占领天津,海河东岸与铁路之间的大片地区被划为意、俄租界,界内居民被迫迁往铁路以外的几个村庄,导致这里居住人口的再次快速增长。同时,使用铁路运输,提供了大量的就业机会,吸引着众多的人口向这里聚集。至民国初年,该地区的居民已超过7000户。④1917年的大水灾及此后常年的灾害和战争,导致灾民、难民源源不断地移入。

到30年代,地道外的范围大约有几十亩,这里的租钱是按地收捐,一些有钱的人便在这里建筑了房子出租。这个地方的住户人口和商业上的人们大致不下数十万,其中居民大多以苦力为业。"大部分是劳动者,工厂的工人,河坝的卖力气者,因为经济的不振,以及农村的破产,乡下出来到城市找出路的乡

---

① 《津市贫民窟之一 西广开的巡行》,《大公报》1933年4月26日(13)。

② 《地道外的一瞥 千奇百怪包罗万象》(上),《大公报》1933年3月15日(13)。

③ 《津门保甲图说》(道光),见天津市地方志编修委员会编著:《天津通志·旧志点校卷(下)》,南开大学出版社2001年版。

④ 天津市档案馆等:《天津商会档案汇编(1912～1928)》,天津人民出版社1992年版,第328页。

下佬,小营业退回家的市民,每天做十五小时工作的工人,溜到城里头玩玩的乡人,游手好闲者,失业恐慌的人,流氓地痞,乞丐贫民,以及学徒之类下层社会的群聚。①"地道外"成为下层居民的汇聚之所。

除地道外,新"三不管"的白骨塔、六合市场一带,也是贫民的聚居地。白骨塔是1750年天津知府熊绎祖联合士绅建立的,主要为收埋尸骨,"平日拾骨纳于塔中,春秋两季埋于义地"。该塔附近初仅有几间民房,主要是拾破烂的贫民在那里遮风避雨的旧棚。1927年后逐渐有人在此定居,这些居民多是流入天津的难民和以打短工过活的劳动人民及小商小贩。他们生活困难,居住大部分是窝铺和少数简易平房。1931年2月,《大公报》记者曾对白骨塔以南、以西的贫民窟居民生活进行了调查,就住的房子而言,除砖房外无甚瓦房,"多用苇把墙,而涂以稀泥,年积月累,泥片下坠,苇把与木架多脱离关系,概用木棍支顶,苇把腐烂处,四壁尽窟窿裂缝,或用破席堵之,或任其露天,风雪紧急,屋内亦雪花飘舞,倘遇大风,则势如决口矣"②。在室内,"最阔者,以土台当桌子,以炕沿为椅子,飞旁炸翅之炕席,中间又加八个大窟窿。次者半个炕席,再次睡土炕,三个人盖一被为富户,父、母、儿、女、妻、子六口,通腿睡觉,中间搭一上下够不着之破被,为中等户,无被者属下等户,'一间屋子半拉炕',于此得其解释,就炕之一头安一锅也,其食料有食纯棒子面窝头者,有食豆腐渣搀棒子面者,有仅食豆腐渣者,均以白开水当稀饭。"即便是过年,有许多户连棒子面都混不上,能吃上一顿饺子,那就人间佳肴,至于置办其他年货,对于贫民来说只能"垂涎"!③这也是多数贫民窟居住环境和生活状况的集中体现。

(三)位于英、德租界以南的"谦德庄"与"小王庄"的贫民窟

近代天津除了有名的"三不管"和地道外(又称新"三不管")外,还有"谦德庄"。谦德庄位于天津城南,方圆不过二里多地,没有几户人家。这一带曾是片不毛之地,坑多、沟多、坟地多。最初也是1917年水灾发生后,由红十字会搭

---

① 《地道外的一瞥 千奇百怪包罗万象》(上),《大公报》1933年3月15日(13)。
② 《旧腊中之津市民生(三) 贫民生活大观》,《大公报》1931年2月8日(5)。
③ 《旧腊中之津市民生(三) 贫民生活大观》,《大公报》1931年2月8日(5)。

盖窝铺容留逃到天津的灾民形成了窝铺区。红十字会每户发给一块银元,一袋面,搭起窝棚,暂时安下家。灾民们在窝棚里度过了冬天,第二年开春,大多数陆续返乡了。剩下的人有的投亲靠友,有的就地谋生,便流落在谦德庄这块土地上。在谦德庄内的医室门口,都挂着"专治梅毒",给大家包打六〇六、九一四(治梅毒的药品)的金字招牌,可以想象这是怎样的一种社会病态。在谦德庄的娼窑仅有一处,而土娼、暗娼却"一个门挨着一个门"①,这完全是为了迎合下层男性的需要而出现的。

小王庄也在天津城南,英租界南部,德租界西部,与谦德庄毗邻。1930年1月28日(旧历年终),《大公报》记者到小王庄一带的贫民窟视察了那里的贫民的生活,了解到"那里所住的人家,都是由四乡逃来的流离失所的灾民,他们的职业,大半以求乞为生,这里的房屋是四区六所的闾长汪永清的产业,共有五十四间,每间每月房租银一元,这些房子,都用泥土筑成,上面盖着茅草,每间的容积很小,高约一丈,宽约六尺,里面砌着一只土炕,前面开着一扇门,光线十分黑暗,土地更是异常潮湿"②。虽然每间每月房租只收一钱元,但据那位闾长说,"这一块钱不是一次能收齐,每天每家收铜字几枚,还感觉得十分困难。"③这从一个侧面反映了贫民生活的困苦。

这里值得注意的是,无子无夫的老妪少妇,占居多数。在下层社会里,本来儿子便是产业,有儿子的老年人,生活还可以有个依靠,至于年轻妇女,除了依赖丈夫生活以外,可以说别无谋生之路,所以丈夫活着的时候,还可以勉强度日,到丈夫一死,幸运一些的为人佣工,无路可走的只好沦为乞丐。

(四)位于河北新开河岸的贫民窟

"本市新开河两岸河堤向有贫苦民众,挖穴盖席居住,一家一穴,盖可减少房租,故不计简陋湿秽,麇集邻比,因有贫民窟之称。"④1917年,天津遭遇大水灾,这里曾作为"灾民栖留所"。水灾过后,栖留所的人回了老家,这里留

---

① 《留心社会问题 民众教育者莫忘了谦德庄》,《大公报》1933年3月20日(13)。
② 《腊尽春回中的贫民窟写真》,《大公报》1930年1月29日(11)。
③ 《腊尽春回中的贫民窟写真》,《大公报》1930年1月29日(11)。
④ 《新开河两岸贫民窟》,《大公报》1933年2月27日(9)。

下些墙壁的遗迹。此后,因各省时有天灾和事变,难民无处可归,便逃到天津来避难,这些难民,本无一定的住处,于是相率就借这旧有的遗墟,再加以相当的改造,便开始居住起来。起初不过五六家,后来互相地聚集,渐渐地增加起来,又赶着政局屡次地变幻,影响农民的生活,农村破产,只得逃难来津。这里的住户多由文安洼搬来,"该县年年泛水,水灾后,居食无所者即来津谋生"①。

1929年10月底,《大公报》记者深入新开河一带贫民窟进行调查,居于此的住户约有1000余户,六七千人,多住土屋茅舍,"房屋式样,参差不齐,多半均以河岸为壁,故屋顶适与河岸齐平,房屋最高者,间亦丈许,最低者为窝铺,高仅三尺至五尺,仅足容二三人,已无回旋余地。屋外则筑柴篱,院内堆置什物,凌乱无序,小至筐篮,大至洋车无不收容。"②这里居住条件极差,生活极苦。这里住的全是艰窘的穷人,因为无家可归,于是就在堤的背后,掘成矮小的"洞府",以解决"住"的问题,实行了"穴居野处",而他们的生活又都是一贫如洗,"一天不做活,一天不得饱肚"。③就衣服而言,"若辈衣服破不蔽体,蜷卧屋中,时时战栗,故当旭日东升,老幼妇孺,咸就院中取暖,一俟壮丁得钱返家后,始行举炊。"④

此外,还有一些贫民自发聚集形成的贫民区。不过,这些贫民区一般面积较小,位于城区和租界的边缘,河岸边,低洼的边缘地带,如各国租界边缘,居住着大量的城市贫民。"下层居住的是连排式集合住宅。这种住宅都分布在各国租界的边缘,例如法租界供华人下层居民居住的中国式里弄住宅只允许建在租界的西南部靠近该区边缘的地区。意租界的贫苦华人则居住在租界的北部边缘。在英租界的推广界,只有被划为三等区和工业区的边缘,才允许建造下层华人居民有能力居住的连排式集合住宅。"⑤贫民阶层的住宅与上层社会

---

① 《秋风劲厉中之贫民窟》,《大公报》1929年10月27日(11)。
② 《秋风劲厉中之贫民窟》,《大公报》1929年10月27日(11)。
③ 《准备拆除了的新开河岸贫民窟》,《大公报》1933年3月5日(13)。
④ 《秋风劲厉中之贫民窟》,《大公报》1929年10月27日(11)。
⑤ 尚克强、刘海岩主编:《天津租界社会研究》,天津人民出版社1996年版,第65页。

的住宅在空间分布上可以说呈明显的阶层化分布,环境条件与上层社会的高级住宅区异于天壤。

三、贫民空间分布的特点分析

贫民区的形成及其边缘化与租界地区的中心化,是20世纪天津城市近代化进程中的两个方面。随着社会上层和财富向租界的迅速聚集,租界逐渐取代老城区,并演变为城市的中心。近代市政、公共设施的建设,使得租界的富人们享有城市的大部分资源,租界成为城市近代化的代表和象征。而贫民则聚居在边缘区,许多与租界相隔咫尺,但界限分明,"一线之隔,而道北(指贫民区)几同化外"①。这些贫民区缺乏起码的规划和管理,没有正规的道路系统和排水设施,没有自来水和电,居住环境恶劣,卫生条件极差。

20世纪30年代兴起的高级连排式或里弄式公寓住宅,主要为拥有一定资产的中等阶层而建造。在空间上,贫民居住的边缘化分布类似于西方近代城市的空间结构,富人居住在城市的中心,资源丰富,交通便利,环境优美,形成了独具特色的"小洋楼"住宅区,而穷人则蜗居在城市的边缘地带,狭街窄巷,拥挤不堪的"贫民窟"中。上述贫民窟尽管各有差异,但总体而言,呈现如下几个特点:

(一)这些贫民窟的居民以外来的移民为主,其中尤以灾民、难民为多

上述几个贫民窟的形成,和近代华北的灾荒引发的移民潮有很大关系。每遇荒歉战乱,大量灾民、难民涌入天津,他们多居住在政府和社会团体临时搭建的窝棚里。灾荒过后,不少移民选择返乡,同时由于近代灾荒连绵不断,这些窝棚又不断有新的移民迁入,窝棚就逐渐变为贫民区。比如,在河北曹家花园的后墙,临着新开河两岸的贫民窟,大约有八九百家,人口约有四五千人,其中山东人居住者占多数,河北河南人次之。②这与近代这些地方频繁的灾荒、战乱密切相关。又如,河东老站地道一带贫民窟的形成,也与灾民、难民的

---

① 天津市档案馆等:《天津商会档案汇编(1912~1928)》,天津人民出版社1992年版,第328页。
② 《准备拆除了的新开河岸贫民窟》,《大公报》1933年3月5日(13)。

不断移入密切相关。"近来各处兵荒,无论本省外省,鲜不以天津为桃源,富有者当然居租界,等而下之只得权住华界,故沈王郭旺各处,无处不以人满为患。"①

(二)基础设施差,居住环境恶劣

不论什么人,每到一处贫民窟,首先的感觉就是脏乱、污秽。1929年,一个学生趁五一劳动节放假,与其哥哥一同看看贫民生活,雇船来到一个不知名字的贫民区,"船刚到岸,先有一般(股)热腥腥晕沌沌似粪臭似鱼腥浓浓的味儿吹到我鼻子里来,我立即觉到一阵头昏,一阵恶心,忙把手巾掩住了鼻子,鼓一鼓勇气往前走。"②在这个参观者眼里,这里的一切都是肮脏,污秽不堪……在南市的"西广开"贫民窟里,也到处都是堆积如山的垃圾,污秽的臭水沟,以至于行路维艰,"路是越走越坏,平均一尺见方的地,低的地方满储着泥浆,高的地方已经干了,我们一个跟一个,一脚挨一脚地向前走着,好像是过独木桥,渐渐的看见前面一堆一堆的房屋,歪歪斜斜高高低低乱作一团……脚下的路更增加了恶劣的程度,湿漉漉软绵绵的全是些垃圾堆,把地面构成凸凹的波浪式,哦,这就是西广开。"③在新"三不管"附近的白骨塔一带的贫民窟里,也是同样的情况,"臭水坑,垃圾堆,触目皆是"④。

1933年,《大公报》记者在谦德庄贫民窟调查时也有同感,卫生条件差,环境令人窒息,这里"既没有卫生的设备,也没有什么清道夫,住户的垃圾秽水,随手的倒洒,冬天还闻不出来,但到春气一动,这种秽物因为地气蒸发,所以发出种种奇臭骚腥,与卫生有极大的妨碍"⑤。记者不得不捏着鼻子赶快走。因为居住环境简陋,卫生条件差,所以,每至春夏瘟疫盛行的时候,总有许多的人在这里断送了他们的生命。⑥尽管贫民区生活的人们生活境遇极差,但这不失为乡村人口步入城市的第一步。

---

① 甘眠羊:《新天津指南》,天津:绛雪斋书局1927年版,第3页。
② 《贫民的生活》,《大公报》1929年5月7日(16)。
③ 《津市贫民窟之一 西广开的巡行》,《大公报》1933年4月26日(13)。
④ 《旧腊中之津市民生(三) 贫民生活大观》,《大公报》1931年2月8日(5)。
⑤ 《留心社会问题 民众教育者莫忘了谦德庄》,《大公报》1933年3月20日(13)。
⑥ 《准备拆除了的新开河岸贫民窟》,《大公报》1933年3月5日(13)。

(三)贫民窟居民所从事的多是些低贱的、收入微薄的职业

这些贫民窟居民,不仅居住空间边缘化,而且生存状态严重边缘化。大多数新入城的农民,他们蜗居在城市边缘的贫民窟中,找不到正当的工作,只有从事那些人们不愿从事的脏累、收入又低的职业,如人力车夫、码头苦工、捡垃圾、拾煤核,甚或靠行乞为生。1920年10月,据耶稣教会服务团对河北一处窝铺区55户难民进行的调查,他们每日的生活大半系靠女子乞讨,男子有事可做者不过十分之一,其工作不过是剥沤麻杆而已。他们的食品在有力可以生活者,仅食高粱饼以充饥,且有食干草者。① 另据新学书院对栖身在旧俄界老龙头火车站一带的110余户难民进行的调查,男子能工作者仅42人,女子能工作者3人。男子多在河坝码头做苦力,女子多数只能沿街乞讨。②

1929年10月底,《大公报》记者在河北自黄纬路头汉桥、法政桥中间新开河东岸之贫民窟进行了调查,这里的居民,中老者因体力就衰,多坐守家中,间或出外乞食,借图一饱;壮者则出外负苦,或拉洋车,以血汗易饮食;妇女则治缝纫洗洁,以十指所得,借佐家用;小孩则无教育机会,多出外行乞。③ 1930年3月17日,社会局局长冯直司协同人员,赴河北法政桥一带,调查贫民生活,《大公报》记者也协同前往。调查发现,这里贫民所从事的职业,约分为五六种,生活状况较佳者,为人力车夫、缝穷妇及提篮贩;较次者为捡煤核的幼童及乞讨之妇女;而生活尤为困难者,为孤儿寡妇及残废之男子。④ 这些居住空间和社会地位处于社会边缘地带的城市贫民,可将他们称为城市中的"边缘人"。

据天津市社会局1930年统计,特别一、二、三区,即原来的租界区贫民很少,贫民多分布在华界公安一区到五区。在调查的279名特种贫民中,以河北籍为最多,近66%。各家的境况迥异,维持生活的方式也有很大差异,但是他们主要的谋生方式是乞讨。在调查的279名户主中,有234户是通过乞讨为生

---

① 《华洋义赈消息汇志》,《益世报》1920年10月8日(10)。
② 《华洋义赈消息汇志》,《益世报》1920年10月8日(10)。
③ 《秋风劲厉中之贫民窟》,《大公报》1929年10月27日(11)。
④ 《冯社会局长亲察贫民窟》,《大公报》1930年3月18日(9)。

的,占这些特种贫户近84%;亦有少部分通过一些低贱的职业如拾煤、拾粪、拉车维持生计;也有一些兼工作和乞讨于一身;还有一些依靠兄弟或者邻里的接济勉强度日(具体谋生方式见表2.5)。①

表2.5 天津市特种贫户统计(1930年5月)
——贫民户主维持生活方法分析②

维持生活方法	男	女	合计	百分比
乞　食	131	103	234	83.87%
纺　线*	1	2	3	1.08%
拾　柴※	1		1	0.36%
拾煤核※	1		1	0.36%
拾　粪※		4	4	1.43%
拉　车	1		1	0.36%
缝　纫		1	1	0.36%
依赖兄弟	2		2	0.72%
亲邻扶助	6	6	12	4.30%
不　明	16	4	20	7.17%
总　计	159	120	279	100%

注:*有一男一女尚需邻人帮助,其余一女则尚需乞食;※除工作外尚需乞食。

这些入城的农民、难民及其灾民,居住在城市边缘的贫民窟中,从事低贱的职业,他们苟延残喘着,曾有人发出这样的感慨:"因为在乡下找不出饭吃,才来到此地作小贩,现在连本带利一天不过卖两角上下钱,又不能生活下去了!拉胶皮全没人坐,可叫我们怎样活呢!"③

---

① 吴瓯主编:《天津市社会局统计汇刊》(慈善救济),天津市社会局,1931年。
② 吴瓯主编:《天津市社会局统计汇刊》(慈善救济),天津市社会局,1931年。
③ 《津市商业萧条日甚》,《大公报》1935年7月18日(6)。

小　结

近代天津城市贫民在20世纪20年代末，聚集成为一个数量庞大的贫民阶层，绝非偶发因素所致，其根源在于近代城乡背离化发展的社会现实，一方面源于近代华北自然灾害频仍，战事不断，苛税繁杂，华北乡村普遍衰败的推助；另一方面则与1860年天津开埠后城市工商业发展，社会容纳力增大的拉力有关。此外，近代天津发达的社会救济，便捷的城市交通，为移民的迁入提供了便利的条件。

近代天津城市贫民阶层数量庞大，到20年代末，多达10万户左右，几占城市人口的1/5或1/4。就居住空间而言，这些城市贫民主要居住在南市老"三不管"，河东地道外新"三不管"，河北新开河岸一带，城南谦德庄、小王庄等，狭街窄巷，拥挤不堪的"贫民窟"之中。

天津作为近代中国城市化较高的城市之一，贫民数竟如此众多，遍布城市各处，生活境遇如此不堪，不得不引发我们深层次的思考。如此庞大的贫民阶层具体的来源分类，生存实态究竟如何，他们对近代城市社会产生了何种影响，国家和社会是怎样应对的？带着这些疑惑，我们试图去揭开这个阶层内部的重重迷雾！

第三章 CHAPTER THREE

贫民来源分类

"天津卫的确是一个上登天堂,下入地狱之畸形社会,任何事业,任何类人,细细分析,也要有数十等级之多。"①

---

① 《旧腊中之津市民生(四)吃的社会阶级》,《大公报》1931年2月10日(5)。

第一节 城市贫民的来源

专门研究近代天津人口问题的学者已经证明,近代天津人口的增长,尤其是20世纪初期以来的人口,主要不是人口的自然增长和政区扩大的结果,而是由人口的不断迁入所致。①这一点,天津与上海颇为相同。就近代天津城市贫民的来源而言,成分复杂,包罗万象,除包括城市自身析离出来的一些贫困群体外,还包括大量移入城市的农民、灾民、难民、兵匪,以及外籍贫民等。依据职业划分,可将城市中的贫民分为工人、人力车夫、码头苦工、娼妓、乞丐、小贩、女佣、店员、舞女等类。

一、移入城市的贫困群体

(一)入城农民

"这大量人口的增加,除了微不足道的外侨和地主商人之外,那十字街头鸠形鹄面的失业者,便是从内地农村破产中逃出来的农民了。"②

---

① 李竞能:《天津人口史》,南开大学出版社1990年版;高艳林:《天津人口研究》,天津人民出版社2002年版。

② 饶涤生:《日趋严重的农民离村问题》,《申报月刊》第4卷第12期,1935年12月,第73页。

近代城市工业化,对农村社会影响极大,尤其是随着城市工商业的发展,工厂的增设,吸引着大量农民前往城市充作劳工。农村人口向城市移动,农村遂逐渐陷于空虚状态。加之近代华北地区自然灾害频仍,军阀混战不已,乡村经济衰败不堪,使得来自华北大量的农村剩余劳动力纷纷涌入城市,这是导致近代天津城市人口迅速膨胀的重要原因。

在农村移民中,很多都是拖家带口,举家搬迁,"今日农民的离村,已非个人的而为家族的,至少是直系亲属;已非一时的,而为永久的。"①此种特征在民国以后尤为凸显。1929年,南开大学经济学院对天津市织布业工人的籍贯进行了调查,在调查的867名工人中,天津本市者,仅有39人,不过占总数的4.5%,其余95.5%大都来自河北各县及其他外省的农民,"细察外来工人之身世,则多半出自农家,其趋驰津市,无非为谋生计焉。"②这些入城的农民已不再是城市的匆匆过客,不少成为城市的开拓者和定居者。"此辈居留天津有年,在津成立家室者,亦所在多有。"③

大批入城谋生的农民,要在城市中找到一份工作并非易事。一方面因为这些人多是从传统社会经济结构中分化游离出来,他们没有文化、技能,也没有资金,唯有靠出卖自己的劳动力,从事一些卑贱的、收入低的行业。"农村破产,只得逃来天津,以图最后的挣扎。强悍的男人,多去租赁了车,终日作那牛马生活;青年的妇女,就在马路的两旁,或营房工厂的附近,给那居住异乡的单身汉,缝补些衣裳;无力的老弱者,只得走上那乞讨生活的路途,这全是贫苦的同胞,穷苦无告,他们本是受了政治的赐予,如今有田不能耕,有房不能住,这样的苦,无处可诉,所以才弄成了现在的情形。"④

另一方面,近代中国工业长期呈迟滞发展状态,因而城市对劳动力的容纳力极为有限。到20世纪二三十年代,乡村危机和城市经济衰退并存,在经济

---

① 蔡斌咸:《从农村破产中挤出来的人力车夫问题》,《东方杂志》第32卷第16号,1935年8月,第37页。

② 方显廷:《天津织布工业》,南开大学经济学院,1931年,第77页。

③ 方显廷:《天津织布工业》,南开大学经济学院,1931年,第77页。

④ 《准备拆除了的新开河岸贫民窟》,《大公报》1933年3月5日(13)。

衰退中,就业越发困难,"民族工业枯萎的情况下,原来的工人,已经一批一批的被抛于十字街头,离村的农民,自然不容易找到工作的。"①这样,大批无家可归的农民就只能选做苦力,但是,苦力职业对那些妇女和老弱病残者是一种天然的排斥,而且做苦力收入少,许多人连最基本的生活都难以保障。当连苦力都不可能做的时候,这些徘徊街头的流浪农民,只好卖儿鬻女,或沦为娼妓乞丐,或铤而走险。这就意味着,来自农村的相当规模的城市贫民,将长期游走于城市的边缘,成为城市中新的贫困人口。

(二) 灾 民

灾民主要是指各地遇到水、旱、蝗、雹等灾害而失业的农民。中国的灾民年年有,因为近代中国几乎是"无年不灾",以至于政府无力救济。从灾荒史的研究来看,历史上华北地区的水旱灾害一直非常严重。近代以后,华北地区的灾害更是有增无减,成为"饥荒的中国"的一个重要区域。据统计,1912~1948年全国共发生水灾7408次,而华北的河北、山东、河南和山西四省的水灾次数达到2250次,占30%;旱灾全国共发生5935次,华北各省共发生1993次,占34%;虫灾全国共发生1719次,华北各省共发生757次,占44%。②由此可见,本区域灾害发生频率之高。

天津地处海河水系之尾,漳卫、子牙、大清、永定和北运河五大水系均集于天津附近入海。因受气候的影响,夏季雨水集中,河槽漫溢;春天干旱少雨,或不能及时下种,或使禾苗枯萎,因而洪、涝、干、旱等自然灾害频繁。从明洪武元年(1368年)至1948年的580年间,共发生洪涝灾害387次,旱灾407次。清顺治元年(1644年)至宣统三年(1911年),天津被淹达60次之多,平均每4年左右被淹一次。③清代发生洪涝灾害较为严重的有5次,即顺治十年(1653年)、顺治十一年(1654年)、嘉庆六年(1801年)、同治十年(1871年)、光绪十六年(1890年);民国时期,1912~1948年间,天津曾发生6次较大规模的水

---

① 许涤新:《农民破产中底生计问题》,《东方杂志》,第32卷第1号,1935年1月1日,(农)第52页。

② 夏明方:《民国时期自然灾害与乡村社会》,第34页表1-3,中华书局2000年版。河北包括京兆、察哈尔、热河等,山西包括绥远。

③ 天津市地方志编修委员会编著:《天津通志·民政志》,天津社会科学院出版社2001年版,第231页。

灾，其中以1917年和1939年两次水灾最为严重。

除发生洪涝灾害外，天津的旱灾几乎与水灾相同，发生比重大，持续时间久，灾情严重。顺治元年（1644年）至宣统三年（1911年）的268年间，旱年占61年。灾情较重，波及较广的灾害有1676～1680年天津连续5年大旱；1685年直隶大旱，蓟州、宝坻等县灾情严重；1743年天津、河间16州受灾；1876～1879年华北五省大旱，直隶灾荒最重。民国时期，从1912年至1949年，共有12次旱年。1920年、1928年、1933～1936年，以及1943年均为较大的旱灾。近代以后至抗战前夕，华北地区与天津城市关系密切的几次较大的自然灾害主要包括如下几个：

1.1876～1879年华北大旱（以山西、陕西、河南、山东、直隶五省为主）

这次旱灾山西受灾最重，土地干裂，坚硬如石，汾河尽见河底，人可行走。河南各地春夏雨泽愆期，麦收歉薄，秋后又遇水歉收。山东收成不到三分。直隶地区干旱使麦收歉薄，仅有五分收成，秋禾也难以下种，旱灾之后又迎来了水灾，1876年直隶共有63州县遭受了水旱风雹霜的袭击，到1877年，旱灾致使安州、冀州等八州县的大洼都干涸。①

不独水旱灾严重，蝗灾也在肆虐。"天津、静海、武清之属，六月遍地虫，八腊（即蚂蚱）抱团过河，城内城外，大街小巷，房上房下，以致屋中尽属蝗虫。"② 旱灾和蝗灾并发，秋禾枯收，众多民众失去生计，仅静海一县饥民达16 617人。③

2.1917年的天津大水灾

1917年京畿一带先是遭遇旱灾，继之又遭特大水患，被灾之重为数十年之罕见。据统计，京直受灾103县，被灾村庄17 646个，受灾人口达5 611 759人。其中重灾40县，轻灾61县，未报灾情状况2县。天津县属于重灾区，被灾

---

① 水利水电科学研究院水利史研究室编：《清代海河滦河洪涝档案史料》，中华书局1981年版，第480～481页。

② 天津地方志编修委员会编著：《天津通志·民政志》，天津社会科学院出版社2001年版，第257页。

③ 天津地方志编修委员会编著：《天津通志·民政志》，天津社会科学院出版社2001年版，第257页。

村庄 328 个,受灾人口 37 016 人。①

3.1920 年波及华北五省的大旱灾

这次酿成的山东、直隶、河南、山西、陕西等五省规模空前的大旱灾,也是继光绪初年"丁戊奇荒"以来"四十年未有之奇荒"。②这次大旱灾和 1917 年的水灾相距只有 3 年,许多灾区连续遭灾。

1920 年的大旱灾不仅波及范围广,而且持续时间久,有的地方直到 1922 年才开始缓解,东部和沿海地区受灾尤为严重。据地方政府和救灾组织呈报的保守性统计,共有 317 个县遭灾,灾民人数大约为 2000 万。当然,要想知道确切的死亡人数是不可能的,但一般认为 50 万和真实数字相差不多。③

4.1928~1930 年西北、华北大旱

据统计,1928 年有 13 省 535 县被灾,被灾人口达 3339 万人。华北地区的冀、豫、鲁、晋被灾县有 276 个,到 1930 年被灾县仍有 150 个。④与这次旱灾相伴的还有虫灾,有水的地方还伴随着雹灾,可以说是多灾并发。

频繁的灾荒导致大量灾民颠沛流离,流落他乡,生活极其悲惨。《社会教育星期报》上的一首《灾民叹》,描述了 1920 年的灾荒及灾民生存状况:

"国乱民穷,遍地哀鸿。民国九年乱哄哄。……赤地千里,十室九空。这一年春天遭了荒旱,眼巴巴的有云没有雨,空有雷声。官民去求雨,龙王不显圣,一滴甘露水,菩萨亦不灵。雨水谷雨节气全不应,盼到五月十三关老爷亦是无用,可知道靠天吃饭事不成。……你看这一年,五谷全不登,春麦苗不长,高粱粒不成,玉米谷子都干瘪,黍子豆子全空空,寸草不收怎么起火,芝麻没油怎么点灯,棉花不收拿什么织布,这衣食两字一场空。……草根挖个净,树皮剥个空,糟糠和草料,你抢我亦争。究竟狼多肉少,不能救命。无奈何宰老牛,杀

---

① 天津市档案馆等:《天津商会档案汇编(1912~1928)》,天津人民出版社 1992 年版,第 3392~3396 页。

② 邓云特:《中国救荒史》,三联书店 1961 年版,第 31 页。

③ 吴弘明译:《天津海关十年报告书(1912~1921)》,见天津社会科学院历史研究所编:《天津历史资料》,第 13 期,1981 年 10 月,第 70 页。

④ 夏明方:《民国时期自然灾害与乡村社会》,中华书局 2000 年版,第 371~384 页附表 I 统计。

老狗,暂把饥充。……曾有那自寻短见死了罢,亦有那抛妻落子各奔前程,更有那很(狠)心硬把儿女卖,为的是人口减轻。……直隶各县灾区大,饿死人的情形难以形容。有的说肚子没有食,两腿打冷冷,有的说临时如中风,身子一倒就送了终,无非是饿的手亦不能动,腿亦不能行,话亦不能说,眼亦不能睁,眉头一皱,肠子一拧,身子一挺,两腿一蹬,呜呼一命哪绝气一声。"①

近代华北自然灾害的频繁,使农民没有喘息之机,继续留在农村就是坐以待毙,为了谋求活命,许多人纷纷逃难来津。所以,每遇荒歉,都有大批灾民来津。如1915年,直隶一些县发生蝗灾和水灾,天津的同义庄、竹林村、大虹桥西头、育黎堂后等处,便有许多灾民,"男女老幼来津就食者甚多","风餐露宿,缺衣乏食,深堪怜恻,待救方殷"。②

据统计,1917年京畿水灾中,受灾100余县,灾区波及17 646村,灾民达561万多。③查直隶、天津与保定间,人烟稠密之处有15 000方里惨遭洪水。田禾之损失,计值100 000 000元,大小村庄沦胥者以80 000计。④灾荒迫使大量农民逃离家园,许多是合家外出逃荒,如河北的文安县约有30%的人口逃离家乡。⑤这年的10月份一个月,就有5.5万灾民涌入天津,11~12月又有5万灾民流入。⑥1920年,波及华北五省的大旱灾,赤地千里,大批灾民涌入天津,"各处灾民,分奔来津,借谋生计者,不下数十万人。"⑦尤其是临近各县灾民及津埠四乡的农民,每遇灾荒,常常逃难来天津。"连年以来,兵燹匪患,旱潦频仍。今年入春以来,雨水缺乏,各河均已枯干,不但稻禾枯死,田园亦不能灌溉,且

---

① 李琴湘:《灾民叹》,《社会教育星期报》(第291号),1921年4月3日。

② 《外埠灾黎来津就食》,《益世报》1916年1月13日(6)。

③ 天津档案馆等:《天津商会档案汇编(1912~1928)》(3),天津人民出版社1992年版,第3391页。

④ 吴弘明编译:《津海关贸易年报(1865~1946)》,天津社会科学院出版社2006年版,第348页。

⑤ [日]李明珠著,任云兰译:《1917年的大水灾:天津与它的腹地》,《城市史研究》,第21辑,天津社会科学院出版社2002年版,第408页。

⑥ 熊希龄:《京畿水灾善后纪实》(线装本),1919年,天津市图书馆藏。

⑦ 《急赈会函述赈灾结果》,《益世报》1921年8月27日(10)。

蝗蝻为灾,侵蚀田禾,虽草根树皮,以及枯柳窗棱(棂),亦均为蝗蝻所食,以致一般农民,苦不堪言,各县之灾民,以秋收绝望,均离乡他投,以资谋生。津埠四乡,如东乡张庄、何庄、大毕庄,西乡如曹庄、卞庄,北乡如北仓、宜兴埠,南乡如徐胡圈、峰山庙等处,均受蝗蝻重灾,连日各农民扶老携幼,纷纷来津谋生,且川资不多,乞食露宿,形极困苦。"①

这些灾民有的滞留在天津,转化为城市人口的一部分,他们希望在城市中寻求生计。但是当时有限的就业机会,根本不能满足大量新移民的需要,许多贫民长期处于失业或无职业状态,沦为城市中的贫民。

(三) 难　民

难民作为一种社会现象,从古代至民国一直存在。就难民的形成原因而言,有因战争形成的战争难民,也有因宗教迫害、种族清洗形成的宗教难民或种族难民等,民国时期各处的难民多是战争难民。农民常常遭受天灾人祸的双重涂炭,往往是旱灾未过,又遭兵灾,"旱灾水灾,甚么匪盗贼寇,又加上些争权夺利肥己的长官,一言不合,就画战线,开大炮。"②1920年的直皖战争,1922年、1924年的两次直奉战争,1930年的中原大战,均以华北作为战场。一旦沦为战区,农民的生命财产势必面临巨大的威胁。"凡战地民房,均为士兵占据……民间粮食,全被军队征发。"③家园被军队洗劫,田园也尽被军队糟蹋,"成熟之菜蔬,多被军人用去,韭菜多连根起去,而道旁之瓜果兰茄,散置路上,均未成熟,难民睹此情形,以致泪流两行。"④即使不是战区,也难免要遭到不良驻军的滋扰,"军队已掳掠公行,奸淫成性,悬梁投井者,比比皆是,甚有一家数口连贯投河……大抵富有者则逼其财帛,贫寒者则供其驱使,汝所食者彼食之,汝所住者彼居之,驯至室产荡然有家难归,虽欲稍留不可得矣,至对少妇长女之侵扰,盖尤甚焉。"⑤兵连祸结,民不聊生。

---

① 《灾后乡民纷纷来津乞食露宿》,《大公报》1929年6月27日(9)。
② 《说林·灾民(乞丐)》,《大公报》1923年1月19日(第3张)。
③ 《西北各乡民不聊生》,《益世报》1928年6月10日(11)。
④ 《来津难民之血泪语》,《益世报》1928年6月10日(11)。
⑤ 《东局子难民苦况》,《益世报》1933年6月14日(6)。

天津作为近代租界最多的城市,华洋杂处,一般人认为较为安全,再加之天津发达的社会救济,故每遇战事,常有大批难民纷纷避难来天津。这些来天津避难的难民,一是来自天津市周围乡村,如杨柳青、杨村、北仓、宝坻、武清等地。"北仓杨村一带,已有战事发生,居民异常恐慌,现多由避难来津者。其稍有资财者,尚可勉力支持;而一般贫苦百姓,突遭此难,扶老携幼,纷纷来津。"①1933年,日军逼近平津后,"天津附近各乡之农民,既惧溃兵之掳掠,复忧敌兵之暴行。于是大多数之人民,弃家离乡,辗转逃亡,津埠以有国际关系,华洋杂处,一般认为比较安全,故贫民妇孺,多相率逃至津郊一带,以附近东局子法兵营为尤多。"②二是来自外省,其中尤以直隶、山东等省为多。1911年武昌起义发生后,湖北难民逃难来津,10月30日京奉火车抵津时,载有"湖北男女难民五十余名,扶老携幼,惨不忍观"③。1927年,因兵荒匪乱,直鲁两省难民数之众惊人。据《大公报》报道,1927年入春后,直鲁两省难民东来之总数,就各方面估计所得,总数约为82万。此82万难民,均散布在南北满沿路附近各处,其中,经过长春者已达30余万,而此类留津难民虽无确数,但也不在少数。④1931年九一八事变后,大批难民来天津,23日一天内,就有皇姑屯北宁大厂的工人200余名来天津,这些难民"率皆鸠形鹄面,破衣烂衫,厥状极惨"⑤。到9月29日前后,来天津难民即达万余人,由天津南下者,截至9月28日,共有三四千人。⑥1933年,榆关被日军占领后,"城内居民,纷纷逃出,陆续到秦皇岛避难之人民,已逾十万,较富有者,多随搭北宁路车西来,惟仅属极小部分,所余大批贫苦难民,迭向北宁路车站要求拨车,免费运载,转来平津觅求生路。"⑦1933年5月,日军逼近平津后,仅天津法兵营附近的东局子,就收容难民2.4万人,如果再加上红十字会等慈善机构在小王庄、唐家口、丁

---

① 《逃难来津之狼狈》,《大公报》1920年7月15日(第3张)。

② 《天津东局子难民视察记》,《北辰杂志》第5卷第9期,1933年。

③ 《难民到津》,《大公报》1911年10月31日(1)。

④ 《直鲁出关难民最近消息》,《大公报》1927年5月4日(7)。

⑤ 《昨下半旗停止娱乐志哀关外难民逃来日多》,《大公报》1931年9月24日(7)。

⑥ 《东北来津难民已逾万人》,《大公报》1931年9月29日(7)。

⑦ 《十万难民何处归》,《大公报》1933年1月6日(7)。

字沽等处设立的收容所的难民,总数在 3.2 万人以上。①

此外,天津作为东北出关路经的重要城市,也是华北地区从陆路通向"关东"的必经之地,故每逢灾荒年份,大批难民从河北、山东等地逃离故土,通过陆路"闯关东"时,要路过天津,但不少人因为种种原因滞留在天津。"献县难民男女一百余名,由该县公署发给护照来津,候船前往营口,转赴哈尔滨谋生,奈天津各轮船对于搭客数目,限制颇严,每次只能搭十余人,致该难民等不能作速离津,乃请求警厅设法安置。"②

近代中国烽火连年,乡村衰败不堪,城市无疑成为难民避难的天堂。尽管城市也可能遭遇种种灾害的侵袭,但是相对农村毕竟要太平得多。城市不仅拥有抵御灾害的基础设施,更重要的是城市发达的交通,便于粮食等食品的聚集,政府、绅商或慈善团体的赈济,也能使这些在炮火中失去家园的难民在城市中苟延生命,故每遇战事,常有相当部分难民选择入城避难。但是,近代城市社会发展程度有限,对蜂拥而至的大批难民常常无法安置,致使这些难民处境悲惨:

"近日各县难民扶老携幼均纷纷避逃来津,先后出关者已数万人。近因关外禁止输送,以致流离于津埠,安身无地,度日无资,其数不可胜计。昨日大雨如注,新车站一带及各处难民衣履沾濡,其一片凄惨景况,令人目不忍睹。其中有数日未食奄奄待毙者,有饥寒交迫不胜风雨者,更有弱童幼女啼饥呼哺者,种种苦状况,大有朝不保夕之象。"③

难民源源不断地涌入天津,面对众多嗷嗷待哺的难民,天津市政府常常束手无策。这些滞留在天津的难民,成为城市社会秩序稳定的重要威胁,也加重了城市治理者的负担。

(四)兵　匪

"中国的兵与匪差不多是不容易分离的,正式军队被击败了的时候,兵就

---

① 《天津东局子难民视察记》,《北辰杂志》1933 年,第 5 卷第 9 期。
② 《献县难民在津流落》,《大公报》1927 年 10 月 13 日(7)。
③ 《风雨中难民之苦况》,《益世报》1920 年 9 月 13 日(10)。

是匪,匪遇招安时,匪又变成兵。兵与匪同时又都是一些过剩的人口——年富力强的贫民——破产的农村中农民的化身。……内忧外患交迫的结果,农村破产日甚一日,因此中国兵与匪的后备军是一天天的在那儿扩充,结果兵和匪的数量也是一天天的在那儿增加,这种农民→兵→匪的循环的制造者,局势的严重也一天一天的加甚,我们只要稍稍留心这类的事实,可以看出中国内战与匪祸是层出不穷的。"①

近代中国是"无年不灾",同时又是"无年不战",故兵匪问题在近代中国十分严重。自19世纪中期太平天国起义以来,统治者基于镇压农民起义和服务于军阀之争的需要,不断地在各地招兵买马,扩军备战。于是"当兵吃粮"成为"士农工商"之外的另一条较好的出路。但由于军阀作战,胜败无常。一旦战事平息,胜利的队伍常被遣散,而战败队伍的士兵便作鸟兽散,变成土匪。其实,就是那些在职的军人,也可归入城市贫民的队伍里面,正所谓"好铁不打钉,好男不当兵",因为当兵根本不算是职业,他们之所以要当兵,多是因为无事可做或生活贫困所致。"所有一般当兵者,多半是无业者的穷汉光棍或土匪盗贼的复合物,历年的内乱,兵越打越多,都是失业者无所归宿而归于兵,现在不把这些无业的兵加以职业的训练,弄得流散于社会上真是危害不堪了!"②此外,每次战争,无可避免地给交战双方造成严重的伤亡,如1922年的直奉战争,截至5月18日,直军由前线运回天津的伤兵共5次,达2767人,而未运回者更是不计其数。③这些伤兵,政府多没有很好地安置,散之社会,成为社会稳定的重要威胁。

这些从军阀部队里分化出来的散兵游勇,很难再回到原来职业继续从事生产。由于他们大多数人都有长期军旅生涯的经历,对军事战争非常熟悉,惯于征战,熟于使用各种武器,而且军阀部队的纪律历来极为涣散,道德水准低下,在部队中,这些人不少已沾染上诸如抢劫、掠夺等恶习。因此,一旦脱离部

---

① 柯象峰:《中国贫穷问题》,南京:正中书局1935年版,第203页。
② 张振之:《目前中国社会之病态》,上海:民智书局1929年版,第188页。
③ 《运回伤兵之确数》,《大公报》1922年6月21日(第3张,第2页)。

队后,这些散兵游勇便经常三五成群,到处打家劫舍。"近年来战争连天,兵祸无已,溃军逃兵,到处都是,他们既不愿劳动出力,改行耕田,又没有他们相当职务,挣钱糊口,改兵为匪,自然是他比较熟悉而甘愿做的事情。"①甚至有一些不务正业者,时常身着军服,伪装成军人,到处招摇骗财或从事行窃之事。②

同时,由于近代乡村社会的衰败和城市社会的畸形繁荣并存,城市对这些散兵游勇也充满了诱惑,因而他们都纷纷进入城市,成为扰乱地方治安的重要因素。《大公报》关于"盗匪猖獗"、"匪案累累"、"匪案层出不穷"、"窃匪如毛"等类的报道很多,均可反映近代天津兵匪问题之严重。③1929年1月,天津市公安局奉国民革命军天津警备司令部令,饬令各属,严加取缔军人滋扰。"近日以来,各军队均行缩编,所有编余之士兵,多已资遣回籍,而此项军人不但不各自回乡,或另谋其他生活,仍然身着军装,招摇过市,其安分者沦为乞丐。仅以南市大洼而论,所有乞丐皆系军装不整之落伍军人,殊属关系地方治安,此亦军警当局亟应设法维持之重要问题。"④由此可见,兵匪问题之严重,影响到了地方治安,已引起当局者的担忧与重视。

二、城市自身析离出来的贫困群体

(一)无固定职业或失业的市民

外来移民,尤其是破产的农民,是构成近代天津城市贫民的主要来源。但

---

① 《肃清盗匪问题(续)》,《大公报》1929年2月15日(14)。

② 《伪军人诈财被获》,《大公报》1927年7月31日(7);《退伍兵士行窃》,《益世报》1929年2月20日(12)。

③ 《盗匪猖獗》,《大公报》1911年5月18日(1);《盗匪猖獗》,《大公报》1911年8月3日(1);《盗匪案随处发现》,《大公报》1921年1月8日(2);《匪案累累》,《大公报》1921年1月28日(2);《何来匪徒横行》,《大公报》1921年12月7日(2);《盗匪如毛》,《大公报》1929年1月22日(9);《津东大直沽盗匪猖獗》,《大公报》1932年7月30日(7);《民生凋敝 盗匪如毛》,《大公报》1932年8月29日(7)。

④ 《退伍军人滋扰》,《大公报》1929年1月16日(12)。

由于民国以来政局的动荡和近代城市经济结构的转型,城市中的一些原有居民,不少因失业也沦为贫民。特别是20世纪二三十年代,由于天津市经济的不景气,失业问题极为严重,"正因这社会经济的凋敝,百多万的天津人便络绎的走入贫困之途了,大家的生活根蒂,都有一个急剧的崩溃,失业者累累增加,几乎到处可以找到。"① 城市中的许多小商人、店员、仆佣、警察等也都经常在失业的边缘徘徊,一旦失业,就很难重新找到工作。比如,元隆绸布店找一个只管饭吃的学徒,结果报考应试者达百余人之多;一家报馆找个月薪数十元的校对,报名者达数百人;某工厂找一个小职员,有千人前来,其中还有留学生;南开大学招考图书馆员,某机关聘请书记,应征者达千人之多;小学教员,以及职员办事员的征聘,警察的考试,应考者哪一次无不数以百计;邮务海关银行练习生等勉强糊口的职业考试,应考者往往至数千人。② 1935年,天津几家工厂打算招擦机器工和分原棉女工30人,但几天后,应聘的就达600人。这样,工厂的选用条件就极为苛刻,最初选中的年龄在16~24岁之间,且为天足,并有过在其他纱厂工作的经验或是渴望学工的。被录用的女工需要填报年龄、出生日期、家庭环境、以前的工作经验、婚姻地位,而且还需要担保人。③ 就业竞争之激烈,令人骇闻!此外,乞讨人数的增多,盗匪的横行,也可以从侧面昭示近代城市无业、失业人数之众。

近代城市工商业的不发达,导致城市社会失业问题严重。"二十年来长时期的内战,匪患,和水旱灾,既已毁坏了农村经济的基础,使得内地农人不得不逃向城市的工人群里去,而同时各大城市幼稚的工业,却又因为世界经济恐慌的影响,国内外市场不景气,不得不减少工作或停止营业。于是不但新自乡间逃亡到城市弃农为工的人们,到处找不到工作,而且原有工作的城市工人也时常感受失业的痛苦。"④ 此种现象,实际上已成为长期以来中国工业界

---

① 《百业萧条的天津市(三)》,《益世报》1933年11月17日(9)。

② 《百业萧条的天津市(三)》,《益世报》1933年11月17日(9)。

③ 《恒源纱厂定期试车 昨招募女工三十名》,《益世报》1935年12月5日(9)。

④ 林颂河:《民国二十一年之劳动界》,见北平社会调查所:《社会科学杂志》第4卷第2期,1933年6月,第163页。

的普遍现象。一旦遭遇工业不振,失业人数庞大。如,1934年天津五大纱厂倒闭,导致1.5万名女工失业。①

此外,那些被撤职的巡警或校役,做生意赔本的小商小贩,生活无着落的工匠,他们只要身体能支撑,为了生存,不得不靠做脚行苦力,或靠拉人力车为生。许多人找不到合适的谋生途径,沦为无业游民或乞丐,甚至有冻饿而死者。如一个叫杨四的,孤身一人,前在某洋行任事,后因染病遂被辞退,无家可归,在上岗子地方露宿,形状极惨,而其亲族日给两餐,加之天气严寒,饮食减少,遂冻饿而死,由其族人备棺掩埋。②还有一些失业者,在谋生无门的情况下,走上自杀之路。翻阅当时的报纸,因无业或失业而自杀的报道,比比皆是。

个案1:

一无名男子,年30余岁,投河遇救,称向在某洋行佣工为生,现因行内无活,日难举火,遂萌短见,投河自尽。③

个案2:

申谢氏,年23岁,住南门西太平庄,其夫申振光,曾在银行做事,后赋闲。申谢氏系女医,曾在日租界设有诊疗所,亦已倒闭。因度日艰难,夫妇发生口角,以致一时气愤,遂投河自杀。④

个案3:

法租界天祥市场一男子坠楼自杀,留有遗书云:伊本人在英租界某公馆当差,主家对待颇厚,惟公馆中有管事时常与伊为难,五月节,复克扣节礼,旋因数次向主家进谗,致被辞失业,生活来源断绝,经济压迫下,只得自杀。⑤

近代天津市工商业发展程度有限,一般市民能找到一份"合适"的工作实属不易,即便是那些有职业者,也随时有失业之虞。一旦失业,生活困苦,只有

---

① 何黎萍:《抗战以前国统区妇女职业状况研究》,《文史哲》2002年第5期,第166页。
② 《失业者冻饿身死》,《大公报》1928年1月5日(7)。
③ 《投河遇救》,《大公报》1911年6月16日(1)。
④ 《女医士投河自杀》,《大公报》1935年9月8日(6)。
⑤ 《失业男子坠楼自杀》,《大公报》1936年7月25日(8)。

靠社会救济或乞讨为生,也有一些"意志不坚"者,萌生短见,上述几个例子,大致可以窥见此一斑情形。

(二)文贫孤寡

"文贫",即"畏羞隐忍,耻于告贷,坚持冻饿者"①。通俗一点理解,就是穷书生。传统科举取士,通过科举入仕途是众多读书人孜孜不倦的追求。1905年,科举制寿终正寝,这断送了相当一批读书人的出路。这些读书人因不事生产,常常身陷窘境。如有范某者,曾在某布行充当会计,后被辞退在家赋闲三年,衣物被典质一空,家中老幼六口,不得温饱。范某近因无法生活,屡向各处借贷,前日往南乡访友,因天降大雪,身上衣单,腹内无食,当即倒地身死。②又如,1931年3月,市立救济院外有文贫范小珊、范少珊兄弟二人,均住西头,失业多年,家极寒苦,听闻救济院有救助院外文贫之设施后,致信贫民救济院,请求援例抚恤。③近代天津市的一些慈善机构,专门组织人力调查文贫,酌给衣食。如南善堂每遇严寒时调查文贫,酌放玉米面、棉衣等,以免冻馁。④

"嫠妇"俗称"寡妇"。清代,天津贫苦嫠妇除由慈善机构收容教养外,一些善堂对散居社会、无生活来源的贫苦嫠妇也给予定期救助。同治年间,天津乡绅成立了专门的"恤嫠会",除收养无依无靠的贫嫠百余人外,还对散居各处的贫苦嫠妇按月给予救济。至清末,办理恤嫠业务的善堂有广仁堂、全节堂、济生社等10多家,定期救助贫嫠1750户。⑤有的按月发粮,或施给金钱,冬季则酌情施放棉衣。至1937年,救助嫠妇的善堂发展到19家,公善施材总社1929年全年救助散居嫠妇6291户(次),发放小米608.78石,玉米面4000斤;济生社每月救助散居嫠妇300户,每户每月发放大洋1元。这些善堂平均每年

---

① 《赈济文贫》,《益世报》1920年12月30日(10)。
② 《大雪中冻死文贫》,《大公报》1928年1月10日(7)。
③ 《关于赈济院外文贫事项由》(1931年3月),天津市档案馆藏,档案号:J0131-1-000523。
④ 《捐款赈济文贫》,《益世报》1921年1月7日(10)。
⑤ 天津市地方志编修委员会编著:《天津通志·民政志》,天津社会科学院出版社2001年版,第168页。

救济贫苦散居嫠妇达2000余户。①

这些嫠妇,一般以天津籍人为最多,且经济状况一般较为贫困。1929年,据天津市八善堂统计,天津市嫠妇共计2262人,其中天津籍计1919人,占嫠妇总数的85%。②在这2262人中,极贫者174人,占总数的7.69%;次贫者683人,占总数的30.19%;一般贫困者1125人,占总数的49.73%;查报不详者280人,占总数的12.38%(详见图3.1)③。1930年5月,天津市社会局对四区五所五编街境内贫苦嫠妇调查,达300余人,其中极贫者167人。④1932年,天津市自治事务监理处前会分函本市自治区,调查本市文贫孤寡,以便救济。统计结果仅第一自治区内有文贫孤寡合计609户,人口约4389口,"泰半皆衣食无着,中以孤寡为多。"⑤

图3.1 天津市八慈善团体嫠妇经济状况统计图

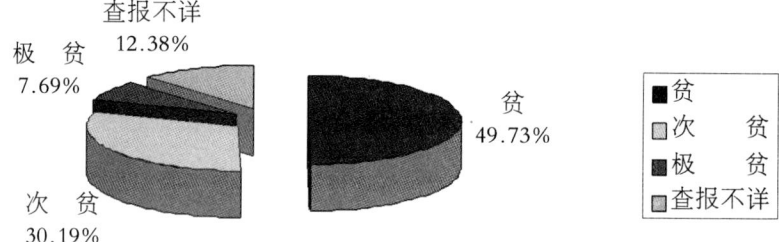

资料来源:吴瓯主编:《天津市社会局统计汇刊》(慈善救济),天津市社会局,1931年。

---

① 天津市地方志编修委员会编著:《天津通志·民政志》,天津社会科学院出版社2001年版,第170页。

② 吴瓯主编:《天津市社会局统计汇刊》(慈善救济),天津市社会局,1931年。

③ 吴瓯主编:《天津市社会局统计汇刊》(慈善救济),"天津市八慈善团体嫠妇经济状况统计",天津市社会局,1931年。

④ 《天津特别市社会局公函(字第152号)广仁堂》(1930年5月3日),天津市档案馆藏,档案号:J00130-1-000393。

⑤ 《文贫孤寡》,《大公报》1932年1月8日(7)。

(三) 老幼残废等特种贫户

残废之人,就是身体上有缺陷的人,如盲人、聋子、哑巴、瞎子、瘸子、疯子等。这类人一般由于身体上的缺陷,缺乏独立生活的能力,需要依靠家庭和社会的救助,才能维持正常生活。1929年,天津市社会局对所辖五区八乡所及三特区残废人数进行了统计,合计2492人,其中男性有1946人,女性有546人。① 1930年,天津市社会局再次对所辖五区八乡所及三特区残废人数进行了统计,各类残废之人共计1945人,其中男性1403人,女性542人。②这个统计数字显然过小。

仅就盲人而言,据1936年统计,天津市各区盲人共计900余名。他们平日以算命、拉弦及说书为生。随着近代文化的发展,算命营业日渐衰落,故大多数人以鬻歌为唯一谋生途径。但自从天津市各广播电台成立后,商店住户,大都购收音机,饱聆曲唱,致各区鬻歌盲人无人问津。为此,1936年5月15日,天津市盲人会召集组织各区盲人代表,向市政府请愿,请求饬令各广播电台停止播歌唱鼓词节目。市府方面派员予以接见,表示对其请求代为转呈。③奉市府令,社会局虽转饬各电台,停止放送唱书及更换节目,但各电台始终未予停止。此后,社会局专门召集各电台负责人开会讨论,规定自9月1日起,各台一律停放时调、大鼓、小曲、牌子曲等四项节目。尽管如此规定,各电台仍照旧播放。这些盲人为生活所迫,遂于6月至9月间,多次向市政府请愿,但此事最终不了了之。④

1930年,天津市社会局专门以沿街乞讨以及老幼残废者为限,对天津市的特种贫户进行调查,结果统计天津市有此类特种贫户279户。这些特种贫户以公安二、四区为多,而公安一、三、五区相对较少,特别一、二、三区则没有。各区的特种贫户,除天津本地人外,不少是外来移民,其中尤以河北为最

---

① 吴瓯主编:《天津市社会局统计汇刊》(户口),天津市社会局,1931年。
② 吴瓯主编:《天津市社会局统计汇刊》(户口),天津市社会局,1931年。
③ 《盲人代表会昨日请愿》,《大公报》1936年5月16日(6)。
④ 《救济盲人生活》,《大公报》1936年5月22日(6);《盲人三次请愿》,《大公报》1936年6月27日(6);《盲人昨再请愿》,《大公报》1936年9月15日(6)。

（占65.95%），山东次之（占13.98%）。① 这些特种贫户的情况各异，有衰老年幼者，有无能谋生者，有孤独无依者，有身患疾病者（如目盲、耳聋、病废、疯痴、瘸、哑、四肢残废、瘫等），还有孀居者，及一些不明原因者，具体分类见表3.1：

表3.2　天津市特种贫户统计（1930年5月）
——贫民户主老幼残废状况分析②

类别 \ 性别 人数	男	女	合计	百分比
衰　老	49	51	100	35.84%
年　幼	31	11	42	15.05%
无能谋生	2	1	3	1.08%
孤独无依	2	2	4	1.43%
目　盲	18	13	31	11.11%
耳　聋	1	6	7	2.51%
病　废	9	4	13	4.66%
疯　痴	3	2	5	1.79%
瘸	5	3	8	2.87%
哑		2	2	0.72%
四肢残废	10		10	3.58%
瘫	2		2	0.72%
孀　居		13	13	4.66%
不　明	27	12	39	13.98%
总　计	159	120	279	100%

资料来源：吴瓯主编：《天津市社会局统计汇刊》（慈善救济），天津市社会局，1931年。

① 吴瓯主编：《天津市社会局统计汇刊》（慈善救济），天津市社会局，1931年。
② 原表数字计算有误，作者重新进行了核实。

各家的境况迥异，维持生活的方式也有很大不同，但是，他们主要的谋生方式是乞讨。在调查的 279 户中，有 234 户是通过乞讨为生的，占特种贫户的 83.87%；①亦有少部分从事一些低贱的职业，如拾煤、拾粪、拉车以维持生计；也有一些兼工作和乞讨于一身；还有一些依靠兄弟或者邻里的接济来度日。

除上述所列贫民之外，还有其他一些边缘群体属于城市贫民行列，如无人照管的老人、小孩等。这些群体生存能力极其脆弱，如果得不到家庭和社会的及时救助，可能沦落街头，冻毙而死，以致无人认领。②也不乏有人走上一条自寻短见之路。③

三、外籍贫民

天津作为近代建立租界最多国家的城市，在天津的外籍贫民是构成近代天津城市贫民阶层的一个极其特殊的群体。1860 年天津开埠后，城市工商业获得迅速发展，吸引着愈来愈多的海外洋人纷至沓来，想借此谋职和寻求发展空间。这些外侨除了初期的商人、传教士及官员外，后扩大到工程师、医生、教授、律师等，也不乏有一些生活贫困者。

20 世纪以前，在天津外侨人数相对较少。1877 年不足 200 人，甲午战争后 1896 年增加到 700 人，1900 年义和团运动爆发前增至 2200 人。④到 1906 年，在津的外侨人数由 2000 余人增加到 6000 余人。⑤直接原因是八国联军侵华的结

---

① 吴瓯主编：《天津市社会局统计汇刊》（慈善救济），天津市社会局，1931 年。
② 南市荣市大街南中药后，1 月 5 日上午，发现一具无名男尸，年 70 余岁，身无寸缕，经地方检验，系因冻饿身死。见《积雪中之老人尸》，《大公报》1931 年 1 月 6 日（7）。又曰，租界秋山街西头上，有 60 余岁之贫民死于该处，后经检厅查验，系因饿而死。见《路有饿殍》，《大公报》1921 年 2 月 1 日（2）。
③ 河东沈庄子五福里住户张顺，年 90 岁，有子名富清，年 54 岁，父子以乞讨为生，每日不得温饱，饥寒交迫，张富清以老父年迈，生活无着，顿萌死念，乘父熟睡之际，用刀自刎。见《河东沈庄子一男子自刎》，《大公报》1937 年 3 月 8 日（6）。
④ 尚克强、刘海岩主编：《天津租界社会研究》，天津人民出版社 1996 年版，第 160 页。
⑤ 尚克强、刘海岩主编：《天津租界社会研究》，天津人民出版社 1996 年版，第 165 页。

果。1900年的义和团运动和八国联军侵华,使天津市民生命财产遭受很大损失,但同时战争也大大提高了天津在世界的"知名度",包括当时著名的英国《泰晤士报》,每天都有关于战争的报道,从而使天津名声大振。这吸引着各国人前来天津,谋求发展机会,尤其是那些在天津设有租界的国家。另一方面是因为战事结束以后,联军中的各国军人不少没有随军队回国,而是脱下军衣定居下来,开始从事商业或其他职业。此外,意、奥新租界的划定及其他各国原有租借地的扩张,吸引着大量的西方人从世界各地来到天津。

1929～1933年资本主义世界经济危机的爆发,使欧美人纷纷来到东方谋求发展,因此这一时期成为天津外侨人口增长最快的时期,除了欧美侨民外,亚洲也有许多国家的侨民来津。就来天津的外侨总人数而言,以日本侨民和俄国侨民(俗称"白俄")增长最快,成为侨民中人数最多的外侨。

(一)日籍贫民

最初日本在天津开设领事馆时,日侨不过数十人,至1894年也仅有50人。义和团运动期间,因日本在八国联军中残酷镇压义和团的"表现",大大提高了日本在列强中的地位,加之日租界的扩大和开发,吸引着越来越多的日本人前来天津。到1906年,在天津的日侨增加到1769人;1926年增加到5311人;1935年增加到9641人;1938年增加到26 899人。①从甲午战争前至抗战爆发这40余年间,在天津的日人由50人猛增至26 899人。其中增长最快的两个时期,一是甲午战争后的10年间,增长了30多倍;另一个是1935～1938年,由于战争的爆发,在天津的日本侨民骤增。

在天津的欧美侨民以商人为主,而日本侨民则从事形形色色的职业,如1928年10月,日本警察署对1889名在天津的日本侨民职业进行了调查,职业种类多达三四十种,具体职业分布如表3.2:

---

① 尚克强、刘海岩主编:《天津租界社会研究》,天津人民出版社1996年版,第167页。

表 3.2　在津日本侨民职业调查统计表（1928 年 10 月）

职　业	人　数
会社、银行、商店职员、店员、事务员	556
官员、公职人员	172
贸易商	126
零售商	102
其他商业	89
军人	45
经纪人	13
仆人	19
工业	46
金融保险业	11
印刷业	13
土木建筑业	28
饮食业	37
皮革业	10
洗染业	9
旅馆、饭馆、游乐场、妓院	57
艺妓、娼妓、陪酒女	128
理发、浴池	20
运输业	33
新闻业	21
自由职业	62
医疗业	71
教育业	16
宗教	31
法律业	8
其他职业	98
无职业	68
共计	1889

资料来源：《天津居留团二十周年纪念志》，转引自尚克强、刘海岩主编：《天津租界社会研究》，天津人民出版社 1996 年版，第 168~169 页。

从上表职业类型来看,充当会社、银行、商店职员、店员、事务员、官员、公职人员者,占日侨中的多数,占调查总数的38%以上。另外一个值得注意的现象是,从事仆人、艺妓、娼妓、陪酒女,为数也不少,再加上无职业的,合计215人,占调查总数的11.4%,这反映了下层日侨的生活方式。甚至有一些日人,因谋生困难,也有自寻短见的。如1927年4月2日,《大公报》报道,一日本妓女,因不堪窑主虐待,投河自尽。①又一名叫三上滕次的日本浪人,一直流落海外,1935年2月来天津,投宿明石街熙来饭店,因囊空如洗,难以为生,曾自动向日警署要求拘留,过起官费生活。后由其友人保出,加以劝导,乃决议返平,另谋生活,不料中途折回,至花园空屋自尽。②

大量日本侨民的到来,颇具移民特色,这与日本政府的侵华政策密切相关,表现出一种政府鼓励的扩张性移民。显然,这种移民与欧美其他诸国来东方赚钱或寻求个人发展有很大的不同。

(二)俄籍贫民

1860年天津开埠后,已有俄国侨民来津,但为数不多。第二次鸦片战争后,俄国在天津开辟租界。1900年的义和团运动被八国联军血腥镇压后,俄国趁机再次扩大租界,面积已达5971亩,成为当时各国租界中面积最大的国家。③此后,俄国的外交官、军人、商人及其家属纷至沓来。不过,俄国侨民的大量来华,是由于俄国十月革命的爆发及沙皇政府的垮台引发的。俄国十月革命后,大批的俄国贵族、官僚、地主、资本家及其他俄国人纷纷逃离国土,流亡到世界各地,形成移民高潮。在中国也出现了众多的俄国人,俗称"白俄"。1920年后,大批"白俄"来到北京,随即流入天津。大量俄人,尤其是无业的俄国人,如果不设法安抚,会对地方治安构成极大威胁。为了阻止无业俄人来天津,1921年11月,天津警察厅拟就布告,叙述来津后的困难情形,译成俄文后在吉省、

---

① 《日妓投河遇救》,《大公报》1927年4月2日(7)。
② 《日租界花园街日浪人在空屋自杀》,《大公报》1935年2月24日(6)。
③ 杜立昆:《白俄在天津》,见天津市政协文史资料研究会编:《天津租界》,天津人民出版社1986年版,第225页。

哈尔滨等处分别张贴,"以免到津俄人愈聚愈多,安插为难"①。即便如此,"白俄"的涌入越来越多,最多时可达 6000 余人。1926 年 11 月,智利在天津的总领事,曾在"白俄"人中招募 4600 余名前往该国从事屯垦。②由此可见天津俄国侨民之众。

  1904 年日俄战争,俄国惨败,其后不久,又有数百名俄国难民从满洲来到天津,他们大多是士兵和水手的家人。这批人有的被迫乞讨,有的沦为娼妓。这是"中国人见到的第一批外国贫民"③。1917 年俄国十月革命后,苏维埃政府建立,那些反对布尔什维克、仇视革命的人逃离俄国,这些流亡的"白俄"失去了俄国国籍,被称为"无国籍人"。④因为没有政府的保护,在天津的"白俄"形同难民,其处境远不如其他国家的侨民。1929 年,天津市政府令公安局调查各区所的俄籍难民,结果仅公安三区就有 59 名,他们或系赋闲到慈善会每日领取面包,或充当苦力。⑤

  为了谋求生存,这些流亡的"白俄"从事各种各样的职业。以俄侨主要聚居区的特一区(原德租界)为例,职业分布详见表 3.3:

---

① 《警察厅防止无业俄人来津》,《益世报》1921 年 11 月 12 日,见郭风岐主编:《〈益世报〉天津资料点校汇编》(一),天津社会科学院出版社 1999 年版,第 544 页。

② 《智利招募在津俄侨》,《大公报》,1926 年 11 月 30 日(7)。

③ [英]布莱恩·鲍尔著,刘国强译:《租界生活:一个英国人在天津的童年(1918~1936)》,天津人民出版社 2007 年版,第 25 页。

④ 杜立昆:《白俄在天津》,见天津市政协文史资料研究会编:《天津租界》,天津人民出版社 1986 年版,第 222 页。

⑤ 《天津特别市政府公函》,《天津市政府公报》(公函),第 14 期,1929 年 9 月,第 56 页。

表 3.3　1930 年 3 月特别一区俄侨职业统计表

职业	男	女	合计
商界	104	34	138
律师	2	—	2
医生	5	2	7
酒铺业	38	16	54
机器匠	52	—	52
木作	22	—	22
旅店业	22	—	22
帽铺	—	8	8
跑合	39	—	39
西药房	2	1	3
理发师	3	4	7
舞女	69	—	69
乐户	22	—	22
音乐	44	18	62
合计	424	83	507

资料来源：《特别一区外侨职业统计》，《大公报》，1930 年 3 月 26 日（12）。

通过对特别一区外侨职业调查显示，有职业者男 924 名，其中男孩 45 名；女 349 名，其中女孩 53 名；无职业者女 506 名。在这有职业的 924 名中，除了供职商界、服务界、机关、律师、服军役等外，当舞女的有 69 人（俄），全系俄人；乐户女 22 人（俄），女 18 人（朝鲜）。①我们虽不能断定那些无职业者中有多少是贫民，但是这 924 名有职业者中，69 名舞女和 40 名妓女可视为贫民，则是不容置疑的事实。

在这些俄侨中，既有拥有资本且有经验的人，他们在皮毛等进出口业务方面获得很大发展，出现了奥斯特洛夫斯基、古比休夫等皮毛商，富者拥有资产百万。也有一大批知识分子，从事一些自由职业，如律师、医生等。大多数"白

---

① 《特别一区外侨职业统计》，《大公报》1930 年 3 月 26 日（12）。

俄"从事各种职业,如开设工厂、作坊、饭店,从事修理、服务等行业。由于俄人擅长音乐,不少人以此为业。"白俄"中一些落魄潦倒之人,被称为"穷俄佬"。他们多聚居在谦德庄一带的"伙房子"①内,有的甚至沦落街头。不少的"白俄"女子充当舞女,甚至沦为娼妓。根据1935年河北省会公安局存留的界内"白俄"难妇拘留状况清单显示,当时辖境内共有"白俄"难妇61名,其中有31名以娼妓为业。②在谦德庄一带,有一些低级的"白俄"娼窑,专接穷俄国佬。有些娼妓,因年老色衰,生意惨淡,受经济压迫,遂萌生厌世之念,吞服鸦片自杀。③也有穷俄国佬,因债务高筑,糊口维艰,服安眠药自尽。④最无着者是那些流浪街头者,尤以特一区(原德租界)、特三区为多,"居住之无领事裁判国及无约国人甚多,以俄人占大多数",他们这些人"生活异常困难"。⑤因街市常有极贫苦之俄国儿童,饥寒失所,津埠外国人组织的"东亚猛狮俱乐部",于1927年2月22日特开办粥厂一所,以赈济俄童。⑥

因生计所迫,有一些穷极无聊的俄人,纠结在一起组织专门的"行窃团",在火车站窃取旅客财物。⑦这些俄人的不法行为,引起各国租界当局的关注,并严加取缔。"近来俄国贫民,时有在津行窃情事,尤以外人住宅,时被俄人窃取,现各租界工部局,对此辈俄人,异常注意,严加取缔,如经查获即行惩办,以维治安,而防意外。"⑧

---

① "伙房子"是一种低级的旅店,几十个人挤在一间屋内,没有床铺,人们躺在铺着稻草的地面上睡觉,每天每人仅交几个铜板。见《白俄在天津》,天津市政协文史资料研究会编:《天津租界》,天津人民出版社1986年版,第247页。

② 《河北省会公安局界内白俄难妇居留状况清单》,《天津市政府公报》(公牍),第75期,1935年4月,第40页。

③ 《白俄舞女深夜服毒自杀》,《大公报》1936年8月23日(6)。

④ 《俄音乐家自戕为债务所迫》,《益世报》1928年2月27日,见郭凤岐主编:《〈益世报〉天津资料点校汇编》(一),天津社会科学院出版社1999年版,第968页。

⑤ 《无约外侨亟宜清查》,《大公报》1926年10月25日(7)。

⑥ 《设粥厂赈济俄童》,《大公报》1927年2月23日(7)。

⑦ 《白俄穷极无聊组织行窃团》,《益世报》1936年5月12日(5)。

⑧ 《各租界预防俄窃》,《大公报》1927年5月26日(7)。

综上不难看出,这时期天津的外籍贫民中,以日、俄人为多,这与各国的政局和政府的政策密切相关。天津市政府对这些外籍贫民,也常无力收容。1931年4月21日,天津市市立第一贫民救济院因房舍狭小,困难重重,无法收容俄国贫民而致函社会局:"职院房舍向极狭小,除各所各股占用办公房间及学生工徒占有教室工厂外,所有男女贫民宿舍以及诊疗所医室病房均异常拥挤,早感人满不敷分配之患,实无余地再行容纳俄籍贫民,至俄籍贫民生性凶顽,诛难免不滋生事端及宣传赤化情势,且语言隔膜生活迥殊,于职院管理方面种种均感不便,所有碍难收容俄籍贫民各缘由理合备文呈报。"①

诚然,构成近代天津城市贫民的上述各个群体之间,存在着诸多的差异,同时又有不少群体之间是交叉重叠的,比如城市中的无业者或失业者,可能就是那些嫠妇或文贫。又如,入城的农民,同时有可能也是灾民或难民。也就是说,一种群体,在城市贫民阶层中可能扮演着多重角色。

---

① 《呈请转达公安局为房舍狭小无法收容俄籍贫民》(1931年4月21日),天津市档案馆藏,档案号:J0131-1-000540。

第二节　近代天津社会分层

ERSHI SHIJI ZHI ZHONGGUO

一、社会分层理论

不论是在古代社会,还是在近当代社会,社会层化现象普遍存在。社会学意义上的社会分层(Social Stratification)一词,最初是从地质学中引入,用于形象比喻人类社会中人与人之间、群体与群体之间的差别及不平等现象,把社会的纵向结构看成是如同一层一层的地层结构。

社会分层理论是当代中国社会学界备受关注的热点之一。最早提出社会分层理论的是德国社会学家韦伯(Max Weber),他在《阶级、身份和政党》一文中提出以财富、权力、声望为标准的"三位一体"的社会分层模式。财富标准,又称经济标准,是个人占有商品或劳务的能力,也就是经济收入和财富的多少;权力标准,又称政治标准,是个人或群体对他人行为施行控制和影响的能力;声望标准,又称社会标准,是个人在他所处的社会环境中所得到的声誉与尊重。通常情况下,三者间存在极强的关联性,只要拥有其一,就很有可能拥有其二和其三。如人们拥有了巨额财富,就有可能拥有权力和声望;而拥有了声望,反过来有助于人们致富和拥有权力。财富、权力、声望往往是相伴而生的。这三者之间虽然在不同的历史条件和空间状态下存在差异,但又是可以相互转化的,有时甚至互相重叠,但又是可以各自独立的。

由卡尔·马克思(Karl Marx)创立的阶级分析理论,是社会分层研究中不可或缺的重要组成部分,并长期在中国史学界占主导地位。马克思认为,生产资料是最重要的社会资源,人们在生产关系中是否占有生产资料及占有的多少,直接决定人们在生产关系中的地位和角色,决定分配方式和多少的不同;生产资料是否占有和占有的多少,还直接决定着人们的生存和生活方式的不同。也即是说,生产资料占有的不同,不仅决定着人们经济收入的差异,也决定着人们社会地位的高下。那些大量占有生产资料的人依靠剥削和压迫那些没有或占有少量生产资料的人生活,成为社会中的剥削阶级;那些占有少量生产资料或不占有生产资料的人,只有靠出卖自己的劳动力来维持生活,成为社会中的被剥削阶级。在马克思看来,剥削阶级和被剥削阶级之间的关系表现为一种阶级对立的关系,二者间的矛盾具有不可调和性。故马克思把这两大阶级间的对立视为阶级对立,而不是两个阶层间的对立。因此,一般情况下,人们把马克思的社会分层理论视为阶级分析理论。

马克思的这一阶级分析理论对中国社会产生了极为深刻的影响。20世纪20年代,随着中国革命形势的发展,毛泽东撰写的《中国社会各阶级的分析》一文,把当时中国社会分为地主阶级、买办阶级、中产阶级、小资产阶级、半无产阶级、无产阶级和游民无产者等;提出了"谁是我们的敌人?谁是我们的朋友?"是中国革命的首要问题,对中国社会影响深远。[①]使新中国成立后直到20世纪70年代末,阶级分析、阶级斗争成为中国几代人耳熟能详的词语。但是,任何理论都不是万古长青,放之四海而皆准的,阶级分析毕竟只能在一定的范围内发挥它的社会功能。比如近代随着城市经济的发展,社会分化的加剧,社会结构的变动,阶层分化呈现出多样化的态势,就是同一阶层内部,分化也十分严重。所以,简单的阶级划分的标准已不完全适应社会剧变的需要。

迪尔凯姆(Emile Durkheim)的社会分层理论,把职业作为最重要的社会分

[①] 毛泽东:《中国社会各阶级的分析》,见《马克思主义原著及重要文献选读》,四川大学出版社2004年版,第123～127页。

层指标，个人拥有的职业类型决定了其所能获取的社会资源的数量和质量。迪尔凯姆指出，职业深刻地影响着人们的生活方式，使从事不同职业的人们在生活经历、价值观念和道德规范等方面的同质性减弱；反之，从事相同职业的人们生活方式的同质性增强。①

当今，社会分层的标准日趋多元化，有不少学者提出政治分层、权力分层、经济分层、职业分层、消费分层等多元分层标准，但是职业分层被更多的学者所认可。有人认为职业分层是城市社会分层的基础，②甚至有学者把职业地位作为社会分层的"指示器"。③因为在工业社会里，职业收入是经济利益的主要来源，反映了人们经济地位和收入的状况。同时，一个人的职业还是决定其在社会生活中地位和作用的主要因素。也即是说，职业分层不仅反映了人们的经济地位和收入状况，也反映了人们在权力结构和声望分层中的位置，并与"阶层意识"互为因果。④这样，职业分层与阶级分层就相互吻合了。也正因为如此，依据职业类别对社会进行分层研究，成为当今社会学界和史学界较为一致的看法。

毫无疑问，城市贫民并非铁板一块，不能简单地把社会中的某一群体简单地划归到城市贫民阶层中。比如工人，他们无疑属于近代城市贫民的主要构成部分，但绝非所有的工人都属于城市贫民，因为这个群体在不断地分化，其中不乏一些有技能、受教育而收入较高者。以近代天津面粉业为例，该厂工人可以按部门分配，亦可以按技术进行分类。按技术的高下分为：有技能工人、半技能工人和无技能工人三类。有技能工人是指：领班、副领班、机匠目、缝工目、开车工、机匠和缝工等；半技能工人是指：打包工目、粉库工目、麦库工目、

---

① 贾春增：《外国社会学史》，中国人民大学出版社2003年版，第141页。

② 李明伟：《清末民初中国城市社会阶层研究（1897～1927）》，社会科学文献出版社2005年版，第97页。

③ 仇立平认为，职业的内涵不仅仅是职业的社会声望评价，而且是一种社会地位的评价指标，它包括权力、财富、声望；职业地位是社会分层的主要标准，不同的职业地位或社会阶层的互动关系和模式、教育程度、生活方式是不同的，并且这些因素是识别不同社会阶层的标志。详见仇立平的《职业地位：社会分层的指示器——上海社会结构与社会分层研究》，《社会学研究》2001年第3期。

④ 范明林：《关于社会分层三阶段发展的若干思考》，华东理工大学学报（社会科学版），2000年第1期。

杂务工目、麦粉楼工、浇油、打包工和筛工等;无技能工人是指:粉库工、麦库工和杂工等。若按工作所在部门分,又可分为原动部门、制粉部门、修理部门、杂务部等。在调查的110名工人中,若按技能分,有技能工人占17.2%,半技能工人占46.4%(筛工未计在内),无技能工人占36.4%。① 不同类别的工人在工厂中所占的比例、工资待遇有很大差别。

工人类别及工资待遇的差异,导致工人生活程度上的差别。如1929年天津市社会局对北洋纱厂的工人进行调查,就将其生活分为三种:(1) 贫乏生活:此种生活比乞丐稍好一点,就是不靠救济机关或其他补助,而自己生活的;但其生活困难,也和乞丐相差不远,此种生活以粗工为最多。(2)勉强维持生活:就是只能够过最简单的生活,亦毫不舒服,也得不到相当的娱乐和消遣,此种生活以普通工人为最多。(3)低限安适和健康的生活:此类不但能够得到物质上的需要——衣食住等,而且还可以得到一点比较舒适的需要,譬如衣服一项,不但可以不破烂污秽,而且出来的时候还可以穿戴整整齐齐的。劳工生活,以此类生活程度为最高,因而亦最少,此种生活只限于少数机匠及头目而已。② 由此观之,我们显然不能把部分收入较高的技术工人、领班、工目等,简单地划入城市贫民之列,我们必须对工人内部进行分层研究。

社会分层的依据不是单一的,而是多维度的。我们可从社会地位、经济收入、教育状况、空间维度等方面进行分层。分类标准不同,导致统计结果大相径庭。但是,造成个体贫困的最主要原因与职业密切相关,所以,在本章节中,笔者为研究之便,首先以职业为核心,对近代城市贫民进行分类研究,然后在同一职业内部依据身份、技能、性别、收入等方面的差异,再次进行分层研究。

二、近代天津社会分层概观

以往许多研究,总是把中国社会分为简单的两极,是与非,对与错,好与

---

① 王子建:《天津面粉厂工人及工资的一个研究》,见北平社会调查所:《社会科学杂志》第2卷第4期,1931年12月,第448页。

② 吴瓯:《天津市纺纱业调查报告》,天津市社会局,1931年,第245页。

坏，进步与倒退，保守与激进，改良与革命，统治与被统治等。随着研究的不断深入，我们逐渐发现，这种单一的划分模式，并不适合所有社会，至少在近当代中国社会如此。

在中国传统"士农工商"的社会结构中，人们的职业受父辈的影响，世代相袭。近代随着城市工商业的发展，社会分工日益细化，相对传统社会出现了许多新兴职业，如出现了新式的企业家、银行家、买办、股东、律师、公务员、警察、出版家、记者、编辑、律师、医生等新职业。职业分工越来越细，人数越来越多，工作内容越来越专门化。

在传统重农抑商的社会里，小商小贩只占很小的比例。然而，随着近代城市工商业的发展，城市的各个角落都遍布着各种服务业和小商小贩的足迹。这些下层职业为众多的城市贫民提供了谋生的机会，"有按摩业、有理发业、有擦背业、有扦脚业、有茶楼酒肆的招待业、有游戏场中的歌唱业、有看相业、有算命业、有测字业"①。城市人口的职业分布，日益体现出近代城市工业化中职业拓展和细化的特质。此外，在城市人口中，还有许多非正当行业的从业者，如烟馆、赌场、妓院、巫术、占卜等从业者。

以民国时期北平、天津的城市人口职业为例，大致可以看出这一时期城市职业发展的一般趋势，具体见表3.4：

表 3.4 1935 年北平、天津城市人口职业分类

业别	北平		天津		业别	北平		天津	
	人数（千人）	百分比	人数（千人）	百分比		人数（千人）	百分比	人数（千人）	百分比
农业	80	6.83	6	0.58	公务	20	1.71	18	1.75
交通运输	31	2.65	58	5.63	自由职业	74	6.32	14	1.36
工业	99	8.45	114	11.07	人事服务	71	6.06	73	7.08
商业	149	12.72	153	14.85	无业	646	55.17	593	57.57
矿业	1	0.09	1	0.10	总计	1171	100	1030	100

资料来源：国民政府主计处统计局编：《中华民国统计提要》，1935年。

---

① 周谷城：《中国社会之结构》，上海：新生命书局1930年版，第364页。

从以上表格中的职业分类来看,近代以后经过近一个世纪的社会变迁,至20世纪30年代中期,农业人口仅占北平、天津两个城市的6.83%和0.58%,农业已不再是谋生的主要选择。同时,北平、天津两个城市中,工业从业人口的比例也都不高,分别为8.45%和11.07%,且天津略高于北平,这显然由于近代城市工业的不发达所致。值得注意的是,这时期天津、北平的商业从业人口要高于工业,分别占从业人口的14.85%和12.72%。公务员、自由职业、人事服务等成为城市中的新兴职业,分别占北平、天津两城市职业人口的14.09%、10.19%,这些成为城市社会的中间阶层,随着社会管理服务人员的增加,公务员、编辑、记者、律师、医士、警察等成为社会的中间力量,但从总体来看,占从业人口的10%左右,这个阶层显然不够强大。

此外,不容忽视的是,这时期天津、北平两地的无业人口都在50%以上,这些无业人口的大量存在,一方面反映了近代城市工商业的不发达,不能为大量涌入城市的劳动力提供充分的就业机会,城市失业问题严峻;另一方面,这些无业人口的大量存在,是近代城市贫民的重要来源之一。

以天津为例,步入近代以后,随着城市经济的发展,社会分工的细密化,职业分化越来越严重,相对于传统社会,出现了许多新兴的职业。以1936年8月天津市民的职业构成为例,进行分析,详见表3.5:

表3.5 1936年8月天津市市民职业构成统计表

类别		人数		
		男	女	总计
有职业	农业	5497	14	5511
	矿业	829	17	846
	商业	162 493	3569	166 062
	工业	101 793	10 548	112 341
	交通运输	53 254	15	53 269
	公务员	15 566	61	15 627
	自由职业	10 155	1312	11 467
	人事服务	21 003	12 629	33 632
	其他	17 675	4260	21 935
	总计	388 265	32 425	420 690

续表

类　　别		人　　数		
		男	女	总计
无职业	就学	41 791	17 760	59 551
	不事生产	168 792	387 096	555 888
	非法生活	873	3186	4059
	囚犯	1635	60	1695
	慈善收容	1412	187	1599
	失业	24 076	4486	28 562
	总计	238 579	412 775	651 354

资料来源：《天津市市民职业统计表》，《天津市政府公报》（统计），第93期，1936年10月，第3页。

从表中的数据可以看出，到1936年，天津市传统的农业人口仅有5511人，仅占全市总人口的0.5%；工商界人口共有278 403人，占全部城市人口的25.97%。而全市的无职业人口竟达651 354人，占总人口的60.8%。除去就学的和无生产能力的老幼残之外，无职业人口也在10万人左右。同时，从有职业人口的类别来看，传统的"士农工商"的社会结构已无法框定开埠后的天津城市社会，新的市民群体逐渐形成。其中，官吏、富绅及上层知识分子属于城市中的精英阶层，商人、医生、公务员、教师等属于中产阶级，工人、工徒、人力车夫、脚行苦力、娼妓、女佣、女店员、乞丐、流民等则属于城市贫民之列。

对于数量庞大的城市贫民阶层而言，他们从事的职业，一方面在不断拓展，但另一方面，他们所从事的职业多被局限于那些收入低下卑贱的行业。1927年9月1日至1928年6月30日，北平社会调查所与南开大学社会经济委员会联合对天津132家手艺工人家庭的570人的职业进行了调查。在调查的287名男子中，家主职业种类繁多，但以工匠为最多，计134人，约占调查总数的46.7%；工匠又可分为精工、半精工、粗工三类，其中以粗工为最多，半精工次之，精工最少；其余多从事店员、小贩、仆役、苦力、军人、学徒等工作（具体职业分布详见表3.6）。

表3.6 1927~1928年天津手艺工人家庭男子之职业分配

职业	家主	男儿	父	兄弟	其他	共计
Ⅰ.工匠	109	18		7		134
1. 精工	8	1				9
银匠	1					
修钟表	1					
成衣	6	1				
2. 半精工	42	6		3		51
织布	3					
纺纱	3	3				
理发	3					
铜匠	1					
木匠	18	1		2		
皮匠	7					
厨司	7			1		
电灯匠		2				
3. 粗工	59	11		4		74
鞋匠	24	1		3		
瓦匠	12	4				
弹花	1					
染色	1					
榨油	4	1				
漆工	4					
铁匠	10	5		1		
糊纸牌	2					
糊灯笼	1					
Ⅱ.店伙	3		1			4
杂货铺	2		1			
面铺	1					
Ⅲ.小贩	6	3				9
Ⅳ.仆役	4	3		1		8

续表

职业	家主	男儿	父	兄弟	其他	共计
茶房	3	2				
汽车夫	1	1		1		
Ⅴ.苦力	9	3		1		13
人力车夫	4					
夫役	5	3		1		
Ⅵ.军人	1	1		2		4
Ⅶ.学徒		7		3		10
Ⅷ.无业		92	6	5	2	105
总计	132	127	7	19	2	287

资料来源：冯华年：《天津手艺工人家庭生活调查之分析》，《经济统计》第1卷第3期，1932年9月，第495页。

在调查的大部分手艺工人家庭中，因家主的收入不足以养活全家老小，不得不动员全家参加劳动，"犹不足以赡全家之养，居家之人不得不共谋相当之收入以事补充也"①。家庭其他成员的职业多不固定，女子多从事打线、纺织、针线、糊火柴盒、卷纸烟等，其中以纺织者为最多，打线者次之，其余各业最多不过7人，详见表3.7：

表3.7　1927～1928年天津手艺工人家庭女子之职业分类

职业	主妇	女儿	母	妹	其他	共计
纺纱	30	7	3	3		43
打线	12	2	1	1	3	19
针线	7					7
糊火柴盒	5	1			1	7
卷纸烟	1	1				2
无业	66	101	31	1	6	205
总计	121	112	35	5	10	283

资料来源：冯华年：《天津手艺工人家庭生活调查之分析》，《经济统计》，第1卷第3期，1932年9月，第496页。

---

① 冯华年：《天津手艺工人家庭生活调查之分析》，《经济统计》第1卷第3期，1932年9月，第502页。

从天津手艺工人家庭女子的从业类型来看,她们从事的多为一些落后的手工劳动,如打线、针线、糊火柴盒、卷纸烟等,而诸多新型的职业,尤其是和现代技术相关的一些行业,因自身素质的限制,她们鲜有机会获得。从从业人数来看,在调查的283名家庭妇女中,有工作的仅有78人,不足调查总数的30%;无业者为205人,占调查总数的70%以上。这表明有限的城市工商业,无法为广大妇女提供充分的就业机会。

晚清民国以来,中国城市社会职业发生了巨大的变化,这种变化对城市社会阶层结构的变动产生了重要影响。其中,最重要的一点是社会上出现了一个不断壮大的中间阶层,他们常常作为一支独立的社会力量,成为城市社会活动的重要参与者和推动者。从总体来看,这个阶层的人数有限,规模也不大,中国的社会结构仍呈明显的"金字塔"模式,极少数人仍占有着社会绝大部分的财富与资源,他们拥有权力、社会声望,是城市化的主要受益者,而绝大多数的城市贫民,仍处于贫困状态。但是,中间阶层的产生和发展,对于重塑中国传统的社会结构,起着巨大的冲击作用,近代社会分层的基础在中国社会悄然呈现。

通过对晚清民国时期天津城市社会职业的考察分析,我们大致可以将近代天津社会划分为八大阶层,他们分别如下:

1.大军阀、大官僚,清朝贵胄,豪绅巨富。

2.中外银行、洋行中的董事、高级职员、买办等,大型工厂企业、商店银号的投资者、经营者,还有一些社会名流。

3.银行、公司、大型企业工厂以及商店中的专业职员和某些高薪雇员。

4.中小工厂、商店的投资者、经营者,一般银钱号的商人,编辑,出版商,医生,律师,教授,公司职员,政府职员等。

5.小企业主、小商人、包工头、中间商、职店员、教师、警察、医护人员、一般政府职员。

6.手工业者,工头,工厂的机匠、行帮头。

7.低收入或无收入的店员、学徒,走街串巷的小商贩,半熟练工人和非熟练工人,运输、建筑、矿山、装卸等行业的苦力,以及季节工、临时工、艺人等。

8.自谋生计者,乞丐、娼妓、灾民、难民等。

在上述八个阶层中，第一、二类处于城市社会的最上层，他们政治地位高，经济实力雄厚，且与中央或地方政府之间有着千丝万缕的联系。这部分人数量有限，占城市人口比重不大。但是，他们却能左右政局，甚至操控整个城市社会。这些城市新贵们"莫不以攫取金钱为首策，目的达，腰缠富，取精既多，用物斯宏，溺情于声色赌博者无论矣，即宫室车马服用筵宴之类，亦突过王侯而不以为泰，精神上无一事堪与欧美仿佛，惟用度之奢侈，骎骎乎将陵而轶美"①。此类人的生活方式和水准，常常是一般人望尘莫及的。

第三、四类属于城市社会的中间阶层，他们一般拥有一定的资金和较高的收入，生活条件较为优越。在西方工业化进程中，在富人与穷人之间，产生了一个庞大的中间阶层，这对于城市社会的稳定与发展起着十分重要的作用。中间阶层在近代中国的出现，是社会进步的重要标志。尽管他们不像上层社会成员那样拥有巨额的社会财富和显赫的社会地位，生活的奢华与上层社会相比相形见绌。但是他们中许多人可以租用宽敞舒适的房屋，甚至有部分人可以独立购买住房，生活相对惬意和优越。在衣食住行、休闲娱乐等方面，明显优越于一般市民和社会底层成员。但由于中国城市化进程缓慢，城市中间阶层的规模始终不大，在数量上比第一类要多，仍占城市中的少数。

第五、六类属于城市社会的一般市民阶层，占城市人口比重相对较大。他们有相对固定的收入，生活有一定的保障，如城市中一般工厂商店的职店员、技术人员、工头、警察等，他们拥有一定的文化与做事能力，属于城市市民中收入相对较为稳定者，也有机会向中间社会过渡；手工业者、小商人等拥有一定的技艺或微薄的资金，善于经营者，不断扩大资金，积累资本，也有可能上升到社会中层；而那些有技能的工人或工头，他们的工资收入较高，其收入与非熟练和无技能工人差别较大，他们的生活有些接近城市中的中等市民，但是，一旦遭遇失业或变故，也有可能沦为城市社会的底层。

第七、八类属于城市贫民阶层，他们占城市人口的绝大多数。此类人收入微薄且多不固定，生活毫无保障，无法维持一家人的正常生计。他们处于城市社会的最底层，整日在饥饿和死亡线上挣扎。在此类人中以低收入的劳工群

---

① 《不生活之生活程度》，《大公报》1913年5月28日(2)。

体为最多,他们由工厂、商店、矿山、交通运输等行业从事体力劳动的人所构成。除这些人外,还有人数众多、职业繁杂的社会群体,如临时工、季节工、苦力、捡煤核者、娼妓、乞丐、无业游民、艺人等。

总体而言,这时期天津的社会结构仍呈现明显的"金字塔"模式,也就是说,上层很小,下层很大,尽管社会中产生了近代的绅商、企业家、知识分子等中间阶层,但是此类人数量始终不多,处于社会最底层的城市贫民占据城市人口的绝大部分,成为城市社会的重要组成部分。

第三节 贫民阶层分类
——以职业为核心的分类

城市贫民阶层数量众多,人员庞杂,职业、声望和社会地位一般不高。除工人外,这一阶层的成员一般多不联合,他们的集中程度也远不如工人阶级。接下来笔者将选取这一阶层中的一些特殊群体进行分析。

一、工　人

工人是城市近代化的产物。近代以前"士农工商"的等级职业结构中,城市中的劳工阶层是以商品生产为主的各种各样的手工业劳动者,主要可分为如下几类:一是经营手工业兼铺户商店的店主,二是学徒、帮工,三是雇工,此外还有一些轿夫、扛夫、粪夫、码头搬运工等苦力。①近代以后,随着中国闭关的国门被打开,城市中新经济因素的出现和增长,城市性质开始由单纯的政治、军事中心向多功能的政治、经济、文化中心转变。在此过程中,城市人口结

---

① 何一民主编:《近代中国城市发展与社会变迁(1840~1949)》,科学出版社2004年版,第383~385页。

构发生了很大变化,消费性人口逐渐减少,而生产性人口迅速增加,工人阶级的出现和壮大就是这一时代的产儿。

这里所指的工人,不仅包含新式的产业工人,还包含旧式手工工场和新式手工工场的工人,以及工厂的学徒等。伴随着近代城市各业经济的发展,需要补充大量的劳动力,尤其是机械化大生产,需要雇佣众多的劳动者从事专门化的生产。于是,周边的农民大量涌入,出卖自己的劳动力,成为产业工人。1860年天津开埠后,随着城市工商业的发展,吸引着四乡农民及各省的灾民、难民纷至沓来,他们把天津视为实现他们"发财梦"的乐土,能够进入工厂做工,成为众多移民梦寐以求的愿望。

(一)一般产业工人

天津最早的产业工人出现在外国人开办的打包工厂和船坞中,到19世纪末包含交通运输、邮电业等在内,有工人9000余人。进入20世纪以后,随着天津城市进程的加快,以及工业的发展,工人数量不断增多,工人队伍不断壮大。据1929年天津社会局对2186家工厂进行的调查,此2186家工厂中共有工人47 564人,其中男工35 228人,女工2606人,童工(以16岁以下为准)为9730人,男工、童工雇佣尤多,占工人总数的94.52%。①这种雇佣结构上的不平衡现象,可视为中国近代就业的独特风格。同年,南开大学社会经济研究委员会对天津市针织、织布、地毯三业的785家工厂进行了调查,合计有工人21 051人。②另据《大公报》报道,1931~1932年前后,天津市劳工数连佣工及劳工合计10万余人,其中女性约万余人;有工会46个,会员达17 500余人,其中以职业工人为多。③

由于近代工业发展的不平衡性,工人在各业中的分布也极不平衡。据1929年天津市社会局对2186家工厂进行的调查来看,以纺织业工人最多,共计有34 264人,占工人总数的72%以上;其次是化学类,工人为5131人,约占

---

① 吴瓯主编:《天津市社会局统计汇刊》(工业),《天津各类工厂工人数目比较》,天津市社会局,1931年。

② 方显廷:《天津地毯工业》,南开大学经济学院,1930年,第59页。

③ 《津市劳工达十万人》,《大公报》1933年3月6日(9)。

工人总数的 11%；其他各业不过占 17%稍强(详见表 3.8)。各工厂工人数不一，多则数百人乃至上千人(如纺织厂、久大盐厂等)，少者如灯芯、糨糊、乾电、漆布等，仅有 1~5 人而已。1935 年的《中国经济年鉴》统计的天津 38 种主要工业中，工人合计为 38 895 人，其中人数最多的行业为纺织、猪鬃、制蛋和毛毯业。①

表 3.8　1929 年天津各类工厂工人数目比较②

类别	男	女	童	合计
纺织工业	24 676	2314	7274	34 264
食品工业	1952	13	55	2020
日用工业	489	24	377	890
器具工业	2186		589	2775
械器工业	887		310	1197
化学工业	4167	191	773	5131
服用工业	369	14	253	636
印刷工业	335	20	55	410
其　　他	167	30	44	241
总　　计	35 228	2606	9730	47 564
百 分 比	74.06	5.48	20.46	100

资料来源：吴瓯主编：《天津市社会局统计汇刊》(工业)，天津市社会局，1931 年。

就工人待遇而言，行业不同，工人待遇差异较大，即便是同一行业，工人的待遇也是千差万别。如 1929 年，天津市社会局对全市各大型工厂工人的工资、工时等基本状况进行调查时发现，工人每月最高工资从 88~12 元不等，最低工资从 4~10.5 元不等，平均工资多在 20 元上下。从纵向来看，各厂工人最高工

---

① 实业部中国经济年鉴编纂委员会编：《中国经济年鉴》，上海：商务印书馆 1934 年版。

② 吴瓯主编：《天津市社会局统计汇刊》(工业)，天津市社会局，1931 年。

资差别之大可谓惊人，竟成造纸业月工资可达88元，荣昌火柴业仅有12元，两家相差有7倍之多。相形之下，各厂工人最低工资额则旗鼓相当，大致维持在相似的水平，即使有差距，最高者10.5元与最低者4元相比，前者是后者的2.5倍左右，两者的绝对值也没有过大悬殊。这主要是由于各工厂中拿到最低工资的工人多是从事些简单劳动的体力劳动者，他们没有技术要求，劳动内容大同小异，因而工资相差不大。从横向来看，各工厂自身工人最高工资与最低工资相差最多达12倍（永利制碱），最低仅相差1.2倍（荣昌火柴），详见表3.9：①

表3.9 1929年天津市各大工厂工人数、工时、工资状况表

厂名事项		久大	永利	竟成	丹化	北洋	荣昌	寿丰	民丰	大丰	嘉瑞	三星
业务		制盐	制碱	造纸	火柴	火柴	火柴	面粉	面粉	面粉	面粉	火柴
性质		股份有限公司	股份	有限公司	有限公司	有限公司		股份有限公司	股份有限公司	股份有限公司	股份有限公司	股份有限公司
资本（元）（收足）		2 100 000	2 000 000	100 000	250 000	214 000	10 000	600 000	618 000	650 000	600 000	187 000
工人总数		545	575	180	1010	860	172	110	159	124	181	103
工作时间		8	8	12	10	14	12	12	12	12	12	12
每月工资	最高	32.75	85	88	25	50	12	19.5	28	60	60	56
	最低	6	7	10	4	5	10	10.2	10.5	10.2	10	10.5
	平均（元）	18.34	15.27	16.44	7.84	3.48	5.81	22.73	18.66	20.16	18.78	29.70

资料来源：上表根据《天津市各大工厂一般状况总表》与《天津市各大工厂工人工资比较》两表汇总而成，见吴瓯主编：《天津市社会局统计汇刊》（工业），天津市社会局，1931年。

---

① 吴瓯主编：《天津市社会局统计汇刊》（工业），《天津各大工厂一般状况总表》与《天津各大工厂工人工资比较》，天津市社会局，1931年。

即使在同一行业内部,在资本额与工人工作时间相差无几的情况下,厂方支付给工人的工资也有很大不同,无章可循,更无行业标准可言。如在天津造胰工业,领班及工目日薪最低五角,最高达二元一角;机匠、木匠、缝工等日薪最低七角,最高八角;普通工人日薪最低三角八分,最高六角。① 至此可以推断出,即使同属于工人阶层,在同类企业中,因技术职务的差别,其收入也可能存在相当的差距。

就工人工作时间而言,虽然有《工厂法》规定工人 8 小时工作制,但实际上按规定去做的寥寥无几,多数工厂的工作时间在 12 小时以上,有的行业甚至达 13～18 小时,劳动强度之大可想而知。②

工人的生活和工作环境恶劣异常。20 世纪二三十年代,在大英烟厂工作的工人,他们大多是青壮年,"衣服肮脏、残破,有的只穿单衣汗衫,或赤着臂。一个个脸红筋胀,有的流着汗珠,粗暴地呼吸着。泥、汗、烟屑、灰尘和油渍在侵袭着。在锅炉房的工人,有几个竟被白灰粉抹得看不清头脸;在烟叶或烟丝部的工人,则又浸透了烟色与烟味。他们忘记了劳苦,忘记了快乐,只有用力,用力!"③ 在工作室里,"有的是机声雷似的响,有的像夏天似的炎热,有的汽油味熏人,令人窒息,也有酷热,烟熏,都有的。其苦况虽不相同,总之,是各有各的滋味。然而工作在里面的人们,是一切当受了,忍耐了,并且不停的工作下去。"④ 又如在地毯业,工厂或作坊工人的工作环境也非常恶劣,大多数厂坊规模小,卫生条件极差,"占房屋仅数间,皆挤集一处,光线暗淡,空气恶劣,又缺乏卫生之设备"⑤。再加上工人不注意卫生,随处吐痰,惰于沐浴;露天厕所,臭气弥漫全室。地上满布渣滓、碎屑、羊毛、垃圾、灰土等;泥墙乌黑,破烂污秽,垃圾堆积,不勤清扫,实无卫生可言。

然而,近代城市贫民的大量存在,衣食无着的窘迫,迫使他们不得不进入

---

① 董昌言:《天津面粉工业状况》,河北省立工业学院工业经济学会,1932 年 6 月,第 20 页。
② 《天津之粮食业及磨房业》,《经济统计季刊》(南开大学),第 2 卷第 4 期,1933 年 12 月,第 983 页。
③ 雨人:《社会调查大英烟厂参观记(中)》,《大公报》1934 年 3 月 17 日(13)。
④ 雨人:《社会调查大英烟厂参观记(下)》,《大公报》1934 年 3 月 18 日(15)。
⑤ 方显廷:《天津地毯工业》,南开大学经济学院,1930 年,第 65 页。

这些工厂做工,而无知无识的困境又使他们不得不靠出卖自己的劳动力而获取微薄的收入,这是残酷现实面前的一种无奈选择。

(二) 女　工

在各类工人中,女工是特别值得关注的一个特殊群体。在中国传统社会中,妇女向以"相夫教子"、主持家政为主,其所从事的劳动,多限于农业、家庭手工业。近代以来,随着城市工商业的发展,旧式手工业日见衰微,国民生计,又因物价高涨,人们生活日益维艰,妇女旋即也开始走出家门,步入工厂做工,从事"正式"劳动者逐年有所增加。女子从深闺中走出来,从事各种行业,有利于改善妇女的社会地位,但是也带来了许多的社会问题,女工逐渐成为各方关注的一个社会问题。

上层妇女可以从事医生、编辑、教员、政府职员、律师等体面的社会职业,而下层妇女的职业不外乎充当出卖劳动力的女工,卑微的做仆役,迷信的做跳神、巫婆,欺骗的做媒婆、收生婆,以出卖色相为生的是娼妓、野妓、暗娼之类。"在大批失业恐慌的现在,下层妇女自身为了生活的苦难,不得不寻找他们的职业,但是一向被男性为中心的社会,对于女性每为各种神秘观念所利用(由于婚姻与性行为之商品化而造成)而趋向于女招待、妓女、野妓等的卑劣职业,她们的出路,可怜真是狭窄得很。"①也即是说,有限的社会职业,只能为上层妇女提供一定的就业机会,而广大没有知识技能的下层妇女,无法与之竞争,唯有到工厂里,以血汗为代价换取一点工资,这便算是她们唯一的也算是"较好"的出路。"都市里边的下层劳动妇女,也仍然是面黄肌瘦的,常日在没有太阳光的工厂里,被机轮与劳动压榨着,正如专恃身体卖淫的娼妓一样,仍然无量数的普遍在这社会里,尤其是今日大都市生产下的天津社会。"②

对于天津下层女工人数,没有准确的统计数字。1927年冬,上海中国女青年会协会特派专员,调查天津女工状况。该会专员对天津的36家工厂进行实地调查,统计各业女工人数共有9450人(详见表3.10),主要分布在纺织、烟

---

① 《天津社会下层的调查——一般女工的挣扎》,《大公报》1933年3月8日(13)。
② 《天津社会下层的调查——一般女工的挣扎》,《大公报》1933年3月8日(13)。

草、输出、军装等行业。①

表3.10　1927年天津36家工厂女工人数表（1927年上海中国女青年协会调查）

业别	人数	业别	人数
输出业	2000	军装业	1500
纺织业	3500	小工业	255
烟草业	2000	商业	50
火柴业	145	共计	9450

资料来源：王清彬等编：《第一次中国劳动年鉴》（第一编），北平社会调查部，1928年，第551页。

近代女工主要集中在轻工业，而纺织业是天津各业中女工最多的行业。据1929年天津社会局对2186家工厂进行的调查，共有女工2606人，童工（以16岁以下为准）9730人。其中，仅裕元、恒源、宝成等六大纱厂有女工1842人，占纱厂工人总数的10.97%；童工1459人，占纱厂工人总数的8.68%。①1934年10月至12月，天津市工厂检查员对天津98家工厂进行调查，这98家共计有女工1515人，其中纺织业女工就达1454人。②由于统计标准的问题，官方的这些统计数字，显然过小；童工的比例比女工高出数十倍，除去统计方面的误差，显然使用童工比女工更经济。

天津市各火柴厂，常常雇佣年龄很小的女孩做装火柴的工作。1927年天津市有5家火柴工厂，女青年会仅调查了3家，在调查的3家中大部分为男子与男孩，也有145人为女孩，大多在12岁以下。"彼等装火柴入盒，异常神速，同时并有若干人，将小盒火柴，捆染成包。每日工作时间自11小时半12小时半，工人皆终日立而工作。"③工厂中雇佣女工数量较少，主要因为女工多为外工。在火柴工厂的工人，大致可分为两类，一为住厂的里工，一为不在厂的外

---

① 吴瓯：《天津市纺纱业调查报告》，天津市社会局，1931年，第56页。
② 《天津市工厂检查报告书（二续）》，《劳工月刊》第4卷第9期，1935年9月，第10页。
③ 王清彬等编：《第一次中国劳动年鉴》（第一编），北平社会调查部，1928年，第560～561页。

工。外工中不少为女工,她们多在自己家中从事糊火柴盒之类的工作。"里工除一小部分为成年工人外,大部分为男孩。在厂学徒,供给宿膳。小孩与成年女工,皆系外工。仅有少数人到厂工作,但住居工厂附近之家庭妇孺,颇多糊火柴盒者。"①糊纸盒这种工作极简单,公司把火柴及盒皮交付给包办糊盒的人,包办的人是劳资方面的中间人,他们把这些东西分散给若干愿意做这种工作的人家,接受这些东西的,便自备糨糊,刷糊起来,糊好后每一百个捆在一起,集十捆成一千,每千个要工价二十八个铜元,有给三二十个者,但是为数甚少。手工快的小女孩,每天也能糊出两三千个,得工资在一两角钱之间。②收入虽微,却于用度上不无小补。但是20世纪30年代,天津火柴业因受山东出产倾销的影响,营业不振,有衰落的现象,火柴工似无工可做。

此外,一些小工业,如织袜、缝纫、纺毛线、做帽、水果加工业、人造丝纺织,也用少数女工。此类女工多在小商店或作坊中。1927年女青年会调查的商店作坊,约有女工255人,当然实际要比这个数多。③

大批妇女涌入工厂做工,无论是已嫁还是未嫁的,多因家贫而被迫出外做工,"穷家女子虽未出嫁,也愿意出外赚钱,替父母分一点经济责任。已嫁者完全受经济压迫,不能不做工,或因丈夫所入不丰,或因子女连累,出来帮同赚钱,以增家庭入款。"④这些女工多无知无识,也无社会经验,亦无反抗的意识,且其收入对家庭经济又多被视为"一种额外的补充"⑤,因此对于廉价的工资也多能接受。

普通工厂中女工的工资,十分之九是计件给资,很少按日或按月给资。即便在一般人认为待遇较优、人数最多的纺纱厂,平均每天工资不过三五角。⑥如此收入,假如女工只是一个人,倒还勉强生活,倘是要负担其他家人,难免

---

① 王清彬等编:《第一次中国劳动年鉴》(第一编),北平社会调查部,1928年,第561页。
② 《火柴公司厂外工人》,《大公报》1933年10月4日(13)。
③ 王清彬等编:《第一次中国劳动年鉴》(第一编),北平社会调查部,1928年,第561～562页。
④ 陈达:《中国劳工问题》,上海:商务印书馆1929年版,第251～252页。
⑤ 公度:《中国女工问题》,《妇女杂志》第15卷第9号,1929年9月,第19页。
⑥ 慧茜:《天津市工业上的妇女》,《妇女杂志》第16卷第5号,1930年,第18页。

会有冻饿之忧。另据 1927 年天津日本人商业会议所调查,天津市各业中待遇较好的要属洋服成衣、玻璃制工,平均每日最高可达 1.7 元和 1.90 元;待遇较差的属烟草制造工和火柴制造工,每日工人工资最低时不到 0.2 元,女工每日普通工资不到 0.3 元,男工也仅有 0.4 元左右。①

女工工资低,但是工作时间却很长。1928 年天津市社会局调查,天津市各业工厂工作时间统计,女工最为集中的纺织工业,工作时间每日平均在 10～14 小时。②谈到女工的工作情形,坏的程度自然不能够掩饰,尤其是规模小的工厂,女工的工作环境更是惨不忍睹:

"厂屋黑暗,光线不足,空气停滞,机器的安置,随处皆有。一推厂屋的门,就可以享受到极高度的臭气,使人欲呕。而纺织工厂,线的织纬飞荡;火柴工厂,硫化燐(磷)的气味,都充满了工作室。使她们在这混浊的空气中讨生活,阻碍她们的发育,减低她们的寿命;甚至有时因为不明白机器的构造,触着发生危险的。而一般雇主,只顾计算'生财之道',那会想到这些呢!"③

在这些纱厂里,女工从事着高强度的工作,一旦开工,就不能停歇。"她们把身子陷在轮子和皮带的海里,有的走来走去,有的一动不动的注视着机器上的棉絮,或十指不停地在接线头,人和机器连为一体,机器动,人也随着动,人不敢在机器动的时候稍微停停那发酸的胳膊和手指,不敢停一停那疲乏的双足。一直到下工,空气才弛下来。"④

工作强度大,工资待遇低,生活状况恶劣。许多女工的饮食,大都是中午的时候把自家里捎来的干粮随便吃一些而已,"多半是粗米饭,或玉米粉的馒头,下饭菜便是芥菜头,因为怕的是回家用饭牺牲了时间"⑤。一般女工,她们的住处多在贫民窟,"几个女伴同住一个院落,每月各拿几角钱一份的房租,

---

① 王清彬等编:《第一次中国劳动年鉴》(第一编),北平社会调查部,1928 年,第 48～52 页。
② 天津特别市社会局编印:《天津特别市社会局一周年工作总报告"1928.8～1929.7"》,1929 年 7 月,第 564～565 页。
③ 慧茜:《天津市工业上的妇女》,《妇女杂志》第 16 卷第 5 号,1930 年,第 18 页。
④ 《天津恒源纱厂女工之生活》,《国际劳工通讯》第 4 卷第 2 期,1937 年 2 月,第 52～53 页。
⑤ 《天津社会下层的调查——一般女工的挣扎》,《大公报》1933 年 3 月 8 日(13)。

由于房租贱，自然可以联想到因容人过多，空气恶浊，光线黑暗，卫生是毫不讲究的。"①

更为可悲的是，一些女工，尤其是出嫁者或是孀居者，为了生存，不免堕落，"女工因着避免饿馁，以及生存的安全，而投入工厂，但一般色情狂的男工头，多用着金钱的心理而迎合她们需要，以物质的待遇投其所好，使她们受到诱惑，如此在身体与精神的空虚理由下，终于她们没有摆脱金钱的可能，而将肉体出卖。"②这种情况并不少见。另外一种情况是一些女工因害怕失业，而不得已就范，"一般工头以喜怒为转移对女工之待遇，假如违犯了工头们，必定有失业的恐怖，在到处失业恐慌的现在，她们多是小心翼翼的一切都忍受着，如此，在男性工头之对着姿容秀丽的赏识，而在有所诱惑或强迫时，她们为了职业，也多不能不忍受，免得开罪了他们，这样，在种种接触的意志薄弱里，她们轻易地堕入了他们的手中了。"③一些男工，也常趁夜间下班时，调戏女工，"每值冬季夜工放工时，天色黑暗，男工乘机调戏女工，如背负女工乱跑，及以黑灰油涂掷女工脸部等不良行为层出不穷。"④这些女工在资本家及工头的魔掌中，没有人格可言。在人们眼里，女工往往被称为"粗坏"、"下流"、"吃豆腐的对象"，"一般工厂职员先生们，常对女工胡闹，哪里会把她们当作人看待！"⑤

近代世界各国对于生产前后的女工，都有适当之休息，工资照旧发放。但是近代中国各工厂，对于此点，多未注意。据唐海在《中国劳工问题》一书中记述，其在三新纱厂工作时，曾遇到的一件惨事：厂内有一江北妇女，体质素弱，怀孕已十个月，尚因生计问题，继续在厂中工作。某日，忽然腹痛，知欲分娩。然因恐告假扣工资，仍勉强支持，迨至散工时间，捧腹归家，未出厂门，胎儿已堕地。⑥此项事情，在妇女做工之工厂，颇不鲜见，不仅三新一厂为然。到20世纪30年代，受国际劳工运动的影响，及中国政府之提倡与督促，各工厂已开始

---

① 《天津社会下层的调查——一般女工的挣扎》，《大公报》1933年3月8日(13)。
② 《天津社会下层的调查——一般女工的挣扎》，《大公报》1933年3月8日(13)。
③ 《天津社会下层的调查——一般女工的挣扎》，《大公报》1933年3月8日(13)。
④ 吴瓯：《天津市纺纱业调查报告》，天津市社会局，1931年，第56页。
⑤ 秋水：《劳动妇女运动之中心问题》，《女青年月刊》第2卷第5期，1933年6月，第67页。
⑥ 唐海：《中国劳动问题》，上海：光华书局1926年版，第261页。

采用保产法。女工遇有生育,产前产后可休息六星期至两个月,并由厂方发给保产津贴。但是实际上,许多工厂根本没有按照保产法的有关规定去做。因此,对于带小孩子的女工,处境就愈发困难。许多有孩子的女工,无法做到又工作又照顾孩子,就把孩子送到厂里设的"育婴室"里。设有"育婴室"的工厂,在天津很少,这种福利设施多是为装潢门面而已。①也有不少纱厂不允许妇女将婴儿带到工厂内,这就意味着不少妇女在就业与带孩子之间只能择其一了。

(三)童工与学徒

晚清民国的各工厂中,大量使用童工。中国的儿童常由其父母或尊长,依据工作的性质,在最早年龄就令他们的孩子从事各种各样的工作。童工从事工业生产年龄过早,不仅使儿童的教育受到重大影响,而且工作时间过长,损害其身体发育。但是,近代各业童工的大量存在,与生活困难、社会不安、教育机会的缺乏等密切相关,尤以生活困难最为重要。在厂方方面,常利用儿童工资低微与其工作灵敏的特性,令其从事与成年工同样的工作,以获取利益。凡此种种,导致近代童工的大量存在。

中国北部的童工以纱厂和矿厂为多,北方的纱厂又以天津为最多,故童工也以天津最为发达,天津较大的纺纱厂有6家,共有工人12 100名,内有童工3500名。②其中以裕元和恒源纱厂童工为最多,各有1000名。

童工的工作时间每天在10小时以上,夜工都用轮班制。童工的年龄一般至少13岁,初入厂时,没有工资。厂方除供给饭、衣服、宿膳外,只给津贴,手艺学成后,工资不等。(1)北洋纱厂:该厂工人1800名,内有童工600人,工作时间每日10小时,夜工用轮班制。童工系学徒性质,从男工学习,其最低年龄为13岁。初入厂无工资,仅供饭食、衣服,学习3个月后,每月给8角或1元的工资,以后随时增加,每半月发工资一次。(2)宝成纱厂:有工人1500名,内有童工200名。工作时间,童工10小时,除去休息时间外,工作时间8小时。夜工时间与日工同,系采用轮班制,每10小时休息一次,轮流换班。童工仅从事细

---

① 如在天津的裕大和宝成纱厂中均设有"养婴室",但设备极为简陋,收养婴儿不过数十人。见吴瓯:《天津纺织业调查报告》,天津市社会局,1931年,第278、324页。

② 邱培豪:《中国童工问题》,《社会月刊》第2卷第6号,1930年,上海社会局编印。

纱、扫地等杂务。如遇营业不佳时,7日或5日放假一次,或只做日工。童工多系学徒,自愿学习。最低年龄13岁,除由厂方供给衣食外,另给津贴。待手艺学成,随时编入普通工人,一体给予工资。雇佣此项童工实为工厂之损失,各厂均不乐用,每因其父母在厂工作,要求携带,无法拒绝,故予收用。(3)裕大纱厂:该厂1927年调查时有工人500人,内有童工100余人,随同成年工学习。普通工人每日平均工资5角,童工与成年工同,以工作之多寡,定工资之高下,每半月发给一次。(4)恒源纱厂:有工人3000人,内有童工1000人。工作时间,上午由7点半至12点,休息半小时后上工,至7点半下工。童工系学徒性质,仅供宿膳。如初来即能工作者,每月给予8角或1元,以后可还可增加,以一年半为满期,即停止伙食,每日发给工资3~4角不等。(5)裕元纱厂:1927年女青年会调查时有工人4000人,内有童工1000人。工人薪金,系按日给资,童工3角、2角不等,每半月发给工资一次。童工最低年龄13岁,其工作时间,每日除去休息时间,约10小时。(6)华新津厂:有工人2300人,其中有童工600名。童工工资每日2~3角不等,均系每半月发给一次,按1/10储蓄。童工年龄以满13岁为度。每日工作,约计10小时。①

此外,天津市各火柴公司里,常常雇佣年龄很小的童工做装火柴的工作。如在丹华津厂,有工人1000人,内有童工500人,以散工最多,约占全厂工人的50%。装盒、刷砂、包封,采用幼年童工,糊盒采用幼年女工,年龄均在12岁以上。②这些童工年龄虽小,每日仍需像成年工一样,不停地工作。"她们每天在硫磺烟窝里站着,站着装,永远没有休息,自己也不肯休息,从早晨五点钟,一直到太阳西下六点钟。吃饭的时间她们也不肯放松过去,因为她不自己去求舒适。"③虽然也付出艰辛的劳动,但是这些火柴公司童工的收入往往极低。在丹华津厂里,幼年男工,初来是不支付工资的,只给饭费,稍有成绩,月给工资6~7元,不供伙食;幼年女工,完全以货计价,不供饭食,每日来去自由。散工及装盒童工,按日发给工资券。此项工资券系以铜元为单位,因铜元市价不

---

① 王清彬等编:《第一次中国劳动年鉴》(第一编),北平社会调查部,1928年,第570~571页。
② 王清彬等编:《第一次中国劳动年鉴》(第一编),北平社会调查部,1928年,第572页。
③ 《女子职业之九——装火柴》,《大公报》1934年5月28日(13)。

定,故发行此券,合铜元 150 枚兑换大洋 1 元,定为永例。每日工作时间约 11 小时,每两星期放假一次。平时无夜工,秋冬日短,虽无夜工,唯延长时间凑足 11 小时之数。①"做这种工作,不仅只于卫生方面得不到相当的保障,且被人们因轻视而加以恶意的侮辱。她们并不是不知侮辱是难堪是不应接受,但是因为生活,也就不得不饮风声鹤唳,强容地接受了。"②

在城市工人中,除女工、童工外,学徒也是一个很典型的劳工群体,无论大小工厂都雇佣大批的学徒。据 1926 年调查,天津的织染、地毯、帆布、造胰、制革、玻璃、机械等工业,共有工厂 38 家,艺徒总数 2253 人;加上北洋火柴公司一二两厂艺徒在内,共计 2553 人。③当然,这个统计数字是很不完全的。天津因近代新式机械小工业的发达,艺徒大多以工厂为学艺地方,无所谓业师。对于这些学徒,厂方仅供给食宿,不给工资,仅于每年年节时,略给奖励金若干,待遇稍优的,亦不过按月给予些津贴,但是他们的工作时间,与正式工人一样。

天津市各业学徒不仅人数多,而且在各业工人中占的比重也很大。1929 年,南开大学经济学院调查了天津市地毯、针织、织布三业之手工业,其中以织布业学徒为最多,计 5117 人,占全行业工人的 65%;④地毯业为 3262 人,占全行业工人总数的 28.2%;⑤针织业为 1159 人,占全行业工人数的 72%;⑥三业学徒合计近万人。各工厂之所以大量雇佣学徒,皆因利之所在,"盖雇佣学徒不但花费甚轻,且亦较工人为易驾驭"⑦。学徒生活待遇之不堪情形,较之新式工厂之童工,有过之而无不及。艺徒习艺,向有契约,以资约束,故有称艺徒为"订约式童工者"。在三条石小工厂的徒工,劳动最多到十七八个小时,不但饭食恶

---

① 王清彬等编:《第一次中国劳动年鉴》(第一编),北平社会调查部,1928 年,第 572 页。
② 《女子职业之九——装火柴》,《大公报》1934 年 5 月 28 日(13)。
③ 邱培豪:《中国童工问题》,见上海社会局编印:《社会月刊》第 2 卷第 6 号,1930 年 12 月。
④ 方显廷:《天津织布工业》,南开大学经济学院,1931 年,第 76 页。
⑤ 方显廷:《天津地毯工业》,南开大学经济学院,1930 年,第 57 页。
⑥ 方显廷:《天津针织工业》,南开大学经济学院,1931 年,第 69 页。
⑦ 方显廷:《天津织布工业》,南开大学经济学院,1931 年,第 83 页。

劣，徒工还得给资本家写卖身契。①学徒问题实际成为民国劳动界的一大问题。

不仅上述三业学徒繁多，其他行业的学徒制也很盛行。以北洋火柴公司为例，"艺徒之训练，亦极严密。该公司开办历20年，所用工人，均系本厂艺徒出身，厂中各项员司，亦莫不由满期之艺徒，选择充任。……该公司第一工厂，共有工人300人，艺徒280人。艺徒仅供伙食，每日给点心钱10枚。毕业后，其应得工资，与工人同，但艺徒每届三节，可得60～100元之奖金。厂内设有小学一所，惟艺徒愿就学者甚少。工作时间，每日12小时，每星期日放假。第二工厂，规模小，工人艺徒共100余人，其组织与第一工厂相似。"②此外，在织染、地毯、机器铁工、织席、帆布、造胰、制革、玻璃等行业，也实行学徒制，其中北洋德记织染厂，有成年工人60人，学徒100人；玉盛永地毯厂有成年工人100人，学徒300人；裕恩永地毯厂有成年工人300人，学徒200人；久记振兴机器铁工厂，有成年工人50人，学徒90人。③这些学徒不仅要从事生产劳动，还要免费为资本家做各种家务，终年辛苦劳作如牛马，除管饭外，资本家甚至可以不支付他们任何工资。

从总体来看，近代工人工资低，社会地位不高，尽管如此，不是所有的人都可以找到事情做，很多人是无工可做。下层群体中能入厂做工的工人，相对庞大的城市贫民群体而言，也只是其中的一小部分。加之近代失业严重，每遇经济萧条，这些工人随时都有失业之虞。1929年，南开大学经济学院对天津市织布业73家工厂工人进行了调查，该73家工厂中秋前工人为2348人，节后为907人，共计减少1441人（其中170人为学徒）。④失业率之高可谓骇人，达61%以上，这些失业工人中以成年工人为主，占失业数的88%，学徒失业数不到失业总数的12%。

此外，从工人在厂中的工作年限的情况，也可以体现近代工人失业问题的严重。1929年，南开大学经济学院对天津市织布业工人进行了调查，工人在厂

---

① 田红石：《天津概述（1919年前）》，见《天津历史资料》第3期，1965年3月，第7～8页。
② 王清彬等编：《第一次中国劳动年鉴》（第一编），北平社会调查部，1928年，第580～581页。
③ 王清彬等编：《第一次中国劳动年鉴》（第一编），北平社会调查部，1928年，第581～582页。
④ 方显廷：《天津织布工业》，南开大学经济学院，1931年，第68页。

坊时间之长短，亦无一定，在厂坊3年以上者84人，4年者21人，5年者16人，6年至10年者39人，10年以上者仅有8人。在厂坊不及3年者，在所调查的317名工人中，有233人，占总数的74%。这233人中，在厂坊半年者100人，1年者53人，一年半者23人，2年者22人，将近3年者35人。此种情形，可窥见织布业的不稳定现象。"工人在厂坊供职，既不能长久，则朝三暮四，习以为常。虽然，其责并不在工人，而在雇主，盖雇主以市况变幻莫测，出货不能畅销，必要时唯有辞退工人，以节经费。故失业之事，已为是业工人之家常便饭，尤以民国十八年中失业工人更多。"①因为这一年由于中东路问题，与俄绝交，东三省转入战事漩涡，而天津织品市场为此断绝，工人因此而失业者不在少数。

二、苦 力

近代城市苦力是那些没有固定收入、恃筋肉劳动为生的劳动者，如人力车夫、脚行苦力、船工、轿夫、扛夫、水夫、清道夫、粪夫、杂役等，这些从业者多为男性。由于苦力群体人员庞杂，各地苦力数，向无确数可考，只有一些零星的统计资料。据1906年日本人统计，天津有人力夫8802人，小车夫1638人，脚行各种搬运工3641人。②1925年7月，"满铁"对各地码头工人数进行调查，天津有5500人，大连有12 873人，青岛有1300人。③据《中国国民所得》一书中对各城市搬运夫的统计，计上海有70 000人，北平有10 000人，天津有5500人，合计148 693人。④据1934年的《中国经济年鉴》中统计，北平有各种苦力14 000人，天津有13 000人。⑤

---

① 方显廷：《天津织布工业》，南开大学经济学院，1931年，第67页。
② [日]中国驻屯军司令部编，侯振彤译：《二十世纪初的天津概况》，天津市地方志编修委员会总编辑室，1986年，第100～101页。
③ 王清彬等编：《第一次中国劳动年鉴》（第一编），北平社会调查部，1928年，第625页。
④ 巫宝三：《中国国民所得（1933年）》（下册），上海：中华书局1937年版，第222页。
⑤ 实业部中国经济年鉴编纂委员会编：《中国经济年鉴》，上海：商务印书馆1934年版，第144页。

(一)人力车夫

人力车,天津称为"胶皮车",原名"东洋车","以其来自日本故也"。①1874年,法国人米拉把人力车由日本引进上海,这是人力车最早传入中国。因当时车轮完全是铁板制成,车身是黑色,并且粗糙笨重,因此俗称为"铁皮车"。不久,上海照原样式稍加改善,车身用黄色,遂名为"黄包车";后轮子改用胶皮车带,天津人称其为"胶皮车"。19世纪80年代初,人力车从上海传入天津。由于这种交通方式非常适合当时城市交通的需要,故增长很快。至20世纪20年代末,人力车成为当时中国各通都大埠商业繁荣区域重要的交通工具。"今日国内各商埠、都会,以至各城镇,几莫不赖以为交通之利器。"②就天津市而言,19世纪末,人力车成为天津街头流行的大众交通工具之一。据统计,当时已有七八千辆。③20世纪初,根据1906年日本人的调查,天津市人力车共有6700多辆。④从1928年到1932年的统计中可以看出,天津人力车的数目,年年有所增加。1928年(半年数)为110 545辆,到1932年增加到275 775辆;每月注册车辆由18 424辆增加到22 981辆。与此同时,兽挽车的数量则无明显增加,每月平均注册数为16 00辆左右,详见表3.11:

---

① 《胶皮车之统计》,《益世报》1930年8月25日(6)。
② 王清彬等:《第一次中国劳动年鉴》(第一编),北平社会调查部,1928年,第613页。
③ 《论洋车之弊宜除》,《直报》,1895年12月13日,称天津市有人力车七八千辆;《车夫被拐》,《直报》,1896年正月初一,称天津市有人力车数为万余辆。
④ [日]中国驻屯军司令部编,侯振彤译:《二十世纪初的天津概况》,天津市地方志编修委员会总编辑室,1986年,第100页。

表 3.11　1928~1932 年天津市人力车夫注册数目表

车辆种类		人力车	兽挽车
1928	半年数	110 545	9466
	每月平均数	18 424	1578
1929	全年数	252 589	19 513
	每月平均数	21 049	1626
1930	全年数	252 587	17 852
	每月平均数	21 049	1488
1931	全年数	255 320	18 774
	每月平均数	21 277	1564
1932	全年数	275 775	20 005
	每月平均数	22 981	1667
备考		本市注册洋车、地扒车、独轮车、小土车均列为本栏如上数	本市注册大车、轿车、马车均列本栏如上数

资料来源：《天津市人力车兽挽车注册数目调查表》（民国 1928 年 7 月本市成立起至 1932 年 12 月），天津市档案馆藏，档案号：J0054-1-000850。

人力车作为近代各大城市出行的重要交通工具，人力车夫遂成为城市社会中一个特殊的苦力群体。

"在现代社会里劳工生活最吃苦的，当然要算用肉身代替牛马的人力车夫了，本来这种不人道的生活，在物质文明发达的社会里，根本就不应该存在，不过中国的社会，原来就是杂乱的，三合土钢骨的高大建筑物，和土堆的草房可以同时存在，巴黎式的高跟皮鞋与红帮绣花的凤头鞋，也会凑在一处，那么福特道济汽车盛行之日，又何怪人力车夫还是卖命地飞跑呢？"[1]

这些以"肉身代替牛马"的人力车夫，多是 25~35 岁的青壮年，在天津最小的仅有 16 岁，最大的达 60 岁。[2] 据 1934 年实业部调查，天津有人力车

---

[1] 《维系贫民生活的人力车调查》，《大公报》1930 年 4 月 27 日（11）。

[2] 实业部中国经济年鉴编纂委员会编：《中国经济年鉴》，上海：商务印书馆 1934 年版，第 142 页。

60 200 余辆,人力车夫为 120 000 人,约占全市总人数的 10%。①如若以车夫平均每家 4 口人计,则全市依赖人力车业生活的有 48 万人,占全市人口的 1/3 还要多。

这些车夫多来自破产的乡间,他们离开故土后,不得不选择新的职业。但由于他们文化程度低,没有资本和技能,所以进城以后,不得不选择做苦力,人力车夫往往成为他们的首选,也是最无奈的选择。"农村经济的破产,使广大的农民群众备受生活之鞭的驱使,不得不背井离乡,投奔都市里,而赤手空拳的农民,又找不到相当的职业,因此,除当兵外,只得拉车了。"②民国学者对近代南京人力车夫群体来源的考察发现,这些人力车夫前身是农民的约占车夫总数的 83.55%。③天津情况当与此大致相同。因此,可以说,人力车夫是近代农村破产的产物,人力车夫数目的增加,乃是农村破产深刻化的透视。

这些失业的农民,面带微笑奔向都市找拉车的生活,以为从此可以脱离苦海而踏进乐土。然而,现实令他们大失所望。在天津,人力车夫分为拉包月车和散车两种。包月的车夫,管饭者每月可收入 7~8 元;不管饭者,每月可收入 12~13 元。④车夫的收入除支付自己的日常开支外,还要应酬雇主。拉散车的人力车夫,多来自乡下,能够自己备车的人很少,他们拉的车,差不多都是自己租来的,他们的车子,唯一的来源就是车厂。车夫们在第一次拉车的时候,一定要有一个铺保,怕的是车夫把车拐跑了。同时,因为铺保的关系,车夫就只能忍气吞声地饱受掌柜的欺侮与辱骂。他们把给车所的租车费用叫作"车底",车底是随着车子的好坏新旧而定。车租每天最高达 1 元,最低 0.7 元,平

---

① 实业部中国经济年鉴编纂委员会编:《中国经济年鉴》,上海:商务印书馆 1934 年版,第 141~142 页。

② 蔡斌咸:《从农村破产中挤出来的人力车夫问题》,《东方杂志》第 32 卷第 16 号,1935 年 8 月,第 36 页。

③ 蔡斌咸:《从农村破产中挤出来的人力车夫问题》,《东方杂志》第 32 卷第 16 号,1935 年 8 月,第 36 页。

④ 王清彬等:《第一次中国劳动年鉴》(第一编),北平社会调查部,1928 年,第 623 页。

均 0.84 元；①每月车租最高达 30 元，最低 21 元，平均在 25 元左右。②车夫拉车的时间，一天分做两次，一次从早晨到下午四五点的一段时间叫"拉早"，另外的一次叫"拉晚"，是从下午五六点一直到夜里一两点钟。辛苦一天，最多可得 1.2 元，普通得 0.8 元。③这样的数目，除去饭费、车租外，可以说所剩无几。重重盘剥下人力车夫生活悲惨至极，我们可以从一个人力车夫的谈话中，窥见他们生活的艰苦与心酸：

"赁一个早班，要花三毛大洋，差一个制钱也不行……一天拉个七八毛钱，顶多一块钱，再去了三毛钱的车费，够干么的，老少六口，吃上顿，没下顿，这年头，怎么过，死了顶好，又是年下了。"④

人力车夫，不仅要交车租，还要纳车捐。1930 年 6 月，天津市社会局开始对贫民中人数较多的人力车夫进行调查，了解到他们生活困难的主要原因是车捐太重，如果车夫要在全市通行无阻，须纳"八道捐"，计华界月捐两角，特别一、二、三区月捐各七角五分，英法日租界月捐一元，意租界月捐七角五分。若不纳此八重车捐，即不能任意通行华租界。⑤终日在大街上忙碌奔跑的收入，交捐纳租之后，已所剩不多，再加上种种克扣，生活自然过得十分艰辛。"单身无家之人力车夫，多于吃饭时，买发焦大饼，用大葱一裹，即过几顿。彼等拉车一天，自己吃用的大洋两角余，每月可余数元寄家。至于有家之车夫，因人多累重，皆吃玉米面，咸菜，敷衍度日。车夫家庭之住所，为新老车站附近，河北冷僻地方，及陈家沟子，河东一带之泥土房子。单身车夫多住在车厂。场中土炕，冬日尚温暖，夏日则蚊蝇丛生，潮湿不堪。"⑥

由于城市人力车夫数目过多，车夫之间的竞争时常十分激烈，"车夫对车

---

① 吴平：《农工衰败与人力车夫》，《劳工月刊》第 5 卷，第二、三期合刊，1936 年 3 月，第 122 页。
② 吴平：《农工衰败与人力车夫》，《劳工月刊》第 5 卷，第二、三期合刊，1936 年 3 月，第 120 页。
③ 实业部中国经济年鉴编纂委员会编：《中国经济年鉴》，上海：商务印书馆 1934 年版，第 142 页。
④ 《呼吁声中的人力车夫生活一斑》，《大公报》1930 年 1 月 27 日（9）。
⑤ 《揾彼注此人力车夫的负担须纳八道捐》，《大公报》1930 年 12 月 17 日（7）。
⑥ 王清彬等：《第一次中国劳动年鉴》（第一编），北平社会调查部，1928 年，第 623 页。

夫间,不因他们的生活劳苦而无同业之争,很常见两个车夫因争一个坐主相持不下,结果终于被第三者收得渔利而去,那就更可怜了。"①

车夫不仅要付出艰辛,应对竞争,还需承担风险。洋车在外有损坏,除贴活外,是要车夫赔偿的。除此之外,车夫还要提防车子被抢的风险。②人力车夫还时常遭到警察的管束与体罚,"有了那身衣服,可以随便欺负我们苦拉车的,动不动把车垫子拿去了,挡泥板打毁了,只得干着急,哑巴吃黄连。"③不小心走错了道,还要遭警察的辱骂与毒打。但是作为一个弱势群体,在权威面前却无力反抗,"凡人力车夫为劳动界之最苦者,且毫无知识,又无团体,偶有小失,常为警事所毒打,见者无不伤心。"④

即便如此,在经济压迫下,这群贫民为了生计,带病出来工作也是常事,甚至有人因此而命丧黄泉。20世纪二三十年代,《大公报》对此类事件多有报道:

个案1:

洋车夫马玉龄,年28岁,以拉车为生,一日正拉载乘客由西门外急行,旋即气绝,后经监察处派人验尸,系内劳身死。⑤

个案2:

一个叫张树林的农家子,年40岁,城东大毕庄人,因生活压迫,携妻来津觅食,以拉车为生,因天气严寒,张氏染病,后经治疗痊愈。因临近年关,债主临门,张氏不得初愈就外出拉车,遇有雇主言明给铜元三十枚,上车后催令速行,张氏遂舍命狂奔,讵病后体质瘦弱,甫行里许,吁喘不定,及至南门内中昌当前,遂力竭汗流,颓然而仆,经当地警察验已身死。⑥

---

① 《天津的洋车夫》,《大公报》1933年12月12日(13)。

② 一名叫蔡科年的洋车夫,将车停放街上兜揽坐客之际,有抢车匪乘隙将车拉起,飞驰逃走,行被发觉追获;同时,又一名叫周幼岩的洋车夫,将车放于大胡同停车处,亦被抢车匪抢走,行被岗警发现截获。见《抢洋车》,《大公报》1934年5月15日(10)。

③ 《呼吁声中的人力车夫生活一斑》,《大公报》1930年1月27日(9)。

④ 古蒋孙:《天津指南》,1922年,第64页。

⑤ 《车夫之死 走到半路晕倒气绝》,《大公报》1929年11月9日(9)。

⑥ 《一个苦车夫为了三十枚铜元拼命狂奔力竭身死》,《大公报》1930年1月28日(9)。

个案 3：

一个叫张玉和的车夫，年 35 岁，天津市人，向以拉包月车为生，因操劳过度，患染痰症，请假回家时，行至途中，忽而跌倒，一蹶不振，旋即气绝。经地方检察官检查，系因痰致命，遂饬尸妻领尸掩埋。①

个案 4：

一叫邢树林的车夫，年纪尚幼（年仅 15 岁），发育未全，故遇劳力过度，辄感不适。一日拉一军人乘客赴河北三马路东兴里天生堂药店诊病，甫至药店门前，该车夫竟猝然倒毙，经地方法院检验，系劳力过度致死。②

个案 5：

姜世臣，年 55 岁，沧县保官屯人。妻早丧，遗有一子，终年在外奔波，难以糊口。因受生活所迫，父子二人来津，以拉车为生。唯姜年老气衰，终日奔波，异常吃力。一日下午，姜又载客奔驰，不料行至南马路东刘家胡同口，一时气促，不能支持，突然倒地气绝身亡。③

不管年近花甲的老车夫，还是发育尚未完全的幼年车夫，抑或是正当力壮的青年车夫，上述惨剧的发生，是个体和家庭的不幸，同时也是一个值得关注的社会问题。

1904 年 4 月，天津电灯电车公司正式成立，并开始与人力车夫争夺生计，至 20 世纪 20 年代，天津电车的票价最低为 2 枚铜元，最高 6 枚，这使得收入低廉的市民，也可以乘坐电车。普通百姓坐得起电车，人力车反成为社会上层才能乘坐得起的交通工具。电车的兴起，不仅影响人力车夫生计，而且还常常威胁他们的生命安全。有关电车碾毙车夫的报道时见报端：

个案 1：

一车夫被电车碾毙，名秦二，天津市人，年 51 岁，其妻李氏，年 40 岁，生有一子三女，为包车夫，月薪 10 元，连同其他收入，得 30 元。全家生活由一人负

---

① 《可怜包车夫一蹶竟成永眠》，《大公报》1930 年 3 月 7 日（9）。
② 《十五岁洋车夫猝然倒地身死》，《大公报》1935 年 5 月 29 日。
③ 《老车夫倒毙街头》，《大公报》1935 年 6 月 8 日（6）。

担。①

个案 2：

特二区东浮桥有二十八号红牌电车，由东往西行驶，至桥东口，适有大车一辆，奔驰而来，与该电车后旁之小车相撞，并将车夫张洛三撞伤甚重，当由特二区公署将该受伤车夫送往市立医院医治，该车夫张洛三因伤重身死。②

人力车夫作为家中的男性劳力，也是家庭的主要经济支柱，承载着养活全家老小的重负。这个"顶梁柱"的突然死亡，会使原本贫困的家庭陷入更加悲惨的境地。

除电车外，人力车夫的生计还受公共汽车的影响。据当时报道，"近因有某公司汽车在法租界花园旁揽坐客，由特别一区经过英界到大营门及小刘庄，往返迅速，车价低廉，乘客争搭，每日往返数十次，旅客尽被拦去，以致多数穷苦胶皮车夫，无处拉车，本埠车厂数十家，计有车四千余辆，亦因之停业。"③天津公共汽车出现较晚，直到1925年才由广东籍商人创办天津同兴汽车公司，以后陆续又有几家公共汽车公司成立。随着市内公共汽车的骤增，致使一般车夫生计大受影响，且有被挤失业之虞，人力车夫大起恐慌，车厂主80余人于1929年2月17日齐集于商民协会，请求设法协助援助。④据当时人力车夫车主统计，天津依此生活者，不下五六万人，因汽车失业，行将沦为乞丐，以致影响地方治安，故1927年3月29日，胶皮车夫联名请总商会转函特别一区暨英法两租界工商局，请其取缔汽车营业，或令其改跑长途。

（二）脚行苦力

在近代天津，底层社会分子以人力车夫占最多，次多的就是脚行中的搬运苦力"脚夫"。脚行又称起卸行、搬运行，天津多河道、码头，是华北漕运、海运、盐运中心和出入京师的必经之地，来往车运船载的货物都要靠人力搬运装卸，因此脚行便成为一个重要行业。脚行主要从起卸货物中赚钱，多设在车

---

① 《红牌电车在北大关碾毙车夫》，《大公报》1935年5月9日(6)。
② 《红牌电车撞伤车夫》，《大公报》1934年1月20日(10)。
③ 《胶皮车夫赴商会请愿》，《大公报》1927年3月30日(7)。
④ 《市区行驶公共汽车人力车夫大起恐慌》，《大公报》1929年2月18日(11)。

站、码头等地。

天津最早的脚行是由政府所设的"官脚行",1796～1850年间设立"四口脚行",最初主要由官府指定专人,为"迎官接差"而设。此外,也为商民搬运货物。自1860年天津开辟为商埠至1900年"庚子事变",各帝国主义纷纷在天津设立租界,使当时居住在华家台、紫竹林、芦庄子、段庄、靳家园、小王庄、梁家园等村落及今天津东站、北站、西站附近和沿河地带的许多贫民生活无着,不得不改以搬运行业为生。一些地痞在这一时期趁机勾结帝国主义分子,把持地界,建立脚行。于是,天津市脚行有了相当发展,并渐渐形成了紫竹林、仁义、公议顺、同立、三庙、兴隆街、五村等大批脚行。

随着天津市区的扩大和工商业以及进出口贸易的日益繁荣,天津脚行陆续增设。到20世纪初,脚行出现了分工,有码头脚行、铁路脚行、运输脚行和驻厂脚行。每家脚行规模不一,有的多达几百人,有的仅有几个人。就码头脚行而言,据1925年日本"满铁"调查,天津有码头工人5500人。[①]1936年,据天津市运输职业工会有关资料记载,全市有大、小脚行88家。到新中国成立前夕,全市脚行达227家。[②]

脚行的"头儿"不算很高贵的职业,但是他们却很富有,举止很阔绰。这些脚行是有组织的,在20世纪二三十年代,天津东站的脚行分"南道"、"北道",总站的脚行分"黑字"、"白字",每组有个"大头儿",其余还有很多的"小头儿"。当初修铁路的时候,车站需要占很多的土地,当时的地主不向公家索讨地价,而是要求将来车站成立后,所用脚行不许外雇,一律用他们村里的人,铁路当局答应了这个请求,故后来很多脚行的"头儿"就是当初村里的地主。[③]随着脚行势力的壮大,许多脚行头多有黑社会势力做靠山,他们把持脚行。《津门杂记》中记载:"天津扛抬帮,谓之脚行。向系分门别户,把持街头,每以争夺生意构衅,动则挥拳持械,两不相干,谓之争行市。"[④]脚行之间互争地盘

---

① 罗澍伟主编:《近代天津城市史》,中国社会科学出版社1993年版,第472页。
② 天津市地方志编修委员会课题组:《天津之最》(第2辑),中国铁道出版社1991年版,第29页。
③ 《天津火车站的脚行》,《大公报》1933年8月27日(13)。
④ 〔清〕张焘:《津门杂记》(卷下),天津古籍出版社1986年版,第141页。

和生意,时常发生流血冲突。

个案 1:

1903 年 12 月 6 日,老龙头车站火车货场新修了一段站台,火神庙脚行同季家楼脚行为争夺该处脚行,在法界浮桥下斗殴。①

个案 2:

1907 年 11 月 4 日,意俄交界有一河沿木厂,为了把持该脚行,意俄两界的脚行在河沿斗殴。②

个案 3:

1910 年 12 月 18 日,河北西营门新修津浦铁路北段车站,该处居民因争夺脚行起衅,互相斗殴。③

个案 4:

1914 年 7 月 21 日,大口脚行和金家窑脚行之间因为争卸货物,大起冲突。④

个案 5:

"昨日下午,翟李二人,又因此事发生争吵,李气愤不出,乃率领多人,遍寻翟某,拟向之质问。……李当上前理论。翟张二人,亦不示弱,反唇相讥,继之动武。李二所率之打手,亦一口而上,拳打脚踢,刀棍齐施。翟张二人,寡不敌众被困。张某被人用尖刀刺破肚腹,立即倒地毙命,翟某亦受重伤,仆卧于地。"⑤

一个多月后,在另一起脚行械斗中,又涉及东门外脚行前次械斗的翟春和,本市西营门外卞家官房洼内,昨晨发生脚行凶杀案,一人当场毙命,一人身受重伤。⑥

---

① 《脚行寻殴》,《大公报》1903 年 12 月 6 日(第一张第 4 版)。
② 《脚行寻殴》,《大公报》1907 年 11 月 4 日(第一张第 5 版)。
③ 《脚行群殴》,《大公报》1910 年 12 月 18 日(第一张第 6 版)。
④ 《脚夫寻殴》,《大公报》1914 年 7 月 21 日(第一张第 6 版)。
⑤ 《东门外龙王庙脚行械斗刺杀一名》,《大公报》1935 年 6 月 13 日(6)。
⑥ 《昨晨西营门外脚行积仇行凶泄愤》,《大公报》1935 年 7 月 8 日(6)。

1903年、1907年和1917年的几起脚行互殴事件，皆因争夺地盘而起；1908年和1914年的冲突则是因争夺生意而起。类似上述残暴、野蛮的械斗事例，在近代天津脚行史上，屡见不鲜。在脚行工作的这些"脚夫"，一般而言，都是些"孔武有力"、"年轻力壮"的小伙子，由于他们的性子非常直爽，有的时候颇有"任侠之风"，也有的时候变成"暴躁"，所以他们多好斗，而且斗起来是什么也不顾，不管什么死亡犯罪，故民国时期报纸上时常登载有关脚行械斗的新闻。这些脚夫平时说话很像吵架，不但声音高大粗暴，而且在每句话前差不多都加一句骂人的话，如"你妈的吃完饭了吗"等。

　　脚行苦力是一群任人欺凌的劳动者，他们的生存方式主要靠出卖劳动力，搬运货物，换取微薄的收入。脚行头目对脚行中搬运苦力的剥削可谓是敲骨吸髓，他们剥削工人劳动收入的比例一般高到70%～80%，有的甚至超过95%。比如，紫竹林脚行规定，运价50%归头子，再扣20%的"车份"，剩余的30%还要受"抱把"、"车把"、"小把"的层层盘剥，如此下来，工人所剩不过10%。①苦力的收入很少，工钱一般有三种分配方式，即底钞制、过筹制、劈账法。②但不管是哪种分配方法，经过大、小把头和车主层层剥削，苦力所得仍然很少。如三七劈账，实际是脚行头目独得三成，其余七成有车主(也是脚行)与脚行苦力(每车两名)均分。车主得二份(车一份、牲畜一份)，两个苦力各得一份。此外，苦力还要负担鞭子钱、车油钱及沿途警察勒索的"车底钱"，他们的收入约占全部运费的十分之一。③如此一来，车夫收入已无多了。脚行头目还经常让工人从事各种各样的无偿劳动，如白盖房子，不给分文，还有什么所谓的"义务日"等。

　　脚行工人收入微薄，生活十分艰迥，勉强维持生活。1908年日本东亚同文会的调查，描述了这些搬运工的艰难生活："几个或十几个人共同借草屋居

---

① 《天津的脚行》，见天津市历史研究所编：《天津历史资料》第4期，1965年10月，第15页。

② 一是"底钞制"，运费全部归脚行头目，不给苦力工资，而随意发给苦力一些生活费，多少不得争执，公立成、同和义、公义、杜记、仁义等脚行长期实行这种制度；二是"过筹制"，即运一件货，发一个筹，然后按件发钱，但是给的钱也很少；三是用劈账的方法，三七劈账或四六劈账。

③ 阎润芝、李维龙：《天津脚行的始末》，《天津文史丛刊》第4期，天津市文史研究馆，1985年5月，第166页。

住","疲乏的身上盖着稻草,横躺竖卧,很快就熟声四起;他们没有也不需要碗筷,一日三餐在外面充饥"。①脚夫做的卖力气的活,他们所得工资较其他苦力要丰厚些,好的时候,他们每人每天能得到四五百枚铜元,坏的时候也可以赚一二百枚铜元。②脚行的收入虽然比较可观,但往往有不足温饱之时。相比较而言,东站脚行的收入较好,因为来往的客人在东站下的比较多。东站的脚行,每天收入,每人平均 6 角钱上下,多则可以到 1 元钱,总站方面每天收入,每人平均三四角钱,运气不好的,恐怕有终日一文莫名的,总之,他们的生活也很艰苦。③

因为脚行的苦力从事的都是些繁重的体力活,故对于"吃",脚夫们一致本着"人是铁饭是钢"的原则,所以他们的饭食相对较好,与中下等家庭饭食比较,恐怕还要有过之而无不及的;对于他们的衣、住两项,一点也不讲究,"衣"只求蔽体,"住"只求避风雨而已。他们最大的嗜好是习武,像"练武术"、"举石头"、"掷沙袋"等。④他们一有闲工夫,就去练这些,正是因为这样练习,才使他们个个虎背熊腰、力大无比,才能够在脖子上扛数袋的面粉行走自如。这些苦力是社会下层民众的重要组成部分,他们生活境况的好坏直接影响到整个社会的安定与否。

脚行苦力作为中国最廉价的劳动力,他们终日付出艰辛的劳动,却只能赚取很少的工钱,还要受脚行头目的种种盘剥。另一方面,脚行之间,为了争夺生意,抢占地盘,时常打架械斗,积存了许多社会恶习。

(三)拉排子、凿冰的、赶大车的等

除人力车夫、脚行苦力外,苦力阶层还包括拉排子、凿冰的、赶大车的、水夫、轿夫、杂役等,他们同样生活在各大都市中,占城市人数的相当比例,是近代都市生活中的一分子,他们和人力车夫一样处于社会的最底层,生活极其悲惨。

---

① [日]东亚同文会:《支那经济全书》,1908 年,第 347~348 页。
② 《有组织的脚行生活》,《大公报》1933 年 8 月 3 日(13)。
③ 《天津火车站的脚行》,《大公报》1933 年 8 月 27 日(13)。
④ 《有组织的脚行生活》,《大公报》1933 年 8 月 3 日(13)。

天津位于五河交汇处，并通过内河与大海相连，无论是海运还是漕运，天津皆是必经之路，这决定了天津人口的职业，除进入工厂做工外，还有与水运有关的一些职业，如上述的码头搬运工，此外还有船工等。

天津多河道，虽然平时季节少有水上客运，但是每到冬天河水封冻之后，就有许多负苦的贫民从事冰上的特种劳动，他们所干的工作主要有"拉排子"和"凿冰"。所谓"拉排子"，就是在冰上滑驰拖床的土称。这种拉冰床或冰排子的船工，是活动在各河口的一个重要苦力群体。20世纪初，天津的交通尚不发达，这时天津市几十里海河村庄的居民来往天津市间，冬天图快又省钱，多喜欢坐这种排子。这是一种卖力气的活，干这行生活的人，大半以天津北乡的人居多，大红桥、金刚桥、东浮桥、三岔河口、窑洼、西沽、东于庄子、席厂、白庙、霍家嘴、北仓……这些地方很容易见到这种拉排子的人。①船主少有一人独资的，差不多都是股份合成的，或有两人，或有三人合伙，船主以外就是伙计。渡船的渡资很低，普通每人收两枚铜元，一天下来有四五元或六七元的收入。伙友们的工资是以天为单位，一天收入运气好的有六七毛钱的，但有时也许一两毛钱。"在没有固定收入的他们，养家小的确是比较困难的，不过平均每月约有十五元钱的进项，可是他们生活费用在苦力是最奢侈而豪爽的，因之进项的多少，衣服仍然褴褛，穷的命运永远不会脱离开他们。"②从他们伙友生活外表来看，"穿得很破，住的也同贫民窟"，可是营养方面，那是在普通苦力中所最鲜见的。船主们为增加他们对自己的忠心起见，在饭食方面，不敢亏待他们，米饭、大鱼、大肉，逢过年节，更有丰美的佳肴。从每天早上7点至夜晚9点他们始终是辛勤地工作着，直至他们最末一天。总之，"他们以自己血汗劳动来挣钱，不受大资本家的压迫，他们的生活，都是很愉快的。"③

"凿冰"的工作，夏天人们吃的消暑的冰，是由人力一步一步拉来的。干这种生活的人也以北乡的人居多，他们有的住在北仓、白庙、东庄子、西沽、辛庄、堤头等处。这种拉冰的工作总是在夜间开始，直到第二天出了太阳，才各

---

① 《贫民的特种生活 拉排子和凿冰》，《大公报》1933年3月24日(13)。
② 《贫民的特种生活 拉排子和凿冰》，《大公报》1933年3月24日(13)。
③ 《津市的船工》，《大公报》1933年12月9日(13)。

自归家休息。他们拉冰的法子,预先在一处指定的地方,用杆子把冰按着块儿凿成长方形,每块约三尺长,一尺多宽,这样凿好以后,以自己的力气大小确定拉冰的数量,"拉的时候,是用麻绳把冰一块一块的相连着系在一处,再拉那一头,另外又拴根粗的麻绳,套在肩膀上,仿佛拉缝似的,一步一步往前拉着走。"①冰窖掌柜论块给钱,初每块付给 10 个制钱,到 20 世纪 30 年代大概一块冰给 10 个大子。②工人把冰块送回冰窖以后,再把冰一层一层地堆叠起来,每层冰的上面用稻草铺严。这种活从河水封冻过了二九以后开始,等到冰快要融化时停止。此"拉排子"和"凿冰"两种工作均为卖力活,且有一定的季节性。

　　拉大车的也是苦力阶层的一个特殊群体。在天津,因为街道的不适宜和其他种种原因,舶来品的载重汽车始终未能把中国已达古旧的"大车"的地位取而代之,所以大车在天津的运输里,依然占着重要的地位。但是,大车虽然重要,赶大车的人们却处处碰到难题。赶大车的人们和脚行一样,也到车站、码头、公司、斗店等处去兜揽生意。他们的工资,按道路的远近而定,通常赶一趟道途最近的车能弄到 200 多枚铜元,远道的可以赚到 500 枚,下雨的时候,或道路不好走的时候,可以像人力车夫一样,另外加点工资。他们所赶的大车通常都是自己购置的,但也有赁来的。每辆车每天的赁价,约为铜元三四十枚。拉车的牲口每天的赁价和一辆车的赁价差不多。拉车的牲口每天所吃的草料钱,大约要用到二三百枚,每月的总价达到十五六元。"车捐"是每月交纳一次,天津市收这种捐的地方只有 8 处,华界及日、法、英、意租界,特一、二、三区。不但上捐的日子不相同,而且捐钱的数目也各异。大概华界每月 1 元 5 角,日、英、法、意等租界各为 3 元,特别一区为 2 元,特别三区可能是因为有车站的缘故,每月的捐钱竟贵到 5 元。③他们所需的费用有车捐、草料费、车底费等 3 项,此 3 项开支亦属不小。

　　此外,车夫还要应付意外的难关,一是防贼。因为一不小心,货车被偷的

---

①《贫民的特种生活 拉排子和凿冰》,《大公报》1933 年 3 月 24 日(13)。
②《贫民的特种生活 拉排子和凿冰》,《大公报》1933 年 3 月 24 日(13)。
③《赶大车的车夫生活》,《大公报》1933 年 8 月 11 日(13)。

事件就会发生。这些贼多是有组织的,势力也很雄厚,所以车夫必须小心翼翼地防范。通常每辆大车一个人赶着,一个人在车上坐着。如果他们捉住一个贼,也只是痛打一顿而已,绝不敢把他送到官厅里去,以免结仇。如果货物被贼偷去,那么所有的损失就由赶大车的人来承担。另外是道路的难关。在近代天津,除了租界和东马路等街道较好外,其余大街完全是所谓"无风三尺土,有雨一街泥"的情景,载重大车要在如此街道上行走,自然不会有什么好结果,于是华界最好的道以及次好的道全都禁止通行,各租界的中街等处也不让通行。"允许大车通行的道(尤其是华界),被大车越轧越坏,甚至不但下雨的时候有没了车轮的泥坑,就是晴天不落雨的时候,一样的也有没半个车轮子的干土的坑子。"①这无疑加重了车夫工作的难度。

上述苦力阶层,每日从事繁重的劳动,劳动之余,急于体力的恢复。他们的休闲娱乐、社会交往极为简单,基本上游离于现代文明之外,"互相吹吹牛",即为休闲,最高级的享受也就是听个戏,但这种机会实为难得。独身的一些码头工、车夫、脚夫往往聚集在一起,以赌博、饮酒、吸鸦片为乐。②

三、乞 丐

晚清民国的城市社会中,无业游民和乞丐遍布城市的各个角落。乞丐和游民很难有明确的界定。乞丐,俗称"叫花子",新中国成立前乞丐遍布天津城厢,如在天津"南市、大洼东、车站、铁道外、侯家后、废河沿、新'三不管'等处。尤为乞丐最多地带"③。他们处在社会的最底层,过着风餐露宿、朝不保夕的生活。

天津的乞丐由于形成原因、谋生方式各异,大致可分为两类:一是职业乞丐,即把乞讨作为一种职业;一类为季节性乞丐或灾难性乞丐,这类乞丐多是因天灾、战争等原因,流落到城市,靠乞讨、救济,甚至偷窃来维持最低的生活。早在1904年,直隶总督袁世凯就曾饬令天津巡警局和天津府县收容乞丐

---

① 《赶大车的车夫生活》,《大公报》1933年8月11日(13)。
② 关于这些贫民的日常生活、休闲娱乐等,将在下一章节详细阐述。
③ 《收容乞丐》,《益世报》1933年11月7日(5)。

防盗,令曰:

"津郡地方现届冬令,时有窃贼,且沿途乞丐渐多,殊不成事……乞丐一项,津地有教养局、育黎堂、广仁堂及卫生局之贫民院等处,均可收养,乃仍有乞食于路者,地方官不能教民养民,致穷黎流为乞,有司牧之责者能无愧怍?……各段巡警尤宜加意巡防,期于居民安枕,不准再有窃贼,并将地方穷黎乞丐随时收入教养局等处,其少壮者使之学习工艺,俾可自谋生计,老弱分别留养。"①

乞讨作为身陷困境中的人存活下来的一种方式,成为近代穷人之家惯用的谋生之道。至民初时期,乞丐日益职业化。他们通过各种有效的途径向过往的路人行乞,1933年《大公报》记者对平津一带的乞丐进行了调查,根据这些乞丐的谋生方式,将其分为11种之多,即排刀、打砖、打砖叫街、叫街、钉头、拉破头、数来宝、背褡子、缝穷妇、换取灯(即火柴)者、捡煤核者。②就天津乞丐,根据1933年《大公报》的调查,大致可分为如下几类③:

1.送财神的乞丐:每逢旧历除夕晚上,一般迷信的人家都要烧香上供,迎接财神,乞丐抓住人的这种心理,在纸码铺里买些用黑墨印在纸上的财神像,挨门儿去喊"送财神了"。大家为图吉利将财神像接了过来,并随便送给他们几个铜子。这类财神像极不值钱,乞丐靠这种投机手段一夜间的收入要比寻常白天所得多很多。

2.念喜歌的乞丐:每年阴历初一到初十,乞丐到家门口讨要,嘴里念一套吉祥的歌儿:"新年新月过新春,花红对子贴满门……斗大的元宝抬进来,前门进的摇钱树,后门进的聚宝盆,聚宝盆插金花,富贵荣华头一家。"唱完这歌后,接着再喊"大爷大奶奶,给您拜年啦,给个饭吃吧。"为图吉利,人们当然不会吝啬几个铜子。

---

① 《直督袁饬巡警局天津府县收丐防窃保街居民札》,《东方杂志》第1卷第1期,1904年3月,内务,第4页。

② 《社会的下层——平津一带乞丐的生活》,《大公报》1933年1月6日(11),1933年1月7日(11)。

③ 《奇形怪状的天津乞丐大观》,《大公报》1933年3月17日(13)、1933年3月18日(13)。

3.拍胸口的乞丐：这类乞丐向人乞讨时和别的乞丐不同，一半儿有声无泪地哭诉着苦情，一半儿敞着胸口用一只破皮鞋底子，啪啪啪地用着狠劲去打胸口，打得胸口的皮肉早已肿起一块紫黑色的大疙瘩。胆小的妇女闭门躲之，小孩子常有被吓病的。并且这种乞丐，专在胡同里讨要，一出胡同，他们立刻就一声不响了。

4.演歌舞的乞丐：这类乞丐靠在街上演唱，借以谋生。

5.赶节日的乞丐：逢到旧历"端阳节"或"中秋节"，就有三群两伙的乞丐，挨着各处大大小小的买卖商家讨钱。他们手里拿着用猪骨头做的板子，一面敲骨头板子，一面豁开喉咙唱着俚俗的小曲儿。如果得不到钱，他们就改了唱腔，看到铺子是卖什么的就唱什么，一半是奉承，一半是挖苦，直到讨到钱为止。

6.街头上的乞丐：这类乞丐十分之五六不是真正没有饭吃的穷人，在冬天他们所穿的衣服，也足够保暖的，"这种乞丐差不多都是由乡间来的，在没有农事的时候，为想找几个零钱积攒着，全家男女老幼全体总动员，便来天津市作乞丐。"

7.讨饭的乞丐：这类乞丐，每天早晨起来提着罐子口袋，到富有的住宅，挨户乞讨。他们乞讨来的饭菜，除了供自家使用外，还可以将剩余的饭菜卖给那些没要来饭吃的贫民。如在河北五马路新开河一带的贫民窟，常有卖这种食物的，它是把米饭和菜汤掺在一块，一个大子可买两大木勺；"三不管"曾有卖"堆饽饽"的，也是他们讨要来的"窝窝头"，自己吃剩下的堆儿在地上卖，一个大子一堆，一堆儿或三个或四个不等。

8.残废乞丐：就是身体上有缺陷的乞丐，如残腿断臂或聋哑之类的乞丐。

不少穷人家的孩子，在年幼时已走上乞讨之路。童年，我们常将其视为人生中的"黄金时代"，天真无邪，无忧无虑，可是这仅限于有钱人家的孩子。穷人一生下来就要挨饿，所以在一些人眼中的"黄金时代"，众多的穷孩子早已开始挣扎着工作。如果父母是乞丐，那么他们的孩子很小就跟随他们一起上街乞讨，这是很自然的事。当他们长到五六岁的时候，就开始帮助父母为家做

些事情,他们常做的有拾煤渣、乞讨、打小空及帮车之类①:

1.捡煤核

这是许多穷人家的孩子很小就开始做的事情,"在五六岁的时候,就跟着他们的哥哥或是小朋友,在路灯还没有熄,月亮还挂在天空的时候,手里拿着篮子,就在广大的煤灰堆上,同很多的小朋友们互相打着骂着,等候新的煤灰的到来,煤灰每到一次,他们就忙乱一回,这样一直继续到他们累了,篮子里的煤也满了,这差不多也就到了将近正午的时候,他们也就回家胡乱地吃几口饭,吃过饭还得去拾。"②他们捡到的煤,除供应自家用外,剩余的完全要卖出去,十斤大概八九个铜子,能干的孩子一天能赚两三毛钱。

2.打执事

俗名"打小空",也是乞讨的一种。天津习俗,对于婚丧仪仗,非常讲究,旗、锣、伞、扇、高照、串灯……招摇过市,以相炫耀,非此不足以表示其有钱。在20世纪30年代,天津全市赁此种红白货者,约计百余处。"所有抬轿的,抬杆的,抬座的(如灯亭、影亭等,俗名'大座',又称'八抬'),其他一切打执事(俗名'打小空'),均各有头目,临时集合。详而言之,他们原有之职业,抬轿的,抬座的,多属脚行;抬杆的及各种打执事的,包括:乞丐、贫民、小贩、洋车夫……平日各事其事,每逢听到头目召集,则去打执事赚钱,'落差'以后,仍复旧业。"③那些打旗子、抬鼓、抬锣的杂役们,是穷人家的小孩子们愿意去做的工作,一方面可以玩,另一方面这种工作比较容易做,但是这样的工作必须认识该类组织的头儿,方容易参加。

这些打执事劳力的工资,俗名"膀子钱",数目多寡,并无准则,须按货色、新旧、租价多少、道路远近、天气阴晴等情况而定。遇见阔主得钱多,遇见小户赚钱少。依照普通情形,抬轿及抬座的,每次每人可得洋五六角,各项打执事的,由一二角至三四角不等,大有大份,小有小份。这些"膀子钱"在算完大账后发给,即红白货铺掌柜,由主家将赁价算来后,分别交给各项头目,再由各

---

① 《天津下级社会生活素描之一 穷孩子们的生活》,《大公报》1933年4月7日(13)。
② 《天津下级社会生活素描之一 穷孩子们的生活》,《大公报》1933年4月7日(13)。
③ 《"打执事"苦工生活》,《大公报》1934年4月10日(13)。

项头目分给打执事的苦工,头目是采取包办性质的,他用一层剥削手段从中取利。①

3.帮车

所谓"帮车",就是帮助那些车夫推车,不致翻车。因为在天津每年夏天河水涨落无定,浮桥有时就会隆起,退水时就会凹得厉害,这时走车,自然很不方便,尤其是拉人的洋车,更有覆车之虞。一些穷人家的孩子就会帮助那些车夫推车,每帮一次,至少可得大铜子一枚。倘若遇到车少人多之时,好多人帮一个车,而坐车人也不肯多给钱,这些孩子们之间就会发生争执、打斗,有时为了报复,会用针之类的尖利东西扎破车带,使其无法行驶。

在近代中国"重男轻女"的社会里,贫苦家庭中女孩子的命运更为悲惨,她们和男孩子一样做着各种各样的苦工,甚至到最后还免不掉被卖娼窑的结局。在近代天津,贫苦之家的女孩子常做的苦工有掐菜、缝袜口、绕线、装烟卷、糊火柴、砸核桃等。更有些父母,常常想从自家女孩身上发一笔小财,把他们的孩子卖给戏班子学戏,或卖给娼窑做妓女,或是卖给人家当婢妾,或签一张卖身契——订了婚,从中发一笔财。②

以上所述,不过是近代天津下层社会中,穷孩子生活的一个大致情形,具体的生活和工作情形,尚没有也很难找到相关的详细资料,但是通过上述梳理,可以窥见他们生活的大致境况。

众多衣衫褴褛的乞丐,沿街乞讨,不但有碍市容,且易引起社会秩序的混乱,故天津市政府常常令警察驱逐、抓捕乞丐。1923年3月4日,警察厅发布了《查禁乞丐之厅令》,"饬属随时严行取缔,嗣后遇有乞丐,随行带案送厅。"③ 1931年5月15日,天津特别市公安局下达《捕拿乞丐》,令各区速将界内所有乞丐,认真陆续捕送,并将捕送数目,逐日具报,以资查核。④ 1933年9月5日,天津市政府规定取缔乞丐办法,令公安局收容市内乞丐,"兹以华界以内,乞

---

① 《"打执事"苦工生活》,《大公报》1934年4月10日(13)。
② 《天津下级社会生活素描之一 穷孩子们的生活》,《大公报》1933年4月7日(13)。
③ 《查禁乞丐之厅令》,《大公报》1923年3月4日(第3张,第2页)。
④ 《捕拿乞丐》,《大公报》1931年5月15日(7)。

丐甚多,其真正老弱不堪,贫苦无衣食者固属不少,而年富力强,怠惰自弃者,亦属实繁有徒,终日沿街叫唤,非但观瞻不雅,且亦妨碍公安。"①1936年10月21日,天津市公安局长程希贤电令全市公安局各分局所,搜捕男女老幼乞丐,送救济院收容,限期3天,全数捕尽,以肃市容。②尽管政府对乞丐加以收容,但是市面乞讨的人仍不绝于市。

近代乞丐及其职业化,说明乞丐正如其他职业一样,成为众多人选择的一种谋生方式,这是个体之不幸,但若从整个社会的角度去窥测这一问题,它反映了整个社会的不景气。

四、下层从业妇女

近代天津市工商业的发展,为女子提供了更多的就业机会,加之妇女解放风潮的推助,许多妇女自愿或被迫走出家门,从事各种职业,下层妇女就业人口也日益增多。1930年天津市公安局调查的290 078名妇女中,有职业妇女87 897人,而工业妇女有4508人,仅占调查数的1.55%;其他行业有83 389人,占调查数的28.75%;无职业妇女有202 181人,占调查数的69.70%。③那些有学识的女性,可以从事教员、牧师、医生、护士、编辑、公务员等。对于底层社会的女子,为了维持生计,只能从事各种各样低贱的工作,类别复杂,范围广泛,除女工外,还有做女佣、女招待、舞女,还有缝补、绕线、剪羊毛、剪猪鬃、捡花生米、砸胡桃仁、糊火柴盒、纺麻线、剥蚕豆瓣、编藤帽胎、做军装、剪纸牌等,甚至有不少沦为娼妓。下层妇女从业虽然收入不多,但也可补助家用。

(一) 娼 妓

娼妓作为构成近代城市贫民的一个特殊群体,古已有之。对于娼妓的界

---

① 《华界乞丐沿街追讨 市府规定取缔办法 由公安局检查收容》,《大公报》1933年9月5日(9)。

② 《津公安局搜捕乞丐限三日内逮尽》,《大公报》1936年10月22日(6)。

③ 慧茜:《天津市工业上的妇女》,《妇女杂志》第16卷第5号,1930年,第16页。

定,一直众说纷纭。有人认为,娼妓就是以经济为目的,靠出卖其自身性机能或足以引动性机能之艺能,而满足狎客之性要求之全部或一部,以博得定数或定数以上之收入,并继续行使此种行为,而成为某一定时间之职业者;①也有人认为,娼妓凡指那些以歌舞为业的女子,不一定是指卖身的女子,同倡伎。②

近代中国工业化、城市化的发展,为城市中的女性提供了一些就业机会。一些轻工业部门,如火柴、纺织、卷烟等行业,多吸纳女性,她们手脚灵巧,工资低廉,这些行业是男性所不能企及的。此外,新兴的女招待、女店员等行业,也为下层劳动妇女提供了新的就业机会。但是,能跻身此种行业的"幸运儿"毕竟是少数。其余在男性劳力过剩的情况下,只能选择市场需求量大而流转快的娼妓业,"天津下层生活的妇女,大都只有两条出路,一是作工,一是为娼。"③属于前者的,即以各洋行各公司工厂所雇佣的女工为最多,而做娼妓的人数远要多于女工的人数,"天津下层生活的妇女,受经济压迫,而沦为娼妓的,却比当女工的更来得多。"④这其中的原因并不是这些妇女天生懒惰,或自甘堕落,其主要是"僧多粥少",用女工的地方,容纳不了这么多的女性劳动力,出于生存的需要,她们不得已沦落娼门。也就是说,女子从娼,主要是经济压迫下的无奈选择,"近代娼妓的发达,实由经济制度的不良,已经毫无异议!做娼妓的,除却一二淫娃外,十有八九是被经济的压力迫成的!"⑤

随着天津城市化的演进和人口的激增,城市中的娼妓数量与年俱增。虽然我们不可能对各个时期城市中的娼妓数进行确切的统计,但是从相关的调查资料中可以梳理出一个大致的情况。清末,日租界内妓院日益增多,法租界有妓院百余户,天津市共有妓院500余户。⑥1926年,天津市有妓院468家,妓女

---

① 鲍祖宣:《娼妓问题》,上海:上海女子书店1935年版,第5页。
② 此为台湾三民书局股份有限公司1985年版《大辞典》对娼妓的解释。
③ 《天津杂话 下层生活的妇女(上)》,《大公报》1932年10月12日(11)。
④ 《天津杂话 下层生活的妇女(上)》,《大公报》1932年10月12日(11)。
⑤ 易家钺:《妇女职业问题》,上海:泰东图书局1922年版,第82页。
⑥ 江沛:《20世纪上半叶天津娼妓业构成述论》,《近代史研究》2003年第2期,第156页。

有3594名。①北伐战争之后,由于政府取缔鸦片,加之军警的严厉稽查,天津华界的妓院多迁往租界。1930年,天津有妓院571户,妓女3035人。②1936年,仅日租界就有公娼200余家,正式上捐的妓女1000余人。③这些只是公开上捐的娼妓,对于不公开的暗娼更是不计其数。1936年,为实施救济起见,公安局对天津市各区四、五等妓户进行调查,计有妓户400家,妓女989人。④下等妓院多分布于贫民聚集的侯家后、谦德庄一带。

妓女作为一个特殊阶层,根据自身条件的差异,妓女也有高低贵贱之分,他们针对不同的服务对象,提供不同的服务,进而形成不同的层次。1900年前后,依据妓女的等级分为京班(头等)、二等、中低界(上三等)、老妈堂(下三等)四种等级,卫生局负责向这些妓院征收妓捐。1903年前后,又增添了一种做排班(也是头等,但组织和营业方式与普通妓院不同),这种制度创兴了3年,就很快消失了。⑤

晚清民国时期,娼妓业一直是合法化的,政府向各妓业推行一种乐户捐,而捐的多寡是依据妓院的等级高下进行征收的。1902年7月,卫生局特示各妓馆:(1)头等窑捐每月洋25元,妓捐每口每月洋4元;(2)二等窑捐每月洋14元,妓捐每口每月洋3元;(3)三等窑捐每月洋8元,妓捐每口每月洋1.5元;(4)四等窑捐每月洋3元,妓捐每口每月洋5角。⑥如此一来,一些头等妓院为了减轻经济负担,就争先恐后改为二等妓院,到1926年时,天津市仅有1家头等妓院,其他都改为二等妓院。后来又出现一种暗娼制度(即"一元随便"

---

① 天津市社会局编:《天津市妓户妓女调查报告》,1931年,引自李文海:《民国时期社会调查丛编·底边社会卷》,福建教育出版社2005年版,第535、539页。

② 天津市社会局编:《天津市妓户妓女调查报告》,1931年,引自李文海:《民国时期社会调查丛编·底边社会卷》,福建教育出版社2005年版,第535、539页。

③ 江沛:《20世纪上半叶天津娼妓业构成述论》,《近代史研究》2003年第2期,第157页。

④ 《津市四五等妓女共九百八十九人》,《大公报》1936年7月23日(8)。

⑤ 天津市社会局编:《天津市妓户妓女调查报告》,1931年,引自李文海:《民国时期社会调查丛编·底边社会卷》,福建教育出版社2005年版,第530页。

⑥ 《卫生局示》,《大公报》1902年9月7日(4)。

和"六角随便",俗名都叫"暗娼"),暗娼的区域主要是侯家后、南市和谦德庄三处,此三处之所以演成的原因却各有千秋。自 1931 年天津事变发生后,市难接连不断,百业凋敝,娼妓业也随之江河日下,上捐挂牌与秘密经营窑业的总数在万人以上,按等级大致可分为:"二等"、"中地阶儿"、"三等老妈"、"一元随便"、"六角随便"、"土娼"、"关大门子"几种。①当然,这种复杂的等级,完全是迎合当时社会各阶层经济状况和心理状态而产生的。

从经济收入来看,有些高等妓女收入颇丰,生活较为优越,而绝大多数的下层妓女,收入低下。1933 年《大公报》记者在调查谦德庄妓院时,从一个妓女的口中了解到,"有几家娼寮不一定是六毛随便,往往一家有几个妓女,有的只卖两毛三毛,有的就卖四五毛,最多的卖六毛,各个绝不相同,完全以人为单位。"②这些妓女"各人有各人的定价,所以卖淫的价格,并不是一家有一家的规定,都是一个人有一个人的定价"③。例如平天堂作为谦德庄第一家最阔绰而且最整齐的娼寮,里面妓女,虽然都是"六毛随便",但是有一个叫作凤樵的就是例外,你若花六毛只能打一个茶围,要另外再花二毛钱,一共就是八毛。至于为什么例外不随便,因为她是由同庆部降下来的妓女,本来在日租界新旅社的一家班子里,后来因为生意不佳,降到这里。但是她还是要保持原来班子里姑娘的身价,不能随便便宜,因此成为一个例外。④就社会身份而言,他们无疑处于社会的最底层,为人所不齿。

众多的影视剧给我们渲染的妓女形象,整日打扮得花枝招展,倚门迎客,有的甚至有自己的佣人,出则坐车,极为优越。实际上,妓女的生活是一种"极枯燥极板滞、极不规律而又极不自由的一种生活"⑤。就起居而言,不论哪一等,差不多都是昼伏夜动,即使没有客源时,也是在 12 点以后才能休息;有了

---

① 《津市娼妓的生活》,《大公报》1933 年 12 月 19 日(13)。
② 《日租界妓女纷纷降入谦德庄》,《大公报》1933 年 3 月 25 日(13)。
③ 《日租界妓女纷纷降入谦德庄》,《大公报》1933 年 3 月 25 日(13)。
④ 《日租界妓女纷纷降入谦德庄》,《大公报》1933 年 3 月 25 日(13)。
⑤ 天津市社会局编:《天津市妓户妓女调查报告》,1931 年,引自李文海:《民国时期社会调查丛编·底边社会卷》,福建教育出版社 2005 年版,第 539 页。

住客,就很难说什么时候才能就寝,次日午后两点起床,起床以后又要照样应对各色游客,照例到夜间12点才能休息,这大概是一种普遍的生活状况。

但是,妓女的等级不同,具体的生活情况也存在较大差异。二等妓女可以衣食无忧,住的也很舒适,表面上看她们应该是比较风光的,俨然是一种"贵族式"的生活,实则不然,尤其是精神上的痛苦,更是苦不堪言。因为她们多是本班妓女,虽然衣食由娼主提供,但是处处受到节制,如她们出入都要有毛伙跟随,身体不适,也不能自动休息,甚至带病接客也是常有的事。生意好时,待遇尚好,一旦遭遇生意萧条,就要遭遇娼主的种种虐待。三等中的"一元随便"、"六角随便",就"随便"二字,可以想象她们的自由、快乐、身体,完全由他人操控,也就是说随便谁花上六角、一元,她们的身体就完全任由他人糟蹋、蹂躏,这是多么悲惨的事情!营业不好,她们的经济收入就陷入困境;营业好的时候,身体上的痛苦就更大,生活情形,更是不言而喻!四等、五等妓女的生活,简直就可以说是非人的生活,这些妓女"有的是以娼为副业,有的又专赖为娼而养家的,差不多这一等的妓女都有家庭的连累,所以她们吃穿有时候都要发生问题,而最为难堪的就是梅毒,差不多十之八九都染有这种病,一个得不到丝毫安慰的病人的生活,除去痛苦便是惆怅了!"[①]

天津有大量下等的"土娼"或"暗娼"存在,她们无固定场所,亦无固定收入,主要服务对象是收入低下的劳工群体,被人蔑称为"狗男女"。"狗男女者,天津下等妓院之名称,次于小曲班、坐排班者也。光绪时有之,下流社会之人趋之若鹜。若曰此等男女,不择地,不择偶,而随在可合,如狗之奔走道途,急急求欢也。"[②]这些下等娼妓,收入甚微,社会地位低下,时常遭到妓院老板的毒打,有的妓女甚至被折磨致死,其身份境遇十分悲惨。

个案1:

日租界天安里,王王氏年30岁,素以养妓为生,自该处暗娼被驱逐后,王王氏大起恐慌,且有阿芙蓉癖,日不自给,虽逼令两养女大香(年15岁)、金子

---

① 天津市社会局编:《天津市妓户妓女调查报告》,1931年,引自李文海:《民国时期社会调查丛编·底边社会卷》,福建教育出版社2005年版,第540页。

② 徐珂:《清稗类钞》,第11册,中华书局1986年版,第5156页。

(年13岁),每日倚门卖笑,尚无游客,即须拉撕行人,甚至跪地叩头,哀求花钱,其一种可怜情形,附近居民,无不下泪,王王氏有规定,每日每人,须接客10人以上,否则不给饮食,尤须饱尝鞭打之苦,两养女前因天色已晚,行人绝迹,无法拉客,回家必定吃苦,遂计潜逃。①

个案2:

法租界二十四号路福寿里十二号住户唐王氏,江苏人,素以营暗娼为业,其养女王大媛,年16岁,亦江苏人,于日前不知因何身死,该氏并未报知法工部局,即私行葬埋,后经法工部局侦知,开棺验尸,验得该尸已非处女,面部有手指拧伤,背臂腿各处有木伤,委系带伤,因病身死,日内将传讯各关系人犯。②

个案3:

妓女王艳芳,年23岁,遵化人,自17岁时,即随母为娼。1935年5月,随母来津,经人介绍,搭入南市丹桂后中乐堂,操神女生涯,使用押账300元。初张收入尚佳,至七月初九日,陆续偿还69元。后因地方不靖,游人裹足,张之收入亦受影响,终日门前冷落,所入初尚勉强支持,后衣食俱发生问题。张遂向窑主要求接济食用,遂遭拒绝。后双方商定临时减少偿还金额,以维持生活。此后不料张的卖笑所入,日不足一元,窑主嫌收入太少,乃全部扣押为本利,而对妓女之食用,则置不问。张旋与窑主发生冲突,被窑主众伙砍得遍体鳞伤。③

娼妓业作为一种社会病态,其泛滥不仅有伤风化,而且与社会安定有很大关系,故娼妓问题自五四以后一直受到天津妇女界和舆论媒体的关注,各大报刊积极刊登有关废娼类的文章,呼吁废娼。"娼妓,是社会的病态现象,是人类不可磨灭的耻辱,其当禁也,无人而或疑。"④事实上,近代娼妓问题始终未能解决,并一直困扰着整个近代社会。近代废娼之所以并没有达到理想的效

---

① 《非人的生活 一对可怜虫那禁得起这样蹂躏》,《大公报》1928年11月14日(6)。
② 《暗娼中之牺牲者》,《大公报》1934年1月30日(10)。
③ 《淫窟中惨剧 妓女王艳芳得罪窑主全身被砍伤》,《大公报》1935年11月31日(6)。
④ 《废娼》,《大公报》1929年12月15日(15)。

果,实因为娼妓问题过于复杂,"在表面上看,完全是一个妇女问题,其实是整个的社会问题。"①娼妓问题之不易解决,实在因为牵涉的范围太广,"现在的社会制度经济制度和婚姻制度性道德问题如果不曾得到相当的解决,这个废娼问题也终究不会彻底的解决。"②

(二)舞 女

跳舞在欧美作为一种社交方面的娱乐,在近代传入中国,于是在社会上有了"舞女"这种职业。和普通女子职业一样,她们一部分要受环境支配和剥削者的压榨。在近代中国社会,中国舞女辛苦惨痛的生活,绝非西洋舞女所能企及,"她们不但在物质条件上没有丰满的待遇,同时在精神上还受着社会的唾弃"③。因为西洋的舞蹈在近代传入中国时就是一种含有挑拨性的娱乐,失去了其消遣价值,"男子们一进舞场,都已抱着一种神秘性的态度,完全注重伴舞的女人的肉感,至少说这种舞蹈是已失了原来正当消遣的意味了。"④

当然,妇女从事跳舞这种职业,绝不像男客那样抱着享乐的目的,更不是追求所谓的浪漫,她们绝大多数是因为遭受生活压迫的缘故,"一方面是失业妇女成千成万的在饥寒困难中为生活的挣扎着,另一方面因各国的经济侵略,国内经济破产,操卖淫贱业者的女子便广泛的增加,有的妇女因为物质生活条件的不能满足,生存是十分的困难,使他们不得不陷于道德方面的颓废,正好利用着一般社会对于性的神秘关系,她们便出卖贞操,是无法去顾及廉耻的了。自然的这种苦痛绝非她们所甘心,但是畸形发展的社会还在加紧对她们压榨,使她们不得不越发堕落下去,一变她们的尊严与高傲,而去逢迎她们所需要解决生活问题的男性;一变为满足,同时他们不吝惜的金钱,以求片刻的安慰,舞女也就是她们自己自食其力的职业出路的一种。"⑤

---

① 吴再生:《娼妓问题》,《大公报》1933 年 2 月 25 日(11)。
② 《禁娼问题之研究》,《大公报》1930 年 5 月 1 日(13)。
③ 《津市舞场消歇中舞女那有出路》(二),《大公报》1933 年 5 月 6 日(13)。
④ 《津市舞场消歇中舞女那有出路》(二),《大公报》1933 年 5 月 6 日(13)。
⑤ 《津市舞场消歇中舞女那有出路》(一),《大公报》1933 年 5 月 5 日(13)。

(三)女招待

下层女子职业中的"女招待",也是近代一种新兴的女子职业。早在19世纪70年代,上海的一些服务行业已开始雇佣女性。当时主要是一些烟馆,出于商业竞争的需要,为招揽生意,开始雇佣年轻女子跑堂,为顾客递烟送茶,时称为"女堂倌"。①应商业谋利之驱动而生的这一职业,不仅有伤风化,且与全民共诟之大烟联系在一起,同时也危及其他行业的利益,因而遭到当时社会舆论的谴责。上海道宪于1873年3月发布查禁告示,查禁各租界内使用女堂倌,并得各商业行帮的支持,女堂倌很快就被查禁,但不久就有恢复之势。事实上,女堂倌一直未能禁绝,这也反映出女子在服务行业就业已是势不可挡的事实。

民国肇造,随着工商业的发展和人们观念的变迁,服务类行业再度掀起雇佣女招待之热潮。1920年前,天津出现了充当澡堂里的"女堂倌"一业。1930年4月,《大公报》记者调查了日租界新园女澡堂里面女堂倌的生活,该堂里共有5个女堂倌,她们的月薪只有2元,饭食由澡堂供给,每天一顿面饭,一顿米饭。擦背钱,梳头发,以及绞脸钱都归她们收受,交到柜上的小账,并不分给她们。除了交到柜上的小账外,客人另有小费给她们,所以她们每月的收入,平均有20元左右。②

至20世纪20年代末30年代初,北平、天津的女招待已渐增多,娱乐场所和酒馆菜馆,甚至点心铺、冰淇淋铺,"十九雇有女子招待照料顾客"。③到30年代,各业女招待日多,以致人满为患,"自从女招待盛行以来,贫苦女子,多一出路,于是人才辈出,到处都满坑满谷,戏院、影院、茶馆、酒楼、商店等等,差不多除了浴室,都有女招待了。"④

---

① 李长莉:《晚清上海社会的变迁——生活与伦理的近代化》,天津人民出版社2002年版,第392页。
② 《津市职业的妇女生活(三十四续)——女澡堂的女堂倌》,《大公报》1930年4月25日(9)。
③ 鲁西:《北平的女招待》,《生活》第5卷第40期,1930年9月,第671~672页;汪慕庐:《津门杂识》,《生活》第6卷第22期,1931年5月,第452~453页。
④ 《女招待人浮于事》,《大公报》1933年4月16日(13)。

作为近代新兴的一种职业，许多店家常把女招待当作招揽生意的一种手段，时常打着"本号新聘女招待"和"本号新添什么菜"的广告一样去引人注意，"女招待在津市，是民国十七年北伐成功后的新兴事业。五年来风气所迫，自西餐馆、饭店的大菜部、戏院影院以至于小饭馆和茶社，差不多都拿女子招待作招徕的工具。"①

女招待的待遇较苦，但小费分配较优，一些女子为了生活的安定、舒适与满足，乐于去做女招待。虽然女招待的名称在当时似乎不怎么好听，而且并不高雅，但女子因为生活的方便，更因为舍此别无他途的关系，也只得去当女招待。"以我们天津这种都市说，大多数的'女招待'，多是因着生活的困难，以此为职业的解决。"②普通女招待的年龄是由十二三岁到三十岁，最多的还得算是十七八岁的，可是风韵犹存的徐娘和较小的少女，也会像摩登的青春姑娘一样，都有他们的"客人"。③

女招待的出身很不一致，在大餐馆或咖啡馆里，有不少受过相当的教育，能写得很好，更有能操很流利的外语，也有不少娼妓化身的女招待，谈不上什么素质可言，因此"津市女招待虽多，实际只不过畸形社会里一种畸形女子生活而已，算不得什么女子职业"④。而在许多小饭馆里，掌柜极意笼络所谓"名女招待"，以提倡门市，"本号特聘女子招待"的招贴，常和"本园新添焖炉烤鸭"的招牌，一并贴在门首。因此，雇佣女招待的小饭馆或戏院主人，颇有明为雇佣暗地施饵钓的；女招待不能守身如玉，便只得甘受他们的蹂躏。于是，便有不少的投机分子，借以喝茶吃饭，侮辱女性，致使有"影视戏院里顾客之胡乱摸索，饭馆座客之拥抱强吻"之事的发生。⑤

到20世纪二三十年代，天津的女招待人浮于事，以致工资减少，例如历任明星、春和院的一号女招待，工资初每月10元，后减为六七元，其他女招待工

---

① 《社会经济高压下津市女招待生活一斑》，《大公报》1933年12月7日(13)。
② 《天津的妇女职业——女招待生活一斑》，《大公报》1933年3月2日(13)。
③ 《天津的妇女职业——女招待生活一斑》，《大公报》1933年3月2日(13)。
④ 《社会经济高压下津市女招待生活一斑》，《大公报》1933年12月7日(13)。
⑤ 《社会经济高压下津市女招待生活一斑》(续)，《大公报》1933年12月8日(13)。

资则减为 5 元,工资减少的首要原因是"谋事者太多的缘故"①,而且初用女招待的年龄一般在十八九岁或二十多的人,到 30 年代不少是十四五岁的女子,竞争者多了,工资自然降低了。

(四)女演员

女演员作为近代新兴的女子职业之一,在清末一度有所发展,并在戏曲界中占一定的分量。但是,受传统"男女之大防"观念的束缚,女演员的出现常常遭到种种非议,官府也对此屡次查禁。这使得戏剧界一直处于男人一统天下的局面,女角往往由男艺人来扮演,女演员难登大雅之堂,只能跑江湖或在天桥等不入流的地方表演节目。

女演员真正盛行始于辛亥革命以后,这时期一些坤伶开始走上正规舞台,与男性分庭抗礼。据说,当时"女演员盛极京沪",一些大城市"捧女伶"成风。②在天津,戏剧界杰出的女艺人,如评剧白玉霜,是著名的"白派"艺人;小白玉霜,评剧"白派"白玉霜之传人,艺术上更是精益求精,达到更高的境界,并组成"再雯社",一度在天津、北京等地演出。这些女演员、女艺人,凭着对戏曲艺术的执著,冲破封建势力的种种阻挠,以女性天然的魅力,在继承传统曲艺的基础上,形成各具特色的艺术风格,占据了旦角的优势地位,充分展示了她们在艺术方面的杰出才能。

这些新兴女子职业的出现与发展,不乏女性追求经济独立的一面,但作为一种新的经营手段出现,多始于商界经营竞争的需要,其目的更多只是为了满足男性的猎奇心理,因此许多人将其视为女子职业发展的歧途,不为当时主流社会所接受。

下层妇女,可以进入工厂做工,从事女招待、舞女、女演员等新式职业,但亦有不少妇女仍然在从事一些传统的职业,如做针黹的,在天津俗话叫做"下手活",种类很多,是天津贫苦妇女们找生活的出路之一。"有的到军衣庄,在缝衣机旁缝扣子,缝帽子边的;有的到外国皮毛洋行,在货厂子的门口,缝寄往外埠包裹的,更有的坐在十字街头,替些工商各界作客的人们,缝破裤、旧

---

① 《女招待人浮于事》,《大公报》1933 年 4 月 16 日(13)。

② 易宗夔:《新世说》卷 8,第 32 页,见郑永福、吕美颐:《近代中国妇女生活》,河南人民出版社 1993 年版,第 264 页。

袜底的……这都是下层社会可怜的姐妹们干的。"①有的做针黹,是做成衣铺的活,成衣铺给客人将衣服裁好,他们的行规是照例不缝贴边和纽扣,他们只把重要的部分做好,然后就派徒弟送到一些妇人的家里,由她们缝扣子、绣花等,到了时间,裁缝铺再派人取走。

也有一些下层妇女做洗衣工,"本市洗衣业,多系小资本经营,其工人待遇,亦极艰苦,每日工作时间,达十八小时之多,而取得工资甚微,每日二三角不等。"②1933年6月,洗衣业工人为要求改善待遇,减少工作时间,及增加工资起见,曾由洗衣业职工会召集会员开会,并推代表赴市党部社会局,分别请愿,当局方面,已接受工人要求,将派员调解,改善工人待遇。

五、其他贫困群体

(一)店　员

在近代城市各种新式的百货店、批发店、零售商店中,大量雇佣店员。就其劳动性质而言,与工人不同,但他们同处于被雇佣的地位。这些人主要包括店员、店铺伙计、帮伙和学徒等,他们不仅要记账、销货、理货、送货等,还要为店主家庭打点家务,他们的劳动时间长,且无地位。在店铺中,这些店员有的有工资,有的只管吃住,每月只能拿一点的"月规钱",所受盘剥极为严重。

女店员,就是女售货员,作为近代新兴的一种女子职业,人数不多。到20世纪二三十年代,天津已有妇女进入商场和零售业做店员,"天津两大商场内,已有几家绸缎布匹店雇佣女子为卖货员,总数约有50人。"③在1930年以前,天津纯粹女子经营的商店仅有三家:日新公司、华贞女子商店、百岁公司。这些商店的店员,月薪较高的可拿二十五六元,一般可拿15元左右,除去膳宿外,可以略有结余;学徒每月仅有七八元,除了膳宿外,所余无几。他们的生活谈不上什么快乐,"一天到晚没有空闲,赚的钱又很少。最难堪的是终年没

---

① 《天津妇女的家庭职业　做针黹的生活写实》,《大公报》1933年4月16日(13)。
② 《洗衣工人一部罢工》,《大公报》1933年6月20日(9)。
③ 王清彬等:《第一次中国劳动年鉴》(第一编),北平社会调查部,1928年,第562页。

有一个休息的日子。地址在这商场里,空气既污浊,光线又不好,早上一起来就得开电灯,到晚上就睡以前,非得到门外去站一会,呼吸一些新鲜空气才觉得胸臆舒适。晚间在店里搭上一张大铺,五六个人睡在一室,又没有窗户可开,在这样的恶浊的空气度着生活,无形中在身体不知要受多少影响。"①

1933年6月2日,一个名叫"福"的小店员投函《大公报》,对店员的待遇表示同情,称:"我等弱小的商界店员,素日即呻吟于资本家之掌握下,做着各种下贱的工作,日夜无宁生,但为了生活的驱使,经济的压迫,又不能不俯首的去服从,可是他们对我们不但没有体恤的心思,且于端阳节后,为了生意稍有不佳,便将我们弱小的店员尽量开除,鄙人虽不在淘汰之内,然观诸失业同志之苦状,实难再忍,因此不怕先生与读者们的见笑,希望先生能不惜宝贵的篇幅予以发表,以便使外界人士明了与同情。"②

(二) 小商贩

"我这摊是三块钱的本钱,照顾我的没有坐汽车来的,全是拉洋车和卖苦力一类的人,我所卖的也只是些便宜的东西,如同一大子的两支烟卷,一大子一包的小吃。

从早八点到晚六点,顶多卖两块来钱,有时还一块钱也卖不出去,每天总是自己带点馒头烙饼一类的干粮和咸菜,再和旁边卖茶的王大哥要一碗水喝,也就算吃了一顿饭了。你可别笑话我,这年头柴米都是贵的,阔人觉不出来怎么样,可是穷人就受不得了。譬如拿我这里放着的洋火说吧,一人用一根,十个人就用十根,来上几十个人,一盒就完了,想起来也气人,许多抽烟卷的人自己舍不得买洋火,特意到这里来抹血(即占便宜),咳,穷人是愈过愈穷。

最不好受的是丘八太爷的气,他们见了我们卖的东西总是嫌少,有时抢一把,有时拿两包给一个大子,可是现在的队伍比从前好的多了。

……

有时老天爷也不可怜我们,不是下雨就刮大风,本来我就赚不了多少钱,

---

① 《津市职业的妇女生活(十六续)——女子商店的店员》,《大公报》1930年3月13日(9)。
② 《小店员的诉苦》,《大公报》1933年6月3日(13)。

再叫他老爷子下一场雨,刮一次风,妈啊,我真要该饿死了!"①

这是一个小贩生活的真实写照,也折射出小贩群体生活的艰辛。在中国传统社会中,小贩仅占总人口的很少一部分。随着城市商品经济的发展,社会生活发生着巨变,城市中各种摊贩、商贩数量不断增加,而且他们经营的范围、种类也在不断扩大,城市中还出现了各色流动性的商贩群体。天津是一个特殊的城市,开埠前就因商业而兴,近代以后虽然城市工业有所发展,但在城市职业人口中,仍以商人为多,除了一般的商贾之外,负贩小业亦属极多,这是工人、劳动者及其他自由职业人口所不能及的。②

在天津,各种小商小贩云集于东北马路、北门外、估衣街这一带。摊贩经营的项目繁多,主要有:瓷器摊、洋灯摊、洋货摊、钱摊、卦摊、信纸摊、手巾摊、袜子摊、刀剪摊、镜子摊、钟罩摊、书摊、带子摊、古玩摊、头发摊、鲜货摊、糖摊、铜锡摊、铁摊、洋布摊、京货摊、鞋摊、估衣摊、帖套摊、照相摊、小生意摊等。③这些小摊贩都是在靠马路边或墙根屋檐下摆设小摊,以出售零售物品为生,全家借此所获盈余为生,"小本生意,则亦仅借糊口,摊贩虽系小商,实系多数之生活。"④这些小贩人数之多,经营项目之广,几乎涉及民众日常生活的方方面面。但是,摊贩多系小本生意,每遇生活变故,常无力应对,有些心窄者,走上自杀之路。

个案1:

冯一恒,31岁,蓟县人,在天津素以贩卖青菜为生,家中老母健在,居住原籍。冯平日节省用费,将余款全数寄回原籍,奉养老母。因受人诱惑,出入各赌场,手头积蓄,荡然无存,且有亏累,念及家中老母生活,痛悔前非,遂自缢身死。因无尸亲认领,遂饬地保领尸掩埋。⑤

---

① 《街头流浪者摊贩的生活》,《大公报》1933年2月25日(13)。
② 《津市风俗调查报告》,《益世报》1932年5月5日(6)。
③ 天津市档案馆等:《天津商会档案汇编(1903~1911)》(上),天津人民出版社1989年版,第832~837页。
④ 《各街摊贩请复业 百余户因被驱逐生活困难》,《大公报》1931年7月29日(7)。
⑤ 《菜贩因赌亏累 痛悔前非自缢身死》,《大公报》1934年12月17日(6)。

个案 2：

李广田，51 岁，任丘县人，原以务农为生，十数年前随人来天津，以叫卖烧饼油条维持生活，颇称安适。近年因市面萧条，生意不佳，每日得资，不能糊口，一时心窄，拾一根麻绳，行至大闸口河沿，欲寻短见，幸被得救。①

个案 3：

商民协会的消息：有沿街收买旧货之强宝亭者，11 月 19 日清晨行经芦庄子信利马车行前，被该处七号岗警勒索贿金，强宝亭以前曾给过几次，但当天方欲上市，尚无进款，故未允许，遂遭该岗警之怒，即加殴打，后又被带往一区六所，转送公安局，以违反警章论，罚款洋 5 元，始行释放。强宝亭本是贫民，因被殴，又遭罚金，心实不甘，于是前往商民协会乞援，该会将其送往马大夫医院调治，并请该院填具伤单，呈请公安局秉公办理。②

小商贩作为城市贫民的主要构成群体之一，充斥大街小巷，他们中有的有固定的地方，但主要分布在城市的边缘，如靠近城墙角的地方；有的则走街串巷，到处跑。故有学者把这些小贩视为城市中的"边缘商人"，并从就业人数和社会结构上看，把这些小贩划为一个独立的社会阶层。③

(三) 小学教员、塾师以及部分政府职员等

义和团运动和八国联军的入侵，以及《辛丑条约》的签订，致使内外交困的清政府为维护摇摇欲坠的统治，同时为了适应风云变幻的国内外形势的需要，于 1901 年开始打出"新政"的招牌，兴办学校是其中一项重要内容。以此为契机，近代城市中小学堂如雨后春笋般获得较快发展，中小学教师人数迅速增加，他们成为构成近代城市贫民的一个特殊群体。

作为推行"新政"典范的天津，近代教育获得较快发展。据统计，1911 年天津共设有男女小学堂 104 所，从业教职人员达 700 余名。④但是，民国肇造，政局不稳，经费、师资困难，政府无力设立更多的学堂来满足社会的需求，即使

---

① 《因生意萧条老翁自缢》，《大公报》1936 年 3 月 2 日(6)。
② 《警察殴伤小贩》，《大公报》1928 年 11 月 20 日(5)。
③ 刘海岩：《空间与社会——近代天津城市的演变》，天津社会科学院出版社 2003 年版，第 217 页。
④ 罗澍伟主编：《近代天津城市史》，中国社会科学出版社 1993 年版，第 482～486 页。

已经建立的小学堂,也常常由于经费短缺而朝不保夕,小学向政府请款事件报纸常有报道。1922年9月17日《益世报》报道:"津埠自小学以上各学校暑假后虽勉强开学,照常上课,然对于经费问题,颇感困惑。实因教育经费数月未发……闻近日各小学校长之维持现状,实为一种过一日算一日之心,支持岌岌之危局……据实呈请教部速拨欠款,以救济之否。"①对于此种请款,由于政府财政支绌,毫无结果。

这些小学教员,受过一定的教育,所从事的职业也具有一定的文化要求,被视为城市中的知识分子,但是他们的薪金却少得可怜。根据1927年9月教育行政委员会颁布的《大学教员薪俸表》,对各级教师薪俸的规定:教授月薪400~600元,副教授为260~400元,讲师为160~60元,助教为100~60元。②在1932年以前,中学教员一般为时薪制。1922年以前每小时0.5~2元,1922年学制改革后,一般初中每小时为1~1.25元,高中每小时为1.75~2元。③1932年11月教育部颁布大纲,废除钟点计薪制。由于各地标准不一,不易比较。相对其他教职人员,小学教师月薪最低,自几元至数十元不等。④据1927年11月《大公报》报道,当时天津各校教员薪金,皆系前清初创学校时所规定,按银价折合,校长为49元,教员分别为40元、34元、25元。⑤即使如此微薄的薪金,政府还经常拖欠不发,为此,各校代表赴教育局请愿补发欠款,并要求加增月薪。而教育局长则表示,对于各校之困难,素所深知,时常为各校筹划,终未能如愿。欠薪尚无法措补,加薪更是无望。所以,请各校长自行解决。如此境况,小学的现状实令人担忧。

---

① 《津埠教育经费之困难》,《益世报》1922年9月17日(10)。

② 王印焕:《民国政府公教人员生活状况的演变》,《北京科技大学学报》(社会科学版),第21卷第1期,2005年1月。

③ 王印焕:《民国政府公教人员生活状况的演变》,《北京科技大学学报》(社会科学版),第21卷第1期,2005年1月。

④ 慈鸿飞:《二三十年代教师、公务员工资及生活状况考》,《近代史研究》1994年第3期,第285~286页。

⑤ 《小学教员请愿加薪》,《大公报》1927年11月16日(7)。

小学教员如此不堪的待遇,令人不能长时间安于此项工作,一旦有适当的就业机会,势必流入其他行业。因此,小学教员的服务年限一般比较短,这可从下表1933年天津市市立、私立中小学教职员服务年限的统计情况中得以体现,详见表3.12:

表3.12 1933年天津市市立、私立小学校教职员服务年限统计

项别		市 立 小 学				私 立 小 学			
		职 员		教 员		职 员		教 员	
		男	女	男	女	男	女	男	女
服务年限	一年以内	4		28	10	20	4	64	21
	1~5年	38		165	86	55	11	150	150
	6~10年	17		58	14	36	9	63	41
	11~15年	4		28	1	25	2	21	7
	16~20年	9		29	0	14	1	10	4
	20年以上	15		38	0	3		1	
	未详					2	4	8	7
	总计	87	0	346	111	155	31	317	230

资料来源:天津市政府统计委员会编:《天津市统计年鉴》(教育类),1935年,第31、35页。

从总体来看,不管是市立还是私立小学,多数教职人员的从业年限在10年以内。其中,服务年限在5年以下的教职人员共有806名,占全部教职员的63.1%;工作在10年以上的共有212人,占总数的16.6%。

一些教职人员工作年限短,工资低,而拿不到薪金也是常有的事,"竟有积欠至一年数月之久而仍旧拿不到的,也非常之多"[①]。1928年,天津市一位小学教员在《益世报》上发文,呼吁改善小学教职员待遇称:"吾人最感受压迫者,莫若经济问题,尤其是我们小学界同仁影响最甚,因我小学教职员之薪俸,仍为二十年前所规定者。近两年来,虽有慰劳金及增薪二成之实行,然较

---

① 碧云:《现代职业妇女的厄运》,《东方杂志》第33卷第15号,1936年8月,第117页。

之生活程度突进,不啻五与一之比,故在从前绰绰有余者,今已不足,从前认为尚可者,今已感觉拮据特矣。"①这些小学教员属于知识分子,在社会上的地位也算相对"体面",但是待遇如此不堪,甚至有人认为,"近代职业最清苦的要算小学教师了!"②故我们完全有理由将此类人员划入城市贫民之列。

传统时代的塾师,随着科举制的寿终正寝,身陷悲惨的境地。新学堂的兴起,使他们失去了招生的对象,在失业打击下,生活常常不堪一击。如在河东小树林魁元里十号,住有崔安政,年54岁,丧妻,遗子如山,年已12。崔于去年在魁元里十号分租汪刘氏房两间,每月租金5余元,招收学生,设私塾教读。唯因学生不多,收入不足维持生活,以致拖欠房租,达8个月之多。汪刘氏本一孀妇,别无赡养,向崔迭催索欠租,奈崔之手头拮据,无力偿付。汪刘氏特嘱其夫姊张汪氏,再度向崔逼索,发生冲突,言语之间,崔饱受屈辱。崔羞愧难当,再加之生活极度困苦,顿萌短见,遂服毒自杀。③

此外,一些政府部门供职的职员,虽然社会地位相对较高,但收入状况却不乐观。根据1933年统计的天津市政府秘书处暨处属各局职员薪俸来看,该处职员437人中,其中月入30元以下的有160人,占各局职员总数的36.6%;收入高的也不少,月入在70元以上的有110人,占到总数的25.2%。但70元以上的均集中为男性,女职员不仅供职人数少,且薪水普遍较低,全部在70元以下(详见表3.13)。这也从一个侧面反映女子就业的困难及社会地位的低下。

表3.13　1933年天津市政府秘书处暨处属各局职员薪俸统计表

俸给(元)	10~20	21~30	31~40	41~50	51~60	61~70	70元以上
男(人数)	56	103	75	45	29	11	110
女(人数)	0	1	2	1	3	1	无
合计	56	104	77	46	32	12	110

资料来源:天津市政府统计委员会编:《天津市统计年鉴》,1935年,第9页。

---

① 《小学教员之待遇》,《益世报》1928年12月15日(16)。

② 爱华:《精神的安慰》,《妇女杂志》第17卷第4号,1931年4月,第54页。

③ 《塾师末路　拖欠房租被逼服毒》,《大公报》1935年8月17日(6)。

(四) 艺　人

近代天津民众称那些演戏、唱曲、说相声评书等为职业的人是"吃开口饭"。这些吃开口饭者多在集市、庙会、街头空场卖艺,谓之"撂地",即露天演出。据《津门杂记》中记载,在城东南隅(7 处)、西北隅(7 处)、西南隅(4 处)、东北隅(10)、东门外(6 处)、西门外(27 处)、南门外(22 处)、北门外(11 处)、河北(22 处)、河东(19 处)等共有寺庙庵堂 135 处。[①]名目繁多的寺庙庵堂,定期会举办各种名目繁多的赛会、庙会等,如三月初三的谢公祠赛会,三月二十日(天后诞辰)的皇会,四月初六为天津府城隍会,四月初八为天津县的城隍会,四月二十八的药王会,端午有龙船戏,六月六日的晾衣会,七月七日的乞巧,中元节有祀祖的盂兰会,九月九日有北斗会等等。各种庙会不仅小商小贩云集于此,演戏唱曲自然也是必不可少的内容之一。庙会演出,为行走江湖的各色艺人提供了展示才艺的舞台和养家糊口的机会。同时,也锻炼了一批民间艺人,许多初到"三不管""撂地"的艺人,待到有些名声之后有人来请,才可能"登堂入室"到一些茶园、戏院演出。

1900 年庚子事变后,天津城墙被拆,艺人"撂地"行艺的市场随之缩小,庙会演戏也日渐衰微。同时演艺环境的变化,改变了艺人们的演出方式,不少戏曲艺人或入茶园搭班,或靠走街串巷维持生计。至清末民初,走街串巷的江湖艺人仍不在少数,遇上慈善的主妇兴许能获得意外的犒赏,但也有一天不开张的时候,总体而言,这些艺人的生活十分艰辛。

行走在江湖的艺人,四处漂泊,居无定所。光绪年间,有人在西门外开设了江湖艺人的公共住所,时称"生意下处"。"生意下处"只接待江湖艺人,为其"提供食宿,收费低廉,即使客房已满,店主或房客总会尽力照顾,匀出地方来留住"[②]。这是下层社会间的一种互助方式。

---

① 〔清〕张焘:《津门杂记》(卷上),天津古籍出版社 1986 年版,第 18~19 页。
② 贾长华主编:《老城旧事》,天津古籍出版社 2004 年版,第 207 页。

小　结

　　传统时代的城市贫民以城市自身的贫困群体为主，就近代天津城市贫民的来源及其成因来看，显然迥异于传统时代，入城农民是近代城市贫民的主要构成部分，而近代化过程中，广大乡村衰败，城市畸形繁荣，城乡背离化发展的推助，是近代城市贫民阶层形成的结构性原因；社会利益分配不均及保障制度的残缺，是近代城市贫民形成的制度性原因。同时，近代天津社会形式多样的社会救助，便捷的城市交通等，为众多贫困人口向天津聚集提供了便利。

　　就城市贫民的分类来看，具有明显的层次性和多样性。它不仅有相对固定收入的工人群体(无技能工人、女工、童工、季节工、临时工、工徒等)，当然，不是所有的工人都一概而论，工人内部需要分层，那些因有技能、受教育而收入较高的技术工人、领班、工目等，显然不属于此列。同时，城市贫民还包含苦力群体，如人力车夫、脚行苦力、船工、凿冰的、赶大车的等；特殊群体有娼妓、乞丐，新兴的女子职业群体有女店员、女招待、女佣、舞女；小贩、店员、中小学教员、艺人等。近代天津城市贫民来源和分类的多样性和复杂性，在一定程度上昭示着近代中国城市社会变迁的剧烈程度。

第四章 CHAPTER FOUR

贫民日常生活(一)

"很大的寒风吹着,一般贫民把头一缩两肩一耸,十分难看。许多的男子从早上就出去做苦工,直到晚间才回来。小孩子和妇女们,都到外边要饭或领粥吃。他们也没有一定的家庭,他们走到什么地方就拿草席一围,躺下就睡,十分可怜!"①

的确,贫民时常"食不果腹、衣不蔽体",终日为生存奔波,处境悲惨,但是如此形象化的语言并不足以完全地呈现出城市贫民生活的真实境况。近代天津城市贫民的日常生活究竟如何,对我们而言仍旧模糊不清。以下章节将从贫民日常生活的诸方面,包括收支、衣食住、婚嫁病丧、休闲娱乐,以及宗教信仰等进行研究,以期真实地呈现近代城市贫民生活的多彩画面。

---

① 张士芬:《贫民》,《大公报》1931 年 1 月 30 日(10)。

第一节　贫民生活大扫描

——冻！饿！死！

"我们眼睛所看到的耳朵所听到的都是社会病态的现象，人民在这种病态下的生活痛苦到了极点了。再也没有更确当的形容词，最确当的形容词就是'血'和'泪'两个字。现在一般人民的生活，可以说是在'血'和'泪'的生活中。"①

民国学者张振之先生在其所著的《目前中国社会之病态》的引论如此形容当时民众的生活。他把当时中国社会病态现象概括为六大方面②，"死亡率的激增"为其中之一，这也是毋庸置疑的事实。当然，引起各地死亡率激增的原因很多，既由各地频繁的灾荒所致，也与社会不宁、政局不稳的社会现实密切相关。关于各地死亡人数之众的事实，我们可以从当时报纸上登载的有关贫民冻毙街头的事实中得以证明。

1. 1907年9月22日《大公报》：窑洼宝成栈旁有无名男尸，倒卧身死，经报相验，系因病身死，交地方插标掩埋。③

---

① 张振之：《目前中国社会之病态》，上海：民智书局1929年版，第1页。

② 一为出洋人数的激增，二为被杀与流亡的众多，三为死亡率的激增，四为自杀的流行，五为失业者与贫民的普遍，六为苛捐杂税的有增无减。

③ 《相验倒毙》，《大公报》1907年9月22日（6）。

2.《验尸三则》(乞丐冻毙),《大公报》1911年1月14日(1)。①

3.《路毙两则》(冻饿而死),《大公报》1911年2月10日(1)。②

4.1928年11月10日《大公报》:在南大道、南市等处,发现4具无名男尸,系冻饿而死。③

5.1931年1月6日《大公报》:南市菜市大街南中药后,昨日上午,发现一具无名男尸,年约70岁,身无寸缕,经地方检验,系因冻饿身死。④

6.1931年12月18日《大公报》:因气候骤寒,市区冻毙贫民甚多,12月16日夜在南市开洼一带,冻毙乞丐5名,除1名外,其余4名均赤身裸体。经检查处验明,系因病及冻饿身死,因无尸亲,由地方官掩埋。⑤

7.1932年2月18日《大公报》:1931年冬,天气最冷的数十日,南市"三不管"一带,曾冻毙贫民10余人。入春后随着各处粥厂开办的结束,天气仍寒,2月17日,又有3名贫民冻饿身死。⑥

8.1935年1月5日《大公报》:1935年新年后,因天气寒冷,统计3日来贫民因冻饿倒毙街头的共计15人之多,经法院派员验尸后,因无尸亲认领,均由地方官掩埋。⑦

9.1935年12月1日《大公报》:据地方检查处统计,自1935年11月1日起至月底止,一个月内本市被冻毙之无名尸体,共计320具。其中大部分为吸食海洛因,无家可归之乞丐。其余则为因生计压迫以致失业之贫民。⑧

10.1935年12月30日《大公报》:自12月1日起至12月底,一月之间,南市"三不管",河北小王庄,日租界闸口,河东郭庄子及西车站等处,共计发现

---

① 《验尸三则》,《大公报》1911年1月14日(1)。
② 《路毙两则》,《大公报》1911年2月10日(1)。
③ 《四个无名鬼饥寒的牺牲者》,《大公报》1928年11月10日(6)。
④ 《积雪中之老人尸》,《大公报》1931年1月6日(7)。
⑤ 《又冻毙五人》,《大公报》1931年12月18日(6)。
⑥ 《春寒"三不管"冻死三人》,《大公报》1932年2月18日(7)。
⑦ 《冻毙贫民》,《大公报》1935年1月5日(6)。
⑧ 《津市上月冻毙尸体共三百二十具》,《大公报》1935年12月1日(6)。

无名倒毙男女尸体共 314 具之多,均经地检处派员检验。①

11.1936 年 1 月 17 日《大公报》:1 月中旬,因气候陡寒,北风怒吼,倒卧街头者大增,1 月 16 日冻毙者有 15 名,计"三不管"开洼地 12 名,西广开坑沿 1 名,河北大经路福昌里口外 1 名,小刘庄开洼 1 名。②

12.1936 年 2 月 24 日《大公报》:各暖厂结束后,因气候仍如隆冬,一般贫民,身既乏衣,腹又缺食,故冻馁而死者甚多。2 月 23 日经地方发觉,呈报法院验尸者共有 10 具之多,计河东十字街南口铁道东 1 具,"三不管"8 具,河北西窑洼 1 具。③

13.1936 年 2 月 28 日《大公报》:2 月 27 日,发现冻毙尸体 5 具,计小站地方 1 具,南市"三不管"3 具,日租界大福里 1 具,均由当地地方呈请法院请验。④

翻阅晚清民国的报纸,如果是在冬天,本埠新闻栏内便大量登载在一夜寒风怒号中冻死了数十数百或上千的贫民乞丐的新闻;假如是在夏天,酷暑烈日下,马路上因中暑而亡的苦力又会有好几十个;瘟疫流行之时,贫民窟的人们又会成千上万地死亡,甚或是人烟绝迹。此外盗匪案、抢劫案、诈骗案、拐卖案、谋杀案、自杀案,更是触目皆是,占据报纸的相当篇幅。但这些记载也许还不及实际情况的十分之一或百分之一,因为这些登载出来的,仅是新闻记者耳口所及,而且不受干涉的才能刊载出来。至于新闻记者没有接触到的,或接触到受人干涉而不能发表的,不知还有多少呢!

上述几则有关贫民因病、因饿、因冻而死的报道,是笔者从天津《大公报》本埠新闻栏中信手拈来的几条事例,这与全国各地大量贫民死于沟壑的事实相比,也许远不及实际情况的百万分之一。当然,若能将各个时期、各个地方此类事件的报道,一幕一幕地按序排列起来,便可说是当时中国社会贫穷死亡现象的实在记录。因篇幅所限,笔者仅能列举几例,希望能对近代城市贫民的悲惨生活有一个直观的了解。

---

① 《昨又发现冻尸十七具 本月共达三百余》,《大公报》1935 年 12 月 30 日(5)。
② 《天气严寒北风怒吼中冻毙十五名》,《大公报》1936 年 1 月 17 日(5)。
③ 《冻尸十具》,《大公报》1936 年 2 月 24 日(5)。
④ 《贫民五人冻毙》,《大公报》1936 年 2 月 28 日(5)。

以上仅是对近代天津贫民悲惨生活所做的较典型的描写,如果要真正透彻地了解这些城市贫民生活的真实状况,我们必须深入其内部,对其家庭基本收支状况、衣食住等方面,进行细致入微的分析,才可能洞悉他们生活的真实境况。

第二节 收入与支出

收入与支出是衡量家庭生活水平的晴雨表。一般而言,上层社会通常为高收入群体,与之相伴的是生活上的高消费。而城市贫民,作为一个低收入群体,与之相适应的是生活上的低消费。但是,要想彻底地理清城市贫民真实的收支情况实属不易,因为这一群体庞杂,收支不一,更关键的是他们的日常工作不稳,收支也随之不稳,故不可能获取有关他们收支状况的系统资料,即便是零星地获取一些,也是残缺不全。唯有工人,属于贫民群体中相对稳定的群体,对他们的收支状况进行考察,可以在一定程度上折射出下层民众的基本生活水准。

一、收入概况

新中国成立后,由于受社会政治氛围的影响,学界对工人的研究多是从工运史的角度出发,意在强调资本家对工人的剥削,工人政治上受压迫,经济上受剥削,工作环境恶劣,劳动时间长,劳动强度大,工人不断进行反抗斗争(由自发的经济斗争,后转化为自觉的政治斗争)等,成为学术研究的一种范式。

一部工厂史、工运史,就是工人的血泪史。许多城市都有工运史研究,如《重庆工人运动史》、《武汉工人运动史》、《天津工人运动史》,尽管研究的地点不同,所采用的数据有所差异,但是研究模式和结论却是惊人的雷同。翻阅民国时期的史料发现,工人的生活绝不像我们头脑中固化的黑灰画卷,工人收入尽管低微,但是工作之外,他们也有自己的日常生活、闲暇娱乐、社会网络等。况且,工人阶级绝非铁板一块,不同的群体、不同家庭、不同对象,收支也相差悬殊。接下来我们首先对工人阶层各群体之基本收支状况进行分析研究。

工资的意义,各国立法,对其有不同的释义。一般而言,"成年男工的工资必须足以供给他和他的妻子儿女的生活需要为标准,成年女工的工资,以她本身的生活需要为标准。生活需要,是要以维持身体的健康与适当舒适为条件,所以物价升降时,工资也要随着物价比例升降,这样劳资双方庶得其平。"①也即是说,男工的工资标准首先是能够维持工人本身及家属最低限度的生活,使他们健康、舒适地生活,而成年女工的工资则以维持自身的生活需要为最低标准。并且工人的工资要与物价指数相当,随物价的升降而发生相应的变动。

在资本主义社会里,工人劳动力可以当作商品来出卖,工人的工资由劳动力的价值所决定,并围绕劳动力价值上下波动。但是,晚清民国时期,城市社会中由于移民的大量涌入,社会上存在着大量的无业和失业人口,导致劳动力市场处于供过于求的状态,因此,工人的工资时常被限制在很低的水平,许多工人的工资甚至无法维持劳动力生产和扩大再生产所必需的生活资料的水平。虽然1929年12月国民政府已颁布了《工厂法》,并对工人最低工资作出规定:"工人最低工资的规定,应依各工厂所在地之工人生活状况为标准。"②但能够依照《工厂法》去做的工厂寥若晨星,而且这种规定又太过空泛,"不单是没有规定最低不得低过多少,并且没有规定规定最低工资率的机关,劳动因此而享受到的实惠就太少了。"③

弄清城市贫民中工人的具体收入情况,也不是一件容易的事。工资作为工

---

① 耀辉:《工资问题的探讨》,《劳工月刊》第3卷第11期,1934年11月1日,第8页。
② 耀辉:《工资问题的探讨》,《劳工月刊》第3卷第11期,1934年11月1日,第4页。
③ 耀辉:《工资问题的探讨》,《劳工月刊》第3卷第11期,1934年11月1日,第9页。

人阶层收入的主要来源,由于工人阶层内部的差异,不同群体的工资情况不尽相同。如工头、技术工人、非技术工人、工徒之间存在着较大不同,男工、女工、童工之间也存在很大差异;同一工种,所在部门不同,收入差别极大;有的工厂按月计算工资,有的则是按日计算,也有的是计件工资;有的工人在工资之外,还可拿到一定数额的奖金、红利等,有的工人则除了由业主提供膳宿之外,几乎没有工资;常年工和季节工之间,工资差别也很大。凡此种种,均可导致工人阶层内部收入的千差万别。

就全国工人而言,不同地方、不同产业、不同劳工群体之间,其收入往往相差悬殊。据1930年工商部的调查,全国男工月工资,上海最高为50元,安庆最低为3元,多数城市普通男工的月工资在15～20元;女工月工资,苏州最高为25元,南通最低为5元,多数城市普通女工月工资在10～15元;童工月工资,上海最高为21元,镇江最低为2元,多数城市普通童工月工资5～10元。男女童工工资的差异因城市而异。有的城市差异较为悬殊,如宁波、福州等;有的差异相对较小,如苏州、杭州、汉口等;而有的则几近相同,如镇江和九江(详见表4.1)。造成工资差异的因素与各城市的产业结构、经济发展水平等密切相关。但大多数城市工人月工资均在20元以下,此数用作一家之生活费,其不足显而易见。

表4.1　1930年国内主要各城市工业工人人数工资及工时统计表

地名	平均每人每月工资(单位:元)								
	男工			女工			童工		
	最高	最低	普通	最高	最低	普通	最高	最低	普通
上海	50.00	8.00	15.28	24.00	7.00	12.50	21.00	5.00	8.70
苏州	35.00	7.00	16.00	25.00	9.00	15.00	16.00	3.00	9.00
无锡	30.00	7.77	20.00	21.00	15.00	17.10	13.50	9.00	10.50
武进	34.00	5.50	14.00	13.97	7.50	11.50	9.45	4.75	6.75
镇江	42.30	6.00	15.00	15.00	7.20	15.00	10.50	2.00	10.50
江都	23.00	4.00	8.10	—		8.10	—	—	2.00
南通	35.00	6.00	23.11	13.47	5.00	13.47	9.75	4.39	8.59
宜兴	43.00	7.00	13.50	—		12.00	17.10	2.00	9.60

续表

地名	平均每人每月工资(单位:元)								
	男 工			女 工			童 工		
	最高	最低	普通	最高	最低	普通	最高	最低	普通
南京	30.00	6.50	10.80	—	—	—	—	—	7.50
杭州	38.00	7.20	13.50	20.40	8.00	12.33			5.10
嘉兴	40.00	4.00	22.00	22.00	9.00	19.87	6.00	6.00	15.60
宁波	24.00	7.50	24.00	18.00	8.00	9.00	—		6.00
安庆	25.00	3.00	8.40	—		6.00			6.00
芜湖	35.60	4.00	16.00			12.60			7.20
蚌埠	30.00	8.00	10.85	24.00	8.00	8.90			9.00
九江	29.66	6.00	15.00	—		15.00			6.50
南昌	22.88	5.50	13.00						
汉口	41.00	8.00	19.50	19.20	6.00	19.20	9.00	3.00	4.50
武昌	30.25	9.00	18.00	17.00	—	12.93	9.00	—	8.46
大冶	—	—	16.00						6.00
青岛	24.00	8.00	15.00			15.00			10.00
广州	30.00	7.50	10.62			7.50			6.00
顺德	18.83	5.00	18.83			18.75			8.40
佛山	48.12	6.67	12.50			6.00			3.75
潮安	—	—	27.50						
汕头	35.00	7.66	15.54	22.00	—	8.00	13.00	2.00	6.00
梧州	29.16	4.56	22.50			10.50			4.00
福州	33.00	12.00	18.00	21.00	10.00	12.00	9.00	3.00	8.00
厦门	40.00	18.00	24.00	20.00	10.30	20.00	10.00	—	8.00

资料来源：工商部编印：《全国工人生活及工业生产调查统计总结报告（一）》，"国内主要各城市工业工人人数工资及工时统计表"，1930年。

当然，行业不同，工资差别也很大。据1928年天津市社会局对天津市各大工厂及中小工厂工人之月平均工资的统计，以三星面粉厂工人月平均工资为最高,计29.70元;北洋火柴厂工人月平均工资最低,计3.48元。最高月入是最低收入的8.5倍有余。就各大纱厂的月平均收入而言,也很不一致,宝成纱厂工人的月平均工资为最高,计16.81元;恒源纱厂工人月平均工资为最低,计8.75元(详见表4.2)。月平均收入最高的面粉业是月收入最低的火柴业的近8.5倍;同为纺织业,月平均收入差别也在1.9倍以上,此差别不可谓不大。

表4.2　天津各大工厂每月平均工资比较数(单位:元)

厂别	平均工资	厂别	平均工资
裕元纱厂	13.81	丹华火柴厂	7.84
恒源纱厂	8.75	北洋火柴厂	3.48
宝成纱厂	16.81	荣昌火柴厂	5.81
北洋纱厂	11.26	寿丰面粉厂	22.73
华新纱厂	9.65	民丰面粉厂	18.66
裕大纱厂	10.58	大丰面粉厂	20.16
久大精盐厂	18.34	嘉瑞面粉厂	18.78
永利制碱厂	15.27	三星面粉厂	29.70
竟成造纸厂	16.44		

资料来源:天津市社会局编印:《天津特别市社会局一周年工作总报告(1928.8~1929.7)》,1929年,第787~789页。

另据20世纪20年代,天津日人商业会议所对天津市各业工人日工资的调查,各业中待遇较好的属洋服成衣工、玻璃制造工,平均每日最高可达1.7元和1.90元;待遇较差的属烟草制造工和火柴制造工,工人工资每日最低时不到0.2元,女工每日普通工资不足0.3元,男工也仅有0.4元左右(详见表4.3)。由此可见,工人工资的行业差别之大。

表4.3　1927年天津各业劳动者每日平均工资表(单位:元)①

职务	最高	最低	普通
木匠	0.85	0.60	0.65
泥匠	1.40	0.68	0.76
石匠	1.18	0.67	0.73
砌砖匠	0.74	0.57	0.63
盖屋顶工	0.72	0.59	0.63
铅铁匠	0.81	0.62	0.68
安玻璃工	0.85	0.66	0.69
油漆匠	0.77	0.62	0.65
洋服成衣	1.70	0.66	1.07
鞋匠	1.58	0.36	1.00
电气工	1.19	0.44	0.68
印刷工	1.45	0.24	0.63
玻璃制造工	1.90	0.20	1.0
绵丝纺织工(男)	1.03	0.28	0.47
绵丝纺织工(女)	0.80	0.24	0.37
烟草制造工(男)	0.93	0.19	0.37
烟草制造工(女)	0.32	0.19	0.26
火柴制造工(男)	0.96	0.28	0.44
火柴制造工(女)	0.44	0.18	0.28
面粉制造工	1.00	0.40	0.60
制革工	0.76	0.29	0.42
骨粉制造工	0.75	0.35	0.42

资料来源：王清彬等:《第一次中国劳动年鉴》(第一编)，北平社会调查部，1928年，第48~52页。

化工工业作为近代新兴的工业，工人待遇一般较优。塘沽永利制碱公司作为当时中国唯一一家制碱工厂，1927年4月北平社会调查部曾派员至塘沽，

---

① 王清彬等:《第一次中国劳动年鉴》(第一编)，北平社会调查部，1928年，第48~52页。

对该公司工人薪金进行调查,在各类工人的月薪中,工匠20.40元,火夫17.31元,助手10.19元,艺徒8.34元,常工9.04元,工人平均月薪为11.25元。①

同一行业,因企业经济效益、分配方式的不同,收入也有很大悬殊。以纺织业为例,各大纱厂的月平均收入以宝成纱厂的为最高,计16.81元;恒源纱厂工人月平均工资为最低,仅8.75元。就日工资而言,最高的为裕元纱厂,计2.1元;最低的为华新纱厂,计0.2元。最高日工资是最低日工资的10倍有余。②显然,工人的收入与企业的经济效益密切挂钩,效益好的企业,工人待遇自然较优,反之则较差。

同一企业内部,工人收入的高低多寡与工作性质、技术技能等有很大关系。如在福星面粉公司中,工人工资以机器部和面粉部为最高,其待遇情形亦较优,工长月资为80元,值班月资最高为46元,最低为44元;其余机工工资,最高月资38元,最低18元;小工系临时雇佣,无特长,其工资最高每月为15元,最低为10.5元。一般工人的工资约10元。工长的工资是一般工人工资的8倍(详见表4.4)。

表4.4 福星面粉公司工人工资比较表

工别	工人人数	最高工资(月计)	最低工资(月计)
面粉部大工	37	80.00	18.00
机器部大工	24	80.00	18.00
麦库小工	12	10.50	10.50
搭磅	10	11.00	10.50
口袋房	3	12.50	12.50
粉库小工	14	10.50	10.50
抬煤	6	11.00	10.50
下脚	6	11.00	11.00
洗棉纱	1	10.50	

---

① 林颂河:《塘沽工人调查》,北平社会调查所,1930年,第231页。
② 吴瓯:《天津市纺纱业调查报告》,天津市社会局,1931年,第15~16页。

续表

工别	工人人数	最高工资（月计）	最低工资（月计）
缝口	4	13.00	12.00
接一号	6	12.00	12.00
接二号	2	11.00	11.00
接杂号	4	10.50	10.50
接三四五号	6	11.00	11.00
管袋撒筹	4	10.50	10.50
杂活	4	10.50	10.50
倒麦仓麸子	9	10.50	10.50
合计	152		

资料来源：吴瓯：《天津面粉业调查报告》，天津市社会局，1931年，第23~24页。

天津造胰工业，一般规模较小，工人工资不高，技师或工头每月最多为25元，最少为15元，平均为20元；工人或工匠工资的多寡，与技术的精湛，入厂年限久暂等有很大关系。在一些规模较大的造胰工厂中，入厂年限在3年以上，最高每月为20元，最低10元；[①]对于那些技术不甚精练者，每月最高为5~6元，最低不过2~3元。对于那些初入工厂的学徒，是不支薪的，但每月月终厂方依学徒劳动勤惰状况，分给1元，至旧历年节亦有赏节费之举。[②]由此可见，虽同属于工人，但技术工人、工长的工资，远远高于普通工人，因此不能将所有工人一概而论，统一划入贫民行列。

工人的工资，除与工作性质、技术技能有关外，还与入厂久暂有关。在裕元纱厂内工人分为甲乙两种，新入厂的甲种工人，有部分是没有工资的，只管饭食，半年后每日可得0.03元，两年半以后，每日可得0.12元，四年后每日可得0.25元；另外一种工人，一入厂每日就可以拿到0.1元以上的工资，两年半后每日可得0.25元，四年后增加到0.35元（详见表4.5）。显然，入厂年限愈

[①] 王镜铭：《天津造胰工业状况》，河北省立工业学院工业经济学会，1935年，第42页。
[②] 王镜铭：《天津造胰工业状况》，河北省立工业学院工业经济学会，1935年，第43页。

久,收入就越高。

表4.5 天津裕元纱厂每日工资表(单位:元/日)

入厂年限	甲 种		乙 种	
	食 费	工 资	15岁以上工资	15岁以下工资
新入者	0.15	—	0.13	0.15
半年后	0.15	0.03	0.13	0.15
一 年	0.15	0.06	0.15	0.17
一年半	—	—	0.17	0.19
二 年	0.15	0.09	0.20	0.22
二年半	0.15	0.12	0.25	0.25
三 年	0.15	0.15	0.28	0.28
三年半	0.15	0.20	0.31	0.31
四 年	0.15	0.25	0.35	0.35

资料来源:王清彬等编:《第一次中国劳动年鉴》(第一编),北平社会调查部,1928年,第228页。

注:甲种类似为学徒,乙种为工人。

近代天津社会是一个新旧杂陈的社会,与新式企业工厂同时并存的还有一些传统的手工工厂,这些工厂技术设备落后,劳动生产率低下,工人工资相对较低。据1926年调查,天津面粉业工资,旧式磨坊工厂中,多系按工给资,每磨麦一石,给银1角2分,工人每人每日可得工资3角6分,饭食由雇主供给;新式面粉工厂,不管饭,工资按月计算,按日付给,小工平均每日可得大洋3~4角,引擎房及面粉厂工人每日可得银7角,停工放假,照付工资。①

性别也是影响收入的重要因素。近代各工厂企业为了节省资本,获取利润,经常雇佣大批女工,女工虽然与男工做同样的工作,但是所得工资与男工相比,却低得多。据1929年天津市社会局对天津市地毯工厂工人工资的调查,每月最高工资,男工为18元,女工则为5元,童工为10元;每月最低工资,男

---

① 王清彬等:《第一次中国劳动年鉴》(第一编),北平社会调查部,1928年,第256页。

工为1元,女工为5元,童工为0.5元。① 又如在国布工厂,每月最高工资,男工为16元,女工为9元,童工为1元;每月的最低工资,男工为2元,女工为6元,童工为0.3元。② 由此可以,男工最高工资远远高于女工和童工,女工最高工资与最低工资悬殊无几,童工的最高工资和最低工资则相差较大。此外,常年工和临时工之间的工资也存在很大差异,如表4.6:

表4.6　1927年天津女工各级工资人数表

每日工资	工　　人　　数		
	常年工作	季节工作	共　　计
2角以下	200	1553	1753
2角至4角	2532	50	2582
4角至5角	3022		3022
共计	5754	1603	7357

资料来源:王清彬等:《第一次中国劳动年鉴》(第一编),北平社会调查部,1928年,第554页。

上表统计资料显示,常年工和季节工对女工收入的影响,在最低一级工资2角以下的女工中,季节工有1553人,占调查女工总数88.6%;2~4角这一级工资中,季节工仅有50人,不足2%;最高的4~5角一级中,则全为常年工。季节工多属临时性,工资自然相应较低。

在一些票号、银号等金融机构及工厂中,也大量使用学徒。这些学徒在学习期间是拿不到工资的,只给极少的津贴(又称"月规")。不仅拿不到工资,生活上还要受到摧残与折磨。如在一些票号中,对学徒选择和要求非常苛刻,选用学徒注重乡土关系,多为本县人,还要查其三代,看相貌等。学徒进号后,

---

① 吴瓯主编:《天津市社会局统计汇刊》(工业),"天津市地毯工厂工人工资比较",天津市社会局,1931年。

② 吴瓯主编:《天津市社会局统计汇刊》(工业),"天津市国布工厂月计工资最高最低比较",天津市社会局,1931年。

"每天起早搭黑干勤杂活计,一二年内不让接触业务,只管饭,不发工资。"①在天津的一些银号中,学徒要跑送拨码、拨条、番纸,以及站柜台应对来客、伺候经理沏茶倒水等一切零事,受号内各部分指挥,但是薪酬待遇却很低。1912年前,学徒头3年无月薪,3年后月薪从1吊开始(只够剃头打辫用);1912年后,学徒月薪为2元,年终馈送,第1年5~10元,第2年10~15元,第3年20~25元。②又据1929年南开大学经济学院对天津市地毯业261名学徒调查显示,这些学徒是不支付工资的,只有膳宿费由匠师担任。在261名学徒中,有1/4的学徒,其衣服由匠师供给。学徒期满后,援例得一笔礼金,6~40元不等,最普通的在18~24元之间。③

就总体而言,学徒的待遇,大部分不佳。在一些小作坊中,匠师对雇佣的学徒尤为苛刻。有时学徒不仅工作过度,且其食品缺乏充分的营养。许多匠师对学徒训诫也极为严厉,"无论有无过犯,匠师则随意鞭笞"④。学徒若不是家中发生婚丧大事,是不准回家的,还有更为严厉的规定,目的是让这些学徒没有离开匠师的机会。

综上观之,贫民中收入相对稳定的工人,即使是在效益较好的企业,月收入也不过15~20元(如各大纱厂的普通工人),低的仅有3~5元(如烟草、火柴等行业的工人),有的甚至拿不到工资。就一般情况而言,在20世纪30年代,工人月工资平均不超过10元,最高平均25元,最低平均不过5元有余;每日平均不到0.4元,最高平均0.8元,最低平均不到0.2元。⑤

这时期就全国工资的整体水平来看,其他主要城市的情况与天津大致相同。依据工商部1930年对全国各主要城市工人工资的调查显示,工人月工资一般在10~20元上下徘徊(详见表4.7)。

---

① 天津地方志编修委员会编:《天津通志·金融志》,天津社会科学院出版社1995年版,第87页。

② 天津地方志编修委员会编:《天津通志·金融志》,天津社会科学院出版社1995年版,第93~94页。

③ 方显廷:《天津地毯工业》,南开大学经济学院,1930年,第76页。

④ 方显廷:《天津地毯工业》,南开大学经济学院,1930年,第76页。

⑤ 《天津市工厂检查报告书(二续)》,《劳工月刊》第4卷第9期,1935年9月1日,第16页。

表 4.7　1930 年国内主要城市工人工资统计表①

地　名	每人每月平均工资（单位：元）		
	男　工	女　工	童　工
上海	15.28	12.50	8.70
南京	10.80	—	7.50
汉口	19.50	19.20	4.50
武昌	18.00	12.93	8.46
青岛	15.00	15.00	10.00
广州	10.62	7.50	6.00
厦门	24.00	20.00	8.00

资料来源：工商部编印：《全国工人生活及工业生产调查统计总结报告（一）》，"国内主要各城市工业工人人数工资及工时统计表"，1930 年。

工人作为城市贫民阶层中收入较高，且相对稳定的群体，以其 10~20 元的收入，养活自己自然没有太大问题，但若要维持家中妻儿老小的生活，就时常显得捉襟见肘。如果遇到失业，其生活情形更是不堪设想。由工人的收入状况，可以推知贫民阶层中其他群体的收入不会比工人高，生活状况也不会比工人优越。

就这时期世界范围来看，中国工人的收入也是很低的。据清末农工商部调查，美国每日男工 3~6 元，女工 2~6 元；中国城市工人中，男工每日 2 角至 2 角 40 文，女工 1 角至 1 角 80 文。然就工作时间而论，美国工人每日劳动 8~10 小时，法、瑞工人每日劳动 9~12 小时，日本、中国的工人则需工作 10~14 小时。"盖劳动多而工值贱者，莫我职工若矣。"②中国工人虽然工作时间长，待遇方面却根本无法与其他国家相比。在天津各工厂企业中，多数工人工资水平很低，一般月收入在 10~15 元之间。微薄的收入，往往难以维持自身劳动力的再生产，供养全家更显得力不从心。

近代城市贫民阶层收入低微，不独天津，其他各地也是普遍存在的，诚如

---

① 工商部编印：《全国工人生活及工业生产调查统计总结报告（一）》，"国内主要各城市工业工人人数工资及工时统计表"，1930 年。

② 《振兴工商业意见书》，《东方杂志》第 8 卷第 8 号，1911 年 10 月，第 6~7 页。

《中国经济年鉴》对当时中国城市贫困人口状况所做的描述:"收入甚少之极其普遍的现状。中国工人家庭,大多是依赖家长工作为生活的情形,较之欧美工人,有过之而无不及。至于城市间,苦力之收入微少,生活贫苦(如棚户之林立),更可证明中国城市间劳动界至少有半数以上,没有充分的收入来度贫穷线以上的生活。"①斯言信哉!

二、物价变动与收支

工人工资的意义,一方面要维持工人及家属最低限度的生活费用;另一方面随物价的变动,工资要适当升降,以便"劳资双方庶得其平"。②近代随着物价的上涨,工人的货币工资也有所增加,但是工人工资的增长幅度,远远抵不上物价的上涨速度。以 1911~1921 年为例,这一时期天津各种日用品的价格增长了 2 倍有余,如人们日常食用的大米,由 1911 年每斤 4 分,到 1921 年增长到 10 分,增加了 2.5 倍;玉米由每斤 2.5 分增加到 6 分,增加了 2.4 倍。而棉布由每英尺 30 分增加到 45 分,增加了 1.5 倍(详见表 4.8)。

表 4.8 1911~1921 年天津市日用品价格变动情况统计表(单位:分)

价格 种类	1911 年	1915 年	1918 年	1920 年	1921 年
大米(斤)	4	5	6	8	10
小米(斤)	3	4	5	7	8
玉米(斤)	2.5	3.3	4.5	5	6
面粉(斤)	4	5	6	8	10
猪肉(斤)	12	14	16	22	25
棉毛(英尺)	30	30	33	40	45
棉布(英尺)	3	—	—	8	12

资料来源:吴弘明译:《天津海关十年报告书(1912~1921)》,见《天津历史资料》第 13 期,第 70 页。

---

① 实业部中国经济年鉴编纂委员会编:《中国经济年鉴续编》(第二章人口),上海:商务印书馆 1935 年版,第 53 页。

② 耀辉:《工资问题的探讨》,《劳工月刊》第 3 卷第 11 期,1934 年 11 月 1 日,第 8 页。

从上表可以看出,这时期人们日常物价增长了 1.5～2 倍有余。同时期工人工资也保持一定的增长,但只提高了 50% 左右。也即是说,工资的增幅远赶不上物价的增幅。这时期工人工资增长情况大致见表 4.9：

表 4.9　1911～1921 年天津市劳工工资变动情况统计表(单位：分)

年份 工种	1911 年	1915 年	1918 年	1920 年	1921 年
非熟练工	20	22	25	30	30
泥瓦匠或木匠	30	35	40	50	50

资料来源：吴弘明译：《天津海关十年报告书(1912~1921)》,见《天津历史资料》第 13 期,第 70 页。

劳工的工资虽然也在增加,但是物价的涨幅不断持续增高,房屋租金也在增加,如此抵消,导致工人的实际生活水平并未随着工资的增加有所改善,甚至辛苦所得不足以养家糊口。故 20 世纪二三十年代的劳资纠纷源源而起,绝非空穴来风。就具体行业而言,此种问题依然严重。以 1926～1929 年天津市面粉业工人真实工资与货币工资的比较中同样可以证实这种现象,如图 4.1：

图 4.1　天津市面粉业工人真实工资与货币工资的比较图(1926 年全年平均=100)

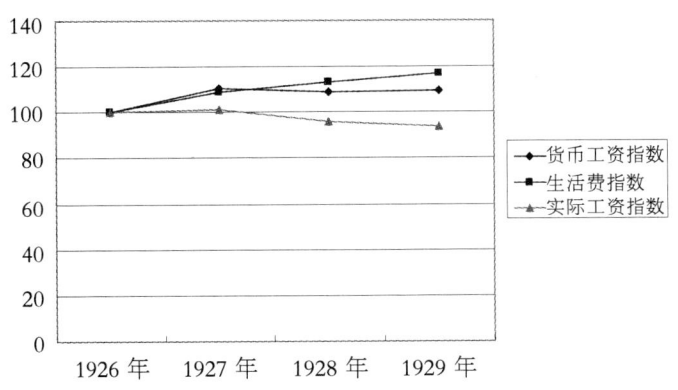

注：(1) 上图为 1926 年至 1929 年天津面粉业工人货币工资与生活费指数比较所得的真实工资指数。(2) 1926 年、1927 年、1928 年为全年各类平均指数,1929 年 1 月至 6 月份各类平均指数。

资料来源：王子建：《天津面粉厂工人及工资的一个研究》,见北平社会调查所：《社会科学杂志》第 2 卷第 4 期,1931 年 12 月,第 471 页。

上图从总体看，1926～1929年4年中，工人生活费指数和货币工资指数均呈上升趋势，而实际工资指数则呈下降趋势。就具体工人的货币工资而言，个别年份有所下降，但从总趋势上看仍呈上升趋势，其中，1927年与1926年相比，平均增加了10%以上。1928年、1929年比1927年相比虽然有所下降，但是相对1926年还是增加了8.5%和9.3%。反观这一时期工人的实际工资，4年中（除1927年比1926年增加1%有余外）非但没有增加，反呈下降的趋势。1928年比1927年下降了5.5%，比1926年下降了4%；1929年比1928年下降了2%，比1926年下降了6.3%。货币工资与真实工资相比较，前者虽在逐年增加，后者反而在减少，这导致工人的实际工资水平在下降。这即是说，工人的工资虽然增加了，但工人的生活程度非但没有改善，反而换取的生活必需品却是越来越少，工人的生活每况愈下。这主要因为物价增长过快，促使工人真实工资远低于货币工资。当然，此现象不独天津面粉业如此，近代其他行业也依然存在。

　　无疑，工资是工人收入的主要来源，但并不是唯一来源。以天津塘沽久大精盐公司的工人为例，他们的收入除基本的工资外，还包括申薪、奖金、溢盐金、加工津贴等。① 此外，每逢阴历年节时，还有物品与金钱的馈赠，自1927年3月后，该项折为现金，每月大洋7角5分，久大工人各项具体收入情况可参看表4.10：

---

①　申薪，就是每年第13个月的工资，又可称为"年底双薪"；奖金，按照工作的成绩，酌定多少，人人必有，按期发放；馈赠，就是每逢过节，厂里发给的物品与金钱；溢盐金，俗名"袋子钱"，是久大工厂的特有津贴，奖励精盐量的增加；加工津贴，奖励额外工作的。后两项只在某种时期，发给一部分工人。

表4.10　1927年久大86位住厂工人各项收入全年平均数目表①

收入分组	人数	每人各项收入全年平均数（单位：元）						每人每年收入总平均数
		工资	奖金	申薪	溢盐金	馈赠	加工津贴	
115~140元以下	23	91.26	13.87	7.33	9.70	8.97	0.18	131.31
140~165元以下	35	102.42	17.55	7.99	12.58	8.92	—	149.46
165~190元以下	21	117.42	20.20	8.97	20.14	8.96	0.16	175.85
190~215元以下	3	123.00	21.03	9.83	31.70	9.00	—	194.56
215~240元以下	3	177.00	19.67	13.66	—	9.00	—	219.33
240~265元以下	1	214.38	17.30	17.50	—	8.97	—	258.15
各组合计	86	107.72	17.41	8.43	13.74	8.95	0.09	156.32
		百		分		比		
115~140元以下	26.7	69.5	10.6	5.6	7.4	6.8	0.1	100.0
140~165元以下	40.7	68.5	11.7	5.3	8.4	6.0	—	100.0
165~190元以下	24.4	66.8	11.5	5.1	11.5	5.1	0.1	100.0
190~215元以下	3.5	63.2	10.8	5.1	16.3	4.6	—	100.0
215~240元以下	3.5	80.7	9.0	6.2	—	4.1	—	100.0
240~265元以下	1.2	83.0	6.7	6.8		3.5		100.0
各组合计	100.00	68.9	11.1	5.4	8.8	5.7	0.1	100.0

资料来源：林颂河：《塘沽工人调查》，北平社会调查所，1930年，第135页。

从上表可以看出，久大工人全年工资平均为107.72元，占工人全年总收入的68.9%。其他各项收入合计平均为48.60元，占全年总收入的31%有余，而奖金一项就占到11.1%。除此以外，其他杂项收入合计占工人全年总收入的近20%，工人的这些收入在一定程度上有助于改善工人及家庭的生活。

就工人的日常开支而言，不外乎衣、食、住三大方面的费用。以塘沽久大精盐厂为例，在久大556名工人中，住厂工人就有420人。这些住厂工人住在

---

① 林颂河：《塘沽工人调查》，北平社会调查所，1930年，第135页。

工厂提供的工人室里,不用纳房租和付燃料费,故工人的开支,除衣食外,就是杂项开支了。交通费和交际费本属于杂项开支,因在久大住厂工人的开支中很为重要,特另成两项,表明住厂工人用费的特点。具体各项开支情况详见表4.11:

表4.11　久大86名住厂工人5项支出全年平均数目表

收入分组	人数	每人五项支出全年平均数(单位:元)					每人每年支出总平均数
		食品费	衣服费	交通费	交际费	杂费	
115~140元以下	23	74.62	20.98	8.00	7.86	9.29	120.75
140~165元以下	35	76.97	17.87	5.65	9.98	11.40	121.87
165~190元以下	21	82.28	18.28	4.80	12.90	14.23	132.49
190~215元以下	3	76.28	14.75	—	10.64	7.04	108.71
215~240元以下	3	90.33	25.93	2.00	14.81	12.10	145.17
240~265元以下	1	77.80	13.80	1.30	6.40	13.66	112.96
各组合计	86	78.09	18.93	5.75	10.28	11.43	124.41
百分比							
115~140元以下	26.7	61.8	17.4	6.6	6.5	7.7	100.0
140~165元以下	40.7	63.2	14.7	4.6	8.2	9.4	100.0
165~190元以下	24.4	62.1	13.8	3.6	9.7	10.7	100.0
190~215元以下	3.5	70.2	13.6	—	9.8	6.5	100.0
215~240元以下	3.5	62.2	17.9	1.4	10.2	8.3	100.0
240~265元以下	1.2	68.9	12.2	1.2	5.7	12.1	100.0
各组合计	100.0	62.8	15.2	4.6	8.3	9.4	100.0

资料来源:林颂河:《塘沽工人调查》,北平社会调查所,1930年,第138页。

从上表看,在各项开支中,食品费一项是久大工人日常开支中最重要的用费,各组工人每人每年的食品费自74.62元到90.33元不等。86位工人的平均数为 78.09 元,占平均支出数的 62.8%。根据恩格尔系数计算法①,食品支出占消费总支出的比例在 60%以上,即为贫困。由此可见,调查的这 86 名久大工人的生活水平,均处于贫困状态。

衣服费的开支仅次于食品费,位居各项开支的第二位。久大 86 位住厂工人的衣服费开支自 13.80 元至 25.93 元不等,占各收入组支出数的 12.2%~17.9%;总平均数为 18.93 元,占工人各项总支出数的 15.2%。

交通费就是工人回家所用的旅费,通过对久大工人籍贯的分析,得知久大工人以山东、直隶的乡间农民为多,这些人的家庭观念一般较强,喜欢在闲暇或年节期间回家,故交通费是久大住厂工人的一种特别费用,在各项开支中占 4.6%。

交际费就是工人日常人际交往的一项杂项开支。本来交际费是可多可少的,但是久大工人以山东、直隶人为多,山东人素重义气,天津人爱讲面子,因此他们很讲交际,费用支出自然较多。"遇有远来的亲友,不免请吃饭,管住店,招待一番,逢年过节,又要买鱼肉蔬菜,送到至好乡亲的家里去。"②此外,婚丧饯行,需要随份子,同村乡亲回家,又要送礼或带东西回家等。凡此种种,导致久大工人的交际费随收入的增加而增加。在久大 86 名住厂工人中,每年的交际费自 6.4~14.81 元不等,平均占各项开支的 8.3%。这也是久大工人的一项特殊开支。

杂费是除上述 4 项开支外的另外一项重要开支,主要包括用具、教育、宗

---

① 恩格尔系数是德国统计学家恩思特·恩格尔阐明的一个定律。就是随着家庭和个人收入增加,收入中用于食品方面的支出比例将逐渐减小,这一定律被称为恩格尔定律,反映这一定律的系数被称为恩格尔系数。即食品支出总额占消费支出总额比率。恩格尔系数 = 食品支出费用÷消费总支出费用×100%。恩格尔定律主要表述的是食品支出占总消费支出的比例随收入变化而变化的一定趋势。揭示了居民收入和食品支出之间的相关关系,用食品支出占消费总支出的比例来说明经济发展、收入增加对生活消费的影响程度。一个国家、地区或家庭生活越贫困,恩格尔系数就越大;反之,生活越富裕,恩格尔系数就越小。国际上常常用恩格尔系数来衡量一个国家和地区人民生活水平的状况。根据联合国粮农组织提出的标准,恩格尔系数在 60%以上为贫困,50%~59%为温饱,40%~49%为小康,30%~39%为富裕,低于 30%为最富裕。

② 林颂河:《塘沽工人调查》,北平社会调查所,1930 年,第 145 页。

教、婚丧、卫生、嗜好、娱乐、新年费等几项,开支数目与交际费相差无几,全年平均开支为11.43元,占总开支的9.4%。杂费通常与人民的生活水平密切相连,直接体现着居民对城市生活的参与程度。一般而言,杂费所占比例越高,居民参与城市活动的程度相应越深。久大工人各项杂费的具体数,可参看表4.12:

表4.12 久大86名住厂工人杂费细目表

收入分组	人数	每人各项杂费全年平均数(单位:元)								每人全年杂费平均数
		用具	教育费	宗教	婚丧	卫生	嗜好	娱乐	新年	
115~140元以下	23	0.41	—	—	—	1.62	3.15	1.74	2.37	9.29
140~165元以下	35	0.69	0.18	0.09	1.46	1.63	2.93	1.91	2.50	11.39
165~190元以下	21	0.79	0.07	—	—	2.06	4.05	3.35	3.90	14.22
190~215元以下	3	—	—	—	—	1.17	1.00	1.00	3.87	7.04
215~240元以下	3	0.07	—	0.67	—	1.85	4.45	0.40	4.67	12.11
240~265元以下	1	4.10	—	—	—	2.56	1.00	2.00	4.00	13.66
各组合计	86	0.63	0.09	0.06	0.59	1.73	3.23	2.13	2.95	11.42

资料来源:林颂河:《塘沽工人调查》,北平社会调查所,1930年,第146页。

在上表各项杂费中,以嗜好费开支最大,每人每年平均为3.23元,占各项杂费总数的28.3%;其次为新年费,再次为娱乐费、卫生费等项。就嗜好、娱乐费的数额来看,不算很大,但是在工人杂费开支的比例中,两项合计约占杂费支出的46.9%,不可谓不大。但就工人杂费的总体支出情况来看,10个月仅有11.42元,仅占工人各项支出的9.2%。由此可见,久大工人参与城市生活的程度并不高。

收入是工人工资、福利等方面的实际所得,而支出则是用来维持工人生活质量的实际付出。一般而言,两者之间成正比,即收入多了,工人的消费支出就会相应增加,生活质量就会较高;反之,就会相应减少,生活质量就会相对较低。实际情况的确如此,通过对久大工人收支情况的对比发现,收入高的工人,支出相对较多,收支抵消后,少有亏短;而那些收入较少的工人,收支抵消后,不少出现短款现象。久大工人的收支情况对比具体可参见表4.13:

表4.13 久大86名住厂工人各项收入、支出全年平均数目表(元)

收入分组		115~140	140~165	165~190	190~215	215~240	240以上	各项合计
人数		23	35	21	3	3	1	86
全年收入平均数		131.31	149.46	175.85	194.56	219.33	258.15	156.32
全年支出平均数		120.75	121.87	132.49	108.71	145.17	112.96	124.41
盈余	人数	15	30	21	3	3	1	73
	平均数	22.12	33.99	43.36	85.86	74.15	145.19	39.37
亏短	人数	8	5	—	—	—	—	13
	平均数	9.45	10.77	—	—	—	—	9.95

资料来源:根据林颂河的《塘沽工人调查》,北平社会调查所,1930年,第135、138页两表绘制。

从上表不难看出,工人全年工资收入超过190元的极少,仅有7人,占所调查工人总数的8.14%。绝大部分工人全年收入在150元徘徊,按月计算不足12.5元。在调查的这86名工人当中,有73人年平均收入超过年平均支出,占调查工人总数的85%,年盈余为40元左右。每年入不敷出的工人有13人,占调查工人数总数的15%,亏损额平均为9.95元。这13名亏损工人中,均是收入较低者,年收入全部集中在115~165元之间,而年收入在165元以上的工人,收支抵消后却无一人出现亏短。其亏损的原因,皆因曾告假回家,一方面扣去工资申薪,另一方面又要开支交通费,因而短亏。所以,久大工人的收入,若是养活工人自己,尚不至于有亏短,但若遇有交通费、婚丧费等方面的开支,就会发生短亏现象。

久大工人的情况,在近代各企业中情况算是较好的,若不足以反映城市贫民的基本收支状况,我们可以从另外一个社会调查进行分析验证。北平社会调查所与南开大学社会经济委员会合作,于1927年9月1日至1928年6月

30日连续10个月,共304天,对天津132家手艺工人家庭进行调查,这132家的住址是按旧警区分配,其中南区(新警区:第二区)69家,中区(新警区:第三区)1家,西区(新区:第四区)52家,北区(新警区:第五区)9家,特二区1家。当时天津的贫寒之家多集中于城西北一带,这次调查选取的家庭以南、西两区为多,故这个调查更能在一定程度上反映下层社会的生活情形。这次调查涉及132家570人,分为4组,人数最多的一组平均收入在150~200元之间,详见表4.14:

表 4.14 天津手艺工人 10 个月内之平均每家收入（1927～1928 年）

收入分组	各组家数	每家等成年男子	职业收入（元）					非职业收入（元）						收入总计（元）
			家主	主妇	儿童	其他家人	合计	房租	馈赠	赈济	津贴	借入	合计	
150 元以下	23	2.9	127.23	7.87	—	0.27	135.37	—	0.81	0.09	—	1.13	2.03	137.40
150~200 元	60	3.0	158.38	6.84	3.04	3.64	171.90	—	0.80	0.11	—	0.20	1.11	173.01
201~250 元	44	3.8	177.47	2.36	17.11	12.73	209.67	4.44	1.83	0.13	0.91	0.36	7.67	217.34
251 元以上	5	4.5	183.98	10.32	21.43	23.40	239.13	—	14.33	0.20	2.00	—	16.53	255.66
四组合计	132	3.3	160.29	5.66	7.90	6.83	180.67	1.48	1.66	0.12	0.38	0.41	4.04	184.71
			百				分			比				
150 元以下	18		92.60	5.73	—	0.20	98.52	—	0.59	0.07	—	0.82	1.48	100.0
150~200 元	45		91.54	3.95	1.76	2.10	96.36	—	0.46	0.06	—	0.12	0.64	100.0
201~250 元	33		81.66	1.09	7.87	5.86	96.47	2.04	0.84	0.06	0.42	0.17	3.53	100.0
251 元以上	4		71.96	4.04	8.38	9.15	93.53	—	5.60	0.08	0.78	—	6.47	100.0
四组合计	100		86.78	3.06	4.28	3.70	97.81	0.80	0.90	0.06	0.21	0.22	2.19	100.0

资料来源：冯华年：《天津手艺工人家庭生活调查之分析》，《经济统计》第 1 卷第 3 期，1932 年 9 月，第 501 页。

（一）活生常日民贫

从上表中可以看出，132 户手艺工人家庭中，10 个月收入在 150 元以下的家庭有 23 户，占调查户数的 17%；10 个月收入在 200 元以下的则有 83 户，占到调查总数的 63%；10 个月内在 250 元以上的家庭仅有 5 户，占调查户数的 3.8%。每户家庭的收入又可分为职业收入与非职业收入两类。①很明显，职业收入是家庭收入的主要来源，占家庭总收入的 97.81%。非职业收入分为馈赠、赈济、津贴、借入等，只占总收入中很小的部分，根据上表计算，这部分非职业收入平均仅占家庭总收入 2.19%。

在调查的 132 户家庭 10 个月内职业收入中，最少者为 135.37 元，最多者为 239.13 元，平均为 180.67 元。其中，家主的工资是一个家庭收入的主要来源，10 个月平均收入为 160.29 元，占家庭总收入的 86.78%。而且收入越低的家庭，家主收入在家庭收入中所占比例就越高，收入在 150 元以下的家庭，家主收入占家庭总收入的 92.6% 以上。除家主之外，家庭的其他成员，如主妇、儿童及家庭其他成员的职业收入，平均占家庭总收入的 11.03%。

总体而论，天津手艺工人家庭的收入水平与中下层工厂工人相接近，家庭 10 个月收入一般集中在 150～200 元之间，月收入平均在 15～20 元之间，处于勉强养家糊口的状态。

调查的这 132 户手艺工人家庭生活费的支出分为食物、衣着、房租、燃料、杂费 5 项。各项具体支出情况见表 4.15：

---

① 职业收入为全家男女服劳之所得，非职业收入包括房租、馈赠、津贴、借入五项。劳工家庭所住之房屋，多系向房主租住，月付房租若干，故房租之支出为生活费中必要之一项；"馈赠"为年节亲友致送礼品之折价，所赠礼品如馈饼，此项收入由调查员以市价折价而得；"赈济"系慈善机构或个人施舍衣食等物之折价，由调查员随时估计而得；"津贴"为亲族所予之补助费。

表 4.15 天津手艺工人 10 个月内之平均每家支出（1927~1928 年）

收入分组	各组家数	平均每家人数		平均每家 10 个月之支出(元)						收入总数（元）	盈(+)或亏(-)（元）	职业收入（元）	盈(+)或亏(-)（元）
		实在人数	等成年男子数	食物	衣着	房租	燃料(内含水费)	杂项	合计				
150 元以下	23	3.8	2.9	95.85	10.58	18.50	19.05	9.17	153.15	137.40	-15.75	135.37	-17.78
150~200 元	60	4.1	3.0	99.40	9.83	22.35	22.39	8.31	162.28	173.01	+10.73	171.90	+9.62
201~250 元	44	4.8	3.8	126.87	11.76	30.09	23.53	11.19	203.44	217.34	+13.90	209.67	+6.23
251 元以上	5	5.4	4.5	143.10	13.24	39.60	33.37	9.10	238.41	255.66	+17.25	239.13	+0.72
四组合计	132	4.3	3.3	109.59	10.73	24.91	22.60	9.45	177.29	184.71	+7.43	180.67	+3.39
				百				分		比			
150 元以下	18	—	—	62.59	6.90	12.08	12.44	5.99	100.0	100.0	-11.46	100.0	-11.66
150~200 元	45	—	—	61.25	6.06	13.77	13.80	5.12	100.0	100.0	+6.20	100.0	+5.60
201~250 元	33	—	—	62.36	5.78	14.79	11.57	5.50	100.0	100.0	+6.39	100.0	+3.45
251 元以上	4	—	—	60.02	5.55	16.61	14.00	3.82	100.0	100.0	+6.74	100.0	+0.03
四组合计	100	—	—	61.81	6.05	14.05	12.75	5.33	100.0	100.0	+4.12	100.0	+1.65

资料来源：冯华年：《天津手艺工人家庭生活调查之分析》，《经济统计》第 1 卷第 3 期，1932 年 9 月，第 505 页。

（1）日常生活日用

根据上表数据可以推算，无论组别、家庭人数多少，4组手艺工人家庭10个月内食物消费支出所占总支出的比例旗鼓相当，平均为61.81%。根据恩格尔系数，食物支出在各种消费支出中占的比例越高，生活就越贫困，恩格尔系数在60%以上，生活水平就为贫困。由此可以推断，大部分手艺工人之家庭处于贫困状态。更重要的是，这种贫困是一种社会意义上的"结构性的绝对贫困"①。同时，收入越高的家庭，其衣食、房租、燃料支出的费用就越高。这并不意味着这类家庭消费水平的提高，而是由于家庭人口多的缘故。

另外一个值得注意的现象是，各组家庭10个月的杂费支出相差无几。杂费通常包括祭祀、教育、交通、卫生、交际费用等。杂费支出是家庭日常消费支出中弹性最大的部分，也最能反映一个家庭的生活程度。"贫寒之家，收入俭啬，一饱而外，他无所图者，非不之欲，力不逮也。"②故观察生活费中食物及杂用两项开支的此消彼长，此起彼落，更能洞悉人民生活程度的高下。这132户手艺工人家庭10个月的杂费支出平均为9.45元，占总支出的5.33%。③在各项杂费中，以嗜好为最大一项，10个月仅有1.56元，平均每月约为0.16元；卫生次之，其中包括清洁与医药两项，清洁中的洗澡、理发，10个月全家所费不过9分左右，平均每月不足一分。④杂费支出如此之低，足以反映其生活的节俭及其贫困化程度。

从整体来看，此132户手艺工人家庭10个月日常消费支出，各家食物支出在总支出中所占比例旗鼓相当，同时杂项消费也相差无几，说明这132家手艺工人家庭的消费结构大致相同，生活程度基本没有太大的差距，绝大部分家庭处于最低的贫困状态。诚如冯华年先生分析的那样，天津手艺工人之家庭，

---

① 李金铮：《收入增长与结构性贫困——近代冀中定县农家生活的量化分析》，《近代史研究》2010年第4期。

② 冯华年：《天津手艺工人家庭生活调查之分析》，《经济统计》第1卷第3期，1932年9月，第506页。

③ 冯华年：《天津手艺工人家庭生活调查之分析》，《经济统计》第1卷第3期，1932年9月，第505、526页。

④ 冯华年：《天津手艺工人家庭生活调查之分析》，《经济统计》第1卷第3期，1932年9月，第527页。

"食物不足以养生,衣服不足以御寒,居室则陋而且隘,诚最低之生活也。"①

在近代天津城市劳工中,不论是经济效益较优的久大工人,抑或是较为贫困的手艺工人之家,维持基本生存的衣食住方面的费用,占工人生活支出的绝大部分。其中,家庭收入的80%用于吃饭、穿衣和房租方面的支出,而交通费、交际费,以及教育、宗教、婚丧、卫生、嗜好、娱乐、新年费等杂费,合计均不到20%。不难理解,这些劳工群体,为了苟延生活,几乎无力顾及交际、教育、卫生和娱乐等。在这些家庭中,除了基本的生活必需品外,已没有余钱用作其他方面的消费,有时甚至连生病吃药的钱也无着落,现代社会所提供的物质文明和精神文明实难与他们有缘。

多数下层家庭因仅靠一个家主的收入难以维持家用,唯有全家投入劳动,才能得以勉强糊口:

"在他们的家庭里,很少有独自在度着有闲阶级的享乐生活,不论是男的、女的、老的、少的,他们各自有一种他们应有的事情,博得一宗收入,辅助家庭生活,虽然他们一个个脸上,多半表现出贫血的病态,衣服是褴褛不堪,居室是狭隘,没有光线,谈不到卫生,吃食是粗粮,可是他们很有20世纪欧美各国的家庭合作的精神,他们不了解人生的娱乐是什么,他们终天的辛苦,他们最大的奢望,吃一些精美的食品,做一件时髦的衣服,他们身上感受着病的痛苦,他们都不肯停止了他们的工作,其余的旷工而求快活的事,那的确是不多见得呢。"②

为生计所迫,每个家庭成员都要尽量工作,赚取收入以贴补家用。这种所谓的全家总动员的"合作"精神,更多的是生存压力下的无奈选择。此种现象,在天津市城市贫民中广泛存在。据1929年南开大学经济学院对天津市317家织布工业的手艺工人家庭进行的调查,这些工人除自身受雇于织布业外,其他家人亦有职业者占调查工人全数的2/3,实计为204家。大致而言,家人中1人有职业者有102家,2人者59家,3人者30家,4人者12家,5人者1家。合

---

① 冯华年:《天津手艺工人家庭生活调查之分析》,《经济统计》第1卷第3期,1932年9月,第531页。

② 《天津内部的解剖 中下级社会操作极勤》,《大公报》1933年5月24日(13)。

计其家人有职业者共 374 人,其中 147 人为父亲,216 人为兄弟,5 人为伯父,3 人为妻子,3 人为儿子。①在该行业的学徒家庭中,有 504 家(占总数的 90%)的家人有职业。除学徒自己外,家中 1 人有职业者 309 家,2 人有职业者 135 家,3 人有职业者 53 家,4 人有职业者 7 家。学徒家人中共计有 766 人有职业,其中 419 人为父亲,299 人为兄弟,38 人为伯叔,8 人为祖父,2 人为母亲。②此种情况,在其他行业也大体相似。③

为了更好地生存,工人在下工后再找些零活做,如拉洋车,接外活;妻子做女工、帮佣、缝穷夫、掐菜④、做外活⑤、绣鞋⑥、糊纸盒、装火柴、装烟卷、剥柴禾等;孩子当童工、拾破烂、捡煤核、乞讨、打小空等,以维持家计。也就是说,

---

① 方显廷:《天津织布工业》,南开大学经济学院,1931 年,第 66 页。

② 方显廷:《天津织布工业》,南开大学经济学院,1931 年,第 80 页。

③ 如 1929 年,南开大学对天津市 113 家针织业工人家庭进行的调查,除工人外,有其他家人有职业者有 100 家,大致家人中 1 人有职业者 74 家,2 人者 25 家,3 人者 1 家。其他家人有职业者共计 127 人,其中 84 人为工人之父亲,35 人为工人之兄弟,5 人为工人之妻子,3 人为工人之母。见方显廷:《天津针织工业》,南开大学经济学院,1931 年,第 63 页。

④ 天津市西方一带,有一种女子家庭工作,为帮助自己的丈夫或父亲来贴补家用,这种工作叫做"掐菜"。所掐的菜只是"绿豆菜"一种,把每一颗绿豆菜的网端掐去,也就是俗语所说的掐"鬏子"。每掐一斤,报酬仅 4 枚铜元。每一个女人,假若这一天并不做任何的家庭工作,只掐菜,她们的速率最高的每天可以掐 10 斤,可收入 40 枚。普通的每天掐六七斤,就算是能干的了。做这种工作的,有的是一家里只有一个女子做,但也有的是全家人一齐动手去做。她们掐菜一部分是供给法租界各菜市,一部分是供给华界各菜市,也有一少部分供给杂货铺。她们做这种工作也要经过"介绍人"的介绍,保证她们不至于把菜给骗走了。见《女子职业之一——掐菜》,《大公报》1934 年 3 月 13 日。

⑤ "外活"是天津市许多女子家庭工作的一种,专替估衣铺"做活",尤其是冬季,做棉裤或棉袄。每做一件棉袄或棉裤的报酬是 30 枚或 40 枚。这种报酬的多少不是以"活"的好坏为标准,而是由介绍人的"面子"的厚薄为转移。一个女子每天能做 4 件算是能手,平均起来不过做 2 件或 3 件。见《女子职业之二——外活》,《大公报》1934 年 3 月 17 日。

⑥ 天津市有些女孩子由于家庭经济困难,乘闲暇时替各鞋铺或各大鞋店做绣花鞋。每绣一双的报酬是 60 枚。每人每天,假设不做任何其他工作时,能绣 3 双或 4 双。但平均起来,只能做 2 双或 3 双,做这种工作也多需要保人。见《女子职业之三——绣鞋》,《大公报》1934 年 3 月 20 日。

即使工人妻女也参与社会劳动,工人在正常的工作之余再做些零活,这些收入加起来若能够维持家计,也是比较心满意足的事情。但事实上,许多家庭成员,即使女性、儿童都外出做工,也很难维持最起码的生计。

因此,在这些贫民之家,部分家庭的收入相对较高,主要是因为家中人口多,有劳动能力者也多,职业收入与人口少的家庭相比,相应要多些,但这并不意味着这些家庭的生活程度提高了。这些家庭主要是通过增加家庭劳动人口数量,达到增加家庭收入之目的,这是一种"过密型"增长方式,显然不是解决家庭生计问题的正常发展路径。诚如冯华年先生所言:"试思一家男女,老幼而外,全体动员于吃饭问题之解决,弃置家务于不顾,老者无奉,幼者无育,就令其收入较多,非真福耶。"[1]同时,那些收入较高的家庭也并不意味着生活程度就一定比收入低的家庭要高,因为家庭人口多了,消费自然也随之增加。

三、收支与家庭储蓄

一个家庭储蓄额的高低,一定程度上取决于他们收支后的盈余状况,故我们也可以从家庭的储蓄状况中,反映一个家庭的生活状况。一般而言,收支后有盈余的家庭,储蓄额可能相对较高,而无盈余的或有亏损的家庭,自然不可能有储蓄。

近代有一些企业也鼓励工人储蓄,劳工方面常因收入低下,甚至不敷支出,故储蓄额甚微。如塘沽的久大精盐公司,为养成工人节俭的习惯,奖励工人储蓄,规定储金自大洋5角起,可随意存储。每月发薪时,由庶务员经手存储,支付收据。每月储存大洋一元,给月息一分,随同工资发给。工人需汇款回家,可由存款中支付;公司代办汇票及邮寄手续,不取分文。公司这种奖励储蓄的方法,有利于把工人用血汗赚来的钱储存起来,化零为整,将本求利。同时,帮助工人把辛苦积攒的储金寄回家乡,抚养家中老幼,花费在适当的地方,这在一定程度上也利于维护乡村秩序的稳定。久大创办储蓄的初衷在于

---

[1] 冯华年:《天津手艺工人家庭生活调查之分析》,《经济统计》第1卷第3期,1932年9月,第503页。

积少成多,让全体工人共同享受这种利益。厂方在每次发薪时,总是千方百计鼓励工人储蓄,但实际并没有收到理想的效果,"因为厂方竭力鼓励工人储蓄,很有些人存一二元钱到厂里来塞责"①。这一点,我们还可以从久大工人的储蓄人数与储蓄金额数的分析中得以证实,见表4.16:

表4.16 久大工人总人数与储金人数比较表

年　月	总人数(人)	储　金　者	
		人　数(人)	百分比(%)
1926年1月	508	403	79.3
2月	503	414	82.3
3月	495	413	83.4
4月	521	400	76.8
5月	512	380	74.2
6月	504	368	73.0
7月	498	370	74.3
8月	478	348	72.8
9月	475	353	74.3
10月	575	348	60.5
11月	478	342	71.5
12月	552	336	60.9
每月平均数	508.25	372.9	73.4
1927年1月	558	413	74.0
2月	563	440	78.2
3月	561	403	71.8
4月	555	416	75.0
5月	570	399	70.0
6月	561	371	66.1
每月平均数	561.3	407.0	72.5

资料来源:林颂河:《塘沽工人调查》,北平社会调查所,1930年,第108~109页。

---

① 林颂河:《塘沽工人调查》,北平社会调查所,1930年,第152~153页。

从久大1926年及1927年上半年的工厂总人数与储金人数观察，就平均数来看，储金人数占总人数的73.4%，另约有1/4的工人是没有储金的。这些工人不存储金，主要有三方面的原因：其一，对储金用意存在着某种程度的误解。存取储金不仅手续麻烦，而且受办公时间的限制，取款时还需向厂方说明缘由，临时急用，甚为不便。另有一些工人以为，储金存在公司里，为的是汇款便利，如不需汇款，又何必存款呢？再加上工人存款数额非常有限和中国信用制度的不发达，工人宁愿把钱放在自己身边，冒着失盗的危险，也不愿意存在厂方。其二，使钱会的发达。久大工人多为同村同姓，彼此知根知底，利于使钱会的产生。此外，久大工人不少有可靠的收入和一定的住址，使得这项组织更容易发达起来。故许多有实力存款的工人，大多不去存做储金，而是存入使钱会，这样储金的人数自然就少了。使钱会作为久大工人的一个重要组织，它不仅是个储蓄机关，还是一个借贷机关。凡是使钱会的工人，每月须存大洋2~5元，在急需用钱时，就可领得一笔款项，然后按月摊还。其三，住家工人的影响。久大的住家工人数，1926年冬有78家，1927年住家工人增加到136家。[①]这些住家工人又多是本地的居民，他们愿意把款项拿回家用，比存在工厂更为便利。

若仅就储金人数来看，不足以说明储金和工人的关系，真正能反映储金和工人关系的，是工人储金的实存数额。接下来我们可以对久大工人1926年全年和1927年上半年的工人提取、实存金额的情况进行分析，详见表4.17：

---

① 林颂河：《塘沽工人调查》，北平社会调查所，1930年，第6页。

表 4.17　久大工人每月新存提取实存与每人平均储金数比较表（单位：元）

年　　月	新存款数	提取款数	储金实存数①	每月每人平均数
1926年1月	6855	443	4931	12.24
2月	4122.5	549.5	8494	20.52
3月	1100	1035.5	8553.5	20.72
4月	1784	1786	8482	21.21
5月	446	3365	5563	14.64
6月	460.5	1427	4586.5	12.46
7月	663	723	4526.5	13.01
8月	470.5	462.5	4534.5	13.03
9月	326	616.5	4244	12.02
10月	543	483.5	4303.5	12.37
11月	360	933	3730.5	10.91
10月	397	618	3509.5	10.44
每月平均数	1460.6	1036.9	5454.9	14.46
1927年1月	1792	564.5	4737.5	11.47
2月	3123.5	257	7603.5	18.06
3月	742	2745	600.5	13.90
4月	635.5	1531.5	4704.5	11.31
5月	593	1181.5	4116.5	10.32
6月	765	431.5	4451	12
每月平均数	1275.2	1118.5	4368.9	12.84

资料来源：林颂河：《塘沽工人调查》，北平社会调查所，1930年，第112~113页。

由上表数字可以看出，1926年全年和1927年上半年，尽管工人每月的储金数目不同，但每月储金实存数的变动，大致呈相似的趋势，即每年1月稍涨，2月份实存款数达到一年中的最高点，3月份骤减，4月之后涨少落多，至12月份达到一年中的最低点。这是因为，每年阳历2月为阴历的新年，双薪奖金先后发放，工人的经济力量陡增，储金数也随之大涨，储金的实存数自然也会随之腾高。2月过后，虽有新的储金存入，但为数很少，且提款数大大增加，

---

① 储金实存数等于每月的旧存加新存，再减去提取的结果。

故实存数大减。1926年3月为例外,因为这个月久大的汇兑业务不通,故存款人数增多,储存金实数也随之增加。此后,每月每人的平均存款数而言,也和储金实存数呈大致相同的趋势,每月数目变化不甚明显。

又如,天津的面粉业,也提倡工人储蓄。民丰年记面粉公司特定了工人储蓄办法:凡工人之储蓄金,由该厂出纳科收存,按月息一分二厘,但工人实际存款数额却很少,"多以供给家用,故储蓄者甚鲜"[①]。工人的收入,要供养家人,他们若有了疾病,还要请假,还要医疗,这样势必导致收入减少而支出增加。此外,他们也需要一定的应酬,或一些意外的花销。所以,"他们是绝难稍有积蓄的,并且有许多是入不敷出,甚至债台高筑呢!"[②]

故从总体上观察,工人的储金数额不大,每月都有大批款项提取,完全和活期存款的形式相同,这不可能真正达到储金的目的,也在一定程度上折射出部分工人的经济状况。

---

① 吴瓯:《天津市面粉业调查报告》,天津市社会局,1931年,第55页。
② 《怎样救济失业工人》,《大公报》1934年3月17日(13)。

第三节 衣食住面面观

衣食住是人们物质生活的基本内容,也是衡量人们生活水准高低的基本指标。近代中国城市贫民收入低下,决定其物质生活的简陋,但其简陋程度究竟如何,国内书报少有翔实记载。况且各地风俗习惯各异,生活状况也势难尽同。对近代天津城市贫民的衣食住等基本状况,笔者尽力搜求,仅得部分资料,引述如下,以窥其生活之一斑。

一、食:"白水作稀饭"

"饿了!妈妈!"阿桂坐在一个粗短的矮凳上,歪着头儿,满脸含着悲意地向他的母亲说道。

阿桂的母亲朱王氏,是一个年约三十余岁的中年妇女,车夫朱永清的妻室。

"我真饿了!昨天还吃了三个窝窝头,今天又是正午了,连一个窝窝头也吃不着。妈妈!我真饿了!老早就肚里空了!"阿桂因看着他母亲只顾低头缝衣,而对于他的面包问题,似乎不甚注意,所以又接续地半哭半恼地述说。

"好宝宝！你再等一会吧！爸爸就会回来,爸爸一定同你带窝窝头回来,你再等一回(会)吧！好宝宝！"……

"爸爸得要什么时候才回来？我现在饿极了！妈妈！"……

"等一会爸爸就会回来,你到外面去玩一玩吧！"究竟朱永清要什么时候回来,朱王氏自己也不知道……"

自从朱永清在早上拉着车出去以后,朱王氏和阿桂就一粒未入口,忍耐饿下去,现在已经是黄昏,天幕已由灰色、深灰而进为乌黑了,人家都是正在吃食他们的晚餐,然而,永清仍未归来,朱王氏和阿桂还是饿着肚儿,在等待她的丈夫和爸爸,等待为他们带些窝窝头归来。

"饿了！妈妈！"阿桂再也不能忍耐地哭道。

"……"朱王氏也不知要如何回答的沉寂下去了。[①]

这是一个饥饿的孩童和无奈的母亲,在等待一个父亲和丈夫归来的画面,生活的心酸跃然纸上。当然这不仅仅是阿桂一家生活情景的反映,也是众多在饥饿线上挣扎的城市贫民日常生活的一个写照。饮食能直接地反映一个家庭的生活状况,如果一个家庭连基本的饮食问题都无法解决,其生活的贫困程度就可想而知。

饮食也是人们物质生活方面极容易测量的一类,就是人们每天吃什么,吃了多少的问题。这是一个看似简单的问题,但要真正弄清楚也非易事,尤其是要弄清楚一个多世纪以前,城市贫民的饮食情况,更是难上加难。笔者在这里无意去了解城市贫民每天究竟吃的是什么,吃了多少,不同时期呈现何种变化。这里的关注点不在这些细节,而在于了解近代城市贫民的整体饮食情况,以及是否达到了基本的温饱状态。

近代城市贫民因收入低下,饮食结构极为单一。1927年北平社会调查部与南开大学社会经济委员会合作,对天津132家手艺工人家庭饮食进行的调查显示,这些家庭日常所食的粮食中,近2/3是粗粮。只有富有之家,鸡鸭鱼肉为日常必需品。贫寒之家,只有在逢年过节时能尝一尝荤腥。白菜为北方的土产,贫富贵贱皆通用,也是这些贫寒的手艺工人家庭的常食之物,"素菜以白

---

① 《饿了》,《大公报》1930年4月10日(15)。

菜为最要,以其价廉味甘也"①。天津虽然"鱼之种类甚多",但对这些手艺工人家庭而言,所食"量则极微",鸡蛋的消费量,平均全家10个月不过5枚有余。②具体这些手艺工人家庭的食物费用的分配情况详见表4.18：

表4.18　天津手艺工人家庭10个月内平均每家食物费用之实数与百分数

食物种类	月支出费用(元)	百分比(%)
米面类	66.91	61.1
豆及豆制品类	5.48	5.0
蔬菜类	12.57	11.5
肉类	7.90	7.2
蛋及牛乳类	0.14	0.1
鱼及海味类	3.22	2.9
调味类	4.63	4.2
油类	5.65	5.2
糖及粉类	1.29	1.2
瓜果类	0.69	0.6
杂食类	1.11	1.0
食物总计	109.59	100.0

资料来源：冯华年：《天津手艺工人家庭生活调查之分析》，《经济统计》第1卷第3期,1932年9月,第509页。

据上表可以推算出，当时天津手艺工人家庭每月购买食物支出平均为109.59元，其中米面类月支出为66.91元，占家庭食品费用的61.1%。就食物的种类来看，面食居多，蔬菜、肉类则很少。"设以各物之消费值达食物费百分之一为重要与否之分际,则天津手艺工人之重要食品凡十五种,其中谷食六种,蔬菜四种,肉食两种,余为调味。"③当然，富有家庭的食品可以随时令而更易，贫者所食，则少有变化，"通岁食此几样食品,除果腹之外,宁复有何乐趣。"④这些下层苦力，终年从事着繁重的体力劳动，如此单一的饮食结构，常导致他

---

① 冯华年：《天津手艺工人家庭生活调查之分析》，《经济统计》第1卷第3期,1932年9月,第510页。
② 冯华年：《天津手艺工人家庭生活调查之分析》，《经济统计》第1卷第3期,1932年9月,第511页。
③ 冯华年：《天津手艺工人家庭生活调查之分析》，《经济统计》第1卷第3期,1932年9月,第511页。
④ 冯华年：《天津手艺工人家庭生活调查之分析》，《经济统计》第1卷第3期,1932年9月,第511页。

们每日从食品中获取的热量严重不足，这种营养状况也是近代城市贫民在食物消费上的一个基本特征。就近代天津市下层劳工的每日膳食的具体营养状况，可参看表4.19：

表4.19　1927~1928年天津手艺工人平均每等成年男子每日膳食之成分

	总量（克）	蛋白质（克）	脂肪（克）	含水碳素（克）	热量（卡罗里）
米面类	468.3	45.6	17.1	352.5	1746.0
豆及豆制品类	65.0	5.9	0.9	7.8	63.3
	215.6	2.9	0.5	13.6	70.7
蔬菜类	14.1	1.9	6.8	—	68.4
肉类	0.3	*	*	—	0.5
蛋类	15.4	2.7	0.1	1.4	17.7
鱼及海味类	51.4	0.6	0.2	1.2	9.1
调味类	8.3	—	8.6	—	77.1
油类	5.1	0.2	*	5.1	21.1
糖及粉类	3.5	0.1	*	0.7	3.2
瓜果类	*	0.7	0.4	4.3	23.3
杂食类					
总数		60.6	34.6	386.6	2100.4
	百	分	比		
米面类		75.2	49.4	91.2	83.1
豆及豆制品类		9.7	2.6	2.0	3.0
		4.8	1.4	3.5	3.4
蔬菜类		3.1	19.7	—	3.3
肉类		*	*	—	*
蛋类		4.5	0.3	0.4	0.8
鱼及海味类		1.0	0.6	0.3	0.4
调味类		—	24.9	—	3.7
油类		0.3	*	1.3	1.0
糖及粉类		0.2	*	0.2	0.2
瓜果类		1.2	1.2	1.1	1.1
杂食类					
总数		100.0	100.0	100.0	100.0

注：* 表示不及0.05。

资料来源：冯华年：《天津手艺工人家庭生活调查之分析》，《经济统计》第1卷第3期，1932年9月，第513页。

从上表可以看出，平均每人每日攫取的热量为2100.4卡罗里，其中83.1%来自粮食，仅有3.1%来自肉食类。攫取的蛋白质为60.6克，脂肪为34.6克。而这一时期，根据对上海、北平、长沙等全国其他各地各级人民每日所需热量的考察，一般也在3000卡罗里。① 以天津手艺工人每日之2100卡罗里与之相比较，仅及其十分之七，蛋白质之不足所差甚距，"食品实不足以供给其所需之热量也"②。当然，这些热量的换算难免存在误差，扣除净尽，天津手艺工人的食物，"仍极俭啬，可谓已濒于生活之最低限度，或且不及也"③。

贫民平日所食，仅为了填饱肚子，苟延生命，卫生健康，无从谈起。在老"三不管"等贫民集中的地方，此种情况更显而易见，"食物是价钱贱，给的多……至于生，熟，脏，净，也都是他们不注意的小事，他们知道的就是'吃饱了去干，不干就没吃的！'"④

春节作为中国延续了数千年的节日，中国人一向极为重视。但是，近代天津市贫民中，即便是逢年过节，也实难获得一真饱。1931年春节，《大公报》记者对西广开一带的贫民生活进行了调查，当记者问及对于过年有何筹备及如何过法时，回答有三种情况：

多数答："连棒子面都混不上，过什么年哪！"

少数答："有散棒子面条的，就可以省出钱来吃顿饺子，没有散的只得不过。"

一小儿答："嘿，别闹啦，你们真不过年吗？俺妈说咧，无论怎么穷，也得吃顿饺子了。"⑤

此三种回答，令人玩味无穷。这是一个怎样的新年？许多户连棒子面都混

---

① 冯华年：《天津手艺工人家庭生活调查之分析》，《经济统计》第1卷第3期，1932年9月，第514页。

② 冯华年：《天津手艺工人家庭生活调查之分析》，《经济统计》第1卷第3期，1932年9月，第515页。

③ 冯华年：《天津手艺工人家庭生活调查之分析》，《经济统计》第1卷第3期，1932年9月，第516页。

④ 《老三不管巡礼计（下）》，《大公报》1934年11月21日（13）。

⑤ 《旧腊中之津市民生（三）贫民生活大观》，《大公报》1931年2月8日（5）。

不上,能吃上一顿饺子,那就是人间佳肴,至于置办其他年货,对于贫民来说是匪夷所思的。此外,有"送信的腊八,要命的糖瓜,救命的饺子"之说,此歌谣为岁暮之贫民史,送信、要命、救命者,此语道破了债权者的权威。因为贫民中维持日常生计需借债赊欠助其生活者占7/10,有"打印子"、"追儿把"等借贷及各种赊贷,名目繁多。腊八"散条子"(账条),腊月二十三日为要账之起始日,此后日紧一日,故曰"要命",直至除夕吃罢饺子完事,饺子可以视为救命的活神仙。对于贫民而言,过节就是过"鬼门关",饺子吃不上,还要担心债主讨债务,这是怎样的悲哀!

尽管如此,贫民最基本的饮食问题,仍日呈恶化之势,"路有饿孚"的报道,时见报端。这些贫民需靠政府和社会的救济,以苟延生命。我们可从乞讨人员之众,以及每年冬令施粥的情况中,洞悉近代贫民生活的恶化。关于近代天津乞讨人员的具体数目,我们没有一个确切的统计数字,仅有一些零星的记载。1916年,仅天津教养院收容的乞丐就有3500人;[1]1934年,天津乞丐约两万余人。[2]事实上,随着近代天津人口的激增,民国至新中国成立前,乞丐遍布天津城厢,如在天津"南市、大洼东、车站、铁道外、侯家后、废河沿、新三不管等处,尤为乞丐最多地带"[3]。再加上各地源源不断的灾民、难民的移入,城市乞讨人员日多。对于这些逃难来津的灾民、难民而言,他们多数系赤手逃出,枵腹至津,所以这些人首先面临的是解决吃饭问题。

贫民如此之众,为了解决这一群体的生计,津埠援照旧例,每届冬令常有殷实绅商与各慈善团体向贫民施舍棉衣、玉米面及设立粥厂等各种慈善之举。粥厂常设在贫民云集的地方或交通便利之处,以便贫民前往就食。每年冬令,不少贫民赖此救济过冬。1911年2月,城内冰窖街李绅,在草厂菴清修院内开粥厂一处,每日入厂食粥者不下2000人。[4]1916年冬,善堂联合会由旧历十一月初八起,与备济、延生、慈祥三社划分地段,查放冬赈,至1917年1月8

---

[1] 天津市档案馆等:《天津商会档案汇编(1912~1928)》(3),天津人民出版社1992年版,第3439页。

[2] 涤亚:《救济乞丐》,见上海市社会局编印:《社会半月刊》第1卷第4期,1934年10月,第6页。

[3] 《收容乞丐》,《益世报》1933年11月7日(5)。

[4] 《贫民何多》,《大公报》1911年12月27日(1)。

日办理完竣,统计查放贫户19 084户,计放玉米面353 435斤,小米145石2斗5升。①20世纪20年代以前,粥厂几乎全部由各善团捐资筹办,此后,官方开始介入其中,但社会在粥厂筹设方面,仍然发挥着重要作用。1921年,直隶省长鉴于"北省所受旱灾奇重,津埠为五方杂处,游民麕集于津门者尤多"的事实,邀集地方各殷实绅商等,提倡募集巨款,选择适宜地点,多设粥厂。②1926年冬,天津八善堂冬赈救济会在天津城厢施放冬赈,所放玉米面1 736 160斤,救济贫民61 520户。③1931年冬,津市各善团创办了5处粥厂,自1931年12月29日至1932年1月5日,总计用米185 745斤,煤194 673斤,水23 251担,就食人数达477 980人;又华商公会经办之粥厂,截至5日止,共用米7801磅,煤15 309磅,就食贫民20 044人。④1932年冬粥厂增加到7处,食粥贫民数较1931年增加1.5倍,两月来施放米面共计达60万斤。⑤1936年,慈联会开设了7处粥厂,结果开锅的第一天各粥厂共计食粥者达2.7万余人。⑥粥厂每年都在不断增设,施粥日数也在不断增加,即使如此,街头冻毙贫民的现象仍多见于报端。

相对众多的灾民、难民等乞讨人员而言,工人阶层的饮食状况在城市贫民中可谓较优者。纺织业和面粉业是近代最为发达的两个行业,以纺织业为例,据1929年天津市社会局对天津市六大纱厂进行的调查,在宝成纱厂中,工人的主要食料为大米、面粉、玉米面。食米者多为工资较高的江浙籍工人;食面粉者多为地位不高,工资较多者及独身的工人;食玉米面者为工资较低者,家庭负担较重者,即便如此,这些工人每月仍有入不敷出之感。其中食品优者,每餐由其家人送者居多,所以能食有定时;食品粗劣者,均由本人早晨进厂时,将一天的食物带入工厂,"俟腹中饥饿时,一面工作,一面用饭,食物过冷,

---

① 《各善堂查放冬赈之详数》,《大公报》1917年1月8日(7)。
② 《多设粥厂之计划》,《大公报》1921年11月3日(2)。
③ 《冬赈会之成绩与会务》,《大公报》1927年2月11日(7)。
④ 《可惊的数字 食粥贫民近五十万》,《大公报》1932年1月10日(7)。
⑤ 《各粥厂统计贫民增多》,《大公报》1933年1月30日(7)。
⑥ 《粥厂巡礼记》,《大公报》1936年11月24日(6)。

即至水汀锅前用铁饭桶将食物温热,或取水汀锅之沸水泡而食之"①。其他纱厂的饮食情况也都大同小异。如在华新纱厂,工人吃饭时也不能停下工作,"随作随吃,凉饭冷菜,尘埃飞絮,狼吞而下"②。何来营养卫生,只不过为果腹而已。面粉业作为近代较为发达的又一行业,在三津永年面粉公司,厂方供给饭食之工人,每日三餐,早晨为稀饭、咸菜,午餐干饭四个,菜两荤、两素,一碗汤,晚饭馒头、稀饭,仍为四个菜,甚为舒适。至于一般普通工人则不然,他们组织一饭团,雇有厨夫二人(工资由工人负担),专代工人做饭,每日也是三餐,"早晨凉馒头无菜,午饭馒头稀饭,菜自己备,晚饭依为馒头自己备菜。一日三餐,均为馒头,且所食均为三号面粉,较由厂方供给饭食者,远不如也。"③

创建于1914年的塘沽久大精盐厂作为近代规模较大的一个新式企业,无论是住厂工人还是住家工人,其基本的饮食情况都比其他行业的工人优越。1927年,北平社会调查部对久大工人生活情况进行了调查,久大工人的饭食,初由厂方供给,后来改折工资,厂内特设工人食堂,由厂方雇佣厨工,购买米面,蒸做馒头等,按原价发买。平时食堂预备食品有馒头、窝窝头、小米粥、油条、咸菜等;每逢月底及阴历三节,有特别食品,如鱼、肉、包子之类,有时免费发给工人。平时食品收取原料成本,不计工资;其定价永不更改,但食物分量,按原料价格之升降,有所伸缩。馒头、窝窝头,每个大洋2分;小米粥一碗,油条一个,各大洋1分。厂中还特发一种工人食券,票面额为1分或2分,以便利工人使用。④就住厂的久大工人而言,由厂供给住室电灯煤水,廉价发卖馒头、窝头、油条及小米粥。普通工人,每日三餐,负重出力的工人,间或有每日四餐。遇有夜工,多加食一餐。工人饭费,每日1角8分至2角6分不等。⑤此中饮食状况,相对其他行业的劳工而言,也算是较优的。

就工人所食食品而言,不同群体,因收入差异,导致其所食食品种类有一

---

① 吴瓯:《天津市纺纱业调查报告》,天津市社会局,1931年,第344页。
② 吴瓯:《天津市纺纱业调查报告》,天津市社会局,1931年,第198页。
③ 吴瓯:《天津市面粉业调查报告》,天津市社会局,1931年,第34页。
④ 林颂河:《塘沽工人调查》,北平社会调查所,1930年,第70~71页。
⑤ 林颂河:《塘沽工人调查》,北平社会调查所,1930年,第140~141页。

定的差别。久大住厂工人中,最俭省的一类工人,"单吃馒头、窝头和咸菜,喝点开水,便饱一顿";普通工人,大多除吃所带干粮外,再喝碗小米粥,配上一两根油条,也算混一顿;偶尔买点蔬菜来吃的,便算是讲究。①所食蔬菜,冬季为白菜、土豆,夏季为小葱、萝卜等生冷之物,亦有不食蔬菜的,仅以油条、咸菜配食。夏日食物,多是些生冷物品,冬日则就火炉煮汤,做米粥,以取温暖。②对于那些收入较低的女工而言,她们的饮食更是简单,"中午的时候把自家里捎来的干粮随便吃一些而已,多半是粗米饭或玉黍粉的馒头,下饭菜便是芥菜头,因为怕的是回家用饭牺牲了时间。"③由此观之,工人阶层本身的饮食也呈现较为鲜明的差异性:不同企业,工人待遇各异,饮食情况差别较大;同一企业,不同收支状况的工人,饮食情况也存在很大不同。不过,从总体来看,相对城市贫民中的其他群体而言,工人的饮食状况尚算较优。

综上观之,城市贫民饮食结构单一,从中获取的食物热量严重不足;有固定收入的工人群体的饮食状况相对较优,但也仅限于果腹;人员众多的乞丐游民,常处于食不果腹的状态,唯有靠乞讨救济为生。

二、衣:"御寒犹虞不足"

在中国传统社会中,服饰是社会阶级与身份的象征,也是权力和屈从的表征。因此,历代统治者都十分重视服饰的社会作用,对人们的服饰有着各种不成文的规定。但是,衣服对我们普通人而言,除御寒蔽体外,还有美观的作用。因此,我们时常在不同时令、不同场合,不断翻新衣服式样,以达到美观的效果。

对于近代那些时常在饥饿线上挣扎的城市贫民而言,衣服主要是为了蔽体保暖,讲究美观对他们只是奢望。诚如冯华年先生在《天津手艺工人家庭生活调查之分析》中所指出的:"贫民之衣服,一度置备之后,由新而旧,由旧而

---

① 林颂河:《塘沽工人调查》,北平社会调查所,1930年,第141页。
② 林颂河:《塘沽工人调查》,北平社会调查所,1930年,第141页。
③ 《天津社会下层的调查——一般女工的挣扎》,《大公报》1933年3月8日(13)。

破，破而后补，补而复破，必亘数年，始一更新。"①也就是说，这些贫苦之家，衣服非年年有新置，他们只有在衣服破得不能再穿的时候，才去购置。另据日人的《中国经济全书》对20世纪初天津下层劳动者衣服方面的调查，他们的衣服多是从旧衣店购置而来，"无穿美服者，大半由旧衣店所购，彼等以为新而夸观于等辈者，大半已污者也"②。

　　在1927年北平社会调查所与南开大学对天津市132家手艺工人家庭的调查中，最初统计的衣服费用过低，平均每家10个月内衣服费用仅有1.90元，即每等成年男子10个月内衣服费用的平均支出仅为0.55元，这种估算显然不能代表手艺工人家庭衣服费用之全部。因为在调查期间，或适逢多数家庭根本不需添置衣服，所以，导致衣服费用极低。因此，在其后的调查中，调查人员按照折旧分摊的办法重新调查计算，"置衣之资，不当归于衣之一时独担，而当归穿衣之各期分摊。此于不常置衣之贫苦家庭尤然。"③按照此种推估的结果，计每个家庭10个月的衣服费用平均为10.73元，每等成年男子的衣服费为3.16元弱，也不过占全部生活费的6.05%，消费水平显然很低。④就各家衣服件数，列表如下：

---

① 冯华年：《天津手艺工人家庭生活调查之分析》，《经济统计》第1卷第3期，1932年9月，第516页。
② 转引自罗澍伟主编：《天津近代城市史》，中国社会科学出版社1993年版，第287页。
③ 冯华年：《天津手艺工人家庭生活调查之分析》，《经济统计》第1卷第3期，1932年9月，第516页。
④ 冯华年：《天津手艺工人家庭生活调查之分析》，《经济统计》第1卷第3期，1932年9月，第505页。

表 4.20　1927~1928 年天津手艺工人家庭平均每人所有衣服之件数

	家主(件)	主妇(件)	儿童(件)	其他家人(件)
单褂	2+	3-	3-	2-
单袴	2+	3-	3-	2-
单长褂	1-	—	*	*
夹袄	1	1+	1+	1
夹袴	1	1+	1+	1
夹袍	1-	—	*	
棉袄	1	1+	1+	1
棉袴	1	1+	1+	1
棉袍	1-	—	1-	*
单鞋	2-	3-	3-	2-
棉鞋	1-	1+	1+	1-
布	1-	2+	1-	2-
线	2-	2+	2-	1+
帽	1	—	1-	1-
草帽	1-	—	*	
手帕	—	1-	—	
手套	1-	—	*	
围巾	1-	*	*	*
马褂	*	—	—	—

注：* 表示平均每人不满半件。

资料来源：冯华年：《天津手艺工人家庭生活调查之分析》，《经济统计》第 1 卷第 3 期，1932 年 9 月，第 518 页。

上表统计显示，家主平均每人有单褂、单袴两套有余，夹袄、夹袴、棉袄、棉袴各一套，而夹袍、棉袍则不能人手一件。单鞋、线袜平均每人不足两双，除帽每人各一顶外，其他的如草帽、手套、围巾等物，非人人皆有。马褂作为一种礼服，有者则更少，家主平均每人也不满半件。家庭主妇无长袍，单件棉袄、袴比家主稍多，半数的主妇才有棉夹一套。儿童的衣服件数与主妇旗鼓相当。衣服件数如此之少，以致很难达到御寒之目的，更谈不上不美观，"严寒之隆冬，惟借此一层棉絮度过之","仅足以蔽体,御寒犹虞不足,更无论整洁与美观"。① 如果数量的分析不足以说明问题,接下来我们就衣着方面的材质情况再进一步地分析。

表4.21 1927~1928年天津手艺工人家庭家主主妇之衣料分析②

	单褂	单裤	单长褂	夹袄	夹裤	夹包	棉袄	棉裤	棉包
市布	137	143	31	55	54	35	53	55	38
国布	15	31		15	15		9	6	
洋布	22	24	5	13	12		7	7	
粗布	16	8	1	4	5		6	4	
直贡呢				7	3	1	6	6	4
毛丝纶	11	7			1			2	
线呢				3	1		4	2	1
花标布				1	2		3		
洋缎								2	
泰西缎							1		
其他	42	39	4	12	12		14	16	4

资料来源:冯华年:《天津手艺工人家庭生活调查之分析》,《经济统计》第1卷第3期,1932年9月,第519页。

这些手艺工人家庭家主主妇的衣着,其衣料以棉织品为最多,其中市布最为通用。次之有国布、洋布和粗布。稍涉于美观的直贡呢、毛丝纶,皆属于棉织的赝品。至于洋缎、泰西缎,"用之者寥寥"。由此观之,虽然自1840年鸦片战争后中国的国门已被打开,"崇洋"逐渐成为一种时尚,各种西洋货随之在各大城市卖得火起来,但对大多数贫苦民众而言,他们的穿着却无甚变化,即便是在工商业较为发达的天津也是如此,城市下层贫民衣服的式样和材料也依

---

① 冯华年:《天津手艺工人家庭生活调查之分析》,《经济统计》第1卷第3期,1932年9月,第517~519页。

② 冯华年:《天津手艺工人家庭生活调查之分析》,《经济统计》第1卷第3期,1932年9月,第519页。

然保持着浓厚的传统风格。

许多贫民,养家糊口已十分勉强,根本无力添置新衣,他们常常从"鬼市"或"破烂市"上购买一些破旧的衣服,以图御寒。在天津西南角的广开市场,就是著名的"鬼市"。鬼市里面活动的人主要是卖破烂的人,货物主要是些破东西,除此之外也出售些小偷们偷来的"黑货"。①"鬼市"命名的由来,一方面出于它的交易是在早晨进行,另一方面这些"黑货"也算是其中一个原因。光顾"鬼市"的多为劳苦同胞和乞丐,"他们希冀以贱的代价,买一点取暖的衣物,——棉的——和日常品、破碗、杯之类。"②在这里堆着的破物中,有破袜、破袄,还有"不断地往外爬着虱子的破裤",这些物品的购买群体显然不属于那些生活体面的人群,而多是些挣扎着生存的贫苦大众,他们来这里买东西,无非是想图个便宜,"想得便宜,又是那里的顾客们的普通心理"。③

当然,工人属于城市贫民中收入较高者,故工人之衣服,在贫民中较之其他群体要好些。但是,依据收入之不同,他们的衣着也有差别。以塘沽久大工人为例,工人的衣服,以布为主,偶有一两家做件洋缎的衣服,便算是讲究。普通工人家庭,居多全家合买一匹白市布,或用本色,或染成青色,随时裁制全年的衣服。对于那些经济条件差点的家庭,还要赊欠布钱。甚至有些俭省的家庭,到工人室买些白面袋,洗去标印,裁做衣服。④就总体而言,工人衣服,尚算整齐清洁,被褥亦常洗换。鞋袜等物,或购买成品,或由乡间自制。在宝成纱厂,大部分工人穿较粗糙的黑蓝国布,因为其质坚省费,又不易玷污。在夏季,工人每人有两套裤褂者居多,而仅有一套者,亦属不鲜。对于工人的鞋,以皂布及帆布者居多,"甚至有一般工人均尚赤足,而未著袜者"。又在细纱部润纱的工人,"鞋亦不著,而足趾被水浸润,庞然若肿者,工人之苦况于兹可见矣"⑤。工人的

---

① "鬼市"上所售货物的来源主要有三:一是从"喝破烂"那里收来的;二是败家子的货物,这些败家子多染有"白面"嗜好,往往乘夜间把从家里拿出来的东西卖掉;三是由城厢及租界的盗贼窃来的"小货"。见《鬼市一瞥 都市黑暗的一角》(上),《大公报》1935年1月31日(15)。

② 《鬼市一瞥 都市黑暗的一角》(下),《大公报》1935年2月1日(16)。

③ 《天津低级生活素描 鬼市和破烂市》,《大公报》1933年5月5日(13)。

④ 林颂河:《塘沽工人调查》,北平社会调查所,1930年,第195页。

⑤ 吴瓯:《天津市纺纱业调查报告》,天津市社会局,1931年,第344页。

衣着一般较为朴素,除去经济方面的原因,还与厂规有关,"收入低微,固为其简朴之主要原因,而厂方之戒备,工人之不得自由出入,实亦足检束其身心。"①

工人收入低微,衣食较为朴素,家庭之间有别,然人与人亦不能一概而论。在各纱厂中,"浮华工人,往往在上工时,衣破衣,下工后即另换新装,行街头,争逐酒食,寻花问柳者,颇不乏人。"②当然,由于经济条件的限制,大部分工人生活极为简朴。爱美是女人的天性,在能力所及的范围内,一些工厂女工的着装要相对"体面","女工们的衣服比较着都不太残破,只是也很脏。少有穿长袍的,十个有九个穿短衣。她们从十六七岁到五十几岁。很少是剪了发的,大半还是梳头或结辫。她们带着那么累赘不洁的乌发,但是早晨起来就上工(七点上工),当然是没有时间梳理。不过爱美总归是妇女的天性,她们十之八九,都涂着颇浓艳的脂粉,尤其是年青的妇女们……"③

更有一些贫民,连破衣烂衫也混不上。1922年冬,天津市警察厅办理急赈,邀请各报社代表分任调查,以诚善举。结果在调查中发现,不仅各区贫户众多,更有甚者发现在东区某一家,"夫妇二人,共有一衣,昼伏者则夜动,夜动者乃昼伏。"④如此境况,何以为生,何以卒岁,真是不堪设想,不忍去想!

三、住:"一间屋子半拉炕"

伴随着工业化和城市化的演进,大量人口涌入城市后,首先遇到的难题之一就是住房问题。1931年2月,《大公报》记者对白骨塔以南、以西贫民窟居民生活状况进行了调查,就居住情形,有如下一段描写:

"臭水坑,垃圾堆,触目皆是。各胡同内外小儿屎尤多,除砖房外无甚瓦房,多用苇把墙,而涂以稀泥,年积月累,泥片下坠,苇把与木架多脱离关系,

---

① 吴瓯:《天津市面粉业调查报告》,天津市社会局,1931年,第64页。
② 吴瓯:《天津市面粉业调查报告》,天津市社会局,1931年,第64页。
③ 雨人:《社会调查 大英烟厂参观记(中)》,《大公报》1934年3月17日(13)。
④ 《急赈贫民之感言》,《益世报》1922年12月19日(10)。

概用木棍支顶。苇把腐烂处,四壁尽窟窿裂缝,或用破席堵之,或任其露天。风雪紧急,屋内亦雪花飘舞;倘遇大风,则势如决口矣。……在室内最阔者,以土台当桌子,以炕沿为椅子,飞旁炸翅之炕席,中间又加八个大窟窿;次者半个炕席;再次睡土炕。三个人盖一被为富户;父、母、儿、女、妻、子六口,通腿睡觉,中间搭一上下够不着之破被,为中等户;无被者属下等户,'一间屋子半拉炕',于此得其解释。"①

"一间屋子半拉炕",是近代天津市贫民居住情形的真实写照。天津市作为近代一个繁华的大都市,一面是林立的高楼,鳞次栉比。但是在其繁华背后,贫民窟的人们却"蜗居"在如此一个拥挤、污浊、破败不堪、乌烟瘴气、家徒四壁的环境中,这构成了都市社会中极不和谐的景观。上述居住环境不仅反映了近代天津市贫民居住环境之恶劣,以及个人身份和社会地位的低下,也在一定程度上反映了近代都市社会畸形繁荣之事实。

就建筑式样来讲,近代天津的住宅,不仅有供各国洋人、买办、大官僚、大军阀居住的"小洋楼",还出现了一批中西合璧的建筑。这是中外政治、经济、文化互相冲突、碰撞、交融的结果。这些建筑风格,精巧多样,在国内各城市中独具特色,有建筑"万国博览会"的美誉。当然,这些豪华的住宅,只是供那些叱咤风云的政治人物和赫赫有名的富商大贾们居住的。如天津著名的"八大家"②,他们在旧城东、北门里、鼓楼东西、宫北大街、估衣街、针市街一带等建

---

① 《旧腊中之津市民生(三) 贫民生活大观》,《大公报》1931年2月8日(5)。

② 新中国成立前,天津的"八大家"是赫赫有名的。由于"八大家"之说流传有百余年的历史,此间所包括的家族,前后有所嬗变。实际上,"八大家"并不仅仅只有八家,而是天津地方富户豪门的一种通称。天津"八大家"的形成,与明末清初天津的海运、粮业、盐务的发展有直接关系。到了清代,海运和粮食贩运业都有所发展,天津的经济地位也日显重要。一些豪门富户为了扩大自己的社会影响,于是便逐渐形成"十大家"、"八大家"的说法,并在群众中传播开来。"八大家"的演变相传从咸丰初年(1851年以后)开始,流传着一个有关"八大家"的口诀:韩、高、石、刘、穆、黄、杨、益照临。到民国以后,社会上又流行有"新八大家"之说,如"元隆孙家"、"敦庆隆纪家"、"同益兴范家"、"瑞兴益金家"等,多属于新兴的资产阶级;还有按行业区分的说法,如"钱业八大家"、"棉布业八大家"、"电料业八大家"等;有的甚至把买办人物也包括了进去。这样,"八大家"的含义就不那么明确了。见杨大辛:《天津"八大家"》,中国人民政治协商会议天津市委员会、南开区委员会文史资料委员会编:《天津文史资料选辑》,总第76辑,1997年,第411~421页。

了许多深宅大院,保存至今的著名大宅院有10多处,如徐家大院、卞家大院、姚家大院、王家大院、祁家大院、张家大院、孙家大院等,这些大院有的被部分拆除,有的保存尚算完好。而且,有些大家族住宅并非只有一处,如镇德黄家的黄家大院(今针市街西段)对面是黄家的侧室居所,黄家的五少爷因斗鹌鹑,挥手之间输去了针市街另一处四合院,毫不吝啬。①

对于一般市民而言,他们多数居住在里弄住宅里。民国时期,天津的里弄式住宅又分新式和旧式两种。旧式的里弄又分为锁头式和院落式,其中锁头式里弄天津为数不多,主要分布在南市;院落式里弄住宅是天津较多的一种里弄,主要集中在天津租界以外的河北新区,它的经营者主要是华商房产商,使用者主要是城市中下层市民。至于那些处于社会最底层的众多贫民,则多居住在北城根或河东水西的低矮土草房或灰土房中,更穷苦的则以"窝铺"作为屈身之所,既谈不上安居,也不可能乐业。

对于城市贫民而言,所住之居室,旨在得一休息睡眠之所,仅求能遮风避雨,卫生舒适无从谈起,即便是男女之防,也因家庭经济条件的限制,不能苛求,常常一家数口人挤在一间狭小的住室中。依据20世纪二三十年代各处劳工住房情形,按每家平均房屋间数及每家平均居住人数,可列表如下:

表4.22 20世纪二三十年代各地劳工家庭住屋情形表

家庭类别	平均每家间数	平均每间住人数	
		人数	等成年数
上海纱厂工人	1.42	3.29	2.59
北平手艺工人	1.04	4.16	3.04
北平有技能工人	1.56	2.49	1.96
塘沽工厂工人	1.72	2.67	2.03
北平乡村家庭	6.38	0.85	0.64

资料来源:邢必信:《第二次中国劳动年鉴》(第一编),北平社会调查所,1932年,第205页。

---

① 张仲:《天津卫掌故》,天津人民出版社1999年版,第58页。

从上表观之，我们大致可以窥见近代城市劳工住房拥挤之情形。上海作为近代最发达的工商业都市，人口众多，房租腾贵，工人居住拥挤自不待言。上海纱厂工人的食宿，多由厂方提供，租金较市价要低廉，平均每间房屋能住3.29人，尚算宽敞。北平房价较廉，居住情形相对较佳。但北平手艺工人因收入过少，故居住情形较上海工人要劣。天津塘沽工厂工人的住屋由厂方供给，租金极廉，故较之上海纱厂工人与北平手艺工人，均略胜一筹。北平郊外之乡村家庭住屋平均每家6.38间，在各类中最为宽敞。因为在农村中，地价低廉，并且可以自行添置房产，故农家的居住情形最优。

就城市贫民阶层居住的房屋类型、环境来看，多数城市贫民居住的是些土房和草房，居住环境极差。据1927年对天津手艺工人家庭住房情况进行的调查，这些手艺工人家庭的住房主要有瓦房、灰房、土房三种。① 其中，住土房的最多，有103家，占全体的78%；住灰房的次之，有20家，占15%；住瓦房的最少，仅有9家，占7%。② 就他们所住房屋的间数而论，100家中，住一间的占76%；住两间的有25家，占19%；住一间半的有5家，占4%；住三间、四间的各1家。这些房屋构造简陋，皆是一门一窗，透光性很差。窗上有装玻璃的，也有糊纸而纸上涂油的，也有为了透光糊纸而兼镶玻璃的。冬天寒冷，为了保持室温，三四人挤在一间狭小的房间里，"窒息难忍，室内之人反安之若素"；夏天蚊子聚集，夜不能眠，就烧苇子熏之，"烟雾弥漫，蚊固畏之，人亦苦之"。③ 可怜每遇雨季，他们又要担心房屋的坍塌，"土房、灰房辄有倾覆之虞，不惟渗漏已也"④。

当时，多数手艺工人之家是没有厨房的，室内有个大炕，炕多位于房内一

① 瓦房为上，灰房次之，土房最下。瓦房以砖为墙，以瓦覆顶，为最安全之房屋。灰房以泥坯为墙，以高粱秆为顶，内外均以石灰浆之。土房则以土泥之。
② 冯华年：《天津手艺工人家庭生活调查之分析》，《经济统计》第1卷第3期，1932年9月，第520页。
③ 冯华年：《天津手艺工人家庭生活调查之分析》，《经济统计》第1卷第3期，1932年9月，第522页。
④ 冯华年：《天津手艺工人家庭生活调查之分析》，《经济统计》第1卷第3期，1932年9月，第520页。

隅,占了整间房屋的一半或过半,此所谓"一间屋子半拉炕"。炕肚中空,炕端有灶。当严冬的时候,生火于灶内,烟火的热再传于炕面。炕上还嵌有一口锅,锅上有内外两个盖子,外盖与炕面平,"冬季膳食,即于炕上烹煮,盖以利用余热资以取暖耳"。当烹煮结束后,"覆以锅盖,铺席其上,即成起坐之地。晚间则舒展被褥,全家据此而卧"①。所以,炕是集烹煮、床铺于一体的一种设备,无怪乎说"暖炕在工人家庭中为最重要之设备"。除此之外,灶、水缸、桌凳之类,均堆置其中,房内余地已所剩无几。这些暖炕所用燃料以柴火和高粱秆为主,也有用煤球的,不过"惟其费用较昂",故用者较少。②

贫民窟的居住环境极为恶劣,没有排水系统,卫生状况极差。在天津市新开河两岸,"河堤向有贫苦民众,挖穴盖席居住,一家一穴,盖可减少房租,故不计简陋湿秽,麕集邻比,因有贫民窟之称。"③在贫民窟中,居住者的建筑构成也呈明显的层级分化。如临着新开河两岸的贫民窟,他们的建筑,大致可以分为四种:一种是名副其实的"窟",是掘成方形的洞,再用泥土接出少许的墙,用破麻袋挡着洞口,宽不过三尺,深也就是四五尺。居住的人差不多全是乞丐。一种是在这倾斜的坡上,用秫秸编成了四壁,再用泥土糊上,顶上也是照样,宽四五尺,深五六尺,只是有个小窗口。在此居住者多是人力车夫之类。一种是用土打成了坯,再筑成了墙,比较以上的两种,略为整齐宽绰些,似乎初具房子模样,间有连成两三间,还有用秫秸围成一个院落的。居住的人有车夫或负担的小贩。一种是用砖盖的,两三间不等,门窗齐备,但这占最少数,居住的人是贫民窟中条件稍好的小贩,以及在附近做小本经营买卖的人。这里所有房子大小不一、高矮不等,方向凌乱。说到卫生,当然是谈不到,因此每至春夏瘟疫盛行的时候,总有许多的人,在这里断送了他们的生命。④

---

① 冯华年:《天津手艺工人家庭生活调查之分析》,《经济统计》第1卷第3期,1932年9月,第522页。

② 冯华年:《天津手艺工人家庭生活调查之分析》,《经济统计》第1卷第3期,1932年9月,第522页。

③ 《新开河两岸贫民窟》,《大公报》1933年2月27日(9)。

④ 《准备拆除了的新开河岸贫民窟》,《大公报》1933年3月5日(13)。

工人在城市贫民阶层中，属于收入较高且相对稳定的一个群体，他们的居住状况也并不乐观。尤其随着工商业的发展，城市人口日益增多，房屋短缺严重，房租奇高，工人因经济条件所限，不得不居住在简陋、污秽、黑暗的住所中。如织布业工人的工作生活环境多数比较恶劣，尤其是一些小织布工厂，小而不洁，可谓"满室污秽，潮气逼人"。小作坊中，"工人并无一定寝床，夜间即席地而睡；大厂坊织机较多，下无隙地，则于机上置木板，以工人睡眠之所。"①许多收入低下的女工，"她们的住处多是贫民窟，几个女伴同住一个院落，每月各拿几角钱一份的房租。由于房租贱，自然可以联想到因容人过多，空气恶浊，光线黑暗，卫生是毫不讲究的"②。又如，在造胰工业中，除个别工厂有工人宿舍外，大多数工厂均无宿舍，通常厂坊就是栖身之地，"工厂与宿舍合一，昼为工厂，夜为宿舍，无间寒暑，不拘秋冬，生活诚为悲苦。"③

久大精盐厂算是近代天津企业中效益较好的企业之一，该厂工人的生活条件一般较为优越，但是厂中工人的住宿情况也不算好。就住厂工人而言，该厂于1924年在厂北建工人宿舍，计有房76间，每间可住12人，每人占据架铺之一格，不相为扰。因厂方检查严密，室中秩序清洁，颇为井井有条。④但是，对于携带家眷的工人，还要自己租房子。自1925年后，随着住家工人的增多，塘沽的房屋也因需要而增加，租金大涨。平常一间土房，月需大洋1.5元，后来连这样贵的土房都很难租到。对于那些带有家眷的工人，1926年厂方曾发旧房35间租与工人；1927年夏，厂方又建了33间土房，作为工人住宅，每月酌收月租5～8角，充作常年的维修费。厂方提供的住房费用，比租住的房屋约省一半，住家工人都颇愿意租住工房。⑤久大住家的住所，多为矮小土房，若干家住于一院，每家各一间至三间不等。室内狭小，布置简单。收入多者，家庭状况，尚为清洁有序。如人多室小而又入不敷出者，其住房紊乱拥挤，破陋不堪，光

---

① 方显廷：《天津织布工业》，南开大学经济学院，1931年，第75页。
② 《天津社会下层的调查——一般女工的挣扎》，《大公报》1933年3月8日（13）。
③ 王镜铭：《天津造胰工业状况》，河北省立工业学院工业经济学会，1935年，第45页。
④ 林颂河：《塘沽工人调查》，北平社会调查所，1930年，第63～64页。
⑤ 林颂河：《塘沽工人调查》，北平社会调查所，1930年，第66～67页。

线既暗,空气更是闭塞恶浊,"一切活动,都在一间小屋里。两三口的家庭,还可以将就居住,人口多的,几乎没有转身的地方。"①

在工厂中,工人职别不同,住宿也有较大差别。如在三津寿丰面粉公司,除匠目宿舍略宽洁外,一般工人宿舍无法与之相比,"工人之宿舍,则极褊小,地狭人稠,故在室定架楼,每楼长约一丈,宽约六尺,每楼卧三四人,每室架两楼,室小人众,空气每不新鲜。"②在福星面粉公司中,工人宿舍分楼上、楼下,各25间。楼上每间住3~5人,室内光线充足,空气新鲜,甚合卫生,这由工资较普通工人要高的机器工人居住。③楼下25间为小工宿舍,每5间为一宿舍,每一宿舍有十二三人居住,"光线既不如楼上,空气亦极为恶劣;且室中碎物杂陈,故对于卫生颇欠讲究,此则一由工人俱悉小工,工资较低,知识浅陋,不知注意清洁,一则由厂方设备不完,无人监督,有以致之"④。学徒工人的生活更为艰苦,他们几乎没有独立的睡觉吃饭的地方,每天工作十几小时后,还要在车间内休息。当然,也有少数工人在住室内养花、养鸟,放置有字画钟表,陈列整齐,令人赏心悦目,但此辈凤毛麟角。

上述讨论的是城市中一般贫民的居住情况,对于那些逃难来天津的灾民、难民而言,因为条件所限,他们多没有房屋居住,唯有蜗居在政府和慈善组织临时搭建的窝铺中。这些窝铺常拥挤异常,且没有安全保障,"每一窝铺,面积不过方丈,少则居三四人,多且六七人不等。各难民妇女老幼,蜷伏其中,其一种拥挤情形,实不堪言状。"⑤窝棚数目有限,他们只有居住在大车上,"仅赖车棚,避风吹日晒之苦"⑥。1930年2月,《大公报》记者到小王庄一带的贫民窟进行察访,发现这里所住的人家,都是由四乡逃难的灾民,他们大半以求乞为生,房子也是租来的,"这些房子,都用泥土筑成,上面盖着茅草,每间的容积

---

① 林颂河:《塘沽工人调查》,北平社会调查所,1930年,第193页。
② 吴瓯:《天津市面粉业调查报告》,天津市社会局,1931年,第13~14页。
③ 吴瓯:《天津市面粉业调查报告》,天津市社会局,1931年,第25页。
④ 吴瓯:《天津市面粉业调查报告》,天津市社会局,1931年,第26页。
⑤ 《天津东局子难民视察记》,《北辰杂志》第5卷第9期,1933年。
⑥ 《天津东局子难民视察记》,《北辰杂志》第5卷第9期,1933年。

很小,高约一丈,宽约六尺,里面砌着一只土坑,前面开着一扇门,光线十分黑暗,土地更是异常潮湿。"①1930年3月,社会局局长冯直司协同人员赴河北法政桥一带调查贫民生活,发现"该处房屋,异常繁密,房屋多临河堤,建筑最高者不过一丈,最低者约二尺五六寸,共约千余户"②。又如天津、河北一带,颇多妇女从事军装制造工作。这类人多住在河北五马路北头河沿的草屋中,"此项草屋,用干泥与草所建,每户分屋一间。彼辈或为乡民,冬间来津谋生,或为天灾兵祸区域之逃难人民。"③

众多乞丐的居所,则更为可怜,在夏秋季随处均可,簷下门旁,都可以作为他们的临时栖身之所;到冬天则不能,"率多栖于各大庙内,以稻草为被,以砖作枕,遇北风作,大雪飞,往往有冻死者"④。对于那些因无家可归而冻毙街头的乞丐,我们可以从当时各大报刊的报道中了解其悲惨的生活情形。

就整体的房屋分布而言,中国近代的富人区和穷人区虽没有西方那样界线分明,但是富裕人口和贫困人口都会不自觉地或被迫地向他们所属的阶层聚集却是不争的事实。近代天津众多贫困人口多集中在城市边缘的贫民窟中,住房条件很差,拥挤异常,缺乏基本的卫生设施和排水设施;占人口少数的富人和官僚阶层,占据城市核心地段,享有便利的交通、优质的教育、医疗资源,街道整齐干净,环境幽雅。可以说,居住区的"社会阶层化"在这一时期已呈凸显之势,这种居住状况强化了阶层间的排斥与隔膜,不可避免地引起底层社会对上层社会的敌对与不满。

总之,由于系统资料的缺乏,城市贫民的收支、衣食住等状况不易估计,上述一些资料使我们对近代天津城市贫民的收支、衣食住等基本的物质生活状况,有一个大致的了解。固然这些资料呈现出来的面相,不足以完整地代表近代整个天津下层社会的生活状况,但可基本上反映出那个时期社会对这些城市贫民生活状况的总体印象。

---

①《腊尽春回中的贫民窟写真》,《大公报》1930年1月29日(11)。
②《冯社会局长亲察贫民窟》,《大公报》1930年3月18日(9)。
③ 王清彬等编:《第一次中国劳动年鉴》(第一编),北平社会调查部,1928年,第561页。
④《社会的下层——平津一带乞丐的生活》,《大公报》1933年1月6日(11)。

第五章 CHAPTER FIVE

贫民日常生活(二)

日常生活一词被我们广为使用,但究竟何为日常生活,其涵盖哪些方面的具体内涵,我们未必能真正了解。大致而言,它不仅包含物质生活方面,还包含精神生活、婚嫁病丧等方面。物质生活是个体生命存延与发展的基础,也是人类最低、最基本层次的需要。上一章节通过对近代天津城市贫民物质层面的收支、衣食住等方面的整体考察,使我们对近代城市贫民的物质生活水准有了一个直观的了解。对其精神生活、社会风俗的深层剖析,将有助于对近代中国城市贫民生活真实性的进一步还原。为此,下面章节将对近代天津市贫民的婚嫁病丧,以及教育、闲暇娱乐、宗教信仰等状况进行进一步的梳理,以便对这一时期天津城市贫民生活有更深层面的认知。

第一节　社会风俗

一、婚　嫁

婚嫁是人生大事,自古有"男大当婚,女大须嫁"之说。不论哪个民族、哪个地区,都少不了婚姻嫁娶。但是,"十里不同风,百里不同俗",各民族有各民族的风俗,各地区有各地区的习惯,不同时代亦有其不同的特征。

天津作为近代华北的通商巨埠,又是一个移民城市,华洋杂处,各省人民侨居天津者日多,故社会风俗难免有改进变异之处,婚嫁习俗自不例外。当然,研究妇女史、婚姻家庭史的学者,对近代天津的婚姻状况多有涉及。但已有的成果多是关注社会上层或一般市民的婚姻状况及其习俗的变革,而对于底层社会的婚嫁情况,却鲜有涉猎,其中最重要的一个原因是受资料的限制。笔者在充分搜集当时报纸及社会调查的基础上,对天津城市贫民的婚嫁情况,及与传统时代婚嫁相比有何差异等方面进行梳理,以呈现出近代城市社会变迁与贫民婚嫁变动之间的关系。

(一)贫富婚嫁有别

近代天津的婚嫁虽有所谓的"新式结婚",然多数人仍沿用旧式,礼仪烦琐,大致有提亲、换帖、送日子、过嫁妆、娶新娘,以及婚后的回门、住家等。①此种风俗流传已久,虽小有改进,然大体相袭,相差最显著之处则是富户与穷人之别,"富户极尽铺张扬厉之致,而穷人则萎缩不堪。"②当然,这"张扬"和"萎缩"的背后,说到底还是"大洋"的问题。

借媒妁之言而"提亲",又叫"小媒"。贫苦人家女方大都要向男家索要"财礼",也叫"媒礼",其数目由 10 元至数百元不等,较好一点的还要索要"首饰"、"四大金"和四季的衣服。"四大金"系指金手镯、金耳环、金头簪、金戒指。20 世纪二三十年代女子盛行剪发,金头簪改为金手表。③四季的衣服在"过礼"时由男方置好,提前送到女方家去,到迎娶那天再带回男方家,叫作"求外装场好看"。

在结婚的前一日,男方要将女子结婚当天佩戴的凤冠、首饰、袍裙、玉带,以及喜饼、菜脯、鱼肉、鸡鸭等物,分别装在饰盒、食盒内,送往女方家中,即为聘礼,俗称"催妆礼"。女方在收到男方"催妆礼"的前一天或当天,要将所置备的陪嫁东西,送往男方家,叫作"过嫁妆"④。中等人家约为二十抬至三十抬,富户人家有多到百十抬,较寒苦者,则常是十二抬至十六抬。差一点的则仅备新娘平日所用的若干物品数件而已,可以不必遣人抬送。至于陪嫁之物,富者有半副嫁妆、全副嫁妆者。⑤贫户无论贫穷程度如何,亦必须有"一桶一灯"之说。⑥婚后还有"回门大典",富者行之,一般普通之家,多从省。

就迎娶时所用的花轿,是富户与穷人婚嫁时相差最为显著的地方,"富户多赁用新开剪之绣花彩轿,每次多至 300 元,而穷人即赁旧花轿,亦难担负,有时仅仅絮红彩之马车一辆,尚属勉强。"⑦在迎亲的仪仗队方面,贫富差别也很

---

① 梦白:《天津之婚嫁风俗》,《社会杂志》第 1 卷第 6 期,1931 年,第 9~12 页。
② 梦白:《天津之婚嫁风俗》,《社会杂志》第 1 卷第 6 期,1931 年,第 9 页。
③ 木节:《天津的婚嫁风俗》,《方舟》第 36 期,1937 年,第 50 页。
④ "过嫁妆"以两人抬一个小方桌为一抬,东西都浮摆在桌面上,很有炫耀的意味。
⑤ 所谓"全副嫁妆",就是新娘嫁后,各项用具,几乎无所不备。
⑥ 一桶指一马桶,一灯指旧式油灯。
⑦ 梦白:《天津之婚嫁风俗》,《社会杂志》第 1 卷第 6 期,1931 年,第 9 页。

大,"富户仪仗多崭新,穷人仪仗俱敝旧。"①对于婚礼仪仗人数,差别也很大。20世纪30年代天津市政府专门制定了《天津市征收婚丧仪仗慈善捐办法》,规定凡仪仗队人数超过50人者要征收慈善捐,50~80人者,纳4元;80~120人者,纳8元;120~160人者,纳16元;160~200人者,纳32元;超过200人以上者,纳64元。②政府企图通过征收仪仗慈善捐的方式,达到"限制婚丧仪仗队,而崇节约"之目的。③透过仪仗的人数,可以窥见贫富婚礼差别之大。

男女结婚的年龄,也多受家庭经济条件的限制,富有的人家多早婚,结婚一般在十七八岁间;中下家庭婚期较晚,普通多在20岁以上。④这主要是经济条件的限制,贫困家庭无力娶妻。

"童养媳"是农村遗留的一种婚姻制度,在近代城市社会中依然存在。但是此种情况,在近代天津较少。童养媳多是因为家贫,也是一种买卖式的婚约,但是此种与纳妾不同。纳妾在交易后,女子与母家断绝往来;而童养媳则由女方视女子年龄之大小、貌之美恶,而索定财力之多寡,双方无任何交易契约。换言之,此种制度为一种婚姻,而非买卖人口。女子自幼寄居在男方家中,等到年长,由公婆家择日成婚,俗称"圆房",仪式一般较为简单,请亲友来时,令一对小夫妻行"交拜礼"(即拜天地)后,即行圆房成礼,成为正式夫妻。不过做童养媳者,常受其翁姑之虐待。

从结婚的整个仪式来看,穷人家的婚嫁,以"能省则省"为宗旨,仪式简单;而富户则极为铺张,仪式烦琐。具有封建性的"童养媳"、"买卖婚姻"的陋俗在下层社会中依然存在,这是一种变相的商品交易,造成了广大妇女被压迫和受歧视的地位,也在一定程度上加重了男子的经济负担。

(二)婚嫁率低

一般而言,成年男女的婚嫁情况往往与个人的经济实力及社会政治经济

---

① 梦白:《天津之婚嫁风俗》,《社会杂志》第1卷第6期,1931年,第9页。
② 《天津市征收婚丧仪仗慈善捐办法》,《天津市政府公报》(法规),1935年6月,第77期,第102页。
③ 《呈(第51号)》,《天津市政府公报》(公牍),第83期,1935年12月,第13页。
④ 木节:《天津的婚嫁风俗》,《方舟》第36期,1937年,第51页。

的变化密切相关,贫民阶层尤为如此。在社会政治经济稳定的情况下,成年男女的婚嫁率一般较高;反之,如若社会政局动荡不安,人口的婚嫁率则相对较低。另外,随着近代天津城市化、现代化进程的展开,在城市文明的涤荡之下,入城务工农民的婚嫁观念也在发生着深刻的变革,这也影响着成年男女的婚嫁情况。

首先,受经济条件的制约,近代天津下层贫民婚嫁率低的情况十分明显。据 1929 南开大学经济学院对天津市地毯业中 354 名工人的调查显示,年龄最低者为 15 岁,最高者为 44 岁,其中 17～29 岁的工人,有 332 人,占工人总数的 94%。当时中国的结婚年龄一般在 16 岁或 18 岁,工人可提高至 20 岁。照此标准,已达结婚年龄的地毯工人有 297 人,而事实上已婚者仅有 119 人,约占婚龄工人总数的 40%;其余 178 人未婚,占 60%。他们之所以未婚,"率因其能力薄弱,不能完婚之故也"①。同时期,南开大学经济学院又对天津市针织业工人进行了调查,在调查的 113 名工人中,最幼者 15 岁,最高者 44 岁;有 95 人(占总数 84%)的年龄在 19～27 岁之间。在这 95 人中又有 76 人在(占调查工人总数的 67%)在 20 至 25 岁之间。结婚年龄仍取 20 岁为标准,则在这调查的 113 名工人中,20 岁以上的为 101 人,其中已婚者仅有 34 人(占调查工人总数的 30%),其余 67 人,仍为单身。②

又如,1929 年天津市社会局对天津市六大纱厂的工人婚嫁情况进行了调查,据统计,已婚嫁男女工人共有 5788 人,占工人总数的 35.30%;未婚男女工人共有 10 610 人,占工人总数的 64.70%(详见表 5.1)。但是,仅从这些数字并不足以真实反映工人的婚嫁情况,因为在这 16 398 名工人中,还有 2350 名童工,除去这 2350 名童工,已婚嫁成年男女工人约占成年工人总数的 41.20%。即使如此,成年工人的婚嫁率仍然不高。

---

① 方显廷:《天津地毯工业》,南开大学经济学院,1930 年,第 60 页。
② 方显廷:《天津针织工业》,南开大学经济学院,1931 年,第 61 页。

表 5.1　1929 年天津市六大纱厂工人婚嫁统计表

性别	已婚嫁		未婚嫁		共计	
	人数	百分比	人数	百分比	人数	百分比
男	4834	34.13	9328	65.87	14 162	100.00
女	954	42.67	1282	57.33	2236	100.00
总计	5788	35.30	10 610	64.70	16 398	100.00

资料来源:吴瓯:《天津市纺纱业调查报告》,天津市社会局,1931 年,第 49 页。

由此观之,成年男女婚嫁率低,在天津市各行业较为普遍。导致城市贫民阶层婚嫁率低的主要原因,一方面是因为生活贫困,致无力结婚,"力钱既少,纵蓄积之,而迎妻娶妻甚难"①。因为对于这些入城谋生的移民,首要之事是在城市谋取一份能获得报酬的工作,这是其在城市中赖以生存的基础。但是,在晚清民国,中国社会政局动荡不稳,城市工商业发展步履维艰,城市的容纳力十分有限,在城市中不仅寻找工作困难重重,即便是找到了工作,也随时有失业之虞。所以,在维持自身生计的前提下,再娶妻生子,养家糊口,是那些从农村迁入城市的移民短期内难以做到的,就是城市本身的一些市民在短期内也难以实现。生计尚成问题,自然成年男女的婚嫁率就相应要低了。

另一方面,近代社会动荡不稳的局势,致使城市结婚率逐年下降。20 世纪以后,社会动荡不安,军阀混战,30 年代以后,日本侵华战争连绵不断,天津处于战事的前沿,人心惶惶;经济上走私严重,工厂商店不断歇业倒闭,居民没有安定的社会环境,更不敢奢望成家。抗战全面爆发以后更是如此。这种局面使得那些入城的农民,没有把城市当作他们永久的居住地或最终理想的归宿。同时,留在家乡的父母兄弟也希望这些在城市中寻找到出路的工人,将多余的钱寄回家中,以弥补农业生产之不足,或用来购地建房,或娶妻生子,所以这些人在城市中结婚的并不多。

此外,近代娼妓业的兴盛,导致许多婚龄女子大量流向娼妓业,再加上事实上的一夫多妻制和涉外婚姻的存在,不仅腐败了社会风气,而且使原本已

---

① 罗澍伟主编:《天津近代城市史》,中国社会科学出版社 1993 年版,第 287 页。

十分严峻的性比例失调雪上加霜,适婚男性难觅佳偶,进而也造成了整个社会婚嫁率低下的恶性循环。

成年男女不仅婚嫁率低,而且结婚年龄较大。近代我国农村男女结婚年龄一般在15~19岁之间,当然,农村还可能存在着童婚陋俗,甚至有14岁以下结婚的现象,但是城市中男女成婚年龄一般较大。以1929年对天津针织业工人的调查为例,20岁以下结婚的人很少,在调查的113人中,20岁以下结婚的人仅有12人,只占调查工人总数的10.6%;结婚年龄集中在20~25岁,共计有76人,占调查工人总数的67.3%;在25岁以上结婚的有19人,占调查工人总数的16.8%;此外,还有6人在25岁以上仍未结婚。详见表5.2:

表5.2　1929年天津针织工人年龄及结婚之统计表

年龄	已婚	未婚	总计	年龄	已婚	未婚	总计
15		2	2	26	2	3	5
16				27	6	3	9
17		3	3	28	1		1
18		2	2	29	2		2
19	1	4	5	30			
20	3	8	11	31			
21	2	7	9	32	1		1
22	1	5	6	33			
23	2	15	17	34	2		2
24	4	12	16	34~44	5		5
25	3	14	17	合计	35	78	113

资料来源:方显廷:《天津针织工业》,南开大学经济学院,1931年,第62页。

又如,1930年对天津粮食业及磨房业中83名磨夫所进行的调查,20岁以下的4人,无一人结婚;20岁以上的79人,在此79人中,结婚的仅有41人,占52%;在这41名已婚磨夫中,有38人是30岁以上结婚的,占93%。甚至有3人是50岁以上结的婚(详见表5.3)。[①]当然,我们应该看到,这种"晚婚"现

[①] 《天津之粮食业及磨房业》,(南开大学)《经济统计季刊》,第2卷第4期,1933年12月,第986页。

象的存在,与我们当下社会所提倡的"晚婚"现象不可等同视之,此种现象的存在完全是因为生活压迫所致,"不克结婚之原因,半由于收入低微,半由于生活习惯之不良"。

表5.3　1930年天津之粮食及磨房业磨夫年龄及结婚情况分配统计表

年龄	未婚	已婚	鳏夫	总计
20岁以下	4	—	—	4
21—25	8	3	—	11
26—30	6	12	1	19
31—35	9	9	—	18
36—40	4	7	—	11
41—45	4	4	—	8
46—50	2	3	—	5
51—55	2	2	—	4
56—60	2	1	—	3
合计	41	41	1	83

资料来源:《天津之粮食业及磨房业》,(南开大学)《经济统计季刊》,第2卷第4期,1933年12月,第986页。

这些适婚男性无论是生理方面还是心理方面,都有结婚的诉求,但却因经济条件的制约而难以结婚。这些无法成婚的城市青壮年,在一定外在因素的诱惑下,容易变得放荡不羁,加之他们正处于青春期不能满足性方面的需求,从而造成生理上和心理上不同程度的扭曲与变态,除上妓院嫖妓发泄性需求外,引起性犯罪和其他犯罪的可能性也很大。近代中国大城市中盗窃、赌博等刑事犯罪严重,其成因固然多端,然不少与青年男性不能娶妻生子,无法享受家庭的温馨,没有责任义务的制约等不无关系。

(三)传统婚姻的新挑战

近代婚嫁习俗在传统社会缓慢发展的基础上,形成了一套较为固定的社会规约,并多仿行古制。结婚是一种家族行为,要遵循"父母之命",体现家长的意愿,男女双方没有自由选择的权利。清律规定:"嫁娶皆由祖父母、父母主婚,祖父母、父母俱无者,从余亲主婚。"①父母尊长对子女的婚姻具有决定权。婚姻之目的是为生儿育女、传宗接代,女子结婚要"从一而终"。

另一方面,随着近代社会的发展,尤其是五四后,在妇女解放浪潮的推动下,"自由恋爱"逐渐成为时尚,不仅激进的妇女解放者积极追求,一般下层妇女中也有"自由结婚"的,传统的"父母之命,媒妁之言"、"从一而终",及"一夫一妻制"等不断受到来自底层社会的挑战。

1."共妻"之风与"一夫一妻制"的新挑战

近代城市中人口性比例失衡严重,是中国各大城市一个较为普遍的现象。性比例失衡,不单纯是人口问题,同时也是一个严重的社会问题。就对婚姻的影响而言,由于男女性比例失衡严重,致使婚姻竞争十分激烈,这不仅为买卖婚姻的恶性发展起了推波助澜的作用,而且由于适婚女性较少,男性较多,致使彩礼提高,结婚费用增加,加重了男方的经济负担,尤其对于贫苦的下层民众而言,结婚会使他们背上沉重的债务锁链,这势必导致未婚成年单身男性增多的现象。

这些适婚的单身男性,为了解决其身体上的需要,除了去妓院嫖娼发泄性的需要外,一些单身男性困于生计,便发生与人"姘度"、"共妻"之事。

个案1:

王殿武,新城县人,其妻李氏,生有二女一子。因在新城无法谋生,于数年前携眷来津。来津后因经济无着,生活困难,遂由李氏商得王殿武的同意,与族兄王桂芬姘度,俾活一家,于是二男一妇,与子女等遂同居一室。不料王桂芬收入甚微,实难养此全家,经人介绍,王桂芬遂将17岁的长女,以150元大洋押入娼嫽为妓。此事后被人在地方法院告发,以王桂芬、王李氏实犯妨害婚姻、妨害风化之罪。王桂芬闻风速逃,王李氏被法院判有期徒刑8个月。王李氏不服,然上诉被驳回,准缓行二年,觅保即可释放。②

个案2:

西头杨庄子,住有黄王氏,有女徐黄氏,年19岁,嫁与英租界马场道墙子

---

① 《大清律例》,卷十,《户律》。
② 《困于衣食 一妇两夫》,《大公报》1935年4月13日(6)。

河住户徐荣涛为妻。新婚之夜,伉俪恩爱非常,翌日晚间,夫妇安眠,至夜半,徐某声称外出小便,去有多时。于黑暗之间,忽又归来,复向徐黄氏要求续欢,妇心大疑,乃摸索其身,发现与夫大异,乃竭力反抗。燃灯视之,发现不相识之男子。徐氏大呼,徐某由外奔入,并谓该人名杨实林,二人因贫寒,双方言明,共同出资娶一妇人。徐氏以此事有违人道,遂向法院提出离异。①

个案3:

龙大,年41岁,保定人,住南市聚华前胡同四号,素以负苦为生。娶妻吕氏,年39岁,亦保定人。夫妇生有二女,长女12岁,次女9岁。龙大所得,不足糊口,乃私与妻吕氏商量,要求姘靠他人,得资补助日用。吕氏迫不得已,允之。后经人介绍,与唐某姘靠,并言明每日由唐出洋数角,维持龙家生活。后龙大二女因之被唐某拐去,待龙大发现,已追寻无踪,旋鸣警报案。②

个案4:

西广开瑞茂里,住有徐文彩,年34岁,负苦为生。其妻张氏,年26岁,两人感情颇洽。徐有友人刘凤岐,年30岁,时来其家。徐某生活极为困难,乃商诸其妻同意,令其与刘姘靠,由刘补助日用,刘某亦颇同意。由是徐刘轮流值宿,初相安无事。继则刘某生厌,对于日用竟不供给。因此,三人发生口角,而后动武,结果刘某头部受伤。经该管警察赶到,将三人一并带回第二分局讯办。③

"共妻"、"姘靠"现象的出现,不仅有悖于传统的"一夫一妻"、"男女之防"及"夫为妻纲"的传统道德,也有悖于中国传统的婚姻家庭礼俗。这一现象在近代天津,尤其在城市贫民中却相习成风,其中致因是多方面的:其一,近代天津畸形的人口构成,男女性别比例失衡严重,是导致"共妻"、"姘靠"之风盛行的客观条件。其二,城市贫民收入微薄,不足以养家糊口,通过"共妻",与男人"姘靠",以减轻生活负担,解决衣食问题。上述几个案例多属于此类情况。其三,受近代社会开化及商业风气的浸染,人们传统的男女之防的伦理观念日益淡薄,对于"共妻"、"姘靠"等有违传统伦理道德的行为,人们渐渐习以为

---

① 《两穷措大合资娶妻》,《大公报》1935年11月19日(6)。
② 《经济压迫下租妻恶风!》,《大公报》1935年12月23日(5)。
③ 《经济压迫下租妻恶风!》,《大公报》1935年12月23日(5)。

常，在社会上形成了一种较为宽松甚至是默许其存在的社会环境，这是滋生此类现象的社会温床。

2.离婚案不断与"从一而终"的新挑战

传统中国社会有"从一而终"与"夫有出妻之理，妻无去夫之条"等观念，女子离婚为人所不齿，难以再嫁，故女子不敢离婚，遇人不淑，唯自叹命薄。近代城市社会各个层面的现代化，给城市婚姻家庭的变革提供了有利的社会环境。

近代以来城市婚姻家庭发生了巨大变迁，不仅婚姻目的、主婚权、择偶标准等发生了前所未有的变化，"结婚自由"、"离婚自由"等观念也随之勃兴，最惹人争议的是带有"破坏性"的离婚事件显著增多，中国传统的"从一而终"的婚姻观念在发生动摇。

在天津，"近来法庭诉讼，男女之请求离婚者，实繁有徒，此皆前此所未有，而亦社会所不乐为者也。"[1]到20世纪二三十年代，离婚案之普遍已成为一大社会问题。据天津市社会局统计，1928年天津市有离婚案件33件；1929年增加到83件，是1928年的一倍有余；1930年复又增加到133起。[2]

就离婚的原因而言，从天津市社会局统计的1928~1930年三年离婚案件中可以发现，离异的原因极为复杂，不仅有体现了女子为摆脱男性控制，追求解放的一面，如夫不务正、逼娼、夫有恶嗜好、夫行为不法等；同时男子也有因妻不守妇道、妻与人通奸、妻发悍等原因提出离异的，这体现了男女双方在家庭中追求幸福婚姻的一面。同时，自1929年后，请求同居、请求解约、请求认约的案件开始出现，并不断呈现增加的趋势。具体离婚原因，详见表5.4：

---

[1] 《闲评二》，《大公报》1913年9月15日(第2张第1版)。

[2] 吴瓯主编：《天津市社会局统计汇刊》(社会病态)，"天津市最近三年离婚案件发生原因比较"，天津社会局，1931年。

表 5.4 天津市 1928～1930 年离婚案件发生原因比较①

事项	原告理由\案件数\年别	1928	1929	1930	合计
请求离异	因妻不守妇道	5	6	9	20
	意见不合	1	22	25	48
	逃 匿	1	4	6	11
	因夫不务正		4	3	7
	虐 待	8	28	28	64
	逼 娼	8	12	20	40
	遗 弃	2	5	9	16
	骗 婚	1	1	5	7
	亲族逼婚	3		2	5
	妻有残疾			1	1
	夫有残疾	1			1
	妻与人通奸			2	2
	夫有恶嗜好			1	1
	因妻发悍	2			2
	重 婚	1			1
	因夫行为不法		1		1
	其 他			1	1
	共 计	33	83	112	228
请求同居	控妻不归		1	3	4
	控夫遗弃		1	1	2
	共 计		2	4	6
请求解约	未得当事人同意		1	4	5
	因未婚夫行为不法			2	2
	因未婚夫有花柳病			1	1
	因未婚夫游荡无业		1		1
	欺诈订约			1	1
	共 计		2	8	10
请求认约	悔婚不娶			4	4
	悔婚不嫁			4	4
	撤销再婚		1	1	2
	共 计		1	9	10
总 计		33	88	133	254

资料来源：吴瓯主编：《天津市社会局统计汇刊》（社会病态），"天津市最近三年离婚案件发生原因比较"，天津市社会局，1931 年。

---

① 吴瓯主编：《天津市社会局统计汇刊》（社会病态），"天津市最近三年离婚案件发生原因比较"，天津市社会局，1931 年。

在这些离婚案件中,从离婚主动方性别来看,在1929年的83起离婚案件中,女子主动提出的有63起,男子主动提出的有20起;1930年的133起离婚案件中,女子主动提出的有93起,男子主动提出的有40起。两年共计216起,女子主动提出的有156起,占总数的72%。①这一方面说明广大妇女为争取自己的幸福权益,改变自己在家庭中受压迫的地位而进行的斗争;另一方面也说明了女子自我意识的日益觉醒,同时在一定程度上彰显出女子在婚姻家庭中的主动性。

此外,不少农村妇女离乡后,纷纷入城做工,在城里生活了几年后,因受城市生活环境潜移默化的影响,不愿再和乡间的小伙子结婚。已婚妇女入城后,随着交往圈子的扩大,接触异性的机会增多,在面临诱惑时,也开始嫌弃家乡贫穷的丈夫,由此而另结新欢或潜逃的不乏其人。

案例1:

李万德,30余岁,沧县人,在天津拉车为生。其妻王氏,20余岁,因其夫供养难过,遂不安于室,潜逃无踪。③

案例2:

妻子因嫌弃夫贫,另结新欢,丈夫盛怒之下,用刀砍伤妻子,抛刀潜逃,旋被抓获。④

不幸的婚姻是悲剧,离婚则是为谋求悲剧的终结。上述离婚案的发生,既体现了男女双方对新生活的向往和追求,也是近代社会变迁中人们婚姻家庭观念变化的结果。

3."自由恋爱"与"父母之命,媒妁之言"的新挑战

在传统的婚姻习俗中,一切要听从"父母之命",男女双方没有选择婚姻的自由,由此也酿成了不少家庭悲剧。这是传统婚俗的最大弊端,对此有人抨击说:"中国婚姻之全权,实在于父母,而无子女容喙之余地,此其弊最大者

---

① 吴瓯主编:《天津市社会局统计汇刊》(社会病态),天津市社会局,1931年。
② 吴瓯主编:《天津市社会局统计汇刊》(社会病态),天津市社会局,1931年。
③ 《丈夫太穷妻逃无踪》,《大公报》1928年12月14日(6)。
④ 《黄金爱情与犯罪》,《大公报》1929年8月6日(9)。

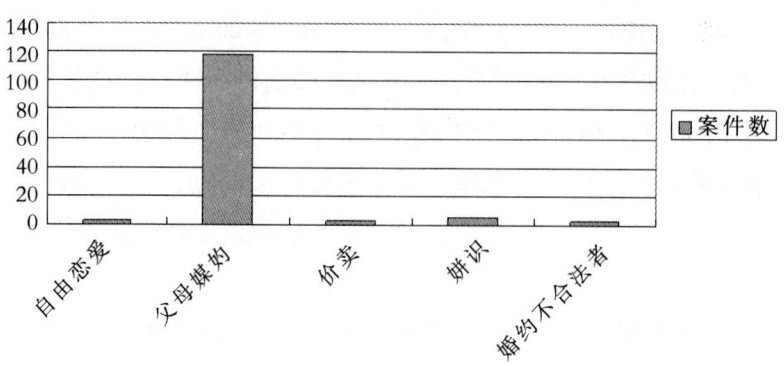

图 5.1 1930 年天津市离婚案件婚约类别比较①

也。"②此言不虚。在 1930 年天津市社会局统计的 133 起离婚案件中,其中父母媒妁类的有 118 起,占离婚案件总数的 88.72%;其他自由恋爱、价卖、姘识、婚约不合法类的离婚案件合计有 15 起,不到离婚案件总数的 12%。具体见图 5.1:

随着近代城市工商业的兴起和发展,吸引着一批妇女走出家庭,走向社会,成为职业女性。"女子的地位常随着经济的变化为转移,女子也是人,就当为生产者。"③妇女走向社会后,从事各种各样的职业,获得了相对独立的经济地位,女性开始为争取自己的幸福平等权利而进行斗争,家庭关系也在发生变化,追求自由恋爱、婚姻家庭中男女关系平等,开始成为近代中国城市家庭中的新气象。城市贫民阶层,受此社会习俗的熏染,也对传统的"父母之命,媒妁之言"提出了挑战。

个案 1:

一名叫王绍英的女子,生于一个专制家庭中,致学业无成,父母就强为其订婚,王不从,乃弃家出逃。后致书天津女权请愿团,寻求帮助。④

个案:2:

---

① 吴瓯主编:《天津市社会局统计汇刊》(社会病态),"民国十九年离婚案件婚约类别比较",天津市社会局,1931 年。
② 《婚姻改良论》,《留日女学会杂志》1911 年 5 月,第 1 期。
③ 李鹤鸣:《女子解放论》,《解放与改造》第 1 卷第 3 号,1919 年 10 月,第 29 页。
④ 《旧式婚制下之一女子》,《益世报》1923 年 6 月 28 日(10)。

一名叫崔三的少女,年18岁,天津市人,住西头石桥南常家胡同,父母均年过50,家中除崔三一女外,还有二子,长子已过而立,次子已逾弱冠,兄弟二人自幼随父从事泥水匠度日,因家贫,皆未授室。崔三自幼许配与人,行婚不久,崔家因婿家贫穷,多方刁难,乃行离婚。此后,其父多方诱惑,欲将其女卖为人妾,俾得巨额彩礼,该女为了自己的终身幸福反抗,遭父母辱骂,含恨投河自尽,行被人发现,适得获救。①

个案3:

河东大王庄大英烟草公司女工王惠贞,年26岁,胞妹淑贞年18岁,胞兄王竹荣,年33岁,都为该公司晒烤烟叶工人,原籍系静海县人,皆因农村破产,而入都市做佣工。在淑贞年方13岁时,经媒以54元之彩礼,说与独流镇人李李氏之子为妻。李氏之子现年26岁,尚在原籍务农。王淑贞与王惠贞等自来天津充女工后,因受环境熏陶,见闻焕然一新,都市繁华,为之沉醉。惠贞年事虽长,尚未字人;而淑贞婚约,因男方为一乡愚,遂蓄悔婚之心。李李氏方面以子年已26岁,婚事解决,不容再缓,故托人屡次要求定期迎娶。女方因订婚时用有彩礼洋54元,如公然表示拒绝结婚,又因彩礼关系,不免有所纠葛,遂以推延手段,意图展缓,李李氏急不可耐……以是发生争执,双方多趋极端,扭打一团,经该管五区二所长警将一干人等带所,经讯,转送法院讯办。②

上述几个案例,是女子反抗传统的父母之命的一般案例,有关此类案件在近代各城市中并不鲜见。案例1中王绍英为反抗旧式的婚姻而弃家出逃,案例2中崔三之女违抗父母之命,拒为人妾,甚至以死相拼,这都是女子在人生道路上反对旧式婚姻、追求个人幸福的典型事例。案例3中女工王淑贞,因入城后受都市环境的熏染,对于家乡中经媒人介绍的对象不满,有意悔婚,结果酿成纠纷,对簿公堂。这些案例均是女子对抗传统的"父母之命,媒妁之言"而做出的抗争,也昭示着女子在追求个人幸福方面所做出的艰辛努力。

4."逼妻为娼"、"租妻为娼"之社会恶风的盛行

在男权社会中,女子作为丈夫的私有物,可以任意处置。近代随着商品经

---

① 《月光皎洁之下一少女含忿投河》,《大公报》1934年5月29日(10)。

② 《醉心都市繁华女工有意悔婚》,《大公报》1934年1月26日(10)。

济的发展,社会日益商品化,女子甚至可以被丈夫当作商品来买卖,社会上兴起一股"逼妻为娼"、"租妻为娼"的恶风。

个案1:

香河县人党义三将其发妻党刘氏,租与他人,改名党顺喜,在河北普乐大街土娼嫽内为娼。孰料党义三贪得无厌,拟将其妻再行出租,借以牟利,事为该氏知悉,以致发生争殴,被带往中三区警察厅讯。①

个案2:

本埠小刘庄居民吕老,年21岁,天津人。向做械器匠糊口,嗣因事被辞,赋闲家居。家有老父继母寡嫂幼弟各一人,月间聘娶同村人袁氏为妻。因与继母不睦,携妻迁至东楼独居,并做小本营生糊口。因所入有限,不敷用度,遂异想天开,欲将其妻卖入谦德庄为暗娼,劝诱威逼。其妻终以良家妇女,不肯堕落。吕袁氏既恨丈夫薄情,又恐其乘机变卖,不堪同居,并暗求其父在法院控告,要求离异。②

个案3:

谦德庄庆和里,住有泥水匠王再发,其妻李氏,年21岁。王因天气严寒,停工已久,日无进项,生活难以维持。为谋衣食之温饱,王异想天开,欲促其妻操神女生涯。李氏不允,乘机潜逃,欲投南门外八里台大桥自尽,幸被路人劝阻。③

此种"租妻为娼"、"逼妻为娼"之风的兴起,与近代商品经济的发展密切相关。一切物品被商品化,人也被商品化,"不仅男子之劳力等于商品之供给,即女性亦成为商品化矣,夫女子每为男子所支配,女子既失其支配自身之能力,社会又不能充分收容女子为相当之服务,其结果遂流于卖性"④。同时,与人们伦理观念的变迁有很大关系,但更多是城市贫民在生存压力下的一种无奈选择。

婚姻家庭作为社会生活的一个重要方面,随着近代城市生活的巨变,天津

---

① 《恶夫租发妻》,《大公报》1927年7月26日(7)。
② 《贫民的悲哀 无力谋生逼妻为娼》,《大公报》1928年1月18日(7)。
③ 《经济压迫逼妻为娼》,《大公报》1934年12月31日(6)。
④ 《天津最近三年离婚案件之统计》,《大公报》1929年2月10日(9)。

社会各阶层的婚姻家庭组合形式、婚姻观念等,均在不断发生变化。一方面,由于城市中的许多劳工,多是由农村破产的农民以及手工业者转化而来,他们不自觉地把乡村社会中带有封建性的婚俗带入城市社会中;另一方面,尤其是在欧风美雨的浸染下,他们的婚姻观念也开始呈现出一些新迹象,如恋爱自由、离婚自由等,传统的"父母之命,媒妁之言"、"从一而终"等婚姻观念不断受到新的挑战。

但是,仍有不少女子受传统婚姻观的束缚,成为婚姻家庭的牺牲者。比如仍有不少女子虽与丈夫感情不睦,却不敢选择离婚,因为"离婚以后,男子方面,自然无问题地能达到他那新欲望,得到他那新配偶,而女子方面,可怜脑子里充满了三从、四德、七出等等古董的,就不得不做了这离婚旗帜下牺牲者!……已蒙上了人生的奇耻大辱!况且社会再加以残忍的仇视与无理批评,哪能不把一个既不能自存又无法抵抗的女子,逼到死路上去呢?……女子离婚后,容易发生消极思想,甚至自杀!那全不怨离婚本身,而是怨目下社会不好!"①那些有勇气离了婚的妇女,也有不少因生活陷入困境不得已又堕入风尘,"离了婚的,与丈夫暂别的或摒弃了的妇人和寡妇,普遍多有经济状况不好的趋势……以为经济需要的程度,正是做娼的直接原因。"②也即是说,因为自身经济条件或社会方面的压力,许多妇女在婚姻家庭中仍处于被动地位,恋爱自由、离婚自由依旧是个艰辛而漫长的历程。总体上看,下层贫民的婚嫁呈现出新旧杂陈的多元化局面。

二、病　丧

(一)病无所治

"天生我们做穷人,又做现在民国的穷人,真是不幸中的不幸!凡世界上人类所尝不到的滋味,全叫我们穷人应有尽有地尝遍。名为人类之一,实为地狱里的囚犯,天天所操的工作,无非是牛马的工作,始终不知道世上究有何种

---

① 《也来谈谈离婚问题》,《大公报》1928年7月5日(10)。
② 《怎样救济过渡期间的妇女》,《大公报》1928年8月23日(10)。

滋味。'没有吃过猪肉,还没有看过猪跑吗?'和'没有吃过白面,还没有看过面口袋吗?'的两句滑稽俗语,的确是我们生活的写真,其实我们生来命穷境寒,衣食住求其简陋,乃势所必然,只要身体健康,也不敢异想天开,只好安分守己,操我们本分的牛马生活;不过像牛马那样的强壮,也不免了要生病,何况人非牛马,而操牛马的生活呢!

再者,食不饱,衣不暖,居不安,都是我们穷人所不必避讳的事,无怪乎我们常常有病,并且每病必重,我们也知道津市大埠,名医如云,不过哪一个不是看一次门诊,要我们一个月的工价,吃一付西药,要我们半年的血汗呢?此外,还有什么注射手术以及 X 光检验等费用,都是动辄数十百元,用我们穷人半辈子的血汗,也未必能赚出来啊!干一天吃一天,一口干事八口吃饭的家庭,当然家无隔宿之粮,一家老少,所共祈的,就是祈告我们人永无灾害,藉此可以支持门户,倘有不测,自然全家难免饿肚,这时候贫病交加的我们,眼看八口嗷嗷,实在触目伤心,既恨工作无力,下地无门,势将山穷水尽,惟有坐以待毙!"①

人非铁打的,难免都会生病。病了就请大夫医治,这也是常识。但是,穷人不同,穷人最怕生病,所谓"什么都可以有,就是不能有病",因为生病就医,就意味着要花钱,穷人糊口尚成问题,何来钱就医?所以生了病,真就"山穷水尽,惟有坐以待毙"了!

多数贫民因收入微薄,不足以糊口,对于饮食、卫生多不注意,再加上时常劳累过度,故容易患病。穷人怕生病,小病尚能挺过去,一旦遇到一些久治不愈的疑难病症,心灰意冷,绝望自尽。此类事件,《大公报》上多有报道:

个案1:

有一叫作董洛荣的沧州人,侨居津邑南门外卖糖为生,因偶患伤寒,医药弗效,昼夜呻吟,董因病情,于九日早用剃头刀,刎颈身死。②

个案2:

南门西太平庄刘家胡同义盛和皮作坊厨役马万年,年54岁,武城县人,因

---

① 穷人:《穷人生病只好等死》,《益世报》1933年4月4日(10)。
② 《因病自刎》,《大公报》1907年8月29日(7)。

患病多日,医药罔效,难以支持,遂于夜间用刀子将自己肚皮开膛,心肝流出,倒地身死。①

个案3:

河北金刚桥地方,有一壮年男子欲投河自尽,幸被救获,据其所称,现在某军当兵,因病魔缠绕,无力调治,一时情急,遂致投河。②

个案4:

张敬士,山东人,住河北新车站地道外,负苦为业,独居无依,因久病不愈,日用维艰,起厌世之念,在屋中自缢身死。③

个案5:

本市人陈连铭,年已逾半百,尚未有子,而经济状况,又甚拮据,加之患染肺病,久治不愈,遂悬梁自尽。④

上述自杀案件的发生,主要是因为城市贫民生活困难,不堪疾病的折磨所致,这也反映了下层民众的悲惨命运。

城市贫民因收入低微,卫生情况一般较差。但工人的卫生状况在城市贫民中相对较佳,尤其在一些效益好的企业。如在一些规模较大的近代企业中,多设有澡堂,旨在养成工人清洁卫生之习惯。在塘沽的久大工厂,建有浴室,供工人沐浴,且不收费。浴所夏季逐日开放,冬季每星期开放一次。据1927年北平调查所调查,工人每月沐浴的次数自2～12次不等,以每月8次者为最多。当然,在冬季,久大的浴室每周只开放一次,故工人沐浴次数大为减少。在久大,工人多养成清洁的习惯,卧具和衣服大都自己洗,清洁卫生,"即是推煤车的工人,必有一套工作时穿着的衣服,工作完毕,擦脸洗手,重换洁净的衣服",工人们常用"和学生一样"来称赞衣服简洁的青年工人。⑤在宝成纱厂附近也有一个澡堂,工人如果洗澡,必须去三里外的大直沽去洗。该处澡堂分

---

① 《太平庄发生自杀惨案》,《大公报》1927年4月24日(7)。
② 《投河遇救》,《大公报》1927年8月31日(7)。
③ 《老翁缢死》,《大公报》1936年8月28日(6)。
④ 《久病不愈悬梁自尽》,《大公报》1935年6月6日(6)。
⑤ 林颂河:《塘沽工人调查》,北平社会调查所,1930年,第160页。

池、雅两座。池座需铜圆 8 枚,一般工资较低的工人,均洗池座;雅座 30 枚,只有那些工资较高的工人才洗雅座。但是,对于一般之工人而言,他们很少去洗澡,"夏季常在河之浅处,冬季即用毛巾揩擦"①,这种工人,"不为负担较重之工人,即为乡村初来津者"②。

理发对个人而言,除了卫生外,还有美观的作用。但是,对久大 86 位住厂工人的调查发现,他们理发的次数,略有不同,有一月一次、两月三次或一月两次的。但是,竟出现一人自己给自己推光,不到理发所去理发的。③这无非是出于省钱的目的,由此也可以窥见工人生活的拮据。此外,在这 86 位工人中,没有一位有发辫的,推光头的最多,平头次之,分头又次之。其实,久大有自己的理发所,价格极低,每年理发的费用最高不过一元四角,少者仅有三角六分。④在宝成纱厂中,工人理发一般为一月一次或二次,也有一月或两月剃一次的,"甚至一般工人,回至工房,互相推剃以求省费者"⑤。由此可以窥见工人卫生的情况及工人生活的艰辛。

对于那些规模较大的大纱厂、面粉厂或地毯厂,医疗设施相对其他行业要完备,方便了工人就医。如在裕大纺纱公司,附设有医药室,聘请医师驻厂,随时诊察,并另设病室,以防传染;在恒源纺纱厂也附设有医药室,工人如有小病,可在厂医治,但重病者则需送往特约医院治疗;在宝成第三纺织公司,设有常驻医生 2 人,专掌卫生事项及医治疾病,施种牛痘等事。⑥在平和地毯公司,如果工人有病,则由本厂嘱托医院诊治,死亡给予相当抚恤;在玉盛永地毯工厂,工人有病,厂内备有药品,随时取用,如患重病,即由厂方延医诊治。⑦在三津寿丰面粉公司,工人若因公受伤,由公司指定医院医治,医药费由公司

---

① 吴瓯:《天津市纺纱业调查报告》,天津市社会局,1931 年,第 346~347 页。
② 吴瓯:《天津市纺纱业调查报告》,天津市社会局,1931 年,第 347 页。
③ 林颂河:《塘沽工人调查》,北平社会调查所,1930 年,第 159 页。
④ 林颂河:《塘沽工人调查》,北平社会调查所,1930 年,第 159 页。
⑤ 吴瓯:《天津市纺纱业调查报告》,天津市社会局,1931 年,第 347 页。
⑥ 王清彬等编:《第一次中国劳动年鉴》(第三编),北平社会调查部,1928 年,4~5 页。
⑦ 王清彬等编:《第一次中国劳动年鉴》(第三编),北平社会调查部,1928 年,5~6 页。

完全负担,若不在指定医院诊治,则由工人自行负担;非因公伤病,平时得病者,费用自负。①这些医疗设备的建立,有利于在一定程度上缓解贫民的就医压力。

此外,各业劳工因工作环境差,卫生状况恶劣,容易导致各种职业病的流行,在纺织业尤为突出。据天津市社会局对裕元纱厂工人1929年6月至10月间所患疾病的统计,最多的为咳嗽,占13.50%;其次为眼疾,占12.28%;最少的为吐血症(详见表5.5)。②因为在各织布工厂中,各机坊构造不佳,阳光不入,空气不畅,风雨乘隙侵入,场地即为泥土。恶劣的工作环境,导致工人极易患上各种职业病。"夏日多潮,往往湿气上腾,侵损织品,同时棉丝织维,飞散室中,工人吸之,未有不为之气闷者。"③在华新纺织厂,砌纱的小工,不论冬夏,工作于水湿地,夏日虽湿气过盛,但一时尚不至为患;每到冬季时,"入厂则水湿浸淫,出厂则寒气袭骨,一冷一湿故足部无不冻溃,工作艰难此一苦也"④。在此种情形下工作,不难理解工人学徒为何患咳嗽、肺痨病者居多。

表5.5 1929年6～10月工人所患疾病统计表⑤

疾病	疟疾	内热中满	痢疾	咳嗽	眼疾	腿疼	腰疼	泻肚	伤风	头疼	吐血	其他
百分比	7.32	8.50	11.80	13.50	12.28	8.55	5.35	2.24	10.25	10.50	1.10	8.79

1929年南开大学社会经济研究委员会调查了地毯业工人与学徒疾病状况,但资料尚欠完备,在所调查的615名工人中,仅329人具有统计。统计结果中,以沙眼最为流行,有143人,占总数的43.5%。此外,还有头痛、霍乱、胃病、冷热、皮胃红肿炎、痔疮、疟疾、伤寒等(详见表5.6)。工人在患病期间,医药费自负,仅膳宿费仍由雇主提供;在染病期间工资停止发放。如果是学徒,医药

---

① 吴瓯:《天津市面粉业调查报告》,天津市社会局,1931年,第14页。
② 吴瓯:《天津市面粉业调查报告》,天津市社会局,1931年,第105页。
③ 方显廷:《天津织布工业》,南开大学经济学院,1931年,第91页。
④ 吴瓯:《天津市纺纱业调查报告》,天津市社会局,1931年,第184页。
⑤ 吴瓯:《天津市纺纱业调查报告》,天津市社会局,1931年,第105页。

费及膳宿费,均由雇主负担,这是因为学徒本无工资可言。

表5.6　1929年天津地毯工人及学徒所患疾病之分配

病　名	患病次数		合　计	
	工　人	学　徒	实　数	百分数
沙　眼	69	74	143	43.5
头　痛	21	23	44	13.4
霍　乱	17	9	26	7.9
胃　病	8	13	21	6.4
冷　热	12	4	16	4.9
皮胃红肿炎	12	8	20	6.1
痔　疮	4	11	15	4.6
疟　疾	5	5	10	3.0
伤　寒	4	3	7	2.1
其　他	12	15	27	8.2
总　数	164	165	329	100.0

资料来源:方显廷:《天津地毯工业》,南开大学社会经济研究委员会,1930年,第68页。

为防止疾疫传染,政府也常在夏季或鼠疫等传染病流行季节,给贫民提供免费施赈。如1933年夏,天津市政府曾训令市立医院为贫民免费施诊,"查现在时届炎夏,酷热异常,一切疾病,最易丛生,如中暑霍乱等急症,病起仓猝,甚至不及施治,因而毙命者屡见不鲜,尤以负苦贫民患者居多。为此令仰该院嗣后遇有贫民染患急症送院医疗时,应随时施诊,并准予免收医药等费,以资救济,而重民命,除分行外仰切实遵照办理为要,此令。"①

(二)死无所葬

各地民间丧葬,因民族、宗教信仰及国籍的差异,葬俗有所不同。汉族奉行土葬,崇尚人死后装入棺木,入土为安。近代中国的丧葬礼俗与古俗一脉相

---

① 《天津市政府训令(字第232号)市立医院》,1933年7月,天津市档案馆藏,档案号:J0123-1-000458。

承，无明显变化。至五四新文化运动期间，传统的丧葬礼俗才发生了细微变化。晚清以来，天津盛行厚葬，重视丧俗，仪式极为复杂，丧仪可分送魂、白事、讣闻、分出资、放焰口及接三、送三、出殡、出殡前概况、仪仗、奏乐、乐器、开吊、伴宿、出殡第二日、渡桥式、圆坟等16项，极为铺张。①当然，这些仪式一般在富有者中间进行，中等之家要节约和省略些。但是，随着社会奢靡之风的盛行，即使一些贫困之家，也崇尚奢葬，借债也要强撑局面，如一首竹枝词中所咏：

"贫家丧葬慕繁华，借债仍将局面撑。

赁得官衔牌几对，约人执绋赖朋情。"②

贫困之家无力办理丧事，只好借贷。于是，在社会上还出现了"老人会"等民间互助组织，在遇到丧事的时候，互相借贷金钱，以应急需。③政府对民间的丧葬习俗也不加管理，任其自由发展。

近代以后，随着天津城市人口的激增，贫困人口和来自外乡的移民不断膨胀。一些贫民死后，常无力埋葬，加之天津历来有浮厝的习俗，故常有尸体弃于街头，或暴露于荒郊野外。为此，一些民间的慈善团体和绅商，成立了专门向贫民施舍棺木和抬埋弃尸的慈善组织。清代天津主要有施棺局、殓埋社、天泽会、泽尸会、掩骨社、公善抬埋社、公善施材总社、捞埋浮尸局等多家善堂，以施棺殓埋、捞埋浮尸露骨为主。此外，天津红十字会、育黎堂等慈善团体也兼办施棺掩埋业务。

施棺善举出现较早，最初由民间发起。早在康熙年间，便有邑绅捐资，施舍棺木给那些无力安葬者。天津最早的施棺组织——施棺局，在康熙年间，由邑绅李锦倡众捐资，在西门内白衣寺建立的。"凡路毙与贫不能殓者，给棺一口，钱七百五十文，以为葬费。"④到清代后期，民间还成立了专为一些鳏寡孤

---

① 《天津之风俗调查》，《河北月刊》第1卷第3期，1933年3月。

② 冯文洵：《丙寅天津竹枝词》（线装本），南开大学古籍库藏。

③ 南京国民政府司法行政部编，胡旭晟、夏新华、李交发点校：《民事习惯调查报告》，中国政法大学出版社2000年版，第759页。

④ [清]《续天津县志》（同治），卷8，见天津市地方志编修委员会编著：《天津通志·旧志点校卷（中）》，南开大学出版社2001年版，第319页。

独者和贫困无依的人家料理丧事的组织——掩骨会。1771年,天津地方士绅华龙藻联合志同者,上书主管衙署获准,由官府拨地200余亩,掩埋露骸,并在西关大街成立了慈善性质的"掩骨会",负责葬埋无人收敛的尸体。《津门杂记》中对此有记载:"掩骨会,在西门外。有义地数处,葬埋异地贫民。每年春秋,并着人各处捡取暴露骨骸,以土掩埋。"①另外,在南开炮台庄以西还建有"南掩骨会",1846年的《津门保甲图说》中就标有这两个掩骨会的具体位置。

民国初年,直隶连年遭受兵灾,战地死亡和惨遭杀戮的民众甚多。天津公善施材总社等多家善堂,收埋战地浮尸和施棺给穷苦被害民众,1928~1932年,平均每年施材均达3350具以上,价值11 579元,并兼办恤嫠、冬赈等救济业务。②1937年7月,日军侵占天津,市区2000余居民死于日军的炮火和狂轰滥炸之下,对无力殓葬或无主尸体,公善施材总社悉数收殓。至1945年,仍有9家善堂从事施棺掩埋业务,其中规模较大的仍属公善施材总社。

贫民不仅无力购买棺木埋葬,即使勉强备置了棺木,也常无地可葬。于是一些官绅、会馆和善堂在天津近郊、静海等地,设立义地、义冢等。在今天的南开区广开四马路北部东侧,曾有一座"白骨塔"③,是专为收殓掩埋穷人尸骨用的。该塔建于1750年,时任天津知府的湖北籍人熊绎祖成立了"天泽会",并邀集地方邑绅,修建白骨塔,《天津县志》记载着白骨塔的来源:

"熊绎祖,字定思,号东山,湖北京山人,拔贡。乾隆五年任天津知府,偶见城西白骨暴露,心恻然,乃捐廉倡率邑绅党廷玉等,立'天泽会',置义地,建骨塔,平时捡骨纳于塔中,春末冬初掩埋义地。"④

该塔为灰砖制,双数双层,八角状,高两丈许,中空,下层有一洞门,内供

---

① [清]张焘:《津门杂记》(卷上),天津古籍出版社1986年版,第50页。
② 天津地方志编修委员会编著:《天津通志·民政志》,天津社会科学院出版社2001年版,第170页。
③ 1917年天津发生大水灾,该塔被洪水冲毁,直到1946年当地人进行了重修,后毁于1966年"文化大革命""破四旧"之时。
④ [清]《续天津县志》(同治),卷11,见天津市地方志编修委员会编著:《天津通志·旧志点校卷(中)》,南开大学出版社2001年版,第350页。

奉一莲台观音像，又称"宝塔"。①既供神又埋骨，在全国有独无偶。在整个清代及民国初年，白骨塔一带一直是杀人刑场，也是贫民随意埋葬亡人尸骨的"乱葬岗子"。

近代天津的许多劳工来自乡间，生活贫苦，遇有死亡，常无人埋葬。为此，一些较大规模之工厂，多设有公墓，用于安葬这些异乡人或本市生活贫苦的工人。如在距裕元纱厂4里地的尖山村有一处公墓，占地5亩有余，异乡工人或本地工人身故无坟茔者，多寄埋于此。②又如，在华新纱厂，工人如有父母之丧，由厂中给棺木一口，仅收费6元，尚其家无坟地，可葬于华新纱厂之义地内。③

尽管近代天津有不少私人茔地，坟墓遍布城外，但仍有不少死亡的小孩及一些贫苦的异乡人的尸体，弃之于四郊的荒野而不掩埋。因这些尸体多是用苇席裹尸或装在劣质的棺木，丧葬极简，掩埋不深，常常引来野狗扒席撞棺，争抢尸骨，致使枯骨嶙峋，惨不忍睹。这不仅有碍观瞻，且与社会卫生大有妨碍，尤其在夏季，易导致疾疫的流行。故一些慈善组织，常雇佣一些人到四郊，掩埋尸体。1771年，盐商华龙藻向官府呈请，拨给城西南官地2余顷，成立"掩骼社"，专门掩埋无主尸骨。1801年，天津大水灾，"四乡民结棚而居，死者累累"，掩骼社等善堂倡捐雇夫掩埋。1860年和1869年，清政府挑筑壕沟和修理河堤，尸骨暴露，泽尸社先后掩埋义地者2000余具。④1917年7月，义阡局每日派一人肩荷大旗，三人肩荷铁锹，遍游四郊，掩埋浮尸。⑤

1902年开始，天津市卫生局与天津巡警总局开始联署办理死亡登记手续，规定：凡有人口死亡，由户主向附近的巡警局以口头或书面形式呈报；接报的巡警总局负责填写死者的姓名、年龄、住址、死因、日期及是否准许埋葬等内容；如果巡警对死因有疑问，病因不准或有传染危险时，须转送卫生局，

---

① 刘鉴唐、焦玮主编：《津门谈古》（一），百花文艺出版社1991年版，第415页。
② 吴瓯：《天津市纺纱业调查报告》，天津市社会局，1931年，第110页。
③ 吴瓯：《天津市纺纱业调查报告》，天津市社会局，1931年，第187页。
④ 天津市地方志编修委员会编著：《天津通志·民政志》，天津社会科学院出版社2001年版，第167页。
⑤ 《义阡局掩埋浮尸》，《大公报》1917年7月3日（7）。

由卫生总局派员前往验尸。①此后,对于那些冻毙街头,无尸亲认领的尸体,多由地方官相验掩埋。②

城市贫民收入低微,生活贫困,丧无所葬,疾病死亡,常无人问津。穷途末路的父母,有时为埋葬亲人,不惜将自己的亲生女儿卖与人贩。以一个极端的事例,可以窥见这些贫民生活之悲惨:霸县人郭巨才,年38岁,务农为业,膝下子女各一。因频年荒歉,致生活为难,不料郭之父母又染沉疴,相继长辞,衣装棺衾,均须购置。郭乃与妻商量,将女儿大俊携带来津,以500元租与人贩子袁宝山,租期7年。袁后又将大俊转租给大兴里林阁钱湘云处操妓业,得洋400元。此后,钱某又将大俊由天津送至营口为娼。郭因寻女无着,遂将人犯告送法庭。③

也有家庭,因家主去世,无力抬埋,走投无路而寻短见的。1934年11月18日《大公报》上报道了一则消息:

金汤河岸,发现母子4人,用绳捆绑,拟相偕投河,幸被岗警截救。经探询获知,该妇尹张氏,年32岁,平谷县人,住河东扒头街六元里三号,其夫尹筱臣于7月24日因病去世,膝下留有一女二男。当尹筱臣卧病时,医药费用所耗,已家徒四壁,境况凄凉。尹筱臣去世后,衣装棺木,勉为筹办,但因抬埋费用无着,尸首仍在家中停放。母子四人生活更陷于绝境,走投无路,因之投河自尽。④

家境贫困,就医已成问题,家主的不幸去世,对原本贫困的家庭来说无疑是雪上加霜,孤儿寡母,连抬埋费也无力承担,呼天不应,叫地不灵,走投无

---

① 天津市地方志编修委员会编著:《天津通志·公安志》,天津人民出版社2001年版,第106页。

② 1907年9月22日《大公报》:窑洼宝成栈旁有无名男尸,倒卧身死,经报相验,系因病身死,交地方插标掩埋;1931年12月18日《大公报》:因气候骤寒,市区冻毙贫民甚多,12月16日夜在南市开洼一带,冻毙乞丐5名,除1名外,其余4名均赤身裸体。经检查处验明,系因病及冻饿身死,因无尸亲,由地方官掩埋。见《相验倒毙》,《大公报》1907年9月22日(6);《又冻毙五人》,《大公报》,1931年12月18日(6)。

③ 《卖去女儿葬双亲》,《大公报》1929年5月29日(9)。

④ 《金汤河畔孤儿寡妇年相系投河》,《大公报》1934年11月18日(6)。

路,只有自寻短见。上述尹张氏母子投河惨剧的发生,向我们昭示,贫民连基本的病丧问题都无力解决,其生活之困苦由此可见一斑。

1929年,天津市卫生局奉市府令开始筹办公墓。为选择公墓地点,首先着手调查天津市义地及各寺庙停灵确数,为此分函公安局及三特区,将所属界内义地及各寺庙停灵并浮厝棺柩数目进行调查。三特区复函界内无停灵及浮厝棺柩,但公安局辖区内荒冢浮厝各处合计竟达26 800余具。①1935年5月,天津市府查境内各处义塚,历年已久,兼缺乏合理管理,朽棺暴露,不仅妨碍公共卫生,亦于观瞻不雅。故于5月30日,组织了11人的迁葬委员会,办理迁葬事宜。计划设公墓3处,地点已有两处,一在宜兴埠,一在东局子。将来所有在义塚掘出之无主棺柩,分别迁移各公墓。②至1935年11月,天津市府对本市露尸浮棺再次进行清查时,浮棺仍达3万具之多。此近3万具之露尸浮棺,非短期内所能办理完竣。为重卫生而整顿市容计,决定由市府与社会各慈善团体合作,暂行掩埋。③在天津市区以内,北宁铁路两旁,历年埋葬棺柩颇多,甚有一席之地,重叠埋葬,或浮土不掩者。天津市政府从市容及公共卫生的角度考虑,均有妨碍,饬主管各局,筹设迁移办法。但是穷苦市民,仍私自埋葬。为此,天津市政府于1936年9月17日训令公安局转饬该管警区,遇有抬往续埋者,务须严行禁止。④

近代天津私人公墓、颐园、外侨墓地林立,当局对此也无统一管理,形成了"死人活人共处,坟头包围天津"的现象,既有碍观瞻,影响城市环境卫生,也制约着整个城市社会的文明与进步。

---

① 《人鬼杂居之天津市》,《大公报》1929年5月29日(12)。

② 《津市府组织义塚迁葬委员会》,《大公报》1935年5月31日(6)。

③ 《露尸浮棺三万具》,《大公报》1935年11月5日(6)。

④ 《北宁路旁棺柩市府设法迁移 严禁继续埋葬》,《大公报》1936年9月18日(6)。

第二节　精神生活

一、教育知识

严修在《天津贫民半日学社纪略》一书的序中写道："吾津学务之兴在全国中不为甚迟，其成绩亦不为甚劣，然至今日，总计城镇乡村官私学校生徒之全数，较诸学龄儿童约略应有之人数，殆不过十之二三，或犹以为未逮焉。"① 此可反映近代天津及全国教育之落后状况。

天津的近代教育，始于洋务运动时期，这主要得益于李鸿章的首倡。1870年天津教案发生后，李鸿章调任直隶总督兼北洋大臣，常驻天津。李鸿章作为洋务运动的实权人物之一，极力主张改革旧的科举制，学习西方的先进教育制度。他在天津任职期间，创办了四个洋务学堂，即天津电报学堂（1880年）、天津水师学堂（1881年）、天津武备学堂（1885年）、天津医学堂（1894年）。四学堂的设立，打破了天津封建教育制度的坚冰，开启了天津近代教育之先河。

20世纪初，义和团运动及《辛丑条约》的签订，使清政府处于内外交困、风

---

① 朱启明：《天津贫民半日学社纪略》（序），上海：中外印字馆1929年版。

雨飘摇之中。为维护摇摇欲坠的统治，同时也为了适应风云变幻的国内外形势的需要，清政府打出"新政"的招牌，进行社会变革，教育改革即是其中一项重要内容。这时期，力推"新政"的袁世凯任直隶总督兼北洋大臣，他步李鸿章的后尘，在天津大力推进教育改革。这时期天津相继建立了一大批新式学堂，其中较有影响的有法政学堂（1906年）、直隶高等工业学堂（1903年创立，初名为"北洋工艺学堂"，1904年更名为"直隶高等工业学堂"），以及一批中小学堂等。据《天津县新志》记载，这个时期各类学堂共有156所，出现了天津近代以来第一次兴学高潮。[①]此外，天津各处还设有讲演所、阅报处等。

进入民国后，天津的教育进入巩固和发展时期。这一时期天津除建立一批市立和私立中小学外，天津第一所私立大学南开大学于1919年成立。据《天津志略》记载，当时天津市除原有的讲演所外，还增设通俗图书馆7处，市立图书馆1处，市立民众阅书报所10处，市立美术馆1处，市立民众补习学校100余处，职业补习学校1处。[②]这从一定程度上反映了天津近代教育在这一时期获得了较大发展。此外，还有一些简易小学堂、半日学堂等。另据1936年的《天津市政府公报》统计，当时全市有民众阅书报所10处，阅览人数348 734人；市立通俗图书馆7处，阅览人数815 393人；市立图书馆1处，借阅人数52 574人；市立通俗演讲所5处，听众人数59 924人；市立美术馆1处，参观人数14 896人。[③]此外，还有市立民众教育馆及市立补习学校等。

虽然天津的教育在近代以后，尤其是20世纪后有了较大发展，但就近代天津教育的整体状况而言，不容乐观。识字率作为衡量一个民族和地区文化程度高下的一项重要指标，与西方国家相比，近代天津人口的识字率一直不高。20世纪初，据日人估计，天津"大概在每1000人当中识字者仅约有100人"[④]。1930年天津市识字宣传委员会对津市公安五区及三特区的618 096人

---

① 张大民：《天津近代教育史》，天津人民出版社1993年版，第83页。
② 宋蕴璞：《天津志略》，台湾：成文出版社1969年影印版，第72～113页。
③ 《天津市统计提要》，《天津市政府公报》，"统计"，第95期，1935年12月。
④ [日]中国驻屯军司令部编，侯振彤译：《二十世纪初的天津概况》，天津市地方志编修委员会总编辑室，1986年4月，第339页。

的识字情况进行调查,在这61.8万人中,成年人口有498 184人,这其中有成年男性329 361人,不识字者112 877人,不识字者占成年男性人口的34.27%;成年女性168 823人,不识字者130 314人,不识字者占成年女性的77.19%。① 1942年,天津特别公署警察局对天津市识字情况再次进行统计,当时津市人口为1 494 842人,识字人数为677 781人,占人口总数的45.34%;不识字人数为817 061人,占人口总数54.66%。② 从总体上看,近代天津人口的识字率不高,较高年份也不过45%左右。

如果对上述所列天津人口的总体识字情况,能否反映近代天津城市贫民教育的基本情况尚有疑问的话,我们不妨从一些具体行业劳工受教育的情形中加以验证。就各行业调查而言,各业劳工及其家庭成员的识字率普遍不高,他们大多数没有上过学,文化水平极低。如1928年对天津市132户手艺工人家庭生活的调查,在调查的570人中,识字者仅有100人,且有76人已辍学,也即仅有24人在继续上学。③ 又如1927年,对86名久大工人受教育程度进行了调查,其中识字者74人,能看报者47人,不能看报者27人;不识字者12人。④ 此外,北平社会调查部还对久大61家住厂工人及其家属在内的227人的知识程度进行了调查,他们受教育程度具体见表5.7:

表5.7　久大工人及家属知识程度表(1927年北平社会调查部调查)

家庭关系	总人数	不识字者	识字者	识字而能看报者	识字而不能看报者
工人	61	27	34	21	13
妻	58	58	—	—	—
子	38	28	10	3	7
媳	2	2	—	—	0
女*	41	39	2	0	2
孙	1	1	—	—	—

---

① 《天津不识字人口统计》,天津识字运动宣传委员会编印,1931年8月,第2~3页。

② 高艳林:《天津人口研究(1404~1949)》,天津人民出版社2002年版,第260页。

③ 冯华年:《天津手艺工人家庭生活调查之分析》,《经济统计》第1卷第3期,1932年9月,第497页。

④ 王清彬等编:《第一次中国劳动年鉴》(第一编),北平社会调查部,1928年,第385页。

续表

家庭关系	总人数	不识字者	识字者	识字而能看报者	识字而不能看报者
父	2	1	1	1	—
母	9	9	—	—	—
兄	3	3	—	—	—
弟	5	2	3	1	2
嫂	1	1	—	—	—
姊	1	1	—	—	—
妹	2	2	—	—	—
侄	2	1	1	1	—
甥女	1	1	—	—	—
共计	227	176	51	27	24

注：女*这一行的原始数字为总数 41 人，不识字者 41 人，识字者 39 人，识字能看报的 2 人，识字不能看报的 2 人。根据上下计算，应该为总数 41 人，不识字者 39 人，识字者 2 人，识字不能看报者 2 人。

资料来源：王清彬等编：《第一次中国劳动年鉴》（第一编），北平社会调查部，1928 年，第 386 页。

1929 年，南开大学社会经济研究委员会对天津地毯业进行调查，在调查的 354 名工人中，仅有 139 人能读写，其余 215 人皆是未受过教育者。① 同时该行业的学徒中，在调查的 261 人中，识字者仅有 42 人，占总人数的 16%；不识字者 219 人，占总人数的 84%。② 其他行业的情形也大致如此。③ 如 1929 年，天津市社

---

① 方显廷：《天津地毯工业》，南开大学社会经济研究委员会，1930 年，第 60 页。
② 方显廷：《天津地毯工业》，南开大学社会经济研究委员会，1930 年，第 72 页。
③ 如，1930 年南开大学经济学院对天津市粮食及磨房业中的磨夫与学徒进行调查，在对 83 名磨夫的调查中，曾受过教育者仅有 10 人，且其就学年限皆不超过 3 年；在对 289 名学徒的调查中，其中曾受教育者 277 人，其中"受教育 5 至 8 年者 68 人，4 年者 73 人，3 年者 83 人，2 年者 41 人，1 年者 12 人。"同时期南开大学还对天津市的织布行业进行调查，该业中"多数学徒，皆不识字"。详见方显廷：《天津之粮食业及磨房业》，《经济季刊》，南开大学经济学院，1934 年，第 101、129 页；方显廷：《天津织布工业》，《经济季刊》，南开大学经济学院，1931 年，第 83 页。

会局对天津市六大纱厂进行的调查显示,工人的文化程度也很低,详见表5.8:

表5.8　1929年天津市六大纱厂工人知识程度统计表

工人类别	识字者		不识字者		共计	
	人数	百分比	人数	百分比	人数	百分比
男工	3561	27.38	9444	72.62	13 005	100.00
女工	67	4.34	1476	95.66	1543	100.00
男童工	239	14.42	1418	85.58	1657	100.00
女童工	16	2.31	677	97.69	693	100.00
总计	3883	22.98	13 015	77.02	16 898	100.00

资料来源:吴瓯:《天津市纺纱业调查报告》,天津市社会局,1931年,第49页。

从上表可以看出,纱厂工人的不识字率很高,不识字工人共有13 015人,占工人总数的77%有余。而识字工人中,以男性工人为主,3883名识字者中,男工有3561名,占识字工人总数的91.71%;女工的识字率极低,占识字工人总数的1.73%。男童工的识字率相对女童工稍高,女童工的识字率仅占女童工总数的2.31%,而男童工的识字率占男童工总数的14.42%。总体而言,工人的识字率不高,16 898名工人中,识字者仅有3883人,占工人总数的22.98%。

就不识字人口的职业分布而言,不同职业比例分配有高下之别。1930年,天津识字运动宣传委员会对天津不识字人口的职业分布进行了调查,具体分布详见表5.9:

表5.9　1930年天津市不识字人口职业比较

职业	工			商				农	查报不详	共计
性别	手工人	机器工人	苦力	负贩	店员	学徒	铺长	农夫		
男性	19 186	3025	33 598	12 535	7010	5764	3587	1139	85 056	170 900
女性	3579	161	1049	70	24	203	190	344	186 583	192 203
合计	22 765	3186	34 647	12 605	7034	5967	3776	1483	271 639	363 102
百分比	6.27	0.88	9.54	3.47	1.94	1.64	1.04	0.41	74.81	100

资料来源:《天津不识字人口统计》,天津识字运动宣传委员会编印,1931年8月,第4页。

从表 5.9 可以看出,1930 年天津市各业不识字人口总计 363 102 人,其中不识字人口分布最多的职业类型为"查报不详",计有 271 639 人,占不识字人口总数的 74.81%,这一栏可以理解为无职业或无正当职业者居多,当然,也不排除因职业划分问题而将有职业者划归此列的可能,但此数应该不会太多。

其次,不识字人口分布在工业一栏中的分配,尤以"苦力"为最多,有 34 647 人,占不识字人口总数的 9.54%。商业一栏中,以"负贩"人数为最多,有 12 605 人,占不识字人口总数的 3.47%;店员有 7034 人,学徒有 5767 人。农夫一栏中,不识字者仅有 1483 人,在不识字人口中所占比例仅有 0.41%,这主要是因为这时期天津市农业人口总数就不多。据 1931 年天津市社会局对市辖公安五区及三特区进行的调查,全市共有农户 438 户,农民 2783 人,[①]故此不识字人数实际上几乎占了该行业人口数的一半。就不识字人口职业总体分布而言,不识字人口主要集中在从事低贱职业的城市贫民阶层,如无职业者、苦力、负贩等。另外,女性的不识字率要高于男性。

人员众多的城市贫民,不仅不识字者人数众多,即使是识字者,由于受家庭经济状况的制约,接受教育的时间不长,文化程度也不高。这可从他们就学年限中得以体现。1928 年北平调查所与南开大学社会经济研究委员会合作,对天津市 132 家手艺工人,570 人的受教育情况进行调查,其中识字者仅有 100 人,且这 100 名识字者中,76 人已辍学。在这 76 人中,上学年限与职业分配详见表 5.10:

---

① 吴瓯:《天津市农业调查报告》,天津市社会局,1931 年,第 1 页。

表 5.10　1927~1928 年天津手艺工人家庭成员上学年限及职业之分配

上学年限	工匠	店员	小贩	仆役	苦力	军人	学徒	无业	共计
一年	4	1		1	2		2	2	12
二年	15		2	1			1	3	22
三年	17	2	2	2	2		2	1	28
四年	4	1				1	1		7
五年	1			1		1			3
六年									1
七年									
八年						1			1
九年	1					1			2
共计	42	4	4	6	4	4	6	6	76

资料来源：冯华年：《天津手艺工人家庭生活调查之分析》，《经济统计》，第 1 卷第 3 期，1932 年 9 月，第 497 页。

从上表可以看出，上学年限最短的 1 年，有 12 人；最长者为 9 年，仅有 2 人；普通多为 2~3 年，约占总数的 66%。上学年限的长短似乎与职业之优劣无甚关系。例如上学 2~3 年的 50 人中，工匠、店员、小贩、仆役、苦力、学徒无不有之。这说明有限的文化程度，决定了这些城市贫民必然要从事各种低贱的职业。

在调查的这些手艺工人家庭中，儿童的入学率很低，其中 6~16 岁儿童的入学率仅占 16.9%，男童入学率稍高，为 32.8%，而女童入学率仅占 2.8%，平均每 6 家才有一个儿童上学，10 个儿童中至少有一个儿童因家庭经济状况原因不能维持，而被迫去当童工。①当然，这些家庭的儿童并非不愿读书，实因家庭贫困无力供养他们上学，平均每家 10 个月教育费用的支出仅有 0.39 元。②由此可见，经济是制约儿童能否就学的关键。

① 冯华年：《天津手艺工人家庭生活调查之分析》，《经济统计》第 1 卷第 3 期，1932 年 9 月，第 498 页。

② 冯华年：《天津手艺工人家庭生活调查之分析》，《经济统计》第 1 卷第 3 期，1932 年 9 月，第 526 页。

众多的城市贫民家庭连基本的温饱问题都无法解决,根本无力再担负子女受教育的种种费用,因而近代天津儿童失学率一直居高不下。据1930年天津识字运动宣传委员会调查,天津市区共有学龄儿童119 912人,已入学者为20 752人,占学龄儿童总数的17.3%;未入学者为99 160人,占学龄儿童总数的82.7%。①1937年3月,据天津市教育局调查,本市失学民众达37%,而失学儿童达60%以上。失学人数如此之高,为此,教育局特拟举办识字运动,定于3月29日至31日,举行3天。宣传方法:讲演(固定讲演、化装讲演、巡回讲演)、标语(墙壁张贴、报纸登载、街头标语)、传单(宣言、告民众书)、图书等4种方法。②据1939年统计,天津有学龄儿童148 185人,已入学儿童为55 815人,占学龄儿童总数的37.7%;未入学学龄儿童为92 370人,占学龄儿童总数的62.3%。③

受传统"重男轻女"思想的影响,下层妇女受教育的机会更少。在天津,"尽管生计困难,但工人家庭还是尽量让家中的男孩子去上学……而工人家庭的女孩子则几乎全部不上学。"④在塘沽的久大工厂中,设有明星小学,职工子弟可以免费入学。尽管如此,上学的仍然寥寥无几。在他们看来,女子读书并不重要,"留在家中帮同母亲做针线洗衣,勤劳耐苦,是贫苦人家的本色!"⑤1931年,天津市社会局对济安自来水公司工人子女受教育情况进行了统计,在调查的292人中,受教育者计57人,其中男性受教育者有43人,占受教育者的75.4%;女性受教育者仅有14人,占受教育者的24.6%(具体详见表5.11)。据统计,从1929年到1932年间,天津市中小学中女生的在校生人数一直未能超过全部在校生人数的30%。⑥很显然,在这些工人家庭中,因经济条件所限及"重男轻女"思想的影响,导致女子受教育的机会远低于男性。

---

① 《天津不识字人口统计》,天津识字运动宣传委员会编印,1931年8月,第3~5页。
② 《扩大识字运动》,《大公报》1937年3月20日(6)。
③ 高艳林:《天津人口研究(1404~1949)》,天津人民出版社2002年版,第253~254页。
④ Gail Hershatter:*The Workers of Tianjin,1900~1949*.Calif:Stanford University Press,1986,P67.
⑤ 林颂河:《塘沽工人调查》,北平社会调查所,1930年,第204页。
⑥ 天津市政府统计委员会编:《天津市统计年鉴》(教育类),"天津市中小学校历年在校学生人数统计表",1935年,第7页。

表 5.11　1931 年天津市济安自来水公司工人子女人数及已未受教育比较

项　别	子　女　人　数		合　计
	男	女	
现受教育者	43	14	57
未受教育者	118	117	235
总　　计	161	131	292
百　分　比	55%	45%	100%

资料来源：吴瓯主编：《天津市社会局统计汇刊》(杂项)，"1931 年天津市济安自来水公司工人子女人数及已未受教育比较"，天津社会局，1931 年。

1929 年，天津市社会局对津市 2910 名妓女进行调查，发现受过教育的妓女只有二等妓女和上三等妓女共计 13 人。在这 13 个受过教育的人中，二等妓女 9 人，上三等妓女 4 人；受教育 1 年的 6 人，2 年的 3 人，3 年的 1 人，6 年的 2 人，7 年的 1 人。①这些妓女文化知识有限，是制约她们无力反抗压迫的重要原因之一。

民国以后，随着天津近代教育事业的发展，学龄儿童的入学率也有所提高，但是失学率一直居高不下，平均一直在 60% 以上。失学的儿童，家境各有不同，但总的而言，经济条件好的家庭，失学比例低些；反之，则高些。这可以从学生家长的职业状况中得以验证。

表 5.12　1933 年天津市市立、私立小学学生家长职业统计表(单位：人)

项别	农业	矿业	工业	商业	交通业	公务员	自由职业	家庭服务	无业	其他	未详	总计
市立小学	222	135	2018	8114	1287	1199	1164	264	1068	256	71	15 798
私立小学	405	240	2299	7050	1536	1861	1376	349	839	363	369	16 687
合计	627	375	4317	15 164	2823	3060	2540	613	1907	619	440	32 485
百分比	1.93	1.15	13.29	46.68	8.69	9.42	7.82	1.89	5.87	1.91	1.35	100

资料来源：天津市政府统计委员会编：《天津市统计年鉴》(教育类)，1935 年，第 13、21 页。

---

①　天津市社会局编：《天津市妓户妓女调查报告》，1931 年，引自李文海：《民国时期社会调查丛编·底边社会卷》，福建教育出版社 2005 年版，第 548 页。

从上表统计可以看出,在全市市立、私立小学的 32 485 名学生中,其中出身于商业家庭的学生为最多,合计有 15 164 人,占全部学生总数的 46.68%;次之的分别为工业、公务员、交通业、自由职业等行业,分别占全部学生数的 13.29%、9.42%、8.69%、7.82%等;人数较少的为农业、矿业、家庭服务业、无业及其他低收入行业等,合计有 4581 人,占学生总数的 14.10%。这说明学龄儿童的教育情况,与家庭的收入状况密切相关。同时,由于近代职位的获得,往往需要一定的文化,才能适应职业的需要。故工人只有不断增长知识,才有向技术工人转化的可能性。

城市贫民本身教育程度的低下,也制约着子女的教育状况。由于这些贫民自身文化素质低,在家时少有读书,其子女也难以在家中受到熏染。同时,生活的拮据、居住环境的恶劣,使得贫民的教育也因此受到影响,从而也造成新生代子女文化素质低下,就业能力差,失业加剧,进而形成贫困的累积循环。

二、娱乐嗜好

(一)休闲娱乐

闲暇娱乐状况是反映居民社会生活水准高低的重要标志,其形式和内容直接或间接地折射着社会经济、生活领域以及人们生活观念的变迁。一般而言,城居者要比乡居者有较高的生活水准,有较多的闲暇时间。当然,不同阶层的城居者,又有内容、形式迥异的消闲方式。延揽文士,歌舞琴棋,以诗酒助兴,附庸风雅,属于城市中较高层次群体的休闲生活;对于食不果腹,衣不蔽体,终日为生存而奔波的贫困民众而言,休闲娱乐要单调乏味得多。

在传统中国社会中,娱乐在形式上重文,内容上重教化,凡不利于传统教化的娱乐形式很难获得长足发展。近代城市社会中各种矛盾的日益凸显,居民所承受的社会压力与日俱增,因而越来越多的居民为缓解社会压力,采用各种各样现代的消闲娱乐方式。居民这种日益增加的消闲需要,刺激着城市服务业的兴盛和各种公共娱乐设施的兴建。

进入 20 世纪,尤其是二三十年代以后,随着城市化、现代化进程的加快,城市管理体系日臻完善,调控手段相对有效。马路、公园、影院、游乐场、图书馆、运动场等公共设施的兴建，使得居民的生活呈现出巨大的变化，娱乐形式也出现了一些新气象，闲暇生活更富有现代色彩。这种变化主要基于两个方面：一是外来娱乐的传入，这主要是随着西方侨民和西方生活观念带入的一些娱乐形式，如跳舞、看电影、赛马、溜冰、听音乐、观画展、品花会、打网球、台球、打扑克等，为不少居民仿行；二是传统娱乐的改进和创新，如传统戏曲艺术等为了在新式娱乐方式的冲击下寻求发展空间，必须进行改良，以适应人们对娱乐的新需求，这是传统娱乐方式在近代的"变异"。当然，社会层次不同，从事职业有别，以及各行各业的工作习惯、收入水平、知识涵养、工作时间等方面的差异，闲暇娱乐也呈现出明显的层次性和多样性。

1. 一般性娱乐

据 1930 年天津市社会局对天津市华界的娱乐场所进行的调查，共计 102 家，这些娱乐场所以传统的戏院(9)、茶社(38)、说书场(35)、杂耍(7)、落子馆(2)为多，合计有 91 家，占总数的 89% 有余；而舶来的电影(6)、游园(1)、跳舞(2)、打球(2)等娱乐场所寥若晨星，合计不过 11 家，不到总数的 11%。具体见图 5.2：

图 5.2 1930 年天津市娱乐场所分类比较图①

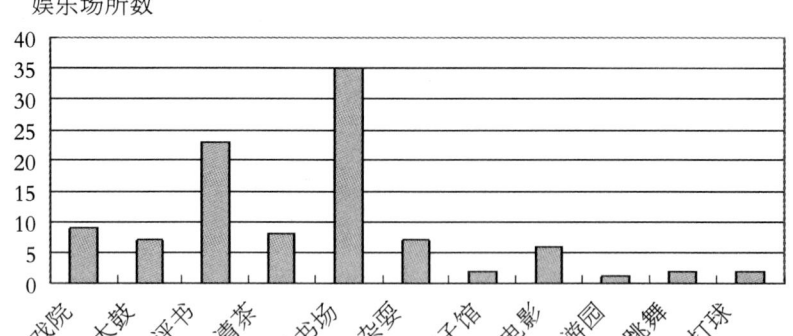

传统的娱乐场所兴盛不衰，完全是为了迎合人数众多的下层社会成员的需要。这些娱乐场所主要分布在贫民聚居区，如 20 世纪二三十年代天津几个

---

① 吴鸥主编：《天津市社会局统计汇刊》(杂项)，天津市社会局，1931 年。

比较著名的大众娱乐区有老"三不管"、地道外、谦德庄等处。1934年11月，《大公报》记者亲临老"三不管"，对那里生活的下层民众的生活及娱乐方式进行了实地考察。这里的娱乐主要有摔跤、卖艺、盘杆、耍叉、评戏、评书、相声、杂耍、看奇人等。①这些娱乐，既有收费低廉的书场、戏棚、茶园，也有专门迎合下层男性劳工需要的各个等级的妓院、暗娼、烟馆等。人数众多的城市贫民聚集在繁杂、吵闹、污秽的环境中生活，娱乐也多是些低俗、传统类型的，而这些"下里巴人"的娱乐，也正是社会底层所喜闻乐见的。

对于那些舶来的高雅娱乐，如跳舞、赛马、打网球、台球、看电影、逛公园、溜冰、听音乐会等，曲高和寡，这些贫苦大众无福消受。因为西式的娱乐场所几乎都是与高消费联系在一起的。出于经济的压力，贫民根本无法涉足。比如新兴的公园，逛一次门票就要三十几个铜子，迫于铜子的压力，"许多劳动的同胞，只能在墙外围绕着徘徊着往里观望"②。再比如电影，在20世纪初刚传入中国时，票价很贵，以天津的权仙影院为例，一张电影票，头等座需洋1.5元，二等也要1元，高昂的票价使得观众只能局限于那些外国人，洋人"结队来观，车马不绝于道"③。所以，这些新型的娱乐方式，实对贫民生活影响不大。

由于一般劳工不仅工作时间长，且工资低廉，这使得工人娱乐的机会大大减少。即便有些简单的娱乐，也不足以使其体力发展，身心愉悦。就大多数工厂及作坊而言，不仅没有供工人休闲娱乐的运动场所，就是工作和宿膳的地方亦显不足。再加之工人受教育者少，略需要文字功底的娱乐，工人就无法享受。故平时大多数工人，"率将其有限之余暇，虚掷于鄙俚之谈话，或玩弄胡琴梅笛之类，或下棋以资消遣"④。

中国人的娱乐活动一般集中在某一时节，如阴历新年、灯节等，这时所有

---

① 《老三不管巡礼计（上）》，1934年11月19日（13）；《老三不管巡礼计（中）》，1934年11月20日（13）。

② 《津市生活——本报社会调查之十三逛中山公园》，《益世报》1930年6月6日（11）。

③ 《权仙电戏院》，《大公报》1907年4月13日（6）。

④ 方显廷：《天津地毯工业》，南开大学社会经济研究委员会，1930年，第69页。

人的劳作都可以停下来,愉快地享受生活,吃他们能吃得起的最好的食品。在塘沽久大精盐厂,新年时,工厂有工人新年"走会"。这原为乡间之一种习俗,工人新年休假,借此为娱乐之举。新年"走会"又可分为"灯笼会"、"狮子会"、"高跷会"、"低秧歌会"、"旱船会"、"小车会"等六种,年终在厂内唱歌走舞为乐。①当然,这种娱乐方式由于时间非常有限,仅限于阴历新年的几天。假期及新年之时,对贫民而言是走亲访友的好时机,"工人备新衣,出访亲友,三五成群,徘徊于热闹街市及转角之处,无所事事。"②也就是说,遇到逢年过节,工人多是走亲访友,逛逛街而已。

由于近代中国工商业欠发达,故规模较大的近代企业并不多见,劳工福利设施也遂被忽视。但是到20世纪以后,随着国际劳工运动及工商业进一步发展的需要,各企业亦因潮流而动,开始关注劳工福利设施问题。在塘沽的久大工厂中,工人的娱乐活动可分为户内游戏、户外运动、新年"走会"等。③在裕元纱厂,工人娱乐设施有球场,职工还联合发起组织成立了"甲飞虎足球队"(1928年4月成立)和"乙飞虎篮球队"(1927年5月成立),厂方给两队每月50～60元不等的补贴,队员定时进行练习。④此外,1927年3月,裕元纱厂的工友还组织成立了"裕元游艺剧社",让社员研究新旧剧作为消遣。⑤

尽管有条件的厂方给工人提供了一些运动设备,但是由于经济上的、兴趣的、精神上的等方面的原因,工人多不参加这些运动。就足球而言,许多工人不感兴趣,"踢球的工人,大半是年轻的有技能工人,尤以工读班的特别班学生为多。"⑥这些接近踢球的职员工人,知道踢球的一些规则,自然就会感兴

---

① 林颂河:《塘沽工人调查》,北平社会调查所,1930年,第102页。

② 方显廷:《天津地毯工业》,南开大学社会经济研究委员会,1930年,第69页。

③ 户内游戏:专有游艺室一间,备有棋子、乒乓球等,供工人消遣。夏日设有电扇,冬日置有火炉,设备极为周到。户外运动:分器械类、球类两类。器械类有秋千、单杠、浪桥、石墩等,作为锻炼之用;球类有一足球队,时与外界比赛。新年"走会"分为"灯笼会"、"狮子会"、"高跷会"、"低秧歌会"、"旱船会"、"小车会"等六种。见林颂河:《塘沽工人调查》,北平社会调查所,1930年,第101～102页。

④ 吴瓯:《天津市纺纱业调查报告》,天津市社会局,1931年,第115～116页。

⑤ 吴瓯:《天津市纺纱业调查报告》,天津市社会局,1931年,第117页。

⑥ 林颂河:《塘沽工人调查》,北平社会调查所,1930年,第102页。

趣。而对于普通的工人,常有看不懂的,自然不能跑到场上去踢。更重要的是,工人们担心运动耗费体能,故多不愿参加,"游戏运动,很费气力,未免多吃饭,多费钱。"①此外,工人在从事繁重的工作后,精神早已疲惫不堪,自然也不乐意再去从事运动。

对于众多的劳苦大众,最适宜的娱乐方式应该是既不花钱也不劳神的娱乐。1927年北平社会调查所调查得知,久大住厂工人中,以养鸟为乐的,约有30人左右。②工人养的这些鸟,仅有两三位工人是花钱买的,其余都是各人在野外捉的,"工人们下工回来,弄鸟为乐,确可休养精神,若在和暖春天,闲来没事,提起鸟笼到外边散步,夕阳射在身上,微微觉得发痒,鸟声的婉转流利,特别清脆可听,真有一种优游自得的快乐。"③惜养鸟时间有限,喂鸟之事,也颇为烦琐,故喜欢养鸟的工人只是少数。

对于大多数工人而言,他们喜欢看戏、听书。当时塘沽没有固定的戏班,偶有小戏班经过,临时演唱数日。书馆塘沽有两处备受工人的欢迎,"戏馆书馆便是他们常到的地方,他们的娱乐费用也以这两项为主要项目。"④久大住家工人闲暇时,每以抱子散步为乐。家中妇女大都居家无事,甚为清闲。⑤久大住厂工人闲暇时,或入工读班读书,或与戚友谈话,或至本地戏书馆消遣。永利住厂工人娱乐,也以听看戏为多,但有不少人颇喜欢足球与新剧。新年时,永利与久大工人合办游艺。⑥

此种娱乐情况,各纱厂与之大致相同。在宝成纱厂中,工人在工作之余,对于有家眷的,可以与家人一起享受天伦,"仰事其父母俯蓄其妻子,享一种天伦团聚之乐";对于那些无家室者,他们唯有自娱自乐,"孤衾独抱,益觉身单,有时或在室中取箫弦信口信手而吹弹之,或在室外携一鸟笼,而游玩之,

---

① 林颂河:《塘沽工人调查》,北平社会调查所,1930年,第161页。
② 林颂河:《塘沽工人调查》,北平社会调查所,1930年,第161页。
③ 林颂河:《塘沽工人调查》,北平社会调查所,1930年,第161页。
④ 林颂河:《塘沽工人调查》,北平社会调查所,1930年,第162页。
⑤ 王清彬等编:《第一次中国劳动年鉴》(第一编),北平社会调查部,1928年,第398页。
⑥ 王清彬等编:《第一次中国劳动年鉴》(第一编),北平社会调查部,1928年,第399页。

以消遣一日工作时所感受痛苦"①。此外，宝成纱厂还有一种工人，晚间到附近的说书场听说书，"因其言之无稽，观止可乐，且费资亦不多，故多趋而往听之。"②书场陈设简单，长凳数十条，不售门票，每一节目收钱一次，每人给一个铜元即可。这种下里巴人的娱乐方式，工人自然乐意，"多趋而往听之"，而对那些高消费的娱乐，只能望而却步。

城市贫民的经济状况，决定了他们只能从事那些传统的、低消费的娱乐，故他们的娱乐支出在各种生活支出中一般占很低的比例。如1927年9月1日至1928年6月30日，北平社会调查部与南开大学社会经济委员会合作对天津132家手艺工人家庭进行调查，这些家庭10个月的娱乐费平均只有0.15元，占家庭各项杂费支出的2%，占家庭总支出的0.88%。③这些城市贫民，因为生活单调，故他们寻求娱乐的欲望甚大；但因其收入不多，再加上赡养家庭的责任重大，故其消遣娱乐的费用很小。娱乐作为人们闲暇时精神生活的重要组成部分，这些城市贫民的娱乐费用如此之低，可以从另一个侧面反映出贫民生活之节俭，也可窥见其生活程度之低劣。

2. 不良娱乐嗜好——嫖、吸、赌

城市贫民中不乏有人有一些不良的娱乐嗜好，其中嫖娼为其不良嗜好之一。娼妓业在20世纪前期的中国城市社会获得迅速发展，并且属正当营业，具有商业性质，其合法性受到行政当局的认同与保护。这主要导因于近代中国城乡社会的背离化发展，一方面部分沿海沿江城市超常态发展，另一方面广大乡村社会危机重重，大批妇女纷纷涌入城市谋求生存，而近代经济结构的不合理，加上缺少完整意义上的工业化，众多妇女谋生无门，随之把她们推向了与商业呈骈进之势的娼妓业，因而造成了众多城市"无妓不市"、"无妓不兴"，甚至"因娼而兴"的局面。④据统计，1926年，天津市有妓院468家，妓女有

---

① 吴瓯：《天津市纺纱业调查报告》，天津市社会局，1931年，第347~348页。
② 吴瓯：《天津市纺纱业调查报告》，天津市社会局，1931年，第348页。
③ 冯华年：《天津手艺工人家庭生活调查之分析》，《经济统计》第1卷第3期，1932年9月，第526~527页。
④ 张百庆：《中国城市早期现代化进程中的娼妓问题》，《史学月刊》1999年第1期。

3594名。①1930年,天津有妓院571户,妓女3035人。②1936年,仅日租界就有公娼200余家,正式上捐的妓女有1000余人。③1936年,天津市公安局对各区四、五等妓户进行调查,计有妓户400家,妓女989人。④对于不公开的暗娼更是不计其数。这些数字也许不够精准,但足以证明城市社会生活的畸形。

到20世纪二三十年代,随着天津市工商业的萧条,天津的上等妓院日益减少,多沦为迎合下层劳工群体需要的三、四等妓院。在各纱厂附近,为迎合男性工人群体性的需要,低下级的暗棚妓户应运而生,如在裕元、裕大、宝成、北洋等大纱厂附近之谦德庄,有低下级妓户90余间,妓女300余人。⑤这些妓院就建在工厂附近,工人是它们的主要客源。男性劳工只需花上几角大洋,即可泄其淫欲,故"一般意志不坚之工人,迷于斯途,而丧身耗财者,不知凡几",这里的妓户亦全依赖工厂的工人,是其唯一无二之客源,以至于"舍此即有倒闭歇业之虑,因此极力逢迎,惟恐开罪顾客"。⑥又如天津市地毯业,由于工人多是些外地人,故光顾新"三不管"一带,逛嫖为乐者,并不乏人。⑦此外,该处还有各种廉价的娱乐及消遣,如鼓词、戏法、戏剧,及茶馆、饭铺等,小商小贩也多麇集于此,故节假日里光顾"三不管"一带是工人的常选。

随着西俗东渐,近代中国各大城市奢靡之风日益盛行,吸食鸦片顺应这一风气,以至逐渐成为了一种新的生活时尚。城市中吸食鸦片成为有钱、有闲、有地位的象征。在天津,"中等以上住户,每以鸦片款客为荣"⑧。小贩、苦力等

---

① 天津市社会局编:《天津市妓户妓女调查报告》,1931年,见李文海:《民国时期社会调查丛编·底边社会卷》,福建教育出版社2005年版,第534、539页。
② 天津市社会局编:《天津市妓户妓女调查报告》,1931年,见李文海:《民国时期社会调查丛编·底边社会卷》,福建教育出版社2005年版,第535、539页。
③ 江沛:《20世纪上半叶天津娼妓业构成述论》,《近代史研究》2003年第2期,第157页。
④ 《津市四五等妓女共九百八十九人》,《大公报》1936年7月23日(8)。
⑤ 王达:《天津之工业》,《实业部月刊》第1卷第1期,1936年4月,第118页。
⑥ 吴瓯:《天津市纺纱业调查报告》,天津市社会局,1931年,第123页
⑦ 方显廷:《天津地毯工业》,南开大学社会经济研究委员会,1930年,第69页。
⑧ 罗运炎:《中国鸦片问题》,上海兴华报社,1929年,第68页。

下层民众在苦难的生活中,则以较便宜的鸦片作为镇痛、催眠、解乏的良药,以暂时获得生理及心理的满足和安慰。不少乞丐也吸食鸦片,"乞丐把要来的每一个铜板都花到了鸦片烟馆,所以他们看上去才那么饥饿的样子。"①据天津市地方检查处统计,1935年11月1日起至月底止,仅一个月内市内被冻毙的320具无名尸体中,大部分为吸食鸦片而无家可归的乞丐。②

吸毒是个无底洞,一旦染上,难以戒除。不少贫困吸毒者常因无钱吸毒,导致家计紧张,进而影响到家庭关系。如,刘吕氏之夫刘玉宝有白面嗜好,刘吕氏多次规劝,他都置若罔闻。无奈,刘吕氏暂回娘家生活,因娘家也非常困窘,只好到纱厂工作,以维持生活。后因刘吕氏年龄大了,被工厂裁员,衣食无着,刘吕氏只好找她的丈夫。没料,其夫刘玉宝早将房产典质一空,她只好到法院控告刘玉宝,要求养活他们母女二人。③

也有一些吸毒者,因吸毒欠债,干出一些伤天害理的事情。如,天津西头小西关赛安里三号,住有郭姜氏,生有子女各一,儿子郭成山,年28岁,女儿金子,年10岁。郭成山不务正业,游手好闲,并染有鸦片嗜好,时常向其母讹索。郭姜氏爱子心切,加以规劝,但郭成山把她的话当作耳旁风。后因郭成山吸毒,欠下大笔债务,无法偿还,又向其母讹索,并以自杀相要挟。其母坚不应允,郭成山遂起意不良,勾结其友王德山将金子以百元身价变卖与刘起凤为养女,当时交定金20元,后被太古洋行便衣察觉而制止。④有些城市贫民,为了获取一个吸食鸦片的铜子,走上了偷窃之路。⑤

---

① [英]布莱恩·鲍尔著,刘国强译:《租界生活:一个英国人在天津的童年(1918~1936)》,天津人民出版社2007年版,第235页。

② 《津市上月冻毙尸体共三百二十具》,《大公报》1935年12月1日(6)。

③ 《刘长祖等虐待债务家庭及其他纠纷案》(1938年3月),天津市档案馆藏,档案号:J0218-3-000393。

④ 《毒贩贫瘾交集诱出胞妹拟价票身家百元已付二十元搭船赴烟台为人识破》,《益世报》1935年3月18日(5)。

⑤ 如洋车夫张璞,年23岁,素以拉车为生,每日所得尚不能糊口,又染有阿芙蓉瘾,日久欠债甚多,为偿还债务,偷偷将车带剥下变卖,结果被人识破,将其抓获;又一车夫王四,年31岁,原业拉地扒车,后改拉洋车为生,因患有吗啡瘾,一日间,乘人不备,窃去板凳一条,结果被失主与岗警发现,即被抓获。见《洋车夫如何过瘾》,《大公报》1929年1月19日(9)。

吸食鸦片人数众多，各处鸦片烟馆林立。早在开埠以前，天津已出现"烟馆则随处皆有，烟具则陈列街前，积习成风，肆无顾忌"的局面。①开埠以后，随着鸦片贸易合法化，天津进口鸦片日益增多。1861年，鸦片贸易在当年整个进口货值中占近1/5。此后，鸦片的进口数额逐年上升，到1863年，天津进口鸦片值占当年进口洋货总值的36.42%。②天津成为中国北方最大的鸦片市场、鸦片走私口岸和鸦片贸易的集散中心。③据中华民国拒毒会调查，仅天津日租界一隅，就有白面馆234家，烟馆庄137家。④毒品机关之多，令人瞠目。由于市内吸毒者过多，1935年2月，天津市成立了戒毒所，投所者为数甚多，至4月初，先后戒净出所者已达800人左右。因该所仅能容纳500人，而投所者每日在百人上下，致使戒毒所有人满为患之感。⑤1935年4月，市立戒烟医院专门附设了"临时贫苦戒毒病室"，以收容那些贫苦戒毒患者。⑥

赌博之风在近代中国城市中也十分盛行，几乎到了"无地不赌，无时不赌"的境况⑦，这也是下层社会经常参与的一种不良嗜好。晚清民国市民参赌，一方面是为了娱乐，另一方面则是为了图利，且与娱乐的因素相比，赌博图利的目的更为鲜明。在整个社会风气的影响下，近代天津社会参与赌博的群体不断扩大，甚至达到猖獗的地步，"小赌场、小赌摊遍地，从学堂的孩童到白发老人，从店铺的掌柜到家庭主妇，从妓女到无业游民，都参与到赌博之中。"⑧据1907年6月18日《大公报》报道：河东棋盘街南，居住之韩姓妇，偕女孩投坑身死，经查获知，该妇之夫系作土瓦工人，在外包工，该妇日以猜字赌为事，

---

① 来新夏：《天津近代史》，南开大学出版社1987年版，第15页。
② 庞玉洁：《开埠通商与近代天津商人》，天津古籍出版社2004年版，第192页。
③ 庞玉洁：《开埠通商与近代天津商人》，天津古籍出版社2004年版，第56页。
④ 《天津日租界毒品机关一览》，《河南统计月报》，第3卷第6期，1937年，第134～136页。
⑤ 《津市嗜吸毒品者统计超过十二万人》，《大公报》1935年4月8日(6)。
⑥ 《河北省会公安局公函》(第419号)，《天津市政府公报》(公牍)，第63期，1935年4月，第82页。
⑦ 《赌亦果当禁否》，《新民丛报》，1903年，第34号。
⑧ 孙巧云：《清末民初天津下层市民犯罪问题研究——以〈大公报〉为中心》，福建师范大学硕士学位论文，2009年5月，第44页。

育有三女,长女不久将嫁,所备嫁妆皆被该妇输去,甚至每天只吃一餐或日不举火,节俭口腹之资,用做赌资;以致次女终日哽腹啼饥,对人掩泣,幸得邻人施贷,以度生活。因获其夫回家省视,自觉惭愧,恐被查出,遂于深夜抱小女外出寻短。①此事例,不仅反映了近代参赌范围的广泛,即下层妇女也参与赌博之中;同时也反映了赌博的危害至深且巨,妇女不仅为此不事家务,可以"日不举火",甚至通过"节俭口腹之资,用做赌资",严重影响到了家庭及个人的正常生活,此危害不可谓不小。

到 20 世纪 20 年代,天津赌博之风日炽,俨然已成为一个"赌博世界"②。花会是当时流行的一种赌博方式,初在上海等江南地区流行,后传到天津,"以天津东各县之花会,最为盛行,是项花会,贻害地方,较寻常赌博为尤甚。"③天津著名的混混儿袁文会就是有名的花会组织者,利用花会赌博大发横财。

赌博不仅耗尽资财,浪费时间,消耗精力,而且影响人的正常工作和生活。对于一般工人,每天需要工作 12 小时,再除去吃饭睡觉时间,何来时间赌博?但是,在一些工厂中,仍有一般工人,误入歧途,置身心于不顾,每日下班后纠合赌友,大肆豪赌,对于那些不会赌博者,亦强迫凑赌,输赢到月底发薪算账。其赌方法,有掷骰子,打骨牌、麻雀、扑克等。④如此一来,导致工人在工作时"东倒西歪,精神不能振作,管理稍松,地下即陈如死猪,不特生产减少,且以此吐血致命者,亦屡见不鲜,还有在工作时间,偷闲赌博者,此更属咄咄怪事矣"⑤!

许多人因赌博输光了家产,在赌债的逼迫之下,走投无路,最终走上自戕之路。晚清民国时期,天津《大公报》有关"因赌毙命"的报道很多,这些因赌博毙命者,既有青壮年,也有花甲老人;既有纨绔子弟,也有工人、小贩、学

---

① 《猜字赌连毙两命纪详》,《大公报》1907 年 6 月 18 日(6)。
② 《天津已成赌博世界》,《益世报》1922 年 1 月 21 日(10)。
③ 《花会赌博均应厉禁,民政厅令各县妥拟办法》,《大公报》1932 年 1 月 29 日(7)。
④ 王达:《天津之工业》,《实业部月刊》第 1 卷第 1 期,1936 年 4 月,第 118 页。
⑤ 吴瓯:《天津市纺纱业调查报告》,天津市社会局,1931 年,第 123~124 页。

徒等。①城市贫民,由于其卑微的社会地位、微薄的收入、悲惨的生活境况,不少人抱着侥幸的心理,寄希望于一夜暴富,沉溺于赌博中不能自拔,最终陷入越穷越赌、越赌越穷的恶性循环之中。

此外,还有一些嗜好,也可视为一种娱乐方式,如喝茶、喝酒及抽烟等。据1927年北平社会调查部对久大86位住厂工人的调查,有67位喜喝茶,每年的茶叶费高达11元。②工人们工作完毕回到寝室,沏壶茶喝,可以解渴清神。晚间闲来无事,大家聚在一间寝室,喝茶闲谈,也是一件快事。也有些人,独自饮茶,借茶消遣。在久大因厂方禁止赌博,故犯者不多,嗜酒者不过数人,吸香烟或烟草者颇不乏人。③

近代作为一个新旧冲突剧烈的特定时代,天津城市生活一方面受着传统社会生活因子的影响,另一方面受西方文化的渗透与冲击,整个城市居民的精神风貌既有追求积极进取的一面,也有倾向于接受本俗、沉沦放纵的一面。表现在实际的娱乐生活方面,不乏有一些贫民沉迷于物质感官方面的享乐,其典型的表现就是从事嫖娼、吸食鸦片、赌博等。正是这种双重价值趋向生活的存在,为近代城市生活勾勒出一幅真实而多元的生活风貌。

三、宗教信仰

近代中国社会内忧外患,民不聊生,下层民众的生命时常受到极大的威胁。1860年天津开埠之后,其后历经数次浩劫,1900年的八国联军入侵,1917年的天津大水灾,1920年波及华北五省的大旱灾和1928~1930年的西北、华北大旱灾,1920年的直皖战争,1922年和1924年的两次直奉战争,1930年的

---

① 《猜字赌又出命案》,《大公报》1907年7月17日(6);《因赌致命》,《大公报》1907年7月28日(6);《菜贩因赌亏累,痛悔前非自缢身死》,《大公报》1934年12月17日(6);《老翁自缢》,《大公报》1935年8月13日(6);《工人聚赌几乎酿出命案》,《大公报》1937年2月15日(6);《学徒嗜赌受责投河自杀》,《大公报》1937年3月10日(6)。

② 林颂河:《塘沽工人调查》,北平社会调查所,1930年,第163页。

③ 王清彬等编:《第一次中国劳动年鉴》(第一编),北平社会调查部,1928年,第397~398页。

中原大战,天津无不深受其害。动荡不安的政局和贫困人群的广泛存在,是各种宗教得以传播的重要前提。加之天津市华洋杂居,五方杂处,信仰宗教种类繁多,主要有佛教、道教、回教、耶稣教、天主教及其他宗教等。其中以佛教之信仰者为最多,约占全市信教人口的90%;回教、天主教、耶稣教之信仰者次之,而道教及其他宗教为最少。①

近代天津社会,秘密社会力量得以迅速扩展,各种宗教趁势蜂起,甚至在一些农村几乎到了"无处不教、无处不社"的地步。各种荒诞离奇的讹言得以大肆流行,这进一步强化了民众的迷信心理和对超自然力量的崇拜。尽管有不少人心存疑虑,但也抱着"宁可信其有,不可信其无"的心态,由此导致近代天津信仰各种宗教的人数庞大。据天津市社会局统计,1928年,天津市公安局所辖五区八乡所及三特别区人口共计1 361 706人,而信仰宗教者共计306 444人;1929年共计1 385 137人,信仰宗教者367 113人;1930年共计1 358 510人,信仰宗教者443 307人。各种信仰宗教的人数分布详见表5.13:

表5.13　1928~1930年天津市公安局所辖五区八乡及三特区市民信仰宗教统计表

宗教 信仰者 年份	佛教	道教	回教	耶稣教	天主教	其他	合计
1928年	265 289	352	35 851	2233	2584	135	306 444
1929年	322 532	591	39 780	1858	2265	87	367 113
1930年	402 132	900	36 663	1871	1740	1	443 307

资料来源:吴瓯主编:《天津市社会局统计汇刊》(户口),天津市社会局,1931年。

中国下层民众信教的实用性和功利色彩极为鲜明。很多民众奉教,是因为生活贫困所迫,"并不是真信教,而是生活没有出路,为穷困饥寒所逼。入教只是为吃教堂供给的馍馍,或用教堂两吊钱。当时入教的,教会先给两吊

---

① 《津市风俗调查报告(五)》,《益世报》1932年5月12日(6)。

钱"①。诚如陈独秀所言,中国民众对西方宗教的信仰,"吃教的多,信教的少"②。在"拜金主义"充斥的近代天津社会,民众的敬神习俗沾染了明显的功利色彩。就祭拜的贡品而言,商家热烈地祭拜财神,敬神时无不曲进谄媚之能事,除有普通的干鲜贡品外,什么"公鸡"、"羊肉"之类也都摆满供桌。最神秘的是活鲤鱼,在祀神完毕后,要送到河里"放生",在鱼脊上拴有红绳,据说经过三次敬神的鱼,便能跳过"龙门"变成龙。相形之下,供品中贫寒之家多不能预备整个的鸡或整块的肉,但不能因无力供养便不敬神,所以很多用"鸡子"和"香干"代替。富有人家除备全份的供礼外,还预备有银锭元宝、茶水酒筷之类。正月初二的清晨,商家多在夜一二时即起床,九月十七前一晚,更是通宵不眠,全体店员在掌柜的带领下,一起迎接财神的降临。③

民国肇造,政府对许多社会陋俗严令禁止。天津有正月初二、九月十七这些日子敬财神的陋俗,天津市政府对于夜间"更夫进柴"、"水夫进水"等迷信举动,通令社会局禁止。④但民间许多传统的陋俗,仍有不少人在信奉。正月初二与九月十七,虽为敬财神的日子,但正月初二作为一年中首次吉祥日子,无论富者抑或贫民,一律虔诚敬神。九月十七传说是财神寿诞之期,贫困人家多不能像商号那么热烈,不过照例都要吃一顿羊肉捞面,原因是传说财神为回教人,所以每逢九月十七前一日,羊肉铺的生意最好。这其实是社会利用民众的信仰习俗赚钱的一个机会。

民众生活的基本信条是"平安就是福",鬼神仙佛在某种程度上是他们的

---

① 路遥编:《山东义和团调查资料选编》,齐鲁书社1980年版,第36页。
② 《陈独秀文章选编》(上),生活·读书·新知三联书店1984年版,第483页。
③ 《拜金主义下津市敬神陋俗一瞥》,《大公报》1933年11月5日(13)。
④ "更夫进柴",就是把一捆柴禾掷到院里或竖在门前,原因是"柴"字和"财"字是谐音,借它来作吉祥话。正月初二与九月十七日虽同为敬神的日子,但这种风俗在九月十七日不怎么兴盛,每年的正月初二却是不可避免的急务,更夫们于头一日,把整捆的秫秆,分做四五根一束的小捆若干捆,贴上"真正大金条"字样,挨门送递,并巧立名目如"大锣"、"小锣"、"大梆子"等,名目越多,发出的柴捆越多,在初五日后便可多要几份"财钱"。"挑水夫进财",如更夫进柴一样,虽也有小捆的柴禾,但此外水夫要多给挑半担水,是名"财水",要恰在迎神时挑进,才显得吉利。见《拜金主义下津市敬神陋俗一瞥》,《大公报》1933年11月5日(13)。

平安保护神，特别是当遇到灾祸无处求援时，他们常常会祈求佛祖神灵的庇佑，来帮助他们消灾避难。因此，在下层民众中烧香拜佛的人比较多，尽管他们的这种信仰在严格意义上不算是真正的宗教信仰。如1929年南开大学社会经济研究委员会对天津地毯业工人的宗教信仰状况进行了调查，在调查的354工人中，有339人为佛教徒，占96%；2人为耶稣教徒；2人无宗教信仰；其余11人信仰不详。①信仰佛教的人数如此之众，足可见他们祈求神佛赐福，向神佛乞求护佑的功利色彩。

在民众中存在"有求必应"的宗教心理和借以实现某种功利的目的性，为此他们在选择信仰对象上，使他们所礼遇的神灵种类不断膨胀。如1927年北平社会调查部对塘沽久大精盐厂住家工人家庭的宗教信仰进行了调查，在调查的61家住家工人中，其所崇拜的神仙多达17种，详见表5.14：

表5.14　久大61家工人家庭供神家数表

神　　名	家　　数
灶　　王	54
天　　地	13
仙　　家	10
门　　神	6
全　　佛	5
家　　堂	4
娘　　娘	3
眼光奶奶	4
菩　　萨	2
财　　神	2
观　　音	2
张　　仙	1
老　　爷	1
王三奶奶	1
太　　阳	1
圣　　宗	1
岳　　王	1

资料来源：林颂河：《塘沽工人调查》，北平社会调查所，1930年，第208页。

---

① 方显廷：《天津地毯工业》，南开大学社会经济研究委员会，1930年，第65页。

从上表所列的 17 种信奉对象来看,全部来自中国本土文化,且古已有之,也即是说城市贫民的宗教意识几乎不受外来宗教的影响。在中西文化激烈冲突碰撞的近代中国,西方的文化并没有取得支配性优势,至少在近代天津城市贫民阶层中如是。

民众的宗教意识是他们精神世界和行为方式的重要表现。近代天津城市贫民宗教信仰具有明显的功利性、实用性及多神崇拜的特征,这一切植根于中国近代社会变迁的现实中,是他们在严酷生存环境中做出的"理性"选择。尽管各家信仰有别,供奉的神灵各有千秋,但是"皆不过一种仪式,并无若何真诚的宗教信仰"①。

---

① 林颂河:《塘沽工人调查》,北平社会调查所,1930 年,第 208 页。

第三节　城市贫民的特征

城市贫民阶层,作为近代中国社会客观存在的一个社会阶层,其物质生活水准的低下、精神生活的匮乏、社会交往圈子的狭小,尽人皆知,有目共睹。但其给整个社会带来的冲击更值得我们关注。作为一个阶层的贫困人口,近代天津城市贫民除具有人口的一般特质外,还具有自身的一些特征:

一、贫困性与边缘性

城市是一个充满诱惑与竞争的社会,随着近代城市工商业的发展,为城市人口提供了更多的就业机会和更为广阔的发展空间,城市以极大的容纳力和发展速度吸引着各色人们来到城市中。然而,真正能在城市中立足生存下来并非易事。当然,不乏一些移民善于某种经营之道,积累一定的经验和资本,抑或采取一些投机违法的手段"发迹",进而融入城市新的生活中。但是能够实现这种转型的人毕竟只占少数,绝大多数入城的农民以及灾民、难民等,只能过着朝不保夕、食不果腹、衣不蔽体、居无定所的生活。

20世纪二三十年代天津的许多社会调查反映,当时大多贫民缺少维持生存的正当生计。如,1920年10月,据耶稣教会服务团对河北一处窝铺区55户难民进行的调查,他们每日的生活大半靠女子乞讨,男子有事可做者不过1/10,即其工作不过是剥沤麻秆而已。他们的食品,在有力可以生活者,仅食高粱饼以充饥,且有食干草者。①另据新学书院对栖身在旧俄界老龙头火车站一带的110余户难民进行的调查,男子能工作者42人,女子能工作者仅有3人。男子多在河坝码头做苦力,女子多数只能沿街乞讨。②因为人数众多的贫民多未受过相当的教育,又无一定的专业技能,只能靠出卖自己的劳动力或从事其他一些低等的谋生手段来维持生计。这些贫民有充作小摊贩、店伙、学徒、仆役、车夫、小工、苦力、捡拾垃圾者、拾煤核者等,更有甚者充当无业游民、下等娼妓、乞丐、饥民等。

20世纪以后,军阀混战不已,自然灾害频仍,致使天津政局长期不稳,社会经济命脉多为列强、官僚所操控,种种力量的牵绊,使得天津经济始终难以获得长足发展,这大大削弱了城市的容纳能力。再加上来天津谋生的农村人口多数是没有知识也无技能者,故寻找合适的工作极为困难,尤其在失业日益加剧的情况下,男性不得不从事出卖廉价劳动力的工作,"直接从事生产者甚少"。妇女就业途径比男子更要窄得多,"天津下层生活的妇女,大都只有两条出路,一是作工,一是为娼。"③近代天津市工业不发达,用女工的地方有限,容纳不了这么多的女性劳动力,出于生存的需要,她们只有沦落娼门。这些人处在社会的最底层,除了体力之外,几乎不占有任何社会资源,社会权利被剥夺得一干二净,在城市中被严重边缘化。

二、数量庞大,增长迅速

1929年天津《社会月刊》上发表了题为《贫民与社会》一文,惊叹天津的贫

---

① 《华洋义赈消息汇志》,《益世报》1920年10月8日(10)。

② 《华洋义赈消息汇志》,《益世报》1920年10月8日(10)。

③ 《天津杂话 下层生活的妇女(上)》,《大公报》1932年10月12日(11)。

民人数之多:"触目惊心的本市贫民人数——三十五万七千多"①。根据天津市公安局1929年的统计,市公安局所辖五区八乡及三特区人口总数为1 385 137人,②贫民数已经超过人口总数的1/4多,此数字不可谓不大。

城市贫民虽然古已有之,但是开埠之前天津的贫困人口数不多。据1846年《津门保甲图说》统计,全市人口32 761户,198 715人,其中,商人阶层为最多,占当时天津城区总户数的50%以上。而下层的医卜、乞丐、僧道等全部合起来,仅有216户,不到当时天津城区总户数的1%。③

1860年天津开埠后,随着工业化、城市化进程的加快,各处移民不断向天津聚集,贫民数也与年俱增。1919年,据备济社、延生社、慈祥社等在天津城关内外施放冬赈,查得贫民为1.5万余户。④1926年冬,天津八善堂冬赈救济会在天津城厢施放冬赈,共救济贫民6.1万余户。⑤1928年据天津市社会局统计,全市共有贫民95 700余人。社会局由此估计赤贫有10万户,占48万户居民的近1/5。⑥30年代据天津社会局调查报告,1931年有贫户仅4.8万户,1932年7万余户,1933年为6.2万余户。⑦从长时段来看,19世纪末至20世纪30年代前后,天津城市贫户数激增,虽然统计数略有增减,但总体平均比1919年不足两万户贫民的数量已超出数倍之多。

数量庞大、人数众多的城市贫民,一方面来源于城市自身析离出来的贫困人口;另一方面主要源于近代乡村大量破产的农民,以及灾民、难民等的不断涌入。这是近代乡村社会衰败、城市社会畸形繁荣、城乡二元化发展日益深刻化的结果。

---

① 凤蔚:《贫民与社会》,见天津市社会局编:《社会月刊》,1929年(创刊号),第80页。
② 吴瓯:《天津市社会局统计汇刊》(户口),天津市社会局,1931年。
③ 《津门保甲图说》(道光),见天津市地方志编修委员会编著:《天津通志·旧志点校卷(下)》,南开大学出版社2001年版。
④ 《各善社施放衣食》,《大公报》1919年2月28日(2)。
⑤ 《冬赈会之成绩与会务》,《大公报》1927年2月11日(7)。
⑥ 天津特别市社会局编印:《天津特别市社会局一周年工作总报告(1928.8~1929.7)》,1929年,第250页。
⑦ 《社会经济凋敝 贫民数量与年俱增》,《大公报》1933年1月9日(7)。

三、来源多为农村，原职业多为农民

天津是个移民社会，这一点与近代的上海等许多大都市颇为一致。早在明代，随着天津漕运和盐业的发展，已吸引不少人前来谋生。据《天津县新志》中记载："天津新造之邑……人民大率有迁徙而集。"①同时《天津卫志》中也有"五方之民所杂处"和"土著之民，凋零殆尽。其比闾而居者，率多流寓之人"的记载。②1846年《天津政俗沿革记》记载："咸同初，泰西诸国逾越洋海，通商互市，工作运输，异乡来者渐夥；复会内地岁多饥馑，违匮安丰，乃民性之常，于是人无愚智，路无远迩，离乡越国，扶老携幼，遂不期而俱萃，而户口林林极望矣！"③

1860年天津开埠以后，这种移民呈加速之势。虽然安土重迁是几千年来中国农民的本性，甚至终生没到过县城的农民也不足为奇，但是在近代天灾人祸的压力之下，穷困潦倒的华北农民不得不背井离乡，纷纷到天津谋求生路。尤其是随着外国资本主义入侵的步步加深和国内封建余孽的压迫，广大农村日渐破产。相形之下，城市工商业的发展，能够为这些破产的农民提供更多的生存机会，这导致人口的大量迁入，"因农村的破产，无以资生，群相麇集工业中心，谋求生路。"④

在近代天津的众多移民中，背井离乡流入天津的农民占迁入人口的绝大多数。他们不得不脱离原来的生产方式和居住环境，来到城市谋生。如20世纪初，在天津北部，"村庄里大部分男人都到天津找活儿干，如果能找到活儿，

---

① 《天津县新志》卷21，"人物"，见天津市地方志编修委员会编著：《天津通志·旧志点校卷（中）》，南开大学出版社2001年版，第745页。

② （康熙）《天津卫志》卷2，"利弊"，见天津市地方志编修委员会编著：《天津通志·旧志点校卷（上）》，南开大学出版社2001年版，第27页。

③ 《天津政俗沿革记》卷5，"户籍"，见天津市地方志编修委员会编著：《天津通志·旧志点校卷（下）》，南开大学出版社2001年版，第25页。

④ 《天津海关十年报告书（1922～1931年）》，见天津社会科学院历史研究所编：《天津历史资料》第5期，1980年，第84页。

他们都干得很好。"①尤其是遇到荒歉或兵灾,四乡男女老幼多来天津乞食,"津埠四乡农民,既遭水旱偏灾,又受军事影响,以致生活极感困难,男子多半外出,另谋生业,妇孺老幼,则纷纷来津行乞,故津埠各街市乞丐日渐增多,状极可惨。"②人力车夫中来自乡间的居多,"农村经济的破产,使广大的农民群众备受生活之鞭的驱使,不得不背井离乡,投奔都市里,而赤手空拳的农民,又找不到相当的职业,因此,除当兵外,只得拉车了。"③

许多纱厂雇佣的工人多是来自周边省县的农民,如在恒源纺织厂,工人籍贯以河北省各县居多,天津市的次之,外省的又次之,其来天津原因"大半系年岁荒歉,乡居为难,不得不另谋生活"④。1929年,南开大学社会经济委员会对天津织布业中5117工人中选取了550人进行抽样调查,结果发现,该行业学徒的生长地域与工人大致相同,织布业工人籍贯天津本市者仅有12人,不过占总数的2.2%,其余97.8%大都来自河北各县及其他省份。外省工人尤以山东籍为最多。然细察这些外来工人,"工人之身世,则多半出自农家,其趋驰津市,无非为谋生计焉。"⑤这些人不再是城市的匆匆过客,不少人成为城市的开拓者和定居者,"此辈居留天津有年,在津成立家室者,亦所在多有。"⑥同时期,南开大学经济学院采用选样的办法对天津市针织业进行了调查,其结果与织布业的情况大致相同。在调查的113名工人中,天津籍的仅有7人,其余106人为河北其他县或山东、山西等地;调查的220学徒中,天津籍仅4人,其余216人多为河北省各县或山东、山西、安徽等地。学徒籍贯与工人大致相同,两者合计333人中,天津籍的仅有11人,占3.3%;其余322人占总数的96.7%,为河北各县及外省务工者。"查学徒以农家子弟为多,此种去农就工离

---

① 周俊旗主编:《民国天津社会生活史》,天津社会科学院出版社2002年版,第40页。
② 《四乡贫民来津乞食》,《大公报》1927年7月31日(7)。
③ 蔡斌咸:《从农村破产中挤出来的人力车夫问题》,《东方杂志》第32卷第16号,1935年8月,第36页。
④ 吴瓯:《天津市纺纱业调查报告》,天津市社会局,1931年,第155页。
⑤ 方显廷:《天津织布工业》,南开大学经济学院,1931年,第77页。
⑥ 方显廷:《天津织布工业》,南开大学经济学院,1931年,第77页。

乡赴市之趋势,可为吾国工业化中最显著之现象。"①正是基于近代城市工商业发展的巨大吸引力,导致广大乡村农民不断涌入城市,谋求生存和发展,并成为一种时代趋势。

四、以男性青壮年为主,文化素质低下

中国的近代化是一种后发外生型近代化,开埠较早的沿江沿海城市首先获得超常规发展,如上海、天津、武汉、重庆等城市成为通商口岸后,发展迅速,至 20 世纪中期人口都已发展到百万以上,这种超常态发展表现为城市人口密度的急剧增加和城市人口结构的失衡,此种社会现象在清末已露端倪。

因为天津的商业性及其移民特征,在近代天津的贫困人口中,以单身男性为主体,男女性别比例失衡现象十分严重。有学者根据《天津县志》中记载的人口数字进行推算,天津 1903~1906 年 4 年内城区人口男女性别比例分别为 150.26:100、150.95:100 和 145.17:100,平均值为 149.33:100。根据《天津人口史》的记述,1929~1937 年天津人口男女性别比例分别为 174.55:100、171.90:100、177.08:100、179.61:100、164.63:100、167.63:100、141.39:100、141.20:100 和 139.50:100。可见,到 1929 年,男女性别比例攀升到 174.55:100 以上,1932 年达到最高点 179.61:100,此后性别比例开始有所回落。

大多来自农村的青壮年男性,只身一人来津,花费少,易就业,也更能经受住波折。据 1908 年日人调查,天津城市中的拉水、挑水者,各类马车、人力车夫,各种搬运工人以及清道夫等,多是农村来的单身汉,他们生活极其艰苦,"几个或十几个共同借草屋居住","疲乏的身上盖着稻草,横躺竖卧,很快就鼾声四起;他们没有也不需要碗筷,一日三餐在外面充饥"。②

这些苦力,如北平、天津等地的水夫、粪夫等苦力,年龄多是 30 岁左右的青壮年(详见表 5.15)。又如,在塘沽久大精盐厂工作的工人,"大部分工人,既

---

① 方显廷:《天津针织工业》,南开大学经济学院,1931 年,第 72 页。
② [日]东亚同文会:《支那经济全书》,第 18 卷,第 347~348 页。

是来自远方,年龄又在壮年。"①1935年津市市救济院5月份收容贫民共计249人,这些人中21岁到40岁的贫民共有143人,占收容总数的57%,"以冀鲁少壮贫农,及失业劳工,为最占多数"②。

表 5.15　北平、天津等地苦力年龄

地别	北平	天津		杭州	嘉兴	芜湖	温州
		水夫	粪夫				
最大	56	60	40	60	60	60	40
最小	14	20	25	30	20	20	18
普通	24~35	30		40	30	35	25

资料来源:实业部《中国经济年鉴》编纂委员会编:《中国经济年鉴》,第15章(劳工)第一节(劳工状况),上海:商务印书馆1934年版,第147页。

这些苦力者的文化构成一般比较低下,据1930年天津识字运动宣传委员会对天津不识字人口的职业分布进行的调查显示,不识字人口主要集中在从事低贱职业的城市贫民阶层,如无职业者、苦力、负贩等。③文化素质低下,无技能,又无人脉,这就决定了其只能从事社会中一些低贱的行业,并长期在社会底层挣扎。

五、无业、失业与暂时就业相关的不稳定性

1860年天津开埠通商,城市近代化进程由此启动,城市的经济职能在不断加强,这势必吸引着周围农村地区的人口不断向城市聚集,移民成为近代天津人口增加的主要因素之一。但是,近代天津城市的发展,不同于西方的工业化带动城市化,而是商业的发展,工业数量较少,发展缓慢。更值得注意的

---

① 林颂河:《塘沽工人调查》,北平社会调查所,1930年,第42页。
② 《救济院收容贫民数》,《益世报》1935年6月17日(5)。
③ 详见本书第五章贫民日常生活(二),其中的第二节。

是，天津近代工商业的发展一直饱受外国及国内传统政治、经济势力和观念的排挤和牵制，始终无法获得长足发展，这导致近代天津城市无法承载日益激增的入城人口。这使得那些入城的成年男女虽有工作的愿望，却少有合适的就业机会，因此大量移民常处于无业状态，"中国的失业问题如与西方相比，算不了严重。中国真正的严重问题与其说是失业问题，毋宁说是无业问题。"①

表现在人口质量结构上，职业结构畸形，无业人口比重较大，这是近代中国城市人口的一大特色。根据天津市社会局1928～1930年对市公安局五区八乡及三特区市民有无职业统计表中可以看出，1928年，天津共有人口939 209人（不包含租界，下同），无业人口为354 100人，占人口总数的37.70%；1929年，有人口95 5075人，无业人口348 932人，占人口总数的36.53%；1930年，有人口937 053人，无业人口为329 344人，占人口总数的35.15%。②到1937年抗战全面爆发前，据《天津市政府公报》统计，天津市共有人口1 080 592人，无业人口656 879人，占人口总数的60.79%。③1937年与1928年相比，天津市无职业人口增长了302 779人，比重增加了32.24%，增加了近1/3。无职业人口的增长比例远远大于迁入人口的增长比例，这就意味着，迁入人口中有相当一部分未能迅速转变为职业人口。

同时期，1928年在天津的外国人为1923人，其中有职业的为1743人，占在华外国人口的90.64%；无职业的为180人，占在华外国人口的9.36%。1929年在天津的外国人为2519人，其中有职业的为1852人，占在华外国人口的73.52%；无职业的为667，占在华外国人口的26.48%。④与1928年相比，天津的外国人增加了596人，但是无业人口却增加了487人。从就业率来看，不管是在天津的华人还是外国人，都有所下降。上述统计数字不排除执政者出于维护社会稳定和政绩的考虑，职业人口统计数字偏高的可能，在统计口径上也

---

① 何德明编著：《中国劳工问题》，上海：商务印书馆1937年版，第159页。
② 吴瓯主编：《天津市社会局统计汇刊》（户口），天津市社会局，1931年。
③ 《天津市政府公报》，第98期，"统计"，1937年3月。
④ 吴瓯主编：《天津市社会局统计汇刊》（户口），天津市社会局，1931年。

可能对有职业人口的认定较为宽泛，导致有职业人口数字偏大，无职业人口偏小。

大量农民、难民背井离乡，涌入城市后，从事繁重低贱的体力劳动，如人力车夫、码头苦工、仆役、小贩等。诚如吴至信所说："离村农民到都市中最可能之出路，莫若充作苦力"。尽管如此，"因交通之进步，运输工具之发展，苦力在社会上之地位，日渐淘汰。"① 此外，由于西方先进技术的引入，许多非技术职业，如铁匠、手工裁缝等，由于交通工具的改进和成衣工厂的出现而大大减少。这样，大量劳动力在一定区域内争夺有限的非技术工作，势必造成就业难的局面。而这些贫民由于没有文化和技术，在竞争中处于不利地位，因而经常处于一种失业状态。这一方面加重了原本棘手的城市失业问题，另一方面使这些失业者的生活陷入更加贫困的境地，更衍生出其他一系列的社会问题。

一些人有幸获得了工作，也常有失业之虞。如在地毯业、工厂及作坊之工人，"多雇于营业活动之时，一至营业停滞，即行解雇，年终生意清淡，厂坊工人，多被辞退"②。20世纪30年代以后，天津城市社会发展受到政治、经济诸方面影响，尤其是在九一八事变后，为逃避战乱，军阀、官僚、政客和寓公纷纷携眷南逃。经济上，由于受日本经济势力的压迫，民族工商业发展举步维艰，纷纷倒闭歇业，失业人口剧增。1931年，天津市自治区联处奉社会局的命令，对各区失业人口进行了调查，仅第一区就有30 790人。③ 一区的状况在津市各区中并不是最坏的，其他各区更可想而知了。1932年，因种种关系，各商号陷于勉强维持的状态，至旧历年关时，各商号结算盈余，结果全市商界十有八九均赔累不堪，纷纷歇业，或缩小营业，裁汰店员，以弥补亏损，结果导致全市失业店员不下5000人。④

可以说，不独天津，近代中国许多城市的劳动者皆是处于失业与无业的交困状态，失业问题成为近代中国一个严重而又危险的社会问题，"失业问题，

---

① 吴至信：《中国农民离村问题(续)》，《东方杂志》，第34卷第22~24号合刊，1937年，第96页。
② 方显廷：《天津地毯工业》，南开大学社会经济研究委员会，1930年，第61页。
③ 《失业人数之可惊》，《大公报》1932年1月1日(7)。
④ 《衰颓之天津百业凋敝》，《大公报》1933年1月30日(7)。

不但在劳动中为一不易解决之问题,并且是社会问题中一个中心问题,也就是社会问题中一个最险恶的问题。"①甚至有人认为,"中国目前的主要问题,便是这个普通的失业问题。只要解决了这个问题,就可以说是解决了中国问题的大半。"②

小　结

城市贫民阶层的日常生活不是单线条、孤立的画面,而是一个多线条、丰富多彩的画面,不仅包含基本的物质元素,如收支、衣食住行等,还包含婚嫁病丧、教育知识、休闲娱乐、宗教信仰等方面。

就物质层面来看,贫民的收入水平总体较低,工人属于城市贫民阶层中收入相对稳定,且较高的一个群体,20世纪二三十年代月入平均不过15至20元,低者不过三五元,一些店员学徒甚或拿不到工资。这一收入状况如果养活自己尚可勉强度日,若是供养全家则显得力不从心。为了补给家用,家中男女老幼常常协同参加工作,此种现象在城市贫民中广泛存在。各项收支抵消后,能有盈余的家庭寥寥无几,故工人虽有不少人储蓄,但储蓄金额却不多。就具体的衣食住而言,呈现层级化和多样化,不同群体之间,有一定的差异。从总体来看,食不足以果腹,衣御寒犹不足,居住的房屋狭小,不少人蜗居在贫民窟中,生存状况极差。就家庭的婚嫁情况来看,贫富婚嫁情况差别极大,成年男女婚嫁率低。同时,"离婚案"不断,"自由恋爱"以及"租妻"、"共妻"、"姘靠"之风的盛行,使得传统的"从一而终"、"一夫一妻制"、"父母之命"等婚姻观不断受到挑战,下层贫民的婚嫁呈现出新旧杂陈的多元化局面。贫民阶层收入微薄,除去衣食住等方面的开支外,家中少有结余,遇有病故,常常无力应对。

就精神层面来看,贫民文化程度低下,休闲娱乐方式相对简单,以传统的娱乐方式为主,如听戏、说书、相声等,或在节假日走亲访友等,但是不乏一些

---

① 李平衡:《如何解决无业与失业的问题》,载劳动月刊社发行:《劳工月刊》,第1卷第4期,1932年7月,第11页。

② 傅筑夫:《中国社会问题之理论与实际》,天津:百城书局1935年版,第198页。

贫民沉溺于物质感官方面的需求与享乐，其典型的表现是有吸食鸦片、赌博、嫖娼等一些低级、不良的娱乐嗜好。在宗教信仰方面，沾染着明显的功利性、实用性及多神崇拜等特性。

近代城市贫民阶层除具有贫困人口的一般特质外，还有生存上的贫困性、边缘性；来源多为农村，原职业多为农民；数量庞大，增长迅速；以青壮年为主，文化素质低下；以及无业、失业与暂就业相关的不稳定性等多方面的特质。

第六章 CHAPTER SIX

城市贫民与城市病

  关注底层社会是史学研究的新动向,早在20世纪60年代中期,美国"新左派"史学家就提出了"自下而上的史学"①的口号,主张在历史研究中,更应注重政治之外的历史,即把政治精英的历史转化成一部"自下而上"的和"普通人的日常生活的历史",一部由社会下层做主角,力求通过他们的眼光来观察和解读社会的历史。他们对"下层阶级",抑或"社会底层",如穷人、黑人、奴隶、妇女、仆人、工人等长期被排斥在历史研究之外的普通百姓给予特别的关注,力求在开拓史学研究新领域的同时重构新史学。

  面对国际史学的新潮向,中国史学研究自20世纪80年代以后,也在"史学危机"的促动下,积极因应时

---

① 罗凤礼:《当代美国史学状况》,见《史学理论丛书》编辑部编:《八十年代的西方史学》,中国社会科学出版社1990年版,第89页。

势的变动，开始倡导关注下层民众和社会变迁的研究，尤其集中于对底层社会中娼妓、乞丐、流民、女佣、混混儿等群体的研究。这一研究视角突出体现在相关的社会史、城市史、文化史研究领域及其成果中。① 但是已有的研究多是从社会分层的角度去考察这些贫民的生存实态、社会影响等，对于城市贫民与近代城市病之间的关系，以及城市病与中国城市化之间的关系，尚无系统的深入研究。本章节以近代天津城市化进程为线索，试图探讨近代城市贫民阶层与城市失业、犯罪、乞丐、娼妓等诸种城市病的相关性，并力求从城市社会结构、城市管理体制的变迁中去探寻这些城市病的时代致因。

---

① 以天津为例，刘炎臣的《旧社会天津妓院概况》一文，对民国时期天津市，特别是日、奥、法、英租界内的中外娼妓情况做了概述，见天津市委员会文史资料研究委员会编：《天津文史资料选辑》，1996 年第 2 辑（总第 70 辑），天津人民出版社 1996 年版；孙立民所撰《日租界的毒、赌、娼》一文，粗略描述了日租界的娼妓业，见天津市委员会文史资料研究委员会编：《天津文史资料选辑》，1997 年第 3 辑（总第 75 辑），天津人民出版社 1997 年版；江沛的《20 世纪上半叶天津娼业结构述论》一文，对 20 世纪上半叶天津的娼妓进行研究，概述其历史沿革的同时，从公娼业的变迁及其构成、公娼业人员群体构成、行规及老板对妓女的控制、娼妓业经营与收支分配、暗娼业活动特征及娼妓业的影响等方面进行了深入剖析，试图从社会史角度透视娼妓业的变动规律，见江沛：《20 世纪上半叶天津娼业结构述论》，《近代史研究》2003 年第 2 期；刘海岩的《近代天津乞丐的构成、行为及其城市遭遇》一文，分析了近代天津城市乞丐的分布、构成组织、行乞方式、政府社会与乞丐的关系诸方面，见刘海岩：《近代天津乞丐的构成、行为及其城市遭遇》，《城市史研究》第 22 辑，2004 年 5 月；美国学者关文斌的《乱世：天津混混儿与近代中国的城市特性》一文，通过讲述近代天津城市中混混儿的事实，试图对混混的形象进行重构，使其成为天津文化的一部分，同时认为混混儿在城市里开辟了适合他们的活动地区，成了"正义"执法人和争执以及社区问题的调解人，也扩大了市民社会的范围，见[美]关文斌著，刘海岩译：《乱世：天津混混儿与近代中国的城市特性》，《城市史研究》第 17～18 辑，天津社会科学院出版社 2000 年版。

第一节 近代天津城市病的演进轨迹

ERSHI SHIJI ZHI ZHONGGUO

  1860年《北京条约》的签订,天津被迫开埠通商,其现代化和城市化进程由此启动。其后天津凭借其独特的自然、经济、社会、人文等因素,一跃成为城市规模和经济实力雄踞全国第二的港埠城市(仅次于上海)。天津城市化进程同中国其他城市一样,是在外力入侵下,在中国传统自给自足的自然经济仍占主导地位的经济结构中展开的,这种特殊历史环境决定了天津的城市化是一种工业化"低度发展"的城市化,且带有浓厚的殖民色彩。天津的城市化道路呈现出异于西方城市化的某些特质,同时又无可避免地面临着世界各国都必须面临的共同问题,即城市病。

  何为城市病?学界至今尚没有一个确切的定义。人们对城市病含义的揭示多是通过现象的罗列来加以说明。有人认为,城市病是在城市化进程中,特别是城市向现代化迈进的历程中,无论外国的或国内的许多城市,都普遍地遇到的"城市环境综合征"的问题,诸如人口膨胀、交通拥挤、住房紧张、能源短缺、供水不足、环境恶化、污染严重等等。① 有的人认为城市病就是"工业病",城市病的产生既与工业生产本身有关,也与工业化带来的城市规模扩张有

---

① 沈清基:《城市生态与城市环境》,同济大学出版社1998年版,第242页。

关。工业生产在城市的集中,破坏了城市的生态系统,污染了城市环境;城市人口急剧增长,又是交通拥挤和居住条件恶化的根源。①过分城市化会给城市带来一系列新的问题,其中较为突出的是所谓的城市病,主要表现为:失业加剧、环境污染、住房拥挤、农村人口外流、交通拥挤、车祸增多、高犯罪率等。②城市病是指在一国城市化尚未完全实现的阶段中,因社会经济的发展和城市进程的加快,由于城市系统存在缺陷而影响城市系统整体性运动所导致的对社会经济的负面效应。③

尽管人们对城市病的界定不一,但是城市病作为一种社会病态,首先它是相对于健康的城市状态而言,我们可以把城市化过程中表现出来的,诸如人口拥挤、失业严重、住房紧张、贫富悬殊、犯罪增加等现象统称为城市病。从城市病发生的载体来看,城市病与城市化通过城市发展产生关联,且互相制约。城市病作为一种历史现象,由来已久,自城市产生之日起,就为其发生埋下了病根,一旦条件具备,就有发作的可能。但是,人们真正认识关注城市病,并把城市病作为一个严重的社会经济问题来关注,则是18世纪英国产业革命以后的事情。率先开始产业革命的英国,可以说是近代城市病的始作俑者。随着产业革命在世界范围内的推进,城市化程度较高的英、法、美、日、韩等国,城市病普遍发作,于是人们开始密切关注城市病。但我们并不能由此认为城市病因城市化而生,两者之间没有必然的因果关系。城市发展史有几千年甚至上万年的历史,城市病在此期间一直存在,而城市化则是18世纪工业革命后发生的,中国的城市化进程更是远远晚于西方,是在鸦片战争后随着洋务运动的开展而启动的。可以说,城市化和城市病是有着根本区别的两个社会发展进程,两者没有直接的因果关系。

在不同国家、不同地区、不同时期,城市病的严重程度及其呈现出来的面相不一。中国城市化的起步显然晚于西方,城市化程度、规模与西方不可同日而语,但城市病的严重程度同样不容忽视。以近代天津为例,其在城市化进程

---

① 蔡孝箴主编:《城市经济学》(修订本),南开大学出版社1998年版,第46页。
② 姜晓萍、陈昌岑主编:《环境社会学》,四川人民出版社2000年版,第84~85页。
③ 周加来:《"城市病"的界定、规律与防治》,《中国城市经济》2004年第2期。

中所产生的各种城市病,如犯罪问题、娼妓问题、乞丐问题、失业自杀问题等,有着独特的演变规律及其特征。

一、犯罪率不断攀升

晚清至民国时期,中国社会处于急遽变迁时期,天津表现得尤为明显。政治方面,清王朝的覆亡,革命派虽未形成对天津政权的操控之势,但仍建立了不同于封建社会的统治秩序;在思想方面,传统社会的余威还未尽消,各种新思潮、新观念又如潮水般不断涌入,由此导致人们思想上的混乱。在此过程中,天津的城市化进程加快,人口迅速向城市集中,社会结构不断分化重组,文化脱序,社会动荡,随之而来的社会犯罪问题日益凸显。

犯罪虽然是一个传统社会问题,但天津城市化过程中呈现出与以往不同的发展态势。有人根据《大公报》报道,对1902～1919年天津市的犯罪案件进行了统计,最高年份为1908年,达316起;最低年份为1913年,仅有24起。①当然,各个时期媒体对社会问题的关注存在差异,这个统计数字不可能准确反映这一时期犯罪的确切情况,但大致可以勾勒出其基本概貌。

到20世纪二三十年代前后,天津社会犯罪趋向恶化,犯罪率居高不下。就天津市地方法院提供给天津市社会局的刑事案件数据显示,1928年高达9051起,1929年为3686起,1930年为3916起(详见图6.1)②。也就是说,这一时期平均每日的刑事案件最少在10起以上,最高年份1928年每日可达20起以上。就刑事犯罪的人数而言,1924年为7116人,其后人数不断增加,至1928年前后达到高峰,之后犯罪人数有所减少,但仍处于高峰值状态(详见图6.2)。③

---

① 孙巧云:《清末民初天津下层市民犯罪问题研究——以〈大公报〉为中心》,福建师范大学硕士学位论文,2009年5月,第20～21页。
② 吴瓯主编:《天津市社会局统计汇刊》(社会病态),天津市社会局,1931年。
③ 吴瓯主编:《天津市社会局统计汇刊》(社会病态),天津市社会局,1931年。

图 6.1　1928～1930 年天津市刑事案件数统计图

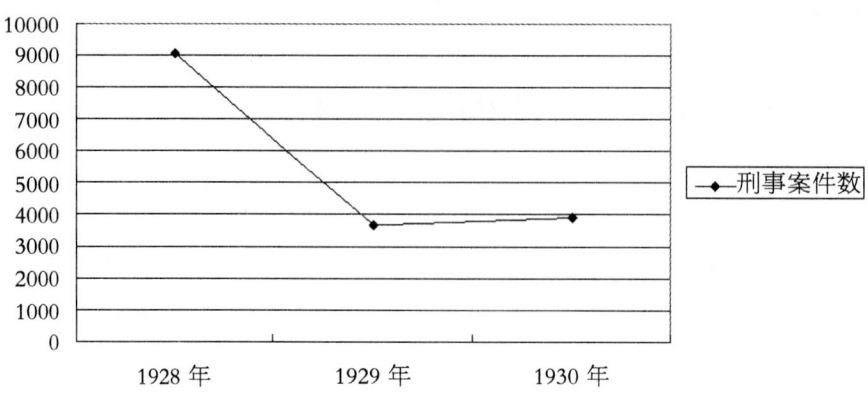

图 6.2　1924～1930 年天津市刑事犯人数比较图

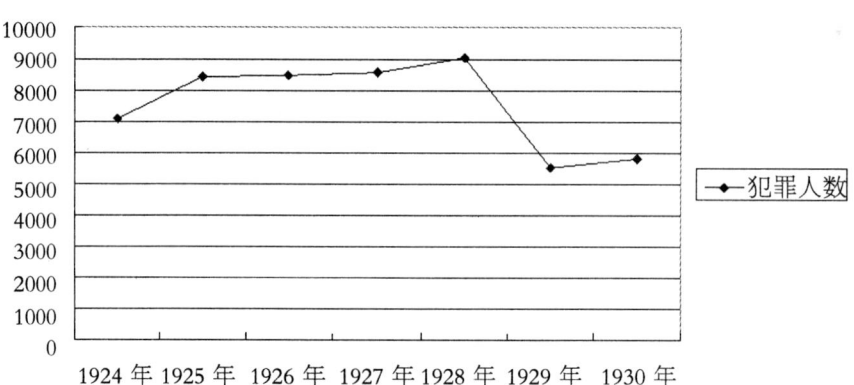

就各类违警案①而言，犯罪人数之多令人瞠目。仅 1931 年下半年，违警人

---

①　民国政府援引西方国家法律制度和原则，于 1928 年颁布了第一部刑法典——《中华民国刑法》，此后多次进行修订，至 1937 年初步形成了基本的法律框架。民国时期的犯罪包括违警罪和刑事罪，违警罪系指妨碍妨害安定、妨害秩序、妨害公务、妨害交通、妨害风俗、妨害卫生、妨害他人身体财产等违反警务的行为，是针对轻微危害社会行为的一种制裁措施；刑事罪是触犯国家刑法，对具有刑事违法行为者进行的处罚行为。

数就达6192人,1932年增至13 167人,1933攀升到21 406人(详见图6.3)。①就违警案的类型来看,以妨害秩序为最多,计1931年下半年为2816人,1932年为6155人,1933年为8702人。其次为妨害交通,计1931年下半年为1591人,1932年为4925人,1933年为4975人。再次为妨害卫生、妨害风俗类,妨害卫生,计1931年下半年为943人,1932年为2319人,1933年为2843;妨害风俗,计1931年下半年为431人,1932年为2550人,1933年为3128人。②另外,还有妨害安定、妨害公务、妨害他人财产、妨害他人身体、诬告伪证、湮没证据等。

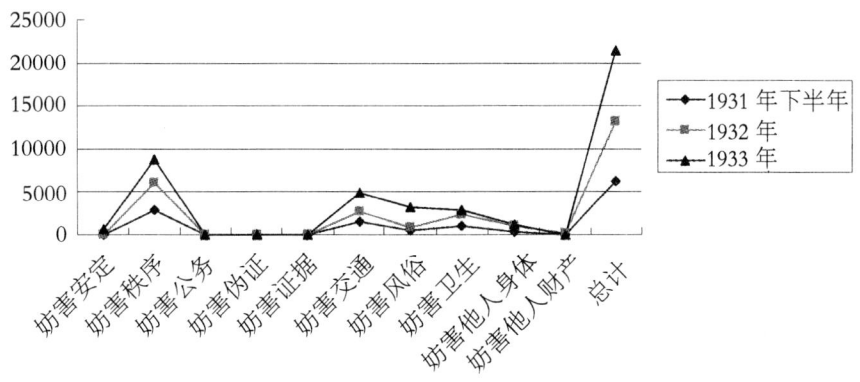

图6.3　1931年下半年③、1932年④、1933年⑤天津市各类违警案人数及类型统计图

---

① 此数为天津市公安局呈报给内政部的数字,与天津市政府编印的《天津市统计年鉴》中的数字略有出入。《天津市统计年鉴》中1932年违警犯人数为14 417人,1933年为20 078人,两者相差不大,呈报给内政部的数字相对保守些。

② 妨害秩序,包括违章营业、违抗命令、不顾公益、不报人事变动;妨害风俗,包括事涉淫乱、类似赌博、其他。

③ 内政部统计司编印:《民国二十年下半年全国警政统计报告》(第一类违警犯统计),1933年。

④ 内政部统计司编印:《民国二十一年度全国警政统计报告》,1934年,第35页。

⑤ 内政部统计司编印:《民国二十二年份全国警政统计报告》,1935年,第32页。

二、乞丐职业化

乞丐,俗称"叫花子",古已有之。近代以前的乞丐大多是因生活困难,不得已而为之,也就是把乞讨作为权宜之计,在困难化解之后,就会自行脱离乞讨队伍,自谋生计。19世纪以来,随着天津城市人口的不断增长,乞丐数量迅速增加,至民国时期,乞丐遍布天津城厢,如在"南市、大洼东、车站、铁道外、侯家后、废河沿、新三不管等处,尤为乞丐最多地带"①。

由于乞丐居住、生活的不固定性,决定了我们对乞丐数目不可能有一个准确的统计。1916年,仅天津教养院收容的乞丐就有3500人;②1934年,天津乞丐约两万余人。③事实上,乞丐的数量又何止两万呢!

近代天津乞丐数量庞大,增长迅速,而且有相当部分人是把乞讨作为一项专门的、持久性的职业来从事,乞丐日益职业化。我们大致可将近代天津的乞丐分为两类,一类为职业乞丐,一类为流动乞丐。职业乞丐是乞丐群体构成的主体部分,他们一般有相对稳定的构成和组织。在清代时,北方的乞丐以直隶为中心,分为范、丁、祁、高、谷、韩六门。天津的乞丐以祁门势力最大,人数最多,"门"内又分为东方、西方、南方、北方四个分派,分布在不同的城区。每个分派有一名丐首,控制着各自的地盘。许多的乞丐用牛肩胛骨或竹子做的拍板乞讨,以及用不同的饰物表明各自的派系。

无论哪个派系,都处于一定的等级结构体系之中,并有一套严格的丐规、丐法。如每个乞丐必须认师拜杆,加入所在的门,每个门都拥有各自的地盘,支撑着数十乃至上百的成员。④一个地盘上的新手,必须向各自的师傅献果拜门,用切口语言回答仪式性问题,以获得作为职业乞丐的资格。乞丐的辈份不

---

① 《收容乞丐》,《益世报》1933年11月7日(5)。
② 天津市档案馆等:《天津商会档案汇编(1912~1928)》(3),天津人民出版社1992年版,第3439页。
③ 涤亚:《救济乞丐》,载上海市社会局编印:《社会半月刊》第1卷第4期,1934年10月,第6页。
④ 《恶丐宜禁》,《益世报》1922年8月15日(11)。

以年龄排定,而以拜师时间早晚为依据。①乞丐的丐规有尊老疼幼,不慢待宾朋,不造谣搬弄是非等;犯规矩有打死不偿命,并可使用鞭子、铁钉等刑具实施惩罚。②在各类型乞丐中,以排刀打砖类型乞丐之规约最严,每一首领管乞丐若干人,一切均需照规行事,如不得互争路线,不能欺凌同行,不得擅传徒弟等。如有违约者,其他乞丐即有报告首领之权利,然后首领再施以惩戒,轻者开除丐籍,永不许冒充行乞,重则往往有砍毙者。③此外,乞丐还有众多的类似行业的规矩,如要来的饭大家要共享,乞丐们每天还要将所得的一部分上交给丐首,称为"孝敬"。这也可以说是一种乞丐"保险金",因为他们不仅要住在丐首提供的住处,而且当遇到天气不佳无法出门乞讨时,丐首要向他们提供饮食;遇有疾病和死亡,丐首还有责任为他们提供帮助等。乞丐作为一群无家可归者,被迫团结在一起,以谋生存,"忠诚"和"共患难"成为他们存在的基础,其规则由丐首监督实行。

　　除了上述的职业乞丐外,近代天津还有一种乞丐为"流动乞丐"。"流动乞丐"又可以分为"季节性流动乞丐"和"灾难性流动乞丐"。"季节流动乞丐",大多是城市周边地区的农民。每到冬季农村生计艰难之时,乡间贫苦农民为了节省家中吃用,就会到城里来"过冬","这种乞丐差不多都是由乡间来的,在没有农事的时候,为想找几个零钱积攒着,全家男女老幼全体总动员,便来津市作乞丐。"④来到城里,首选目标是粥厂,喝过粥后,再乞讨于街市。他们大都临时居住在西门外的窝铺里,待来年春暖时,再返回家乡。此类乞丐的出现和消失都是定期的,按照农时季节来往于城乡之间,成为他们的谋生方式。"灾难流动乞丐",此类乞丐多是来自天津四乡的农民,"津埠四乡农民,既遭水旱偏灾,又受军事影响,以致生活极感困难,男子多半外出,另谋生业,妇孺老

---

① 《天津收容乞丐纪实》,见周利成:《档案解密:近现代大案实录》,百花文艺出版社2000年版,第261~263页。
② 刘海岩:《空间与社会——近代天津城市的演变》,天津社会科学院出版社2003年版,第265~266页。
③ 《社会的下层——平津一带乞丐的生活》,《大公报》1933年1月6日(11)。
④ 《奇形怪状的天津乞丐大观》,《大公报》1933年3月18日(13)。

幼,则纷纷来天津行乞,故津埠各街市乞丐,日渐增多,状极可惨。"①另外,还有许多来自华北农村,因家乡遭灾或成为军阀混战的战场而被迫逃入城市。"本埠各街巷,近来乞丐异常众多,彼往此来,终日络绎不绝。此项乞丐,多操直南等处口音,闻系直鲁难民,有一部分滞留津埠,以乞讨为生,情形颇为可怜。"②这些流入天津市的乞丐,在谋生无门的情况下,只得以乞讨为生。待灾荒过后或战事平息,他们大都自动返乡或被政府遣送回籍。

不同的乞丐群体,他们往往有一套自己的谋生之道,如1933年《大公报》记者对平津一带的乞丐进行了调查,根据这些乞丐的谋生方式,将乞丐分为11种之多,即排刀、打砖、打砖叫街、叫街、钉头、拉破头、数来宝、背褡子、缝穷妇、换取灯(即火柴)者、捡煤核者。③事实上,乞丐的种类还远不止这些,还有打执事④、摔跤、卖艺、盘杆、耍叉、说评戏、讲评书、说相声、玩杂耍、看奇人等。⑤

民国时期乞讨现象在天津已呈现明显的职业化趋势,这说明乞丐正如其他谋生职业一样,成为众多贫民维系生存的一种方式。这不仅是个体之不幸,而且是整个社会结构及其病态的表征之一。

三、娼妓业泛滥化

近代中国,尤其进入民国以后,妇女的职业范围有了很大拓展。天津作为近代华北的通商大埠,工商业较为发达,给妇女提供了更多的就业范围。上层妇女,可以从事医生、护士、职员、教师、编辑、律师等各种职业。下层妇女,可以进入工厂做工,从事女招待等新式职业,但亦有不少妇女被排斥在这些"正

---

① 《四乡贫民来津乞食》,《大公报》1927年7月31日(7)。
② 《近日乞丐加多半系直鲁难民》,《益世报》1928年5月2日(11)。
③ 《社会的下层——平津一带乞丐的生活》,《大公报》1933年1月6日(11)、1933年1月7日(11)。
④ 《"打执事"苦工生活》,《大公报》1934年4月10日(13)。
⑤ 《老三不管巡礼计(上)》,1934年11月19日(13);《老三不管巡礼计(中)》,1934年11月20日(13)。

当"行业之外，从事出卖肉体为生的娼妓业。民国时期随着天津娼妓业的发展，从业人数日增，尤其下层妓院的泛滥，派生出一系列的社会问题，如匿藏犯人、拉扯行人，甚至欺骗乡人、群殴互斗等，严重影响到社会治安。

天津的娼妓业最早始于运河告成之时，发源地为工商业发达的侯家后。1860年开埠后，随着工商业的发展以及租界的兴起，天津的商业中心渐渐转移到毗邻租界的南市一带，南市的娼妓业逐渐兴起。同时，租界里也有了娼妓，但租界的娼妓业不如华界兴旺，主要是因为人口密度小的缘故。

1900年庚子之变，天津350余户妓院大部被毁，妓女纷纷逃亡。与此同时，由于运河堵塞，漕运锐减，三岔河口地区逐渐萧条，各国租界区却呈现出商业繁荣、人口骤增、治安稳定、环境改善等明显好于华界的发展势头，大批有实力的企业、商业移往租界，许多商人、官宦、士绅之家迁入租界。华界的没落，致使无钱可赚的"侯家后一带的一、二、三等妓院，也大部挪到了'租界地'及其附近"，南市、中华后、富贵胡同、谦德庄一带成为新的妓院聚集地。清末，日租界内妓院日益增多，法租界有妓院百余户，天津市共有妓院500余户。①

晚清时期，天津市政府并没有对娼妓业做出明确的规定，只是对拐卖妇女、逼良为娼及暗娼予以惩办。1905年，天津南段巡警总局制定了《管理娼妓章程》，规定：除由卫生局收捐稽查外，对不安分守法，诱拐贩卖及窝藏来历不明之妇女者拘局查究；对娼寮妓馆无论何时皆可检查，但不得稍有扰害事情；娼妓欲从良，而领家不允或娼妓受到非理凌虐的，对该领家从重惩治；妓馆不得藏匿赌徒、盗贼等不法之人；如有醉汉等无赖之徒扰乱妓馆，该管区须前往查办；妓馆日夜歌舞，但不生事端者概不过问。②1910年，直隶巡警道发布《乐户规则》，规定："凡各等妓嬢，应将妓主、妓女、伙计、女使（佣人）的姓名、年龄以及开张日期填写清楚以备考察。妓女入嬢，均应详细询明该妓是否甘愿为娼，有无逼迫诱拐，如嬢主知情不报，一经查出，从重治罪。各娼嬢不准强劝人嫖逛，妓女不准倚门站立与人嬉戏，以免有伤风化。妓女欲迁他地或赎身应听其自便，嬢主、妓主不得阻拦。各娼嬢于夜间12点一律落灯上门。各娼嬢不

---

① 江沛：《20世纪上半叶天津娼业结构述论》，《近代史研究》2003年第2期，第156页。
② 天津市地方志编修委员会编著：《天津通志·公安志》，天津人民出版社2001年版，第101页。

准私设烟具开灯供客。妓女如患性病,应送其回家医治,以防传染,违者以虐待论。"①从清末的《管理娼妓章程》及《乐户规则》的相关规定来看,无疑娼妓业是合法的,警察机关并出于维护社会风化与地方治安考虑,对妓馆及妓女做出了种种规定。

1915年直隶全省警务处成立后,兼管捐务处。该处对全市妓院核定为5个等级,并发放《乐户许可执照》,按等级收捐;对妓女发《妓女许可执照》,按所在妓院等级收捐。妓院持照经营并纳捐,警方负责保护妓院的营业。1917年12月27日,天津市警察厅布告:"警察有治安之责,对于娼窑之营业故应随时维持。"②

1924年北伐战争以来,随着循环式战争的连绵不断,天津工商业蒙受巨大损失,一般的殷实商业大都迁到租界,华界的娼妓业也因此大受影响,纷纷前往日租界。但到1925年前后,华界当局以办理禁烟为名,提倡鸦片烟馆营业,妓院里也可任意吸弄,所以,这两年里,华界虽然实际上不如租界兴旺,但是借助卖烟,与租界抗衡。1926年,天津市有妓院468家,妓女3594名。③北伐战争之后,由于政府取缔鸦片,加之军警稽查得严厉,于是天津华界的妓院都迁到了租界。1930年,天津有妓院571户,妓女3035人。④但是到1936年,仅日租界就有公娼200余家,正式上捐的妓女千余人。南市与租界区娼业兴起后,侯家后一带蜕变成为下三等妓院与暗娼的聚集地。⑤

政府承认娼妓业合法化,对乐户和妓女课以税收,并保护其正常营业。随之,娼妓业在市场化、商品化的走向中更加泛滥。"逼妻为娼"、"租妻为娼"、"逼媳为娼"、"逼女为娼"、"卖女为娼"现象,成为20世纪二三十年代天津社

---

① 天津市地方志编修委员会编著:《天津通志·公安志》,天津人民出版社2001年版,第101~102页。
② 天津市地方志编修委员会编著:《天津通志·公安志》,天津人民出版社2001年版,第151页。
③ 天津市社会局编:《天津市妓户妓女调查报告》,1931年,引自李文海:《民国时期社会调查丛编·底边社会卷》,福建教育出版社2005年版,第534、539页。
④ 天津市社会局编:《天津市妓户妓女调查报告》,1931年,引自李文海:《民国时期社会调查丛编·底边社会卷》,福建教育出版社2005年版,第535、539页。
⑤ 江沛:《20世纪上半叶天津娼业结构述论》,《近代史研究》2003年第2期,157页。

会盛行的一种"恶风"。《大公报》对此类现象多有报道①,甚至出现了"一夫连买五妻"的荒唐事。②此种社会现象与社会风气、伦理观念的变迁不无关系,但更直接的动因却是城市贫民恶劣的生存环境所致。

四、失业与无业的交织

失业问题是一个复杂的社会问题,是劳动力同生产资料脱离的一种表征,它自工业化开启以来,一直成为困扰世界各国的一个共同难题。在20世纪二三十年代,中国外受世界经济大危机(1929~1933年)的影响,内有连绵不断的战乱与匪患,加之频仍的天灾,农村经济衰败,城市经济亦萎靡不振,各行各业失业问题愈发尖锐。"目前中国社会现象中,最可危险的一点,就是各地失业者的遍布。"③天津作为近代的通商巨埠,又是华北重镇,受国内外形势的影响,失业问题亦相当严重。

近代失业问题虽然严峻,但是要了解各地失业人数究竟有多少,却无法获取系统的统计数字,只有一些零星的记载。1925年,据北京邮政司调查,中国人口总数为 436 094 953 人,具备劳动能力的有 305 266 467 人,其中农业工人 87 218 990 人,血汗工人 34 887 596 人,机械工人 1 744 379 人,手艺工人 13 982 848 人,共计 137 833 813 人,剩余的 167 432 654 人是失业人口。④4.3亿多人口中,

---

① 《大公报》上关于此类报道很多,如《逼媳为娼》,《大公报》1927年8月4日(7);《逼妻为娼》,《大公报》1927年9月20日(7);《贫民的悲哀 无力谋生逼妻为娼》,《大公报》1928年1月18日(7);《穷极无聊卖女儿》,《大公报》1929年5月24日(9);《卖去女儿葬双亲》,《大公报》1929年5月29日(9);《贫病交加卖幼女》,《大公报》1929年5月30日(9);《典押养媳为子医》,《大公报》1929年7月22日(9);《阿母穷极租女儿藉以生财俵分不均打起来》,《大公报》1929年8月4日(9);《经济压迫逼妻为娼》,《大公报》1934年12月31日(6);《生活压迫下竟将发妻价卖》,《大公报》1935年8月17日(6);《经济压迫下租妻恶风!》,《大公报》1935年12月23日(5);《武术教练失业押妻为娼深夜竟掐死》,《大公报》1936年1月6日(5)。

② 《朱有林连买五妻》,《大公报》1935年10月31日(6)。

③ 张振之:《目前中国社会之病态》,上海:民智书局1929年版,第107页。

④ 鲁竹书:《失业问题研究》,上海:中央图书局1927年版,第20页。

竟有1.6亿多的失业者。由此可见,中国的失业问题,是非常的可怕。当然,这个数字统计范畴过于宽泛,忽略了无业游民与失业之间的差异。正如著名社会学家孙本文先生指出的,"此为约计之数,不足凭信"①。但无论如何,近代中国失业问题严重,却是不争的事实。"因所谓失业之定义及失业之程度与失业者之类别多乏详细考订,故未可尽据以为实。但无论如何,均可表现失业之普遍的状况。"②

就天津的失业人数,也是一些零星的统计资料。1932年1月1日,《大公报》在《失业人数之可惊》一文中,称天津市自治区联处奉社会局的命令,对各区失业人口进行了调查,仅第一区就有30 790人。③公安一区的情形在津市各区中不是最坏的,若就全市失业数而言,更可想而知。1932年《社会学杂志》载文估计各地失业状况,对天津的失业人口估计约为10万人。④1936年,天津市政府公报公布的失业人数为28 644人。⑤同年,实业部估计天津市失业工人数为18 175人。⑥官方的这些数字显然过于保守。

尽管近代城市的失业状况缺乏确切的统计数字,但城市化过快而工业化相对滞后所引发的普遍的失业则是不争的事实。近代中国的失业与社会经济的发展状况如影随形,社会救济发展良好,为社会各阶层提供有利的就业机会;反之,则造成严重的失业状况。如1932年,因种种关系,各商号陷于勉强维持的状态,至旧历年关时,各商号结算盈余,结果全市商界十有八九均赔累不堪,纷纷歇业,或缩小营业,裁汰店员,以弥补亏损,结果导致全市失业店员不下5000人。⑦

此外,值得注意的是,近代中国的失业问题与无业问题相伴。由于近代中国工商业不发达,就业机会少,即使入城的成年男女有工作的愿望,但也少有

---

① 孙本文:《现代中国之社会问题》(第4册),上海:商务印书馆1947年版,第131页。
② 柯象峰:《中国贫穷问题》,南京:正中书局1935年版,第240页。
③ 《失业人数之可惊》,《大公报》1932年1月1日(7)。
④ 解敬业:《中国的失业问题》,《社会学杂志》第5卷第4号,1932年9月。
⑤ 《天津市市民职业统计表》,《天津市政府公报》(统计),第87期,1936年4月。
⑥ 《沪杭平津失业工人日增》,《实业部月刊》第1卷第4期,1936年7月30日,第157页。
⑦ 《衰颓之天津百业凋敝》,《大公报》,1933年1月30日(7)。

合适的就业机会,因此,总有一大批人根本是无业者。"中国的失业问题如与西方相比,算不了严重。中国真正的严重问题与其说是失业问题,毋宁说是无业问题。"①据天津市公安局对1928～1930年天津市所辖五区八乡所及三特区市民有无职业的统计情况显示,1928年的无职业人口为296 763人,1929年增加到379 655人,1930年又增加到405 779人(详见图6.4)。②这些无职业人口中如果除去那些不到劳动年龄、没有劳动能力及有劳动能力而不愿从事生产者外,失业人口每年当在15万～20万之间。甚至在一定程度上,我们可以把这些无职业人口视为失业人口数,正如民国学者张振之在《目前中国社会之病态》中指出的那样,中国的所谓"失业者"倒不如说是"无业者",③因为失业系指有业而言,原来就无业,又何来失业?近代中国城市工商业的发展有限,众多的劳动者根本就无业可做,也就无所谓失业了。故可以说,近代中国的"失业"问题,其实就是"无业"问题。此外,近代城市社会灾民、难民不断,乞丐遍地,退伍军人繁多,盗匪横行的事实,都可以从侧面反映出近代失业问题的严峻性与独特性。

图6.4 1928～1930天津市公安局所辖五区八乡所及
三特别区市民有无职业比较图④

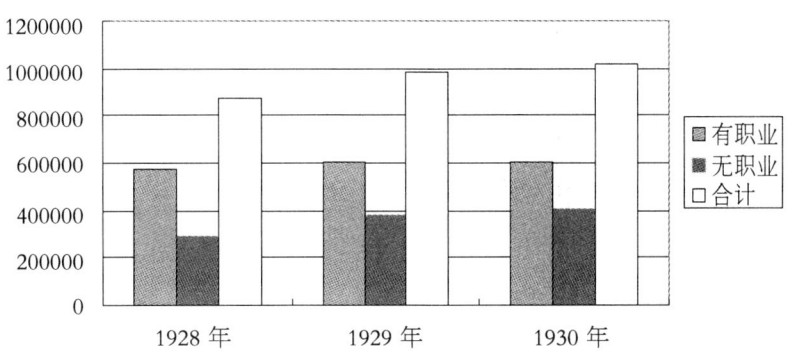

注:此处有无职业人口数将当时在天津的外国人也统计在内。

---

① 何德明:《中国劳工问题》,上海:商务印书馆1937年版,第159页。
② 吴瓯主编:《天津市社会局统计汇刊》(户口),天津市社会局,1931年。
③ 张振之:《目前中国社会之病态》,上海:民智书局1929年版,第134页。
④ 吴瓯主编:《天津市社会局统计汇刊》(杂项类),天津市社会局,1931年。

近代中国社会经济政治与欧美各国不同,失业问题也有别于欧美各国。欧美各国因生产过剩而引发失业,中国则是因工业生产不振所致。"在现在这种制度下,失业问题,当然是不可避免的;不过现在的失业致因,并不是因为本国工业发达到了极点,至成生产过剩,而需缩减,乃是因整个的工业,全是困难,危险而无法维持。"①故欧美诸国通常通过救济谋失业问题之解决,而中国失业问题根本就是无业问题。劳动者有业可做的前提是发展生产,"惟有从事生产运动,才能救济这一般无法谋生的人民,惟有从事生产运动才能医治这一切社会的病态,惟有从事生产运动才能'起死人而肉白骨',才能'救党国于沉疴'!"②

---

① 《救济失业工人办法唯有救济生产事业》,《大公报》1934年3月22日(13)。
② 张振之:《目前中国社会之病态》,上海:民智书局1929年版,第174页。

第二节　城市贫民与城市病的相关性

天津在近代城市化过程中衍生出来的城市病不独上述几种，此外还有自杀、离婚、贩毒等问题，在此不一一列举。这些城市病的发生，可以说是伴随着城市化进程的推进而日益严峻。引发这些城市病的原因很多，但是城市病的发生无一不与天津城市化过程中形成的贫民阶层密切相关。20世纪20年代末天津社会形成了一个庞大的贫民阶层，这一时期也正是这些城市病逐渐呈现出来并走向严重的关键时期。可以说，城市贫民与这些城市病之间存在着极强的相关性。笔者将通过城市病的一些个案研究，来揭示两者之间的相关性。

一、犯罪与贫困

20世纪二三十年代是天津各类犯罪不断走向高潮的时期，就犯罪类型而言，以经济类型的盗窃案为最多。如天津市社会局统计的1930年全年5802起各类案件中，盗窃案为1848起，占全年各种犯罪总数的32%；较次之的为赌博与鸦片，分别为899起与818起。① 又如1932年7月至1933年6月天津市地

---

① 吴瓯主编：《天津市社会局统计汇刊》（社会病态），天津市社会局，1931年。

方法院简易法庭处理的3691起刑事案件中，排在第一位的也为盗窃案，共1698起，约占天津市地方法院处理刑事案件总数的46%；排在第二位的为鸦片案，共806起（其中吗啡案204起，实际仍是鸦片的一种），约占天津市地方法院处理刑事案件总数的22%；排在第三位的为赌博，共400起，约占天津市地方法院处理刑事案件总数的11%。①与此同时，天津市地方法院简易法庭处理的1552起刑事案件中，位居第一的仍是盗窃案，共290起，约占总数的19%；位居第二位的是鸦片案，共179起，占总数的12%。②

众多经济案件的发生，与城市化进程的不断演进相伴而行。一方面，天津城市工商业的发展，给不断涌入的移民提供了谋生的机会，这就吸引着更多的移民，尤其是生活无着的农民、灾民及难民等背井离乡来到天津，目的就是找寻"工作"。但是近代城市工商业的不发达，无法为这些城市贫民提供充足的就业机会，在生存压力下，他们铤而走险，"社会生活程度日高，一般人生计大受影响，因此犯罪事件，亦随之增加。"③"近因天气渐寒，贫民为生活所迫，而犯罪者，日益增多。"④生活程度日高，贫民收入极微，生活无着，于是走上犯罪的道路。由此可见，生活的贫困是引发这些城市贫民犯罪的根本原因。

从犯罪者职业来看，以工商从业人员为最多，或者是一些无业游民。⑤如在1930年发生的5802起案件中，从事工业的犯罪者有2321人，占总数的40%；从事商业的犯罪者有1228人，占总数的21.17%。此外，犯罪人数比较多的群体为无业者，计1510人，占总数的26.02%。这是因为从事工商业类的工人、店员、伙计等，他们收入低微，不足以维持生计，况且他们随时面临失业之虞，为生计起见，故才走上了犯罪的道路。

此外，从当时《大公报》刊载的犯罪案例来看，许多罪犯抢劫和偷盗的物品，多是些极不值钱的生活必需品，如衣服、被褥、鞋帽，甚至是食品等。

个案1：

---

① 天津市政府统计委员会编：《天津市统计年鉴》（社会类），1935年，第47~48页。
② 天津市政府统计委员会编：《天津市统计年鉴》（社会类），1935年，第49~50页。
③ 《去岁日租界之犯罪统计》，《大公报》1931年2月5日（7）。
④ 《天寒生活困难人民犯罪增加》，《大公报》1933年12月6日（10）。
⑤ 吴瓯主编：《天津市社会局统计汇刊》（社会病态），天津市社会局，1931年。

贾姓妇,昨15日早10点钟,因事外出时,有贼撬门入室,窃去棉被一床、麻袋一条,被邻人王姓等瞥见,立即跟踪,追赶五里余,将贼擒住,讵该贼兔急反噬,竟敢持刀相向,王姓等畏其凶悍,未敢与抗,只得任其扬长而去。①

个案2:

王三,年38岁,天津人,住中一区新街,在法租界公茂洋行做捡羊毛零工。于10月27日下午,在广善大街当贾刘氏搬家之际,趁无人看管,遂窃取棉被、棉褥各一。未行几步,即被该地警察抓获。据王三称,因当时母亲卧病,下午未赴洋行做工,无钱买药,被迫为此。②

个案3:

董振海,年40岁,青县人,住南门外,父早故,家有老母,而董则居常扎吗啡,不事生产,故母子仅以乞讨维持生命。迩来因天气寒冷,衣食更难,故董某于某日夜间,偷得褥子鞋帽等物,携至日租界,欲图变卖,被巡警抓获。③

个案4:

河北小王庄安定里住户韩延祥,以卖羊肉为生。一日行至河北五马路地方叫卖之际,突有一贫汉王宝山,31岁,静海人,因饥饿难忍,趁人不备之际,猛将车上之肉抢起就跑,不料一时神慌,将切肉之刀,同时操去。韩某在后追赶,且追且喊,行人帮忙拦截,结果被王某砍伤,后被岗警抓获送局。④

上述案例从侧面反映出,生活上的贫困迫使这些生活无着的贫民走上偷盗之路。当然,犯罪还有多方面的原因,如军阀混战所造成的社会动荡不宁,大量移民对城市法制的不适宜,文化和风俗习惯的冲突与差异,多国租界并存和各自为政等方面的原因。但是,近代大量经济类盗窃案件的发生,最重要的原因则是贫困所致,"慢慢地饿死,立刻自杀,或者随便什么地方见到他们需要的东西,只要有可能拿走,干脆说就是偷。"⑤

---

① 《贼胆真大》,《大公报》1911年3月21日(1)。

② 《贼骨头却是孝子》,《大公报》1928年11月22日(6)。

③ 《寒风瑟瑟饥肠辘辘 贫穷人怎能不起盗心》,《大公报》1928年12月26日(6)。

④ 《穷汉抢肉持刀行凶砍伤行人》,《大公报》1937年3月8日(6)。

⑤ 恩格斯:《英国工人阶级状况》,中共中央马克思恩格斯列宁斯大林著作编译局译,人民出版社2009年版,第368页。

二、乞讨与贫困

通过上述有关乞丐问题的论述我们可以看出，近代天津的乞丐不仅队伍庞大，人员众多，而且呈现职业化的态势。众多乞丐自成派系，每个派系有自己较为完备的一套丐规、丐法。当然，我们有理由相信这些乞丐，尤其是乞首，用贫困形容他们的生活并不适当。但是，对于众多乞丐来说，他们却过着食不果腹、衣不蔽体的悲惨生活。关于乞丐的生活，《大公报》上有这样一段简单的描述：

"衣"不过破絮败棉，聊度严冬，夏日则皆赤背以行；"食"则更无一定，如运气好即可讨得美食，或讨得多钱以购，运不佳，甚或有一二日不得一餐者；"住"在夏秋均可随便，簷下门旁均可以作临时床铺，至冬则不能，率多栖于各大庙内，以稻草为被，以砖作枕，遇北风作，大雪飞，往往有冻死者，亦可怜矣。①

其实，乞丐的真实生活绝不是如此三言两语就能描述详尽的，他们生活的悲惨往往是超乎常人想象的。尤其是那些"灾难型"乞丐，流落异乡，生活无着，谋生无门，只好以乞讨为生，乞讨不得，只有冻饿身死。每届冬令，时有乞丐横尸街头，无人收埋。《大公报》对此类现象，多有报道。如1930年冬天，因天气寒冷，无衣无食而冻毙的乞丐甚多，在上平安后、南市、"三不管"洼地、河北地纬路、西头等处，均发现有冻毙的乞丐。②又1935年冬，因天气奇寒，乞丐日有冻毙，11月一个月内共发现冻尸320具，其中大部分为无家可归之乞丐，其余则为因生计所迫以致失业之贫民。③同年12月份，在南市"三不管"、河北小王庄、日租界闸口、河东郭庄子及西车站等处，共计发现无名倒毙男女尸体314具之多。④若合计统计，1928~1937年间计，因冻饿致死的饿殍（路倒）仅官

---

① 《社会的下层——平津一带乞丐的生活》，《大公报》1933年1月6日(11)。
② 《严寒彻骨中乞丐冻死多》，《大公报》1931年1月11日(7)。
③ 《津市上月冻毙尸体共三百二十具》，《大公报》1935年12月1日(6)。
④ 《昨又发现冻尸十七具本月共达三百余》，《大公报》1935年12月30日(5)。

方验尸的就达 10 485 具(详见表 6.1),未经官方验尸者更是不计其数。我们虽不能断定这些冻毙街头之人尽为乞丐,但从众多尸体无尸亲认领的事实中可以反映出他们多是些无家可归者。

表 6.1　1928～1937 年因冻饿致死饿殍统计表(单位:具)

年　份	经官验尸数	年　份	经官验尸数
1928	1933	1933	817
1929	866	1934	1240
1930	892	1935	1632
1931	571	1936	1224
1932	829	1937	481
		合计	10 485

资料来源:天津市地方志编修委员会编著:《天津通志·民政志》,天津社会科学院出版社 2001 年版,第 170 页。

三、生计贫困与娼业之兴

不论在东西方,娼妓业都有悠久的历史,它的来源,当然不是一个简单的原因所造成,与经济制度、社会组织、道德观念,以及法律沿革都有关系。近代中国的娼妓业经久不衰,遂成为一个复杂的社会问题,"在表面上看,完全是一个妇女问题,其实是整个社会的问题。"①虽然五四以后,从事妇女解放的人一直高呼"废除娼妓",然而,娼妓问题始终未能真正解决,"娼妓问题之不易解决,实在因为牵涉的范围太广。现在的社会制度、经济制度和婚姻制度、性道德问题如果不曾得到相当的解决,这个废娼问题也终究不会彻底的解决。"②

---

① 吴再生:《娼妓问题》,《大公报》1933 年 2 月 25 日(11)。
② 《禁娼问题之研究》,《大公报》1930 年 5 月 1 日(13)。

就女子沦为娼妓的原因而言,居多是经济方面的原因。《新人》杂志一文论及上海的淫业问题,认为"女子做娼妓,大半都是受着经济的压迫",这一原因同样可以用来解释近代天津娼妓问题。天津市社会局于1929年12月10日至1930年5月24日,用5个多月的时间对天津市571家妓户进行了调查,在调查的2847名妓女中,经济压迫是她们从娼的主要原因,共计1836人,占调查娼妓总人数的64%。①其他从形式上看,虽不是经济压迫,却也是为"穷"所迫,比如家长死、父母病残、夫死等等,可以说是在普遍穷、自然贫的基础上,又加上了一层厄运。由于生存环境和客观现实的逼迫,她们不得已沦为娼妓,或是被父母家人抵押为娼。此外,我们也可以从下边一些具体的个案中,了解贫困与女子为娼之间的关系。

个案1:

本埠小刘庄居民吕老,年21岁,天津人,向做械器匠糊口,嗣因事被辞,赋闲家居,家有老父继母寡嫂幼弟各一人。月间聘娶同村人袁氏为妻,因与继母不睦,携妻迁至东楼独居,并做小本营生糊口。因所入有限,不敷用度,遂异想天开,欲将其妻卖入谦德庄为暗娼,劝诱威逼,其妻终以良家妇女,不肯堕落。吕袁氏既恨丈夫薄情,又恐其乘机变卖,不堪同居,并暗求其父在法院控告,要求离异。②

个案2:

霸县人郭巨才,年38岁,务农为业,膝下子女各一。因频年荒歉,致生活

---

① 天津市社会局1930年对天津市2847名妓女为娼原因进行了调查,结果显示:因天灾人祸的有52人,经济压迫的1836人,家长死的72人,父病残的31人,父业败的29人,父外出的3人,夫外出的2人,母病残的17人,母再嫁的1人,母无成见的2人,继母不良的1人,夫死的168人,夫业败的43人,夫不良的58人,被夫遗弃的46人,夫妇不和的7人,家属病死的2人,负气的1人,虐待逼迫的3人,被熏染的48人,子不养的1人,亲属无人的1人,人地生疏的1人,年幼无知的17人,希望经济富裕的7人,虚荣心的1人,放荡不羁的5人,醉心繁华的1人,好奇心盛的1人,姑母不良的1人,自甘的63人,夫病残的72人,不明原因的254人,合计2847人。见天津市社会局编:《天津市妓户妓女调查报告》,1931年,引自李文海:《民国时期社会调查丛编·底边社会卷》,福建教育出版社2005年版,第550~551页。

② 《贫民的悲哀 无力谋生逼妻为娼》,《大公报》,1928年1月18日(7)。

为难,不幸郭之父母又染沉疴,相继长辞,衣装棺衾,均须购置。郭乃与妻商量,拟将女儿大俊出租,料理丧事,遂携女来津,以 500 元租于人贩子袁宝山,租期 7 年。袁后又将大俊由津转至营口为娼。郭因寻女无着,遂将人犯告送法庭。①

个案 3:

南市广兴大街,通县人王永祥与其妻王氏(年 22 岁,北平人)一同居住。因生活困难,商得妻子同意,令王氏搭住于附近福善堂妓院内操神女生涯,每日所得勉强糊口。后因王氏忽身怀六甲,将近 8 个月,以在妓院操劳过度,导致小产,而小产后因失调,致腹部不时作痛,吞服鸦片治痛,结果因吞服过量致死。②

上述几个典型的例子可以看出,生活上的贫困是女子自愿为娼或者被迫为娼的最主要原因。正如《东方杂志》所载《娼妓问题之检讨》一文中特别强调的,"经济的困迫和不充裕"是妇女流民沦为娼妓的罪恶之源。"我们可以断言,多数妇女为娼,都是由于这一原因逼成的,尤其是在中国,因农村破产无法生活,大批拥进都市来的年轻妇女,和因工商业不景气,工厂不断地紧缩停业与倒闭,而被排挤和摈弃出来的女工们,为着生活,她们只有不顾一切地跳进妓院的火坑,以出卖肉体的代价来维持自身的生活。"③从农村源源不断流入天津的下层女性,在就业困难的情况下,在生活钢鞭的驱使下,纷纷投入娼妓业,为娼妓业提供了庞大的就业队伍。

另一方面,近代天津社会男女性别比例严重失调,为娼妓业的兴盛提供了广阔的市场。近代天津的流动人口,以单身男性为主体,他们大多是农村的青壮年劳力。随着天津移民人口的急遽增加,人口性别结构失衡现象更为严重,如 1903～1906 年 4 年总人口性别比平均为 100:149.29;1930 年升至 100:170 以上,1932 年达到近代最高:100:179.61,此后总人口性别比开始有所下降。④如

---

① 《卖去女儿葬双亲》,《大公报》1929 年 5 月 29 日(9)。
② 《妓女吞服鸦片身死》,《大公报》1933 年 1 月 9 日(7)。
③ 碧茵:《娼妓问题之检讨》,《东方杂志》第 32 卷第 17 号,1935 年 9 月,第 100 页。
④ 李竞能:《天津人口史》,南开大学出版社 1990 年版,第 207 页。

此失衡的性别比例结构,导致那些低收入者根本无力娶妻,而为了满足生理上的需要,他们时常去一些下等的妓院宿娼。据调查,1930年法租界的北洋医院及马大夫医院,自初春至5月份,就诊人员以求治花柳病者为最多,在2000人以上,而且新染者2/3患有梅毒,这些又以劳动界及中等社会人士为多。中等社会人士因为生活程度高,有经济能力嫖娼,而众多的下层劳动者,因贫困无力组织家庭,也乐意宿娼,"收入不足组织家庭者,每多以妓馆为留恋之所"①,借此满足其生理方面的需要。

此外,政府"寓禁于捐"的做法为娼妓业提供了制度性的保障。"娼妓,是社会的病态现象,是人类不可磨灭的耻辱;其当禁也,无人而或疑。"②如何将这一社会毒瘤铲除,却是令当局者棘手的问题。针对这一问题,天津市政府提出了各种举措,如对不同的对象采取不同的救济办法,对妓女进行体检,划定娼嫖区域等,甚至也采取了一些禁娼的办法;但另一方面却对各个等级的妓院课以税收,这种"寓禁于捐"的做法,致使娼妓业屡禁不止,说白了,这仍是"大洋"的问题。天津娼妓问题真正得以解决是新中国成立后的事情。

四、失业、贫困与自杀的交织

20世纪二三十年代的天津失业问题严重,劳动者的生活贫困程度日益加剧。近代流入天津的众多移民中,以农民为多,他们绝大多数无技能、没文化,失业或者根本就是无业,加剧了他们生活上的贫困化,而贫困又往往导致自杀。我们可以从《大公报》报道的一些案例中,进一步理解失业、贫困与自杀之间的交织关系。

个案1:

1931年1月31日,南市清和大街元兴客栈内一青年服毒自杀。据查,该青年20岁,南京人,来津访友,就其死因而言,据其遗书云:"来津的原因:是

---

① 《可惊的花柳病患者》,《大公报》1930年5月12日(11)。
② 《废娼》,《大公报》1929年12月15日(15)。

投一个好朋友,希望谋一职业,解决家庭的负担和本身的最要问题。那知数十天来友人终于没有寻到,住食二字,就成了致我死的动机。现在虽然自杀了,但一定要社会人士嘲笑、辱骂、诽谤等等。唉!我只不管!我想总没有谁能够谅解这失业的苦衷!"①

个案2:

王广田,年58岁,武清县人,曾在滦县当骑巡队班长,解职后来津谋生,寓居省会公安局旁洋货街永生栈内。来津后举目无亲,虽来月余,仍无职业可寻,衣食问题,无法解决,以致穷愁交迫,顿萌短见,投东浮桥自杀,幸被岗警发现,送公安局安置。②

个案3:

王竹溪,年74岁,其妻姜氏,年76岁。王张二人曾为家庭教师,月资可得30元。王有一子,年36岁,曾在东省铁路商务处任科员,薪俸百元,生活尚称富裕。九一八事变突起,东省沦陷,父子相继失业,来天津后坐吃山空,更以毫无积蓄,以致生活颇感拮据。三口之家,为生活所迫,乃为附近北洋火柴公司黏糊洋火盒,得资度日。后因该公司停工,生活无着,行路遇一幼童,燃放爆竹,将其震聋,因此不能舌耕,又无进项,遂夫妇二人携子一同投河自尽,后被人打捞得救,由公安局转送市立贫民救济院收容。③

劳动者失业后,毫无收入,唯有靠微薄的积蓄或借贷维持生计,而这些城市贫民本就毫无积蓄或积蓄甚微,告贷无门,在此情形之下他们只好与贫穷为伴,甚至陷入生活的绝境。从以上失业自杀者经历的描述,我们不难看出,失业加剧贫困,常常成为这些朝不保夕的城市贫民自杀的原因,可谓"衣不足以蔽体,食不足以果腹",家中又有妻儿等着他们要饭吃,懦弱的人,又不会做贼和强盗,去偷去抢,当他们对生活和社会感到彻底绝望时,往往以一种自杀的方式终结生命。

总之,近代城市贫民阶层的形成与壮大,给城市发展带来了生机和活力,

---

① 《南市元兴客栈里二十岁青年因失业自杀》,《大公报》1931年9月2日(7)。
② 《穷愁交迫投河自杀》,《大公报》1934年11月17日(6)。
③ 《西头茶店口昨发生一家三口投河惨剧》,《大公报》1935年4月21日(6)。

为城市发展提供了充足的劳动力，同时也引发了一系列严重的城市病，如上述的犯罪问题、娼妓问题、乞丐问题、失业问题等。这些占多数的贫民阶层，他们处于社会的最底层，基本生活无从保障，并且长期处于不公平的社会待遇之中，而少数富有者则占有社会的绝大部分资源，两极分化严重，任其发展，势必酿成严重的社会危机。为此，如何改善城市贫民待遇，改变城市职业就业结构，建立完善的社会保障和救助制度，使这些贫困群体适时得到合理的救助，使社会不公平待遇得以合理解决，成为近代城市化进程中亟待解决的社会问题。

第三节 城市病时代成因分析

ERSHI SHIJI ZHI ZHONGGUO

从上述近代天津城市病的发生、发展来看，面相上异于西方，呈现出"低度城市化，高度城市病"的特征，就形成的原因而言，也有别于西方。西方早期城市化过程中的城市病由过度工业化而引发，中国近代的城市病有其特殊的时代致因。

首先，民族一国家权威的失落，使国家权力不仅不能形成应对这些城市病的全局性操控，反而成为城市病日趋加重的制度性原因。

晚清民国时期，内忧外患，国家局势动荡不安，至南京国家政府时期，虽然国家从形式上完成了统一，但国家权威并没有真正建立起来，行政调控手段缺失，法律调控无从谈起，经济调控手段无力，从而使城市下层社会失范，许多社会问题沉渣泛起。随着近代天津城市化进程的推进，至20世纪20年代末，天津形成了一个庞大的贫民阶层，这个阶层的存在，诱发了大量的城市病，如城市犯罪率居高不下，失业严重，自杀风行，乞丐职业化，娼妓泛滥化等问题，进而又影响到整个城市的稳定和社会经济的发展。政府从维护自身利益和社会稳定的角度出发，从20年代起开始关注这些问题，并针对不同的城市病采取不同的解决办法。如娼妓问题，在20世纪初，天津巡警总局成立之时，并没有对娼妓业作出明确的规定，只是对拐卖妇女、逼良为娼及暗娼予以惩办。民国以后,1915年直隶全省警务处成立后,兼管捐务处。该处对全市妓院核定等级,按所在妓院等级收捐,并发放《乐户许可执照》、《妓女许可执照》,妓院持照经营并纳捐,警方负责保护妓院的营业。到20世纪二三十年代,娼妓业的泛滥,衍化成严重的社会问题,为防止花柳病传染,重视妓女健康起见,1937年1月天津市开始筹设"妓女检治所",至4月26日正式开幕。①但是,旋因全市乐户娼妓均存观望,期间虽经劝告,一直未有检治。该所遂于7月1日起,奉令结束。②

又如,对城市的乞丐问题,天津当局初于1915年设立"教养院"(1928年改名为"游民收容教养所",1929年又改为"市立第一贫民救济院",1933年再次改为"市立救济院"),收容乞丐。随着市内乞丐的增多,二三十年代天津市政府曾三令五申,搜捕乞丐,但因人数众多,政府方面常因房舍狭小、财力不逮等,无法安插。1934年8月9日救济院"乞丐暴动"一事,充分暴露了这方面的问题。事情虽经派警察武装驻院弹压,幸免肇事,但膳宿问题,仍无法解决。为此,救济院报告社会局,请示根本性的解决办法。社会局令财政局设法救济,财政局以市库支绌,表示碍难照办。社会局与市立戒烟医院接洽,医院方面表示,可免费入院治疗,但目下病床无多,如数目较少,或可酌收,也不过三四十床而已。救济院为此异常焦灼,公安局方面虽停止捕丐,但是已有之乞丐的安插问题,仍无法解决。③对于这400余名乞丐,救济院方面最终的处理方法,除老弱及染有嗜好者外,择其壮年确能谋生者,陆续准其请假出院谋生,其老弱残废及染有毒品嗜好者,拨入本院戒毒、残废等区,分别戒除留养。④政府和社会方面为解决乞丐问题常采取驱逐和收养的办法,无力从根本上解决这一社会问题。

---

① 《妓女检查治所》,《大公报》1937年1月21日(6);《妓女检治所今日开幕》,《大公报》,1937年4月26日(6)。

② 《妓女检治所奉令结束》,《大公报》1937年6月30日(6)。

③ 《救济院之大批乞丐》,《大公报》1934年8月13日(10)。

④ 《天津市市立救济院函社会局》(1934年8月31日),天津市档案馆藏,档案号:J0131-1-000654。

此外，天津市政府为应对这些严重的城市病，在20世纪二三十年代还先后设立有贫民工厂、游民收容教养所、妇女救济院等救济机构，企图解决城市贫民的生存问题，以图城市稳定，谋社会问题之解决。政府的这些措施对于急救活命发挥了某些方面的积极作用，在一定程度上缓解了社会矛盾。另一方面，因民族—国家权威的失落，使得国家对城市社会的利益调整和控制基本上处于失位状态，虽行善举，但杯水车薪，制定的许多措施多是"头痛医头，脚痛医脚"，加之权威的丧失，实难推行，因而没能从根本上改变城市贫民饥寒交迫的悲惨厄运，城市病不可能从根本上得以解决。

其次，从城市病的演进过程来看，现代化进程中城乡背离化发展对其起着巨大的推助作用。

近代以来，尤其是进入20世纪以后，随着中国城市化进程的加快，中国社会结构由传统的城乡"无差别的统一"为日益扩大的城乡差异所代替。一方面，天津自1860年开埠通商，城市工商业、对外贸易等获得较大发展，加上便利的交通网络使得天津的聚集能力迅速增强。尤其是庚子事变后，经过袁世凯几年的治理，天津城市各方面获得迅速发展，初步建立了以社会化大生产为主、手工业为辅的近代工业体系。至1930年前后，天津已发展成为仅次于上海的中国第二大工业城市。[①]城市经济不断发展，再加上发达的教育、优越的社会环境等所产生的强大"拉力"，吸引着大量的人口涌入城市。这种聚集不仅是商人、绅士、手工业者和达官贵人等，更多聚集了来自农村的剩余劳动力和破产农民。正如列宁所言："商品经济的发展也就意味着愈来愈多的人口同农业分离，就是说工业人口增加，农业人口减少。"[②]这种农业人口与城市人口的此消彼长，是城市和乡村的自然和社会环境不断变化带来的必然结果。

另一方面，近代华北社会由于严重的自然灾害，加之频繁的战事和兵灾，给华北地区造成了极大的损害，社会生产力遭到巨大破坏，至20世纪二三十

---

① 严中平等：《中国近代经济史统计资料选辑》，工业，表8"上海等十二个城市的工业"，科学出版社1955年版，第106页。

② 列宁：《俄国资本主义的发展》，见中共中央马克思恩格斯列宁斯大林著作编译局编：《列宁选集》第1卷，人民出版社1995年版，第167页。

年代,华北广大乡村呈现普遍贫困化与崩溃化的态势,并造成华北日益严重的离村风潮。据统计,1920年左右,冀鲁豫三省的离村率达到3%~22.8%不等。①山东的农民离村现象也极为严重,霑化县的离村率1921年为8.7%,到1935年前后,离村率最低为西部的夏津和恩县,约为10%左右,最高为南部费县、莒县,达60%左右。②这些逃入城市的灾民、难民在灾害过后,最初有相当部分选择返回家乡,城市只是他们的临时"避难所"。但随着近代灾害频仍,战乱不断,农村的生存环境持续恶化,这迫使越来越多的灾民断了回乡的念头,在城市里由"暂避"逐渐变为永久性的"定居"。

同时,由于中国近代社会性质的特殊性,天津城市化同全国其他城市一样,是在强权政治的压力下,在中国自给自足的自然经济仍占主导地位的经济结构中展开的,工商业发达程度十分有限。如据1929年春天津市社会局对天津市2186个工厂进行的调查,共计有工人47 564人,其中男工35 228人,女工2606人,童工(以16岁以下为准)为9730人,③而这一时期天津市公安局所辖五区八乡所及三特区市民的职业人口总计为607 977人(本国人为606 152,外国人为1825)。④也就是说,工业人口仅占职业人口的7.8%,天津工商业之不发达由此可窥见一斑。由于受到城市工商业经济发展的制约,特别是在20年代末又遭受世界经济危机的打击,社会经济呈凋敝之势。同时,这一时期也正是广大乡村危机重重的时候,在乡村衰败的压力下,仍有大量移民源源不断地从乡村迁入城市,"在乡村经济破产,一般的农民无法生活,还加上种种经济上的压迫,中央政府有点鞭长莫及,于是这些农民为苟延他们的生命,不得不趋向都市生活。"⑤农村人口迁入城市的速度和规模远远快于经济发展的速度,进入城市的劳动力不能完全被工业部门吸收,造成劳动力

---

① 李文海:《中国近代十大灾荒》,上海人民出版社1994年版,第185页。

② 许涤新:《农村破产中底农民生计问题》,《东方杂志》1935年1月,第32卷第1号,(农)第52页。

③ 吴瓯主编:《天津市社会局统计汇刊》(工业),天津市社会局,1931年。

④ 吴瓯主编:《天津市社会局统计汇刊》(人口),天津市社会局,1931年。

⑤ 涤亚:《救济乞丐》,见上海市社会局编印:《社会半月刊》第1卷第4期,1934年10月,第7页。

滞留市场。这样，虽然实现了劳动力由乡村向城市的迁移，但并没有实现就业结构的根本性变化。众多移民缺少维持生存的最起码的"正当"生计，因之沦为城市中的贫民，再加上城市自身析离出来的一些贫困群体，至20世纪20年代末，天津形成了一个庞大的贫民阶层。大量贫民的存在，超出了城市的承载能力，并引发了一系列严重的城市病，如上述犯罪问题、娼妓问题、乞丐问题、失业问题等，这些城市病呈现"低度城市化，高度城市病"的特征，并最终制约着天津的城市化进程。

最后，城市化、现代化进程中天津城市社会结构的失衡发展与城市管理体制的滞后，是引发城市病的内在原因。

传统中国社会是一个"士农工商"为主的社会，但是天津在明代建卫时因军事而兴，居民以军卒为主，此后随着天津城区的扩大，漕运、盐业的发展，很快发展成为一个手工业和商业发达的城市。据1846年《津门保甲图说》统计，当时天津城区范围内共有32 761户，198 715人，[①]这是开埠前天津人口的大致规模。这些人口中，盐商有372户，铺户有11 626户，负贩有5711户，这三种经商人口合计17 709户，占当时天津城区总户数的54.06%。从事商业的户数如此之高，使我们完全有理由相信，这一时期天津是一个地道的商业城市。

自1860年开埠以后，各国租界设立和扩张，城区范围不断扩大，人口急剧增加，1846~1906年的60年间，城市人口由19.87万增加到42.45万，增长了1.1倍；而1906~1928年的22年间，人口从42.45万增加到112.24万，增长了1.6倍，成为华北人口增长最快的城市。[②]伴随着开埠通商，天津的工商业、对外贸易获得较快发展，社会经济结构均发生了根本性的变化，由一个商业城市发展成为一个集工业、商业、贸易等于一体的近代化城市。在天津城市化的过程中，周边人口大规模地向天津聚集，这种聚集不仅是商人、绅士、手工业者和达官贵人等，还有来自农村的剩余劳动力和破产的农民。在此过程中，天

---

① [清]《津门保甲图说》(道光)，见天津市地方志编修委员会编著：《天津通志·旧志点校卷(下)》，南开大学出版社2001年版。

② 刘海岩：《近代华北自然灾害与天津边缘化的贫民阶层》，《天津师范大学学报》(社会科学版)，2004年第2期。

津的人口结构出现了变化,产生了新的买办阶层、工商阶层、寓公阶层、知识分子阶层、劳工阶层、贫民阶层等。

在这些社会阶层中,以贫民阶层人数最为庞大。1929 年,有人在天津的《社会月刊》上发表了《贫民与社会》一文,惊叹天津的贫民人数之多:"触目惊心的本市贫民人数——三十五万七千多"①。根据当时天津市公安局统计,天津市公安局所辖五区八乡所及三特区人口总数为 136 万多人,贫民数已经超过总人口的 1/4。人口庞大的贫民阶层,与天津社会结构变化呈现明显的不均衡发展态势,贫困人口的增长速度远远超过了社会结构的变动速度,城市承载力不足,因此,形成了数量庞大的无业、失业人群,并引发了严重的城市病。

天津市政当局面对如此庞大的贫民群体,以及由此衍生出来的社会病,从自身利益和社会稳定的角度出发,采取了一些救治措施。如 1928 年北伐战争结束后,天津定为特别市,属国民政府直辖。此后,天津特别市政府成立了社会局,由社会局主管天津市的社会救济、公益慈善事宜。社会局成立之初就积极计划创办贫民工厂,希望从根本上解决城市贫民问题,"将天津所有贫民,收集一厂或数厂,教以职业,授以常识,援以工代赈之义,寓生产于消费之中。"②为筹措开设贫民工厂经费,社会局初筹划开征乞丐捐,预计每月可得 7 万多元,完全可以办一个规模较大的工厂,但是在实际操作层面却遭遇重重困难。在商穷民困的近代天津,乞丐捐的征收不像当局者所想象的那样乐观,商户借故迟交甚至不交,结果导致抽捐甚微,故后来政府不得不下令取消乞丐捐。"住户既怀观望,每月收入不及原有计划二十分之一,以之为贫民工厂第一分厂经费尚行支绌一刻,实无法发展。"③社会局下令取消乞丐捐后,改征附加房捐百分之一,定名为"房捐附加慈善费",为创办贫民工厂的经费,以 3 个月为限。④后社会局又通过主办义务戏,收得款项 3000 多元,遂创办贫民

---

① 凤蔚:《贫民与社会》,见天津特别市社会局编:《社会月刊》,1929 年(创刊号),第 80 页。
② 天津特别市社会局编印:《天津特别市社会局一周年工作总报告 (1928.8~1929.7)》,1929 年,第 250 页。
③ 《贫民工厂计算书》(1929 年 6 月),天津市档案馆藏,档案号:J0054-2-003316。
④ 《函公安局定期开整理乞丐捐会议》(1929 年 6 月),天津市档案馆藏,档案号:J0054-1-000720。

工厂第一分厂。1929年3月贫民工厂开工，第一批工人是由公安局和各特别区公署收容的乞丐，一共有170余名。①相对于天津当时几十万贫民而言，这无异于杯水车薪。国民政府企图通过建立贫民工厂，从根本上解决贫民问题的计划很快流产。

此后，社会局还先后设立游民收容教养所、妇女救济院、职业介绍所等机构，每年冬天设置暖厂、粥厂，对贫民实施周济等。1930年社会局因财政支绌，筹赈不力，于1930年4月将全市的赈济事宜交给"慈善事业联合会"（1931年4月，"慈善事业联合会"更名为"救济事业联合委员会"）办理。"每年冬令津市例会筹赈办法，惟漫无系统，致筹赈困难，因方法不良，贫民不易占得实惠，今日召集会议，即拟联合起来，和衷办理，庶施赈易于普及，进行亦较容易，旋经讨论，议决成立天津市慈善事业联合会，并通过简章，推定常务委员十七人，办公地址即假市政府内，以后办理赈务，统由联合会督办，并决定所有赈款，完全充作施赈用途。"②慈联会成立后，积极筹划天津市的救济事业，并于1931年8月提出了《救济全市贫民计划大纲》。慈联会作为社会局领导下的一个机构，面对如此棘手的社会问题，常常显得力不从心。显然，近代天津的城市管理远远滞后于城市化进程，城市病积重难返，并最终制约着天津的整个城市化进程。

小　结

随着天津城市化进程的不断加快，城市规模迅速扩张，城市人口急剧增加，城市病的症状多、涉及范围广，而且积重难返。这时正常的城市规划已无法推行，基础设施严重不足，住房紧张、就业困难、失业严重、犯罪率高、娼妓泛滥、乞丐职业化等呈明显上升的趋势。如此恶化下去，影响着整个城市的健康发展，直至引起整个社会的动荡不安。1937年，抗战全面爆发后，城市病呈现出战时特色。

---

① 天津特别市社会局编印：《天津特别市社会局一周年工作总报告（1928.8~1929.7）》，1929年，第252页。

② 《慈善事业联合会》，《大公报》1930年10月28日（7）。

城市病的根本解决,有赖于政治上、经济上乃至制度上的统筹处理,国家政府无疑在这一问题上充当着决定性的角色。国家担负着保障国民生活的经济责任,同时也担负着维持社会安定的政治责任。当城市贫民大量存在时,国家是责无旁贷的。国家不仅有救济防止的力量,而且有救济防止的责任。但是,南京国民政府虽然从形式上完成了国家的统一,但实质上中国仍处于一盘散沙的局面,军阀混战,列强侵略,耗费了国家的大量精力,国家实无心也无力去解决这些城市病。尽管天津市政府对克服各种城市病做出了种种努力,发挥了某些方面的积极作用。但是这种干预十分有限,政府尚未承担起治理城市病的主要责任,而仅仅依靠像社会局和慈联会这类的机构,试图通过社会救济的方法来加以解决,而经济调控手段无力,行政调控手段缺失,严重影响着城市病的治理,也制约着天津的整个城市化进程。

总之,在近代天津城市化进程中形成的贫民阶层,以及由此引发的大量城市病的发生,一方面源于晚清民国时期民族—国家权威的迟迟未能建立,以及城乡背离化发展的推助作用;另一方面源于天津城市化进程中城乡背离化发展所引发的社会分层和社会结构的失衡,以及政府在应对此问题上调控手段、管理制度的不合时宜。双重因素的叠加,致使近代天津城市病愈发严重。日益严重的城市病,反过来又阻碍了天津的城市化进程,同时也加剧了城市管理者的窘境。当然,近代城市贫民阶层的膨胀,以及城市病的日益严重,不是天津社会所独有的现象,近代中国城市——尤其在人口增长较快的大城市中普遍存在。天津城市病的发生、发展历程警示我们,在城市化进程中,关注社会分层和社会结构的均衡发展,以及对城市病进行及时的救治和防阻,这是一个城市社会持久、健康发展的题中之意。

第七章 CHAPTER SEVEN

城市贫民的社会关注

　　大量城市贫民的客观存在，无论是一般市民还是城市精英，抑或是那些掌权者，随处都可能遇见这些贫民的身影，随时都可能听到他们的呻吟与叹息。唯其因为这些群体个人身份的不同、生活际遇的差异，构建出来的贫民形象迥异，在对待城市贫民的态度上也可能大相径庭。但无论如何，城市贫民阶层的形成，成为诸多城市病的渊薮，已引起了当时社会的广泛关注。

第一节 一般市民眼中的城市贫民

1860年天津被迫开埠通商,城市化进程由此启动。与此同时,广大华北乡村社会危机重重,城乡二元化发展态势日益加深,乡村人口不断涌入城市,由此导致城市贫困人口激增,至20世纪20年代,天津社会形成了一个庞大的贫民阶层。这是一个庞杂的群体,构成复杂,既包含那些拥有"体面"工作,但收入不高的工人;也包含有出卖自己血汗的苦力,如人力车夫、脚夫、码头苦工等;还包含着新型的职业群体,如女店员、女招待、女佣、舞女等;同时也包含那些风雨飘摇的小商贩、出卖肉体的娼妓,以及风餐露宿的乞丐、游民等。面对这一特殊的群体,一般市民给予了广泛关注,同情者纷纷上书请求赈济,或直接慷慨解囊相助。但是,在众多场合,城市贫民是一个受歧视和遭排斥的角色。

一、同情与救助

人类往往有同情弱者的本能,城市贫民的广泛存在,常能博得一般市民的同情与救助。1917年1月6日,河北金家窑公民唐有声等为贫民乞赈,上书天津警察厅称:该处一带小户约有300余家,皆恃劳动为生活,迩来百物昂贵,每日所得恒不足所用,一遇意外之事,则啖饭无著,况值此连日大雪狂风怒号,其饥寒交迫情形,令人耳不忍闻,目不忍睹,长此以往,懦者坐以待毙,黠者铤而走险。公民等切切尤之用,敢合词禀请,转恳慈善各机关速为赏发冬赈,以免困苦流离等。①警察厅当即据情,函至各善堂联合会,准予赈抚,以救生命。与此同时,河东娘娘庙公民杨富有等人致函天津警察厅,为贫民乞赈,禀称:伊在金钟河南岸京奉铁路西侧,筑有土房十数间,内住贫户王恩荣等12家。据系外埠来津就食者,男子劳动以觅食,妇女挑菜以为生,届此隆冬,生计维艰,加以连日风雪,难以度日,啼饥号寒,惨不忍睹。近闻津埠贫民赖赈抚而得生活者,颇不乏人,伏思同是赤子,共戴骈幪,当必一视同仁,故不揣冒昧据情代吁,请即派员赈抚,免成饿殍等。②警察厅据此,当即致函各善堂联合会,查照办理。

邻里之间互帮互助,也是人之常情。1928年,一名叫凤山者,年73岁,住在西头习艺所东大墙外天汇西里。素业厨役,因年老,无人雇佣,平日复无积蓄,未届冬令以前,全家四口分做苦工,将就度日,加之天寒,四口之中,病倒三人,以致连日未能举火,半饱难求,重衣莫获,坐以待毙。鉴于此种情况,同院住户共同致函《大公报》,呼吁社会救济。"敝人等谊属同院,时有给助,均系小本经营,力与心违,万不获已,乃合意修函,恳请贵主笔准如所请,务恳大慈善家实地调查,再凭施助。"③

一些市民还公开致函媒体,呼吁社会对贫民实施救助。1928年2月,天津士绅严修、华世奎等人,致函房产特捐局,请求展期征捐,同时请求土房草房一概免捐。"土房草房,上年虽订十间以内,一概免捐,现在调查,不但土房草房十间以内者,难以纳捐,即十余间自建之土草房者,亦属无力缴纳,应请特别减免,以恤穷黎。"④1928年12月,《大公报》收到一个署名叫"鹿"的人的投函,称其在闲暇时,在天祥市场闲逛时看了一个"人头蛇"的杂耍,就是将一个

---

① 《为贫民禀请赈款》,《大公报》1917年1月9日(7)。
② 《为贫民上书乞赈》,《大公报》1917年1月13日(7)。
③ 《可怜的呼声七旬老翁生活困难慈善家如何救济》,《大公报》1928年11月18日(6)。
④ 《严修等请求土房草房免捐》,《大公报》1928年2月8日(7)。

小孩,全身捆成不足5尺宽,外边用布裹上,在布上画成蛇皮一样,并特地用两条锁链,在那小孩的额头上加个十字的锁,在颔下骨上一把洋锁。小孩神情疲惫,有气无力,观者对其深表同情,为此致函《大公报》,目的在于"盼望当局,立刻派人去调查,把那无辜受罪的小孩,救了出来,再把那惨无人道的蟊贼,要重重的严惩他一下,那才是功德无量呢,希望同时调查各杂耍摊,有无伤人道的行为,如果有,请一律的严刑处置,那才是保障人权的好政治哩,望当局要马上办这件功德事才好"①。1931年,南开大学的梅宝昌先生,偶闻洋车夫增车资一事,为关心贫民生活计,致函天津市商会,请其关注,称:"津市自事变以来,积诸先生鼎力维持,令人佩服,但昨外出闻洋车夫言,车资近日较前增加一倍,此种车厂,小资之家,鱼肉贫民,可恶之至,尚望诸位先生加以注意,维持津市一部负苦同胞也。"②城市贫民"啼饥号寒"的处境,与都市灯红酒绿的糜烂生活,形成了极不相称的两极,令观者耳不忍闻,目不忍睹,由此博得了不少市民的同情。他们从人道的角度出发,纷纷为贫民上书乞赈,请求减免捐税,或呼吁社会赈济等,这对唤起社会对贫民问题的关注发挥着积极的作用。

当然,直接慷慨解囊相助、施衣施物的人也不在少数。1910年冬,城北宜兴埠各村绅,以该村贫民太多,值此隆冬岁暮,饥寒交迫,官赈无望,故特联合同志,凑集龙洋一千数百元,购买红粮若干,择贫赈济。③海河前辛庄富绅周汝珍,因见该村居民困苦,嗷嗷待哺,慨然捐集巨资,购办红粮150石,运至该村,挨户查放,以恤穷黎。④1911年12月,天津市邑绅曾栋臣、华仲临、王槐荪等人,因天气严寒,一般无衣无食,啼饥号寒之人,触目皆是,因特联合同志,组织"济贫会",以"周济贫苦同胞"为宗旨,所有会中办事人员皆当义务;不拘各界中外善士,凡捐助本会款洋自一角起,皆登报声明,并给收条;本会所收

---

① 《只顾赚钱不讲人道》,《大公报》1928年12月12日(6)。
② 梅宝昌:《为关心贫民生活事致天津商会的执事呈》(1931年11月25日),天津市档案馆藏,档案号:J0128-3-006624-118。
③ 《热心桑梓》,《大公报》1911年1月19日(1)。
④ 《造福贫民》,《大公报》1911年1月1月23日(1)。

捐款,除因公费外,将全数充作赈款,广购玉米面;散放时只于本城一带,巡视最贫苦者给之,并不下乡及往他埠;本会暂借基督教会办事;期限自十一月初一起至十二月三十日止。①1927年冬,南市绅商张绍曾、陈锦涛等人,鉴于年来天津人祸,流离失所者遍地皆是,特发起"旧衣救苦会",征集旧衣,以救寒民。②1934年冬,南市绅商张春荣、齐文轩等,因鉴时届严冬,一般无衣无食者,每遭冻毙,情殊可怜,募得棉衣200余套和现款205元交慈善事业联合会,代为散发。③这些个人所捐助的钱财衣物,虽然数额不多、时间不长,但对于救济活命、改善个体生活,发挥着积极的作用。

在近代天津社会,参与救济贫民的社会群体十分广泛,不仅绅商富户、慈善组织关心桑梓,积极赈济贫民,施舍粮食、衣物、医药等,甚至一些医生、学生、艺人、妓女、僧人等,也积极参与到对贫民的救助活动中。如1911年9月,天津市女优金翠娥等姊妹三人,在天喜茶园演戏所得戏资,全数捐助侯家后群志恤贫社,以备冬季施放玉米面之需,并计划从此每月演戏一日,以助该社赈济。④1917年,天津遭遇大水灾期间,除地方绅商积极助赈,小姐、太太、善团、商铺纷纷捐助大饼、馒首、米面、大洋等。⑤一名妓董玉铃,曾赴东三省各处操卖笑生涯,回津后目睹天津水灾惨状,除自捐大洋20元,并分函吉黑奉三省募得大洋80元,复补足大洋原数共100元,托人修函送往警察厅水灾急赈会。⑥天津市游民收容教养所之职业学校,自成立以后,各方面颇表同情,乐于捐助。据《大公报》报道,1929年7月13日,收到民立第四女子小学、市立二十六小学、民立第一女学校、市立二十小学等数个学校学生捐来的衣物,用以救济贫苦学生。⑦1932年1月,一老僧至社会局,向救联会捐款,据称:"不欲坐视

---

① 《造福贫民》,《大公报》1911年12月20日(1)。
② 《救苦会募集旧衣》,《大公报》1927年12月19日(7)。
③ 《南市绅商关心贫民》,《大公报》1934年12月13日(6)。
④ 《女优热心》,《大公报》1911年9月22日(1)。
⑤ 《众绅商之助赈热》,《大公报》1917年9月20日(7)。
⑥ 《妓女乐善之可钦》,《大公报》1917年9月12日(7)。
⑦ 《小学生乐善好施纷纷捐助衣履救济贫苦学生》,《大公报》1929年7月14日(11)。

析津贫黎冻饿以死,愿将夙日所存香火之资共五百元,捐充冬赈。"①1932年10月,法租界线牌电车道李子涛大夫致函《大公报》云:"贫而苦,贫而病尤苦,试观贫民终日忙碌,仅免饥寒,一旦卧病,无力医治,听其死者,何可胜数,鄙人素以博爱为怀,力谋解除病家痛苦,无奈点金延术,时与心违,今幸蒙韩惠斌女士,慷慨解囊,捐款施诊,俾贫病之民,得不费而医。兹定星期二、四、六上午八至九点,为贫民诊病时间,除收号金贰毛外,医药费免收。"②甚至有些社会人士,把丧葬费、寿宴之资等节省下来,用作救助贫民。③

人力车夫作为城市贫民阶层的典型代表之一,其生活的艰辛,常能博得社会的同情。"人力车夫的生活,简直是和牛马一般,它可说是世界上的可怜虫,和最不幸的人!"④因此,在20世纪30年代,各地有识之士呼吁改善人力车夫待遇,减轻车租,组织人力车夫合作社,举办人力车夫储金,实施人力车夫教育救助等,甚至有不少人从民族前途的健康考虑,主张废除人力车业。"此恶不除,全社会之生活被其影响,至于无穷。"⑤

此外,娼妓虽为社会所不齿的一个职业,也有一些人对这些从业女子表示极大的同情和理解,认为女子从娼是不得已之举。"因着环境的支配,金钱的逼迫,因为要生活,所以不得不这样了。虽然,也有极少数是懒得做高尚的女士,而希图安乐而卖淫的。然而社会上随便什么,总是女子的工钱较男子的劣,例如老妈子比当差的工钱低,女裁缝较男裁缝便宜。方且女子的工作地位又狭小,要靠自己谋生真难极了,所以她们不得不这样。再者他们男子们不去嫖,营业不好,她们不会眼热了。"⑥这种观点把女子从娼的原因归之于社会环

---

① 《可惊的数字 食粥贫民近五十万》,《大公报》1932年1月10日(7)。

② 《贫病施诊》,《大公报》1932年10月15日(11)。

③ 《一门慈善之可风》,《大公报》1917年12月4日(7);《节丧费充作善举》,《大公报》1917年2月14日(7);《寿宴移作善举》,《大公报》1927年8月31日(7);《善举可风》,《大公报》1932年11月27日(7)。

④ 房福安原著,莫安强译:《中国的人力车业》,载《社会月刊》,上海社会局编印,第2卷第7期,1931年1月,第10页。

⑤ 陶孟和:《北京人力车夫之生活情形》,见《孟和文存》(卷二),上海:亚东图书馆1928年版,第105页。

⑥ 《不要忽略了可怜的她们》,《大公报》,1928年8月30日(9)。

境和生活压迫的不得已之举,甚至归结于男子身上,体现出对女子从娼的理解与同情。

二、歧视与排斥

城市贫民艰窘的处境,颇能博得各色市民的同情,并向他们伸出援助之手。但是,由于生活际遇的差异,一般市民往往不能真正理解这些贫民生活的真实境况,一旦他们深入接触和了解之后,往往难以置信,对贫民生活条件的恶劣,往往情不自禁流露出嫌弃、厌恶,甚至是鄙视之情。

一位《大公报》记者参观纺羊毛老妇人之后,这样写道:"贫民的居室,我虽不是第一次看见,然而在那里面坐下,这实在算是第一次。屋子既是狭小不堪,而里面什物又是凌乱纵横。一个坑上堆着枕被以外,更放着碗筷箱笼等等的日用物品。坑沿上满是泥灰,我简直找不出一块比较洁净的地方可以使我坐下。而且,在那充满了大葱味的空气里,使我呼吸受着重大的压迫,压迫得几乎不敢透出气来,因为一透出来,就不得不吸着进去。"①在这个记者眼中,屋子的狭小不堪、凌乱纵横,以及满屋的泥灰和充满大蒜的味道,几乎使这个记者"不敢透出气来",言语间对贫民生活的嫌弃之情,表现得颇为淋漓。

无独有偶。一个学生趁五一劳动节放假,雇船来到一个不知道名字的贫民区,与其哥哥一同看看贫民生活。他这样描写道:"船刚到岸,先有一般热腥腥晕沌沌似粪臭似鱼腥浓浓的味儿吹到我鼻子里来,我立即觉到一阵头昏,一阵恶心,忙把手巾掩住了鼻子,鼓一鼓勇气往前走。"②此后,在这个参观者眼里,这里的一切都是肮脏、污秽不堪、贪婪。对贫民窟里的缝穷妇,这个参观者有这样一段描述:"三五个缝穷婆坐在地上补袜子,每人面前地上都铺着一大堆肮脏碎布,她们的头和脸似乎已有多日没有见过水了,黄黑中发干,一咧嘴唇时黄板牙缝里有的还带着几丝绿色菜渣。她们时而低头不住的工作,时而

---

① 《津市的职业妇女生活(四十四续)——纺羊毛的老妇人》,《大公报》1930年5月24日(9)。
② 《贫民的生活》,《大公报》1929年5月7日(16)。

抬头随便溜一眼行人,她们并不说话,仿佛在想:'今天不知道能赚着几个铜子?'"①在这个参观者眼中,这些缝穷妇是一群不讲卫生,蓬头垢面,满脑子都是想着赚钱的贪婪无比的角色。这个参观者对贫民窟的生存环境,以及对这里生活居民的厌恶、嫌弃之情跃然纸上。

近代兴起的许多女子职业,不为当时社会所接受,尤其是女子从事的服务性行业,社会多持轻视的态度。民国学者周谷城有这样一段描述:"下等职业,在今日的都市上,正如雨后春笋,很茂盛的发生出来了。举例来说罢,有娼妓业,有跳舞业(据着西装的许多新朋友说,女子同男子互相拥抱着,在暗淡的电光之下跳舞起来,是再文明没有了的事。在我看来,现在许多女子,为生计所迫,每晚献身舞场,除阴户上遮了一块小布以外,全身赤裸裸地露着,任男子抱在手中揉擦,三回满了,便从男子手中取大洋一元,这也未见得十分文明)"②。这一描述明显透露出对娼妓、跳舞等下等职业的蔑视意味,认为是"不文明"的职业,这在一定程度上反映出社会一般民众对下层女子职业的看法。

类似的言论,时常可以看到。"在大批失业恐慌的现在,下层妇女自身为了生活的苦难,不得不寻找他们的职业,但是一向被男性为中心的社会,对于女性每为各种神秘观念所利用(由于婚姻与性行为之商品化而造成)而趋向于女招待、妓女、野妓等的卑劣职业,她们的出路,可怜真是狭窄得很。"③在这个作者看来,女性为"神秘观念"利用,去从事各种低贱的职业,并认为从事女招待同妓女、野妓一样,为"卑劣"的职业,其歧视色彩甚为鲜明。

对于众多近代入城务工的农民而言,能够进入工厂工作,是他们朝思暮想的事;对于女性而言,更是难能可贵。但是,在一些人眼中,女子入厂做工,是"不体面"的事情,通常是因为家里穷得吃不起饭的行为。"一般人总以为自己家里的女孩出去做工,是件不很体面的事,所以到各工厂去工作的女工,都是被经济所压迫,不得不出去的。"④而在工厂中,在资本家或一些男工眼中,女

---

① 《贫民的生活》,《大公报》1929年5月7日(16)。

② 周谷城:《中国社会之结构》,上海:新生命书局1930年版,第363~364页。

③ 《天津社会下层的调查——一般女工的挣扎》,《大公报》1933年3月8日(13)。

④ 《女子职业之十五——装烟卷》,《大公报》1934年6月24日(13)。

性没有人格尊严,常成为他们蹂躏和践踏的对象。邵力子在《民国日报》上发表社评,谴责资本家的罪恶时指出:"各厂不但没有保障工人安全和生命的设备",而且"在资本家和资本家走狗们的眼里,女工不是娼妓便是盗贼。稍有姿色的便要百般诱惑,蹂躏她们的贞操。寻常则遍身搜检,丝毫不尊重女工的人格。铁栏关窗,夜间门窗下锁,怕开门走漏货物,这些举动和心理都是'从把女工当作盗贼'这一点来的"。①

在对待女招待问题上,不少人认为女子从事女招待有伤风化,甚至视女招待为不正当职业,"视为卖淫者,视有女招待茶园酒肆为卖淫机关"。但是,也有人认为,女招待是正当职业,"男女界限,端在性别,做事方面,视能力之所及,女子与男子无稍歧异,所以女子当招待,与男子当茶房,是同样正常职业,却不是荒唐之事。"②

乞丐,俗称"叫花子"。近代天津乞丐众多,几乎遍布城市的各个角落。他们经常沿街挨门乞讨,公开抛头露面,因而成为近代城市贫民阶层中较为引人瞩目的一个群体。一般市民对乞丐有怜悯之:厌恶之。而商家对乞丐更是既恨又无奈,尤其在一些商业繁盛的地段,常会招来大批乞丐前往乞讨,许多商家不堪其扰,为此呈请总商会,请其转警厅安插收容。称:"查乞丐一类,自古有之,中外各国皆有之,从未有如本埠乞丐之恶者,每日呼朋引类,逐队行于街市,一乞丐讨钱,众乞丐随之于后;与一乞丐之钱,而众乞丐相继而来,在商家稍为耽延,乞丐等即恶声相向,甚至有任意谩骂而致铺家不得安生等事。商等为做生意起见,不肯与之计较,然恐相沿成风,未免有害商业,不第此也。现时值夏令,该乞丐等犹可讨钱度活,若至严冬,其委于沟壑者皆系无能之辈,其为饥寒所迫而又不肯坐以待毙者,非偷盗即窃取,不从此多事乎?"③很明显,商家对乞丐持排斥、厌恶的态度,甚至把其视为社会不安定的因素,呈请警厅安插收容。

---

① 《民国日报·妇女周报》副刊第29号,1924年3月12日。
② 《女招待》,《益世报》1930年8月19日(11)。
③ 《为安插乞丐防止扰害商业禀天津商务总会请议书》(1914年7月16日),天津市档案馆藏,档案号:J0128-3-003663-001。

人力车夫群体是城市贫民阶层中靠出卖血汗苟延生活的典型群体，一般市民对车夫多持轻视的态度。"人力车夫，他在社会上的地位是很低卑而下贱的，似乎是多数人们的奴隶一样，无论什么人，都可以给少数的钱来临时雇佣他们代步，故他的社会地位是被一般人所轻视的。"①那些低贱的职业，就更为人们所瞧不起。比如，天津的清道夫被视为"贱役"；对于粪夫，"一般人全多认为他们的职业是鄙贱的，不但不表示同情，且加以轻视的态度。"②

这些城市贫民多是初来乍到的农民，他们既无技能，也没有资源，缺乏相关的求职信息，为解决燃眉之急，许多人求职心切，几乎是饥不择食，所以在有限的职业选择方面，他们多处于被动地位，从事一些低贱的职业。在一般市民眼中，贫民生活环境恶劣，从事各种低贱的职业，甚或沿街乞讨，使他们难以接受，更无法理解，厌恶、嫌弃、排斥之情不自禁地溢于言表。当然，我们不能去责怪这些人，让他像那些慈善家一样，去关注、同情、帮助这些贫民，况且解决贫民的生存问题，更多的要依靠国家政府的力量才能真正得以改善。

众多城市贫民的存在，有的因找不到工作而没有收入，有的虽有工作，但收入甚微，不足以糊口。他们生活困难，经常处于水深火热之中，深得大众的同情与怜悯。但是，这些外来人口，他们的流动性和复杂性，给社会带来了诸多的不确定性和潜在的威胁。尤其是他们经常食不果腹，衣不蔽体，居无定所，容易成为城市社会秩序的破坏者，给大众带来深深的忧虑与不安。"贫民对于社会永远是危险的，他是'不劳而获的'靠着人求生活的，他要是不安本分起来，要扰乱社会的治安，危害社会的秩序的。中国历史上朝代的更迭，从一方面看来，都可以说是贫民的扰乱的结果。"③这些城市贫民，犯罪率较高，社会危害性大，造成一般市民深深的忧患心理，并将他们视为"麻烦的制造者"。

---

① 吴平：《农工衰败与人力车夫》，载《劳工月刊》，第5卷第2、3期合刊，1936年3月，第119页。
② 刘炎臣：《津门杂谈》，天津：三友美术社1943年版，第96页。
③ 陶孟和：《新贫民》，见《孟和文存》卷1，上海：亚东图书馆1928年版，第32页。

第二节　城市精英视野下的城市贫民

ERSHI SHIJI ZHI ZHONGGUO

"精英"一词是一个在政治学、社会学、历史学等学科领域中被广泛使用的概念。最早是指质地特别精良的商品,后被社会学家和政治学家借用指称社会中处于优越地位的社会群体。①作为一个政治学术语,精英最初仅指政治精英,后逐渐分为参与政府活动的"治理精英"和社会生活其他领域中的"非治理精英"。②也即是说,精英一词被泛化后,不仅包含政治精英,还可包含经济精英、文化精英、思想精英、学术精英、科技精英等社会生活其他领域的"非治理精英"。当然,不同历史时期以及不同的社会背景,判断精英的标准不一。此处笔者所指的精英,即指那些没有担任官方公职,但在近代天津拥有相当经济实力或具有某种特殊的政治身份,抑或是因积极参与地方公益事务而拥有较高社会威望的个人或群体。

在中国古代社会中,地方精英在维持社会秩序、增进地方公益、促进地方

---

① 中国大百科全书总编辑委员会社会学编辑委员会、中国大百科全书出版社编辑部编:《中国大百科全书》(社会学),中国大百科全书出版社1991年版,第110页。

② 中国大百科全书总编辑委员会社会学编辑委员会、中国大百科全书出版社编辑部编:《中国大百科全书》(社会学),中国大百科全书出版社1991年版,第310页。

政治经济发展等方面，发挥着无可替代的作用。随着晚清政局的变动以及清政权的坍塌，国家控制的松动，精英对地方社会事务的影响力随之大增。① 近代城市贫民问题，较早纳入城市精英的视野。作为关注近代城市贫民问题的主体之一，他们对城市贫民的认知与一般市民有相同之处，但也存在很大差别。

城市贫民的大量存在及其生活的贫困，常成为社会精英救助的对象，他们捐钱、捐物、组织平粜、筹办义务戏等，为地方公益尽心尽力。1917年7月，天津善堂联合会董事王贤实等组织"医药慈善会"，企图解决贫民就医难的问题。其7月25日上书警察厅，称："敝会每当查放冬赈及恤嫠月米之际，时有极贫并鳏寡孤独之人，卧床呻吟不能医，欲药无资，奄奄待毙，情殊可怜，见者寒心，是以敝会一再讨论，金以职在救人生命，似此待救之苦人，理应拯济，以达我慈善之衷诚，当即公决，约请本埠热心大医士担任，义务设立医药慈善会，专任斯职，广济生命。"② 同时，该会还制定了简章呈请立案。

1917年，天津遭遇大水灾后，灾民甚多，亟宜拯救，基督教七公教会联合会于9月11日组织"天津水灾赈济会"，筹备赈抚，并组织了调查股、劝捐股、赈济股，主任由当时天津市有声望的中外人士担任。其筹款手续由戴洛仁（调查股主任、新学书院校长，英国人）先生将天津市水灾难民困苦情形拍照，做成影片，寄至欧美各洲传观，"俾目睹灾形，以期乐利捐输"③。这种寻求国际援助的理念和做法，在当时是非常具有开创性意义的。

每至冬令，天津赈灾救恤会积极组织捐募事宜，并发文云："天气严寒，灾民待救孔殷，现由绅商组织天津赈灾救恤会，急办冬赈，虽已进行，款项无多，

---

① 关于中国地方精英及其作用的重要研究可参见以下著作：费孝通著、惠海鸣译：《中国绅士》，中国社会科学出版社2006年版；张仲礼：《中国绅士——关于其在19世纪中国社会中作用的研究》，上海社会科学院出版社1991年版；张仲礼：《中国绅士的收入——〈中国绅士〉续篇》，上海社会科学院出版社2001年；马敏：《官商之间——社会剧变中的近代绅商》，华中师范大学出版社1995年版；王先明著：《近代绅士——一个封建阶层的历史命运》，天津人民出版社1997年版。

② 《请设医药慈善会》，《大公报》1917年7月26日(7)。

③ 《基督教筹备水灾》，《大公报》1917年9月12日(7)。

谨此呼恳仁人善士慨予捐助,或代广为劝募,益所感盼。"①

娼妓问题作为近代一种社会病态,在对待此问题上,妇女界从女权主义、妇女解放的立场出发,反对娼妓制度,认为娼妓制度不仅蹂躏妇女,还是男子堕落和家庭不睦的催化剂。娼妓问题也一直受到天津妇女界和舆论的抨击,各大报刊积极刊登有关废娼、禁娼类的文章,言称"娼妓,是社会的病态现象,是人类不可磨灭的耻辱,其当禁也,无人而或疑"②,甚至有人认为,"娼妓的害更甚于盗窃"③。

天津妇女协会从伸张女权、主张男女平等的角度出发,主张废娼。"中国数千年来,民众对于女权颇为轻视,故各处贩卖妇女,致清白之身,流入娼嫽,受种种惨无人道之苦,而官府以少数之乐户纳捐之故,故纵其贩卖人口,不加过问,殊属非是,值此伸张女权提倡平等之时,故拟举行废娼运动。"④入手的办法,先令妓女登记,予以援助,并不准再行起捐,如此一来,其娼不废而妓女日少,以重人道。由此可见,废除娼妓,已成为社会各界的共识。

法律保护人民,概以平等为原则,但是唯一般贫民,因无法律知识,又无能力聘请律师,以致往往有冤不能伸。天津律师公会为主持公道计,特组设"贫民法律扶助会",专为贫苦冤抑民众,义务申雪,该会于1935年3月31日正式成立。⑤会址设在河北黄纬路,在成立大会上,该会会长李洪狱致辞,称该会今后"凡贫民之诉讼事件,具有相当理由者,一律无偿的代为办理,伸达到法律平等之原则"⑥。至1935年11月,"贫民法律扶助会"已接受求助案件4起,均系贫苦冤抑,无力诉讼。会方委托两律师,义务撰状,代理出庭。⑦这种让贫民利用法律武器维护自己权益的做法,对我们当今之社会仍有巨大的借鉴

---

① 《救恤会募赈》,《大公报》1928年1月2日(7)。
② 《废娼》,《大公报》1929年12月15日(15)。
③ 《学生同志会讨论废娼》,见《邓颖超与天津早期妇女运动》,中国妇女出版社1987年版,第227页。
④ 《废娼运动》,《大公报》1929年5月20日(12)。
⑤ 《贫民法律扶助会今日成立》,《大公报》1935年3月31日(6)。
⑥ 《贫民法律扶助会昨日举行成立大会》,《大公报》1935年4月1日(6)。
⑦ 《法律扶助会接受冤案》,《大公报》1935年11月25日(6)。

意义。

　　近代慈善团体在对待城市贫民问题上，出现了新的救济思想，如改变了过去单一救济的做法，主张教育救济、工赈等。如1913年7月10日，天津市育黎堂委员萧文彬，从人类文明进化的角度，同时鉴于北京龙泉孤儿院的成功经验，向直隶天津县行政公署呈请设立孤儿学校。"窃维文明进化端在教育，而教育尤以普及为元素，盖东西洋文明之邦，无不广设学校，多方教授，以使资室极苦子弟，皆能就学，甚有盲哑朦聋，亦设学校，以诱教之，而人民咸有普通识字之资格，聪颖者固能趋进上达，愚鲁者亦能藉以谋生"，并计划腾出空房3间，收留幼童归集其中，编列名次，聘请教员授以知识，以一年为期，期满后经考察其资格身材，分送各工厂或各商号。①通过"教"从而达到"养"之目的，这相对于传统"养而无教"的做法，是一个巨大的进步。

　　1937年3月，大学妇女联合会专门筹设妇女攻读学校，以救济失学妇女。校址设在河北二马路三八女子中学校内，课程除识字外，并授以家庭工艺及康乐活动等科目，修业期限4个月，不收学杂费，1937年3月开始正式报名招生②，至3月16日正式开学，计到校学生24人。该校分为"工厂妇女"和"家庭妇女"两组，工厂妇女课程为千字课（包括注音符号作文写字）、公民、算术、康乐活动，家庭妇女课程为千字课、公民、算术、家庭工艺（缝纫）。4个月毕业，每日下午授课两个小时，均由河北省女子师范家政系学生担任义务教师，费用仅收保证金5角，毕业后退还。③这种通过发展教育，实现救济的思想，是一种新的救济理念。

　　同时，近代一些救济机构还积极主张对城市贫民实施"工赈"。如1930年3月14日，天津市市立第一贫民救济院呈天津特别市政府的公文中称："查驻院贫民工作者，固不乏人而无工可做者，亦在所不免，若按照以前办法，从令坐食，适可以养成其游惰之习惯，但不能救其个人生活，反为将来社会人群之

---

①《呈请设立孤儿学校案》(1913年7月10日)，天津市档案馆藏，档案号：J0131-1-000024。
②《救济失学 妇女大学妇女联合会筹设攻读学校》，《大公报》1937年3月1日(6)。
③《大学妇女学会主办妇女攻读学校十六日开学》，《大公报》1937年3月9日(6)；《妇女攻读学校昨日开课》，《大公报》1937年3月17日(6)。

累,职为救济彻底起见,拟以后凡驻院贫民,除老弱残废及有特殊情形者不计外,总期无人不工,不工不食为宗旨,庶几于贫民前途生计,社会将来改良,均有裨益。倘贫民游惰性成,不听指挥,即酌行驱遣出院,以免虚糜公款,且可鼓励将来。"①在救济院看来,对院民单一地救济,易养成他们的"游惰之习惯",并将成为"社会人群之累"。为彻底救济考虑计,使驻院贫民"无人不工,不工不食",不听者即行驱遣出院,体现了一种新式的救济理念,即"寓赈寓工"的思想。为此,天津特别市政府指令第一贫民救济院,仰由该院长酌情办理。②

城市贫民的大量存在,仅靠社会上某一方的力量难以解决,往往需要社会通力合作,方能更好地解决。1921年9月,警务处长杨以德,以"近来贫民生计维艰,铜元价格日渐跌落,劳动界更受无形影响,闻资本家之放款者,重索利息,如转子钱、印子钱、加一钱等,贫民因处于不得已亦甘心忍受,若长此以往,不想救济方策,则贫民必累至死地",故联络慈善家集合资本,积极筹设贫民银行,其宗旨"不为求利,专为接济贫民"。③1935年冬,因天津市贫民激增,市立救济院西关总院、河北游丐收容所,及北营门内冬季临时分部,3处收容定额共1600名,但11月15日已超过定额,竟达1800余人。天津市冬赈,向由慈善联合会负责办理,是年因赈款难筹,仅能开办4处,暖棚尚在筹划中,开办尚无缺期,为此救济院特函慈联会,请援去年例,协同善团,提前设立暖厂。"本年各地灾情奇重,当地贫民激增,邻境饥民更多逃难来津,此辈无衣无食,更无宿所,情形尤惨,暖厂之设置,其需要尤切。"④

在精英者眼中,城市贫民作为一个弱势群体,值得同情和救济。同时,城市贫民的广泛存在,尤其是大量乞丐沿街乞讨,尤不雅观,且有碍市容,城市

---

① 《天津市市立第一贫民救济院呈天津特别市政府文》(1930年3月14日),天津市档案馆藏,档案号:J0131-1-000464。

② 《天津特别市政府指令(字第1467号)第一贫民救济院》(1930年4月14日),天津市档案馆藏,档案号:J0131-1-000464。

③ 《贫民生计之福音》,《大公报》1921年8月30日(2)。

④ 《市区贫民激增 邻境饥黎麋集 市立救济院患人满 四日间收容三百余名 刘孟扬请速设暖厂》(1935年11月15日),天津市档案馆藏,档案号:J0131-1-000654。

精英主张对他们加以收容。1933年2月，天津市市立救济院致函省会公安局称："津市为华北巨埠，五方杂处，当前国难兵灾之后，四方难民视为就食之惟一乐土，以是本市贫民日增，沿街之乞丐尤众，今日马路上常有男女乞丐，或追随车后叫呼，或向行人叩头，强逼恶索，不给不休，甚或有一般残废乞丐，向铺户挨门呼喊乞讨，情既可悯，尤不雅观。"①因此希望省会公安局通饬所属区所，遇有市街行乞贫民，随时查送救济院。

在精英者眼中，大量贫民的存在不仅有碍观瞻，影响社会治安，甚至认为贫民的存在，影响到民族形象以及国际地位等。1928年11月，天津游民收容所筹备委员会呈请设立天津游民收容所时称："查现在天气渐寒，津埠游民载道，推原其故，实因一般贫民素失教养，老弱者沿街乞讨，冻馁堪怜，少壮者游荡无归，比匪见惧，与其将来危害地方，何若及早设法安插之为愈也。且天津为华北重镇，领馆林立，一般游民往来市面，不特有妨地方治安，尤为中外观瞻所击，委员等有鉴于此，爰发起办理游民收容所。"②以便以后对津埠之游民，无论男女老幼，一律收容，分别教养。

在这些城市精英眼中，贫民有可哀可怜的一面，因而可对其加以教养，使之成为社会上的有用之人；但这些精英作为社会利益的既得者和维护者，更认为城市贫民有危害社会的可能，会导致社会秩序的混乱，影响其利益，因此主张对其进行收容管制。也即是说，精英们对贫民实施救助的同时，还将这些城市贫民视为危害社会正常秩序的潜在因素和危险分子。在这一点上，城市精英与官方取得了较为一致的看法。

---

① 《天津市市立救济院送省会公安局的公函》（1933年2月），天津市档案馆藏，档案号：J00131-1-000638。

② 《河北省政府训令（第1829号）民、财政厅》，《河北省政府公报》，1928年11月9日。

第三节 舆论媒体与城市贫民
——以《大公报》为中心的考察

报纸作为近代兴起的一种媒体,社会新闻传播体系的重要支撑力量,在信息传递、社会教育、大众娱乐等方面发挥着无可取代的作用。在中国近代化的历史进程中,民族问题、社会公平、贫富差距、城市贫民等问题日益凸显,并得到社会各界的普遍关注。报纸作为近代大众传媒的一种,在对这些问题的关注和舆论导向方面发挥着重要作用。

天津《大公报》作为中国新闻史上寿命最长、影响最大、声誉最盛的一家报纸,堪称"一部百科全书式的中国现代史"。该报1902年创刊,至1966年停刊,其间历经半个多世纪的风风雨雨,不仅详细记录了发生在国际国内舞台上的风云大事,同时敢于"替穷苦大众说话",注意反映下层社会疾苦,构成了媒体报道中的亮点,形成了一股舆论和媒体的强势,在社会上发挥着无可估量的影响,并由此获得较高的发行量。本节笔者以《大公报》为例,探究其在近代天津城市化进程中与城市贫民之间的关系。

一、创办"贫民的呼号",关注贫民生计

至20世纪20年代末,天津城市贫民阶层基本形成,城市贫民问题引起了舆论媒体的广泛关注。1927年入冬以来,《大公报》连续收到许多贫民的投书,

请求援助,《大公报》将这些待救贫户的姓名、住址、家中状况等,一一在报纸上刊登,其目的是为了呼吁"各界善士慨解仁囊,量予施舍"①。大公报社因每日接收贫民投寄求助函件过多,原计划每日披露若干,但限于篇幅,不能大量刊载,故导致积压过多,加之多数贫民,待援恐亟,故《大公报》决定将"公开评论周刊"暂停,改刊"贫民的呼号",其目的在于"俾读者得知天津市上贫民生活,同时唤起慈善家之注意,亟谋所以救济之方也"②。"贫民的呼号"一版自1928年12月1日开辟以来,先后于12月8日、12月15日、12月22日,正版连载570名求助贫民的基本信息、家庭苦状、联系地址等,以期社会救助。③

《大公报》高度重视贫民生计问题,积极呼吁社会救助。1928年11月28日,《大公报》头版头条登载《你冷不冷?饿不饿?》的呼文,"近来天气严寒,贫民无衣无食,冻饿堪虞,连日本馆收到贫民求助函件,已逾五百余通,同人等触目心伤,亟思有以救助,同时各界投函嘱同人援照上次救济难民办法,代办赈济,同人等虽均事务繁劳,亦不敢不勉力进行,用特敬恳慈善家,广为施救,若承捐助米面粮票,当由本报馆具收,按照求助贫民住址发放,倘因采粮不便径助捐款者,同人亦可代办米面粮票,并随时将办理情形,登报公布,以昭信实,如承捐助,即请径交报馆为感——大公报馆启。"④次日又在头版头条登载了《不冷不饿的先生们注意》⑤的呼文,此后连续数日,头版头条连载了类似的内容,呼吁社会关注贫民生计,广为救济。⑥

---

① 《贫民求助》,《大公报》1928年1月11日(7)、1月15日、1月16日、1月17日、1月18日、1月20日、1月23日。

② 《贫民的呼号(第一号)》,《大公报》1928年12月1日(10)。

③ 《贫民的呼号(第一号)》,《大公报》1928年12月1日(10);《贫民的呼号(第二号)》,《大公报》,1928年12月8日(10);《贫民的呼号(第三号)》,《大公报》1928年12月15日(10);《贫民的呼号(第四号)》,《大公报》1928年12月22日(10)。

④ 《你冷不冷?饿不饿?》,《大公报》1928年11月28日(1)。

⑤ 《不冷不饿的先生们注意》,《大公报》1928年11月29日(1)。

⑥ 详见《大公报》1928年11月29日、30日、31日、12月1日、7日、8日等头版头条的相关报道。

二、深入底层调查,谋求真实报道

为了更加真实地了解底层民生,《大公报》记者于 1929 年 10 月底深入贫民窟进行调查,将自己亲历的情形登载于报,以达为贫民呼吁之目的。①

1930 年 2 月起,《大公报》记者对天津市妇女职业进行了一系列调查,尤其关注下层职业妇女的生活,如缝穷妇、女佣、奶娘、女店员、接生婆、女巫、洗衣工、鼓姬、卖纸花的、歌女、艺人、女伶、女堂倌等。②对她们的个人际遇、工作情况、日常收支等情况进行多篇连载。1933 年 2 月,《大公报》记者又专门对天

---

① 《秋风劲厉中之贫民窟》,《大公报》1929 年 10 月 27 日(11)。
② 《津市职业的妇女生活(绪言)——缝穷妇》,《大公报》1930 年 2 月 8 日(11、12);《津市职业的妇女生活(续)——上等家庭的佣夫》,《大公报》1930 年 2 月 9 日(11、12);《津市职业的妇女生活(二续)——一个幸运的佣夫》,《大公报》1930 年 2 月 11 日(11);《津市职业的妇女生活(三续)——两重压迫下的佣夫》,《大公报》1930 年 2 月 12 日(11);《津市职业的妇女生活(四续)——奶娘之痛》,《大公报》1930 年 2 月 15 日(9);《津市职业的妇女生活(五续)——保姆式的佣夫》,《大公报》1930 年 2 月 18 日(9);《津市职业的妇女生活(六续)——最舒适的一种佣夫》,《大公报》1930 年 2 月 21 日(11);《津市职业的妇女生活(七续)——介绍职业的女店主》,《大公报》1930 年 2 月 24 日(12);《津市职业的妇女生活(十续)——专门接生的陈姥姥》,《大公报》1930 年 3 月 3 日(9);《津市职业的妇女生活(十二续)——永记的女理发师》,《大公报》1930 年 3 月 7 日(9);《津市职业的妇女生活(十三续)——装神说鬼的女巫生活》,《大公报》1930 年 3 月 8 日(9);《津市职业的妇女生活(十四续)——搓搓洗洗她终日为人忙》,《大公报》1930 年 3 月 10 日(9);《津市职业的妇女生活(十八续)——鼓姬的生活》,《大公报》1930 年 3 月 16 日(9);《津市职业的妇女生活(二十四续)——卖纸花样子的妇人》,《大公报》1930 年 3 月 27 日(9);《津市职业的妇女生活(二十六续)——一位游行的鼓姬》,《大公报》1930 年 3 月 31 日(9);《津市职业的妇女生活(二十九续)——耍玩意的小姑娘》,《大公报》1930 年 4 月 10 日(9);《津市职业的妇女生活(三十四续)——女澡堂的女堂倌》,《大公报》1930 年 4 月 25 日(9);《津市的职业妇女生活(三十九续)——军衣庄的女工》,《大公报》1930 年 5 月 12 日(9);《津市的职业妇女生活(四十二续)——歌女正月里》,《大公报》1930 年 5 月 19 日(9);《津市的职业妇女生活(四十四续)——纺羊毛的老妇人》,《大公报》1930 年 5 月 24 日(9);《津市职业妇女生活调查(四十九续)——皮鞭下磨炼出来的两位卖解女郎》,《大公报》1930 年 6 月 16 日(7);《津市职业妇女生活(五十四、五十五续)——一个女伶的身世谈》,《大公报》1930 年 10 月 4、5 日(7)等。

津市贫民生活情况进行了调查,从1933年2月至1934年4月,连续登载了几十篇从不同侧面讨论城市贫民生活、工作、娱乐等方面的文章,涉及城市贫民中的各色群体(详见表7.1),如街头摊贩、女招待、女工、手工业妇女、苦工、卜者、学徒等,还集中讨论了天津市几个重要贫民窟住家生活状况,这反映了社会和媒体对城市贫民生活的关注。媒体对贫民生计问题的公开集中性报道,对于呼吁社会关注,引起当局者重视等,有不容小觑的作用,这可以从接下章节社会的救助情况中得以验证。

表7.1 1933~1934年《大公报》对天津市贫民生活调查情况一览表

文章名	调查对象与内容	发表日期
《街头流浪者摊贩的生活》	对小摊贩的遭遇、生活的调查。	1933年2月25日(13)
《天津的妇女职业——女招待生活一斑》	对天津市女招待的年龄、工资待遇、社会境况的调查。	1933年3月2日(13)
《天津社会下层的调查——一般女工的挣扎》	对天津市女工的工资、工时、日常生活、职业病等进行调查。	1933年3月8日(13)
《地道外的一瞥 千奇百怪包罗万象》(上)	对新"三不管"(即地道外)贫民窟状况进行了调查。	1933年3月15日(13)
《垃圾堆上的娱乐场老三不管的速写》	对老"三不管"(南市一带)贫民窟的住家生活进行了调查。	1933年3月19日(13)
《留心社会问题民众教育者莫忘了谦德庄》	对谦德庄贫民窟的住家生活情况进行了调查。	1933年3月20日(13)
《贫民的特种生活拉排子和凿冰》	对"拉排子"和"凿冰"的生活进行了调查。	1933年3月24日(13)
《天津下级社会生活素描之一穷孩子们的生活》	对穷孩子生活情形进行调查。	1933年4月7日(13)
《天津妇女的家庭职业 做针潸的生活写实》	对做"针潸"的妇女生活进行调查。	1933年4月16日(13)
《津市贫民窟之一西广开的巡行》	对西广开贫民窟的住家生活情况进行了调查。	1933年4月26日(13)
《天津低级生活素描 鬼市和破烂市》	对天津西南角的广开"鬼市",以及三个著名的破烂市(老"三不管"、新"三不管"和北开)的情况进行了调查。	1933年5月5日(13)
《天津内部的解剖 中下级社会操作极勤》	对中下层男人和妇女的谋生情况进行了调查。	1933年5月24日(13)

续表

文章名	调查对象与内容	发表日期
《津市卜者的生活》	对卜者的种类、生活情况进行了调查。	1933年8月1日（13）
《赶大车的车夫生活》	对赶大车的生活及遭遇的难题进行调查。	1933年8月11日（13）
《商店的学徒生活》	对商店店员的生活、休闲娱乐状况进行了调查。	1933年8月29日（13）
《有组织的脚行生活》	对脚行中脚夫的衣食、收支、娱乐、嗜好进行了调查。	1933年8月3日（13）
《火柴公司厂外工人》	对火柴厂外糊纸盒的女工的生活进行调查。	1933年10月4日（13）
《津市的船工》	对渡船舵工的生活进行了调查。	1933年12月9日（13）
《社会调查大英烟厂参观记（上、中、下）》	对天津市大英烟厂工人生活情况、工作场景进行调查。	1934年3月16日（13）、17日（13）、18日（13）
《"打执事"苦工生活》	对于天津市婚丧中从事抬轿的、抬杠的、抬座的以及其他"打小空"的苦工生活进行调查。	1934年4月10日（13）

大量社会调查的公开报道，不仅反映了媒体对城市贫民问题的关注，也有利于了解底层民情，进而对于唤起社会对贫民的救助，无疑有不可替代的作用。一些城市贫民的贫困情况见诸报端后，引起社会的关注，他们的处境由此发生了改变，一些贫困者收到了捐款或衣物，伤病者得到了救治，这与媒体的报道有极大关系。

三、宣传社会善举，呼吁社会救助

1931年8月20日《大公报》社评，积极呼吁全国读者捐赈：

"现在吾侪同胞，有三千万以上，在事实的'水深'之中！田园毁，家屋塌，衣物俱尽，食物饮料无！浊流淹于下，烈日蒸于上，生趣尽绝，死机迫近！当此之时，凡国中未受灾之人民，当然应一刻不停，努力去救，有一分力尽一分，有十分尽十分……谨恳求全国男女同胞，发扬中国民族仁义之精神，牢记救人救己社会连带之真理,各量其力,有所捐助。"①

可以说自古以来,在中国的民众意识中就蕴含着乐善好施、见义勇为、救危助困、患难与共等观念。当社会需要之时,民众的这种意识就会被唤起,并付诸实践。上述文字简洁、直指心扉的捐启,通过媒介的晓谕,有利于将人们蕴藏在心底的善心和良知激发出来。同时,近代天津作为一个移民城市,五方杂处,许多人多是来城市谋生的贫苦之人,衣食住,生老病死,难免会遇到难处,同时还要抵御官府、恶霸、混混儿等势力的欺辱,如此生存环境造就了天津人"扶贫救弱,纯朴正直"的性格。②媒体的呼吁,加上天津人特有的"扶贫济弱"的性格,双重因素的叠加,利于在天津社会上形成一股热心慈善之风。

每年冬赈济,或每遇荒灾,天津各界人士、善团组织等积极进行捐助,救济身陷窘境的贫困之人。对于社会上各善团善士的捐款捐物数目、名单等,《大公报》及时予以刊登,一一公布。③《大公报》不仅对社会人士公开捐助的大额款项进行登载,甚至连一些不愿透露姓名者的捐款也予以登报鸣谢。④这种报道一方面对善款的利用起到一定的监督作用,同时通过对这些善举的报道宣传,达到示范社会、共同关注贫民的目的。

《大公报》对于社会的一些典型善举,极力进行宣传报道。如对一些邑绅将丧葬费、寿宴之资等节省下来,充作慈善之用的典型事例,进行了积极的宣

---

① 《社评——请求全国读者捐赈!》,《大公报》1931 年 8 月 20 日(2)。
② 周俊旗:《民国天津社会生活史》,天津社会科学院出版社 2004 年版,第 311 页。
③ 《冬赈捐助之踊跃》,《大公报》1919 年 1 月 11 日(2);《捐助冬赈衔名录》,《大公报》1919 年 1 月 16 日(2);《输捐冬赈之踊跃》,《李夫人热心善举》,《大公报》1919 年 1 月 20 日(2);《捐助冬赈之踊跃》,《大公报》1919 年 1 月 23 日(2);《热心输捐之踊跃》,《大公报》1919 年 2 月 8 日(2);《捐款踊跃》,《大公报》1919 年 2 月 18 日(2)。
④ 《捐款报告》,《大公报》1928 年 12 月 1 日(6)。

传报道。①与此同时,《大公报》还对一些社会团体的公益活动进行公开的报道。如1928年北马路天津国货售品所,为救济贫苦同胞起见,举行一个月的竞卖活动,卖货余利提成得银67.7元,送到《大公报》馆,捐助救济难民之用,《大公报》称该所"热心公益,殊足为吾津同界之模范也"②。

当然,一些慈善组织也善于发挥媒体在募赈方面的宣传作用。1934年11月6日,天津慈善联合会召开冬赈会议,通过的冬赈办法之一就是积极利用媒体进行劝募,"在冬赈期内应请各报馆广为宣传,冀多捐助,并择定大公、益世两报馆长期登载劝募善款启事,以宏效力。"③这表明社会慈善组织已意识到媒体在劝募方面的积极作用,并因势利导,加以利用。

1934年冬赈,因赈款支绌,救助一事几陷于停顿,虽由慈联会董事长以个人名义向银行借款一万元,然杯水车薪,此款仅可维持各粥厂七八日。为此,《大公报》进行登载报道,并呼吁"盼各界及一般善士,慨予捐助,完成本届冬赈"④。

四、谋求真实报道,发挥舆论监督

——以1926年冬"霉面粉事件"为中心的考察

《大公报》不仅对社会上的慈善义举进行积极报道,还对社会救助活动中暴露出来的问题勇于揭批,我们可以1926年冬的"霉面粉事件"为例。

---

① 如1917年2月,邑绅靳楚卿逝世后,其子少卿,仰承父志,撙节理丧费千元,充作慈善;1917年12月,宜兴埠村绅士左小泉、左荫棠两君之太夫人去世,临终前嘱咐务必俭丧,义节费用以济灾黎;1927年8月,俞新三之母生辰,俞奉命撙节延寿,移作善举,将此款捐助八善堂救济会、南善堂救济会及蕴山小学;1932年11月,津绅笙径轩傅宅,将其寿宴所得之资500元,尽数捐献,其中400元捐与慈联会,100元捐与贫民救济院。详见《节丧费充作善举》,《大公报》1917年2月14日(7);《一门慈善之可风》,《大公报》1917年12月4日(7);《寿宴移作善举》,《大公报》1927年8月31日(7);《善举可风》,《大公报》1932年11月27日(7)。

② 《国货售品所分余利救济贫民》,《大公报》1928年12月12日(6)。

③ 《慈善联合会本年冬赈先尽粥厂办理》,《大公报》1934年11月7日(6)。

④ 《慈善会各粥厂赈款支绌几至停施》,《大公报》1935年1月18日(6)。

1926年冬，天津八善堂冬赈救济会在年前发给各区贫民的赈面，凡赈票之列为"特"字者、"甲"字者，均发给黑面粉一袋。各贫民正当饥寒交迫之际，得此多斤面粉，无不喜出望外。孰料此项面粉，多已霉坏，不堪入口，于是此类贫民乃至各发放处，希望换领好面，但各区及各善社，本就是代办性质，并无存储玉米面，遂致无法兑换，贫民只有徒劳往返，叫苦不止。①各贫户因不能作食充饥，转售于酱房，每袋售一元一角，得资转购他粮。

此事发生后，八善堂完全将责任推在奸商头上，八善堂冬赈救济会会长邓董事，对于各面粉商售此种面粉，谓其"大损公德，痛恨不置"，会请总商会评议罚办，但各面粉商仍态度强硬，不肯认罚。天津总商会于1927年2月10日召开会议，专为评议八善堂冬赈救济会交易奸商售卖劣面案，但该会各董事以售卖劣面之奸商，皆系该会会员，如判罚太轻，恐外人有所异议，如判太重，又恐遭奸商之忌，且同系商人，其中实有种种困难，故多避不到会，结果仅有2人到会，因不足法定人数，遂改开茶话会，最终无果而散。②

后据《大公报》了解，此项放赈面粉，系某叫卖行所卖之废面，各面商以贱价买来，转售于冬赈救济会，每袋得利数角之多。对此，《大公报》进行了揭批。1927年2月15日，《大公报》再次公开揭批此事真相，给商会施加压力，为贫民抱不平。"津埠面商兴和号、玉隆号等，售给八善堂冬赈救济面粉，均已发霉，致贫民怨声载道，经救济会函请商会评议罚判，各情已见前报。闻该两号共售面粉计有二千余袋，每袋给价二元一角五，现该商自认内中有霉坏八十袋，但不肯认罚，并请商会转函救济会，将原函取消，态度甚为强硬。西方各绅董对该面铺等图利害众，亦颇激愤，现拟请救济会将该商等送请官厅秉公罚办，以维善举而平民愤。"③

霉面问题经《大公报》报道以后，此事的善后问题引起了八善堂冬赈救济会的重视，经开会讨论，决定由该堂董事垫款购置好面，如贫户领得面粉确系

---

① 《赈务别讯》，《大公报》1927年2月11日(7)。
② 《赈粮霉坏问题》，《大公报》1927年2月12日(7)。
③ 《霉面问题之昨闻》，《大公报》1927年2月15日(7)。

霉坏者，可呈交该管警区，准其调换，俾济民食。①就此问题，天津商会经两次议决，结果为：所有坏面，照数换为好面，并照价罚一成充公。但各方士绅尚以处罚过轻，大为不满，而该面商，尤百端狡展，违抗议案，致没有结果，最终将此案交警察厅讯办。②此事送交警察厅后，经警厅司法科讯明，判罚为每千袋罚交80袋，该商等不再交面，按照每袋原价2.1元，合交1740.2元，由宏源、玉隆、兴和三号分认；又因该奸商从中取巧，破坏善举，又另外每千袋罚洋100元，共认罚款2787.2元，由警厅送交八善堂冬赈救济会。③此事至此算告一段落。

就责任而言，此事各大善士实有不能推诿之责，善士之粗心是酿成此事的直接原因；就事实与道德言之，则诚为奸商所为，他们见利忘义，致贫民生死于不顾。《大公报》站在民众的立场上，对此事进行公开报道，对于此事的善后处理，无疑起了积极的作用。

马克思对报纸的作用曾给予很高的评价，指出："报纸是社会的捍卫者，是针对当权者的孜孜不倦的揭露者，是无处不在的耳目，是热情维护自己自由的人民精神的千呼万应的喉舌。"④所以，从上我们不难发现，在很多情况下，《大公报》对城市贫民问题给予关注与积极报道，尤其是20世纪二三十年代，还呼吁社会救助，并敢于对社会救助中暴露出来的问题，及时揭批，发挥舆论监督，这对保护和救助城市贫民等发挥了特殊的作用，这体现的是人道主义精神，以及社会的正义感和同情心，也有助于激发更多的社会力量关注这一特殊群体，进而促进社会的稳定和进步，提高社会的文明程度。由此形成的关注民生的社会舆论氛围，也将对以后的社会走向产生深远的影响。

---

① 《冬赈会职员谈霉面问题》，《大公报》1927年2月13日(7)。
② 《议罚面商问题》，《大公报》1927年2月18日(7)。
③ 《冬赈会星期例会 坏面粉问题解决了》，《大公报》1927年2月22日(7)。
④ 《马克思恩格斯全集》第6卷，人民出版社1961年版，第275页。

第四节 官方视野下的城市贫民

　　当近代天津市城市贫民阶层的存在及其生存状况成为社会舆论关注的焦点时，市政当局从城市建设和社会稳定的角度出发给予关注，并采取措施进行救助。早在1902年，天津都署所成立贫民院三处，交给该段绅董经理后，因段内事务纷繁，遂又由卫生局接管。贫民院章程规定："凡无衣食者，各与以衣；凡有病者，派医调治；惟年力强壮者，一经病愈，即拨充苦力，与以工薪，勿使嘴废，一视同仁，不分畛域。"①

　　1928年6月天津市社会局成立以后，非常重视民生，尤其关注对贫民的救助工作。1929年，天津市社会局在对工厂调查完毕后，即着手进行职业调查，以及对全市妓女的调查。为了便利工作起见，特印制"告天津妓女书"，分发各娼窑，作为废娼的先声。②天津市社会局于1929年12月10日起，至1930年5月24日，用5个多月的时间完成了对天津571家妓户的调查。调查发现，妓女肉体及精神上承受不堪之痛苦，主要因为高利贷之关系、经济压迫，致使妇女不能设法自脱，遂拟定了救娼办法，内容包括：（1）取缔高利贷款，决定将妓女债利统计结果呈由市府核准后，由局会同三特区公安局，布告取缔，至多

---

① 《纪贫民院》，《大公报》1902年6月25日（4）。
② 《废娼的先声　社会局之"告天津妓女书"》，《大公报》1929年11月20日（9）。

不得超过民法规定利率以上;(2)取缔暗娼,按照妓女报捐等级,规定营业办法,不得明捐暗营,此种暗营淫业者,不但于公众卫生大有妨害,即就人道言,亦殊难堪,且此等妓户,门前皆无特殊标识,与民居相混,更觉妨碍公安;(3)限制借款办法,决定二等妓女,最多不得超过300元,上三等最多不得超过200元,下三等最多不得超过100元,四、五等最多不得超过50元;(4)限制为娼办法,决定妓女登记,须具妥实铺保,保证其并非拐卖,及借款系须合法手续,且即令彼等自甘堕落,或因手续苦难而中止。①

1930年,天津市社会局对于本市贫民,曾派员分区进行调查,由第一贫民救济院及广仁堂,分别收容贫民200余人,同时该局由主管科将乞丐生活状态详加研究,并对于贫民乞丐之救济及取缔,拟定办法。"沿门讨饭者,类多真正贫民,应予救济;至敲砖叫街之流,多残废乞丐,应设法收容;在街头乞钱者,应强迫令其工作;至挟技唱曲者,则完全以乞丐为职业亟应拘禁。"为此,社会局拟定救济及取缔办法:(1)设法赈济者,凡有家属贫民,实难入院者,应与善团磋商救济;(2)设法收容者,残废乞丐及独身者,应先与善团妥商,再函商公安机关强迫收容;(3)严加取缔者,凡以乞丐为业者,应会同公安机关严厉干涉;(4)拘送入院者,凡游惰贫民及患嗜好者,则会同公安机关拘送救济院或感化院强迫工作;(5)设法解释者,凡失业良民怀疑待遇者,应会同商会救济院设法宣传待遇上之自由。②

近代城市贫民的广泛存在,与社会秩序的稳定有莫大关系,天津市当局对此已有察觉。如1921年天津警察厅训令言:"一地方贫民之多寡,与一地方之公共安宁秩序极有关系,贫民多或陷于生活之维艰,驯至挺身以走险,则地方难治,贫民寡是衣食足而知荣辱,则地方自安。"③1928年国民政府北伐结束后,天津改为特别市。战后难民流离失所,散兵游勇麇集,当年11月,天津警备司令傅作义,为安辑流亡,在河北新大路设立"游民收容教养所"。④同年,由

---

① 《如何救济火坑中人》,《大公报》1930年5月30日(12)。
② 《乞丐的种种》,《大公报》1930年4月28日(11)。
③ 《贫民生活之筹备》,《大公报》1921年9月11日(2)。
④ 1932年9月,"游民收容教养所"改组为"天津市立贫民救济院第一分院",1935年7月,改称"游丐收容所",仍附属于市立救济院。见《游丐收容所现状》,《大公报》1936年8月28日(6)。

于天津市内乞丐过多，天津特别市公安局、特别一二三区公署、特别市社会局，布告征收乞丐捐，以设立"贫民工厂"①，并于12月26日在社会局召开筹备成立大会，报告成立原因、经过、意义等。称："天津市民贫富悬殊，阔人奢侈已极，而贫民沿街乞食乞钱，扶老携幼，状甚凄惨，这种贫民，若不根本救济，必为社会进化及民生问题之大障碍，从前所谓慈善家，大都不外施粥施米，此种作为，含有善有善报，以图自身富贵寿考之欲念与报酬，而且范围太狭，不能普遍，所以设立贫民工厂，实为万不可缓之事。"②显然，当局已经意识到大量贫民的存在，单一的社会救济恐不能从根本上解决这些贫民的生计问题，并将成为"社会进步及民生问题之大障碍"，故计划设立"贫民工厂"，希望通过"工赈"的办法解决这些城市贫民的生计问题，以图社会稳定之目的。

30年代，天津市社会局将贫民问题与社会经济的发展相提并论。1930年3月13日，社会局局长冯直司对《大公报》记者谈及天津市工商业发展问题时指出："盖工商得发展，即足以繁荣津市，此系大者远者，故无时不在注意，然贫民没饭吃之救济事业，表面看来，虽属小事，实则无饭吃之人愈多，市面即愈难繁荣，故欲整顿津市，必首先不见街头之乞丐，则有职业之人多，则乞丐愈少，分利者少，生利者自多，则津市繁荣，自易走上轨道，所谓行远必自迩，登高必自卑也。"③以上谈话表明，政府方面已经意识到城市贫民与社会经济发展之间的关系，要想使社会繁荣，就必须先解决这些贫民最基本的生存问题。1930年3月，冯局长又以天津市贫民生活异常痛苦，居住之房屋亦鄙陋不堪，亲赴河北法政桥新开河沿和西头一带贫民窟视察，将贫民生活困苦之点，择要记录，以谋救济，并拟在贫民窟附近的空地，建贫民区房屋数百间，不取租赁，以安贫民。④对河北法政桥一带贫民生活调查后，并于3月18日召集工务局、教育局、公安局等各方会议，商讨建贫民区问题，除计划建房数百间外，并计划建贫民介绍所、儿童寄托所、贫民食堂、消费合作社和贫民小学

---

① 《贫民新政征收乞丐捐设立贫民工厂》，《大公报》1928年11月28日(5)。
② 《贫民工厂筹备处昨日成立》，《大公报》1928年12月27日(5)。
③ 《想使天津市面繁荣先要让贫民有饭吃》，《大公报》1930年3月14日(12)。
④ 《社会局救济事业虽非大厦足蔽穷黎》，《大公报》1930年3月16日(12)。

校等。①贫民房舍择地河东沈家庄后养鱼坑,从1930年11月25日开始动工,至1931年6月8日竣工,前后需时半年,共建大小房舍62间,可收容六七百人,以供贫民生活之需;此外有警察派出所,以维持治安。②

人力车是近代各大城市出行的一种重要交通工具,而人力车夫随之成为城市社会中一个特殊的苦力群体。近代天津人力车夫人数众多,大街小巷,常常可见其踪迹。为了维护城市交通秩序,便于管制,天津南段巡警总局于1905年11月制定了《管理洋车办法》,规定各洋车厂车主必须于1905年12月1日至5日到捐务局登记注册,发放牌照,车夫配发号坎(即穿在车夫身上的坎肩)。同时还规定了车夫应遵守的规则和违章处罚办法:"车夫必须身穿号坎,不得赤身,不得衣衫褴褛,巡警如见车夫不穿号坎或穿在衣服之内者,带局罚洋1毛;年龄在十五岁以下、六十岁以上或年岁合格而身体软弱者,均不得拉车,违者警察将车扣留送局,由车主取保具领;洋车于日落后必须燃灯,违者罚洋1毛;洋车夫遇有坐车客人,必须站立车辕内平和讲价,不准出离车辕争揽坐客,违者带局拘留五点钟,以示警戒。"③

人力车夫是城市贫民阶层中人数多且最辛苦的一种职业,天津市当局从人道的角度出发,常常出台一些保护人力车夫的政策法令。1929年3月19日,天津市公安局发布了限制人力车夫年龄的布告:"本市人力车夫,多有年龄尚幼,不满十八岁,及年龄已老,在五十岁以上者,此项人等,一因体育尚未完全发达,一因精力已渐衰化,倘再服此最苦劳动,非特于人道、体育两有妨害,即奔驰通道,亦属危险滋多。查劳动事业,种类甚繁,自可另谋生计,以免妨害体育,摧残人道。本局为维持社会、保护人群起见,特规定限制标准,分行各区所,随时查察,婉加劝导,合行布告,仰本市各车厂人等,一体知照,凡遇有年龄在十八岁以下、五十岁以上者,务将上项情形说明,均不得租于车辆,

---

① 《社会局昨开会讨论建筑贫民住宅区》,《大公报》1930年3月19日(12)。
② 《贫民宿舍》,《大公报》1931年1月12日(7);《贫民栖舍建筑完成》,《大公报》1931年6月19日(7)。
③ 天津市地方志编修委员会编著:《天津通志·公安志》,天津人民出版社2001年版,第116页。

倘敢故违,已经查出,定予罚办不贷。"①但在实际生活中,从事人力车夫者多是遭受经济压迫,谋生困难,不得已做出的最后选择。因此,尽管政府对人力车夫拉车年龄做出种种限制,但在实际中这一规定并没有被严格执行。1935年4月,河北省公安局致函天津市社会局,取缔幼童拉车,以重人道。1935年11月,天津市政府再次发布公告,取缔幼童拉车。"然以尚未发育完成之青年,任此剧烈劳动,殊于身体发育有碍。若不加以限制,将何以维民族健康,而重劳工卫生。兹特规定凡充人力车夫者,必须年在十八岁以上,身体健全,素无嗜好者,始能准其执业。"②

1931年,天津市公安局因车夫夏日疾驰,有碍卫生,轻则导致疾病,重则因而致命,故从维护人道出发,通令禁止人力车夫疾驰竞跑,其令如下:"查人力车夫,为最苦劳动份子,每希图多得车资,拼命疾驰,或争先恐后,互相赛跑,当此天气日渐炎热,烈日浩暑,空气亢燥之际,此项激烈动作,因肺部膨胀,头昏目眩,往往发生紧急病症,一蹶不起,危险实属堪虞,警察有指导民众,维护人道之责,亟应加以限制,俾维持生命,除分行外,合行令仰各该所,即便转饬所属各岗警,一体遵照,严禁人力车夫疾驰竞走,以重人道。"③1935年7月22日,天津市政府,以维人道,正观瞻计,特令饬公安、社会两局,拟定严禁人力车夫载重办法:"顷查各马路自修筑沥青路以来,运货车辆限制通行后,一般商人即利用人力车替代运货,不但重量过高,非车夫能力负荷,且押运者,多坐车厢竖板之上,蠢然行诸马路上,比比皆是,殊碍观瞻。车夫气喘呻吟,令人惨不忍观,惟以生计所迫,故不惜拼命,直如牛马。每每以车夫竭力而丧命者,不知凡几。"④

在统治者眼中,这些贫民常被视为社会秩序的破坏者,加以防范和管制。娼妓业的畸形发展不仅有碍社会风化,而且统治者认为娼窑匿藏犯人、拉扯行人,极易发生纠葛,有甚者欺骗乡人、群殴互斗,更是层出不穷,严重影响到

---

① 《人力车夫十八岁以下五十岁以上公安局令不准租车》,《大公报》1929年3月20日(11)。
② 《布告(第12号)》,《天津市政府公报》(公牍),第82期,1935年11月,第25页。
③ 《人力车疾驰竞跑》,《大公报》1931年6月25日(7)。
④ 《严禁人力车载运货物》,《大公报》1935年7月23日(6)。

社会治安,因此主张废娼。1929年1月,天津市国民党党部鉴于"娼窑既为销金魔窟,且为窝藏匪人唯一去所,实有废止必要,况首都已实行于先,颇著成效,天津为北方繁华最盛之区,自宜急起直追,不容落后,而本埠法租界当局,于本年元旦,已将其界内之各娼窑,一律驱逐,则此辈被驱之娼妓,又纷纷入华界营其神女生活,此时若不设法阻止,行见华界淫风益甚"①,故拟函市政府,速令由公安局,饬属通知各娼窑,不得增加人口,一面筹备举行废娼运动及宣传。

在对待城市乞丐上,市政当局认为大量乞丐的存在不仅有碍观瞻,影响地方治安,甚至把其视为民族耻辱的象征、国家孱弱的表现,时常下令对其进行逮捕收容。1923年3月4日,警察厅发布了《查禁乞丐之厅令》,"饬属随时严行取缔,以遇有乞丐,随行带案到厅"②。1926年8月21日,警察厅以天津华洋杂处,乞讨沿街乞讨,贻笑外人,且有碍警政,训令各区署逮捕乞丐:"街市乞丐拦路乞求,应否取缔,而保国体事。稽查员至三不管东马路以及繁华街市,见男女老幼乞丐,凡遇中西人士,鄙言诡语,拦路哀求,百般乞怜。尾随其后,悲哀讨厌之腔,不堪言状。津地位我国巨埠,华洋杂处,若不设法取缔,不但成饥孚之患,贻笑外人,且辱国体而碍警政。谨拟取缔之法数条,可否采纳施行。"③

1933年9月,天津市政府鉴于市内乞丐众多,规定取缔乞丐办法,令公安局收容市内乞丐:"兹以华界以内,乞丐甚多,其真正老弱不堪,贫苦无衣食者固属不少,而年富力强,怠惰自弃者,亦属实繁有徒,终日沿街叫唤,非但观瞻不雅,且亦妨碍公安。"故规定取缔办法,致函省会公安局,规定日期,饬令所属各区所,"将各该管界内乞丐,同时举行检查,究系确有若干,自经此次检查以后,倘该项乞丐仍复沿街游行乞讨,即便抓获,加以拘禁,用示惩儆,仍一面统筹收容办法,或送救济院安插,以资救济。"④

---

① 《市党部筹备举行废娼运动及宣传》,《大公报》1929年1月13日(9)。
② 《查禁乞丐之厅令》,《大公报》1923年3月4日(第3张)。
③ 《警厅取缔乞丐之训令》,《益世报》1926年8月21(10)。
④ 《华界乞丐沿街追讨 市府规定取缔办法 由公安局检查收容》,《大公报》1933年9月5日(9)。

随着城市商品经济的发展，社会生活发生着巨变，城市中各种摊贩、商贩数量不断增加。晚清民国的天津市当局常常借口行人路政，对各类摊贩施以驱赶。1907年10月，天津巡警局对北马路各小摊贩加以驱逐，这些小摊贩生活无以为继，26家摊贩联合上书天津商会，表示自愿纳捐，恳准设摊。1922年2月，天津警察厅致函商会云："查马路以通车马，边道以利行人，分途而走，两不相妨，正所以尊重生命，维持公益。摆小摊之商民不察此意，任占便道，梗塞交通，殊害公道，且坐厘商号月耗许多，花费得有此利，而各项摊横塞门首，妨人生意，尤属不合。敞厅负清路保商之责，不得不从事驱逐。"①1931年，天津市政府整顿路政，训令各区凡各街巷以及要路通街，所有摊贩，一律驱逐。各摊贩因生计所迫，大起恐慌。小贩多为小本生意，每遇变故，常无力应对，身陷绝境，生活无以为继。

近代天津市工商业畸形发展，工人失业问题严重，政府常把失业工人视为影响社会治安的重要因素，对其加以救济。尤其在20世纪二三十年代，天津市各种工商业日益萧条，失业问题尤为突出，天津市政府一方面鉴于"本市各处，失业工人甚多，生计艰窘，衣食无着，且各县乡农，来津谋生乏术，漂流无依，亦为数不少，若任其流荡，不予救济，恐将影响治安"②；另一方面，鉴于天津市在修筑马路、栽种树木，以及兴建公共建筑物等市政建设方面，需要工人，为谋两全计，1934年4月，市政府特函由省会公安局转令各警区所，代为招纳此项贫苦流民，送府留养，以备役使，除供给食宿外，并酌情给予工资，每区以200名为限，各警所均已开始招生。③

码头工人，人员庞杂，是令当局者担忧和防范的群体之一。1937年3月21日，天津市政府根据交通部咨文，训令天津警察局称："查现在各地码头工人，分子复杂，流弊甚多，往往发生妨碍，航运情事，实有加以整理必要，此项整理，似应由各地方政府举办码头工人登记，将原有码头工人，统一编制，并与码头业商订待遇办法，分别交由各该业训练指挥。原有码头工人，经登记

---

① 《路货摊波折再志》，《大公报》1922年2月22日(2)。
② 《一举两得之市政》，《大公报》1934年4月24日(10)。
③ 《一举两得之市政》，《大公报》1934年4月24日(10)。

整理后再行逐渐限额裁汰,俾免发生剧烈失业问题等",并令天津市警察厅遵照办理。①在统治者眼中,工人失业,很易酿成工潮,进而成为社会秩序的威胁,为此常对工人加以防范,并适当予以救助,以图统治之稳定。

随着女子职业的发展,下层女子从业人数日益增加,到20世纪二三十年代,天津市各商场饭店,多雇佣女店员、女招待,吸引顾客。从社会风化的角度考虑,政府不断出台一些政策,以便规范其管理。1930年7月,天津市政会议通过了管理各商店女职员暂行规则,其大意是:茶楼、酒饭馆、理发馆和娱乐场所,可以雇佣女职员,但旅馆、客栈暂时不准,雇佣女职员的商店,应向社会局与公安局,或三特区备案。雇佣或解雇时,也须随时呈报备案,限制方法如下:(1)禁止借用女职员名义做特殊广告;(2)女职员工作时间,自午前9时起至午后12时止;(3)女职员年龄须在16岁以上;(4)兼用男职员者,女职员不得在铺内寄宿;(5)兼用男职员者,厕所须分设两处。同时,对于茶楼、酒饭馆雇佣的女职员,在言语、着装方面则有专门规定的遵守事项:(1)着装要求,须着布制长袍,或短衫素裙,不得华服艳妆;(2)言语行动,须端重和平,不得戏谑卖骂,及有猥琐形状。②

1935年10月,天津市公安局制定和修改了一系列管理公共及娱乐场所的规则,并通过了《天津市公安局取缔女招待规则》,规定:市区内球房、茶楼、酒馆、饭馆、娱乐场所、商店雇佣女招待员均须呈报公安局核准备案;女招待于每日晚12时前一律回家;禁止雇佣未满15岁的女招待员;不得借用女招待名义在门前悬挂广告及散发特殊传单;女招待有不正当行为应予辞退;顾客饮酒过量时,女招待不得近前招待;禁止旅馆、客店雇佣女招待;女招待须着国产布制长袍或短衫、素衫,不得华服艳装,不得笑谑詈骂及有猥琐形状;违者斟酌情节轻重,依法处罚。③1937年6月,再次特颁订管理女招待规则,令警察局和社会局转饬遵办,内容规定:除旅馆客栈不得雇佣女店员外(女店员包括

---

① 《天津市政府训令(丙字第1260号)警察局》(1937年3月21日),天津市档案馆藏,档案号:J0225-1-000053。

② 《女招待问题》,《大公报》1930年7月13日(7)。

③ 郭凤岐主编:《天津通志·公安志》,天津人民出版社2001年版,第154页。

女招待），如饭馆、娱乐场所雇佣女店员，须呈报警察、社会两局查核许可，女店员的年龄须在16岁以上，服务时间为午前9时至午后12时，须着国产布制长袍或短衫布裙，不得华服艳装，行动应端重和平，不得笑谑言骂及有猥亵情形，违者即予重惩。① 这些规章的出台，说明政府已将这一群体纳入其管制的范围。

小　结

城市贫民，作为近代城市社会中的一个边缘群体，他们中的大多数人在生存压力之下，被迫从事各种低贱的职业。生活上的极端贫困，工作生活状况的极端恶劣，无知无识所带来的重重困境，社会资源的匮乏，以及作为社会底层所面临的种种困扰，多种因素合力促成了人们对这一阶层较低的社会评价，故很难取得社会对其作为一般市民的身份认同。当然，有不少人从人道的角度出发，对其持同情的态度，并施予积极的社会救助，但是终难从根本上改变其恶劣的生存状况和低下的社会处境。

到20世纪二三十年代之际，伴随着天津城市化和现代化进程的推进，天津城市贫民阶层的形成及其影响，使其已经演变为一个各方广为关注的社会问题。社会舆论的积极呼吁，市政当局以及社会团体的各种救助方案和措施的不断推出，从侧面昭示着这一问题的严重性和急迫性。

---

① 《女店员》，《大公报》1937年6月6日（6）。

第八章 CHAPTER EIGHT

城市贫民的社会救助

"在目前一场糊涂的中国现局,政治,经济,社会秩序等都已经混乱到了极点了;但是尽管这混乱的原因是千头万绪,而整个的社会生活不安——民生问题——却是一切问题的中心问题。……政治的不清明,官吏的贪污,庶政之不上轨道,都是直接间接为失业问题威胁的结果,所以中国目前的主要问题,便是这个普通的失业问题。只要解决了这个问题,就可以说是解决了中国问题的大半。"①

此言论认为当时中国社会的核心问题是民生问题,又把解决问题的关键归结为失业问题,此观点是否正确,有值得商榷的地方。但是,城市社会失业无业贫民的存在与扩大,其贫困程度的日益深化,以及由此诱

---

① 傅筑夫:《中国社会问题之理论与实际》,天津:百城书局1935年版,第197~198页。

发的系列城市病的发生，不仅使社会发展受到影响，也构成了社会秩序的潜在威胁。1928年12月1日《大公报》"贫民的呼号"专栏之开辟，社会局"贫民工厂"之筹设，以及这一时期各类救助机关的设立和救助政策的出台，表明近代城市贫民阶层的形成已经引起社会和政府的普遍关注，并在社会实践方面采取积极的救助措施，以期解决这些贫民的生存问题，以谋社会之稳定。

为了解决日益严峻的城市贫民问题，政府和社会除向贫民阶层提供必要的物质救助外，还积极实施住房救助、教育救助、医疗救助、就业救助以及特殊群体的救助等，以铲除滋生贫困的土壤。接下来的章节，笔者专门探讨天津市政府和社会对近代天津市贫民的救助情况。

第一节 社会救助机关概览

近代天津城市人口的快速增长,尤其是大量破产农民、灾民、难民的涌入,城市贫困人口不断增加,饥饿、失业、死亡等衍化为严重的社会问题。为了维护社会秩序,保持城市社会稳定和各项活动的顺利开展,在地方政府和官吏的积极提倡下,天津各种慈善公益团体相继成立。

一、明清时期主要救助机关

天津最早的官方救济机构可追溯到明代的养济院,建于万历十六年(1588年),创建者为天津巡抚李继贞,地点设在天津府城外东南城角龙王庙后,"额养孤贫四十四名"[①],经费全部来自官款,后养济院由清廷接管,一直延续至清末。

康熙二十五年(1686年),天津道石天枢,成立专门赈济灾民的组织——育黎堂。当时"邻境贫民觅食于津者,岁以数千计,一经染疾,多僵于道。公倡

[①] 《重修天津府志》(光绪),卷7,"恤政",见天津市地方志编修委员会编著:《天津通志·旧志点校卷(上)》,南开大学出版社2001年版,第696页。

立'育黎堂',俾生有养、病有医、死有棺、葬有地"①。这是一个由官府设立、政府出资的机构,其功能是为安置来津觅食的灾民。乾隆四年(1739年),天津道陈宏谋等各捐俸银,建普济堂,"以恤老幼"。②这些机构一直是清末天津的主要收容机构,在社会救助方面发挥着重要作用。

这些机构收容数额有限,不能满足社会被救助人群的需要,尤其是冬春间衣食无着的贫民和乞丐大量存在。有的地方设有"栖流所",又称"留养局"或"留养所",乾隆二十八年(1763年),清政府明确将栖流所作为收留外来流民乞丐的福利机构,"直属州设留养局收恤老弱贫民,其外来流移贫民例无给赈者,一体入局留养。"③其后,留养局、留养所随之在各地相继设立。1902年,直隶总督在东门内贡院旧址设立"天津教养局",内设织布、地毯、燃料三科,其经费由天津府筹措,专收贫苦幼童习艺,聘请日本技师传授。④

清代最早出现的慈善机构为育婴堂,其出现与当时民间的溺婴习俗有关。康熙四十五年(1706年),左副都御史周清原鉴于民间溺婴现象严重,奏请各省设立育婴堂,得到康熙的批准。⑤天津于乾隆五十九年(1794年)设立了第一所育婴堂,其创设源于周自邠收养弃婴。周出自盐商世家,曾任广东高州府通判,卸职后回津,热心地方慈善,"遇岁歉必倡捐赈。赈贫家,有弃婴而于路者,辄收而使人哺乳之。"⑥当年,北方洪水为患,各地灾民逃难来津,因无家可归,结队乞讨,所携幼童少女多无代价赠送给当地居民。当时津邑最富有者为盐商,遂由长芦公所发起,承办孤儿收容所。为表示该堂由长芦盐商设办,故带有"长芦"二字。初设于东门外水阁大街,一切费用,由各盐商及富户均摊。旋

---

① 《续天津县志》(同治),卷11,"名宦",见天津市地方志编修委员会编著:《天津通志·旧志点校卷(中)》,南开大学出版社2001年版,第348页。

② 《续天津县志》(同治),卷11,"名宦",天津市地方志编修委员会编著:《天津通志·旧志点校卷(中)》,南开大学出版社2001年版,第350页。

③ 《清朝文献通考》卷46,浙江古籍出版社2000年版,第28页。

④ 天津市地方志编修委员会编著:《天津通志·民政志》,天津社会科学院出版社2001年版,第18页。

⑤ 《清圣祖实录》卷224,转引自冯尔康:《清人生活漫步》,中国社会出版社1999年版,第146页。

⑥ 高凌雯:《天津县新志》,卷21~22,人物(2),1931年刻本。

因人数过多,移至东马路。至光绪末年,芦纲公所在河北新开河,购地修筑育婴堂。①该堂开办时期,经费由长芦各盐商摊捐弥补,每年以5000~7000两为准;至光绪三十三年(1907年),迁移新址时曾一度归于官办,岁领库银39 400两;至宣统二年(1910年),仍归商办,每年由津武口岸报效项下,拨发库银2万两;稽核所成立后,豁免报效,每年由津武口岸直接拨交经费3.6万元,并载明永以为例。②但至1921年后,天津市政局多变,每年所领洋不足原定数目。1929年9月,因芦纲纲总被押于南京,无正式负责人,只在是年9月份领到维持费1000元。该堂每年除固定经常费外,尚有产业数处,每年约有千余元收入。③1935年,育婴堂由社会局接办。但1936年春,该堂复经长芦接收自办,由刘介臣任董事长。④此外,1884年天津地方绅士创办了类似性质的恤产保婴局,"凡极贫之家新生子女无力抚养,准其报名,听候查验。如果系赤贫,月内给津钱一千文,小米二斗。后每月给钱五百,小米一斗,三月为止。冬令并给棉衣一套。"⑤此类慈善机构,在儿童的救助方面发挥着积极的作用。

在中国传统社会中,鼓励寡妇守节,但城市中的丧偶之妇,多无亲族照料,生活难以为继。因此,恤嫠成为社会慈善活动的一项重要内容。天津最早的恤嫠机构为天津知府任信成创设的"全节堂",专门"收养节妇、贞女,无论流寓、土著"。该堂建于1868年,日常经费由捐赈款利息,以及船捐和盐商捐款支付。妇女入堂年龄在30岁以内,这些妇女一旦入堂,除春秋两季亲人祭扫可由堂中老仆陪同出堂外,几乎终年不得迈出堂门一步。堂内妇女形同坐监,如果不能忍受堂中"羁苦",可由府县官通知亲族具领出堂,以后不得再申请入堂。⑥到19世纪,社会上出现了更多的恤嫠善举,不再是救助嫠妇一人,而

---

① 《长芦育婴堂参观记》,《大公报》1936年6月27日(6)。
② 《天津市育婴堂概况暨改善计划大纲》,载天津特别市社会局编:《社会月刊》,第1卷第5、6号合刊,1929年,第1页。
③ 《天津育婴堂近况》,《大公报》1929年11月8日(11)。
④ 《育婴堂》,《大公报》1930年11月6日(7)。
⑤ [清]张焘:《津门杂记》(卷中),天津古籍出版社1986年版,第50页。
⑥ 《重修天津府志》(光绪),卷7,"恤政",见天津市地方志编修委员会编著:《天津通志·旧志点校卷(上)》,南开大学出版社2001年版,第698页。

是资助保全家式的。一些士绅创设的"恤嫠会",与全节堂不同,其资助对象是"立志守节,不免冻馁"的居家寡妇。①按照恤嫠会规定,一名寡妇每月获得资助1500文,如有年老公婆需要照顾多加705文,有未成年子女的加500文。恤嫠会最初确定资助寡妇100名,后因申请者日多,1870年天津道台丁寿昌邀集地方官捐款,使得恤嫠会资助人数增加到120人。到19世纪后期,天津社会形成了一股资助寡妇的风气,新成立的许多慈善组织,均把恤嫠作为一项重要善举,如济生社、积善社、引善社、广济补遗社等。

1905年,天津南段巡警总局试办"天津济良所",由绅商捐款,专门收养社会遗弃之妇女。20世纪初该所曾一度关闭,清末恢复后改为绅商资助。民国初年,济良所发展很快,一度收养妇女达千余人。但是,到20世纪二三十年代,尤其是自1929年妇女救济院成立后,济良所境况日益不佳。

清代援例明朝,在天津府、县设有专门管理慈善事业的机构和福利设施,领导民间慈善团体开展各项工作。地方赈恤事务作为知府、知县的职责之一,也是政府考核地方官政绩的重要内容。各个府、县设有慈善机构,收养鳏寡孤独、癃老残废之人。如同治年间,天津设立"筹赈局",1900年庚子事变后,改设"赈抚局"于东门外,隶属于直隶总督衙门,职掌全省赈恤事宜。康熙至宣统年间,天津府县为收容救济无依无靠、无家可归之鳏寡孤独、老残幼弱者,曾举办过天津府孤贫院、天津县留养局、天津养济院、保生暖粥厂、施粥厂等,救济灾黎。同治年间,天津水旱灾荒频仍,官方复于西门外、北仓、西沽增设3处粥厂,以救济灾民。最初每遇荒年开设,后每届冬令由冬月至翌年春,以3个月为限,开设粥厂。沿河10余州县贫民2万余人就食,岁以为常事,直至清末。粮米各项开支均由筹赈局支销。至清末,这些慈善机构多被解散或改组。

清末,天津的慈善救济工作多由政府倡导,地方乡绅举办。据《津门杂记》中记载:"津郡素称善地,人情急公好义。官绅所立善堂不胜枚举,凡周恤穷黎,无微不至。"②除养济院、育黎堂、教养局、育婴堂、济良所外,津市的善堂多

---

① 《续天津县志》(同治),卷8,"义举",见天津市地方志编修委员会编著:《天津通志·旧志点校卷(中)》,南开大学出版社2001年版,第318页。

② [清]张焘:《津门杂记》(卷中),天津古籍出版社1986年版,第49页。

达10余家,这些救济机关多由社会上热心公益的人士创办,如清末严克宽、严修和李世珍、李叔同父子被誉为天津的大慈善家。这些机构救助的对象较为广泛,有针对妇女、儿童、灾民等不同群体的救助机构;救助范围涵盖人生活的各个方面,有施馍、施衣、施药、施棺等。

二、民国抗战前主要救助机关

清帝退位后,民国肇造,多沿袭清代的做法办理救济事宜。北洋政府时期,由内务部民政司具体管理社会事宜。1912年8月8日,北洋政府内务部颁布《内务部管制》,规定内务部总长管理赈恤、救济、慈善及卫生事宜,并"监督所辖各官署及地方长官";还规定内务部所设之民政司执掌贫民赈恤,罹灾救济,贫民习艺所、感化所、盲哑收容所、疯癫收容所之设置废止,育婴与恤嫠及其他慈善事项。①同年12月,又颁布了《修正各部官制通则》,将民政司改为民政部,并将卫生司的执掌归并到警政司,监管社会救济事宜。②

根据中央精神,各省设立民政厅,负责地方行政、救济和公益事务。天津的赈抚行政由天津县执掌。1912年,天津县接管了清廷举办的济良所、教养局、栖流所、游民习艺所等慈善设施。是年9月,接收育黎堂,旋即将育黎堂与栖流所合并,由捐务局每月拨洋1000元充作经费。至年底,全年收容社会上乞食的贫民和游民达2300余人。1915年,天津育黎堂由北京政府接管,士绅宁世福等呈准天津巡按使,将育黎堂改组为"天津教养院",并在育黎堂、栖流所旧址和东南城角草厂庵学棚3处设立教养院。除收容老残外,兼收游民,施行教养兼施的办法。③从育黎堂到教养院,不仅是名称上的改变,更多在于教育内容的变化。"教养"二字强调的是教养兼施,不仅要对老弱等无劳动能力者实施收养,而且对年轻力壮的贫民教以谋生的手段。这一变化反映了民国初

---

① 《中国大事记》,《东方杂志》第9卷第3号,1912年9月1日。
② 《中国大事记》,《东方杂志》第10卷第8号,1914年2月1日。
③ 天津市地方志编修委员会编著:《天津通志·民政志》,天津社会科学院出版社2001年版,第19页。

期救济机构开始由过去单纯的收养向教养兼施的方向转化。

1928年南京国民政府建立,成立了赈灾委员会,后改为"赈务委员会"(抗战胜利后改为"赈济委员会"),隶属于行政院,天津也相应建立赈济委员会。为强化政府职能,1928年5月,南京国民政府内政部颁布了第一部《社会救济法》,这是中国历史上第一部救济法,全法有5章53条,分为救济范围、救济设施、救济方法、救济经费、附则五章。《社会救济法》中的"各地方救济院规则",明确了救济对象,并饬令各省民政厅转饬依法筹设救济院:"各省、区、各特别市、各县市政府,为教养无自救力之老幼残废人,并保护贫民康健,救济贫民生计,于各该省、区、省会、特别市政府及县市政府所在地,应依本规则规定设立救济院。"① 并且规定救济院内以收容对象和职能不同,可分设养老所、孤儿所、残疾所、育婴所、施医所、贷款所等,因地制宜地分设妇女教养所、游民感化所、贫民习艺所和施材抬埋等慈善机构,第一次将长期以来纷乱繁杂的救济设施名称做了统一规范。1929年6月,国民政府又颁定《监督慈善团体法》,督饬各省将旧有私立慈善机构重行核定,由内政部通行各省,限于1930年底各县市救济院一律成立。

北伐战争胜利后,1928年6月,直隶省改为河北省,省会设在天津,天津定为特别市,属国民政府直辖。1929年,天津特别市政府成立社会局,主管社会救济、公益慈善事宜。战后难民流离失所,散兵游勇麇集,当年11月,天津警备司令傅作义,为安辑流亡,在河北新大路设立"游民收容教养所"。同时,根据国民政府有关精神,天津市于1929年对市内的慈善设施进行了调整,将天津教养院、游民收容所及贫民工厂等合并,更名为"天津特别市立第一贫民救济院",并建立"天津特别市妇女救济院",保留天津特别市济良所,同时还接办育婴堂。

1930年冬,经天津市社会局呈请天津市政府批准,成立了由各机关、慈善团体和绅商共同组成的"天津慈善事业联合委员会",统一办理全市慈善事业及其他临时急赈事务,天津市市长为监督,社会局长为副监督。会址设在河东

---

① 《各地方救济院规则》,转引自蔡勤禹:《民国时期的社会救济(1927~1949)》,天津人民出版社2003年版,第254页。

特三区二经路五号,会务包括:(1)每届冬赈设厂施粥施衣及必要时斟酌施粮事项;(2)临时急赈及其他临时救济事项;(3)主管官署委托之救济事项;(4)本会大会或常会议决举办之慈善事项;(5)本市慈善团体或地方人士共同建议办理之慈善事项。①1931 年 4 月,"慈善事业联合委员会"更名为"救济事业联合委员会",继续负责办理冬赈事宜。1932 年 3 月又更名为"天津市慈善事业联合会",实行官督民办。②几经易名,其经费除由政府拨款外,不足部分由全体董事竭力设法筹募。

1932 年 9 月,"第一贫民救济院"改名为"天津市市立贫民救济院",专门"以收容教养贫民为宗旨",并在天纬路(今河北区天纬路)设立"天津市市立贫民救济院第一分院"。③1933 年再度易名为"天津市救济院"。1936 年,根据《天津市扩大救济事业组织大纲》规定,由市立救济院办理全市救济事宜,遇有意外灾患时,得另筹临时救济办法。救济院内分设妇女所、孤儿所、残废所、养老所、育婴所、文贫所、疯人所、施医所、工赈所、施材所、乞丐收容所、公墓管理等共 12 所。④救济院除收容教养外,还承担着社会救济的责任。1936 年 10 月,救济院人数达 1104 人。1936 年以后,官办的慈善机构,统一由救济院管理。是年 10 月,依据《天津市救济事业组织大纲》的精神,组成了"天津市救济事业监理委员会",指导、统筹和监理全市一切救济工作,及地方慈善团体财产和用途的调查整顿事宜。这一过程中,体现了国家和社会力量的博弈,而国家和地方政府统管各地救济事务的色彩日益鲜明。

1937 年 4 月,天津县奉令筹设"游民教养所",决定按本县警区所在地,各筹设一所,规定凡界内无业游民,一经警察查获,或经乡长副举发,即行入所,授以识字及简单工艺,每 3 个月为一期,每月每人饭费 4 元,先由第三、第五两区(即杨柳青、咸水沽)实行,所有收容游民饭费及零食,统由乡长副就地筹

---

① 《天津慈善事业联合会章程》,《天津市政府公报》(法规),第 69 期,1934 年 10 月,第 82~86 页。
② 《救济联合会将改组 决定实行官督民办》,《益世报》1932 年 3 月 7 日(6)。
③ 《天津市市立贫民救济院组织规则》,《天津市政府公报》(法规),第 51 期,1933 年 2 月,第 39 页。
④ 《天津市扩大救济事业组织大纲》,《天津市政府公报》(公牍),第 92 期,1936 年 9 月,第 16 页。

措,以减公家负担。①

民国初年,民间举办的慈善公益团体,除沿袭清代外,无较大发展。但是,北伐战争后至抗战前夕,天津的善堂和公益团体发展至高潮,多达165家(善堂63家,公益团体102处)。②但是,这些官办或民办的慈善机构与团体,多因经费不足,加上管理人员贪污中饱,使收养贫民的生活每况愈下,不得温饱。

1937年,天津沦陷后,日伪社会局接管天津救济院。由于这一时期天津的灾民、难民、游民、乞丐等急剧增多,救济院时常人满为患,只能有选择性地收容一些妇孺及老残之人,其他只能任其流浪。1949年1月天津解放,天津市人民政府接管原官办及慈善团体的收容教养机构。

---

① 《游民教养所津县筹设七处》,《大公报》1937年4月27日(6)。

② 天津市地方志编修委员会编著:《天津通志·民政志》,天津社会科学院出版社2001年版,第169页。

第二节 主要救助活动

"社会中的每个人,都有获得生存的权利,有劳动能力者可以因就业而获得收入以维持基本生活,没有劳动能力或虽有劳动能力但受客观因素影响不能获得收入、无法获得维持基本生活者,必须依靠国家和社会提供救助。"[1]从这一含义上理解,社会救助是一种政府和社会行为,社会救助的对象主要是那些生活遭遇困境的"弱势群体",社会救助的目的是为了满足社会成员的最低层次的生存需要。社会救助内容十分广泛,既有生活援助,还有对被救助者生存能力的扶助,如教育、技能的培养、生产环境的改善等,社会救助活动不但面向个体,许多时候也面向某些群体或阶层。[2]

社会救济不能等同于社会救助,"救济一般是指以解决生活困难为目的的物质援助活动,它具有目的单一、目标具体的特点,注重解决被救济者眼前的生活困难,而忽视长远生存能力的扶助。"[3]显然,社会救济与社会救助

---

[1] 廖益光主编:《社会救助概论》,北京大学出版社2009年版,第2页。

[2] 陈桦、刘宗志:《救灾与济贫:中国封建时代的社会救助活动(1750~1911)》,中国人民大学出版社2005年版,第2~3页。

[3] 陈桦、刘宗志:《救灾与济贫:中国封建时代的社会救助活动(1750~1911)》,中国人民大学出版社2005年版,第2~3页。

不能等同,也无法取代,社会救助包含了社会救济的内容,社会救济是救助的补充。

社会救助是近代以来才出现的概念,但社会救助活动由来已久。在人类历史长河中,社会救助是一个永恒的主题。因为无论任何社会、任何历史时期,社会上总会存在着缺乏或丧失劳动能力的鳏寡孤独、老残幼疾者,他们因为自身没有劳动能力而难以获得保证生存的基本收入,或因遭受天灾人祸的打击,凭自身能力不能克服困难,或因其他方面的原因而不能维持其最基本的生活需求,这时需要国家、社会以及邻里给予适当的救助,以保障其最低生活水平。大量城市贫民的存在和泛滥,足以影响社会稳定和经济的发展。出于维护社会稳定的需要,无例外的,历代王朝统治者都很重视赈灾、济贫等社会活动的开展。

社会救助在中国历史悠久,源远流长。中国自古就有慈善、赈济、恤贫、恤嫠的传统。其间虽历经王朝更迭,但是历代政府的社会救助工作始终没有中断。古代政府在养恤、蠲缓、赈济、贷赈和安辑等方面的措施,至今仍有借鉴意义。近代天津市贫民阶层的存在及其生存状况,尤其是当它成为社会舆论焦点时,市政当局从城市建设和社会稳定的角度出发,给予关注并施以积极的社会救助。天津市当局和善堂的救济工作,除常规的救火救生、兴办义学、施棺掩埋、救助贫嫠外,每年还举办冬赈;遇有荒年或战乱年份,临时筹措急赈,设置暖厂、粥厂等。接下来笔者将对近代天津市政府和社会对贫民的各类救助活动进行分类研究。

一、贫困救助

(一)施 粥

施粥,即旧时国家和社会为贫民或灾民施粥喝,这是我国古代救荒体系中一种简单易行的施赈方式。施粥时一般设有粥厂。① 粥厂作为从传统时期承袭

---

① 所谓粥厂,就是煮粥散济饥民的机构,饥民可以到这里领取粥,以度一时之难。

下来的一种救助方式,在近代社会仍旧沿袭使用。每届冬令或灾荒年份,通过政府出资或富绅大户捐募的方式,在通都大邑或交通便利之处搭盖席棚煮粥,免费散放给贫民,不少城市贫民冬季的生活也多指望这些粥厂。

早在乾隆十年(1745年),天津发生水灾,天津道乔人杰首倡在4个城门开设粥厂,以赈济饥民。此后,四门粥厂成为常设的制度。到同治年间,天津城内外设立多处粥厂。1877年1月,因管理不善,粥厂失火,烧毙老弱妇孺2000余名。①鉴于粥厂失火的影响,后经整顿,只保留了城西门外、西沽和北仓的粥厂,一处专供男性施粥,两处专供女性,"岁以冬仲初春,三月为期,沿河十余州县贫民踵集,计数二万余人,岁以为常。"②粥厂数虽减,但待赈贫民数却在不断增加。至19世纪八九十年代,接受政府施粥等方式赈济的贫民由几万人增加到近20万人。③

民国时期,天津的粥厂大多设在难民云集的收容所附近或其他空旷地带。至20世纪20年代末,天津常设粥厂3处:一处为广济补遗社粥饭厂、一处为佛教居士林施粥厂,一处为天津红卍字会分会施粥厂。④到30年代冬,粥厂数由3处增加到7处,主要设在南市大舞台、西广开清化寺、特一区三义庄、河东新唐口、河东小树林、小刘庄等贫民聚集处(30年代粥厂分布情况见表8.1)。

---

① 吴弘明:《津海关贸易年报(1865~1946)》,天津社会科学院出版社2006年版,第108页。

② [清]沈家本:《重修天津府志》(光绪),卷7,"历朝恤政",见天津市地方志编修委员会编著:《天津通志·旧志点校卷(上)》,南开大学出版社2001年版,第700页。

③ 刘海岩:《空间与社会——近代天津城市的演变》,天津社会科学院出版社2003年版,第340页。

④ 广济补遗社粥饭厂,设于光绪二十二年(1896年)10月,由绅商訾永太等20余人发起募捐,设在河北大王庙前李姓故宅内,施粥馍并恤嫠,1918年,将社址迁到三区二所三官庙大街;佛教居士林施粥厂,成立于1927年12月,由佛教徒潘洁泉、陈锡周等20余人发起,设于南市大舞台迤东;天津红卍字会分会施粥厂,由天津红卍字会分会承办,设于五区二所新唐家口中国漂白粉厂旧址。调查股:《天津市粥厂概况》,见天津特别市社会局编印:《社会月刊》,第1卷第5、6期合刊,1929年。

表 8.1　1930～1936 年津市冬赈粥厂分布

年份	粥厂数	设置地点及承办者	备注
1930 年冬	3 处	河东新唐家口、西关、南市大舞台	《本市冬赈筹设粥厂》,《大公报》,1930 年 11 月 6 日 (7)。
1931 年冬	6 处	义庄粥厂、南市大舞台佛教居士林粥厂、西广开清化寺粥厂、南竹林粥厂、河北新车站外粥厂、旧道署粥厂	《本市粥厂设立六处》,《大公报》,1932 年 1 月 25 日 (7);《腊鼓催寒威犹盛贫民多赖粥厂活》,《大公报》,1932 年 1 月 26 日 (7)。
1932 年冬	7 处	南市大舞台（慈善会自办） 西广开清化寺（公善设主办） 河北竹林村（红十字会主办） 特一区三义庄（华商公会主办） 河东唐家口（红卍字会主办） 河东小树林（崇善社主办） 第四区小刘庄（慈善会自办）	《慈善会常会通过冬赈计划》,《大公报》,1932 年 10 月 18 日 (7)。
1933 年冬	7 处	南市大舞台（黄十字会经办） 西头清化寺（公善社经办） 河北竹林村（红十字会经办） 河北小刘庄（第四自治区经办） 河东新唐家口（红卍会经办） 河东小树林（崇善堂东社经办） 特一区三义庄（华商公会经办）	《市慈善会招待各界参观粥厂》,《大公报》,1934 年 1 月 21 日 (10)。
1934 年冬	7 处	地点同 1933 年	《慈善联合会今日召开冬赈会》,《大公报》,1934 年 11 月 6 日(6)。
1935 年冬	7 处	河东唐家口子、南市大舞台、西广开清化寺、特一区、小王庄、河东小树林、河北竹林村	《津市三粥厂定于今晨开锅》,《大公报》,1935 年 12 月 13 日 (5);《两粥厂今日开锅》,《大公报》,1935 年 12 月 19 日 (5);《津善团昨议决增设粥厂两处》,《大公报》,1936 年 1 月 17 日 (5)。
1936 年冬	7 处	南市"三不管"（黄十字会） 新唐家口（红卍字会） 西广开清化寺（公善社） 河北小王庄（李少棠） 河北南竹林村（蓝卍字会） 河东小树林（崇善东社） 特一区谦德庄（特一区建设办事处）	《津市七处粥厂决提前开办》,《大公报》,1936 年 11 月 10 日 (6);《津市七处粥厂今日起施粥》,《大公报》,1936 年 11 月 23 日 (6)。

20世纪30年代的这些粥厂,由天津慈联会组织,承办者不少为社会力量,如历年粥厂常由佛教居士林、公善社、崇善东社、红卍字天津分会、红十字会天津分会、黄十字会、蓝卍字会、救世军等承办;也有政府救济部门组织承办的,如1932年冬,南市大舞台和小刘庄粥厂,由慈联会承办;还有热心慈善的个人承办,如1936年冬,河北小王庄粥厂由李少堂承办。

开办粥厂所需的经费,在20世纪30年代以前,几乎全部由经办粥厂的善团或个人自行募捐。如广济遗社设粥馍厂,每月经费120元,常年经费1500元,由各董事分担;佛教居士林施粥厂,开办经费由潘洁泉、杨幼甫二人捐洋400元,以后经费则向各处募集;红卍字会施粥厂则由红卍字会向各处募捐。①1930年后,逐渐有官款加入,但民间力量仍发挥着巨大作用。1936年冬,天津市慈善事业联合会开设粥厂举办冬赈,于1937年2月20日结束冬赈事宜,共计费用9万元,除上年冬结存5000元外,两次演唱义务戏共筹2.4万元,市府拨款2.4万元,慈联会向各方募捐洋3万余元。②由此可见,民间的捐款仍然发挥着不可低估的作用。

1930年冬,慈联会办理冬赈,经议,决定设立粥厂3处,自12月7日粥厂开始施粥,各处难民,纷往就食,踊跃异常,施粥办法规定:每日上午8时放签,所有前往就食难民,均按序发给签牌,凭牌入厂就食,至12时停止放签,待领签人食完为止,但遇老病残废之人未能如期领取签者,亦可临时补发,所有就食贫民,以饱为度,不准携带出厂。③在3处粥厂中,仅西广开一处,从1930年12月7日开办,至1931年1月25日,历时49日中,前去食粥的,共有239 946人,平均每天至少有5000多人,人多时可达6000多人;所用小米有94 740多斤,平均每日需用1700多斤。④此3处粥厂,从1930年12月至1931年3月,在短短4个月中,其中佛教居士林共计赈济356 477人次,公善社赈济430 567人次,红卍字会赈济517 198人次,3个慈善组织总计赈济1 304 242人次(详见

---

① 调查股:《天津市粥厂概况》,见天津特别市社会局编印:《社会月刊》第1卷第5、6期合刊,1929年。
② 《慈联会各处粥厂二十日结束》,《大公报》1937年2月14日(6)。
③ 《粥厂次第开办 贫民麋集就食》,《大公报》1930年12月10日(7)。
④ 《广开粥厂的参观就食者已逾廿三万人》,《大公报》1931年1月26日(7)。

表8.2)。在这些赈济活动中,佛教居士林共计用米 121 506 斤、煤 114 629 斤、水 18 137 担;公善社共计用米 168 949 斤、煤 155 122 斤、水 16 758 担;红卍字会共用米 182 428 斤、煤 149 976 斤、水 17 419 担人次。3 个慈善机构共计用米 472 883 斤,用煤 419 727 斤,用水 52 314 担。① 这 3 个宗教组织赈济人数之众,使用物资量之大,反映了宗教人士在社会慈善公益活动中发挥着不可小觑的作用。

表 8.2　天津市 1930 年冬赈各粥厂领取粥人数比较②

各粥厂名	领粥人数	男	女	童男	童女	合计
1931年12月	佛教居士林	43 533	32 980	3058	3047	82 618
	公善社	36 527	41 117	10 248	13 776	101 668
	红卍字会	38 897	32 519	19 648	99 470	190 534
	合计	118 957	106 616	32 954	116 293	374 820
1931年1月	佛教居士林	67 694	56 856	7540	6378	138 468
	公善社	62 219	72 854	10 377	30 603	176 053
	红卍字会	60 475	53 273	22 080	32 007	167 835
	合计	190 388	182 983	39 997	68 988	482 356
1931年2月	佛教居士林	47 400	35 228	7127	4624	94 379
	公善社	38 669	41 169	7113	18 758	105 709
	红卍字会	39 489	37 254	17 323	20 098	114 164
	合计	125 558	113 651	31 563	43 480	314 252
1931年3月	佛教居士林	19 429	14 806	3958	2819	41 012
	公善社	13 828	20 119	3294	9896	47 137
	红卍字会	13 524	15 496	6617	8328	43 965
	合计	46 781	50 421	13 869	21 043	132 114
共计	佛教居士林	178 056	139 870	21 683	16 868	356 477
	公善社	151 243	175 259	31 032	73 033	430 567
	红卍字会	152 385	138 542	65 668	159 903	516 498
	合计	481 684	453 671	118 383	249 804	1 303 542
百分比		36.95%	34.80%	9.08%	19.16%	100%

资料来源:吴瓯主编:《天津市社会局统计汇刊》(慈善救济),天津市社会局,1931 年。

---

① 吴瓯主编:《天津市社会局统计汇刊》(慈善救济),天津市社会局,1931 年。
② 原表数字计算有误,作者重新进行了核算。

1931年冬,天津市公善社、红卍字会、红十字会、居士林、崇善东社等善团所办之5处粥厂,自1931年12月29日起至1932年1月5日止,总计用米185 745斤,煤194 673斤,水23 251担,就食人数近50万。华商公会经办之粥厂,截至5日止,共用米7801磅,煤15 309磅,就食贫民20 044人。①1932年冬,公善社、红卍字会、红十字会、居士林、崇善东社所办的6处粥厂,5日之内食粥贫民近16万。连同以前数日各项的统计数字,食粥人数近50万。②食粥贫民数增多,较1931年增加1.5倍,两月施放米面共计达60万斤。③1935年冬举办的各处粥厂,因天气渐暖,特经慈联会董事会议决,于1936年2月22日一律结束,前后历时72天,约用款5.2万元,食粥贫民达150万人次。④1936年冬,天津慈善事业联合会经办的7处粥厂,食粥人数达320万人次,用款13 358元。⑤粥厂在不断增设,食粥人数亦在不断增加。粥厂的设立,使成千上万的贫民不至于饿毙街头,挽救了无数贫民的性命。

　　这些入城的农民、灾民、流民、难民是构成社会不稳定的重要因素,特别是灾民、流民等居无定所,流动性大,散漫无组织,难以管理,如果得不到及时的救助,其生存难以保障,往往会导致滋事、抢劫等扰乱社会治安的恶性事件的发生,所谓"弱者怵于危亡,强者转为盗贼"⑥。施粥对于救济贫民、赈济灾民、安抚流民等有着直接的作用,并且在一定程度上对社会秩序的稳定有着十分重要的政治意义。

　　(二) 散　赈

　　北方冬季严寒漫长,贫民生计维艰,冻毙街头之事时有发生。天津市政府和社会团体除设立粥厂,实施冬赈外,不少慈善机构、宗教团体以及个人,每

---

① 《可惊的数字 食粥贫民近五十万》,《大公报》1932年1月10日(7)。
② 《可惊的数字 食粥贫民近五十万》,《大公报》1932年1月10日(7)。
③ 《各粥厂统计贫民增多》,《大公报》1933年1月30日(7)。
④ 《津市粥厂暖厂明日一律结束》,《大公报》1936年2月21日(5)。
⑤ 《天津市慈善事业联合会征信录》(民国25年冬赈),"天津市慈善事业联合会二十五年冬赈经办各粥厂所需米煤水量及银数并食粥人数统计表"。
⑥ 李文海、夏明方主编:《中国荒政全书》第2辑第4卷,北京古籍出版社2004年版,第238页。

年冬季还积极举办散赈。

早在1880年，天津市就设立了天津府备济社，"劝集绅商捐银一万六千两，发商生息……添备米粮棉衣，散放济赈。"①绅士李春城设立寄生所，"每岁自冬月起，至来春止，收养贫人数百，与异乡人之流落在津者，日给粥馍，生则栖止，病则医药，故则殓埋。"②其后李春城还设立保贞社，"月给嫠妇以钱米"；立御寒社，"严冬以絮衣给贫民。岁除使人赍钱物行僻巷中，遇穷乏者潜予之。"③

1902年冬，天气严寒，天津卫生局抚恤苦工乞丐，发给棉裤袄、白布棉袜、青布鞋、被褥子，按名发领。④1916年冬，善堂联合会于旧历十一月初八起，与备济、延生、慈祥三社划分地段，查放冬赈，至1917年1月8日，施放鳏寡孤独常户380户，计放小米49石5升，棉衣216套，玉米面20斤，坎肩2件，套裤2副；西路904户，计放玉米面134 360斤，小米95石7斗5升，棉衣165套；北路8900户，计放玉米面148 155斤，棉衣180套，坎肩2件，套裤2副；各机关代施玉米面4900斤，棉衣284套。统计共查放19 084户，计放玉米面353 435斤，棉衣1209套，坎肩4件，套裤4副，小米145石2斗5升。⑤

1918年冬，备济社、延生社、慈祥社在天津城关内外查放棉衣、玉米面，至1912年2月底查放完竣，计查得城关内外贫民14 717户，大口17 460人，小口14 030人，共放玉米面244 750斤，棉衣630件。又查得尤极贫民602户，大821口，小1075口，内有按一个月散放者154户，按两个月散放者448户。统共查得贫民15 349户，散放玉米面315 685斤，棉衣1520套，零放玉米面4400斤，均由该社自行筹款，概不捐募。⑥1919年1月，天津红十字会以雪天冰地，寒风

---

① 罗澍伟主编：《近代天津城市史》，中国社会科学出版社1993年版，第265页。

② 《续天津县志》（同治），卷8，"义举"，见天津市地方志编修委员会编著：《天津通志·旧志点校卷（中）》，南开大学出版社2001年版，第320页。

③ 《天津县新志》，卷21，"人物"，见天津市地方志编修委员会编著：《天津通志·旧志点校卷（中）》，南开大学出版社2001年版，第803页。

④ 《恤抚乞丐》，《大公报》1902年12月15日（4）。

⑤ 《各善堂查放冬赈之详数》，《大公报》1917年1月8日（7）。

⑥ 《各善社施放衣食》，《大公报》1919年2月28日（2）。

凛飒,贫民乏衣者实繁有徒,特给天津善堂联合会棉衣400件,南善堂棉衣200件,老公所棉衣200件,补遗社棉衣200件,美国红十字会周济俘虏会棉衣200件,以示体恤。①

1926年冬,天津八善堂冬赈救济会办理城厢冬赈,业经竣事,所放玉米面,计东区全区、南区全区、西区全区、北区全区、中区全区、三特区、鼓目三皇会,统计玉米面173万余斛,共救济贫民6万余户。②1929年2月,天津特别市公安局奉市政府令,呈各区警署调查贫户,警署调查极贫之户共1221户,男口751名,女口595名,共1346名,每人散放一元,共计支洋1346元。③

1931年,天津市救济事业联合会办理冬赈,经过两次贫户调查,至1932年2月,冬赈办竣工后,统计赈济贫民达7万余户,共发放赈粮69万余斤(各区具体分配见表8.3)。④截至1932年2月25日,天津市救联会办理市区的一切冬赈事宜结束,所收款项,除赈粮赈衣各项开支外,及筹设各收容所之经费,共支出81 073.2元。⑤

表8.3　1931年冬各区受赈贫户及赈粮(玉米面)分配确数

区　别	贫民户数	赈粮总数
第一区	8726	86 180
第二区	15 306	154 365
第三区	10 875	105 905
第四区	11 800	112 500
第五区	18 600	189 550
特一、二、三、四区(共计)	4959	49 605
总　计	70 266	698 105

资料来源:《本市冬赈办竣》,《大公报》,1932年2月10日(7)。

---

① 《红会广施棉衣》,《大公报》1919年1月13日(2)。
② 《冬赈会之成绩与会务》,《大公报》1927年2月11日(7)。
③ 《天津特别市公安局公函(第120号)》(1929年3月5日),天津市档案馆藏,档案号:J0054-1-000108。
④ 《本市冬赈办竣》,《大公报》1932年2月10日(7)。
⑤ 《本届冬赈结束蒇事》,《大公报》1932年2月28日(7);《市救济联合会明日开冬赈结束会》,《大公报》1932年3月3日(7)。

除了慈善组织实施散赈外,天津市一些邑绅也乐善好施,对贫户积极实施救助。如1911年冬,邑绅曾栋臣、华仲临、王槐荪等,以天气严寒,一般无衣无食、啼饥号寒之人,触目皆是,特联合同志,组织"济贫会",专以施舍玉米面,以周济贫苦同胞为宗旨,会中所有办事人员皆当义务;不拘各界中外善士,凡捐助本会款洋自一角起,皆登报声明,并给收条;该会所收捐款,除因公费外,应将全数充作赈款,广为购玉米面;散放时只于本城一带,巡视最贫苦者给之,并不下乡及往他埠;期限自十一月初一起至十二月三十日止。①1927年冬,因年来天津人祸,流离失所者遍地皆是,张绍曾、陈锦涛诸氏特发起"旧衣救苦会",征集旧衣,以救寒民。②

施粥、散赈作为一种传统的救助方式,救助的范围较广,人数较多,但时间相对较短。在寒冷的冬日,对贫民来说,这无疑是雪中送炭,对急救活命发挥了积极的作用,使他们得以苟延生命,不至于饿死或者走上偷盗抢劫之路,利于在一定程度上缓解社会矛盾,维护城市秩序。但是,在积贫积弱的近代,战乱频繁,人们生活日艰,贫富分化日益严重,贫民数量庞大,虽行善举,但杯水车薪,没能从根本上改变众多城市贫民饥寒交迫的悲惨厄运。

二、住房救助

(一)搭建窝铺

每遇灾荒,官方或民间的慈善组织常在粥厂附近搭建一些临时性的窝铺,以方便灾民前往就食。1917年天津大水灾,灾情严重。据统计,京直被灾103县,被灾村庄17 646个,被灾人口达561万人。其中重灾40县,轻灾61县,未报2县。天津县属于重灾区,被灾村庄328个,被灾人口37万。③对于1917年水灾难民的安置问题,经天津水灾善后筹备处议决,方法有三:其一,发给灾

---

① 《造福贫民》,《大公报》1911年12月20日(1)。

② 《救苦会募集旧衣》,《大公报》1927年12月19日(7)。

③ 天津市档案馆等:《天津商会档案汇编(1912~1928)》,天津人民出版社1992年版,第3392~3396页。

民免费执照,备车遣送回籍;其二,选少壮赴欧洲充当华工;其三,挑选少壮送至吉黑两省,开垦荒地。①虽然有不少遣送回籍,或选送各地务工,但是滞留在津的灾民仍有不少。1917年10月21日,警察厅内水灾急赈会召开董事会议,讨论灾民安插办法,有灾民已迁回原处,外县灾民亦有回籍。经各署长协同董事会调查,以资提前迁往窝铺者如下:(1)极贫者;(2)有疾病者;(3)极贫产妇者;(4)极贫守节者;(5)露宿及次贫者;(6)在各处公地者。②

水灾之后,为安插灾民,天津市广建窝铺。天津市警察厅组织的"水灾急赈会"在老城以南地势较高的一片空地上盖了300间窝铺,并且号召中外绅商热心助款,搭盖更多的窝铺安顿灾民。据1917年10月22日,天津市警察厅内水灾急赈会董事会议报告:西二区界内500间,正在做工;西四区界内共326间,已落成200间;西五区界内300间,均已竣工;北三区界内4间,亦在做工,其朱处长80间,大纶80间,亦在赶建之际。③天津基督教水灾救济会在河北新车站附近建造房屋2920余间,均将流离失所之灾民迁入居住,并随时散放赈济。④据统计,在这次赈灾活动中,各界共计搭盖窝铺9000余间。⑤

为了便于对窝铺的管理,1917年12月,京畿水灾赈济联合会天津分会,接北京本会来函,开会讨论天津窝铺管理办法,并经11月27日临时会议讨论通过了窝铺管理章程13条,其内容如下:(1)凡各团体建造窝铺,收容灾民,均适用本章程之规格。(2)每一团体所建造之窝铺应各设一管理处,管理之每处设若干管理人,常驻其间,调查窝铺内灾民是否有生活能力,以资分别办理。(3)凡住居窝铺之男女有在外工作者,应将工作地点报告于各该管处。(4)凡住居窝铺而力能付租者,管理处应酌收取其租金,其额酌定之。(5)凡在窝铺居住者,管理处无供给衣食之必要,遇有实在无力生活者,经管理调查明确,得设法代谋工商生计,以免冻馁,其细则另定之。(6)管理处对于水之供

---

① 《天津水灾难民之安置问题》,《大公报》1917年11月3日(7)。
② 《关于筹赈之种种》,《大公报》1917年10月22日(7)。
③ 《关于筹赈之种种》,《大公报》1917年10月23日(7)。
④ 《基督教抚恤灾民》,《大公报》1917年12月7日(7)。
⑤ 《直隶天津警察厅水灾急赈处征信录》,"呈报折稿"。

给,须注意饭料极须清洁,浴身及洗衣所用之水务须足用,以及防火之水必须预备。(7)各处窝铺须多备大小便厕所及男女浴室并习艺所。(8)各处窝铺除受公家医生检查外,各管理处须担任左列事物:甲、随时检查窝铺内住民身体,遇有疾者,即送医院治疗;乙、特别注意厕所及浴室之清洁;丙、处分窝铺内一切秽污。(9)各处窝铺内学龄儿童,管理处应设法教育之。(10)各窝铺一切进行费用,由各团体自行募集其捐款,未经收齐及实在力不足者,联合得酌予垫借及补助。(11)各团体如请求补助,须将窝铺建筑方法、管理方法,并关于卫生设备详情,详细报告于报告联合会,其业经开办者,须将窝铺间数、收容人数及其中供给衣食者若干,以及供日期若干,并所用经费,开列表册,送会酌列。(12)各处窝铺,凡经联合会垫借经费及补助经费者,联合会得派人随时前往督察。(13)本章程如有未尽事宜,得于会议随时提出修正之。①来自四面八方的灾民、难民居住在临时搭建的窝棚中,为了便于管理,制定有关管理章程,尤其强调卫生和安全事项,如规定水之供给,须注意清洁,浴身及洗衣所用之水务须足用,以及防火之水必须预备。同时注意大小便厕所及浴室之清洁等,这都是为难民的健康安全考虑。另外,对于有工作的难民,应将工作地点报告于各该管处,有能力支付租金者,管理处酌收取其租金之规定,即对不同类型的难民采取区别对待的方法。

1920年,华北地区发生大旱灾,来自灾区的灾民再次大量涌入天津,从而使窝铺区不断扩大。据警察厅的统计,当年安置在各窝铺区的灾民就有1.6万余户,其中大部分安置在南开区。根据1920年华洋义赈会一个月内的3次调查,南开区的窝铺和住窝铺的人口就分别从5275所和25 819人,骤增到7462所和36 862人(详见表8.4)。②1924年,文安、王家口等处决口,难民纷纷涌入天津,天津市警察厅在北于庄子搭建40余间窝铺,收留难民。③大量临时窝铺的搭建,使不少背井离乡的灾民暂时获得一栖身之所,以免冻毙。

---

① 《订窝铺管理章程》,《大公报》1917年12月4日(7)。

② 《南开灾民人数之调查》,《益世报》1920年11月24日(10);《南开灾民调查之比较》,《益世报》1920年12月9日(10);《南开灾民第三届报告》,《益世报》1920年12月25日(10)。

③ 《各县难民已纷纷来津》,《益世报》1924年8月14日(10)。

表 8.4　1920 年华洋义赈会南开灾民调查

	日期	窝铺数	窝铺人口数
第一次调查	11 月 24 日	5275	25 819
第二次调查	12 月 9 日	5413	29 820
第三次调查	12 月 25 日	7462	36 862

(二)兴建贫民住宅

异于临时窝铺狭小简陋的特点,从 20 世纪 30 年代起,天津市政府开始着手兴建专门的贫民住宅。此事源于 1930 年 3 月 17 日社会局局长冯直司率员赴河北法政桥新开河一带贫民窟的调查。冯目睹此处贫民生活异常痛苦,居住房屋鄙陋不堪,"此项土棚,林立于河岸,约一千户,高仅及丈,矮者三四尺,仅可匍入,茅草粪土,污秽不堪。"①此处地皮和房产是曹锟七弟曹锳的产业,贫民居住其地可随意自建房屋,但每年须纳地租 1 至 2 元。居住在此处的贫民"亦有小组织,以十户为一排,每排有排头,各户大半以贫老孤孀、无业乞食者居多(生活状况),其拾煤者、拾粪者、拉车捕鱼,亦颇不少,幼童及老妇犹多"②。对于贫民生活困苦之点,社会局均择要记录,以谋救济,并拟在贫民窟附近的空地,建贫民区房屋数百间,不取租赁,以安贫民。③

调查结束后,冯局长即决定筹设贫民住宅,并于 1930 年 3 月 18 日召集工务局、教育局、公安局等各方会议,商讨建造贫民区问题,除计划建造数百间贫民住房外,并计划建贫民介绍所、儿童寄托所、贫民食堂、消费合作社和贫民小学校等。④社会局拟建贫民宿舍,经市府批准后,令华商、万国两家赛马会各加赛一次,当日得款,除第十一、十二两次拨助红十字分会外,前 10 次共得洋 7800 余元,另有人捐助 200 余元,经社会局与各界西北赈灾均分,各得洋 3925 元,作为兴建经费,社会局将此款拨交市立第一贫民救济院,由其负责,兴工建造。⑤

---

① 《贫民窟之写真》,《益世报》1930 年 3 月 18 日(10)。
② 《贫民窟之写真》,《益世报》1930 年 3 月 18 日(10)。
③ 《社会局救济事业虽非大厦足蔽穷黎》,《大公报》1930 年 3 月 16 日(12)。
④ 《社会局昨开会讨论建筑贫民住宅区》,《大公报》1930 年 3 月 19 日(12)。
⑤ 《贫民区》,《大公报》1930 年 7 月 5 日(7)。

贫民房舍择地河东沈家庄后养鱼坑，从1930年11月25日开始动工，至1931年6月8日竣工，前后用时半年，共建大小房舍62间，可收容六七百人，除宿舍外，还有公卖室、浴室、男女厕所，供贫民生活之需，此外有警察派出所，以维持治安。①这些房舍为建造简单坚固之新式平房，错落有致。

贫民栖舍落成以后，全房共62间，除澡堂、公卖所外，可出租者达50余间。所有管理办法、出租规章，经社会局议定，由第一贫民救济院直辖筹拟，呈准社会局办案，新建房舍出赁章程12条，胪陈如下：(1)本院为谋扩大救济贫民起见，在本市河东沈庄子，建筑房舍62间，专为低价租与贫民居住；(2)区内住户以有正当职业及有家属者为限，无职业及单人，概不租与；(3)凡租户须有妥实保证，经管理人许可后，方能承租；(4)租价每间暂定月洋一元，以示体恤，而维护救济本旨；(5)住户每届月初，须先交纳租价，方准居住，如推延不交，即令迁出；(6)住户如有迁移时，须预先向管理人声明，住期不满一月者，其租价亦按一月计算；(7)住户对于房屋门窗户壁等，不得任意损坏，否则须负赔偿责任；(8)本区住户不准蓄养猪鸡等物，以重清洁；(9)区内住户不得有聚赌情事，及一切不法行为焉；(10)区内设立澡堂一所，专为区内住户而设，其详章另定之；(11)区内设立公卖所一处，由院内经理，按原本出售，概不取利；(12)本章如有未尽事宜，得随时修改之。②

从出赁章程来看，贫民住宅有很大的局限性。如兴建之时计划免租，但是落成后却规定月取租一元，这就把相当一部分无收入之人拒之门外。对租赁对象，规定以有正当职业及有家属者为限，无职业及单身之人，概不租与。也即是说，这些房舍并非向所有赤贫者开放，而主要向有正当职业的低收入者提供。同时要求租赁者有妥实的保证，房舍数额有限，可出租房屋不过50余间，整个贫民住宅不过容纳六七百人，这相对于庞大的贫民群体，远远无法满足其居住的需要。

多数贫民因收入微薄，尚不足以糊口，月纳洋一元，这对许多贫民而言，不堪负担，因此积欠房租事件十分严重。从1933～1934年，救济院收到许多住

---

① 《贫民宿舍》，《大公报》1931年1月12日(7)；《贫民栖舍建筑完成》，《大公报》1931年6月19日(7)。

② 《贫民栖舍出租章程》，《大公报》1931年7月4日(7)。

户的来函,呈请免缴租洋。

个案 1:

1933 年 9 月,贫民区盈字第五号租户张恩升声称,在津谋生困难,终日尚不能一饱,已无法缴租,致欠缴 12 个月,余至租洋约 13 元,恳请免缴租洋,藉以送眷回籍等情。据此查该租户自民国 21 年 5 月 15 日起租房 1 间,至民国 22 年 9 月 15 日止,共计缴租洋 3 元 3 角,净欠缴租 12 元 7 角,现伊拟送眷回籍,实因入不敷出。①

个案 2:

贫民区盈字号租户魏恩宰之妻周氏报称,伊夫于本月 24 日因病身故,拟请将欠租免缴,以便回籍投亲,维持生活等。经查,该租户本负苦为生,日常生活即不敷用,以致欠缴租款计有民国 22 年 11 月 4 日至民国 23 年 6 月 4 日,共住 7 个月,已缴租款 3 元 6 角,下欠 13 元 4 角,前日病故,领人代为敛钱葬埋,困苦异常。②

贫民区办事员吕学章就此类事件,经查属实后呈救济院,多数准免缴租费。该处贫民区后改名为"新村试验区",地皮原系业主黄姓,1935 年 6 月租期到,新区即行停办,7 月 1 日起即着手将该区房间拆卸,将地交还业主,以资结束。新村试验区接奉救济院的通知后,遂通令各住户,自行觅地迁移。能迁移者已继续移居,但贫苦无力延宕不迁者仍有 36 户,并集体上书救济院,恳请等春暖时再行迁移。后经救济院议决,取消收房之议,并准展期到 10 月 10 日为止,其体贫无依者,准其入救济院就食,以示体恤。③

第一期贫民住宅到期后,1935 年 5 月,河北省市当局开始重新筹措建立新的贫民住宅。"津市户口日繁,人烟稠密,其资力较强者,或赁房而居,或自建高厦,至贫苦者每感住处维艰,虽有房产公司兴建小规模住房出租,但租金

---

① 《(天津市立救济院)本院贫民区呈报各事宜(1933~1934 年)》,天津市档案馆藏,档案号:J0131-1-000630。

② 《(天津市立救济院)本院贫民区呈报各事宜(1933~1934 年)》,天津市档案馆藏,档案号:J0131-1-000630。

③ 《(天津市立救济院)本院贫民区呈报各事宜(1933~1934 年)》,天津市档案馆藏,档案号:J0131-1-000630。

颇高,非一般贫民所可担负。其艰苦贫民既无自建住宅能力,往往集合数家,同处而居。下焉者甚或于津郊各处,支搭窝棚,实与露宿无殊;不惟为状堪怜,且极危险。"①鉴于此,经省市方面筹商,拟由天津市政府根据新生活原则,自重建贫民住宅数处,择址在大王庄以东兴建一处,由工务局、社会局两局进行设计,对于卫生及消防设备相当注意。所需工料款项拟向银行界借垫。拟将来办理如有成效,再行增设数处。后来,此项计划不了了之。

兴建贫民住宅,是近代天津市政府为解决贫民住房问题而进行的初次尝试,在一定程度上使一部分贫民享受到实惠,居住条件得以改善。但所建贫民住宅数量有限,租住条件苛刻,租期较短,这对于解决城市贫民的住房问题,无疑只是权宜之计。

(三)设置收容机构

近代天津的收容机关,既有常年的,也有临时性的。1933年,天津市社会局对天津市的收容机关进行调查,常年性质的,如贫民救济院、妇女救济院、育婴堂、广仁堂;临时性质的,如战区难民收容所,具体情况见表8.5:

表 8.5　1933 年天津市收容机关概况表

收容机关名称	办理性质	所数	经费(元)	收容人数		
				本期内共计	最多时	最少时
天津市市立贫民救济院	市立	1	每月 8190	4435	2221	1232
天津市妇女救济院	市立	1	每月 1300	105	82	62
长芦育婴堂	长芦盐商捐助经费并有市款补助	1	每月市款补助 300	147	125	117
战区难民收容所	由天津市慈善事业委员会及红十字会天津分会合办	1	由天津市慈善事业委员会开支	5573	24 000	17
战区难民收容所	中国红十字会天津分会	5	6 个月共计 208.06	1855	885	2
广仁堂	苏皖浙三省士绅成立	1	每月 5000	收容妇女334	334	332

资料来源:天津市政府统计委员会编:《天津市统计年鉴》(社会类),1935 年,第 52 页。

---

① 《省市当局筹建贫民住宅》,《大公报》1935 年 5 月 22 日(6)。

就性质而言,这些收容所既有官办的,如市立贫民救济院、市立妇女救济院;也有社会力量承办的,如育婴堂、难民收容所、广仁堂等。就使用经费和收容人数来看,政府承办的贫民救济院经费相对充裕,收容人数较多。但是,社会力量承办的广仁堂、育婴堂,在救助方面一直发挥着不可忽略的作用。

战区难民收容所,在近代战事频仍的特殊时期发挥着积极的作用。近代中国兵连祸结,每遇战事,难民扶老携幼,流离失所。天津一些慈善组织设立大量的收容所来安置难民。1928年6月,仅天津红十字会就设立难民留养所27处,使其"分别留养,以尽慈善天职"①。1931年九一八事变后,逃津难民日多,天津市于1931年12月间,成立了"东北难民收容所",在该所成立的近4个月内,总计收容难民16 117名。②此外,一些教堂、祠堂、学校、旅店、寺庙、茶园等公共场所以及一些民宅都被辟为临时收容所。1933年4月,天津市旅栈商同业公会,鉴于市内难民无处投奔,为预防非常时期市民之危害及安全起见,预备将会员所设130处之旅栈作为收容地点,以资普遍收容。③1936年12月,士绅张春荣等人"因往年严冬,无衣贫民,冻毙街头巷尾者,指不胜计,殊甚可怜",联合集资在南市旧广和楼创办了"贫民庇寒所",一般贫民均可入所住宿取暖。所内不施粥,分男女两处,总数约容纳2000余人。④

另外,每到冬季,有不少贫民冻毙街头,一些慈善团体或个人,为免去贫民流离失所暴毙在冰天雪地中,从人道的角度出发,专门为贫民搭建一些临时暖厂。暖厂和粥厂一般同日开始,同日结束。1932年冬,天津市黄十字会,除在南市"三不管"一带举办粥厂外,还在该处成立暖厂一座,"以席棚搭就内设稻草床,容纳无处归宿之男女贫民,以免严冬冻毙,男女分棚容纳,暂时规定只收五百人"⑤。1935年冬,明德慈济会,为收容全市无衣之贫民,特在南市"三

---

① 《天津红十字会难民留养所之调查 已成立者共二十七处》,《益世报》1928年6月12日(11)。

② 《难民收容所》,《大公报》1932年3月22日(7)。

③ 《非常时期难民有所归宿》,《益世报》1933年4月3日(6)。

④ 《贫民庇寒所今晨开幕》,《大公报》1936年12月18日(6)。

⑤ 《暖厂黄十字会举办 以免冻毙贫民》,《益世报》1932年12月3日(6)。

不管"大舞台南,开设冬令暖厂1处,厂内共搭席棚5处,一处为男贫民宿处,一处为女厂,另一处为粥厂,此外为贫民设病室、厕所各1处。各厂内均设置大火炉,地上铺以芦苇及席约一尺高,足以御寒。男暖厂共设铺40个,每铺可睡12人,共可容480余人;女暖厂共设10铺,可宿20余人。该暖厂于11月26日正式开设收容,一日内收容男女贫民600余人,以超过定额。①据南市暖厂统计,截至12月8日,收容已达近千人。②除明德慈济会主办之暖厂外,乐善堂和救世军也主办有暖厂。但因市区贫民众多,食粥贫民络绎不绝,致使暖厂陷入无法收容的状态。为此,《大公报》呼吁,"深盼各慈善家同起协助"③。因就住暖厂人数众多,加之暖厂管理不善,1936年2月15日凌晨发生大火灾,明德慈济会暖厂暨华商公会粥厂,两厂全部被焚,暖厂贫民共焚毙151人,惨不忍睹。④此消息传出,社会舆论大哗,纷纷要求追查责任。由于官厅与慈善家互通声气,又鉴于死者认领者较少及家属畏势不敢出面追究,结果此事不了了之。

1936年冬,天津绅商张春容、齐文轩等10余人,因入冬以来,天气寒冷,冻毙之贫民时有发现,特自行集资,在南市广和楼旧址,成立"中国白万字会慈善庇寒所"一处,以供贫民取暖。鉴于1935年冬南市大火灾的惨剧,为安全计,此次建筑纯用红砖砌成,屋顶用铅铁搭盖,屋内装置锅炉数十座,既可取暖,又供饮水,能容贫民2000人。⑤南市贫民庇寒所历经十数日,终于筹设完备,于12月18日正式开幕,内部分男女部,能容2000人,空气流通,光线之射入,甚为适合,地上铺有稻草,再覆以棉褥,贫民可席地而坐,就近锅炉,可以取暖饮水。⑥这些收容机构的设立,使不少贫民在寒冬免于冻毙街头。

近代天津市社会和政府为整顿市容、解决贫民住房问题而搭建临时性窝铺,兴建贫民住宅,以及设置收容机构,这对于改善贫民居住条件、提高贫民

---

① 《冬令暖厂昨开幕 收容男女贫民六百余》,《大公报》1935年11月27日(6)。
② 《平津昨奇寒 暖厂拥挤不堪 冻毙达十九人》,《大公报》1935年12月9日(5)。
③ 《市区贫民众多 暖厂收容已逾定额》,《大公报》1935年11月28日(6)。
④ 《南市大火受伤贫民正调查中》,《大公报》1936年2月17日(5)。
⑤ 《本年唯一暖厂能容贫民二千人》,《大公报》1936年12月7日(6)。
⑥ 《贫民庇寒所今晨开幕》,《大公报》1936年12月18日(6)。

生活水准发挥着一定层面的积极作用。

三、教育救助

1918年6月15日,《大公报》发表了《振兴贫民教育之必要》一文,指出:"国家根本大患莫若贫民之失教育。我国社会之黑暗,民生之凋敝,匪盗之充斥,其总原因即在于是。故欲为国家谋治安,为人类造幸福,其第一要端,即在振兴贫民教育。"①

此言论把贫民教育之失看作"国家根本大患",并认为中国社会的黑暗现实,民生之凋敝,以及盗匪的充斥,都源于中国贫民教育的失当,把振兴贫民教育视为谋取国家治安、造福人类的第一要义。在晚清民国时期,这种重视贫民教育的理念,不只是停留在字面的宣传上,官方和社会已经开始积极地付诸实践,并创办了一些贫民教育机构。

(一)官办之贫民教育

1.贫民半日学社

在中国传统社会,各地多设义学,为贫困之家的子弟提供免费教育。民国时期天津官办的贫民教育机构主要有贫民半日学社、天津贫民教养院、游民收容所(后改组为市立第一贫民救济院)、育婴堂等。其中贫民半日学社属于专门的学校类的贫民教育机构,不仅规模大,颇有成效,而且是一个教养兼施的慈善组织。

基于近代天津教育事业的落后及社会经济的贫困化,解决贫寒之家子弟的失学问题,急需创设免费的义学,天津市警务处处长杨敬林②在治警务余力

---

① 《振兴贫民教育之必要》,《大公报》1918年6月15日(3)。
② 杨敬林,本名杨以德,字敬林,天津人,出生于没落盐商家庭。年轻时曾当过更夫、车站检票员。1910年任直隶巡警道,1913年任直隶全省警务公所总办,1914年天津警察厅成立后改任厅长,1917年兼直隶全省警务处长和天津特别区(原德国租界)管理局局长。1924年12月,代理直隶省省长兼警务处长、天津警察厅厅长。1925年,因争权夺势,安插亲信,被奉系军阀张作霖免去各职,在家闲居。1944年去世。

之时,于 1916 年在天津市区创设了贫民半日学社,"今于公私交困之时,而欲补助教育普及之益,此贫民半日学社所以亟于创设者一也。"①

半日学社的社址是借用各区的公产,改为学社;教员由休班警长中受过普通教育者担任,纯尽义务,不加支薪。"地不取租,员不支薪",即不费公家一钱而可使众多贫困失学儿童享有受教育的机会,故就其性质而言,属于慈善性质。贫民半日学社最初在天津城厢警察管理范围地创办,办有成效后,逐渐推广到天津四乡。

贫民半日学社专为贫民而设,招生不受年龄及是否识字的限制,"同是失学子弟,即无程度高下可分,无论长幼,皆施以同级之教育。"②至于招生的名额,则受学社讲室宽狭的限制,每社多者可以招百余学生,少者可招四五十人,如有退学,可添招足额。社中各生初来时,程度相差无几,同一讲室都为一班。其后,人数既多,且有随时退学新添补的新生,和新旧于一堂,有程度上的差别,为便于施教,采用分班轮流授课的方法。每社有社员两名或三四名,由警察中通晓文理者充任。

在课程设置上,各社课程统一分为外场和内场,内场为国文、习字、算术、手工、音乐等,外场为体操。③授课时间初定为每日两小时,开课后发现学生半日休息的时间内实无事可做,荒废光阴,故将上课时间改为上午 3 小时、下午 3 小时。每星期休息,年节放假与其他学校相同。学社初定为三学期(一年半)毕业,后改为三年,1919 年 9 月举行了第一期毕业典礼。

贫民半日学社自 1915 年开始由警务处处长杨敬林倡导创办,各区警员也尽力联合地方绅商,逐渐推广。其经费没有丝毫制定的款项,教员也无薪水,学生皆是些贫苦困穷无力负担学费的人。社内的物品书籍、图器衣服以及笔墨纸张,都由学社提供。经过 4 年经营,到 1920 年,学社达 27 处,学生达 1458 名(1920 年半日学社各区成绩见表 8.6)。4 年间惨淡经营,能取得如此成绩,实属不易。

---

① 朱启明:《天津贫民半日学社纪略》,上海:中外印字馆 1929 年版,第 1 页。
② 朱启明:《天津贫民半日学社纪略》,上海:中外印字馆 1929 年版,第 29 页。
③ 朱启明:《天津贫民半日学社纪略》,上海:中外印字馆 1929 年版,第 31 页。

天津贫民半日学社的创设,得到了中华民国大总统袁世凯的嘉奖,"该厅创设贫民半日学社,不费公帑,造就甚闳,毅力热忱,有功社会,应即传令嘉奖,并交内务教育两部查照立案。"[①]社会各界对此也有很高的评价,1920年4月,教育部视察天津的贫民半日学社后,称赞"其法之良,意之美,且以警察而助教育之进行,殆合地方自治之模范"[②]。教育部还试图把这种教育理念推而广之。烟台警察厅也欲仿行,并致函天津警察厅索要办学章程。[③]

表8.6 1920年天津贫民半日学社各区成绩表

社别	中区第一二学社	中区第三四五学社	中区第六七学社	中区第八学社	中区第九十二学社	东区第三学社	东区第四学社	东区第五学社	东区第六学社	南区第一二学社	南区第三四学社	南区第五六学社	南区第八十学社	西区第一学社	西区第二学社	西区第三学社	西区第四学社	西区第五学社	西区第六学社	西区第一学社	西区第二学社	西区第三学社	西区第四学社	合计
学生出社与各处谋生计者	二百五十二人	一百六十三名	十五名	四百三十八名	一百五十二名	四十二名	三十七名	二十名	五十名	五十名	二十五名	五十六名	四十名	六十一名(另挑赴督军署学习鼓号三名)	四十名	六十名	二十名	九十名	四十名	一名	七十名	无名	十三名	五名	六名	二名	一千四百五十八名

资料来源:朱启明:《天津贫民半日学社纪略》,上海:中外印字馆1929年版,第49~52页。

---

① 朱启明:《天津贫民半日学社纪略》,上海:中外印字馆1929年版,第12页。
② 朱启明:《天津贫民半日学社纪略》,上海:中外印字馆1929年版,"序"。
③ 朱启明:《天津贫民半日学社纪略》,上海:中外印字馆1929年版,第65页。

贫民半日学社的创办，对于解决一些贫困子弟的受教育发挥着积极的作用，但是另一个重要方面，则是基于地方治安的考虑。天津作为近代华北的通商巨埠，众多民众为图谋生计，纷纷入津，但是他们往往生活艰窘，尤其是欧战爆发后，"贫民失业者甚多，又兼地处通都，远近贫民流入者更实繁有徒，此等人民谋食既艰，教育更属无望，使此等人民均失教育，不但于市面妨害甚大，对于国家前途亦有莫大之关系。"①在1919年12月7日贫民半日学社学生的第一届毕业典礼上，杨敬林在训词中一语道破起初创设目的："贫寒之家，尤以无力供给之故，不能入学，致令聪颖子弟甘于坐废，殊为可惜，甚或流入歧途，尤为地方治安之障碍，故本处组织此项半日学社，专收贫寒无力入学之青年，教以应用之学识，以补助学校所不及，亦即隐以维持地方之治安。"②维护统治的目的昭然若揭。但是，教育并不是社会政治的附属物，一旦教育与政治联系，势必随着政局的发展而旋起旋灭。1925年后，随着杨敬林在政坛的失势，半日学社随之走向衰落。1928年，贫民半日学生改为平民学校，仍由天津警察局领导，但成绩与1925年以前相比不能同日而语。天津沦陷以后，大部分义学停办。

2.工人教育

1928年，全国教育联合会通过"实施劳工教育"一案，该案共列办法5条，要点如下：(1) 由大学院会同工商部规定凡40人以上的工厂或商店，应设相当的补习学校；(2) 请大学院编制职工适用之教材；(3) 由市县社会教育主管机关聘请专员往各工厂巡回演讲。同年，工商部《工人教育计划纲要》颁布，此项计划纲要共分12节60条，规定工厂、矿山、学校、商店、各级党部、各机关公团、工人住宅区等为教区。各教区均应设立男女工人学校或读书处，或其他教育方式，男女合教或分教，按情形酌定。各区办理工人教育的责任，由各教区组织工人教育执行委员会担任。③在此情形下，各地方政府也拟定相关方面

---

① 朱启明：《天津贫民半日学社纪略》，上海：中外印字馆1929年版，第4页。
② 朱启明：《天津贫民半日学社纪略》，上海：中外印字馆1929年版，第57页。
③ 邢必信：《第二次中国劳动年鉴》(第3编)，北平社会调查所，1932年，第149页。

的计划与方案。1929年1月,天津市教育局设立工人补习学校7所,共有学生930人,具体情况见表8.7:

表8.7 天津市工人补习学校一览表

校　　名	学生人数	成立年月
第一工人补习学校	150	1929年1月
第二工人补习学校	100	1929年1月
第三工人补习学校	40	1929年1月
第四工人补习学校	40	1929年1月
第五工人补习学校	120	1929年1月
第六工人补习学校	400	1929年1月
第七工人补习学校	80	1929年1月
总　　计	930	—

资料来源:邢必信:《第二次中国劳动年鉴》(第3编),北平社会调查所,1932年,第154页。

1931年10月,天津市政府依据工商部《工人教育计划纲要》,公布了天津市工人教育方案,将工人教育分为学校(工人子女小学校、童工学校两种)、识字处、书报阅览处、通俗演讲四大步。同时,该方案还规定,工人教育由各工厂、公司、商店及报馆举办之,凡工人不满40人之工厂、公司、商店及报馆,由两家以上联合实施工人教育;工人教育,应不分性别,一律同时受教,但工人补习学校,得因年龄关系,分设男女班;凡入学之工人及童工,其每日工作时间在8小时以上者,设教者得斟酌情形,减短其工作时间,以便就学;工人教育,应受本市社会局、教育局之监督与指导;举办工人补习学校的经费,由设教者完全负担,至联合举办者,其经费由各方按照受教者人数之比例分担。①这些规定表明,政府已将工人的教育问题提上了议事日程。

3.天津教养院、游民收容所、市立贫民救济院等

近代贫民教育机构,除上述警察厅创办的贫民半日学社外,很多慈善机构

---

① 《工人教育实施方案》,《大公报》1931年10月28日(7)。

有教养兼施的功能。1915年，士绅宁世福等呈准天津巡按使，将育黎堂改组为天津教养院，并在育黎堂、栖流所旧址和东南城角草厂庵学棚三处设立教养院。除收容老残外，兼收游民，施行教养兼施的办法。①教养院当时有贫民1500余人，分织科、染科、木工科、编席科、石印科、铁工科。除此之外，还教授《三字经》。常川董事杜克臣以"该院所收贫民幼失教养，壮乏成全，非有相当之教育，即不足化其顽梗之性情，特著《教养三字经》一书，即送千册发交总分各院，以备贫民讲诵之用"②。

北伐战争结束后，为安辑流亡，1928年11月，天津警备司令傅作义在河北新大路设立"游民收容教养所"。院中贫民待遇甚为优厚，食堂、讲堂、卧室等设置齐备，整洁卫生。尤其注意年龄在17岁以下青年的培养教育问题，认为他们"正在脑力清楚之际，若只授以手工，未免可惜。拟将来于分所对过僧王祠内，设立国民学校，使之入校读书，毕业后，程度较佳者，由所中筹款，再使升入高级小学"③。对于20岁以上之青年，则另组织半日学校，使之半工半读，既获以手工价值，又能获得一定的知识。这种"教养兼施"的做法，显然有助于使这些贫民获得一技之长，便于其出院后能自谋生计。

1929年，天津市区实行统一慈善机构，将游民收容所、教养院、贫民工厂合并，改组为"市立第一贫民救济院"，是年9月24日正式成立。合并成立后的救济院，鉴于内部办法不一、组织不一的状况，进行了改组，下分四部：游民收容部、贫民工厂部、补习学校部、医院部。对旧式教学办法加以改革，所有教师，拟由教育局选派，注重半工半读。④1930年7月，贫民救济院为推广救济范围，在院外成立了贫童二部教授，附设贫儿教育所，其完全为义务性质，"目的在使家道贫寒不能入正式小学之儿童，得受义务教育"。收容学生以80名为定额，分上、下午两班，纸笔墨书籍，完全由院中供给，办法参照教育部实施义务教育初步计划，设置义务补习学校。儿童入学年龄，须在8岁

---

① 天津市地方志编修委员会编：《天津通志·民政志》，天津社会科学院出版社2001年版，第19页。

② 《教养院注意贫民教育》，《益世报》1916年1月15日(6)。

③ 《游民收容所之近况》，《益世报》1928年12月19日(11)。

④ 《贫民救济院今日成立》，《大公报》1929年9月24日(11)。

以上、14岁以下,不限性别,合班教授,或单式,或复式。学生肄业,4年期满,成绩及格者,或考试升入各小学,愿习织工者则选入本院工作所学习。课程为三民主义、国语、书法、算数、手工、图画、常识、乐歌、体育等。①至1930年11月,救济院总院收容贫民459人,分所476人,共935人。总院分教育、工作两所,贫民吃饱穿暖以后,工作与教育并重,工作分织布、毛巾、鞋袜、苇席、制刷、造胰数种;教育课程,则有国语、常识、体操、珠算、笔算等实用知识。②

此外,1929年创设之妇女救济院,对院中收养之妇女采取教养兼施的办法,可以学习知识技能,也可以学习缝纫、刺绣等技能。院中设备较为完善,有音乐教室2间(内有中国乐器和球桌风琴),刺绣科教室3间,年长生和年幼生以及补习科的教室共有8间。③

这一时期的官办慈善机构,受西方慈善理念的影响,改变了过去单一物质救助的做法,不仅对社会上老弱病残等无劳动能力者实施收养,而且对年轻力壮的贫民教以谋生的技能。这一变化反映了民国时期救济机构开始由单纯的收养向教养兼施的方向转化,这是国家在救助活动中的一大进步。

(二)社会所办之贫民教育

贫民子弟,因家境贫寒,生活无以为继,失学辍业,在所难免。为救济贫苦人家的子女,一些慈善团体和社会开始创设贫民学校,授以文化知识和生产技能。1929年天津市社会局统计,各慈善团体所创设之教育机构就有12所,就学人数达972人,详见表8.8:

---

① 《津市生活——本报社会调查之十八 贫民的救济》,《益世报》1930年7月23日(11);《津市生活——本报社会调查之十八 贫民的救济(续)》,《益世报》1930年7月24日(11)。
② 《寒风瑟缩中的贫民生活》,《大公报》1930年11月13日(7)。
③ 《妇女救济院今日举行周年纪念》,《大公报》1930年2月1日(11)。

表 8.8　1929 年各慈善团体教育设施比较表

项别	数量	就学人数
教养所	3	192
小学校	7	769
半日学社	2	11
总计	12	972

资料来源：吴甌主编：《天津市社会局统计汇刊》(慈善救济)，"各慈善团体教育设施比较表"，天津市社会局，1931 年。

创设于清乾隆五十九年(1794 年)的长芦育婴堂,教育为该堂设立之重要事项。到 20 世纪 20 年代末,堂内分为两科,一为工艺科,一为教读科,实行半工半读。每日上午由 8 时至 12 时,皆至工厂内学习工艺,下午 3 时至讲堂内读书。工厂科有大工厂一座,内分毛巾、倒线、绣花、织布、织物五科。大婴、中婴按时入场分科工作,15 岁以下者,学习倒线等简单事项,15 岁后开始分科工作。教读科分大婴、中婴两班,每日下午 3 时入堂授课,学习课文、珠算、三民主义等课程。每半月后,开家政一班,集大婴于一讲堂内,演讲家庭常识,演习礼节及烹饪裁剪等,一切用具和课本,皆有该堂发给。①从教授的内容来看,都是一些基本的谋生技能,这利于被教养者日后在社会中立足生存。

自 1840 年国门被打开后,传教士在华活动不断深入,创于 1844 年的基督教青年会于 1895 在天津成立了天津基督教青年会,这是中国第一个城市青年会社。基督教青年会社会救济的主要内容除每年的冬赈外,还积极从事医疗和助学等方面的救助活动。近代天津市虽然是一个繁华的大都市,但由于贫富分化严重,贫苦百姓甚多,儿童失学者为数不少。鉴于此,1922 年,天津基督教青年会社会服务团,在河北水梯子教会设立"第一平民义务学校",其目的在于"救我贫苦同胞,不致失学,同登畛域"②。此外,青年会下属的联青社,30

---

① 《天津育婴堂近况》,《大公报》1929 年 11 月 8 日(11)。

② 《第一平民学校开幕之盛况》,《益世报》1922 年 3 月 30 日(11)。

年代还在天津开办了2所民众补习学校、2所半日学校等。民众补习学校,每期招收56人,时间7个月左右。学生毕业后,由学校介绍到市立、私立各高级学校肄业。半日学校,学制4年,不收学费,免费发放书籍。学生均为贫苦儿童,每天下午上课,科目分国语、常识、卫生、美术、工作、算术、公民等。①

工人子弟的教育问题依靠工人自身实难解决,民国初年一些经济实力雄厚的厂矿,创设有工读学校,供贫苦工人及其子女入学。如塘沽的久大精盐公司,设有明星小学,该小学于1925年4月由该厂总理范旭东私人捐资创设,该校原意为久大、永利两厂职员子女而设,其后工人子女及厂外儿童亦多往就学。1927年春,该校共有学生92人,计职员子女33人,工人子女18人,外来学生41人,"凡职员及工人之子女就学者,一概免费"②。

一些规模较大之纱厂,常设有职工子弟学校,为职工子弟提供免费教育。如宝成纱厂于1925年,在老工房的东北角建有职工子弟学校,所需各种经费,均由厂方负担。1929年,有学生36人,分为4个年级,男生年龄最高16岁,最低7岁;女生年龄最高16岁,最低12岁。③裕大与裕元两纱厂,在这一时期也先后设立职工子弟学校。裕大于1928年旧历八月二日,设立裕大小学,招收学生40多人,内有女生6人,分甲、乙、丙三班上课,课本仍用旧制的共和教科书。裕元厂方"因工友子弟贫困者多,并无余资使其子弟向他处入学,享受相当教育;更恐工友在厂工作,有顾此失彼之恨,故为安慰工友专心工作,并养成其子弟,本爱护学校之心转为爱护工厂起见,由总管理处庐宠之先生,发起创办此校"④。并于1930年8月16日,设立职工子女学校,招收学生100人,均为初级,后分两级,一年级学生74人,二年级学生26人。学生的出勤情况较好,每日上课的学生在90%以上,犯校规者较少。尽管厂方给工人子弟提供了诸多便利,但是学生仍有许多不堪的苦痛,"学生家庭中贫苦者多,关于纸、笔、墨、砚,以及课本等,自备颇有不能胜任之苦。"⑤

---

① 任云兰:《近代天津的慈善与社会救济》,天津人民出版社2007年版,第241页。
② 王清彬等:《第一次中国劳动年鉴》(第3编),北平社会调查部,1928年,第87页。
③ 吴瓯:《天津市纺纱业调查报告》,天津市社会局,1931年,第326页。
④ 吴瓯:《天津市纺纱业调查报告》,天津市社会局,1931年,第110页。
⑤ 吴瓯:《天津市纺纱业调查报告》,天津市社会局,1931年,第111页。

妇女儿童的教育问题，也引起社会的特别关注。1922 年 1 月，天津学生同志会鉴于"津埠失学儿童甚多，嗣以无款可筹"，借商会作为校址，设立临时"平民夜校"，每天晚间教授一二小时，科目为识字、国耻史，1 月 6 日开课时报名者已达 150 人。①1937 年 3 月，大学妇女联合会筹设"妇女攻读学校"，校址暂设河北二马路三八女子中学校内，课程除识字外，并授以家庭工艺及康乐活动等科目，修业期限 4 个月，不收学杂费。②妇女攻读学校定于 3 月 16 日正式开学，计到学生 24 人，该校分为"工厂妇女"及"家庭妇女"两组，工厂妇女课程，为千字课（包括注音符号作文写字）、公民、算术、康乐活动；家庭妇女课程，为千字课、公民、算术、家庭工艺（缝纫）。4 个月毕业，每日下午授课 2 小时（3 时半至 5 时半），均由河北省女师范家政系学生担任义务教师，费用仅收保证金 5 角，毕业后退还，报名达 20 名，即行开课。③

每遇荒年，天津市的一些慈善组织或个人，常专门针对灾童也设立了一些临时性的补习学校。如 1920 年波及华北五省的大旱灾，天津一些团体专门设立收养灾民幼童的教养所。1921 年 1 月，直隶第一女子师范学校学生赈灾团组织"临时幼女教养所"，"以收养灾民幼女，并教以相当知识技能，俾能独立谋生为宗旨"。该所于 1 月 28 日正式开办，收容对象是 11～16 岁被灾幼女，给其宿膳，授以知识技能，时间以 5 个月为限，所址设在泰来北里。④同月，天津教育副会长吴召棠，联合同志，在天津创办"灾民孤儿院"，收入被灾区内孤贫儿童，以资教养。⑤这些教养所由慈善组织、宗教人士或个人兴办，多为临时性质，持续时间不长，规模一般不大，收养人数多在四五十人，灾童有的吃住在教养所，有的在教养所吃中午饭，晚上则回窝铺居住。

---

① 《平民夜校昨日开学》，见郭风岐主编：《〈益世报〉天津资料点校汇编》（一），天津社会科学院出版社 1999 年版，第 999 页。

② 《救济失学妇女大学妇女联合会筹设攻读学校》，《大公报》1937 年 3 月 1（6）。

③ 《大学妇女学会主办妇女攻读学校十六日开学》，《大公报》1937 年 3 月 9 日（6）；《妇女攻读学校昨日开课》，《大公报》1937 年 3 月 17 日（6）。

④ 《临时幼女教养所成立》，《益世报》1921 年 1 月 23 日（10-11）。

⑤ 《灾民孤儿院不日成立》，《益世报》1921 年 1 月 31 日（10）。

除慈善团体、工厂等积极兴办贫民教育外,私人也很热心贫民教育,不惜人力与物力,兴办贫民教育,彰显出人性的光芒。如1924年成立的大直沽贫民小学,由大直沽公民赵佩衡等组织,附设于志修堂公所内。该校宗旨,"专为补助贫苦儿童,得受教育,将来谋其一生之自立,故家道充裕者,概不容纳",并且学生的书笔文具,均由学校免费提供,不取分文。①

注重对被救者教育与技能的培养,这是近代新式慈善组织与传统慈善组织的不同。近代天津贫民教育依主办者的不同,可分为官办、社会所办。因资产及经费关系,成效也各有千秋。民办的贫民教育机构,相对官方举办的贫民教育而言,规模小、人数少,且多为临时性质,但也为部分贫民提供了学习的机会,为天津的贫民教育作出了贡献。官办贫民教育由于政府支持,招收人数多、规模大、时间长,且组织较为完备,在对贫民救济和教育中发挥着重要作用。通过对贫民施以教育,使其学得知识和获取谋生技能,提高生存能力,从长远来看,利于国家和社会的稳定与进步。

四、医疗救助②

社会救助的范围十分广泛,除了基本的贫困、住房、教育等方面的救助外,对贫困人群的医疗救助也是社会救助的重要内容之一。近代社会的畸形发展,社会弱势群体的利益不断受损,人数众多的城市贫民处在社会的最底层,收入低微,常常因病而无钱医治,以致使原本拮据的生活陷入绝境。他们需要政府、社会的救助,以便能像其他人一样,公平地享受健康权利与个人生存发展的权利。

近代天津社会对贫民的医疗救助,有官方行为,也有民间行为。政府和民

---

① 《大直沽之贫民小学》,《益世报》1924年7月26日(11)。
② "医疗救助"是政府通过提供资金、政策和技术上的支持,以及社会通过各种慈善行为,对贫困人群中因病而无经济能力就医的人群,或因支付数额庞大的医疗费用而陷入困境的人群,实施帮助和经济上的支持,使他们获得必要的健康,以维持其基本生存能力的一种社会保障制度。见米勇生主编:《社会救助》,中国社会出版社2009年版,第192页。

间合力,互相补充,从不同层面积极开展社会性的医疗救助。

(一)官办医疗救助

为防止疾疫传播,天津市政府常常在春夏之际,或疫情流行时免费施种各种疫苗。1927年4月26日,天津警察厅贫民医院发出布告,施种牛痘,"为防疫要端,现届春令,无论男妇老幼,均应及早布种,以消毒患,本院现配制新浆,每日上午九点至十二点钟止,施种牛痘,不取分文。"①夏季炎热,易导致疾疫流行,为防止传染起见,政府积极组织对贫民免费施医,"查现在时届炎夏,酷热异常,一切疾病,最易丛生,如中暑、霍乱等急症,病起仓猝,甚至不及施治,因而毙命者屡见不鲜,尤以负苦贫民患者居多。为此令仰该院嗣后遇有贫民染患急症送院医疗时,应速随时施诊,并准予免收医药等费,以资救济,而重民命。"②

1929年10月,天津警备司令傅作义因感于天津市公立慈善医院缺乏,于是发起组织了"农工警备医院"。经费由社会捐得4万余元,作为基金,并由市政府每年拨赛马税2万元,作为常年经费。该院设于河北金刚桥东紫竹林,以救济贫民之疾病为宗旨,规划有条,设备周详。该院虽名为"农工警备医院",但各界人士前往就诊者无不代为诊治,并且所有挂号费、医费、手术费均全部免收,遇有大症经该院准许住院者,除酌收饭费外,其余各费概行免除,故自开诊以后,就诊者极为踊跃,平均每日在一百二三十人左右,尤以妇女为多。③

市立第一医院,设在特二区寿安街曹家大楼旧址,每日上午门诊,星期天及例假均行休息。内部组织,分内科、外科、妇科、眼科及药局,并附设一化验室。各科关于技术上的设置也很完备。收费办法,起初凡是由各坊公所证明确系贫寒的病户,准予免费,其他概收极薄的号金。后来考虑到这种方法有限制,对于民众不大方便,于是采用无限放任的办法,此法是分两个挂号处,一是收费挂号处,一是免费挂号处,病家任意到哪里去挂号都成,"无论你衣冠

---

① 《贫民医院施种痘》,《大公报》1927年4月27日(7)。

② 《天津市政府训令(字第232号)市立医院》(1933年7月),天津市档案馆藏,档案号:J0123-1-000458。

③ 《津市新创设之慈善事业农工军警医院参观记》,《大公报》1929年10月30日(11)。

如何整齐,如果去挂免费号,他决不加干涉;无论你外表如何褴褛,如果你肯挂收费号,他亦不加怜惜。"①一切出于自愿。每日应诊病人约达百余人乃至200人,颇受社会的欢迎。

市立第二医院设在河北狮子林前农工军警医院旧址,地势广大,病房宽敞,器械完备。且四周人烟稠密,每日就诊人数众多。诊时为上午9～12时,必要时也可出诊,星期天及例假均休息,但急诊不在此限。该医院曾一度打算联络各大工厂,改为"劳工医院",结果因为筹备经费困难,所以导致该计划一直没有成功。医院内部组织,分为内科、外科、妇科、眼科、小儿科、耳鼻喉科、皮肤花柳科、产科及药局。收费办法,每次5分,赤贫者免费,药费普通在两三角钱左右(该项收费,实在因经费无着,不得已而收纳),院长及大夫等均无薪俸,每月仅支付车马费二三十元不等,"大家惨淡经营,热心公益而已"②。

1933年10月,天津市还通过了《天津市市立医院收费暂行规则》,明确规定"贫户分文不取"。对于一般贫苦之住院患者,院长酌情减收住院费,如果有患者居住地之区坊或警所来函证明确系赤贫者,除伙食费用外,可全免住院治疗费等。③1933年天津市政府将市立贫民救济院改组后,将其中的诊疗所改为贫民医院,进行扩充,还成立了戒毒部、疗养院、手术部、药剂部、诊后部等,并且改组后除院生仍随时治疗外,还实行院外施诊,聘有著名的西医多人,分别担任,并规定病者仅收挂号费铜元5大枚,无力缴纳挂号费者免,必要时还供其食宿等。④这种对贫户提供免费医疗的做法,对于贫民就医打开了方便之门。

1937年6月,冀察政务委员会宋委员长,为救济平津贫苦儿童起见,特拨款每市经费万元,筹设平民儿童医院。天津市社会局奉令后,积极筹备,决定以宋委员长捐助之万元,充作开办经费,经常费拟由天津市政府每月筹拨2000至3000元。⑤政府资金的不断注入,对于贫民的医疗救助无疑发挥着无可

---

① 《天津的平民医院》,《大公报》1933年12月30日(13)。
② 《天津的平民医院》,《大公报》1933年12月30日(13)。
③ 《天津市市立医院收费暂行规则》,《天津市政府公报》(法规),第57期,1933年10月,第43页。
④ 《贫民救济院诊疗所改组贫民医院》,《大公报》1933年8月1日(9)。
⑤ 《津市筹建平民儿童院》,《大公报》1937年6月18日(6)。

替代的积极作用。

(二)民间医疗救助

民间医疗救助是指政府力量之外,由各种民间团体、组织或个人,自发组织实施的医疗救助,其在一定限度内填补了政府救助力量所不能覆盖的社会空间。近代天津民间医疗救助的主体主要有善堂联合会、红十字会、黄十字会、基督教青年会等。

1917年7月,天津善堂联合会董事王贤宾等组织"医药救急慈善会",7月25日上书警察厅,并呈请县公署立案,称:"敝会每当查放冬赈及恤嫠月米之际,时有极贫并鳏寡孤独之人,卧床呻吟不能医,欲药无资,奄奄待毙,情殊可怜,见者寒心,是以敝会一再讨论,佥以职在救人生命,似此待救之苦人,理应拯济,以达我慈善之衷诚,当即公决,约请本埠热心大医士担任,义务设立医药慈善会,专任斯职,广济生命。"①该会同时制定了简章12条,定名为"医药救急慈善会";地址附设在天津善堂联会会内;对于贫苦无力、鳏寡孤独及残疾确系无力之病人,施以诊治,并给予药品;经费由善堂联合会并各善士随意资助,及大商号合理担任之;出诊由各热心医士准据善堂联合会之查明报告,即应由本会善士导引,携带墨盒纸笔,亲赴诊视,但可行动者由善友送往各医士处就诊;各热心医士诊视开方,即告明其家属及其亲近人来善堂联合会取药,药资不得收取分文;堂中会员均系纯粹义务;研究疑难大症,各热心医士得召集开会,详加讨论,以期慎重民命;就医时限以早9点以后11点以前为止,逾期不候,如有紧急病症,不在此例;范围以体仁、广补、遗引善及南善堂四社在恤嫠会者为准等。②

从章程上来看,救助对象是贫苦无力、鳏寡孤独及残疾等贫苦之人,经费由各善堂及大商号承担,医士免费为贫民就诊,医药费全免,故就性质来看,完全属于慈善性质。

此外,1917年大水灾期间,北洋防疫处在南开中学后南墙子外,还设立诊疗所1处,为灾民诊治疾病;华洋义赈会因灾民以妇婴为最多,在南开大学后

---

① 《请设医药慈善会》,《大公报》1917年7月26日(7)。

② 《请设医药慈善会》,《大公报》1917年7月26日(7)。

门,特设妇婴医院1所,进行就诊。①

1904年在上海成立的"上海万国红十字会",为中国最早的红十字会组织。数年以后,红十字会天津分会于1911年的辛亥革命中成立。②红十字会除了战争期间对伤者的救助外,平时对贫民的医疗救助也是其主要的活动之一。红十字会天津分会在河北大王庄庙旁旧吴楚公所内,附设有平民医院,内部组织分内科、外科及药局三部分,院中设备不及公立医院。在号金方面分为三等,第一等号金2角,受此种待遇的多为中等病者;第二等15大枚,受此种待遇的多为下等病者;第三等则系军警及赤贫病者,"概行免费,药费一律不收"。③这利于减轻贫民的经济负担。在注射药针时,收费也较市价为低。1926~1930的5年间,红十字会平民医院免费施诊贫民达15 018人,其中每年医治的贫民最少近2000人,最多时达4500余人,详见表8.9。

表8.9 1926~1930年红十字会平民医院免费诊治贫民人数表④

年　份	1926年	1927年	1928年	1929年	1930年	合计
人　数	1803人	4309人	4597人	2594人	1715人	15 018人

黄十字会为医治贫民疾病,于1932年5月设立中医、西医施诊所各一处。中医施诊所附设于黄十字会会所,西医施诊所设于法租界35号路女青年会旁,于是年5月9日开始施诊,不收医药费,仅收挂号费铜元5枚,每日施诊时间,下午2时至6时,以30号为限。⑤

---

①　《防疫处设灾民诊疗所》,《益世报》1920年11月24日(10);《妇婴医院开始诊治》,《益世报》1920年11月24日(10)。

②　1911年9月20日,由白毓昆、胡宪等人发起,天津红十字会在新学书院举行成立大会,会址在河北官立第一蒙养院内。天津红十字会成立后,其主要任务是战场救助和医疗救助,同时也救助贫黎和赈济灾民。

③　《天津的平民医院》,《大公报》1933年12月30日(13)。

④　《中国红十字会天津分会附设平民医院之报告书》(尚克强教授存)。

⑤　《贫病福音》,《大公报》1932年5月12日(7)。

1895年天津基督教青年会成立以后,设立了诊疗所,如基督教青年会下设之联青社,在东马路崇仁宫内设有"崇仁施医所",完全以慈善为宗旨,仅有徐颖士大夫一人掌管,外有助手一人,组织非常简单,开诊时间为下午3~6时,每日前往就诊者约三四十人,"号金药费,一律不收,故附近赤贫之病户,获得实惠非浅"①。崇仁施医所曾在11个月内,就诊病人13 102例,为就医无门的穷苦百姓解除了疾病之苦。②此外,基督教青年会还在夏季施舍暑药,以救济劳苦罹疾之同胞。③又如,著名的天主教传教士孟振生,1862年从法国带来14名仁爱会修女,其中5名留在天津,孟振生先后两次给天津教会拨款4.5万法郎和8.2万法郎,作为仁慈堂的开办经费。1864年在天津城东关(即东门外小洋货街),专门买了一处大宅院,修建了仁慈堂、医院、施诊所、学校和教堂等。据教会资料统计,1868~1869年一年内,接受救济者5.6万人次,施诊所就诊病人4.8万人次,医院就诊病人174人次。④

除了民间慈善组织、宗教人士进行的贫民医疗救助外,私人的医疗救助也很踊跃。1929年5月,天津市西头双庙三区五所第九编街街长副,在该编街街公所内附设"公益施医所",一般贫苦患有疾病而无力医治者,均可前往就诊,该施医所各医士,均系纯粹义务热心施赈,每早就医者络绎不绝。⑤天津市法租界著名的马大夫医院,名虽为纪念已故的医士马根济氏(Machkenzie)而设,但实际上成为全市主要的救治机关,该院与伦敦教会虽有关系,但该院之经费,几乎全赖中外人士募捐扶持。1930年5月23日,新屋落成以后,对内部进行了扩充,院中设备较为完备。1930年,据《大公报》记者调查,自7月1日起至9月29日止,马大夫医院共救治新号5039人,老号14 627人,合计近2万人,其中完全免费诊治者竟达3433人之多。⑥1932年1月,李大夫诊疗所承大

---

① 《天津的平民医院》,《大公报》1933年12月30日(13)。
② 任云兰:《近代天津的慈善与社会救济》,天津人民出版社2007年版,第241页。
③ 《本市青年会分十处施送暑药》,《益世报》1936年7月4日(9)。
④ 《天主教传入天津》,见天津市政协文史资料研究会编:《天津租界》,天津人民出版社1986年版,第201页。
⑤ 《街长副热心公益 设施诊所贫民学校》,《大公报》1929年5月2日(9)。
⑥ 《马大夫医院的成绩 三月来救治及两万人》,《大公报》1930年9月30日(7)。

善士捐款为贫民施诊,时间为每星期二、四、六上午10至12时,号金一毛,药资在内,主治花柳病、肺痨咯血、内外各科及一切血症性病等。①

综上可以看出,近代天津城市社会的医疗救助,不论是官方的、民间的,还是私人的,都可谓蔚然成风,为不少贫苦患者解决了不少就医问题。可惜这一时期的医疗救助,多是治标之术,由于当时历史条件所限,这些救助完全取决于当局者的意志和施助者的个人能力,而终未能走向制度化。医疗救助作为社会保障的重要内容之一,它不仅对个体生命健康的维护有至关重要的意义,还可以推动社会生产力的发展,维护社会的长治久安,也能够提高整个社会的经济发展水平。所以,无论是从国家责任来看,还是出于对国家生产力的保护,建立完备的医疗救助制度都势在必行。

五、失业救助

"欲谋社会之安定,首在开辟贫民之生计。欲为贫民开生计,惟在设立各种大工厂以容纳之。"②这种主张通过"工赈"救济贫民的做法,有别于传统上以"养"为主的救济方式,不仅有助于实现救助者的自养自立,还有利于减轻国家和社会的负担。因此,这种救助方式在近代社会救助中不断被采用。

(一)设立贫民工厂与市立贫民救济院

人数众多的城市贫民,无事可做,不仅加重家庭的负担,还可能成为社会秩序的潜在威胁。科学地将这些贫民组织起来,进行生产,不仅有利于个体的生存,还有助于安定社会,增加国民收入。基于此种考虑,天津市政府在20世纪20年代开始积极筹设贫民工厂,进行"工赈"。

设立贫民工厂的做法始于20世纪初振兴实业的热潮中,最初的构想是将救济贫民与振兴实业结合起来。这一做法首先在民间得到响应,如天津的广仁堂和育婴堂分别在1905年和1907年开设有贫民女工厂,且广仁堂内设有纺织、刺绣、缝纫等科,并拟定于1907年1月24日至26日开办女工纵览会,

---

① 《贫民施诊》,《大公报》1932年1月1日(7)。
② 《亟筹贫民生计》,《大公报》1918年6月28日(第3张)。

每日早9点钟至11点钟,下午1点钟至4点钟开会,专供女客观览。①

至1913年,全国临时工商会议上议决通过了《设立地方贫民工厂案》,"查国民生计日蹙,由于无业者多,教养兼施端资工场。地方设立贫民工场一案,业经临时工商会议议决,自应实力提倡。"②全国临时工商会议通过的《设立地方贫民工厂案》,还规定了各地设立贫民工厂的组织、资金、捐税、制品等问题,提出"量财设厂,分科习艺";制品方面,"以仿制的日用输入品,或改良需要出口品为主,以发达地方贫民生计为主",其最终的目的是"国计民生两多裨补"。③此后,天津有了士绅开办的民间救济贫民的工厂,如直隶天津贫民女工厂和1915年韩锡璋创办的天津慈善贫民孤儿工艺传习所,还有附设于教养院的男女贫民工厂。1919年5月,红十字会利用放赈余款,在天津筹设贫民工厂,"将无数饥饿余生,纳而置诸劳动界中,俾得自食其力,其为社会谋幸福也甚大"④。在选取工人方面,该厂总理吴召棠亲自考验,最后录用18名贫民,备取9名。1921年,博爱第一工厂周子彬为救济京旗无业贫民计,筹资2万元,在天津河北大经路筹设博爱第一工厂,所制产品有粗布、漆布、手巾、腿带、线袜等,并设织机100架。⑤早期这些私人设立的贫民工厂,规模较小,收容人数十分有限。但是,官办性质的贫民工厂直到20年代末才正式组设成立。

1928年北伐战争结束后,天津定为特别市,属国民政府直辖。此后,天津特别市政府成立了社会局,由社会局主管天津市的社会救济、公益慈善事宜。社会局成立之初,积极计划创办贫民工厂,希望从根本上解决城市贫民问题,"将天津所有贫民,收集一厂或数厂,教以职业,授以常识,援以工代赈之义,

---

① 《拟开女工纵览会》,《大公报》1907年1月5日(6)。
② 天津市档案馆等:《天津商会档案汇编(1912~1928)》(2),天津人民出版社1992年版,第2471页。
③ 天津市档案馆等:《天津商会档案汇编(1912~1928)》(2),天津人民出版社1992年版,第2471页。
④ 《善哉贫民工厂》,《大公报》1919年6月1日(第3张)。
⑤ 天津市档案馆等:《天津商会档案汇编(1912~1928)》(2),天津人民出版社1992年版,第2698页。

寓生产于消费之中。"①1928年11月,社会局开始正式筹建贫民工厂,为收容无业游民乞丐起见,天津特别市社会局初拟建贫民工厂4处,第一分厂择定在河东沈庄子,第二分厂拟定在河东小王庄,第三分厂在西站,第四分厂在南门外八里台。②

为筹措开设贫民工厂所需经费,社会局初筹划开征乞丐捐,预计每月可得7万多元,完全可以办一个规模较大的工厂。但在实际操作层面,社会局方面遭遇重重困难,在商穷民困的近代天津,乞丐捐的征收不像当局所想象的那样乐观,商户借故迟交,甚至不交,结果导致抽捐甚微,故后来政府不得不下令取消乞丐捐。"住户既怀观望,每月收入不及原有计划二十分之一,以之为贫民工厂第一分厂经费尚行支绌一刻,实无法发展。"③社会局下令取消乞丐捐后,改征附加房捐百分之一,定名为"房捐附加慈善费",作为该厂创办经费,以3个月为限。④后社会局又下令取消"房捐附加慈善费",通过主办义务戏,收得款项3000多元,遂作为创办贫民工厂第一分厂的经费。

经过多方筹措,第一贫民工厂于1929年2月28日正式成立。第一批工人由公安局选送乞丐100名,特别一、二、三区公署各送20名。⑤1929年3月,贫民工厂正式开工,工人由公安局和各特别区公署收容的乞丐组成,一共有170余名。⑥这些人的籍贯以山东和河北人为多,年龄以10~20岁的为多。⑦工人在厂内接受职业技能的培训,学习国文、算术、体操等课程。贫民工厂的设立,对生活无着的贫民来说是极大的"福音"。

---

① 天津特别市社会局编印:《天津特别市社会局一周年工作总报告(1928.8~1929.7)》,1929年,第250页。

② 《贫民出路》,《益世报》1929年2月14日(10)。

③ 《贫民工厂计算书》(1929年6月),天津市档案馆藏,档案号:J0054-2-003316。

④ 《函公安局定期开整理乞丐捐会议》(1929年6月),天津市档案馆藏,档案号:J0054-1-000720。

⑤ 《公安局令各区选送乞丐》,《益世报》1929年3月15日(11)。

⑥ 天津特别市社会局编印:《天津特别市社会局一周年工作总报告(1928.8~1929.7)》,1929年,第252页。

⑦ 任云兰:《近代天津的慈善与社会救济》,天津人民出版社2007年版,第137页。

贫民工厂积极训练贫民的谋生技能,不以盈利为目的,一定程度上有利于解决部分城市贫民的就业问题。但因政府投入资金不足,工厂面临着经费的限制,所容纳的人数相对于庞大的贫民阶层而言,无异于杯水车薪,生产出来的产品因难合市场的需求,开办之后,常常陷于困境,不得不停办或转变经营方式,其在救助贫民失业方面所取得的效果并不理想。国民政府企图通过建立贫民工厂从根本上解决贫民生计的计划很快归于流产,贫民工厂勉强维持到1929年9月,最终宣告停工,被救济院合并。

1929年,天津市政府根据中央政府的精神,对市内的慈善设施进行了调整,将天津教养院、游民收容所及贫民工厂等合并,成立"天津特别市市立第一贫民救济院"。1932年9月,"第一贫民救济院"改名为"天津市市立贫民救济院"。设立贫民救济院专门收容贫民,"主旨在矫正游惰,养成良好习惯,俾于出院后能自食其力,以资生活"①。贫民救济院分三部分,即教育所、工作所、诊疗所,其中工作所以教导贫儿生活必需的知识技能为主旨,以学习织土布、织毛巾、漂染、制鞋、造胰、编席等为主要工作,并酌情随时增加其他工作。②对于那些能够任劳任怨的贫民,除在本院服务外,并量其能力介绍到各机关工作。

政府这种"教养兼施"的救助方式,目的是通过提供给救助者生存技能的方式,养成其以后有独立生存的能力,这相对于传统的单纯以"养"为主的救济方式,无疑是一大进步。当然,不论是政府设立的贫民工厂还是市立贫民救济院,容纳人数都有限,所以不可能从根本上解决人数众多的城市贫民的就业问题。

(二)成立职业介绍所

职业介绍是指职业介绍所向有工作能力而无工作机会的人,提供工作的机会,使其早日摆脱失业状态的一种救济方式。这不仅有利于解决供需之间的失衡,也有利于调节劳动力过剩和不足而使之保持均衡。近代以来,随着城

---

① 《天津市市立贫民救济院组织规则》,《天津市政府公报》(法规),第51期,1933年2月,第40页。

② 《天津市市立贫民救济院组织规则》,《天津市政府公报》(法规),第51期,1933年2月,第40页。

市商品经济的发展,大批农民从乡村土地上脱离出来,流入城市,谋求职业,然而,近代中国内忧外患的社会现实使得城市工商业始终没有获得长足发展,有限的就业机会无法容纳大量过剩的劳动力,而且城市的失业者也在一天天地增加。为适应劳动者务工的需要,一些职业介绍机构也应运而生,并得到了一定程度的发展。

1860年天津开埠以后,随着各国租界的建立、城市工商业的发展,以及城市政治地位的提升等,乡间富户、富商大贾、达官要人、失势的军阀政客、清朝的遗老遗少以及外国人等纷至沓来,使天津聚集了一大批中上层社会的人士。这些达官贵人以及外国人家庭,多雇佣女佣。此外,不少妓院也雇佣女佣。社会对女佣的大量需求,一方面促进了天津女佣行业的发展,同时也带动了以介绍女佣为业的职介机构——女店的产生。时人称:"女店者,女佣之介绍所也。"①因从事女佣这一职业的妇女绝大多数来自乡下,故此女店又被称为"乡下妇女职业介绍所",或称为"老妈店"、"美人店"或"待雇女仆所"等。近代天津女店在介绍农村进城妇女就业、推动妇女走上社会以及谋求经济独立等方面虽然发挥了一定作用,但是,由于政府对其缺乏有效的监督和管理,使得这些"老妈店"存在诸多弊端,"黑幕繁多,流弊重大"②。这不仅表现在对雇佣双方的经济剥削上,而且还表现在常有歹人隐匿其间,以雇工为名,趁机从事欺骗、拐卖妇女之事。

20世纪30年代之前,私人开设的女店作为介绍女佣的职介机构,在天津处于独一无二的地位。这种局面直到1930年公共职介机构的出现才略有改观。是年,为辅助妇女,使其获得相当工作,天津社会局筹设了"妇女职业介绍所"③,并制定了相关的职业介绍规则,所址暂设于妇女救济院。不过,这一职业介绍所有始无终,没有什么实质效果。

1931年,实业部制定了《职业介绍所暂行办法》,规定职业介绍范围为农工商矿渔牧各业之雇工或雇员,各公私机关团体或家庭之雇工或雇员;职业

---

① 《津市风俗调查报告(五)》,《益世报》1932年5月12日(6)。
② 《仆妇介绍所剖析》,《益世报》1933年10月21日(5)。
③ 《妇女的新生路》,《大公报》1930年8月9日(7)。

介绍类别除国营外,分公营(工会、同业公会及其他团体所设,不以盈利为目的者)、私营(商人所设,以盈利为目的)。此法令颁行后,南京、北平、天津、汉口、青岛等处的职业介绍所相继成立。①1928年,天津市社会局为研究失业问题起见,计划于局内附设职工介绍委员会,并拟具《职工介绍委员会章程》,提交市政会议通过。②但是在1931年调查时,该机关早已撤销。到1936年,天津市政府的行政计划中,天津市社会局奉令拟设"职业介绍所"。但是,直到1937年1月,天津市职业介绍所才正式成立,以"代失业人员谋出路为宗旨",但申请介绍职业者,以失业公务员、教员、文贫等居多,男女工人仅占一小部分。③这些人中除工人外,"多无一技之长,且不胜劳动之苦",故职业介绍所难以给他们提供合适的就业机会。④职业介绍所成立后,每日申请登记者约40人左右,但是,至1月底申请合格者不过10人。⑤国家层面重视职业介绍是抗战后的事情,1940年10月,社会部在渝等地服务处增设职业介绍机关,至抗战胜利后,复又在上海、天津、汉口等地设立"职业介绍所"。天津于1945年底设立了"社会部天津职业介绍所"。⑥该所在介绍劳动者就业方面发挥了一定的作用,取得了一些成绩,但是无法解决日益严重的社会失业问题。

作为一个中介机构,职业介绍所的作用就是把社会的职业空缺与求职者尽快联系起来,使其达到就业的目的。近代天津私人和政府职业介绍机构的设立,在推动社会就业方面,发挥了积极的作用。但是,完善的就业机构,不仅担负着就业信息的采集、求职意愿登记和职业介绍等方面的职能,还应担负就业咨询、就业指导、就业训练等一系列配套内容。政府和社会应该以适应社会经济进一步发展的需要为前提,不断完善职业介绍体制,以便在促进社会就业方面发挥更大的作用。

---

① 邢必信:《第二次中国劳动年鉴》(第3编),北平社会调查所,1932年,第202~203页。
② 天津市社会局编印:《天津特别市社会局一周年工作报告(1928.8~1929.7)》,1929年,第141~142页。
③ 《职业介绍所申请者多不合格》,《大公报》1937年1月23日(6)。
④ 《职业介绍所申请合格者十名》,《大公报》1937年1月26日(6)。
⑤ 《职业介绍所申请合格者十名》,《大公报》1937年1月26日(6)。
⑥ 《社会部天津职业介绍所一年来工作概况》,1947年10月1日编印,第1页。

六、借贷救助

（一）官方借贷救助

1921年9月，天津警务处长杨以德，以"近来贫民生计维艰，铜元价格日渐跌落，劳动界更受无形影响，闻资本家之放款者，重索利息，如转子钱、印子钱、加一钱等，贫民因处于不得已亦甘心忍受，若长此以往，不想救济方策，则贫民必累至死地"①，故计划联络慈善家集合资本，积极筹设"贫民银行"，宗旨不为求利，专为接济贫民，待成立后即设法取缔重息放款。

1930年，社会局以代当行业流弊甚多，贫民还当者，不但赎期甚短，利率奇高，而且额外需索各种杂费，且每到赎回时，因转当关系，常不能将原物取回。为保护人民权利起见，拟取缔代当法两项：（1）赎当期限，一律定为24个月；（2）贴补脚费以及其他种种贴花杂费，一律取消。经呈准市政府，定于1月25日开始施行，除布告周知外，复致函各代当商号，照此办理，违者即行究办。②赎期的延长，以及取消补贴脚费和各种杂费，在一定程度上有利于减轻贫民疾苦。

1930年2月，社会局计划成立"贫民借贷处"，并拟定办法三项。贫民借贷处的基金计划从救国基金项下拨付，但是，没有结果。③不久，社会局又打算借助大陆银行拨付款项，以资助成立贫民借贷处。但大陆银行以无款为由，没有答应。④1931年2月，天津市社会局再次向市府呈请设立"贫民借贷所"，"凡有

---

① 《贫民生计之福音》，《大公报》1921年8月30日（2）。
② 《解除贫民疾苦 社会局规定取缔代当办法》，《大公报》1930年8月1日（7）。
③ 此三项计划的主要内容为：一是该处基金定为国币两万元，从救国基金项下拨付；一是该处职员由社会局指定专员兼充，以节约开支；成立后将布告市民借贷办法，利息为一分五厘，还本以3个月为限，借款不得超过10元，须有妥实铺保。见《津市贫民福音 社会局筹设贫民借贷处 国货工厂亦将着手准备》，《益世报》1930年2月10日（11）。
④ 《贫民借本处之推行 社会局函大陆银行拨款协助 该行关怀民瘼 必深表同情》，《益世报》1930年4月3日（10）；《贫民借本处 大陆银行无款拨付 社会局拟另筹办法》，《益世报》1930年4月11日（10）。

正当职业之工役,缺乏资本及遇婚丧缺乏必要费者,皆得照章借贷,由一元至若干元。"①后经多次交涉,终因资金问题而搁浅。②

　　成立贫民借贷处的计划迟迟未能实现,直到1934年10月,张廷谔任天津市长后,鉴于天津市"人口稠密,贫富不均,年来百业凋敝,平民生计益为艰窘",为救济一般贫民起见,拟仿北平,才成立"天津市市立小本借贷处",准备以24万元充当借贷金,借贷范围以天津市区住民,小本经营农工商业而缺乏资本者为限,收息每月最高不得超过一分,借额分为1元至10元、10元至20元、20元至30元等三级。③该借贷主要是为方便一些小本工商业者,经过多方筹措,终于1935年1月28日开始在东马路处址办公,并制定了贷款须知八条:(1)贷款人资格:不论男女,凡年满21岁,居住本市一年以上,向来做小本农工商业,有信用,有能力,方有借贷的资格。(2)借贷用途限制:本处目的,在扶持小农工商,并非慈善赈恤的性质,故最注重借款的用途。不论1元、10元、数十元、百元,一人不得接二户,尚有调查不用正当贷资,或留作别用,或用作投机生意,分文不借。(3)借款期限:普通借款期限,至多不得超过一年,一年以内,可分若干期归还。(4)利息:1元至10元借款,月息七厘;10元以上,则月息八厘至一分。(5)担保种类:本处借款的担保,重在殷实保人或铺保,看借款数目的多少,定铺保的等级和保证人的身份。如有田地房产红契,或便于保管的一切动产,经查明确实,也可作为抵押品。(6)保人责任:借款人不能还款时,保人应负还清本利的责任,并应保证借款人,不将所借之款用到别用,或转借他人。(7)借款手续:如要借款,应先到本处领取借款申请书,填好之后,仍交本处,等候调查。(8)提前还款办法:借款人在还款规定日期以前,将款一次还清时,应缴的利息即按日计算;不按期还款办法:如不按期还款,则向保人追索还款和过期的利息。④

　　从上述借贷须知来看,有很大的局限性,如借贷人资格的规定,把许多无

---

①《社会局之新猷筹设"贫民借贷所"》,《大公报》1931年2月12日(7)。
②《市府令关于筹设小本借贷处案》(1934年),天津市档案馆藏,档案号:J0054-1-001102。
③《津市小本借贷处》,《大公报》1934年12月7日(6)。
④《小本借贷处昨日起开始办公》,《大公报》1935年1月29日(6)。

工作者排斥在借贷范围之外;借款手续烦琐,且每笔贷款需要提供担保,贫民往往担保人难觅,借贷受限;放贷时间短,且要收取一定的利息等,这些规定在很大程度上限制了贫民的借贷。

  市立小本借贷处成立后,经营并不理想。在成立之初,原定资本总额24万元,由市政府与银行公会双方平均分担。但历任政府,因财政不甚充裕,仅拨洋3.5万元,银行公会因此也仅拨洋4万元,总计本金不过7.5万元。结果导致年来积亏约6000多元。市民银行成立后,天津市当局决定将小本借贷事务移交给该银行办理,关于市政府因负担之不足数,即令市民银行照发,银行公会应负担之不足之数,着即筹备,直到1936年4月尚才勉强筹足。①此有限的借贷,相对于成千上万嗷嗷待哺的贫民而言,不过是杯水车薪。

(二)民间借贷救助

  近代天津,除了官方设立的贫民借贷处外,民间提供的贫民借贷机构也不少,而且有些机构是"无利借贷",主要有邑绅个人、红十字会、养真社等。

  1921年7月,天津邑绅李嗣香,因津埠难民众多,生计维艰,特组织"平济局",以资救济,其章程如下:(1)凡小本买卖,如本钱亏耗,势须借贷者,由本局查明,认为应行借贷,酌定数目,即为借给,分为百日归还,不取利息,或五日一交,或一日一交,除大风大雨及其家有事故外,不得延欠;(2)凡小本买卖,日赚日吃,倘有疾病,不能出门,报由本局查明属实,每日酌给二三百文,以资养病,并可酌给药费;(3)凡拉洋车者,倘若洋车损坏,报由本局查明,借给赁车之价,亦分为百日归还,除未拉车之日无款归还外,不得延欠,倘有疾病,报由本局查明,亦可每日酌给养病之费;(4)凡泥瓦匠等之小工及在工厂洋行电车每日做小工之工人,倘有疾病不能做工,亦可照拉车者,一律抚恤。以上所述之人,除在平济局登记个人详细信息外,还要求不能有吸毒、赌博、偷盗等不良嗜好,借款时还需要有抵押物等。②从这一章程来看,其借贷对象较为广泛,包含小本买卖者、洋车夫、泥瓦匠等各类小工;还款时间长,以百日为限,并且是不取利息的;同时对于有病者还给予特殊的优待,这些规定有利

---

① 《小本借贷处资本最近可筹足》,《大公报》1936年4月24日(6)。
② 《邑绅组织平济局》,《大公报》1921年7月18日(2)。

于在一定程度上缓解贫民的燃眉之苦。

1922年，天津红十字会推广无利借贷，救济贫民。"向有存储之款，移作此项底金固善。否则用集股之法行之，其法以钱一千文为一股。约同善十人，每位捐五股，便集款五十千文；每位捐十股，便集款一百千文。众擎易举，众志成城。如欲多捐，照此类推可也。"①这种借贷方法，行至则对贫民大有裨益，"以天地之财，成自己之功。既可救人性命，全人骨肉，绵人宗祀；又可潜化盗匪，脱人刑险，维持乡里，裨益风俗。实无善于此法者。"②红十字会无利借贷的简章共有九条，规定概免利息，并以逐借零还之法来还，百日还清；借款人须开明住所，街道号数，人口多寡，有无职业，何人作保，得做何项营生；如十分可怜，无人作保，也可从权办理；不能借作他用；借款人失信，保人应负赔偿。但红十字会推广的无利借贷情况如何，目前我们无法找到相关的资料。

1923年5月，天津养真社为接济无力做小本营生者起见，拟定了《接济贫民借贷法》，放款办法为：(1)凡无力营生，且无嗜好者，得觅妥保借款；(2)前项借贷者，只能以经营为限，不得挪作别用，否则，一经查出，立即追还原本，嗣后永不借给；(3)每人初次借本，以3元为限，二次以5元为限，但只有还清初次原本者才可以借第二次；(4)借去本后，还本自借去之日起，每日应归还铜元5枚，路远者每五日一送，铜元按市价核算，以还清原本为止；(5)该社印有保单，保单由保人签名盖章，如果到期不还，由保人负责等。③

社会的这些借贷救助，尤其是一些无利借贷，仅从章程上来看，对贫苦大众极为有利，有利于解决其生活中的难题；同时，体现了社会救助思想、救济方式向近代化方向发展的趋势。但是这些借贷机构多因资金问题，历时不长，难收实效。

---

① 《无利借贷拯济贫民法》，《益世报》1922年9月2日(11)。
② 《无利借贷拯济贫民法》，《益世报》1922年9月2日(11)。
③ 《养真社接济贫民借款法》，《大公报》1923年5月2日(2)。

七、对特殊群体的救助

天津的慈善机构除了积极进行贫困、住房、医疗、教育、失业等方面的救助外,还对贫民中的特殊群体,如妇女、儿童、嫠妇、文贫、伤残军人等特殊群体,实施专门救助。

(一)妇女救助之济良所与妇女救济院等

1905年,天津南段巡警总局仿照上海济良所,试办"天津济良所",由绅商捐款,专门收养社会遗弃之妇女。济良所以保全清白、拯救善良为宗旨,"凡津郡租界内外,南北各妓以及教演女戏,或诱拐贩卖来历不明,或至25岁领家勒揩不令从良,或非礼凌虐查有实证者,均禀明巡警总局缉拿,一经审实,即将该女送所教养择配,俾期化贱为良。"①这些被教养的妇女在济良所内可以学习缝织或其他文化课程,但不得随意外出,家属也不准探视。凡择偶出嫁的,不论为妻为妾,允许出济良所,使不致再流入娼窟。作为天津唯一一家收养遗弃妇女的机构,20世纪初该所曾一度关闭,清末恢复后改为绅商资助。1914年,又由天津县政府接管,经费由官员和绅商捐助,以后部分经费由天津巡警总局于款内拨用,济良所在民国初年发展很快,收养妇女一度达千余人。

但是,到20世纪二三十年代,尤其是1929年妇女救济院成立后,一般受压迫的妇女,多不投济良所,而是直接投入妇女协会,或是投奔妇女救济院,因为"救济院规模较大,设备也比较完全,训育教养,和学校一样"②。1930年3月,济良所仅收容36人,院民的衣食住全由所中供给。"衣服是蓝布裤褂,但她们有很多不愿穿,还是穿着她们从外面带来的衣服的,吃饭有一定的时间,吃一定的东西,早饭十二点,晚饭下午六点,上午吃米饭,下午吃面饭,吃饭的时候,大家在一个屋里,里面有三条长桌,桌上的油腻,恐怕比一个大铜子薄得有限。在下午两点到四点,还有上两小时讲堂,念的书多是小学的课程,其余的时间就做她们自己的衣服或是做一些外活。她们的卧室,一共有三间,平

---

① 孙学谦:《天津指南》卷2,上海:中华书局1924年版,第53页。
② 《济良所一瞥》,《大公报》1930年3月10日(12)。

均十二个人一间,每间里有一个大坑,大家全睡在一个坑上。房子里面的空气,却不见得佳,她们每天除了吃饭做手工读书之外,就是二门也不能出,所以她们的运动,便根本谈不到了。"①济良所的环境设施不能令院民满意,加之济良所经费由县政府每月供给300元,但实际每月的开销,至少也要400元。县政府的款子又迟迟未到,就只能依靠捐款勉强维持。如此糟糕的环境,投所之人自然很少。

再加上济良所管理腐败,内部混乱不堪,至1933年11月,济良所中仅收容妇女14名。管理方面,除由女管理员监视外,每日下午2、4时,由女教员担任教习国语和党义等功课两小时。不过上课的人很少,年纪大些的所女,随来随走,以致座位总是空闲着多半。②

相形之下,1929年2月间由天津市政府成立的妇女救济院,情形较佳。妇女救济院初成立时,月支经常费700元,并拨给临时费1000元,收容计划60名,后自1929年9月16日,临时经费增加到1300元,不需外间捐赠。③院中所收养的妇女教养兼施,可以学习知识,也可以学习缝纫、刺绣等技能。院中设备较为完善,有2间音乐教室,室内有中国乐器和球桌、风琴等,刺绣科有教室3间,年长生和年幼生以及补习科的教室共有8间。此外,有婴儿保育室2间,饭厅2间,盥洗室2间,浴室、厕所各2间,厨房2间,调养室3间,隔离病室1间,反省室1间,储藏室1间,成衣工厂1间,理发室1间,以及职员办公室、管理员室、卧室、接待办公室等,总共57间屋子,院中设备较为完善。④因为经费充裕,妇女救济院的环境较优,院民待遇较好,这是救济院得以发展的重要原因。

妇女救济院院生出路一般有两种:(1)能在社会各界服务者,由院方代谋职业(1936年社会局介绍了5名院生,送往恒源纱厂);(2)代为择配,择配的年龄须在16岁以上,且有相当之教育者。⑤院生择配手续较为简便,凡有正当

---

① 《济良所一瞥》,《大公报》1930年3月10日(12)。
② 《济良所访问记》,《大公报》1933年11月24日(13)。
③ 《妇女救济院难为无米之炊》,《大公报》1929年11月2日(9)。
④ 《妇女救济院今日举行周年纪念》,《大公报》1930年2月1日(11)。
⑤ 《津市妇女救济院》,《大公报》1936年6月20日(6)。

职业之本市男性市民,均可求婚。自救济院1929年2月成立至1935年5月,婚配院生共计47名,具体情况见表8.10。

表8.10 1929～1934年妇女救济院院生婚配统计表

年份	人数	身份
1929	1人	妓女1人。
1930	8人	妓女6人,童养媳1人,婢女1人。
1931	7人	孀妇2人,妓女3人,民女1人,婢女1人。
1932	13人	婢女8人,妓女1人,民女2人,妾妇2人。
1933	13人	妓女4人,妾妇3人,民女2人,婢女2人,民妇1人,离婚1人。
1934	5人	妓女2人,婢女3人。
合计	47人	

资料来源:《妇女救济院之现状》,《大公报》1934年6月19日(10)。

妇女救济院还订立有专门的择配规则,对符合条件之妇女,登报征婚。① 1935年9月,妇女救济院院生何济蓉、王济湘等9人,分别由院方代为征婚择配,选定配偶,定于9月7日下午4时,在该院礼堂举行联合结婚仪式。② 通过征婚择配,不失为院中妇女改变个人出路的一种办法。

除济良所和妇女救济院外,1931年,天津市还设有专门救济妇女之"贫妇缝洗所"。1931年6月,天津市民李昭观等11人呈请市府称,本市赤贫妇女不下数万,谋生无路,处境堪怜,拟请由社会局、公安局督饬各街公所,仿北平人力车夫休息所架木为屋,筹设妇女缝洗所,以资救济,并责成区警随时督察。此建议经社会局核议后,同意拟设"贫妇缝洗所",用以救济失业贫妇,同时拟具办法十六条,复呈市府。旋奉指令批准,社会局当即派员前往各街公所督促指导,并函请公安局饬警协助办理。③ 这些妇女救济机构的设立,对于救助那

---

① 《津市妇女救济院院生九人征婚》,《大公报》1935年1月11、12日(6)。
② 《妇女救济院院生联合结婚》,《大公报》1935年9月7日(6)。
③ 《贫妇缝洗所》,《大公报》1931年6月16日(7)。

些孤苦无依的贫苦妇女,无疑发挥着积极的作用。

(二)儿童救助之育婴堂

创设于乾隆五十九年(1794年)的长芦育婴堂,首创时择地于天津县城东门外,是为旧堂,堂内一切设备,皆不完善。光绪初年时,畿辅火灾,遂迁于南斜街,至光绪三十三年(1907年)袁世凯任督直时,由西籍女医金某创办女施医院,呈请指拨旧堂改为院址后,又移至新开河北岸,大规模之建筑,直至民国。

该堂开办时期,经费由长芦各盐商摊捐弥补,每年以5000两至7000两为准;至光绪三十三年(1907年),迁移新址时曾一度归于官办,岁领库银39 400两;至宣统二年(1910年),仍归商办,每年由津武口岸报效项下,拨发库银2万两;稽核所成立后,豁免报效每年由津武口岸直接拨交经费36 000元,并载明永以为例。因为经费充裕,育婴堂一年最多时收容人数可达600余人。该堂自民国元年(1912年)至18年(1929年),收养婴儿出入之总数列表如下:

表8.11　1912~1929年天津育婴堂收养婴儿情况统计表

年份＼人数	旧管	新收	开除	实有
1912	353	304	341	316
1913	315	421	425	311
1914	311	401	374	338
1915	338	482	502	318
1916	318	404	411	311
1917	311	489	427	373
1918	373	469	528	314
1919	314	299	353	260
1920	260	621	494	387
1921	387	356	429	314
1922	315	237	269	283
1923	283	239	276	246

续表

年份\人数	旧管	新收	开除	实有
1924	246	191	188	249
1925	249	167	182	234
1926	234	118	172	180
1927	180	124	134	170
1928	170	74	99	145
1929	145	62	64	143

资料来源：《天津育婴堂近况》（续），《大公报》，1929 年 11 月 14 日（11）。

由表 8.11 合计来看，自 1912～1929 年的 18 年间，育婴堂共计收养儿童达 4892 人；就纵向来看，1912～1921 年间，除个别年份有所减少外，育婴堂每年新收儿童数总体保持增长态势，以 1920 年收养人数最多，以后逐年减少。因为民国 10 年后，政局多变，每年所领洋不足原定数目，故导致收容人数急减，有时甚至仅有几十人。至 1929 年 9 月，因芦纲纲总被押于南京，无正式负责人，只在是年 9 月份领到维持费 1000 元。该堂每年除固定经常费外，尚有产业数处，每年约有千余元收入。①

1930 年 9 月，天津市府令社会局接收长芦育婴堂，经费确定由津武引岸拨发。②该堂由社会局接办，每月由局津贴 300 元，略加改革。唯因职员开销过多，堂婴受惠甚鲜。1936 年春，该堂复经长芦接收自办，由刘介臣任董事长。刘氏熟悉该堂情形，对该堂进行了改革，将冗员大半裁去，女仆一并取消，添设幼稚班，建造新式房屋数十间，专备幼稚生所用。选择年长堂婴 10 余人，保证堂婴生活。其余每日除上课外，并习纺织、缝纫，一般堂婴，始有求知之机会。至 1936 年 6 月，有堂婴百余名，内有乳婴 10 余名，幼稚生约 20 名。堂婴待遇，较前有了较大提高，如幼稚生所食为上等米面，菜肴中时有猪肉、鸡蛋等物。

---

① 《天津育婴堂近况》，《大公报》1929 年 11 月 8 日（11）。

② 《社会局昨接收育婴堂》，《大公报》，1930 年 9 月 5 日（7）；《育婴堂》，《大公报》1930 年 11 月 6 日（7）。

然较诸一般中下阶级家庭之幼童,尚未安适。①

(三)文贫孤寡、残废军人以及其他特殊群体的救助

嫠妇,又称寡妇,天津早在1868年就成立专门恤嫠的全节堂,后又有一些士绅成立了救助居家寡妇的"恤嫠会"。恤嫠会自壬子兵灾后创办救急恤嫠善会,每月恤者达2100户之多。②近代天津不少善堂,如广仁堂、世界红卍会天津分会、崇善东社、北善社、济生社等,兼有恤嫠功能,这些善堂平均每年救济嫠妇达2500余户(详见表8.12)。公善施材总社1929年全年救助散居嫠妇6291户(次),发放小米608.78石,玉米面4000斤。济生社每月救助散居嫠妇300户,每户每月发放大洋1元。③

表8.12 1929年各慈善团体恤嫠户数比较

名　称	恤嫠户数	百　分　比
广仁堂	450	17.93%
世界红卍会天津分会	30	1.20%
崇善东社	400	15.94%
北善社	120	4.78%
济生社	280	11.16%
积善社	250	9.96%
引善社	260	10.36%
广济补遗社	150	5.97%
公善施材社	250	9.96%
体仁广生社	300	11.96%
备济社	20	0.80%
总　计	2510	100%

资料来源:吴瓯主编:《天津市社会局统计汇刊》(慈善救济),"各慈善团体恤嫠户数比较",天津社会局,1931年。

① 《长芦育婴堂参观记》,《大公报》1936年6月27日(6)。
② 《红会恤嫠会通函》,《大公报》1917年12月2日(7)。
③ 天津市地方志编修委员会编著:《天津通志·民政志》,天津社会科学院出版社2001年版,第170页。

文贫,即贫穷的读书人。文人碍于面子,即使没米下锅也不愿意去慈善机构讨要米面,所以一些慈善机构常专门组织人力,调查文贫,酌给衣食。南善堂每年冬令专门给文贫施放一次冬赈。①天津社会和政府,20世纪二三十年代也很重视对文贫的救济工作。1937年12月前后,天津市政会议专门通过了《救济文贫案》,曰:"时届冬令,气候严寒,贫民生计日益穷蹙,尤其失业文人,多系身孱力弱之流,不乏行洁志坚之士,既不能肩挑负贩,谋利街头,复未能抚钵朱门频呼,将徇坐致炊冷烟清,饥寒交迫,束手待毙,言之恻然。"②救济范围为各机关被裁者、家塾教读者、各学校教职员失业者、其他文人失业者;救济方法则须有相当介绍人,并经调查确实,始予救济,其调查手续由社会局或公安局办理;救济物资为银钱、衣物、食粮,其中品学优良者,经地方士绅担保得为介绍相当职业。③此案由天津市社会局、教育局、财政局、公安局四局长联合提请,治安维持会议决办理,拟定拨款4000元,由财政局拨给,经公安局派员调查,计有200余户,此后陆续请求者还有40余户。④

政府也注重对退伍军人的救助,天津自明清驻军以来,朝廷对于兵丁及阵亡、病故将领遗族实行抚恤优待。明代永乐年间曾规定"阵亡病故军给丧费一石,在营病故者半之"。对"军士阵殁,父母妻子不能自存者,官位存养"。清代沿袭明制,除分给兵丁土地免除赋税外,并对作战阵亡、病故官兵,发给丧费及一次性赏银予以抚恤。

民国时期,国民政府在抗战前后,也曾多次颁布《海、陆、空军抚恤条例》、《优待出征军人家属条例》及《军、警、政人员伤亡抚恤办法》,对阵亡官兵发给

---

① 《南善堂之恤嫠》,《大公报》1926年11月17日(7)。
② 《公安局函达关于救济失业文人案(救济文贫办法)》(1937年12月),天津市档案馆藏,档案号:J0055-1-000041。
③ 《公安局函达关于救济失业文人案(救济文贫办法)》(1937年12月),天津市档案馆藏,档案号:J0055-1-000041。
④ 《公安局函达关于救济失业文人案(救济文贫办法)》(1937年12月),天津市档案馆藏,档案号:J0055-1-000041。

一次性或年抚恤金。①1930年，国民政府还通令各地设立伤残军人教养院。天津市政府奉令成立了"伤残军人教养院"，并于1930年1月公布了《残废军人教养院条例》。②20世纪30年代，连年剿匪抗日，各地伤残士兵甚多，亟应设法救济。基于此，1934年12月，国民政府军事委员会训令各地设立"残废军民工厂"，专为收容教养残废军民，使得其各谋生计，并制定了《各省残废军民工厂简章》，令各省遵照执行。③

1935年1月，经军事委员会北平分会议决通过，成立了"平津街戍司令部残废军人收容所"，所址设在北平市北郊大钟寺。收容简章规定，在津无依归之残废军人暂予收容于驻津医院，并分期转送该所。收容对象为曾参加国际战争因负伤致疾或残废者，因服兵役而患痼疾委实不能工作并无法生活者，以及沿街乞讨之残废军人有原属队号可查或现役军官作证者。若有冒充者，查出后立即驱逐出所。④实际上整个民国时期，地方军队争相招兵买马，当局对年老官兵、伤残士兵常常遣散了之，许多散兵流离失所，大批伤残军人流落街头，强乞恶讨，扰乱社会。官兵所得优抚待遇微乎其微。

对于这些残废者，政府和社会从人道的角度出发，常给予救助。在灾荒期间，社会上一些慈善组织还成立了专门收容妇孺的组织。如1917年天津大水灾期间，红十字会设立的"妇孺留养院"，从事收纳灾民工作，其中收容小孩300余名，并教以课程。⑤1932年，天津市区举办冬赈，其中冬赈之玉米面之施放，除施放八区贫民外，剩余面分发给残废老贫共929人，每人发给20斤，共发放18 580斤。⑥

1936年6月，天津市政府训令成立"残废院"，"查本市一般身体残废无力

---

① 天津市地方志编修委员会编著：《天津通志·民政志》，天津社会科学院出版社2001年版，第111页。
② 《关于公布残废军人教养院条例附编制表致社会局训令》（1930年1月15日），天津市档案馆藏，档案号：J0025-2-000069-007。
③ 《河北省政府（第942号）训令》，《天津市政府公报》，第73期，1935年2月，第58页。
④ 《平津街戍司令部（字第32号）公函》，《天津市政府公报》，第74期，1935年3月，第42～44页。
⑤ 《妇孺留养院之成绩》，《益世报》1917年11月7日（6）。
⑥ 《市救济联合会明日开冬赈结束会》，《大公报》1932年3月3日（7）。

谋生之人民,啼饥号寒,散见各区,自应设法收容,以资救济。"①并令宋鼐庭为院长,负责筹备办理相关事宜。1936年9月,社会局以劳动界终日奔走街途,沐雨栉风,无处休息,殊堪怜悯,为体恤起见,决定在市区街要地带,择宽广场所,建造"劳工休息所",以便使一般劳动阶级随时入内休息,遮蔽风雨。②1937年1月,天津市社会局因"近来各大规模共产,佣工妇女,为数甚多,其中已有子女者,每因求谋生活,致婴儿失教养机会",为救济无告婴儿,拟设"托儿所"一处,并计划将来收效后,再为增设。③针对社会上这些特殊贫困群体而设立的救助机关,其成效究竟如何,笔者尚未发现翔实系统的资料,有待学者们的进一步考察研究。

晚清民国时期,大批灾民、难民的不断涌入,构成城市社会不稳定的重要因素,为了有效地控制这种局面,天津市地方政府积极倡导建立各种慈善组织和机构。各种公益组织的建立及其各种施助善举,作为缓和社会矛盾的一种措施,其目的在于用富者手中的一小笔财富,在社会下层中进行再分配,从而使城市中的流民、乞丐等贫困群体得到一线生机,不至铤而走险,造成社会的动荡不安。因此,近代天津大批慈善公益组织的出现,并非天津地方政府或个别绅商有意为之,而是由天津社会在成长过程中的特殊需要所决定的。

---

① 《训令(第2684号)》,《天津市政府公报》(公牍),第89期,1936年6月,第22页。
② 《社会局筹建劳工休息所》,《大公报》1936年9月29日(6)。
③ 《社会局筹设托儿所》,《大公报》1937年1月10日(6)。

第三节　社会救助的特点及评价

一、救助主体多元化，救助措施多样化

晚清民国，天津社会千疮百孔，社会问题丛生，城市贫民阶层人数庞大，政府在内忧外患、财政危机的情况下，无力为社会成员提供有力的保护与救助，因而只有通过动员、扶持民间慈善事业发展的方式，才能更好地应对这一问题。这形成在政府的倡导下，各种社会力量广泛参与社会救助的局面。

无论是对近代天津城市贫民的贫困救助、住房救助、教育救助、医疗救助，抑或是对特殊群体的救助，救助的主体不仅有官方的倡导，还有慈善组织、宗教团体、个人等的广泛参与，救助主体多元化。政府对贫民的救助，是政府履行职责的重要体现。而民间的善士、慈善组织、宗教团体等，从人道的角度出发，积极参与各类社会救助活动，承担了一部分社会服务和调节等公共职能，在一定程度上有利于弥补政府职能的缺失。以天津商会为例，作为一个经济性的社团组织，以联络商情、启发商智、促进商业发展、保护商界利益为宗旨。然而，在当时特定的历史条件下，对于解决庚子后天津商业凋敝、市面滞塞，发挥了巨大的作用。自1903年天津商会成立后，以其相当的精力和财力，通过种种途径直接或间接地参与革除各种社会薄风陋习、改善城市环境及维护社会秩序的活动。可以说，自1903年天津商会成立至整个民国时期，天津商会在卫生防疫、维护城市秩序、管理城市交通、市政建设、消防、禁烟、革除陋习等社会生活的诸多领域，发挥着积极作用，彰显出对城市社会生活的巨大影响力。

近代报刊业发达，媒体在社会救助方面也发挥着无可取代的作用。以天津市《大公报》为例，在近代城市贫民问题上，给予广泛关注，开辟"贫民呼号"专栏，深入贫民窟进行调查，真实反映民生；大力宣传社会善举，对于社会上各善团善士的捐款捐物数目、名单等，及时登报公布，呼吁社会救助；对各种团体的社会救助情况进行真实报道，积极发挥舆论媒体的监督作用。

二、民间救助活动活跃，官民合作色彩鲜明

近代天津城市贫民人数众多，涉及面广，救助工作繁重而艰巨，单靠政府方面的力量，难免顾此失彼。所以，许多的救助活动，多是由政府倡办，民间慈善组织和个人广泛参与，"虽行政方面官厅负其全责，而事实上擘划经营端赖社会人士协力共济。"[1]就救济机构的性质而言，常年性的众多，如广仁堂、南善堂、八善堂、红十字会、红卍字会等；社会救助措施种类繁多，有贫困、住房、医疗、教育、失业，以及育婴、恤嫠、助残、施医施棺等，几乎囊括了人生老病死的方方面面。一个城市中有如此众多的救济组织，连外国人也感叹，"在帝国的其他任何城市里也很少有像天津这样又多又好的慈善机构"[2]。商人、买办、绅衿大户、慈善机构、宗教人士等，成为这些救助活动的主要参与者和承办者。救助活动所需的经费，或自己捐助，或依靠社会有威望者来劝募，政府虽行捐助，但数量甚微。这些组织在相当程度上填补了津市政府在城市管理方面的某些空缺。

---

[1] 任云兰：《近代天津的慈善与社会救济》，天津人民出版社2007年版，第249页。

[2] [英]雷穆森著，许逸凡、赵地译：《天津——插图本史纲》，见天津市历史研究所编：《天津历史资料》，第2期，1964年，第21页。

在众多的社会救助活动中,官民合作特色鲜明。以每年的冬赈为例,30年代后开始由政府倡办,但仍离不开社会人士的积极参与,如在资金筹措方面,常需要政府和社会合力解决。1930年社会局因财政支绌,筹赈不力,于1930年4月将全市的赈济事宜交给"慈善事业联合会"办理。这是政府和慈善团体联合的一个社会组织,体现了在社会救助方面政府和社会的合流。

在1935冬,津市因贫民众多,粥厂过少,政府主张另行增设,于1月16日召集各善团,研讨救济事宜,经议决通过,赈款由慈善事业联合会及主办团体筹措,市府方面加以补助。①1936年冬,津市绅商为冬赈筹款,特请梅兰芳来津演唱义务戏,公安局长程希贤鉴于当年冬赈款项无多,为冬赈义务戏竭力奔走,与士绅纪仲石、中国大戏院经理孟少臣等,同梅兰芳接洽,经梅首肯,定于11月11、12日两夜场演出,公安局还提前向富户劝销红票,以襄善举。②由此可以看出,在对贫民的救助活动中,经费筹措是通过政府和社会合谋解决的。

津市政府在近代社会救助中,非常注意吸纳更多的社会力量参与其中。如1936年7月,津市政府为实施扩大救济事业方案,于7月15日召开第二次会议,议决通过各委员推荐地方公正绅耆,加聘为本会委员,经市长核定,拟定加聘王竹林等16人为委员。③更多的社会力量加入到政府举办的社会慈善活动中,有助于壮大社会救助的力量。

津市政府借助社会力量,发挥政府与社会两种资源优势,来实施对贫民的社会救助工作,这一方面说明单靠政府自身的力量对城市贫民的救助不力,也为社会各团体和个人的介入提供了空间,使社会救助行为处于政府与社会的"胶合"状态;另一方面,社会各阶层的参与,补充了政府在社会救助工作中的不足,有利于完善政府职能。正是由于政府与社会在救助中的互补关系,在近代津市社会形成了贫民救助活动中的群策群力局面。

---

① 《津善团昨议决增设粥厂两处》,《大公报》1936年1月17日(5)。
② 《义务戏》,《大公报》,1936年11月3日(6);《冬赈义剧》,《大公报》1936年11月10日(6)。
③ 《扩大救济事业》,《大公报》1936年7月16日(8)。

三、救助尚未制度化，救济标准模糊，救助总体水平不高

社会救助，首先要明确救助对象。近代津市社会和政府的救助对象不清，救助标准模糊，完善的救助制度迟迟未能构建。

1927年，八善堂冬赈救济会查放冬赈，拟定了查赈须知15条，对于贫民的级别和散放的注意事项进行了规定：(1)查赈员务将所查之区，加盖本区戳记于逐张赈票之上及赈票存根之第一页，以资区别。(2)凡八九口之家，女子多男子少者为甲等，因分利者多，生利者少也。如男子多女子少，应归丙等，因其生利者多，分利者少，以示实惠。(3)凡六七口之家，女子多男子少者为乙等，男子多女子少者为丁等，理由同前。(4)凡四五口之家，女子多男子少者为丙等。(5)凡二三口之家，实际为贫寒，归为丁等，倘不堪寒苦，则可免给赈票，以免虚耗赈粮。(6)凡有特别文贫，并寒苦产妇、病人，及死生在地，或十口之家、人数众多者，当给以特等，并检验其有无棉衣，酌量发给。惟此项特等贫户，必须另记详细姓名、住址，呈报大会。(7)凡遇上身无棉衣者，给棉衣一件，下身无棉裤者，给棉裤一条。如全身均无棉衣者，当给以棉衣裤一套。惟查放时务必详细观察，其面相菜色者，确系寒苦，即施给棉衣。如面色温和，纵使身无棉衣，恐为临时脱去，冀朦领赈衣者，虽苦求亦可不给，以重赈务等。"①查赈须知是查放员评定贫民等级，用来放赈的依据，也规范了查放员的行为。

1930年冬，慈善事业联合会进行冬赈时，将贫民户分为甲、乙、丙三等，家有5口以上贫无职业者为甲等，3口以上贫无职业者为乙等，3口以下者为丙等。②简单地以家庭中无职业人口的多寡，作为划分贫户的标准，而不从家庭经济状况、生活状况的实际情况考虑。同一时期，天津市社会局议决通过的划分天津市贫户的标准，与其差异甚大：(1)甲等贫民，残废老幼孤寡，无人赡养，生计绝望者。(2)乙等贫户，如失业日久，生计艰窘者；残废老幼、孤寡，依人为生，日食不给者。(3)丙等贫户，如一家人口繁多，毫无恒产，恃一人能力

---

① 《冬赈会拟订之查赈须知》，《大公报》1927年1月5日(7)。

② 《本市冬赈筹设粥厂》，《大公报》1930年11月6日(7)。

之所入,不足赡养家口者。①甲等就是所谓的极贫,乙等就是次贫,丙等就是一般贫困。这主要是以贫困者的生活状况的差异作为划分依据,相对较为合理。

1931年,河北省民政厅奉民政部令,为确定全省救济事业,转饬各县遵照办理调查贫民人数事宜。此次调查,关于贫民界定的范围为:"以赤贫无衣无食无住无田产,或有田产而人口众多,实不足养赡,有冻馁之虞者为限。"②贫民分为大口和小口两种,12岁以上为大口,12岁以下为小口。在这里,划分贫民的标准,以有无基本的衣食住和田产为依据,有田产的则以人口多寡、是否有冻馁为限。

不论是八善堂,还是天津市慈善事业联合会、天津市社会局,以及河北省民政厅,作为社会团体和机关,在1930年前后对城市贫民的划分存在如此大的差异,救助对象不明确,施赈标准不一,不利于各项救助工作的开展。

从总体来看,近代天津社会对城市贫民的救助具有明显的局限性。虽然救助机关林立,但救助人员范围有限,且时常赈款无着,或徒有虚名;长时间的救助工作少,短时间的救济多;治标的救助多,治本的救助少。尤其是在民国时期,中国社会环境的混乱无序状况达到了史无前例的境地,除了列强入侵制造的一系列侵华战争外,军阀混战,党派林立,排斥异己,严重影响着国家和地方社会的稳定。连年的循环式战争造成了政权不稳,入不敷出的财政状况更无法满足需求量巨大的社会救助的投入,在救助过程中,政府时常陷于捉襟见肘的窘境。而且救助标准模糊不清,救助对象较窄,救助活动尚未制度化、规范化,因此救助的总体水平不高。

四、救助活动的近代化色彩悄然呈现

中国传统的救助方式比较重视对被救助者物质上的帮助,突出了所谓的"养"的功能,慈善救济机构对收养人员往往采取单纯的收养办法,为他们提供衣、食、住等,很少教授其谋生的技艺。这种救济方式积久生弊,容易使贫民

---

① 《社会局将调查本市贫民》,《益世报》1930年7月17日(10)。
② 《调查全省贫民》,《大公报》1931年10月18日(7)。

产生依赖心理,也不利于发挥被救助对象的作用。其救助效率及效果,均由此而受到局限。这是传统农业生产方式下,社会救助形式的一个突出特点。

近代以来,随着西方国家社会管理理念的传播,西方国家的救济灾荒,以及对贫困群体救助的做法、政策和思想理念等不断被介绍到中国。尤其是教会进入中国以后,在宣传福音的同时,举办了许多慈善救济事业,将西方慈善理念及其实践也随之带入中国,影响了中国人的慈善观念和做法。西方"教养兼施"理念的传入,也在重塑着中国传统"养而无教"的救助理念。一些游历西洋的人士也较早意识到,单纯的收养只能使受施者保暖一时,而教养兼施则使其饱暖终身。"凡街市乞丐、无业游民,收入院中,教以浅近手艺,至艺成足以自养而后令去。不徒养之,而又教之。盖养之者,饱暖一时;教之者,饱暖终身也。"①

天津长芦育婴堂,在 20 世纪初鉴于"养而无教"的缺憾,曾派董事张克一等人赴正定参观由天主堂设立的女工厂,不仅了解了该厂的经费来源、各项规章制度、工厂的布设规划,而且还对该天主堂的"教养兼施"的理念有了全新的理解,并将学到的这一理念付诸于即将实施的长芦育婴堂的改革中,在新建的育婴堂中增设了女工厂、蒙养院、半日女子学堂和产科、看护科两学堂。②1929 年 4 月,天津市府令工务局和社会局,利用天津游民收容所内的精壮劳动力筑路做工。③在 20 世纪 30 年代,天津市政府在修筑马路、栽种树木,以及兴建公共建筑物等市政建设方面,需要工人,同时鉴于"本市各处,失业工人甚多,生计艰窘,衣食无着,且各县乡农,来津谋生乏术,漂流无依,亦为数不少,若任其流荡,不予救济,恐将影响治安,府方为谋两全计,故特函由省会公安局,转令各警区所,代为招纳此项贫苦流民,送府留养,以备役使,除供给食宿外,并酌给予工资,每区以二百名为限,刻各警所均已开始招生"④。这

---

① 许象枢:《泰西善举中国能否仿行》,《皇朝经世文》三编,卷 35,转引自任云兰:《近代天津的慈善与社会救济》,天津人民出版社 2007 年版,第 38 页。

② 《长芦育婴堂试行简章》,"禀文"和"祥文",天津大公报馆排印,1907 年,转引自任云兰:《近代天津的慈善与社会救济》,天津人民出版社 2007 年版,第 26 页。

③ 《利用游民筑路工作》,《大公报》1929 年 4 月 10 日(12)。

④ 《一举两得之市政》,《大公报》1934 年 4 月 24 日(10)。

种"教养兼施"、"工赈"等救助理念和措施的实施,推动了中国近代救助活动的近代化。

小　结

近代天津救助机关林立,救助活动多样,救助内容涵盖了贫困、医疗、教育、住房、失业等方面。救助一事,作为市政建设的重要部分,关系社会,至重且大,需要充分调动各个社会阶层和社会成员的积极性和主动性。对政府而言,对贫民的救助,是义不容辞、责无旁贷的,而社会成员需要在政府的引导下,将社会互助与贫困者自助有机地结合起来,让每个社会成员都可以参与到社会变革中,共享社会变革带来的成果,从而实现整个社会的和谐发展。但是救助一事,不是赤手空拳尽心尽职就能做到的,尤其作为近代大都市的天津,五方杂处,失业、失学、流民、灾民、难民等人员众多,救助任务更是艰巨异常,显然单靠某一方的力量难以完成,需要国家和社会共同来承担,多方合力方能更好地解决。

同时,良好的社会环境不能忽视,没有良好的社会环境,救助工作根本无法开展。近代天津市政府和社会的救助行为,虽能在一定程度上缓解城市贫民的生计问题,但城乡二元化发展趋势不断增强,乡村社会环境不断恶化,贫民源源不断地涌入城市,贫民队伍的不断壮大,故救济一事实难从根本上改变城市贫民的生存状态。

结 语 PERORATION

ERSHI SHIJI ZHI ZHONGGUO

近代天津城市化进程中形成的贫民问题,是一个严重的社会问题,它非因城市化而生,但却在近代天津城市化过程中形成并且日益深刻化。通过以上章节对城市贫民问题形成的追根溯源,对其日常生活的细描与探究,可以窥见其悲惨的生存实态和不幸的人生命运;通过对城市贫民引发的城市病的剖析与解读,昭示出这一问题的严重性及其复杂性。从社会角度来看,政府和社会从维护自身利益和城市稳定角度出发,对城市贫民问题给予广泛关注,施予积极的社会救助,并通过厘定各项法律规章、强化国家机器等手段,加强对城市贫民的社会监管,试图把城市贫民纳入到政府可控制范围之内。在天津城市化进程中,对城市贫民阶层的形成、数量空间分布、来源分类、日常生活,以及城市贫民与城市病,国家和社会对城市贫民的救助等问题进行全面系统的考察,使我们能够真正厘清和揭示城市贫民和城市社会变迁之间的内在关联性。

一、城市化、现代化发展曲线与城市贫民问题演变相关性

近代天津的城市化、现代化历经一个曲折的发展历程,它是中国社会现代

化过程的有机组成部分或一个局部，既具有中国近代社会城市化、现代化的一般特质，又具有自身独特的发展特点。从城市化的动力来看，近代天津城市化非因工业化而生，而是伴随着西方列强的入侵而被迫启动，城市化水平总体不高，且呈畸形发展之势。

1860年天津开埠通商后，逐渐打破了传统的封闭式的封建经济模式，并与国内外市场密切联系起来，对外贸易首先获得迅速发展并成为城市经济的中心。对外贸易的发展打破了传统的自给自足的经济结构，新式工厂和企业相继建立，工商业获得较快发展，金融业获得较快增长。但从总体上来看，20世纪以前，天津的民族工业比较弱小，厂数也不过9家，资本较为雄厚的两家企业资本金合计不过295 000两，企业工人总数不超过1500人。①继之，八国联军铁蹄使天津为数不多的近代企业灰飞烟灭。

进入20世纪以后，尤其是到20年代末，天津城市化进入一个快速增长时期。到1911年以前，各类民族资本企业总数已达107家，涉及近16个部门，天津的民族工业在这一时期已粗具规模。从民国肇造到20年代末期，是天津民族工业发展的"黄金时期"。据统计，1914年至1919年，天津每年设厂都超过40家，特别是1915年，开设了220家工厂。②工厂数量不断增加，大型工厂不断涌现，以社会化大生产为主、手工业为辅的近代工业体系基本形成。

随着天津城市工商业的发展，人口不断聚集和增长，与工商业的发展成正比。从1860年至20世纪初，天津城市化进程开始启动，周边人口开始向天津聚集，这时人口增长相对缓慢，由1840年的19.8万人，到1906年增加到42.5万人，60多年间仅增加20余万人。20世纪初至20年代末，清末"新政"的推行，民国新法令的颁布与实施，天津城市化迅速展开，城市规模迅速扩大，人口由1906年的42.5万人，至1928年增加到112.2万人，仅20余年间就增加了60余万人。③

随着城市化、现代化进程的加快，中国社会结构也发生着急遽的变化，

---

① 万新平：《天津早期近代工业初探》，《天津史研究》1987年第2期。
② 罗澍伟主编：《近代天津城市史》，中国社会科学出版社1993年版，第417页。
③ 李竞能：《天津人口史》，南开大学出版社1990年版，第82页。

"到19世纪中叶,当西方工业革命终于以雷霆万钧之力推动其世界政府运动进入新一轮周期,而中国内地也开始出现王朝统治危机之时,内因和外因达到一个交汇点,开始逐渐影响中国历史发展的转向。……中国社会演变的格局从逐渐的积累性变迁改变为急剧的传导性变迁。"① 随着社会经济结构的变迁,传统"士农工商"的社会结构被打破,新兴的工商业阶层、知识分子阶层、买办阶层、绅商阶层等开始出现。近代天津城市贫民也是在这一过程中不断形成和壮大。

开埠以前,天津城市贫民较少。据1846年《津门保甲图说》统计,全市人口32 761户,198 715人。其中下层的医卜、乞丐、僧道等全部合起来,仅有216户,不到当时天津城区总户数的1%。② 1860年天津开埠后,随着城市化进程的启动、城市规模的扩大,城市贫民的不断增加,尤其是20世纪以后,随着天津城市进程的不断加快,在各处移民不断向天津聚集的过程中,城市贫民数量剧增。1919年,备济社、延生社、慈祥社等在天津城关内外施放冬赈,查得贫民为1.5万余户。③ 1926年冬,天津八善堂冬赈救济会在天津城厢施放冬赈,共救济贫民6.2万余户。④ 1928年天津市社会局对天津市贫民进行调查,统计全市共有贫民95 700余人。这些贫民多是没有工作的失业者,而且全家都处于贫困境地,据此社会局估计,天津市有赤贫10万户,占48万户居民的近1/5。⑤ 在20世纪20年代末最终形成了一个规模庞大的贫民阶层,此后至抗战前,天津的贫民户数虽然个别年份有所变动,但一直居高不下,且生活贫困程度日益加深。

从近代天津城市贫民阶层的形成过程来看,城市贫民非因城市化而生,但

---

① 罗荣渠:《现代化新论》,北京大学出版社1993年版,第239~240页。
② 《津门保甲图说》(道光),见天津市地方志编修委员会编著:《天津通志·旧志点校卷(下)》,南开大学出版社2001年版。
③ 《各善社施放衣食》,《大公报》1919年2月28日(2)。
④ 《冬赈会之成绩与会务》,《大公报》1927年2月11日(7)。
⑤ 天津特别市社会局编印:《天津特别市社会局一周年工作总报告(1928.8~1929.7)》,1929年,第250页。

却与近代天津的城市化、现代化有极大的关联性。

首先,近代天津的城市化、现代化进程,强烈改变着整个社会的职业结构和人们的职业地位,重塑着人们因职业差异而发生的阶层属性。在传统"士农工商"的社会结构中,人们的职业结构稳定,且世代相沿。随着近代城市化进程的启动,社会职业发生了巨大变化,许多新兴职业应运而生,且管理技能、生产技术、知识文凭等在社会分层中的作用日益凸显,并逐渐成为划分社会阶层的主要依据。社会分层标准,突破了传统时代单一的以身份为依据的分类标准。在新的社会阶层结构中,由于城乡二元化发展而形成的推助,导致大量破产的农民纷纷涌入城市谋求发展空间,这为城市贫民阶层的形成提供了巨大来源。这些入城的农民中,由于他们自身的资源、技能方面的缺陷,在巨大生存压力之下,只能在城市中从事一些低贱的、收入低下的工作,沦为城市的最底层。

此外,近代天津城市化、现代化的畸形发展,引发的社会资源分配和占有的不公及其社会保障制度的缺失,是诱发近代城市贫民问题的制度性原因。

近代天津城市化、现代化进程,不仅吸引着众多破产的农民进城,同时亦有不少原有的城居者失去了就业机会。大量城市贫民的存在并由此引发了一系列严重的城市病,影响着城市社会的稳定并制约着天津的整个城市化进程。面对这些问题,我们应该更多地反思我们的城市化道路、城市化模式,处理好城市化过程中人口增长规模、社会结构的合理性,协调好人口增长与社会经济发展之间的互动关系,进而使整个城市化向着健康有序的方向发展。

二、城市贫民:城市化进程中的社会问题

何为社会问题,仁者见仁,智者见智,但是它至少包含两个不可或缺的方面:其一,它是一种"公众麻烦",而不是个别人的问题,它的存在影响到了社会;其二,是相当一部分人认为它是社会问题,并试图加以改善和解决。

社会问题的发生不是一朝一夕的事情,而是一个长期累积,各种因素纠合作用的结果。城市贫民古已有之,可以说伴随着城市的出现而出现,但并没有成为十分严重的社会问题。随着鸦片战争的爆发及传统自然经济的逐步瓦

解，中国社会进入近代转型时期，政治、经济、文化等方方面面都发生着巨大的变化。然而，国门打开和社会转型也使中国的各种社会关系发生着深刻的变化，社会结构处于分化、整合、重组的过程中。从近代天津城市贫民阶层形成的社会背景和社会环境来看，主要是在近代天津城市化、现代化的环境中产生的，是社会变迁和社会结构转型的产物，是社会精英（强势群体）、普通民众和城市贫民阶层相互比较的结果。

从表面看，城市贫民通常无明显生理疾病，绝大多数是普普通通的"正常人"，也即是说，引发他们贫困的主要原因不是由于他们生理上的原因或是自身的不努力所致，而是因为社会制度、社会结构的不合理、不公正所致，是社会无法为他们提供一个公平的舞台。近代天津城市贫民问题的形成也是如此，一方面，随着近代城市化进程中广大乡村衰败，城市畸形繁荣，城乡二元化结构发展日益深刻化，农村积淀的大量的剩余劳动力不断入城，与城市的特殊阶层相比，他们在就业机会、社会资源占有、利益分配等方面，处于明显的劣势地位，再加之社会保障制度的缺失，使得他们沦为城市中的贫民。

社会问题具有复杂性，不仅涉及的空间范围大，覆盖人群多，危害程度深，而且一旦形成，其解决势必历经一个漫长而艰辛的过程。随着近代天津城市化进程的加快，社会财富的增加，贫富分化十分严重，城市贫民问题日益凸显。"举凡人民之衣食住行，生活习惯，以一切社会之现象，罔不成畸形状况，富者资产累万，炊金馔玉，一饭十金，重烟叠褥，一衣百金，居则深宅大院，洋楼高厦，行则汽车飞驰，用以代步，身受者虽尚自恨不足，旁观者实已望尘莫及，至于辛苦劳工，贫穷小贩，终年竭尽全力辛苦工作之结果，而所入极微，其生活也，甚至数米为炊，称薪而养，衣难蔽体，食难一饱，居求一贫民之窟而不可得者，固比比皆是。"① 占人口总数比例极小的富有阶层占有大量的社会财富，他们终日过着钟鸣鼎食的生活，而人口众多的城市贫民在巨大生存压力之下，非但无法分享现代化所带来的成果，反而陷入极其悲惨的境地，他们所过的生活多在一般生活水准之下，收入少，没有充分的御寒避暑的衣服，没有营养充足的饮食，没有躲避风雨的住所，没有知识和娱乐，终日劳作，生活却

---

① 《津市风俗调查报告(四)》，《益世报》1932年5月11日(6)。

毫无保障,时常在生存的边缘挣扎,夏日时有的热死,冬天时有的冻死。他们在政治上无权又无势,缺乏社会支持网络,在社会中被严重边缘化。经济上的贫困性、社会地位的边缘性、生活质量的低层次性,以及社会承受力的脆弱性,使得他们成为近代城市社会的一个特殊的构成群体。同时,由于缺乏捍卫自身利益的能力,他们只能在社会中接受最低的待遇,尽管倾其全部劳动能力,也常无法满足自身和家人的基本生存需要,并导致"贫困的代际传递"。近代城市贫民问题的形成,不仅对城市贫民自身有害,限制了城市贫民的生存与发展。同时,也不利于整个城市的发展与进步,影响着整个城市社会的稳定,制约着社会经济的发展,不利于整个社会的和谐进步。

在近代天津城市化进程中,随着城市职业分化的加剧、社会资源占有的不均,社会地位的高下也应运而生。社会分层由传统社会的身份等级分层日益转变为职业分层。相形之下,城市中的贫民阶层就是不拥有社会资源而沦落为社会底层的职业群体。这一群体面对城市化进程中严重的两极分化现象和不公平的社会待遇,增加了他们的不公平感,这不利于社会的稳定。但由于贫民阶层势单力薄,无力与强势阶层相抗衡,他们首先选择在痛苦中"忍耐",其次是消极反抗。当和平途径不能实现目的时,他们唯有用激烈的方式来表达对现存社会的不满,进而影响社会稳定,使得城市社会衍化为一种病态社会。"贫穷之成为严重的社会问题,实在是一个近代的产物,尤其是工业革命以来相伴而发生的一种社会病态的表征。"①

城市贫民阶层的形成和扩大,以及随之而来的难以医治的各种城市病的发生发展,近代天津城市犯罪率攀升不下、娼妓泛滥、乞丐职业化、失业问题严重等城市病的日益深刻化,昭示着城市贫民问题的严重性,也意味着经济发展过程中社会结构的失衡已经达到了边界,并成为社会发展的障碍。同时,也表明这部分贫困人群的生存状态也已接近极限,如果不妥善处理,社会稳定必将受到挑战,社会矛盾一触即发。城市贫民的大量存在,对整个城市社会造成诸多负面影响,它不仅制约着城市经济的健康发展,还制约着整个城市化进程。广大农民变为城市市民是城市化的必由之路,而数量庞大的城市贫

---

① 柯象峰:《中国贫穷问题》,南京:正中书局1935年版,第58页。

民的存在，极大地制约着天津的城市化进程。

如此严重的社会问题，不能不引起政府当局的关注。城市贫民的广泛存在，与社会秩序的稳定有莫大关系。在20世纪20年代初，天津市当局对此已有察觉，如1921年天津警察厅训令言："一地方贫民之多寡，与一地方之公共安宁秩序极有关系，贫民多或陷于生活之维艰，驯至挺身以走险，则地方难治，贫民寡是衣食足而知荣辱，则地方自安。"①为此，统治者开始关注对贫民的救助，并开展了各方面的救助工作，为城市贫民提供了物质或经济方面的支持和帮助，收到了一定的社会效果，对于改善贫民生活在一定程度上发挥了积极的作用。然而，城市贫民问题非但没有解决，到二三十年代反呈恶化之势，仍有众多的家庭食不果腹，衣不蔽体，居无定所，病不能医，他们生存之外的个人和家庭的存在与发展问题更是无从谈起。

近代城市贫民，作为一种客观的社会存在，在中国城市化进程中逐渐形成，数量庞大，人员众多，从业状况复杂，但是他们的生活处境和生存状况却大致相似，即收入低微，生活困难，权利被剥夺殆尽，社会地位低下。当然，城市贫民的出现，既与社会制度变迁、社会结构失衡相关，也有政府方面的责任，当然，也有贫民自身方面的问题。但是，近代天津城市贫民作为一个阶层出现，并且成为严重的社会问题，与近代天津城市化畸形发展、城乡社会结构失衡、社会保障制度缺失等密切相关。

作为一个国家，在对待城市贫民这一社会问题上不能回避，应有一个客观的态度。城市贫民在中国的历朝历代都存在，并且被视为一个社会问题加以解决，而政府作为解决城市贫民问题的主导性力量，历代王朝统治者都很重视赈灾、济贫等社会救助的实施。古代政府的救助政策和措施主要有养恤、蠲缓、赈济、贷赈和安辑等方面。但是城市贫民问题的彻底解决，不是孤立的社会现象，是社会经济发展与人类文明进步的表现，是社会政治、经济、文化各种因素交互作用的结果。随着近代城市贫民问题的严重性及其复杂化，在对城市贫民的救助问题上单由政府独自包揽是不可能的，也是不现实的，还需要社会的力量，国家和社会合力才更有利于问题的解决。

---

① 《贫民生活之筹备》，《大公报》1921年9月11日(2)。

毋庸置疑,只要社会分层存在,并且有制度化的倾向,社会就必然产生不平等现象,社会上就会有贫者和富者。问题的关键不在于贫富差异的存在,而在于在贫富差别存在的前提下,社会怎样顾及社会分层中最底层人们的利益,怎样避免社会分层中出现"两头大、中间小"(即极端富裕者占一部分,极端贫困者占大部分,缺少一个强大的人数众多的中间阶层)的问题,让更多的社会成员都能够享受到社会发展带来的实惠,这是建立一个公平、正义、文明、和谐的社会过程中应该高度重视的。

三、城市文明的建构与城市地位的确立

任何一个社会,只要在不断发展,就会产生社会结构各部分发展失调的问题,就会产生经济基础与上层建筑之间的失衡现象,就会出现社会各个部分、各个要件运行功能的失调,就会导致这样那样的社会问题的产生。故社会问题的产生不是空穴来风,具有客观性,不以人的意志为转移。人类社会也正是在"出现社会问题—解决社会问题—再出现社会问题—再解决社会问题"的累积循环中不断走向文明和进步。每一个社会问题的解决,都意味着社会就会向前迈进一步,整个人类社会也正是在不断解决社会问题中发展前行。

近代城市贫民,作为一种客观存在的社会阶层,在社会结构中处于底层,与其他社会阶层相比,承受着来自经济、社会、心理等方面的巨大压力。政府和社会应该正视贫民的客观存在,关注城市贫民,解决民生,这是政府义不容辞的责任,也是社会成员应尽的义务,各方都应充分关注其生存状态及其对整个社会可能带来的冲击。在治理城市贫民这一社会问题时,在观念和行为方面应有一个大的转变,认识到享受最低限度的生活保障是每个公民最起码的权利,也是治理城市贫民这一社会问题最初也是最基本的目标。此外,我们要充分认识到治理城市贫困不仅要解决贫民的物质不足,更要充分体现对贫民社会心理缺损和基本权利不足的疏导和关注。只有在物质生活、社会心理、基本权利等方面给予全方位的关怀,才能使城市贫民获得基本的人格平等,才能与整个社会和谐存在,共同发展。

如不解决城市贫民的生存问题,就不可能实现真正的现代化;只有彻底消

除贫困,社会才能获得长足发展,国家才能真正强大。而要解决城市贫民的生存问题,彻底消除贫困,是一个艰巨的社会工程。首先要统筹好城乡关系,提高社会经济发展的水平,在此基础上大力发展城市经济,稳定城市环境,健全城市保障制度等。作为一个城市,尤其是正在形成和发展中的城市,其文明的建构、城市地位的确立,必须动员社会结构中各方的力量,发挥他们的优势,互动互助,城市才能在真正意义上健康地发展。具体应该注意如下几点:

第一,大力发展城市经济,促进社会就业,是构建城市文明、确立城市地位的物质基础。城市贫民问题首先属于经济问题,其解决从根本上来讲需要社会生产的发展,为劳动者提供更多的就业机会。同时,经济的发展、物质财富的增加,能为各项救助工作的开展提供充足的经济来源。近代天津的城市化、现代化是在西方列强的炮火中被迫启动的,同时传统经济余孽的影响未彻底清除,列强侵略、军阀混战导致社会局势动荡不安,使得近代天津的经济终难获得长足发展。正是近代天津城市工商业畸形发展的社会现实,无法为入城的农民提供充分的就业机会,使得社会上存在着大量的无业和失业人口。近代天津城市经济的不发达,也无法为社会的进步与发展提供充足的资金,尤其是没有开拓更多的就业渠道。因而,城市贫民问题的解决也将成为无本之木、无源之水。近代天津城市化的进程再次警示我们:经济是基础,发展才是硬道理。

第二,政治稳定是构建和谐社会、促进城市健康发展的前提。近代中国社会是一个积贫积弱的社会,清政府的腐败无能、民国社会的一盘散沙,使得中国始终没有建立起一个强有力的中央政权。正是由于当政者不具备强有力的整合和调控社会的执政能力,对包括城市贫民问题在内的一切严重的社会问题的解决也无从谈起。近代社会处于一个急剧转型时期,这一时期社会结构失衡,利益分配不均,包括城市贫民在内的诸多社会问题的发生,而要正确处理和解决这些社会问题和矛盾,建构一个文明发达的社会,必然要求政府和社会具备强有力的整合社会结构、社会利益、社会关系等方面的能力,创造一个和谐稳定的社会氛围,建立一个高效、公平、正义的调节机制,完善社会管理体制,稳定社会秩序等,这也是国家义不容辞的责任。

第三,调整利益分配,缩小贫富分化,是建立和谐城市社会十分有效的途径。近代天津社会形成的买办阶层、寓公阶层、官僚阶层等,他们凭借手中的特权和对社会资源的占有,独占社会财富,而人口众多的城市贫民却无法享受社会发展带来的利益。利益分配不均,社会上极易形成贫者积贫、富者积富的恶性循环,加之社会阶层之间流动相对封闭与狭窄,贫民人数不断增加,成为城市社会发展中极不和谐的音符,这一问题长时间内无法从根本上得以解决,城市贫民的生存状况委实令人担忧。这就要求社会及时进行利益调整,运用经济的、法律的、行政的手段,在初次分配的时候,对特权群体的利益加以限制,对城市贫民给予保护。更要注意对社会财富进行再分配时,对贫困群体给予适当的政策倾斜。这样,不仅有利于城市贫民阶层的消除,又可以有效防止贫富悬殊的进一步扩大。同时,社会要维护公正性,为社会各个阶层的人才提供充分的上升空间和流通渠道,这样才能有效地保证社会财富是通过创造获取,而不是通过剥夺他人而肥己。只有这样,才能使社会各个阶层都能享受到经济增长带来的实惠。

第四,完善社会规章制度、健全社会保障体系,是城市社会健康发展的关键。法制规章具有强制性,一旦形成,就具有稳定性和长期性。城市贫民问题的解决、城市社会的健康发展,要确立社会救助的长效机制,建立完善的社会保障制度,使社会救助工作经常化、制度化,这是解决城市贫民和预防新贫困群体出现的良好且必要的手段。社会保障制度的不完备,以及社会对救助制度中责任和义务关系的不同看法而导致的种种缺陷,需要政府不断从宏观上多维度地对社会救助政策进行修正和弥合,以最大限度地提高社会救助安全网的效力和功能,使救助城市贫民的道义合理化、规范化、制度化。同时,解决城市贫民问题,还需要更多社会力量在经济上、道义上、专业上等方面给予大力的支持,以便取得更好的效果。

总之,对于城市贫民,城市不应该把他们视为市政建设的障碍,更不能把他们排斥在社会制度之外,而应把他们视为一般的市民看待,努力发展社会经济,稳定社会秩序,不断完善社会救助制度和保障制度,切实帮助他们适应城市生活、城市环境,不断增强他们的竞争力和提高他们参与社会经济生活的能力,使之进得来,留得住,真正融入主流社会,过上正常化的生活,这才是一个城市健康发展的必由之路。我们应该努力去营造一个健康的城市社会,让更多入城的农民能够成为真正意义上的"城市人",成为市民社会的一员,过上有理想、有价值、有尊严的生活!

四、以人为本的发展观的确立

城市贫民的大量存在,不仅为城市发展提供了丰富的劳动力,整个城市社会的进步、经济的发展、社会文明的前行,也都离不开这些人口的参与和支持。但是他们中的许多人根本连基本的生存问题都难以解决,也无法享有基本的市民权和参与城市事务管理的权力,更无法享受法律赋予的自由与福利。他们不可能在城市中有一个真正的"家",成为真正意义上的"城市人"。

虽然近代天津市政府在对待城市贫民问题上也采取了一些救助措施,在一定程度上有助于改善贫民待遇,但是相对于庞大的贫民阶层而言,这无疑是杯水车薪。绝大多数贫民还经常处于食不果腹、衣不蔽体、无家可归的状态;有的也仅仅是能够维持最起码的生存条件,而在健康、教育和社交方面,难以得到满足。因此,在他们的生活中还远远谈不上生活质量和做人的尊严。研究近代天津的城市贫民问题,关注当今社会上的贫困群体,对于促进社会贫困群体状况的改善,提高贫困群体的经济、社会地位,促进社会和谐发展,有着极为重要的现实意义。

1949年中华人民共和国成立以后,中国共产党成为执政党,不仅救人民于水深火热之中,还把解决人民的温饱问题、实现生存权和发展权作为其最紧迫的任务之一。新中国成立之初,党和政府就对社会遗留下来的社会问题,采取了一系列带有社会保障性的政策和措施,主要包括对职工的社会保险,对公民的社会救济、社会福利,对军人及其家属的社会优抚,使农民成为土地的主人等。一系列社会政策的出台与实施,对于医治战争创伤,迅速恢复生产,保障人民群众的基本生活,调动人民群众建设社会主义的积极性等方面,发挥着极大的作用。尽管在新中国成立后的相当长一段时间内,我国人民的生活水平仍比较低下,但是基本上实现了城乡人民的普遍就业和基本的生活保障,实现了社会的稳定,这是令世界瞩目的奇迹!

1978年实行改革开放以来,我国坚持以经济建设为中心,极大地促进了生产力的发展,使城乡居民的收入大大增加,精神生活和社会环境有了明显改善,中国人民的生活水平总体实现了温饱,正在向小康迈进。然而,作为改革的代价之一,社会上的贫困群体、弱势群体问题日益扩大,并为社会各界所关注。

"奇迹和成功不能掩盖依然存在的贫困。由于历史的、自然的、政治的、人为的诸多因素,直至今天,我国依然是世界上贫困人口最多的国家之一。"①尤其随着经济体制改革的深入、市场竞争的加剧,我国的产业结构和就业结构也进行了重大调整,再加上社会分配制度、社会保障制度等方面的缺陷,使得城乡间的差距进一步扩大,社会成员的分化进一步明显,就业问题、住房问题、教育问题、就医问题、农民工问题等日益凸显,并且涉及的面愈来愈广,这些问题反映了现代社会变迁中社会问题的复杂性,影响着经济的发展和社会的稳定,并影响着党的威信和民主化进程,不利于人的全面发展和社会的可持续发展,也不利于和谐社会的建立。因此,我国政府非常重视解决经济发展中出现的贫困问题。

2002年3月,国务院总理朱镕基在九届全国人大五次会议上所作的《政府工作报告》中,首次在公开场合正式使用"弱势群体"一词,并在报告中指出:"积极扩大就业和再就业是增加居民收入的重要途径,对弱势群体要给予特殊的就业援助。"②同年12月9日,胡锦涛在中央经济工作会议上强调,要加强就业和社会保障,继续大力推进扶贫开发;12月12日,胡锦涛主持召开的中共中央政治局常委会议,部署加强社会保障、确保困难群众生活的工作。

2003年9月,中国第一部法律援助的行政法规《法律援助条例》正式实施,政府承诺为无力打官司的贫弱者埋单,这有利于推动中国法律援助制度的完善和健全。2003年10月召开的党的十六届三中全会上,明确提出了"坚持以人为本,树立全面、协调、可持续的发展观,促进经济社会和人的全面发展"的科学发展观。在这一思想的指导下,党和中央政府采取了一系列措施,解决社会上反响较大的、影响较广的社会弱势群体问题。如继续在农村实施

---

① 黄传会:《忧患八千万——献给96国际消灭贫困年》,《当代》1996年第5期。
② 朱镕基:《政府工作报告》,《人民日报》2002年3月17日。

开发扶贫,对农村进行税费改革,帮助农民工催讨拖欠工资,出台农村医疗救助制度等。

2004年3月召开的十届全国人大二次会议,将"国家建立健全同经济发展水平相适应的社会保障制度"作为新增条款,写入宪法。①这对于从制度层面切实保障弱势群体利益有着十分重要的意义。

2006年10月,中共中央召开的第十六届六中全会,研究了构建社会主义和谐社会的若干重大问题,其中包括农村改革、医疗改革、社会就业以及社会保障制度的完善等问题,尤其重视如何完善社会制度,以达到社会的公平、正义。这体现了我们党注重倾听和关注不同利益阶层,尤其关注弱势一方的利益诉求,以化解社会矛盾,维系民心。

2007年3月,在十届全国人大五次会议召开的中外记者招待会上,国务院总理温家宝在回答记者提问时说:"解决民生问题是要首先着眼于困难群体,因为在中国城乡,困难群体占有相当大的比重,特别是农民。……如果我们改善了困难群体的生活状况,也是改善了整个社会的生活状况。"②

党和国家领导人对社会上贫困群体、弱势群体的重视和关怀以及采取的一系列举措,是"以人为本"的执政理念的必然要求,体现了中国共产党执政理念的进步,也体现了我国社会观念的进步。

一定规模的城市贫困人口的存在并不可怕,可怕的是人们在追求脱贫的过程中机会总是不平等。治理与消除经济贫困的治本之道,是强化社会基本权利的平等和保障社会权利的公正性。一方面,政府在济贫事务中要坚持"以人为本"的原则,在治理贫困的过程中不仅需要物质方面的扶贫,更重要的是要有人文关怀、情感投资,保证公民在城市中享有平等的公民权。政府是城市贫民救助的主导力量,政府通过完善社会保障制度,保障这些弱势群体的基本生存条件。当然,城市贫民问题的解决由政府包办是不科学的,也是不现实的,需要依靠社会力量的广泛参与,积极发挥其物质或道义上的声援与支持。前者属于政府行为,后者为社会行为,政府和社会力量协调合作,积极发挥双

---

① 《中华人民共和国宪法修正案》,2004年3月14日第十届全国人民代表大会第二次会议通过。

② 温家宝:《解决民生问题首先着眼于困难群体》,中国网,2007年3月16日。

方优势,不仅能够弥补政府力量的不足,也有利于城市贫民问题的更好解决,维护社会稳定,防止矛盾激化,保证现代化的顺利进行。

　　解决城市贫民问题的关键有赖于社会经济的发展,这样,社会才能够为这些劳动者提供更多的就业机会。当然,政府要不断完善保障制度和不断提升服务意识,明确社会发展的人文关怀,确立"以人为本"的发展理念。这对于改善民生,体现社会公平正义,体现社会制度的优越性,增强国家的向心力和社会对政府的认同感等具有无可替代的现实意义。

参考文献

一、档　案

1.《关于赈济院外文贫事项由》(1931年3月),天津市档案馆藏,档案号:J0131-1-000523。

2.《天津特别市社会局公函(字第152号)广仁堂》(1930年5月3日),天津市档案馆藏,档案号:J00130-1-000393。

3.《公安局函达关于救济失业文人案(救济文贫办法)》(1937年12月),天津市档案馆藏,档案号:J0055-1-000041。

4.《关于公布残废军人教养院条例附编制表致社会局训令》(1930年1月15日),天津市档案馆藏,档案号:J0025-2-000069-007。

5.《天津市人力车兽挽车注册数目调查表》(1928年7月本市成立起至1932年12月止),天津市档案馆藏,档案号:J0054-1-000850。

6.《天津市立救济院函社会局》(1933年12月),天津市档案馆藏,档案号:J0131-1-000654。

7.《天津市立救济院函药善堂》(1934年1~3月),天津市档案馆藏,档案号:J0131-1-000654。

8.《天津市市立救济院公函天津市公安局》(1935年9月14日),天津市档案馆藏,档案号:J0131-1-000654。

9.《天津市市立救济院布告第一号》(1935年11月16日),天津市档案馆藏,档案号:J0131-1-000654。

10.《天津市政府训令(字第232号)市立医院》(1933年7月),天津市档案馆藏,档案号:J0123-1-000458。

11.《天津邮务工会为恒源纱厂停工援助全厂工人宣言》(1933年5月15日),天津市档案馆藏,档案号:J0128-2-000252-010。

12.《天津市市立救济院函社会局》(1934年8月10日),天津市档案馆藏,档案号:J0131-1-000654。

13.《天津市市立救济院函社会局》(1934年8月31日),天津市档案馆藏,档案号:J0131-1-000654。

14.《贫民工厂计算书》(1929年6月),天津市档案馆藏,档案号:J0054-2-003316。

15.《函公安局定期开整理乞丐捐会议》(1929年6月),天津市档案馆藏,档案号:J0054-1-000720。

16.梅宝昌:《为关心贫民生活事致天津商会的执事呈》(1931年11月25日),天津市档案馆藏,档案号:J0128-3-006624-118。

17.《为安插乞丐防止扰害商业禀天津商务总会请议书》(1914年7月16日),天津市档案馆藏,档案号:J0128-3-003663-001。

18.《呈请设立孤儿学校案》(1913年7月10日),天津市档案馆藏,档案号:J0131-1-000024。

19.《天津市市立第一贫民救济院呈天津特别市政府文》(1930年3月14日),天津市档案馆藏,档案号:J0131-1-000464。

20.《天津特别市政府指令(字第1467号)第一贫民救济院》(1930年4月14日),天津市档案馆藏,档案号:J0131-1-000464。

21.《天津市市立救济院送省会公安局的公函》(1933年2月),天津市档案馆藏,档案号:J00131-1-000638。

22.《天津市政府训令(丙字第1260号)警察局》(1937年3月21日),天津市档案馆藏,档案号:J0225-1-000053。

23.《天津特别市公安局公函(字第120号)》(1929年3月5日),天津市档案馆藏,档案号:J0054-1-000108。

24.《(天津市立救济院)本院贫民区呈报各事宜》(1933年—1934年),天津市档案馆藏,档案号:J0131-1-000630。

25.《天津特别市社会局公函(字第162号)市立第一贫民救济院》(1930年5月6日),天津市档案馆藏,档案号:J00131-1-000467。

26.《函请各纱厂收留工徒以为出路》(1931年6月),天津市档案馆藏,档案号:J0131-1-000552。

27.《函请各厂收留工徒尽先引用》(1932年7月),天津市档案馆藏,档案号:J0131-1-000589。

二、报纸、杂志

1.《大公报》
2.《益世报》
3.《东方杂志》
4.《天津市政府公报》
5.《社会月刊》
6.《国际劳工通讯》
7.《劳工月刊》
8.《申报月刊》
9.《社会学界》
10.《经济统计季刊》
11.《社会科学杂志》
12.《中国经济》
13.《新中华》

14.《北辰杂志》

15.《妇女杂志》

16.《社会杂志》

17.《方舟》

18.《实业部月刊》

三、民国专著

1. 柯象峰:《中国贫穷问题》,南京:正中书局1935年版。

2. 柯象峰:《贫穷问题》,上海:商务印书馆1937年版。

3. 周毓英:《贫穷研究》,南京社会旬报社编行,1932年。

4. 陶孟和:《北平生活费之分析》,上海:商务印书馆1930年版。

5. 陶孟和:《孟和文存》,上海:亚东图书馆1928年版。

6. 孙本文:《现代中国社会问题》,上海:商务印书馆1947年第3版。

7. 马君武:《失业人及贫民救济政策》,上海:商务印书馆1926年版。

8. 海野幸德:《贫民政策》,上海:华通书局1933年版。

9. [英]赫娄哲密孙著,许善齐、莫安仁、周云路译:《贫穷之漩涡》,广学会,1927年。

10. 傅筑夫:《中国社会问题之理论与实际》,天津:百城书局1935年版。

11. 陈达:《中国劳工问题》,上海:商务印书馆1929年版。

12. 祝世康编:《劳工问题》,上海:商务印书馆1934年版。

13. 陈宗城:《劳工论文拾零》,国际劳工局中国分局,1934年。

14. 陈振贤:《现代劳动问题论丛》,中国劳工学术研究社,1933年。

15. 浅利顺四郎:《国际劳工问题》,上海:太平洋书店1928年版。

16. 刘星辰:《劳工问题》,上海:大东书局1933年版。

17. 何德明:《中国劳工问题》,上海:商务印书馆1937年版。

18. 骆传华:《今日中国劳工问题》,上海青年协会,1933年。

19. 陶孟和:《中国劳工生活程度》,中国太平洋国际学会,1932年。

20. 上海市社会局编:《上海市工人生活程度》,上海:中华书局1934年版。

21.杨西孟:《上海工人生活程度的一个研究》,社会调查所,1930年。

22.余启中编:《广州工人家庭之研究》,国立中山大学经济调查处,1934年。

23.实业部劳工司编印:《劳工法规汇编》,1937年。

24.《中国劳动法令汇编》,上海法学编译社1931年版。

25.《劳工法规汇刊》,中国劳动问题研究社1933年版。

26.樊弘:《劳动立法原理》,上海:商务印书馆1933年版。

27.蒋学楷:《国际劳工立法》,上海:大东书局1937年版。

28.刘巨坚:《工厂检查概论》,上海:商务印书馆1934年版。

29.鲁竹书:《失业问题研究》,上海:中央图书局1927年版。

30.飘萍吉人:《失业者问题》,京报馆1920年版。

31.王书奴:《中国娼妓史》,上海:生活书店1935年版。

32.邝震鸣:《贫穷与娼妓》,北京:北方印刷所1930年版。

33.鲍祖宝:《娼妓问题》,上海:女子书店1935年版。

34.龚骏:《中国新工业发展史大纲》,上海:商务印书馆1933年版。

35.太平洋书店编:《中国农村问题:佃农问题、农民负担》,上海:太平洋书店1933年版。

36.国民党政府主计处统计局:《中国土地问题之统计分析》,1941年。

37.朱其华:《中国农村经济的透视》,上海:中国研究书店1936年版。

38.张振之:《目前中国社会之病态》,上海:民智书局1929年版。

39.周谷城:《中国社会之结构》,上海:新生命书局1930年版。

40.国民政府主计处统计局编:《中华民国统计提要》,1935年。

41.实业部《中国经济年鉴》编纂委员会编:《中国经济年鉴》,上海:商务印书馆1934年版。

42.实业部《中国经济年鉴》编纂委员会编:《中国经济年鉴续编》,上海:商务印书馆1935年版。

43.王清彬等编:《第一次中国劳动年鉴》(第一编),北平社会调查部,1928年。

44.邢必信:《第二次中国劳动年鉴》(第一编),北平社会调查所,1932年。

45.唐海:《中国劳动问题》,上海:光华书局1926年版。

46. 巫宝三:《中国国民所得(1933年)》(下册),上海:中华书局1937年版。

47. 工商部编印:《全国工人生活及工业生产调查统计总结报告》,1930年。

48. 内政部统计司编印:《民国二十年下半年全国警政统计报告》(第一类违警犯统计),1933年。

49. 内政部统计司编印:《民国二十一年度全国警政统计报告》,1934年。

50. 内政部统计司编印:《民国二十二年份全国警政统计报告》,1935年。

51. 朱启明:《天津贫民半日学社纪略》,上海:中外印字馆1929年版。

52. 吴瓯主编:《天津市社会局统计汇刊》,天津社会局,1931年。

53. 天津市社会局编印:《天津市第二次工业统计》。

54. 天津特别市社会局编印:《天津特别市社会局一周年工作总报告(1928.8~1929.7)》,1929年。

55. 天津市政府统计委员会编印:《天津市统计年鉴》,1935年。

56. 方显廷:《天津地毯工业》,南开大学经济学院,1930年。

57. 方显廷:《天津针织工业》,南开大学经济学院,1931年。

58. 方显廷:《天津织布工业》,南开大学经济学院,1931年。

59. 吴瓯:《天津市纺纱业调查报告》,天津市社会局,1931年。

60. 吴瓯:《面粉业调查报告》,天津市社会局,1931年。

61. 吴瓯:《天津市农业调查报告》,天津市社会局,1931年。

62. 董昌言:《天津面粉工业状况》,河北省立工业学院工业经济学会,1932年6月。

63. 王镜铭:《天津造胰工业状况》,河北省立工业学院工业经济学会,1935年。

64. 林颂河:《塘沽工人调查》,北平社会调查所,1930年。

65. 天津识字运动宣传委员会编印:《天津不识字人口统计》,1931年。

66. 天津市社会局编:《天津市妓户妓女调查报告》,1931年,见李文海:《民国时期社会调查丛编·底边社会卷》,福建教育出版社2005年版。

67. 孙学谦:《天津指南》,上海:中华书局1924年版。

68. 甘眠羊:《新天津指南》,天津:绛雪斋书局1927年版。

69. 易家钺:《妇女职业问题》,上海:泰东图书局1922年版。

70. 李洛之、聂汤谷编著：《天津的经济地位》，经济部冀热察绥区特派员办公处结束办事处驻津办事处印行，1948年。

71. 〔清〕华鼎元辑，张仲点校：《梓里联珠集》，天津古籍出版社1986年版。

72. 〔清〕张焘：《津门杂记》，天津古籍出版社1986年版。

73. 宋蕴璞：《天津志略》，台北：成文出版社1969年影印版。

四、今人专著及资料汇编

1. 曾业英主编：《五十年来中国近代史研究》，上海书店出版社2002年版。

2. 《史学理论丛书》编辑部编：《八十年代的西方史学》，中国社会科学出版社1990年版。

3. 李长莉：《晚清上海社会的变迁——生活与伦理的近代化》，天津人民出版社2002年版。

4. 忻平：《从上海发现历史——现代化进程中的上海人及其社会生活（1927—1937）》（修订本），上海大学出版社2009年版。

5. [美]卢汉超著，段炼、吴敏、子羽译：《霓虹灯外——20世纪初日常生活中的上海》，上海古籍出版社2004年版。

6. [美]王笛著，李德英、谢继华、邓丽译：《街头文化——成都公共空间、下层民众与地方政治，1870—1930》，中国人民大学出版社2006年版。

7. 徐俊德主编：《北京档案史料》，新华出版社2000年版。

8. 黄淑君主编：《重庆工人运动史（1919~1949）》，西南师范大学出版社1986年版。

9. 武汉市总工会工运史研究室编：《武汉工人运动史》，辽宁人民出版社1987年版。

10. 天津市总工会工运史研究室编：《天津工人运动史》，天津人民出版社1989年版。

11. 罗荣渠：《现代化新论》，北京大学出版社1993年版。

12. 刘明逵：《新民主主义革命初期的工人运动（1919.5—1923.12）》，广东人民出版社1998年版。

13. 何一民主编:《近代中国城市发展与社会变迁》,科学出版社 2004 年版。

14. 王先明:《中国近代社会文化史论》,人民出版社 2000 年版。

15. 齐武:《抗日战争时期的工人运动(1937.7—1945.8)》,广东人民出版社 1998 年版。

16. 朱邦兴、胡林阁、徐声:《上海产业与上海职工》,上海人民出版社 1984 年版。

17. 郭士浩:《我国抗日战争时期市镇工人生活》,中国劳动出版社 1993 年版。

18. 南开大学经济研究所经济史研究室:《旧中国开滦煤矿的工资制度和包工制度》,天津人民出版社 1983 年版。

19. 池子华:《农民工与近代社会变迁》,安徽人民出版社 2007 年版。

20. 佟新:《异化与抗争——中国女工工作史研究》,中国社会科学出版社 2003 年版。

21. [美]贺萧著,韩敏中、盛宁译:《危险的愉悦:20 世纪上海的娼妓问题与现代性》,江苏人民出版社 2003 年版。

22. [法]安克强著,袁燮铭、夏俊霞译:《上海妓女——19—20 世纪中国的卖淫与性》,上海古籍出版社 2004 年版。

23. 池子华:《中国近代流民》,浙江人民出版社 1996 年版。

24. 蔡勤禹:《国家、社会与弱势群体——民国时期的社会救济(1927—1949)》,天津人民出版社 2003 年版。

25. 任云兰:《近代天津的慈善与社会救济》,天津人民出版社 2007 年版。

26. 郑杭生主编:《社会学概论新修》,中国人民大学出版社 1997 年版。

27. 王卓:《中国贫困人口研究》,四川科学技术出版社 2004 年版。

28. 王思斌主编:《社会工作导论》,北京大学出版社 1998 年版。

29. 陆学艺主编:《社会学》,知识出版社 1996 年版。

30. 蒋月:《社会保障法概论》,法律出版社 1999 年版。

31. 许学强、周一星、宁越敏:《城市地理学》,高等教育出版社 1997 年版。

32. 郑杭生、李强等:《当代中国社会结构和社会关系研究》,首都师范大学出版社1997年版。

33. 吴承明：《中国的现代化：市场与社会》，三联书店2001年版。

34. 王铁崖：《中外旧约章汇编》，三联书店1957年版。

35. 张利民：《华北城市经济近代化研究》，天津社会科学院出版社2004年版。

36. 张利民主编：《解读天津六百年》，天津社会科学院出版社2003年版。

37. 李竞能：《天津人口史》，南开大学出版社1990年版。

38. 高艳林：《天津人口研究》，天津人民出版社2002年版。

39. 罗澍伟主编：《近代天津城市史》，中国社会科学出版社1993年版。

40. 姚洪卓：《近代天津对外贸易（1861～1948年）》，天津社会科学院出版1993年版。

41. 孙德常：《天津近代经济史》，天津社会科学院出版社1990年版。

42. 周俊旗主编：《民国天津社会生活史》，天津社会科学院出版社2004年版。

43. [日]中国驻屯军司令部编，侯振彤译：《二十世纪初的天津概况》，天津市地方志编修委员会总编辑室，1986年。

44. 尚克强、刘海岩主编：《天津租界社会研究》，天津人民出版社1996年版。

45. 刘海岩：《空间与社会——近代天津城市的演变》，天津社会科学院出版社2003年版。

46. 天津市地方志编修委员会课题组：《天津之最》（第二辑），中国铁道出版社1991年版。

47. 天津市政协文史资料研究委员会编：《天津租界》，天津人民出版社1986年版。

48. [英]布莱恩·鲍尔著，刘国强译：《租界生活：一个英国人在天津的童年（1918—1936）》，天津人民出版社2007年版。

49. 耿捷主编：《天津公路运输史》（第一册），人民交通出版社1988年版。

50. 贾长华主编：《老城旧事》，天津古籍出版社2004年版。

51. 马敏：《官绅之间：社会剧变中的近代绅商》，华中师范大学出版社2003

年版。

52.夏明方:《民国时期自然灾害与乡村社会》,中华书局2000年版。

53.邓云特:《中国救荒史》,三联书店1961年版。

54.郑大华:《民国乡村建设运动》,社会科学文献出版社2000年版。

55.[美]施坚雅著,王旭等译:《中国封建社会晚期城市研究——施坚雅模式》,吉林教育出版社1991年版。

56.李明伟:《清末民初中国城市社会阶层研究(1897~1927)》,社会科学文献出版社2005年版。

57.刘鉴唐、焦玮主编:《津门谈古》(一),百花文艺出版社1991年版。

58.张大民:《天津近代教育史》,天津人民出版社1993年版。

59.天津市政协文史资料研究委员会:《天津的洋行与买办》,天津人民出版社1987年版。

60. 中国人民政治协商会议天津市委员会文史资料委员会编:《近代天津十大买办》,天津人民出版社2002年版。

61. 中国人民政治协商会议天津市委员会文史资料研究委员会编:《天津近代人物录》,天津市地方史志编修委员会总编辑室,1987年。

62.周利成:《档案解密:近现代大案实录》,百花文艺出版社2000年版。

63.《陈独秀文章选编》(上),生活·读书·新知三联书店1984年版。

64.路遥编:《山东义和团调查资料选编》,齐鲁书社1980年版。

65.奚从清编:《现代社会学导论》,浙江大学出版社2009年版。

66.王处辉主编:《高等教育社会学》,高等教育出版社2009年版。

67.沈清基:《城市生态与城市环境》,同济大学出版社1998年版。

68.蔡孝箴主编:《城市经济学》(修订本),南开大学出版社1998年版。

69.姜晓萍、陈昌岑主编:《环境社会学》,四川人民出版社2000年版。

70.李文海:《中国近代十大灾荒》,上海人民出版社1994年版。

71.李文海、夏明方主编:《中国荒政全书》,第2辑第4卷,北京古籍出版社2004年版。

72.陈桦、刘宗志:《救灾与济贫:中国封建时代的社会救助活动(1790~1911)》,中国人民大学出版社2005年版。

73.廖益光主编:《社会救助概论》,北京大学出版社 2009 年版。

74.米勇生主编:《社会救助》,中国社会出版社 2009 年版。

75.史宝欣:《社会学基础》,人民卫生出版社 2006 年版。

76.杨家骆编:《义和团文献汇编》(第 4 册),台北:鼎文书局 1973 年版。

77.朱汉国:《中国社会通史·民国卷》,山西教育出版社 1996 年版。

78.戴鸿映编:《旧中国治安法规选编》,群众出版社 1985 年版。

79.《天津文史资料选辑》

80.《天津历史资料》

81.《天津文史丛刊》

82.吴弘明:《津海关贸易年报(1865~1946)》,天津社会科学院出版社 2006 年版。

83.天津市地方志编修委员会编著:《天津通志·旧志点校卷(上、中、下)》,南开大学出版社 2001 年版。

84.天津市地方志编修委员会编著:《天津通志·民政志》,天津社会科学院出版社 2001 年版。

85.天津市地方志编修委员会编著:《天津通志·公安志》,天津人民出版社 2001 年版。

86.天津地方志编修委员会编著:《天津通志·金融志》,天津社会科学院出版社 1995 年版。

87.天津市档案馆等:《天津商会档案汇编(1903~1911)(上)》,天津人民出版社 1989 年版。

88.天津市档案馆等:《天津商会档案汇编(1912~1928)》,天津人民出版社 1992 年版。

89.天津市档案馆等:《天津租界档案选编》,天津人民出版社 1992 年版。

90.天津社科院历史研究所编:《袁世凯奏议(中)》,天津古籍出版社 1987 年版。

91.郭凤岐主编:《〈益世报〉天津资料点校汇编》,天津社会科学院出版社 1999 年版。

五、相关论文

1. 胡冠时:《中国城市贫民的形成与出路》,《惠州学院学报》(社会科学版),第 24 卷第 1 期,2004 年 2 月。

2. 王德文、蔡昉:《收入转移对中国城市贫困与收入分配的影响》,《开放导报》,2005 年 12 月。

3. 索亮:《民国时期城市贫民生活述略》,吉林大学硕士论文,2006 年 5 月。

4. 郭谦:《民国时期统治者对城市下层社会的社会调控——以山东为例》,山东大学博士论文,2007 年 4 月。

5. 刘海岩:《近代华北自然灾害与天津边缘化的贫民阶层》,《天津师范大学学报》,2004 年第 2 期。

6. 任云兰:《近代华北自然灾害与妇女儿童的生存状况》,《晋阳学刊》,2007 年第 3 期。

7. 任云兰:《近代城市贫民阶层及其救济探析——以天津为例》,《史林》,2006 年第 2 期。

8. 陈达:《上海工人的工资与实在收入(1930~1946)》,《教学与研究》,1957 年第 4 期。

9. 李忠:《近代中国劳工教育的历史变迁》,《河北师范大学学报》(教育科学版),2005 年 5 月。

10. 孙利霞:《抗战前成都工人与上海工人之比较》,《宜宾学院学报》,2004 年 1 期。

11. 吕美颐、郑永福:《中国近代产业女工的历史考察》,《郑州大学学报》,1992 年第 4 期。

12. 马庚存:《论中国近代产业女工的历史命运》,《山东医科大学学报》,1996 年第 4 期。

13. 佟新:《社会结构与历史事件的契合——中国女工的历史命运》,《社会学研究》,2003 年第 5 期。

14. 尹明明、鲁运庚:《20 世纪中国童工问题研究》,《山东师范大学学报》(人文社会科学版),2003 年第 48 卷第 3 期。

15. 丁勇华、吕佳航：《试论 1920、1930 年代上海童工问题》，《上海大学学报》（社会科学版），第 15 卷第 2 期，2008 年 3 月。

16. 王媛媛：《近代中国童工问题研究——以 20 世纪二三十年代上海为中心》，硕士论文，2007 年 4 月。

17. 鲁运庚、尹明明：《工业化时期东西方童工问题比较研究》，《甘肃社会科学》，2003 年第 3 期。

18. 鲁运庚：《中国共产党对童工问题的早期认识和主张》，《山东师范大学学报》，2004 年，第 49 卷第 3 期。

19. 张百庆：《中国城市早期现代化过程中的娼妓问题》，《史学月刊》，1999 年第 1 期。

20. 张超：《民国娼妓问题研究》，武汉大学 2005 年博士论文。

21. 江沛：《20 世纪上半叶天津娼业结构述论》，《近代史研究》，2003 年第 2 期。

22. 刘海岩：《近代天津乞丐的构成、行为及其城市遭遇》，《城市史研究》，第 22 辑，2004 年 5 月。

23. [美]关文斌著，任吉东译：《近代天津的穷家门：行乞与生存策略论述》，《城市史研究》，第 23 辑，天津社会科学院出版社 2005 年版。

24. 王印焕：《民国时期的人力车夫分析》，《近代史研究》，2000 年第 3 期。

25. 仇立平：《职业地位：社会分层的指示器——上海社会结构与社会分层研究》，《社会学研究》，2001 年第 3 期。

26. 邓正来：《国家与社会——中国市民社会研究的研究》，《中国社会科学季刊》，1996 年，总第 15 期。

27. 钱再见：《中国社会弱势群体及其社会支持政策》，《江海学刊》，2003 年第 3 期。

28. 李林：《法治社会与弱势群体的人权保障》，《前线》，2001 年第 5 期。

29. 朱力：《社会问题的理论界定》，《南京社会科学》，1997 年第 12 期。

30. 罗荣渠：《建立马克思主义的现代化理论的初步探索》，《中国社会科学》，1988 年第 1 期。

31. 罗归国：《社会主义现代化和人的现代化》，《理论学刊》，1999 年第 5

期。

32. 王怀远：《旧中国时期天津的对外贸易》，《北国春秋》，1960年第1期。

33. 万新平：《天津早期近代工业初探》，《天津史研究》，1987年第2期。

34. 张利民：《城市史视域中的城乡关系》，《学术月刊》，2009年第10期。

35. 行龙：《近代中国城市化特征》，《清史研究》，1999年第4期。

36. 刘海岩：《近代华北自然灾害与天津边缘化的贫民阶层》，《天津师范大学学报》，2004年第2期。

37. 郑起东：《近代华北的摊派（1840～1937）》，《近代史研究》，1994年第2期。

38. 刘克祥：《1927～1937年农业生产与收成、产量研究》，《近代史研究》，2001年第5期。

39. 范明林：《关于社会分层三阶段发展的若干思考》，《华东理工大学学报》（社会科学版），2000年第1期。

40. 慈鸿飞：《二三十年代教师、公务员工资及生活状况考》，《近代史研究》，1994年第3期。

41. 孙巧云：《清末民初天津下层市民犯罪问题研究——以〈大公报〉为中心》，福建师范大学硕士学位论文，2009年5月。

42. 任焰、潘毅：《工人主体性的实践：重述中国近代工人阶级的形成》，《开放时代》，2006年3月。

43. 周加来：《"城市病"的界定、规律与防治》，《中国城市经济》，2004年第2期。

44. 陈克：《十九世纪末天津民间组织与城市控制管理系统》，《中国社会科学》，1989年第6期。

45. 天津市公安局史志科：《天津警政沿革》，《天津史志》，1988年第2期。

46. 黄传会：《忧患八千万——献给96国际消灭贫困年》，《当代》，1996年第5期。

47. 李金铮：《收入增长与结构性贫困——近代冀中定县农家生活的量化分析》，《近代史研究》，2010年第4期。

后记 POST SCRIPT

ERSHI SHIJI ZHI ZHONGGUO

本书是在我博士论文的基础上修改完成。书稿能得以顺利出版,首先要感谢我的导师王先明教授。我于2004年师从王老师攻读硕士,2006年毕业时本有心继续跟随老师攻读博士,但因诸多原因不得不放弃,工作3年后再次重返师门,心中无比激动,更是倍加珍惜。博士论文在王老师的指导下得以顺利完成,从选题到最后完稿,每一步都离不开老师的悉心指导,老师意见不多,但总是高屋建瓴,使我醍醐灌顶,肃然起敬。平日里,时常学习、工作、家庭等诸事缠身,迷茫惆怅,老师及时严肃地鼓励和鞭策,使我学会了在纷乱中抓主体,在喧闹中寻求静心谋事,一步步地努力与超越,终于将论文顺利完成。师母陈庆璠的人格魅力、处事风格,足可作为我学习的楷模。8年的相处,从师母身上学到的东西实在太多,这些足可使我终生受益。在天津的日子里,师母不论是在日常生活中还是在工作中,都给予我极大的关照与鼓励。和师母间的情分,如果可以用简单的谢字来表达,那是对我们几年感情的亵渎。对师母的这份感情,我会永远铭记于心,不断鞭策自己,努力学习,好好工作。

在南开攻读博士的3年中,得到许多老师和同学的无私帮助与指导。论文开题时,李金铮老师、江沛老师、张利民老师对我的开题报告提出了许多宝贵意见。在论文的写作过程中,我对这些意见都认真采纳,使得论文得以顺利进行。尤其是张利民老师,不仅为我提供了大量的资料,还为我最后的论文提出了不少修改意见,这有利于我论文的进一步完善,在此深表感谢!同门熊亚平、杨东、任金帅,对我论文的指正修改,心中不胜感激。很高兴能与我的硕士同学袁艳、书赟等不约而同地重返南开,并肩奋斗,他们日常中的帮助与关心,使我时常感到一种特殊的温馨与舒心。

在资料查阅过程中,南开大学图书馆古籍库、善本书的老师,天津市社科院、天津市档案馆、天津市图书馆的工作人员等,都给予了我许多无私的帮助与方便,这都是我论文得以顺利完成的保障,然后才有了此书的出版。真诚地感谢他们!

在攻读博士期间,我还在滨海学院兼任着行政工作,这无疑分散了我的精力,使我常有一种力不从心之感。幸得滨海学院领导、老乡以及同事李晶、李婉、张洪、志娟等的帮助,才使我能够学业和工作兼顾。想念他们,想念我在滨海的点点滴滴!

感谢年迈的父母这些年来一直在身后默默地支持、鼓励我。感谢我的老公,由于他的支持、体谅和包容,使得3年的博士生涯能够开心度过。对于宝贝,因无法守候在身边,给她母爱与温暖,时常感到深深的内疚与自责。幸运的是,宝贝生活在一个和睦的大家庭中,爷爷奶奶、哥哥姐姐们的关爱,使宝贝能够得以开心成长。对于家人的辛勤付出,我无以为报,唯有加倍努力。

博士论文能够在短时间内得以付梓出版,也是因为得到了山西人民出版社的大力支持和帮助,由衷地感谢他们。论文要出版了,心中不免雀跃,衷心地希望这本书的出版是我学术生涯的开始,而不是结束。

付燕鸿
2013年5月15日于开封